WEG

Das

WOHNUNGSEIGENTUMSGESETZ

idF der Wohnrechtsnovelle 2006 (WRN 2006)

(BGBl I 2002/70 idF BGBl I 2006/124)

Dr. Wolfgang DIRNBACHER

Hausverwaltung F. Rustler

Wien, im August 2006

Zitiervorschlag: ÖV*I/Dirnbacher,* WEG idF WRN 2006 [Seite]

Die Deutsche Bibliothek – CIP-Einheitsaufnahme

WEG: Das Wohnungseigentumsgesetz idF der WRN 2006/
Dr. Wolfgang Dirnbacher –
Wien, ÖVI Immobilienakademie/Dirnbacher, 2006
ISBN 3-902266-07-4

ISBN 3-902266-07-4

Fotos: Gert Walden/ÖVI
Grafik/Cover: Lori Trautmannsdorff
Druck: Überreuter, Korneuburg

Medieninhaber: ÖVI Immobilienakademie Betriebs GmbH
A 1040 Wien, Favoritenstraße 24/11; Tel.: +43 (1) 505 32 50, FAX +43 (1) 505 32 50-18;
http://www.ovi.at, e-mail: immobilienakademie@ovi.at

VORWORT

Das Rätseln hat ein Ende. Gleichsam im letzten Anlauf wurde nun doch noch die Wohnrechtsnovelle 2006 (WRN 2006) im Nationalrat verabschiedet, wobei - ex post betrachtet - unverständlich bleibt, warum diese Novelle eine gar so schwere Geburt darstellte.

Wie auch immer, die Neuauflage dieses Buchs zum WEG war nach mehr als vier Jahren überfällig.

Abermals will das Werk dazu beitragen, Ihnen, sehr geehrte Leserin und sehr geehrter Leser, einen praxisorientierten Überblick zu den Besonderheiten des Wohnungseigentumsrechts und der dazu ergangenen höchstgerichtlichen Judikatur zu verschaffen. Anders als in der Erstauflage zum damals völlig neuen WEG 2002 kann nun auf doch schon reichhaltige Rechtsprechung zurückgegriffen und damit gesicherte Antwort auf viele der seinerzeit offenen Fragen gegeben werden.

Gleich wie in den Vorauflagen finden Sie zahlreiche Judikaturzitate, zumeist verbunden mit dem Hinweis auf eine Fundstelle im Langtext (sehr oft ist dies die Loseblattsammlung *Entscheidungen Wohnrecht [EWr – ÖVI/ Dirnbacher]).*

Das Layout folgt jenem des im März 2006 erschienenen - auf Grund der Novelle noch im heurigen Jahr neu aufzulegenden - Bandes *MRG 2006* (Stand Jänner 2006, *ÖVI/Dirnbacher*), zumal die Gliederung in Basiswissen (mit größerem Schriftbild wiedergegeben) und weiterreichenden Ausführungen (unter besonderer Bezugnahme auf Rechtsprechung und Materialien) erfreulichen Anklang gefunden hat.

Abermals: Kein Vorwort ohne ehrlicher Danksagung.

An erster Stelle darf ich wieder meine liebe Frau Elisabeth nennen; sie hat nicht nur, wie schon so oft, die Endredaktion eines Buches übernommen, sondern auch - wie immer (und nie einfach) - für die perfekte Betreuung des Autors gesorgt.

Des Weiteren danke ich vielen Freunden und Bekannten, darunter tausenden Seminarteilnehmern, für die wertvollen Anregungen, die sie gegeben haben.

Schließlich schulde ich Dank - in alphabethischer Reihenfolge - den Herren

- MMag. Anton HOLZAPFEL, Geschäftsführer des ÖVI, für die Unterstützung bei der Entstehung des Werks;
- Heinz M. JÄGER, Immobilientreuhänder und zertifizierter Sachverständiger in Graz, für die fachgerechten Ausführungen zum HeizKG;
- Dr. Peter RUSTLER, em. Rechtsanwalt in Wien, für sein wertvolles Hinterfragen vieler Bestimmungen des Gesetzes;
- Prok. Walter SEIERL, „Alleskönner“ in Hausverwaltung Frieda Rustler in Wien, für die Erstellung der Tabellen am Ende dieses Buches;
- LStA Dr. Johannes STABENTHEINER, „Cheflegist“ im BMJ, für sein offenes Ohr gegenüber meinen vielen (nicht immer unkritischen) Anmerkungen;
- Univ.-Prof. Dr. Andreas VONKILCH, „Wohnrechtsgelehrter“, für die (insbesondere für mich) ungemein wertvollen gemeinsamen Seminare;
- Mag. Robert WEGERER, „Das leitende Hirn“ der Hausverwaltung Frieda RUSTLER; für sein Verständnis meiner Arbeit und Absenzen;
- Hon.-Prof. HR Dr. Helmut WÜRTH, „Wohnrechtsdoyen“, ganz allgemein für seine Freundschaft und speziell für seine hochqualilfizierten Anregungen.

Wien, im August 2006 Wolfgang Dirnbacher

Werke aus der ÖVI-Edition:

Demnächst neu:

MRG
idF der WRN 2006

Das bewährte Standardwerk zum
Mietrecht
Aktualisiert, ergänzt und neu überarbeitet

ÖVI / Dirnbacher

E W r
ENTSCHEIDUNGEN WOHNRECHT

Loseblattsammlung höchstgerichtlicher
Entscheidungen zum Thema Wohnrecht
Aktualisierung 3 x jährlich

ÖVI / Dirnbacher
Auch auf CD erhältlich (Verlag Österreich)

Ö W R
ÖSTERREICHISCHES WOHNRECHT

Band 1^2: Entscheidungen Mietrecht
Band 2^2: Entscheidungen Wohnungseigentumsrecht

ÖVI / Dirnbacher-Rustler-Wolf

Bezugsquelle für die obigen Werke:

Österreichischer Verband der Immobilientreuhänder (ÖVI)
Favoritenstraße 24/11, 1040 Wien
Telefon: 01 / 505 32 50; Telefax: 01 / 505 32 50 - 18
http://www.ovi.at, e-mail: office@ovi.at

INHALTSÜBERSICHT

ABKÜRZUNGSVERZEICHNIS

AB .... = Ausschussbericht
ABGB .... = Allgemeines Bürgerliches Gesetzbuch
Abs .... = Absatz
aF .... = alte Fassung
AG .... = Aktiengesellschaft
Anm .... = Anmerkung
arg .... = argumento (folgt aus)
AußStrG .... = „Außerstreitgesetz“ BGBl I 2003/111
AußStr-BegleitG =„Außerstreit-Begleitgesetz“ BGBl I 2003/112
BauO............. = Bauordnung
BG .... = 1. Bezirksgericht(e); 2. Bundesgesetz
BGBl .... = Bundesgesetzblatt
BlgNR .... = Beilage(n) zu den stenographischen Protokollen des Nationalrats
BTVG .... = Bauträgervertragsgesetz BGBl I 1997/7 idgF
ca .... = circa
dh .... = das heißt
E .... = Entscheidung
ecolex .... = Fachzeitschrift für Wirtschaftsrecht” (seit 1990) [Jahr, Seite]
EheG .... = Ehegesetz GblÖ 1938/244
EO .... = Exekutionsordnung RGBl 1896/76 idgF
ErlBem .... = Erläuternde Bemerkungen
EvBl .... = Evidenzblatt der Rechtsmittelentscheidungen” (seit 1946 Bestandteil der österreichischen Juristenzeitung) [Jahr/Nummer]
EWr .... = “Entscheidungen Wohnrecht”, Herausgeber ÖVI/W.Dirnbacher [Teil /§ /Seite]
f .... = der (die) folgende; für
ff .... = die folgenden
FN .... = Fußnote
GBG .... = Allgemeines Grundbuchsgesetz 1955 BGBl 39
gem .... = gemäß
GmbH ....,. = Gesellschaft mit beschränkter Haftung
GesbR .... = Gesellschaft bürgerlichen Rechts
GP .... = Gesetzgebungsperiode
HeizKG .... = Heizkostenabrechnungsgesetz BGBl 1992/827
HM .... = Hauptmieter
HS .... = Halbsatz
idgF .... = in der geltenden Fassung
idF .... = in der Fassung
idR .... = in der Regel
idS .... = in diesem Sinne
immolex .... = Der Entscheidungs- und Informationsdienst für neues Miet- und Wohnrecht”; Herausgeber H.Rainer [Jahr/Nummer]
ImmZ .... = “Österreichische Immobilienzeitung” 1928 - 1938, 1945 ff [Jahr, Seite]
insb .... = insbesondere
iSd .... = im Sinne des
iVm .... = in Verbindung mit
JA .... = Justizausschuss
JN .... = Jurisdiktionsnorm
JBl .... = “Juristische Blätter” (1872-1938, 1946 ff) [Jahr, Seite]
Kat .... = (Ausstattungs-)Kategorie
Kfz .... = Kraftfahrzeug
KG .... = Kommanditgesellschaft
KSchG .... = Konsumentenschutzgesetz BGBl 1979/140
leg cit .... = legis citatae (der zitierten Vorschrift)
Lfg .... = Lieferung
LG .... = Landesgericht
lit .... = litera (Buchstabe)
Materialien ... = Materialien zum WEG 2002 (RV 989 BlgNR 21. GP; AB 1050 BlgNR 21. GP)

mE .... = meines Erachtens
MG .... = Mietengesetz in der Fassung der Wiederverlautbarung BGBl 1929 /210, mehrfach novelliert
MietSlg .... = "Mietrechtliche Entscheidungen" begründet von Heller/Radl, zuletzt herausgegeben von Würth
MRG .... = Mietrechtsgesetz BGBl 1981/520
MRN 2001 .... = Mietrechtsnovelle 2001 BGBl I 2001/161
mwN .... = mit weiteren Nachweisen
NotZ (NZ) ..... = "Österreichische Notariats-Zeitung" (1858-1938, 1949) [Jahr, Seite]
OGH .... = Oberster Gerichtshof
OHG .... = Offene Handelsgesellschaft
ÖJZ .... = "Österreichische Juristen-Zeitung" (1946 ff) [Jahr,Seite]
ÖVI .... = Österreichischer Verband der Immobilientreuhänder; Favoritenstraße 24/11, 1040 Wien (Tel.: +43(1) 505 48 75)
ÖWR .... = Österreichisches Wohnrecht" Herausgeber ÖVI/Dirnbacher-Rustler-Wolf [E .. zu § ... WEG]
Pkt .... = Punkt
RdW .... = "Österreichisches Recht der Wirtschaft" [Jahr, Seite]
RZ .... = "Österreichische Richterzeitung" (1907-1938, 1954 ff) [Entscheidungen bis 1972 Jahr/Seite, seit 1973 Jahr/Nummer]
RV .... = Regierungsvorlage
S .... = Seite
SZ .... = Entscheidungen des österreichischen Obersten Gerichtshofes in Zivil- und Justizverwaltungssachen", veröffentlicht von seinen Mitgliedern (1919-1938;1946 ff) [Band/Nummer]
tw .... = teilweise
u .... = und
ua .... = und andere
udgl .... = und dergleichen
USt .... = Umsatzsteuer
usw .... = und so weiter
uU .... = unter Umständen
uva .... = und viele andere
V .... = Verordnung
VfGH .... = Verfassungsgerichtshof
vgl .... = vergleiche
VwGH .... = Verwaltungsgerichtshof
1. WÄG .... = 1. Wohnrechtsänderungsgesetz (BGBl 340)
2. WÄG .... = 2. Wohnrechtsänderungsgesetz (BGBl 1991/68)
3. WÄG .... = 3. Wohnrechtsänderungsgesetz (BGBl 1993/800)
WE .... = Wohnungseigentum
WE-BeG .... = Wohnungseigentumsbegleitgesetz 2002 (BGBl I 2002/71)
WE-Bewerber = Wohnungseigentumsbewerber
WEG 1948 .... = Wohnungseigentumsgesetz 1948 (BGBl 1948/149, aufgehoben durch BGBl 1975/417)
WEG 1975..... = Wohnungseigentumsgesetz 1975 (BGBl 417)
WEG 2002.... = Wohnungseigentumsgesetz 2002 (BGBl I 2002/70)
WE-Organisator = Wohnungseigentumsorganisator
WGG .... = Wohnungsgemeinnützigkeitsgesetz (BGBl 1979/139)
WGN 1997 ... = Erweiterte Wertgrenzen-Novelle 1997 (BGBl I 1997/140)
WohnAußStr-BeglG = „Wohnrechtliches Außerstreitbegleitgesetz" BGBl I 2003/113
WRN 1997 ... = Wohnrechtsnovelle 1997 (BGBl I 1997/22)
WRN 1999 ... = Wohnrechtsnovelle 1999 (BGBl I 1999/147)
WRN 2000 ... = Wohnrechtsnovelle 2000 (BGBl I 2000/36)
WRN 2002 ... = Wohnrechtsnovelle 2002 (BGBl I 2001/162)
WRN 2006 ... = Wohnrechtsnovelle 2006 (BGBl I 2006/124)
wobl .... = "Wohnrechtliche Blätter" (ab 1988) [Jahr,Seite bzw. Jahr/Nummer]
Z .... = Zahl; Ziffer
zB .... = zum Beispiel
ZPO .... = Zivilprozessordnung RGBl 1895/113 idgF

I.
LITERATURÜBERSICHT

Die folgende Literaturübersicht gliedert sich in ihrem Teil A) zum einen in Werke speziell zum WEG 2002 und - sofern für das Wohnungseigentumsrecht auch (noch) relevant scheinend - zum anderen in Werke zum WEG 1975 sowie zum Mietrecht und anderen Rechtsbereichen.
Wie jede Literaturauswahl - die nicht Vollständigkeit anstrebt - ist auch die folgende eine subjektive. Durchaus mit Absicht wurde dabei eine Auswahl der Werke aus „hochwissenschaftlichen" bzw „zitierfähigen" einerseits und eher leicht lesbaren, auch für den „interessierten Laien" geschriebenen andererseits getroffen. Die (vereinzelt zu vermutende) „Interessenslage" des/der jeweiligen Autors/Autorin (der jeweiligen Autoren) war indes kein Auswahlkriterium.
Eine qualitative Wertung ist mit der Selektion - zumindest bewusst - nicht verbunden.

A) Spezialthemen (WEG); Allgemeine Werke (Miet- u. Wohnrecht, ABGB); Gesetzesausgaben

Speziell zum WEG 2002:

Derbolav/Langer/Popper/Heindl/Hofmann/Harlfinger/Wieninger, Das Wohnungseigentumsgesetz 2002 - Tipps für Juristen und Techniker. (Wien/Graz 2002, nwv - Neuer wissenschaftlicher Verlag).

W. Dirnbacher, WEG 2002. Wohnungseigentumsgesetz. (Wien 2002, ÖVI/Dirnbacher).

Feil, Wohnungseigentum[5], Praxiskommentar zum WEG 2002. (Wien 2002, Linde Verlag).

Hausmann/Vonkilch, Österreichisches Wohnrecht. Kommentar. MRG/WEG. (2. Ergänzungslieferung XII/2004; Wien 2004, Springer).

Illedits/Illedits-Lohr, Das Wohnungseigentum. Mitwirkungsrechte und Gestaltungsmöglichkeiten nach dem Wohnungseigentumsgesetz 2002. 2. Auflage. (Wien 2002, Lexis Nexis ARD Orac Verlag).

Illedits/Illedits-Lohr, Wohnungseigentum kompakt. Tipps, Rechte & Pflichten, Musterverträge. 2. Auflage. (Wien 2003, Lexis Nexis ARD Orac Verlag).

Kletecka, WEG 2002 mit Anmerkungen und Materialien. (Wien 2002, Verlag Österreich).

Kolmasch, Das neue Wohnungseigentumsgesetz (WEG 2002). (Wien 2002, Lexis Nexis ARD Orac Verlag).

Mair, Beschlussfassung im Wohnungseigentum. Korrekt beschließen – erfolgreich umsetzen. Ein Leitfaden für die Praxis. (Wien 2004, Verlag Österreich).

Markl, WEG, Wohnungseigentumsgesetz 2002, Kommentar. (Wien/Graz 2002, nwv - Neuer wissenschaftlicher Verlag).

Palten, Wohnungseigentumsrecht. Erläuteruungen und Rechtsprechung. 3. Auflage. (Wien 2003, Manz).

Prader, WEG, Wohnungseigentumsgesetz 2002 mit Anmerkungen, Literaturangeben und einer Übersicht der Rechtsprechung. (Wien 2002, Manz).

Rainer, Wohnungseigentum. 3. Auflage. (Wien 2003, Manz).

Schober, Rechte und Pflichten der Eigentümergemeinschaft. Handbuch. (Wien, 2004, Verlag Österreich).

Stabentheiner/Schernthanner, WEG 2002. (Wien 2002, Manz [immolex spezial]).

Tschütscher, WEG - Handbuch für die Praxis. Leitfaden. 2. Aufl. (Wien 2006, Verlag Österreich).

Walter, Wohnungseigentumsgesetz und Nebengesetze. Kommentar auf Basis der aktuellen Judikatur. Loseblattsammlung, Stand V/2006. (Wien 2006, WEKA-Verlag).

Wehrberger, Vorzugspfandrechte im WEG 2002. (Wien 2003, Manz).

Würth/Zingher, Wohnrecht 2002, II. Teil: Wohnungseigentumsgesetz 2002 - Wohnungseigentumsbegleitgesetz 2002. (Wien 2002, Manz).

Nicht (nur) speziell zum WEG 2002:

Aichhorn, Das Recht der Lebenspartnerschaften. Ehe- und Lebensgemeinschaft. (Wien 2003, Springer-Verlag).

Arnold, Rechtsgebühren. Kommentar zum I., III. und IV. Abschnitt des Gebührengesetzes. (Wien 1999, Service-Fachverlag).

Binder, Lehrbuch Sachenrecht. (Wien 2003, Verlag Österreich).

Bittner/Lehner, Kommentar Grundbuchsrecht. Erläuterungen zum GBG und anderen einschlägigen Rechtsnormen. Loseblattsammlung. Stand XII/2005. (Wien 2005, WEKA-Verlag).

W.M.Böhm/Eckharter/Hauswirth/Heindl/Rollwagen, Nutzfläche im Wohnrecht. Ermittlung der Nutzfläche aus technischer und rechtlicher Sicht. 2.Aufl. (Wien 2004, Manz).

Buric/Graser/In der Maur/Walter/Vyhanalek, Wohnrecht. Muster zu Eigentum, Miete, Liegenschaft, und Grundbuch. Gesetze, Fristen, Checklisten, Steuern und Indices. CD, Version 1.1, Stand: November 2004. (Wien 2004, WEKA-Verlag).

Call/Lugger, Legislative Entwicklungen des Wohnrechts (MRG, WGG, WEG) (Wien 2001, Öst. Verband gemeinn. Bauvereinigungen - Revisionsverband).

W. Dirnbacher, Das MRG idF des 3. WÄG. (Wien 1993, ÖVI/Dirnbacher).

W. Dirnbacher, Das MRG idF der Novelle 1997. (Wien 1997, ÖVI/Dirnbacher).

W. Dirnbacher, MRG 2000 - Das MRG idF der Novelle 1999. (Wien 2000, ÖVI/Dirnbacher).

W. Dirnbacher, MRG 2000 NEU- Das MRG idF der Novelle 2000. (Wien 2000, ÖVI/Dirnbacher).

W. Dirnbacher, MRG 2002 - Das MRG idF der MRN 2001. (Wien 2002, ÖVI/Dirnbacher).

W. Dirnbacher, MRG. Das Mietrechtsgesetz (Stand: Jänner 2006). (Wien 2006, ÖVI/Dirnbacher).

W. Dirnbacher, Das WEG idF des 3. WÄG. (Wien 1994, ÖVI/Dirnbacher).

W. Dirnbacher, Das WEG idF der Novellen 1997. (Wien 1998, ÖVI/Dirnbacher).

W. Dirnbacher, WEG 2000, Das WEG idF der Novelle 1999. (Wien 1999, ÖVI/Dirnbacher).

Dirnbacher/Heindl/Rustler, Der Richtwertmietzins - Praxisorientierte Hinweise zur Mietzinsgestaltung. (Wien 1994, ÖVI; vergriffen).

Dittrich/Tades, Das Allgemeine Bürgerliche Gesetzbuch (mit MRG)[18]. (Wien 1997, Manz).

Dittrich/Tades, ABGB und alle wichtigen Nebengesetze[36]. (Wien 2003, Manz).

Donner, Wohnungspolitiken in der Europäischen Union. (Wien 2000, Selbstverlag Christian Donner).

Dorazil/Takacs, Grunderwerbsteuergesetz. 4. Auflage. (Wien 2004, Manz).

Eckharter/Hauswirth/Meinhart/Rollwagen, Die Nutzfläche im Wohnrecht. (Wien 1983, Manz, vergriffen).

Ellmaier/Engel, Immobilienfinanzierung. Alles Wissenswerte für die Finanzierung der eigenen vier Wände. Exakte Kalkulation. Optimale Finanzierung. Mögliche Förderungen. (Wien 2004, Linde Verlag).

Engin-Deniz, Bauträgervertragsgesetz. Kurzkommentar. (Wien 1999, Linde Verlag).

Fachverband der Immobilien- und Vermögenstreuhänder, Aktuelles Immobilienhandbuch, Loseblattsammlung (Stand V/2006). (Wien 2006, WEKA-Verlag).

Faistenberger/Barta/Call, Kommentar zum Wohnungseigentumsgesetz 1975. (Wien 1976, Verlag der Öst. Staatsdruckerei; vergriffen).

Feil, Heizkostenabrechnungsgesetz. (Wien 1995, Linde).

Feil, Wohnungseigentum unter Berücksichtigung des BTVG und der Wohnrechtsnovelle 1999. (Wien 1999, Linde Verlag).

Feil, Privates Nachbarrecht und Immissionen. Eine systematische Darstellung für die Praxis unter Berücksichtigung des ZivRÄG 2004 und der ZivVerfNov 2004. 2. Auflage. (Wien 2005, Linde Verlag).

Feil/Marent/Preisl, Grundbuchsrecht. Kommentar Stand 1.1.2005. (Wien 2005, Linde Verlag).

Fenyves/Welser, ABGB Klang-Kommentar. 3. Auflage zum Allgemeinen Bürgerlichen Gesetzbuch. (Wien 2001, Verlag Österreich).

Fürst, Umweltmediation. Methoden – Verfahren – Lösungswege für Entscheidungsträger und Mediatoren. (Wien 2004, Manz).

Funk/Kohlmaier/Kothbauer/Volk, Immobilien Lexikon Österreich. 1000 Stichworte. (Wien 2003, ÖVI).

Gartner, Musterverträge im Rahmen des BTVG. Vorschläge zur Anpassung des Bauträgervertrages an die neue Rechtslage. (Wien 1998, Verlag Überreuter).

Gartner, Immobilienerwerb in Österreich. Ratgeber. (Wien 2004, Manz).

Gartner, Das österreichische BauarbeitenkoordinationsG samt Durchführungsverordnungen und Nebengesetzen. (Wien 2005, Juridica Verlag).

Gartner, Rechtsprobleme auf der Baustelle. Für Bauleiter und Bautechniker praxisnah erläutert. (Fachbuch Recht). (Wien 2005, Linde Verlag).

Gusenleitner, Ersitzung als allgemeiner Rechtserwerbstatbestand. (Wien 2004, Verlag Österreich).

Gruber, Hausbau & Recht. (Wien 2003, Verein für Konsumenteninformation).

Gruber/Bruckner, Einfamilien-Häuser aus zweiter Hand. Clever kaufen - Risken vermeiden. Hauskauf und Recht. Bauzustand und Sanierungsbedarf, Kaufvertrag und Finanzierung. (Wien 2002, Verein für Konsumenteninform.).

Hackl-Miheljak/Holzapfel/Kohlmaier, Der Liegenschaftskauf. 2. Auflage. (Wien 2004, ÖVI).

Havel/Fink/Barta, Wohnungseigentum - Anspruch und Wirklichkeit. Entwicklung, Probleme, Lösungsstrategien. (Wien 1999, Verlag Österreich).

Heindl/Kahlig, Wohnrecht auf Knopfdruck. (CD-ROM; Wien 2004, Manz).

Heindl/Kahlig/Stingl, Wohnrecht und Immobilien-Steuerrecht, 10 Plakate, 3. Ergänzungslieferung zu Heindl/Kahlig, Mietrecht anschaulich. (Wien 2005, Manz).

Heindl/Kahlig/Stingl, Navigator Wohnrecht anschaulich. Ausgabe 2006 mit Immobilien-Steuerrecht. 1 CD-ROM. (Wien 2006, Manz).

Heindl/Lenk, Das Verfahren vor der Schlichtungsstelle. Grundwerk 2003, Ergänzungsband 2004 (Wien 2003/2004, Verlag Österreich).

Heindl/Popper, Mietrechtsgesetz (MRG), Wohnungseigentumsgesetz (WEG), Wohnungsgemeinnützigkeitsgesetz (WGG). Geschlossene Textwiedergaben MRG, RichtwertG, WEG, WGG, Wohnrechtsnovelle 1999. Stand 1. Jänner 2000. (Wien 2000, Juridica Verlag).

Herzog (Hrsg), Bauen heute. Altbauten, Neubauten und Bewertungskriterien. (Wien 2002, Springer-Verlag).

Holzapfel, 10 Schritte zu meinen vier Wänden. Der Kauf einer Eigentumswohnung und das neue Wohnungseigentumsgesetz 2002. (Wien 2002, ÖVI/S-Bausparkasse).

Horvath, Heizkostenabrechnung. (Wien 2003, Manz).

Illedits/Illedits-Lohr, Das Wohnungseigentum. Mitwirkungsrechte und Gestaltungsrechte. (Wien 1997, Orac).

Illedits/Illedits-Lohr, Nachbarrecht kompakt. Rechte und Pflichten im Umgang mit Nachbarn. Durchsetzung der Nachbarrechte im Gewerberecht, im Baurecht sowie im zivilen Nachbarschaftsstreit und im Grenzkonflikt. (Wien 2004, LexisNexis ARD Orac).

Kallinger/Gartner/Stingl, Bauträger & Projektentwickler. 3. Auflage. (Wien 2004, Manz).

Karst/Malloth/Trojan, Sanieren in Wien. Ein Leitfaden. (Wien 2003, ÖVI).

Kletecka, Gewährleistungsrecht. Kurzkommentar. (Wien 2001, Verlag Österreich).

Kletecka/Rechberger/Zitta (Hrsg), Bauten auf fremdem Grund. Bauwerke iSd BauRG und Superädifikate. 33 praxisorientierte Beiträge. 2. Auflage. (Wien 2004, Manz).

Knyrim/Verweijen/Fuhrmann, Vorsorgewohnungen für Kapitalanleger. (Wien 2003, Wirtschaftsblatt und Manz).

Kothbauer/Rücklinger, MRG, RichtWG, WEG, HeizKG idF WRN 1999. (Wien 1999, Bundesinnung der Immobilien- und Vermögenstreuhänder).

Kothbauer/Rücklinger, MRG, WEG, RichtWG, HeizKG, HBG, BauKG idF WRN 2000. (Wien 2000, Bundesinnung der Immobilien- und Vermögenstreuhänder).

Kothbauer/Rücklinger, Bauträgervertragsgesetz/ÖNORM B 2120, Mindesterfordernisse für einen Bauträgervertrag. (Wien 2001, Bundesinnung der Immobilien- und Vermögenstreuhänder).

Kothbauer/Rücklinger, MRG, WEG, RichtWG, HeizKG, HBG, idF BGBl 70 u 71/2002. (Wien 2002, Fachverband d. Immobilien- u. Vermögenstreuhänder in Zusammenarbeit m. d. Fachgr. Wien d. Immobilien- u. Vermögenstreuhänder).

Koziol/Welser, Grundriß des bürgerlichen Rechts, Band I[12] und II[12]. (Wien 1995/1996, Manz).

Lattenmayer/Behm, Wohnungseigentum. Einführung, Vertragsmuster[3]. (Wien 1998; Orac).

Löcker, Die Wohnungseigentümergemeinschaft. Eine Untersuchung auf der Grundlage des WEG 1975. (Wien 1997, Manz).

Lugger, tiroler wohnhandbuch 2004. (Innsbruck 2004, Studien-Verlag).

Lugger, innsbrucker wohnhandbuch 2005. (Innsbruck 2005, Studien-Verlag).

Mair, Die Zuordnung von Sachteilen beim Wohnungseigentum. (Wien 2001, Verlag Österreich).

Malloth, Einführung in die Hausverwaltung, Loseblattsammlung. (Wien 1999, ÖVI).

Malloth, Immobilienmanagement. (Wien 2002, ÖVI).

Marent/Preisl, Grundbuchsrecht. Kommentierte Textausgabe zum Grundbuchsgesetz für die Praxis. Mit einschlägigen Gesetzen sowie Vertrags-, Grundbuchs- und sonstigen Mustern. (Wien 2002, Linde Verlag).

Markl, Die rechtliche Stellung von Ehegatten im Wohnungseigentum. (Wien 2001, Verlag Österreich).

Meinhart, Das Wohnungseigentumsgesetz. (Wien 1975, Manz).

Mohr (Bearb.)**,** Kodex Wohnungsgesetze, Stand 1.1.2005. (Wien 2005, LexisNexis ARDOrac).

Noss, Maklerrecht. (Wien 2002, Manz).

Oberndorfer/Wolkersdorfe, Der Bauvertrag aus ganzheitlicher Sicht. (Wien, 2004, Manz).

Palten, Wohnungseigentumsrecht. Erläuterungen und Rechtsprechung[2]. (Wien 1997, Manz).

Palten, Wohnungseigentum – Besonderheiten im Mietrecht. Erläuterungen und Rechtsprechung. (Wien 1999, Manz).

Popper/Teufelhart, Handbuch des Immobilienrechts, Loseblattsammlung. (Wien 1987, 1988, Juridica Verlag).

Prader/Kuprian, Wohnrechtliches Außerstreitverfahren. Wohnrechtliches AußerstreitbegleitG samt maßgebenden Bestimmungen des neuen AußerstreitG (Wien 2004, Manz).

Postl, Nachbarrechtliche Abwehransprüche gegen die Errichtung von Handymasten. (Wien 2001, Verlag Österreich).

Prodinger, Liegenschaften im Abgabenrecht, 2. Auflage. (Wien 2001, LexisNexis ARD Orac).

Rabl, Der untreue Treuhänder. Die Verteilung des Veruntreuungsrisikos beim Liegenschaftskauf. (Wien 2002, Manz).

Rainer (Hrsg), Handbuch des Miet- und Wohnrechts; Loseblattsammlung. (12. Erglfg., Wien 2006, Manz).

Rainer/Prader/Kuprian, Mietverträge - Wohnungseigentum - Liegenschaftserwerb auf CD-ROM. (Wien 2003, Manz).

Rainer/Stingl, Immobilien richtig weitergeben. (Wien 2005, Manz).

Rechberger/Kletecka, Bodenrecht in Österreich. (Wien 2004 Manz).

Rummel (Hrsg), Kommentar zum Allgemeinen bürgerlichen Gesetzbuch;[3] II. Band, 5. Teil: MRG, WGG, WEG 2002, BTVG, HeizKG. Helmut Würth. (Wien 2003, Manz).

Rustler, Der Rustler 4, Immobilienmanagement. (Wien 2005, Eigenverlag).

Sattmann/Kothbauer, Wie man aus Streithähnen Gewinner macht. Immobilien- und Baumediation für Praktiker. (Wien 2004, Information: office@immomediator.at).

Schauer/Stabentheiner (Hrsg), Erneuerung des Wohnrechts, Tagungsdokument. (Wien 2000, Verlag Österreich).

Schimkowsky, Vertragsmuster und Beispiele für Eingaben[8], Hrsg Reindl, Loseblattsammlung; zuletzt Ergänzungsband, 2. Erg-Lfg. (Wien 2005, Manz).

Schwimann, ABGB Praxiskommentar[2], Band 4 Wohnrecht: BauRG, BTVG, MRG, WEG, WGG, Anhang. Bandredaktion: H. **Böhm** (Wien 2001, Orac).

Stabentheiner, Wohnrecht. (Wien 1999, Verlag Österreich).

Stabentheiner, LBG, Liegenschaftsbewertungsgesetz[2]. (Wien 2005, Manz).

Stingl, Umsatzsteuer und Immobilie[3]. (Wien 1996, ÖVI).

Stingl/Nidetzky, Handbuch Immobilien & Steuern. Das Praxishandbuch vom Miet- und Wohnrecht zum Steuerrecht samt Immobilioenveranlagung. (12. Aktualisierungslieferung, Wien 2005, Manz).

Tades, Hausbesorger- und Hausbetreuerrecht. (Wien 2001, Manz).

Tschütscher, Wohnungseigentumsgesetz[6]. (Wien 1999, Verlag Österreich).

Unterweger, Contracting von A bis Z. (Wien 2002, Verlag Österreich).

Urbanek, Die treuhändige Abwicklung von Liegenschaftskaufverträgen durch Notare und Rechtsanwälte. (Wien 1999, Manz).

G. u. H. Vyhnalek/Graser/Buric, Aktuelle Grundbuchsgesuche. Sammlung praxisgerechter Eingabemuster. Loseblattsammlung. Stand XII/2005. (Wien 2005, WEKA-Verlag).

Wolf, OGH-Entscheidungen zum Wohnungseigentumsrecht. (Wien 1999, WEKA-Verlag).

Würth, in Rummel (Hrsg), Kommentar zum ABGB, Band II[2]. (Wien 1992, Manz).

Würth/Zingher, WohnR´91. (Wien 1991, Manz).

Würth/Zingher, WohnR´94.
(Wien 1994, Manz).

Würth/Zingher, Miet- und Wohnrecht[20].
(Wien 1997 mit Ergänzungsblättern 1998, Manz).

Würth/Zingher, WohnR´99.
(Wien 1999, Manz).

Würth/Zingher, Wohnrecht 2000.
(Wien 2000, Manz).

Würth/Zingher, Wohnrecht 2002, I. Teil: MRG, RichtwertG und WGG.
(Wien 2002, Manz).

Würth/Zingher/Kovanyi, Miet- und Wohnrecht[21].
(Wien 2003, Manz).

Würth/Zingher/Kovanyi, Das neue Außerstreitgesetz im Wohnrecht samt kommentierenden Anmerkungen. Stand 1.1.2005.
(Wien 2004, Manz).

Zingher, Mietengesetz mit Wohnungseigentumsgesetz und anderen einschlägigen Vorschriften[18]. (Wien 1980 mit Nachtrag 1981, Manz).

B) Entscheidungssammlungen

ÖVI/Dirnbacher, Entscheidungen Wohnrecht = EWr
Loseblattsammlung wohnrechtlicher OGH-Entscheidungen,
Ergänzungen 3x jährlich (ÖVI/Dirnbacher).

ÖVI - Dirnbacher/Rustler/Wolf, Österreichisches Wohnrecht = ÖWR
Band 1[2] - Entscheidungen Mietrecht (Wien 2001, ÖVI);
Band 2[2] - Entscheidungen Wohnungseigentumsrecht (Wien 2001, ÖVI).

Würth (Hrsg; bearbeitet von Gall/Iby/Kovanyi/Malesich/Weixelbraun/Würth), Mietrechtliche Entscheidungen = MietSlg; Bd. I - LVI u. Sonderbände. (Manz).

C) Aufsätze, Abhandlungen

An dieser Stelle werden nur jene Aufsätze und Abhandlungen erwähnt, die keinem speziellen Einzelthema (in diesem Buch) zum Wohnungseigentum gewidmet sind und weiterhin von Interesse scheinen.
Einzelthemenbezogene Werke werden jeweils am Ende des entsprechenden Abschnitts im Buch angeführt.

Allmeyer-Beck, „ADR im Wohnungseigentum";
Immolex 2006, 171.

Arnold, „Grundsteuerfragen beim Wohnungseigentum";
ImmZ 1983, 139.

Barta/Call/Faistenberger, „Gedanken zur Reform des Wohnungseigentumsgesetzes 1975"; wobl 1989, 57.

Beig, „Wohnrechtliche Aspekte des neuen Unternehmensgesetzbuchs";
wobl 2006, 37.

Benn-Ibler/Call/Klinger/Würth, „Vorschläge der Experteninitiative zur Reform des Miet- und Wohnrechts für eine Novelle zum WEG 1975";
wobl 1995, 113.

Böhm/Faber, „Vermietung im Miteigentums- bzw Mischhaus";
wobl 2001, 189.

Böhm/Priglinger, „Merkzettel für den Bauträgervertrag";
immolex 2002, 273.

Call, "Wohnrecht in der Entwicklung - Zukunftsperspektiven"; 1.Teil: ImmZ 1991, 383 ff; 2.Teil: ImmZ 1991, 403.

Call, "Zur beabsichtigten Novelle des WEG 1975"; wobl 1993, 162.

Call, "Die Novelle des WEG 1975 im Rahmen des BTVG – ein Überblick"; wobl 1997, 5.

Call, „Wohnrechtsnovelle 1999 – Neuerungen im WEG (mit Ausnahme der §§ 13a und 13b)"; wobl 1999, Heft 12.

Call, „Einige Vorschläge für Änderungen des WEG 2002 im Rahmen einer Wohnrechtsnovelle (WRN) 2005", wobl 2005, 69.

Call, „Wie lange sind Gewährleistungs- und/oder Schadenersatzansprüche aus Mängeln an allgemeinen Teilen der Liegenschaft bei sukzessiver Begründung von Wohnungseigentum gerichtlich durchsetzbar?", wobl 2006, 69.

Call/Hanel, „Schaffung eines einheitlichen Gebäudebewirtschaftungsrechts"; wobl 2004, 69.

Call/Hanel, „Wohnrechtsnovelle 2006 – kommt sie nun doch?"; wobl 2006, 165.

Degelsegger, „Das Bauträgervertragsgesetz - ein Überblick"; wobl 1997, 1.

Derbolav, „25 Jahre Fachgruppe Wohn- und Mietrecht"; wobl 1998, 353.

Derbolav, „Ist eine Reform der Bestimmungen des ABGB über die Gemeinschaft des Eigentums angezeigt?"; wobl 2003, 133.

Derbolav, „30 Jahre Fachgruppe Wohn- und Mietrecht – ein Nachtrag"; wobl 2003, 285.

Dirnbacher, „Wohnrechtsnovelle 1999. WRN 1999. Änderungen im Wohnungseigentumsrecht – ein Überblick"; Wien 1999, ÖVI.

Engel, „Licht und Schatten – Die Neuerungen im Nachbarrecht des ABGB durch das Zivilrechts-Änderungsgesetz 2004"; immolex 2004, 36.

Filipow, „Etageneigentum in Slowenien"; immolex 2006, 109.

Friedl/Wilhelm, „Die Wohnungseigentums-Reform 2002"; ecolex 2002, 498.

Fuhrmann, „Vorsorgewohnung – steuerliche Behandlung"; immolex 2004, 106.

Fuhrmann/Resch, „Immobilien-Investmentfondsgesetz"; immolex 2003, 283.

Gartner, „Der Treuhänder nach Bauträgervertragsgesetz – Haftung und Risken"; immolex 2002, 265.

Hanel, „Zu Faschingsbeginn (k)ein Faschingsscherz"; wobl 2002, 321.

Hanel, „Wohnrechtsnovelle 2005: Parteistellung von Wohnungseigentumsverwaltern ohne unmittelbares Betroffensein"; wobl 2005, 130.

Hausmann, „Die jüngsten Änderungen des Wohnungseigentumsgesetzes im Überblick"; ecolex 1997; 336.

Hausmann, „Wohnrechtsnovelle 1999 – Änderungen im MRG und WEG"; ecolex 1999, 674.

Holly, „Bauträger und Vergaberecht"; immolex 2002; 280.

Holoubek, „Verfassungsrechtliche Grundlagen des Wohnrechts“; wobl 2000; 345.

Illedits, „OGH klärt die Ortsüblichkeit des Klavierspiels in Wohnräumen im städtischen Gebiet“; wobl 2004, 300.

Jaksch-Ratajczak, „Der Liegenschaftskauf als Verbrauchergeschäft“; wobl 2003, 37.

Jaksch-Ratajczak, „Haftung für grundlose Ablehnung des Vertragsabschlusses beim Liegenschaftskauf“; wobl 2005, 345.

Janek, „Wohnungseigentum in der tschechischen Republik“; immolex 2006, 42.

Kallinger, „Definition, Rechte und Pflichten des Bauträgers“; immolex 2002, 259.

Kletecka, „Die Novellierung des WEG durch das 3.WÄG - Begründung, Ausschluß und Bewerberschutz (§§ 1 bis 12 und 22 bis 30 WEG)“; wobl 1993, 217.

Kletecka, „WEG-Novelle im Überblick“; Ecolex 1994, 12.

Knyrim, „Vorsorgewohnungen“; immolex 2004, 100.

Kothbauer, „Wohnrechtsnovelle 1999. Änderungen im WEG“; ImmZ 1999, 311.

Kothbauer, „Die Eckpunkte des Wohnungseigentumsgesetzes 2002 (WEG 2002) in einem ersten Überblick“; ImmZ 2002, 113.

Kothbauer, „Die Wohnrechtsnovelle 2006 (WRN 2006) – ein „Nachruf“ oder mehr?“; ImmZ 2005, 386.

Löcker, „Altmietwohnung und Passivlegitimation im Verfahren zur Feststellung des vereinbarten Mietzinses“; immolex 2000, 85.

Lugger, „Was wünscht sich ein Praktiker vom österreichischen Immobilienrechtsgestalter?“; wobl 2004, 198.

Maier-Hülle, „Muster: Kaufvertrag“; immolex 2005, 13.

Mayr, „Die Entwicklung der wohnrechtlichen Schlichtungsstellen“; wobl 2003, 349.

Meinhart, „Miete und Wohnungseigentum nebeneinander seit 1948“; wobl 1994, 12.

Oberhofer, „Anspruch des Miteigentümers auf Benützungsentgelt auch für die Vergangenheit?“; wobl 2004, 209.

Palten, „Wohnungseigentum, Mietrechtsgesetz, Betriebskostenschlüssel und anderes“; wobl 1997, 35.

Pfurtscheller/Kissich, „Der Baum am Nachbargrund – wirksamer Rechtsschutz durch das Zivilrechts-Änderungsgesetz 2004?“; ÖJZ 2004, 706.

Prader/Kuprian, „Nutzflächenveränderungen im HeizKG“; immolex 2005, 38.

Prader/Kuprian, „Videoüberwachung im wohnrechtlichen Bereich (WEG, MRG, WGG)“; immolex 2005, 230.

Prader/Kuprian, „Parknot in WE-Anlagen“; immolex 2005, 294.

Prader/Walzel von Wiesentreu, „Aspekte der Novelle zum Postgesetz“; immolex 2004, 326.

Pittl, „Gottfried Call zum 60. Geburtstag“; wobl 2004, 197.

Pittl/Ess, „Zu den Aufklärungspflichten des Treuhänders (und Vertragserrichters) nach § 12 Abs 3 Z 1 BTVG“; wobl 2005, 264.

Prader, „WEG 2002 – ein erster Überblick“; RdW 2002, 261.

Prader, „Ist das WEG 2002 verfassungskonform?“; immolex 2003, 81.

Rainer, „Wohnrechtsnovelle ´99“;
Teil I: Änderungen des Mietrechtsgesetzes: immolex 1999, 270;
Teil II: Änderungen des Wohnungseigentumsgesetzes: immolex 1999, 304.

Röger, „Nachbarrecht im Spannungsfeld zwischen liberalisiertem öffentlichen Baurecht und verschärftem Zivilrecht“; ÖJZ 2004, 821.

Schauer/Beig, „Zulässige Vertragsbindung bei Fernwärmelieferverträgen im Lichte des Verbraucherschutzrechts“; wobl 2004, 133.

Schauer/Beig, „Nochmals: Zur zulässigen Vertragsbindung bei Fernwärme-Einzelverträgen“; wobl 2005, 45.

Schauer/-Degelsegger, „Nachbarrechtlicher Schutz vor Entzug von Licht oder Luft – Das ZivRÄG 2004 im Überblick“; wobl 2004, 47.

Sieberer, „Grundbücherliche Sicherstellung von Wohnbauförderungsdarlehen nicht mehr gebührenfrei?“; ÖJZ 2004, 668.

Stabentheiner, „Die miet- und wohnungseigentumsrechtlichen Teile der Wohnrechtsnovelle 1999“; wobl 1999, 285.

Stabentheiner, „Die miet- und wohnungseigentumsrechtlichen Teile der Wohnrechtsnovelle 2000“; wobl 2000, 197.

Stabentheiner, „Entstehungsgeschichte und innovatorischer Gehalt des Wohnungseigentumsgesetzes 2002“; wobl 2002, 101.

Stabentheiner, „Das neue Wohnungseigentumsgesetz im Überblick“; immolex 2002, 163.

Stabentheiner, „Das Wohnungseigentumsgesetz 2002“; ÖJZ 2002, 884.

Stabentheiner, „Überlegungen zum Einsatz von Mediation im Wohnrecht“; wobl 2004, 291.

Stingl, „Umsatzsteuer bei Sanierung von Wohnungseigentumshäusern“; immolex 2001, 222.

Stingl, „Steuerliche Folgen des neuen WEG“; immolex 2002, 190.

Stingl, „Steuerfragen Bauträger“; immolex 2002, 287.

Tades/Stabentheiner, „Das 3. Wohnrechtsänderungsgesetz“; ÖJZ 1994, Sonderheft 1a.

Tonkli, „Wohnrecht und Einsparcontracting“; immolex 1999, 333.

Verweijen, „Miet- und wohnrechtliche Rahmenbedingungen für die erfolgreiche Veranlagung in eine Vorsorgewohnung“; immolex 2004, 102.

Vonkilch, „Sanierungsbedarf beim WEG 2002“; wobl 2004, 87.

Vonkilch, „Zur Kündbarkeit von Wärmelieferungs-Einzelverträgen aus wohnrechtlicher Sicht“; wobl 2005, 1.

Vonkilch, „Anmerkungen zum Ministerialentwurf für eine Wohnrechtsnovelle 2005 (WRN 2005)“; wobl 2005, 82.

Vonkilch, „Zur (Un)Rechtmäßigkeit übermäßigen Gebrauchs der gemeinsamen Sache durch einen Miteigentümer“; wobl 2006, 138.

Würth, „Richterseminar zum neuen Mieten- u. Wohnungseigentumsrecht“; wobl 1994; 93.

Würth, „Ergebnisse des Bestandrichterseminars 1996“; wobl 1996; 173.

Würth, „Diskussionsergebnisse des Bestandrichterseminars 1997“; wobl 1997; 205.

Würth, „Die Auswirkungen der Erweiterten Wertgrenzennovelle 1997 im Wohnrecht – Ein erster Überblick“; wobl 1998, 61.

Würth, „Die Wohnrechtsnovelle 1999 - kritisch betrachtet“; Teil II - Wohnungseigentumsrecht; wobl 2000, 133.

Würth, „Richtertagung am Tulbingerkogel 2000“; wobl 2000; 356.

Würth, „Kleine Änderungen – große Wirkungen“; wobl 2004; 243.

Würth, „Zur Wohnrechtsnovelle 2006 – ein Nekrolog“; 1. Teil: wobl 2006; 105; 2. Teil: wobl 2006, 133.

D) Fachzeitschriften, Zeitschriften, Magazine

wobl	Wohnrechtliche Blätter
immolex	Fachzeitschrift für Immobilienrecht
ImmZ	Österreichische Immobilienzeitung
ecolex	Fachzeitschrift für Wirtschaftsrecht
ÖJZ	Österreichische Juristenzeitung
JBL	Juristische Blätter
AnwBl.	Österreichisches Anwaltsblatt
NZ	Österreichische Notariats-Zeitung
RZ	Österreichische Richterzeitung
Andere:	Der Österreichische Hausbesitz; Hausbesitzer-Zeitung; Hauseigentümer-Magazin; Immobilien-Magazin Gewinn; Trend, Trend-Extra.

II.
ENTSTEHUNG UND AUFBAU DES WEG; BEGRIFFSBESTIMMUNGEN; NUTZFLÄCHE; NUTZWERT; MINDESTANTEIL; ABGRENZUNGEN; VERHÄLTNIS WEG - MRG

(§§ 1,2, 4, 7 bis 12 WEG)

1) Entstehung des WEG; aktuelle Situation; Ausblick

Der Begriff des Wohnungseigentums wurde mit dem Wohnungseigentumsgesetz BGBl 1948/149 (WEG 1948) geschaffen.
Es sollte eine dem Bedarf an neuzuschaffendem Wohnraum Rechnung tragende eigentumsähnliche Nutzungsform gefunden werden.
Allerdings hat der Gesetzgeber seinerzeit die Bedeutung bzw das große Interesse an dieser neuen Rechtsform unterschätzt, so dass die Regelungen des WEG 1948 in vielen Bereichen unzulänglich blieben. Insbesondere der Schutz des einzelnen Wohnungseigentumsbewerbers gegenüber dem Wohnungseigentumsorganisator erwies sich als nicht ausreichend.

Es wurde daher das Wohnungseigentumsgesetz 1975 (WEG 1975) mit Wirkung vom 1.9.1975 geschaffen (in der Folge jeweils zitiert als WEG 1975).
Dabei handelte es sich um das erste Gesetz in Österreich, das dem Gedanken des Konsumentenschutzes ausdrücklich Rechnung trug (sieht man von den weit früheren, im Kern ähnlichen Überlegungen im Bereich der Mietengesetzgebung ab).

Das WEG 1975 wurde mehrmals novelliert. Es erfolgten zum einen Änderungen durch andere Gesetze (zB Eherechtsänderungsgesetz, Insolvenzrechtsänderungsgesetz), zum anderen Eingriffe direkt in das WEG 1975.
Von Bedeutung ist vor allem auch die durch das MRG (mit Wirkung vom 1.1.1982) erfolgte Novellierung, die eine Vereinheitlichung des Instandhaltungsbegriffes und der Wärmekostenverrechnung mit sich brachte.
Allerdings wurde die Vorschrift des § 19 Abs 1 Z 1 WEG 1975 (idF vor dem 3. WÄG) über die Verrechnung der Wärmekosten vom Verfassungsgerichtshof als verfassungswidrig aufgehoben und danach durch das Heizkostenabrechnungsgesetz (BGBl 1992/827 - HeizKG) ersetzt. Dieses wiederum - obgleich überwiegend erst mit 1.1.1994 in Kraft getreten - erfuhr mit dem (zur gleichen Zeit in Kraft getretenen) 3. Wohnrechtsänderungsgesetz (3. WÄG) bereits die erste Novellierung.
Das 3. WÄG hat darüber hinaus wichtige Veränderungen gebracht, insbesondere wurde das Problem der KFZ-Abstellflächen als Zubehör neu geregelt sowie erstmals Bestimmungen über die Begründung von Wohnungseigentum durch Richterspruch, die Willensbildung innerhalb der Miteigentümergemeinschaft, das Zustandekommen und die Anfechtbarkeit von Beschlüssen, die Wohnungseigentümergemeinschaft und über Substandardwohnungen aufgenommen.
Weitere Änderungen erfolgten mit dem Bauträgervertragsgesetz (inkraftgetreten per 1.1.1997), der Wohnrechtsnovelle 1997 (WRN 1997 – inkraftgetreten

per 1.3.1997) und der Wohnrechtsnovelle 1999 (WRN 1999 – inkraftgetreten zum Teil per 1.9.1999 sowie zum Teil per 1.1.2000).
Letztere brachte ua einschneidende Veränderungen im Zusammenhang mit dem Schutz des Minderheitseigentümers, führte ein gesetzliches Vorzugspfandrecht ein, novellierte die Möglichkeiten zum Abschluss von Vereinbarungen über die Verteilung von Aufwendungen und Erträgnissen und erklärte die Verwaltungsbestimmungen des WEG schon im Vorstadium der Wohnungseigentumsbegründung für anwendbar.

Die vielen Novellen zum WEG 1975 konnten - selbstverständlich - nicht zu dessen Übersichtlichkeit beitragen. Darüber hinaus wurden in der Vergangenheit immer wieder diverse Änderungswünsche, sowohl aus der Praxis als auch aus der Lehre, an den Gesetzgeber herangetragen, von diesem aber - teils mit, teils ohne (überzeugende) - Begründung abgelehnt bzw jedenfalls nicht verwirklicht. Schließlich konnte das WEG 1975 zuletzt auch von seinem Aufbau her nach Ansicht einiger Kritiker nicht mehr den Ansprüchen eines modernen, den Vorgaben der EU entsprechenden Gesetzes genügen.
Der Gesetzgeber entschloss sich daher - nach der Verabschiedung einer Wohnrechtsnovelle 2000 (WRN 2000, inkraftgetreten per 1.7.2000), die allerdings vorwiegend dem Mietrecht gewidmet war, sowie in der Folge auch noch einer dem WGG gewidmeten Wohnrechtsnovelle 2002 (WRN 2002) und einer weiteren Novellierung des Mietrechts mit der Mietrechtsnovelle 2001 (MRN 2001, inkraftgetreten per 1.1.2002) - das WEG 1975 durch ein völlig neues Wohnungseigentumsgesetz, eben das WEG 2002 per 1.7.2002 zu ersetzen (im Nachstehenden immer kurz zitiert als „WEG").

Die Gesetzeswerdung nahm einen Zeitraum von gut eineinhalb Jahren in Anspruch. Nach den fraglos lobenswerten Bemühungen des Justizministeriums im Herbst 2000, durch die Beiziehung anerkannter Wohnrechtsexperten zu einem wohnungseigentumsrechtlichen Arbeitskreis ein wohl durchdachtes, den in der Vergangenheit erkannten Mängeln des WEG 1975 Rechnung tragendes Werk zu schaffen, wurde im Frühsommer 2001 - aufbauend auf den Beratungen im Arbeitskreis - ein Ministerialentwurf erstellt und darüber ein Begutachtungsverfahren abgeführt. Der daran anknüpfende Folgeentwurf vom Dezember 2001 berücksichtigte mehrere Anregungen aus dem Begutachtungsverfahren. Danach ging es Schlag auf Schlag. Die weiteren Gesetzesentwürfe bzw Regierungsvorlage(n) wechselten in atemberaubendem Tempo, wobei die Ideen der Experten zunehmend von jenen der Politik abgelöst wurden. Die dabei eiligst in das letztendlich am 20.3.2002 beschlossene Gesetz gelangten - durchaus weitreichenden - Änderungen erwiesen sich in den Folgejahren teilweise als problematisch; allerdings kann heute - fast vier Jahre nach dem Inkrafttreten des WEG 2002 - in einer ersten Zusammenfassung schon gesagt werden, dass sich das neue Gesetz im Großen und Ganzen bewährt (hat).
Zu den von Lehre und Praxis, aber auch - wie die nun doch noch Gesetz gewordene Wohnrechtsnovelle 2006 (WRN 2006) zeigt - vom Gesetzgeber mittlerweile (großteils zu Recht) grundsätzlich als novellierungsbedürftig angesehenen Bereichen zähl(t)en - unter anderem - Regelungen über

- den Kfz-Abstellplatz (WE-Begründung an Parkwippen; Vereinfachung der Umwandlung von Zubehör-WE in selbständiges Wohnungseigentum);

- die obligatorische WE-Begründung (Möglichkeit zur Widmung von Wohnungen und anderen Räumlichkeiten als allgemeine Teile der Liegenschaft; Klarstellungen zur Einverleibungsklage);
- die Änderung von Nutzwerten (vor der Novelle nur autoritativ durch Gericht bzw Schlichtungsstelle möglich);
- die Eigentümerpartnerschaft (erweiterte Möglichkeiten für die Vereinbarung des Ausschlusses der Teilungsklage; Veräußerung des halben Mindestanteils mit Zustimmung des Partners; Gläubigerschutz bei Tod eines Eigentümerpartners);
- die Aktivlegitimation der Eigentümergemeinschaft (Durchsetzung bestimmter Gewährleistungs-, Schadenersatz- und Unterlassungsansprüche);
- die Ersichtlichmachung von Namen und Anschrift des Wohnungseigentumsverwalters im Grundbuch (Erleichterungen bei der Eintragung, aber auch bei der Löschung);
- die Verwaltung schlechthin (etwa Auskunftspflichten des Verwalters; Frage des vom Verwalter einzurichtenden Kontos);
- die Beschlussfassung (Vereinfachungen bei der Bekanntmachung, Rechtsbelehrungspflichten, Wegfall des Schriftformgebots beim additiven Umlaufbeschluss);
- die Sanierung von WE-Begründungen noch nach den Bestimmungen des WEG 1975 im zeitlichen Geltungsbereich des WEG 2002.

In all diesen Punkten bringt nun die WRN 2006 - ausführlich in diesem Buch besprochene - Änderungen.

Darüber hinaus könnte eine Reihe weiterer Regelungen verbessert werden; die obige Auflistung erhebt insofern keinen Anspruch auf Vollständigkeit.

Ausgehend davon, dass das Wohnungseigentum heute

- in einem Ausmaß Verbreitung findet, an das der historische Gesetzgeber vermutlich nie gedacht hat (man denke etwa an die WE-Begründung in Einkaufszentren, auf völlig unterschiedlich - gewerblich neben privat - genutzten Liegenschaften, in Reihenhausanlagen, in riesigen, von der Anzahl der Bewohner her mit einer Kleinstadt vergleichbaren Siedlungsblöcken uva)
- und somit keinesfalls nur mehr (woran der historische Gesetzgeber - vgl schon die Bezeichnung „Wohnungs"eigentum - wohl primär gedacht hat) der Befriedigung des (eigenen) dringenden Wohnbedürfnisses dient, sondern - neben der erwähnten unmittelbaren geschäftlichen Nutzung - zunehmend auch als Veranlagungsform Verbreitung findet,
- woraus wiederum völlig unterschiedliche Interessen der Beteiligten resultieren (was sich - Tendenz steigend - sowohl in einem der Willlensbildung abträglichen Desinteresse, als auch in einem „verdichteten Rechtsbewusstsein" mancher Gemeinschafter niederschlagen kann),

wird der Gesetzgeber nicht umhin können, einige der „Dogmen" des geltenden Wohnungseigentumsrechts, wie insbesondere

- das Prinzip der absoluten Mehrheit (gerechnet nach bücherlichen Anteilen) bei der Beschlussfassung oder

- das Gebot der Einstimmigkeit in Verteilungs- und Nutzungsfragen (Änderung des Aufteilungsschlüssels, Schaffung eigener Abrechnungs- und Abstimmungseinheiten; Benützungsregelungen, Gemeinschaftsordnung),
- die (nur) „Quasi"rechtspersönlichkeit der Eigentümergemeinschaft (die sich vor allem darin manifestiert, dass eine gelegentlich aus hunderten Miteigentümern bestehende Gemeinschaft - sieht man vom Verwalter bzw dem nur in eingeschränktem Ausmaß tätig werdenden Eigentümervertreter ab - über keine vertretungsbefugten Organe verfügt bzw verfügen darf), aber auch
- die Zwangsbeglückung der Wohnungseigentümer mit bisweilen gar nicht gewünschten Hausanschlägen sowie
- den „Typenzwang" bei der WE-Begründung an Kfz-Abstellplätzen (im WEG 1975 ausschließlich in Form des Zubehör-Wohnungseigentums, im WEG 2002 ausschließlich in Form des selbständigen Wohnungseigentums) und die - im Ergebnis sinnlosen - Veräußerungsbeschränkungen beim Kfz-Abstellplatz während der ersten drei Jahre nach der Wohnungseigentumsbegründung oder
- die - vor allem haftungsmäßig (Makler, Vertragserrichter), wegen der möglichen wirtschaftlichen Auswirkungen aber auch ganz allgemein - bedenkliche Bindungswirkung verschiedener Vereinbarungen (etwa in Verteilungsfragen oder bei Benützungsregelungen) für jeden Einzelrechtsnachfolger auch ohne bücherliche Ersichtlichmachung

gründlich zu überdenken.
Handlungsbedarf des Gesetzgebers besteht weiters im Zusammenhang mit der Durchsetzung der (dem Vollanwendungsbereich des MRG entspringenden) Rechte jener Mieter, die erst nach Begründung des Wohnungseigentums das Mietobjekt angemietet haben und sich daher - anders als „Altmieter" (vgl § 4 WEG) - nicht (subsidiär) an die Eigentümergemeinschaft wenden können (etwa bei der Durchsetzung von Erhaltungs- und Verbesserungspflichten des Vermieters gemäß §§ 3 bis 5 MRG sowie Änderungen bzw Verbesserungen gemäß § 9 MRG oder in Rechnungslegungsfragen gemäß §§ 20, 21 MRG).
Schließlich stünde dem WEG eine - über den bisweilen gar nicht passenden Verweis auf § 3 MRG (vgl § 28 Abs 1 Z 1 WEG) hinausgehende - Umschreibung des Erhaltungsbegriffs (samt Klarstellungen, in welchen Fällen den einzelnen Wohnungseigentümer oder eben die Eigentümergemeinschaft Pflichten treffen), gut an.

2)
Aufbau des WEG

Das Gesetz regelt bzw enthält in (den)

- §§ 1 und 2 (= 1. Abschnitt) allgemeine Aussagen zum Regelungsgegenstand des Gesetzes sowie Begriffsdefinitionen;
- §§ 3 bis 6 (= 2. Abschnitt) die Begründung und den Erwerb des Wohnungseigentums (mit speziellen Regelungen betreffend den Abstellplatz für Kraftfahrzeuge) sowie die Wirkung der Wohnungseigentumsbegründung auf ein bestehendes Mietverhältnis;

- §§ 7 bis 12 (= 3. Abschnitt) die Nutzfläche, den Nutzwert und den Mindestanteil;
- §§ 13 bis 15 (= 4. Abschnitt) die Eigentümerpartnerschaft;
- §§ 16 und 17 (= 5. Abschnitt) die Nutzung, Änderung und Erhaltung des (einzelnen) Wohnungseigentumsobjektes sowie die Benützungsregelung;
- §§ 18 bis 27 (= 6. Abschnitt) die Eigentümergemeinschaft, den (gemeinsamen) Verwalter (dessen Bestellung, Ersichtlichmachung im Grundbuch, Aufgaben und Befugnisse, die Auflösung und Verlängerung des Verwaltungsvertrages), sowie den vorläufigen Verwalter, weiters den Eigentümervertreter, die Beschlussfassungsregeln, die Eigentümerversammlung, die Gemeinschaftsordnung und das gesetzliche Vorzugspfandrecht;
- §§ 28 bis 34 (= 7. Abschnitt) die ordentliche und die außerordentliche Verwaltung, die Minderheitsrechte und die Anzeigepflicht des einzelnen Wohnungseigentümers, die Rücklage, die Aufteilung der Aufwendungen (Verteilungsschlüssel, Abrechnungseinheit, Abstimmungseinheit, Gemeinschaftsanlagen), die Verteilung der Erträgnisse und die Abrechnung;
- §§ 35 und 36 (= 8. Abschnitt) die Beendigung von Wohnungs- und Miteigentum (Erlöschen des Wohnungseigentums, Aufhebung der Gemeinschaft des Eigentums und Ausschließung von Wohnungseigentümern;
- § 37 bis 44 (= 9. Abschnitt) Schutzvorschriften für den Wohnungseigentumsbewerber wie Annahmeverbot, Ansprüche des Wohnungseigentumsbewerbers, rechtsunwirksame Vereinbarungen, Rücktritt des Wohnungseigentumsorganisators, grundbücherliche Sicherung des Wohnungseigentumsbewerbers, Zustimmung zur Nachfinanzierung, Rangordnung für die beabsichtigte Einräumung des Wohnungseigentums, Klage auf Einverleibung des Eigentumsrechts und Fortsetzung der Bauführung bei Insolvenz des Wohnungseigentumsorganisators;
- § 45 bis 51 (= 10. Abschnitt) Regelungen über das vorläufige Wohnungseigentum (Begründung von Wohnungseigentum durch den Alleineigentümer);
- § 52 und 53 (= 11. Abschnitt) verfahrens- und gebührenrechtliche Bestimmungen (wohnungseigentumsrechtliches Außerstreitverfahren und Gerichtsgebühren);
- § 54 bis 59 (= 12. Abschnitt) Sanierungs-, Übergangs- und Schlussbestimmungen.

Von besonderer Bedeutung für das Wohnungseigentumsrecht sind weiters:

- das Wohnungseigentumsbegleitgesetz 2002 (WE-BeG 2002);
- das Heizkostenabrechnungsgesetz (HeizKG);
- das Bauträgervertragsgesetz (BTVG);
- das Außerstreitgesetz (AußStrG),
  das Außerstreitbegleitgesetz (AußStr-BegleitG) und das
  Wohnrechtliche Außerstreitbegleitgesetz (WohnAußStr-BeglG).

3) Begriff des Wohnungseigentums

(§ 2 Abs 1 WEG)

Die Legaldefinition des Wohnungseigentums findet sich in § 2 Abs 1 WEG:

"Wohnungseigentum ist das dem Miteigentümer einer Liegenschaft oder einer Eigentümerpartnerschaft eingeräumte dingliche Recht, ein Wohnungseigentumsobjekt ausschließlich zu nutzen und allein darüber zu verfügen.
Vorläufiges Wohnungseigentum ist das nach den Regelungen im 10. Abschnitt beschränkte Wohnungseigentum, das unter den dort umschriebenen Voraussetzungen vom Alleineigentümer einer Liegenschaft begründet werden kann".

Wohnungseigentum ist somit - primär - eine Art des Miteigentums.

⇒ An dieser Qualifikation ändert auch das erst durch das WEG ermöglichte „vorläufige" Wohnungseigentum des Alleineigentümers nichts. Dieses stellt im Grunde genommen nur eine Möglichkeit für den Alleineigentümer dar, „echtes" Wohnungseigentum rechtlich vorzubereiten (vgl die in Deutschland dafür übliche - den Kern der Sache besser treffende - Bezeichnung „Vorratsteilung"). Erst mit Hinzukommen eines weiteren Eigentümers, also ab dem Moment, wo eine andere Person Miteigentum erwirbt, geht das vorläufige Wohnungseigentum in „echtes" Wohnungseigentum über.

Mit dem Wohnungseigentum verbunden ist das fruchtgenussähnliche - alle übrigen Wohnungseigentümer ausschließende - Nutzungsrecht an einem bestimmten Wohnungseigentumsobjekt (WE-Objekt).

⇒ Die Aussage, wonach der Wohnungseigentümer nicht Eigentümer (sondern eben nur Nutzungsberechtigter) seiner Wohnung (oder seines sonstigen Wohnungseigentumsobjekts) ist, mag das Weltbild vieler (laienhafter) Wohnungseigentümer ins Wanken bringen, ist aber rechtlich korrekt.

Der einzelne Wohnungseigentümer kann über seinen Miteigentumsanteil frei verfügen (diesen zB verkaufen); damit untrennbar verbunden ist stets das betreffende (zugeordnete) Wohnungseigentumsobjekt (Wohnung, sonstige selbständige Räumlichkeit oder Abstellplatz für ein Kraftfahrzeug; jeweils allenfalls verbunden mit Zubehör).

⇒ Das Wohnungseigentumsobjekt selbst kann der Wohnungseigentümer sohin ausschließlich nutzen (wie etwa durch Vermietung, Verpachtung oder sonstige Gebrauchsüberlassung); die Grenzen der Verfügungsgewalt finden sich indes dort, wo die Interessen anderer Wohnungseigentümer beeinträchtigt werden (vgl insbesondere § 16 WEG).

Hinsichtlich der allgemeinen Teile des Hauses und der Liegenschaft (etwa Stiegenhaus, Gang, Fassade, Dach, Aufzug, Heizungsanlage, Garten) genießt der einzelne Wohnungseigentümer die Rechte eines Miteigentümers (ideelles Miteigentum); darüber darf er somit nicht ausschließlich verfügen.

⇒ Mangels konkreter (Benützungs-)Vereinbarung (= Benützungsregelung gemäß § 17 WEG) kann allerdings von einem Miteigentümer keine Vergütung dafür gefordert werden, dass dieser einen größeren Teil der gemeinsamen Sache benützte, als seiner Miteigentumsquote entsprach.[1]

---

[1] OGH 10.5.2005, 5 Ob 4/05g (= EWr W/24/10 ff).

4)
Weitere Begriffsbestimmungen im Wohnungseigentumsrecht
(§ 2 WEG)

Dem Aufbau moderner Gesetze folgend, bietet das WEG - anders noch als das WEG 1975 - eine Reihe von Legaldefinitionen wichtiger wohnungseigentumsrechtlicher Begriffe im Rahmen eines eigens dafür geschaffenen Paragraphen (§ 2 WEG).

> ⇒ Die separaten Begriffsbestimmungen in § 2 WEG bringen nicht nur Vorteile; in einigen Fällen tragen sie eher zur Unübersichtlichkeit bei. Während nämlich das WEG 1975 manche Begriffe in einem Paragraphen abschließend regelte, findet sich im aktuellen Gesetz eine Aufsplittung dergestalt, dass einerseits in § 2 WEG und andererseits in einer weiteren Bestimmung auf den Regelungsgegenstand eingegangen wird (vgl zB § 2 Abs 10 und §§ 13 bis 15 WEG zur Eigentümerpartnerschaft).

Der Begriff des Wohnungseigentums wurde bereits erörtert (siehe oben S 27); im Folgenden wird auf weitere Begriffsbestimmungen in § 2 WEG eingegangen.

> ⇒ Der besseren Übersicht halber erfolgt die Besprechung der Begriffe Nutzfläche, Nutzwert und Mindestanteil - unter Einbeziehung der diesbezüglichen Regelungen des 3. Abschnitts des WEG (§§ 7 bis 12 WEG) - gesondert unter II. 5) bis 7 (ab S 43).

a)
Wohnungseigentumsobjekt
(§ 2 Abs 2 WEG)

Ohne es an dieser Stelle des Gesetzes ausdrücklich zum Ausdruck zu bringen, listet § 2 Abs 2 WEG taxativ jene Objekte auf, die für die Begründung von selbständigem Wohnungseigentum geeignet sind (= wohnungseigentumstaugliche Objekte).

Im Gegensatz dazu stehen Teile der Liegenschaft, an denen entweder nur Zubehör-Wohnungseigentum (§ 2 Abs 3 WEG - siehe sogleich unten) oder überhaupt kein Wohnungseigentum (§ 2 Abs 4 WEG - siehe ebenfalls sogleich unten) begründet werden kann.

> ⇒ Nach herrschender Judikatur kann ein Wohnungseigentümer seinen mit Wohnungseigentum an einem bestimmten Objekt verbundenen Mindestanteil auch mit Realservituten zugunsten des Wohnungseigentümers eines anderen Mindestanteils derselben Liegenschaft belasten (dies betrifft auch Zubehör-Wohnungseigentum; es darf aber nicht in die gemeinschaftlichen Nutzungsrechte an allgemeinen Teilen der Liegenschaft eingegriffen werden).[2]

Das Gesetz nennt als Wohnungseigentumsobjekte

- Wohnungen,
- sonstige selbständige Räumlichkeiten und
- Abstellplätze für Kraftfahrzeuge (an denen Wohnungseigentum begründet wurde).

---

[2] OGH 9.12.2003, 5 Ob 270/03x (= EWr II/1/64 ff) mit weitergehenden Ausführungen zur Ersitzung eines Zugangsrechts.

⇒ Die Bezeichnung „Wohnungseigentumsobjekt“ fand sich nicht im WEG 1975 und ist daher als gesetzlicher Terminus neu; sie entspricht aber durchaus der schon davor üblichen Benennung eines im Wohnungseigentum stehenden Objektes.

Dazu im Einzelnen:

- **Wohnungen**

Eine Wohnung ist - nach der nunmehr im WEG enthaltenen Definition, die sich an jene der vormaligen Rechtsprechung hält[3] - „ein baulich abgeschlossener, nach der Verkehrsauffassung selbständiger Teil eines Gebäudes, der nach seiner Art und Größe geeignet ist, der Befriedigung eines individuellen Wohnbedürfnisses von Menschen zu dienen“.

⇒ Nicht zwingend gefordert ist, dass das WE-Objekt eine bauliche Einheit bilden muss (zB räumlich getrennter Abstellraum möglich).

⇒ Allerdings muss die ausschließliche Benützbarkeit der Wohnung durch den jeweiligen Wohnungseigentümer gewährleistet sein. Ein „Durchgangszimmer“, durch das andere Wohnungseigentümer gehen müssten, um die ihnen zur Mitbenützung zugewiesenen Teile des Hauses (etwa einen Dachbodenraum) erreichen zu können, ist ebensowenig wohnungseigentumsfähig[4] wie ein Zugangsweg zu Heizraum und Regelventilen.[5]
Wohnungseigentumstauglich ist eine Wohnung sohin nur dann, wenn sie ohne Inanspruchnahme eines anderen Wohnungseigentumsobjektes benützt werden kann und eine bauliche Abtrennung gegenüber anderen Objekten vorhanden ist.

⇒ Unter den Begriff der "selbständigen Wohnung" sind auch Einfamilienhäuser (bzw Reihenhäuser) zu subsumieren.

Im WEG sind auch wieder „Substandardwohnungen“ (gemeint Wohnungen, die von der Ausstattung her nicht über zumindest Wasserentnahmestelle und Klosett im Inneren verfügen) als (zur Begründung von selbständigem Wohnungseigentum taugliche) Wohnungen anzusehen.

⇒ Das in das WEG 1975 mit dem 3. WÄG per 1.1.1994 eingefügte Verbot der Begründung von Wohnungseigentum an derartigen Objekten (§ 1 Abs 3 WEG 1975)[6] wurde in das aktuelle WEG nicht wieder aufgenommen.

Der Gesetzgeber ist sogar noch einen Schritt weiter gegangen und hat in den Übergangsbestimmungen mit § 56 Abs 2 WEG (siehe unten S 412) eine Sanierungsregelung für jene Fälle geschaffen, in denen im zeitlichen Geltungsbereich des § 1 Abs 3 WEG 1975 - contra legem - Wohnungseigentum an Substandardwohnungen begründet wurde: Das Wohnungseigentum an derartigen Objekten gilt

---

[3] OGH 9.7.1982, 7 Ob 572/92 mwN (= EWr I/1/11);
zum Begriff der baulichen Abgeschlossenheit bzw Abgrenzung vgl auch OGH 22.9.1993, 5 Ob 57/93 (= EWr II/13/31 ff).
[4] OGH 13.1.1995, 5 Ob 5/95 (= EWr II/1/7 ff).
[5] OGH 2.9.1997, 5 Ob 188/97a (= EWr II/1/27 ff).
[6] Siehe dazu ausführlich - samt Judikaturnachweisen - *ÖVI/Dirnbacher, WEG 2000, 30 f.*

ab 1.7.2002 als wirksam begründet, sofern die Wohnungseigentumsbegründung nach der nun geltenden Rechtslage gültig wäre!

⇒ Die Regelung wirkt „rechtshygienisch unappetitlich", weil sie - im Nachhinein - alle jene Eigentümer (und vor allem auch deren Rechtsberater) vor den Kopf stößt, die in den Jahren 1994 bis Mitte 2002 nicht mit Hilfe diverser Umgehungskonstruktionen Wohnungseigentum an Substandardobjekten begründet und somit zugleich die allfälligen Nachteile beim Entstehen gemischter Eigentumsverhältnisse hingenommen haben.
Andererseits konnte damit für die Zeit ab 1.7.2002 Rechtssicherheit geschaffen werden, weil die latente Gefahr der (von jedem Mit- und Wohnungseigentümer relevierbaren) Nichtigkeit der Wohnungseigentumsbegründung beseitigt wurde.

- **Sonstige selbständige Räumlichkeit**

Eine sonstige selbständige Räumlichkeit ist nach der gesetzlichen Definition ein „baulich abgeschlossener, nach der Verkehrsauffassung selbständiger Teil eines Gebäudes, dem nach seiner Art und Größe eine erhebliche wirtschaftliche Bedeutung zukommt, wie etwa ein selbständiger Geschäftsraum oder eine Garage".

⇒ Mit der ausdrücklichen Erwähnung der „erheblichen wirtschaftlichen Bedeutung" knüpft der Gesetzgeber an jene Rechtsprechung an, die - als „Lager" bezeichneten - Kellerräumlichkeiten mit einem Ausmaß von einigen wenigen Quadratmetern Nutzfläche die Tauglichkeit zur Begründung von selbständigem Wohnungseigentum abgesprochen hat;[7] auch die bauliche Abgeschlossenheit war schon vor der Legaldefinition Kriterium für die Beurteilung der Wohnungseigentumstauglichkeit. [8]

⇒ Unter den „sonstigen selbständigen Räumlichkeiten" sind neben „typischen" Geschäftsobjekten (wie etwa Straßenverkaufslokale, Lager oder Magazine) auch alle anderen zu einer geschäftlichen Nutzung bestimmten Räumlichkeiten (etwa Büros, Ordinationen, Ateliers etc) zu verstehen.

⇒ Besondere Bedeutung kommt der im Gesetzestext beispielshaft erwähnten „Garage" zu; dies im Hinblick auf die zusätzlich geschaffene Möglichkeit zur Begründung von selbständigem Wohnungseigentum auch an einem „Abstellplatz für ein Kraftfahrzeug" (siehe dazu sogleich unten).
Unter einer Garage ist ein zumindest fünfseitig umschlossener Raum zum Zweck des Einstellens eines Kraftfahrzeuges zu verstehen. Dies kann eine einzelne Garagenbox, genauso gut aber auch eine große Sammelgarage (etwa die Tiefgarage eines Wohn- und/oder Geschäftshauses) sein.
Wird an der gesamten Räumlichkeit Wohnungseigentum begründet, so handelt es sich beim Wohnungseigentumsobjekt um eine „sonstige selbständige Räumlichkeit"; wird hingegen nur an den einzelnen Stellplätzen innerhalb der Räumlichkeit Wohnungseigentum begründet, so handelt es sich bei den Wohnungseigentumsobjekten jeweils um einen „Abstellplatz für ein Kraftfahrzeug".

---

[7] OGH 24.9.1996, 5 Ob 2220/96y (= EWr II/1/24 ff).
[8] OGH 24.11.1998, 5 Ob 287/98m (= EWr II/13/110 ff).

Wird an einer Einzelgarage (Garagenbox) Wohnungseigentum begründet, so handelt es sich bei diesem Wohnungseigentumsobjekt - siehe die demonstrative Erwähnung in § 2 Abs 2 WEG - jedenfalls um eine „sonstige selbständige Räumlichkeit" (und nicht - wahlweise - um einen „Abstellplatz für ein Kraftfahrzeug"); dies hat auch dann zu gelten, wenn sich innerhalb einer größeren Garage baulich abgegrenzte Garagenboxen befinden, an denen jeweils Wohnungseigentum begründet wird. Die Unterscheidung ist vor allem wegen der „Veräußerungsbeschränkung" bzw „Verteilungsregelung" des § 5 Abs 2 WEG - dazu unten ab S 77 - von Bedeutung.

- **Abstellplatz für ein Kraftfahrzeug**

Darunter versteht das Gesetz „eine - etwa durch Bodenmarkierung - deutlich abgegrenzte Bodenfläche, die ausschließlich zum Abstellen eines Kraftfahrzeugs gewidmet und dazu nach ihrer Größe, Lage und Beschaffenheit geeignet ist".

Mit dem „Abstellplatz für ein Kraftfahrzeug" hat das WEG gegenüber der früheren Rechtslage ein neues, zur Begründung von selbständigem Wohnungseigentum taugliches Objekt geschaffen. Der Gesetzgeber ist damit einem über viele Jahre geäußerten Wunsch eines Großteils der Lehre und der Praxis nachgekommen.

⇒ Im WEG 1975 konnte bis zuletzt außerhalb eines „wohnungseigentumsrechlichen Parkhauses" (§ 1 Abs 1 letzter Satz WEG 1975) an einer Autoabstellfläche kein selbständiges Wohnungseigentum begründet werden.[9] So war etwa die Schaffung von selbständigem Wohnungseigentum an einem Stellplatz in einer Doppelgarage nicht zulässig[10] (es konnte nur Zubehör-Wohnungseigentum oder aber an der gesamten Doppelgarage - wie auch an noch größeren Garagen, die der Einstellung einer Vielzahl von Kraftfahrzeugen dienen - selbständiges Wohnungseigentum begründet werden). Das nunmehrige WEG gestattet hingegen entweder die Einräumung von selbständigem Wohnungseigentum an der gesamten Garage oder an den einzelnen Plätzen innerhalb der Garage; Zubehör-Wohnungseigentum an Einzelplätzen kommt indes nicht mehr in Frage (siehe sogleich unten).

Ebenso wie - nach der WRN 2006 - bei Wohnungen und sonstigen selbständigen Räumlichkeiten (von erheblicher wirtschaftlicher Bedeutung) erwähnt § 3 Abs 2 WEG ausdrücklich, dass Abstellplätze nur nach Maßgabe der Widmung der (durch die) Miteigentümer wohnungseigentumsfähig sind.

⇒ Die Widmung erfolgt de jure mit dem Wohnungseigentumsvertrag, de facto durch entsprechenden Auftrag des WE-Organisators an den Sachverständigen zur Erstellung des Nutzwertgutachtens.

⇒ In der Bescheinigung gemäß § 6 Abs 1 Z 2 WEG (im WEG 1975: „§ 12-Bescheinigung") sind alle vorhandenen Kfz-Abstellplätze auf

---

[9] Vgl etwa OGH 11.12.1990, 5 Ob 101/90 (= EWr II/1/1); OGH 23.10.1991, 3 Ob 572/91 (= EWr II/1/6).

[10] OGH 15.12.1998, 5 Ob 185/98m (= EWr II/24/5 ff).

der Liegenschaft anzuführen; das Nutzwertgutachten hat hingegen nur die zur Begründung von selbständigem Wohnungseigentum konkret gewidmeten Kfz-Abstellplätze zu bewerten.

⇒ Ein nicht zur Begründung von (selbständigem) Wohnungseigentum gewidmeter Kfz-Abstellplatz ist jedenfalls allgemeiner Teil der Liegenschaft.

⇒ „Ausschließliche" Widmung bedeutet mE, dass der Platz nur dem Zweck des Abstellens eines Kraftfahrzeuges - und nicht etwa auch anderen Verwendungszwecken, sei es als Garten, als Spielplatz oder als Zufahrt - dienen soll (siehe dazu sogleich unten).

⇒ Ausschließliche Widmung nur für ein Kraftfahrzeug würde allerdings - streng dem Wortlaut nach - bedeuten, dass selbst eine Nutzung zum Abstellen eines Wohnwagens, eines (Boots-)Anhängers oder eines Fahrrads eine widmungswidrige (und daher durch Unterlassungsklage eines jeden Wohnungseigentümers bedrohte[11]) Verwendung darstellte.
Dies entspräche indes nicht der Verkehrsauffassung über die Nutzung eines Abstellplatzes.
ME sollte das verkehrsübliche Abstellen von Fahrzeugen bzw von mobilen Anhängern, ungeachtet des Vorhandenseins eines Motors, als vom Widmungszweck umfasst angesehen und daher toleriert werden (die Grenze wird dort überschritten sein, wo der Platz zur Lagerung von Fahrnissen ohne Bezug zu einem Kraftfahrzeug bzw zum Straßenverkehr - etwa Eiskästen, Möbel, Sperrmüll udgl - verwendet wird).
Schließt man sich nicht dieser Auffassung an, könnte an Flächen, die (auch) zum Abstellen eines Wohnwagens, Bootsanhängers, Fahrrades udgl vorgesehen sind, auch im WEG nur Zubehör-Wohnungseigentum begründet werden. Dies würde zu dem - auch im Zusammenhang mit der Ermittlung des Nutzwerts - eher seltsamen Ergebnis führen, dass ein und dieselbe Fläche als Zubehör-Wohnungseigentumsobjekt mehr Verwendungsmöglichkeiten (= Nutzen) brächte als wenn an ihr selbständiges Wohnungseigentum begründet worden wäre.
Darüber hinaus wäre bei enger Auslegung der Widmung („Kraftfahrzeug") - die mE notwendigerweise mit der Bejahung der Möglichkeit zur Begründung von Zubehör-WE an ähnlich, aber eben nicht exakt gleich gewidmeten Flächen (zB „Abstellplatz für Fahrzeuge") einhergehen müsste (weil man andernfalls zum untragbaren Ergebnis gelangte, dass bestimmte Flächen, obwohl nicht zwingend der allgemeinen Nutzung dienend, dennoch nicht zubehörwohnungseigentumstauglich wären) - eine vom Gesetzgeber (derzeit) wohl nicht gewünschte Gestaltungsfreiheit bei der Begründung des Wohnungseigentums (Wahlmöglichkeit zwischen selbständigem WE einerseits oder Zubehör-WE andererseits) gegeben wäre.

⇒ Höchstgerichtliche Rechtsprechung zur Frage der „ausschließlichen Widmung" (iS zulässiger Verwendung nur für Kraftfahrzeuge oder auch für andere Fahrzeuge) existiert derzeit (immerhin mehr als vier Jahre nach Inkrafttreten des WEG) - soweit überschaubar

---

[11] Vgl OGH 11.11.1997, 5 Ob 380/97m (= EWr II/13/78 f);
OGH 19.12.2000, 5 Ob 153/00m (= EWr II/13/142 ff);
OGH 11.12.2001, 5 Ob 207/01d (= EWr II/13/154 f) ua.

- nicht (die Materialien zur RV der WRN 2006 warnen vor einer ins „Paradoxe" gehenden - zu sehr einengenden - Auslegung).

Der Abstellplatz kann sich in einem Gebäude oder im Freien (überdacht oder auch nicht überdacht) befinden.

Darüber hinaus wurde mit der WRN 2006 durch die Hinzufügung eines Halbsatzes am Ende des § 2 Abs 2 WEG festgehalten, dass „eine Stellfläche etwa aus Metall, die zu einer technischen Vorrichtung zur Platz sparenden Unterbringung von Kraftfahrzeugen gehört, einer Bodenfläche gleichzuhalten ist".

⇒ Damit ist nun eindeutig normiert, dass im WEG auch einzelne Plätze einer Parkwippe (bzw Stapelparker und ähnliche technische Einrichtungen) zur Begründung von (selbständigem) Wohnungseigentum tauglich sind.

⇒ Aus der Stammfassung des WEG ging dies nicht hervor.
Fest stand lediglich, dass der Oberste Gerichtshof den Einzelstellplatz auf einer Parkwippe grundsätzlich als wohnungseigentumstauglich ansah[12] (die Entscheidung erging allerdings noch zum WEG 1975, so dass sich die Frage nach selbständigem Wohnungseigentum oder bloß Zubehör-Wohnungseigentum nicht stellte). Danach vertrat der Oberste Gerichtshof (wie auch schon der Autor in der Vorauflage) die Auffassung, dass an Parkwippen - mangels der in § 2 Abs 2 letzter Satz ausdrücklich geforderten „Bodenfläche" - nur Zubehör-Wohnungseigentum (und eben nicht selbständiges Wohnungseigentum) begründet werden kann.[13]

⇒ Die nunmehrige (gegenüber der Rechtsprechung abweichende) Festlegung des Gesetzgebers ist legitim und dient der Klarheit.
Freilich wäre zugleich eine „Sanierungsregelung" für den Zeitraum 1.7.2002 bis 30.9.2006 zweckmäßig gewesen. In dieser Zeit wurde nämlich Wohnungseigentum an „Stapelparkern" in beiden Varianten, also sowohl als selbständiges Wohnungseigentum als auch als Zubehör-Wohnungseigentum, begründet (richtig war wohl - unter Beachtung höchstgerichtlicher Judikatur - die Form des Zubehör-Wohnungseigentums, woran auch die insofern missverständlichen Ausführungen in den Materialien zur RV der WRN 2006, die von einer „Klarstellung" sprechen, nichts ändern).
Leider enthält der mit der WRN 2006 neu geschaffene § 57 WEG diesbezüglich keine „Sanierungsanordnung".

⇒ Jedenfalls wird aber auch weiterhin auf die unterschiedlichen technischen Ausgestaltungen derartiger Konstruktionen derartiger „Parkmaschinen" Rücksicht zu nehmen sein.
Die Wohnungseigentumstauglichkeit setzt nämlich fraglos voraus, dass dem einzelnen WE immer die gleiche Fläche zur Verfügung steht. Wird das Fahrzeug (computergesteuert) jeweils auf eine (andere) freie Plattform, also nicht immer auf dieselbe, verbracht, kann mE weder selbständiges noch Zubehör-Wohnungseigentum begründet werden.

⇒ Die Materialien entfernen sich auch noch in einem weiteren Punkt von der Ansicht des Obersten Gerichtshofs.

---

[12] OGH 9.10.2001, 5 Ob 173/01d (= EWr II/1/57 ff sowie wobl 2002, 89/29 mit Anm Call).
[13] OGH 24.2.2004, 5 Ob 18/04i (= wobl 2004, 305/75 mit Anm Call).

Dieser hat im Zusammenhang mit der Erhaltungspflicht an Parkwippen - auch bzw vor allem was den „Wippenmechanismus" betrifft - festgehalten, dass diese jeweils den/die unmittelbar betroffenen Wohnungseigentümer trifft und dementsprechend die Gemeinschaft - abgesehen von der Behebung ernster Schäden des Hauses (§ 28 Abs 1 Z 1 WEG) - nicht verpflichtet ist, Erhaltungsarbeiten an im Wohnungseigentum stehenden Parkwippen vorzunehmen (trägt sie den Aufwand, den der Wohnungseigentümer hätte selbst machen müssen, so hat sie gegen den säumigen Miteigentümer den Anspruch auf Ersatz nach § 1042 ABGB);[14] mE käme der Eigentümergemeinschaft diesfalls auch das Vorzugspfandrecht (§ 27 Abs 1 Z 1 WEG) zu; es geht um einen Verwendungsanspruch, der seine Wurzel in der Verwaltung der Liegenschaft hat.[15]
Demgegenüber argumentieren die Materialien - durchaus nachvollziehbar -, dass am Wippenmechanismus (anders als an der Stellfläche selbst) ja gar kein Wohnungseigentum begründet ist und es sich dementsprechend (weitere Alternativen kennt das WEG nicht) um eine allgemeine - sohin der Instandhaltungspflicht der Gemeinschaft unterliegende - Einrichtung handelt.
Folgt man dieser Auffassung, bietet es sich geradezu an, von der Möglichkeit zur (einvernehmlich schriftlichen) Festlegung abweichender Abrechnungs- und Abstimmungseinheiten (§ 32 Abs 2 WEG – siehe unten ab S 310) Gebrauch zu machen (zweckmäßigerweise gleich im Wohnungseigentumsvertrag).

⇒ Ein Stapelparker (konkret im Anlassfall: Hebevorrichtung mit Absenkmöglichkeit der unteren Abstellfläche) ist kein dreidimensional abgegrenztes Gebilde und daher keine Räumlichkeit iSd § 1 MRG (auch keine analoge Anwendbarkeit der Bestimmungen des MRG im Vermietungsfall).[16]

Die jeweilige Lage ist bei der Berechnung des Nutzwerts (der - außer zur Berücksichtigung von Zubehörobjekten - die Nutzfläche des Abstellplatzes rechnerisch nicht übersteigen darf; siehe unten S 47) zu berücksichtigen (§ 8 Abs 3 WEG).

⇒ Die Erwähnung der Zubehörobjekte stellt eine sinnvolle Neueinfügung in § 8 Abs 3 WEG durch die WRN 2006 dar.

Der Abstellplatz muss <u>deutlich</u> abgegrenzt sein.

⇒ Die ausdrückliche Erwähnung der „Bodenmarkierung" im Gesetzestext als Beispiel für eine ausreichend deutliche Abgrenzung erspart wohl die meisten der sonst denkbaren Auslegungsprobleme im Zusammenhang mit der Abgrenzung.
Die mögliche Nichterkennbarkeit der Abgrenzung bei Schneelage nimmt das Gesetz - wie im Übrigen ja auch bei Markierungen im Straßenverkehr - in Kauf.
Als einer Bodenmarkierung gleichwertig anzusehen sind damit mE auch strukturierte oder farblich abweichende Bodenbeläge (etwa Pflastersteine), die (ohne witterungsbedingte Einflüsse) eine Abgrenzung der Bodenfläche erkennen lassen. Desgleichen muss es als ausreichend angesehen werden, wenn die Boden-

---

[14] OGH 9.10.2001, 5 Ob 173/01d (= EWr II/1/57 ff sowie wobl 2002, 89/29 mit Anm Call).
[15] In diesem Sinne mE auch zu verstehen OGH 29.10.2004, 5 Ob 95/04p (= EWr W/27/14 ff).
[16] OGH 20.10.2005, 3 Ob 11/05x (= EWr I/1/219 f).

markierung nur die jeweiligen Eckpunkte der Abstellfläche (und damit aber auch das Flächenausmaß) ersichtlich macht.

⇒ Naturgemäß für die Verbücherung erforderlich - wiewohl nicht expressis verbis im Gesetz erwähnt - wird auch eine eindeutige Bezeichnung des Abstellplatzes sein.

Das Gesetz sagt im Zusammenhang mit der Größe eines Kfz-Abstellplatzes nichts aus über eine allfällige Mindest- oder Obergrenze. Der Abstellplatz muss lediglich - auch im Hinblick auf die Größe - geeignet sein, um ein Kraftfahrzeug darauf abzustellen.

⇒ Es kann sohin auch an einem von der Größe her bloß für das Abstellen eines einspurigen Kraftfahrzeuges geeigneten Platz selbständiges Wohnungseigentum begründet werden; ebenso aber auch an einem Abstellplatz für einen Sattelschlepper.

⇒ Offen bleibt weiter, ob der gesetzliche Terminus „Abstellplatz für ein Kraftfahrzeug" als Zahlwort zu verstehen ist.
Mit anderen Worten: Kann wirklich jeweils nur an einem (einzigen) Abstellplatz selbständiges Wohnungseigentum begründet werden, oder ist auch eine Fläche, die mehreren Kraftfahrzeugen Raum zum Abstellen bietet, zur Begründung von selbständigem „Kfz-Abstellplatzwohnungseigentum" tauglich?
Konsequent scheint die Auslegung, dass die Größe insoweit irrelevant bleibt, als die Gesamtfläche ausschließlich dem Abstellen von Kraftfahrzeugen - und nicht auch einem anderen Zweck (und sei es bloß jener der Zu- und Abfahrt) - dient (siehe dazu auch gleich unten die Ausführungen zur Zubehör-Wohnungseigentumstauglichkeit).

⇒ An einer baulich abgeschlossenen Garagenbox sowie überhaupt jeweils an der gesamten Garage ist das Wohnungseigentum weiterhin als solches an einer „sonstigen selbständigen Räumlichkeit" (siehe § 2 Abs 2 WEG) anzusehen (hingegen wird an einzelnen Plätzen innerhalb einer Garage Wohnungseigentum an einem „Kfz-Abstellplatz" begründet).

Zubehör-Wohnungseigentum an einem Kfz-Abstellplatz kann im aktuellen Recht nicht mehr neu begründet werden.

⇒ Mögliche Ausnahme siehe sogleich unten.

⇒ An der (weitgehend) ersatzlosen Abschaffung der Möglichkeit zur Begründung von Zubehör-Wohnungseigentum an einem Kfz-Abstellplatz wird in der Praxis zunehmend Kritik geübt. Begründet wird diese vor allem mit der Angst vor „Überfremdung" einer Wohnungseigentumsanlage (gemeint ist das Hinzutreten von Wohnungseigentümern, deren Interessen - etwa an der Erhaltung der Baulichkeiten - gänzlich anders gelagert sind als jene der Wohnungseigentümer, die über Wohnungen oder andere selbständige Räumlichkeiten verfügen).
Freilich kann (und sollte) diesem Problem durch die Schaffung eigener Abrechnungs- bzw Abstimmungseinheiten (§ 32 WEG) Rechnung getragen werden.
De lege ferenda wäre mE freilich zu überlegen, die von der Praxis offenbar gewünschte Wahlmöglichkeit zwischen selbständigem Wohnungseigentum einerseits und Zubehör-Wohnungseigentum andererseits zuzulassen (siehe dazu schon S 25).

Das vor dem Inkrafttreten des WEG (1.7.2002) begründete Zubehör-Wohnungseigentum an Kfz-Abstellplätzen bleibt indes weiterhin gültig (§ 56 Abs 1 WEG).

⇒ Die eigentliche Bedeutung dieser Regelung scheint mE darin zu liegen, dass das vor Inkrafttreten des WEG 2002 bereits begründete Zubehör-Wohnungseigentum an Kfz-Abstellplätzen auch dann „weiterhin gültig" (= aufrecht) bleibt, wenn im Zusammenhang mit anderen Objekten der Liegenschaft Veränderungen vorgenommen werden (etwa die nachträgliche Begründung des Wohnungseigentums an den Anteilen des schlichten Miteigentümers oder die „Überführung" eines im Zubehör-WE stehenden Kfz-Abstellplatzes eines anderen Wohnungseigentümers in ein selbständiges Wohnungseigentumsobjekt); siehe zu diesem Auslegungsproblem auch sogleich unten S 38.
Darüber hinaus bringt die Regelung fraglos zum Ausdruck, dass auch weiterhin ein selbständiges Wohnungseigentumsobjekt in Verbindung mit einem im Zubehörwohnungseigentum stehenden Kfz-Abstellplätz veräußert werden kann.
Nach überwiegender Lehrmeinung verneint werden muss indes (entgegen der in der Vorauflage vertretenen Ansicht) die Möglichkeit zur Übertragung eines im Zubehör-WE stehenden Kfz-Abstellplatzes in das Zubehör-WE eines anderen Wohnungseigentümers; diesfalls bedarf es zuvor der „Verselbständigung" des Abstellplatzes[17] (die durch die Neuformulierung des § 56 Abs 1 WEG mit der WRN 2006 wesentlich vereinfacht wurde).

Im Übrigen muss es im Hinblick darauf, dass das Gesetz zum einen die Widmung ausschließlich zum Abstellen eines Kfz fordert, zum anderen aber (weiterhin) die Zubehör-Wohnungseigentumstauglichkeit von Flächen (grundsätzlich) nicht in Frage stellt, seit dem 1.7.2002 ebenso als (weiterhin) zulässig angesehen werden, an Freiflächen, die (nur) auch dem Abstellen von Kraftfahrzeugen dienen, Zubehör-Wohnungseigentum zu begründen.

⇒ Dabei könnte es sich etwa um einen Vorgarten samt Autoabstellplatz handeln (insbesondere, wenn die Fläche als einziger Zugang zu einer Eigentumswohnung dient[18]), aber auch um einen größeren Parkplatz mit den darauf befindlichen Zufahrtsstraßen, Wegen und allenfalls Grünflächen.

⇒ Die Grenze zum Umgehungsgeschäft ist damit fließend.

⇒ Grundsätzlich gilt jedenfalls: An einem Abstellplatz für ein Kraftfahrzeug kann derzeit - je nach der Widmung bzw je nach dessen Ausgestaltung - selbständiges Wohnungseigentum begründet werden oder der Platz bleibt als Allgemeinfläche im ideellen Eigentum der Miteigentümer.
Bei Freiflächen hingegen, die nicht ausschließlich dem Abstellen eines Kraftfahrzeuges gewidmet sind, können sich Alternativen ergeben zwischen Zubehör-Wohnungseigentum einerseits und allgemeinem Teil der Liegenschaft andererseits (nochmals der Hinweis: die Materialien zur RV der WRN 2006 warnen vor einer ins „Paradoxe" gehenden Auslegung).

---

[17] Noch zur Rechtslage WEG 1975: OGH 26.2.2002, 5 Ob 236/01v (= EWr II/1/62 f).
[18] OGH 24.2.2004, 5 Ob 311/03A (= wobl 2004, 304/74 mit Anm Call).

Die Übergangsbestimmungen enthalten auch im Zusammenhang mit Kfz-Abstellplätzen eine „Sanierungsregelung“ für jene Fälle, in denen im zeitlichen Geltungsbereich des § 1 Abs 2 WEG 1975 - contra legem - selbständiges Wohnungseigentum begründet wurde: Derartiges Wohnungseigentum gilt nach dem 30.6.2002 als wirksam begründet, sofern die WE-Begründung nach der (neuen) Rechtslage des WEG gültig wäre! (§ 56 Abs 2 WEG; siehe unten S 412).

⇒ Damit werden die vor allem in Westösterreich des Öfteren vorgenommenen (nichtigen) Wohnungseigentumsbegründungen an Kfz-Abstellflächen (als selbständige Wohnungseigentumsobjekte) nachträglich saniert.

Der Erwerb des Wohnungseigentums an einem Abstellplatz für Kraftfahrzeuge unterliegt innerhalb der ersten drei Jahre ab Begründung des Wohnungseigentums einigen wesentlichen Beschränkungen (§ 5 Abs 2 WEG [ebenfalls novelliert durch die WRN 2006] - siehe dazu unten ab S 77).

b)
Zubehör-Wohnungseigentum
(§ 2 Abs 3 WEG)

Darunter versteht das Gesetz das mit dem Wohnungseigentum verbundene Recht, andere, mit dem Wohnungseigentumsobjekt baulich nicht verbundene Teile der Liegenschaft, wie etwa Keller- oder Dachbodenräume, Hausgärten oder Lagerplätze, ausschließlich zu nutzen.

- Diese rechtliche Verbindung setzt voraus, dass das Zubehörobjekt ohne Inanspruchnahme anderer Wohnungseigentums- oder Zubehörobjekte zugänglich und deutlich abgegrenzt ist.
  - ⇒ Eine „sinnlich wahrnehmbare“ Abgrenzung ist als ausreichend anzusehen (daher nicht unbedingt erforderlich die Errichtung von Zäunen oder Mauern).[19]
  - ⇒ Kein Zubehör-Wohnungseigentum an einem Spitzboden, in dem sich Kamintürchen der Allgemeinheit und auch deren Satellitenanlage befinden.[20]
  - ⇒ Grundsätzlich kann aber am Dachgeschoss Zubehör-Wohnungseigentum begründet werden.[21]
- Die mangelnde Sonderrechtsfähigkeit des Zubehör-Wohnungseigentums[22] bedingt sohin, dass der Eigentümer des Zubehörs auch Wohnungseigentümer eines selbständigen Wohnungseigentumsobjektes sein muss.
  - ⇒ Mit dem Wohnungseigentumsobjekt baulich verbundene Teile der Liegenschaft (beispielsweise ein nur vom Wohnungseigentumsobjekt aus erreichbarer Balkon) sind nicht Gegenstand des Zubehör-Wohnungseigentums;[23] sie sind vielmehr (mitzubewertender) Bestandteil des selbständigen Wohnungseigentumsobjekts.

---

[19] OGH 9.12.2003, 5 Ob 270/03x (= EWr II/1/64 ff).
[20] OGH 15.3.2005, 5 Ob 245/04x (= EWr II/1/70 f).
[21] OGH 21.3.2006, 5 Ob 223/05p (= EWr W/38/1 ff).
[22] OGH 26.2.2002, 5 Ob 236/01v (= EWr II/1/62 f) ua.
[23] Anders noch - zum WEG 1975 ergangen - OGH 28.9.1999, 5 Ob 249/99z (= EWr II/14/64 ff) und OGH 10.5.2000, 5 Ob 294/99t (= EWr II/13a/14 ff).

⇒ Der im WEG 1975 wichtigste Fall des Zubehör-Wohnungseigentums, der Abstellplatz für ein Kraftfahrzeug, ist im WEG (bezogen auf den Neubegründungsfall) als Zubehör nicht mehr existent (siehe dazu oben).

⇒ Leider schweigen Gesetz und erläuternde Bemerkungen zu einigen für die Praxis wesentlichen Fragen im Zusammenhang mit dem vor dem 1.7.2002 begründeten Zubehör-WE an Kfz-Abstellplätzen.

Kann - bei nachträglicher weiterer Begründung von Wohnungseigentum im gemischten Haus - Zubehör-WE an Kfz-Abstellplätzen weiterhin neu begründet werden?

- ME nein, weil die Neubegründung von Zubehör-WE an Kfz-Abstellplätzen ausnahmslos nicht mehr vorgesehen ist. Allerdings könnte die Übergangsregelung des § 56 Abs 4 WEG, wonach die weitere Begründung des Wohnungseigentums nur zulässig ist, wenn sie sich ua auch „auf alle restlichen Abstellplätze für Kraftfahrzeuge bezieht, die nach der Widmung der Miteigentümer als Wohnungseigentumsobjekte vorgesehen sind" auch anders interpretiert werden. Die bestehende (vor dem WEG 2002 getroffene) Widmung kann sich nämlich gar nicht auf Kfz-Abstellplätze als selbständige Wohnungseigentumsobjekte beziehen, sodass - in vielen Fällen - ein neues Nutzwertgutachten erforderlich wäre (was sofort zur nachfolgend angeführten Frage führt).

Müssen bei nachträglicher weiterer Begründung von Wohnungseigentum an den Anteilen der bislang schlichten Miteigentümer auch die bisher im Zubehör-WE stehenden Kfz-Abstellplätze in selbständiges Wohnungseigentum überführt werden?

- ME nein. Das stärkste Argument dagegen ergibt sich aus der Übergangsregelung des § 56 Abs 1 WEG, wonach die Verbindung einer Wohnung oder sonstigen selbständigen Räumlichkeit mit einem Abstellplatz für ein Kraftfahrzeug weiterhin gültig bleibt. Dieser Anordnung käme mE kaum normative Bedeutung zu, legte man sie nicht dahingehend aus, dass nur eine „Veränderung" unmittelbar beim betroffenen Objekt - und nicht auch im Zusammenhang mit anderen Anteilen - zur Beseitigung des Zubehör-Wohnungseigentums am Kfz-Abstellplatz führt.

Müssen im Fall der „Umwandlung" von Zubehör-Wohnungseigentum an Kfz-Abstellplätzen alle derartigen Zubehörobjekte (also auch die der nicht „änderungswilligen" WE) einbezogen werden?

- Nein (siehe die obigen Ausführungen zur nachträglichen Begründung von WE an den Anteilen schlichter Miteigentümer).

c)
Allgemeine Teile der Liegenschaft
(§ 2 Abs 4 WEG; § 3 Abs 3 WEG)

- Darunter werden jene Teile der Liegenschaft verstanden, die der „allgemeinen Benützung dienen oder deren Zweckbestimmung einer ausschließlichen Benützung entgegensteht".

⇒ Im Hinblick darauf, dass das WEG (anders als das WEG 1975) - im Fall der Neubegründung (bzw der nachträglichen weiteren Begründung) von Wohnungseigentum - freie, also nicht mit Wohnungseigentum verbundene Anteile (schlichte Miteigentumsanteile) nicht mehr kennt (§ 3 Abs 2 WEG sowie § 56 Abs 4 WEG), sind jedenfalls alle nicht im Wohnungseigentum (bzw Zubehör-Wohnungseigentum) stehenden Teile der Liegenschaft als allgemeine Teile anzusehen. Diese stehen im ideellen Miteigentum der Wohnungseigentümer.

- Das Gesetz listet - anders als noch das WEG 1975 - keine Beispiele mehr auf für Objekte, die nach der obigen Definition der „allgemeinen Teile der Liegenschaft" grundsätzlich untauglich sind zur Begründung von Wohnungseigentum (bzw Zubehör-Wohnungseigentum).[24]
  - ⇒ Im alten Recht fand sich das Verbot der (Neu-)Begründung von Wohnungseigentum an „Substandardwohnungen"[25], weiters wurden - bis zur WRN 2000 (Inkraftgetreten per 1.7.2000) - expressis verbis erwähnt die Hausbesorgerdienstwohnung[26] und die gemeinsame Wärmeversorgungsanlage.[27]
    Dessen ungeachtet kann weiterhin auf die bisherige Lehre und Rechtsprechung zu diesem Thema zurückgegriffen werden, weil das Gesetz diesbezüglich materiell keine Änderung erfahren hat.

Inwieweit ein Objekt zur Begründung von Wohnungseigentum (Zubehör-Wohnungseigentum) untauglich ist, ergibt sich aus

- der Zweckbestimmung (= notwendige Widmung)
  - ⇒ Notwendig allgemeine Teile sind solche, die kraft ihrer faktischen Beschaffenheit von vornherein nicht als Wohnung oder Zubehör nutzbar sind, weil ihnen die Eignung fehlt, selbständig und ausschließlich benützt zu werden (nicht notwendig muss ein solcher Teil von sämtlichen Miteigentümern benützt werden können; dem Erfordernis der allgemeinen Benützung wird auch Rechnung getragen, wenn ein Teil der Miteigentümer auf die Benützung angewiesen ist).[28]
  - ⇒ Als Beispiele können genannt werden:
    Stiegen und Gänge; allgemeine Verkehrswege und Rangierflächen; eventuell auch ein Hof.[29]

oder

- aus einer zwischen den Vertragspartnern (idR dem Wohnungseigentumsorganisator und den Wohnungseigentumsbewerbern) vereinbarten Regelung (= gewillkürte Widmung).
  - ⇒ Vermutlich meint das Gesetz bei Erwähnung jener Teile der Liegenschaft, „die der allgemeinen Benützung dienen", solche, die dieser Aufgabe kraft gewillkürter Widmung nachkommen.
  - ⇒ Als Beispiele können genannt werden:
    Waschküche; Kinderwagen- und Fahrradabstellraum; Gemeinschaftssauna; Heizraum für gemeinsame Wärmeversorgungsanlage.[30]

---

[24] Vgl dazu OGH 22.10.1991, 5 Ob 104/91 (= EWr II/1/5).
[25] Siehe dazu ausführlich - samt Judikaturnachweisen - *ÖVI/Dirnbacher, WEG 2000, 30 ff.*
[26] Judikaturnachweise dazu siehe in *ÖVI/Dirnbacher, WEG 2000, 27 f.*
[27] Nach der Judikatur auch ein Heizraum: OGH 22.10.1991, 5 Ob 104/91 (= EWr II/1/5).
[28] OGH 12.9.2002, 5 Ob 181/02g (= EWr II/19/113 ff).
[29] OGH 7.6.1995, 5 Ob 83/95 (= EWr II/1/11 ff).
[30] OGH 22.10.1991, 5 Ob 104/91 (= EWr II/1/5).

⇒ Die gewillkürte Widmung kann nachträglich (einvernehmlich) geändert werden[31] (etwa hinsichtlich der nicht mehr benötigten Hausbesorgerdienstwohnung).

- An allgemeinen Teilen der Liegenschaft kann Wohnungseigentum nicht begründet werden (§ 3 Abs 3 WEG).

⇒ Diese Regelung entspricht der Rechtslage des WEG 1975, womit die vormalige Judikatur jedenfalls anwendbar bleibt.

⇒ Verstöße gegen § 3 Abs 3 WEG (vormals § 1 Abs 4 WEG 1975) und darauf aufbauende bücherliche Eintragungen sind mit Nichtigkeit bedroht.[32]

- Inwieweit an einem - jedenfalls wohnungseigentumstauglichen (siehe oben) - Objekt Wohnungseigentum zu begründen ist, ergibt sich ausschließlich aus der Widmung der Miteigentümer.

⇒ Die WRN 2006 hat die vormals (sprachlich) verunglückte Formulierung des § 3 Abs 2 WEG repariert.
Es steht nun eindeutig fest, dass zwar an allen bewerteten Objekten Wohnungseigentum begründet werden muss, dass aber nicht alle an sich wohnungseigentumstauglichen Objekte auch tatsächlich bewertet werden müssen.
Im Zusammenhang mit den obigen Ausführungen führt dies zum Ergebnis, dass alle nicht bewerteten Objekte als allgemeine Teile der Liegenschaft anzusehen sind (Näheres dazu siehe unten ab S 73).

⇒ Die im WEG 1975 für Substandardwohnungen[33] gegebene Ausnahme existiert im WEG nicht mehr.

d)
Wohnungseigentümer, Eigentümergemeinschaft
(§ 2 Abs 5 WEG)

- Darunter versteht das Gesetz einen „Miteigentümer der Liegenschaft, dem Wohnungseigentum an einem darauf befindlichen Wohnungseigentumsobjekt zukommt".

⇒ Anders als in Abs 1 leg cit geht die gesetzliche Definition hier auf den vorläufigen Wohnungseigentümer nicht ein.
Andererseits ist die Umschreibung insoweit überschießend, als an allen Liegenschaften, an denen nach dem 30.6.2002 Wohnungseigentum begründet wurde (sieht man von der mit der WRN 2006 durch § 57 Abs 1 WEG geschaffenen - temporären - Ausnahme [siehe unten S 418] ab), Miteigentum ohne zugeordnetes Wohnungseigentum - also nur schlichtes Miteigentum - gar nicht mehr möglich ist.

⇒ Hinsichtlich der nicht im Wohnungseigentum stehenden allgemeinen Teile der Liegenschaft (Abs 4 leg cit) sind die Wohnungsei-

---

[31] OGH 13.1.1995, 5 Ob 5/95 (= EWr II/1/7 ff).
[32] OGH 25.6.1991, 5 Ob 1/91 (= EWr II/1/2 f);
OGH 9.6.1998, 5 Ob 152/98h (= EWr II/1/32);
OGH 13.7.1999, 5 Ob 305/98h (= EWr II/1/39 ff);
OGH 12.2.2002, 5 Ob 230/01m (= EWr II/4/3 f).
[33] OGH 12.12.1995, 5 Ob 126/95 (= EWr II/1/16 ff);
OGH 23.4.1996, 5 Ob 128/95 (= EWr II/1/21 ff).

gentümer auch im WEG als ideelle Miteigentümer anzusehen. Diesbezüglich kommen ihnen gemeinsame - nicht exakt abgegrenzte - Nutzungsrechte zu.[34]

- Gemäß dem zweiten Satz des § 2 Abs 5 WEG bilden alle Wohnungseigentümer „zur Verwaltung der Liegenschaft die Eigentümergemeinschaft"; diese ist eine juristische Person mit Rechtsfähigkeit „in dem durch § 18 Abs 1 und 2 WEG umschriebenen Umfang" (siehe dazu unten ab S 169).
  - ⇒ Die Erwähnung auch des § 18 Abs 2 WEG in § 2 Abs 5 WEG erfolgte mit der WRN 2006 und soll klarstellen, dass der Eigentümergemeinschaft auch die Rechtsfähigkeit zur Geltendmachung der ihr (auf Grund der insofern neuen Rechtslage – siehe unten ab S 176) abgetretenen Unterlassungs-, Gewährleistungs- und Schadenersatzansprüche zukommt.
  - ⇒ In (noch) bestehenden „gemischten Häusern" gehören der Eigentümergemeinschaft weiterhin alle Mit- und Wohnungseigentümer an.

e) Wohnungseigentumsbewerber, Wohnungseigentumsorganisator; Miteigentumsbewerber

(§ 2 Abs 6 WEG)

- Als Wohnungseigentumsbewerber ist derjenige anzusehen, dem
  - schriftlich,
  - sei es auch bedingt oder befristet,
  - von einem Wohnungseigentumsorganisator die Einräumung von Wohnungseigentum an einem bestimmt bezeichneten wohnungseigentumstauglichen Objekt zugesagt wurde.
- Als Miteigentumsbewerber ist derjenige anzusehen, dem
  - im Fall der Begründung von vorläufigem Wohnungseigentum
  - schriftlich,
  - sei es auch bedingt oder befristet,
  - vom (früheren) Alleineigentümer die Einräumung von Miteigentum an der Liegenschaft und der Erwerb von Wohnungseigentum an einem bestimmt bezeichneten Wohnungseigentumsobjekt zugesagt wurde.
    - ⇒ Ob diese auf den Erwerb vom vorläufigen Wohnungseigentümer Bezug nehmende Bezeichnung bzw Differenzierung zweckmäßig ist, darf bezweifelt werden (zumal ja der „Miteigentumsbewerber" in gleicher Weise den Erwerb eines Wohnungseigentumsobjektes anstrebt wie der Wohnungseigentumsbewerber und zudem idR sehr rasch zum „echten" Wohnungseigentümer werden wird, da es lediglich der Verbücherung seines kaufgegenständlichen Miteigentumsanteils bedarf).
- Wohnungseigentumsorganisator ist
  - der Eigentümer oder

[34] OGH 21.3.2006, 5 Ob 61/06s (= EWr W/17/6 ff).

- der außerbücherliche Erwerber der Liegenschaft; sowie
- jeder, der mit dessen Wissen
  - die organisatorische Abwicklung des Bauvorhabens oder
  - (bei bereits bezogenen Gebäuden) der Wohnungseigentumsbegründung durchführt oder
  - an dieser Abwicklung in eigener Verantwortlichkeit beteiligt ist.
    - ⇒ Es können sohin auch mehrere (natürliche und/oder juristische) Personen Wohnungseigentumsorganisatoren sein.
    - ⇒ Einer Person oder Einrichtung, die sich auf Angelegenheiten der Kreditgewährung beschränkt, kommt nach bisheriger (und weiterhin anwendbarer) Rechtsprechung keine eigene Verantwortlichkeit an der Abwicklung des Wohnungseigentumsprojektes zu.[35]
    - ⇒ Die Beurteilung, ob jemand Wohnungseigentumsorganisator ist, kann regelmäßig nur anhand einer konkreten Fallkonstellation - insbesondere der Vertragsgestaltung - erfolgen.[36]
    - ⇒ Zu dem mit der WRN 2006 neu geschaffenen Begriff des „Wohnungseigentumsorganisators, der im Wohnungseigentumsvertrag als Hauptverantwortlicher für die Wohnungseigentumsbegründung und den Abverkauf der Wohnungseigentumsobjekte bezeichnet ist" (§ 5 Abs 2 WEG) siehe unten ab S 80.

f)
Eigentümerpartnerschaft
(§ 2 Abs 10 WEG)

Die Mehrzahl der Regelungen über die Eigentümerpartnerschaft findet sich in den §§ 13 bis 15 WEG (siehe dazu unten ab S 105).
§ 2 Abs 10 WEG enthält nur einen einzigen Satz mit folgender Aussage:

- Unter einer Eigentümerpartnerschaft ist die <u>Rechtsgemeinschaft</u>
  - <u>zweier</u>
  - <u>natürlicher Personen</u>

  zu verstehen, die <u>gemeinsam</u> Wohnungseigentümer
  - <u>eines</u> Wohnungseigentumsobjektes

  sind.
    - ⇒ Die normative Aussage des Abs 10 leg cit liegt zum einen darin, dass die Eigentümerpartnerschaft auf <u>zwei</u> Personen begrenzt ist (sohin der numerus clausus aus dem WEG 1975 generell von eins auf zwei angehoben wurde und nicht mehr nur für Ehegatten durchbrochen ist).
    - ⇒ Sollten mehr als zwei Personen Wohnungseigentum an einem Objekt anstreben, verbleibt - wie schon im WEG 1975 - die Möglichkeit der Vergesellschaftung. Die Gesellschaft als Wohnungseigentümerin ist freilich kein Fall der Eigentümerpartnerschaft; vielmehr handelt es sich diesfalls um alleiniges Wohnungseigentum (eben der Gesellschaft).
    - ⇒ Der Gesetzgeber hat mit der durch Artikel III des WE-BeG 2002 erfolgten Änderung des § 1 des Erwerbsgesellschaftengesetzes (EGG) versucht, die eingetragene Erwerbsgesellschaft (EEG),

---
[35] OGH 13.7.1993, 5 Ob 62/93 (= EWr II/23/1 f).
[36] OGH 10.3.1998, 5 Ob 412/97t (= EWr II/23/8 f).

also eine OEG oder KEG, - auch - dem Zweck des Erwerbs und der Nutzung und Verwaltung eigenen Vermögens (mithin auch eines Wohnungseigentumsobjektes) zuzuführen. Dabei wurde vor allem an eine Erbenmehrheit sowie an mehrere Personen, die ein Wohnungseigentumsobjekt als Vermögensanlage und zur Erzielung von Einnahmen aus Vermietung erwerben wollen, gedacht. Die mit der Neuformulierung des § 1 EGG erfolgte Erweiterung des Zweckes einer EEG diente freilich im Grunde genommen nur der Klarstellung, dass eine Erwerbsgesellschaft auch gegründet werden kann, wenn der Zweck nicht ausschließlich in der Absicht des gemeinsamen Erwerbs (im Sinne von Gewinnerzielung) liegt. § 1 EGG wurde zwar schon bisher von der Praxis in diesem Sinn gedeutet (dementsprechend wurden auch schon in der Vergangenheit eingetragene Erwerbsgesellschaften zum Zweck des Erwerbs und der Eigennutzung von Wohnungseigentumsobjekten gegründet); seit 1.7.2002 besteht aber kein Zweifel mehr an der Zulässigkeit dieser Vorgangsweise.

⇒ Zum anderen stellt Abs 10 leg cit (sowie § 5 Abs 1 WEG und indirekt auch § 12 Abs 2 WEG) klar, dass eine Eigentümerpartnerschaft nur zwischen zwei natürlichen Personen, also nicht auch zwischen zwei juristischen Personen oder zwischen einer juristischen und einer natürlichen Person möglich ist (im 4. Abschnitt des Gesetzes, also in den §§ 13 bis 15 WEG, die sich ausführlich der Eigentümerpartnerschaft widmen, findet sich kein derartiger Hinweis).

- Ab 1.7.2002 stellt auch das vormalige Ehegattenwohnungseigentum (vgl §§ 9 bis 11 WEG 1975) einen Anwendungsfall der Eigentümerpartnerschaft dar.

  ⇒ Das WEG sieht allerdings einige Privilegierungen für Ehegatten als Eigentümerpartner vor (siehe unten S 111 und S 127).

Soweit in anderen Rechtsvorschriften auf das Ehegattenwohnungseigentum Bezug genommen wird, ist darunter ab 1.7.2002 die Eigentümerpartnerschaft iSd WEG zu verstehen (§ 56 Abs 8 WEG).

5) Nutzfläche (und deren Berechnung)

(§ 2 Abs 7 WEG; § 7 WEG)

a) Allgemeines

Unter der Nutzfläche versteht das Gesetz die gesamte Bodenfläche eines Wohnungseigentumsobjekts abzüglich der Wandstärken sowie der im Verlauf der Wände befindlichen Durchbrechungen und Ausnehmungen.

⇒ Im Hinblick darauf, dass das WEG auch den Abstellplatz für ein Kraftfahrzeug als Wohnungseigentumsobjekt (mit Bodenfläche) kennt, ist im Bereich des Wohnungseigentums nicht mehr davon auszugehen, dass nur eine „Räumlichkeit" über eine Nutzfläche verfügen kann.

- Nicht zu berücksichtigen bei der Berechnung der Nutzfläche sind:
  - Treppen;

- Offene Balkone und Terrassen;
- Zubehörobjekte im Sinne des Abs 3 leg cit (etwa Keller- oder Dachbodenräume, Hausgärten oder Lagerplätze);
  Keller- und Dachbodenräume (im Zubehör-Wohnungseigentum) sind jedoch nur dann bei der Berechnung der Nutzfläche nicht zu berücksichtigen, wenn sie ihrer Ausstattung nach nicht für Wohn- oder Geschäftszwecke geeignet sind.

  ⇒ Die Definition der Nutzfläche entspricht weitgehend der vormaligen Regelung des § 6 Abs 1 WEG 1975; das WEG ist nur insofern unübersichtlicher, als es die Nutzfläche nicht mehr abschließend in einem Paragraphen umschreibt, sondern weitere Ausführungen dazu (über die Berechnung der Nutzfläche) in § 7 WEG enthält (freilich enthält auch schon § 2 Abs 3 WEG Angaben über die Berechnung der Nutzfläche).

Die Nutzfläche ist Ausgangsbasis bzw wichtigste Berechnungsgrundlage für den Nutzwert eines Objektes (dazu siehe sogleich unten).

b)
Berechnung der Nutzfläche

§ 7 WEG enthält folgende Regelungen über die Berechnung der Nutzfläche:

- Die Nutzfläche ist in Quadratmetern auszudrücken.
- Die Berechnung erfolgt auf Grund des behördlich genehmigten Bauplans.[37]
- Ist die Berechnung auf Grund des behördlich genehmigten Bauplans nicht möglich oder wird eine Abweichung des Bauplans vom Naturmaß des jeweiligen Wohnungseigentumsobjekts um mehr als 3 vH erwiesen, so ist dessen Nutzfläche nach dem Naturmaß zu berechnen.

  ⇒ Die Bagatellgrenze von 3 % gilt gemäß § 7 WEG - anders als nach § 6 Abs 3 WEG 1975 - für alle Gebäude (ohne Rücksicht auf das Datum der Baubewilligung).

  ⇒ Das Übergangsrecht enthält in § 56 Abs 7 WEG noch einen weiteren Fall, in dem auf das Naturmaß abzustellen ist: Wurde bei einem Haus, für das die Baubewilligung vor dem 1. Jänner 1985 erteilt wurde, in einem vor dem 1. Juli 2002 eingeleiteten Verfahren die Nutzfläche gemäß § 6 Abs 2 WEG 1975 nach dem Naturmaß berechnet, so bleibt die der Entscheidung zugrunde gelegte Nutzflächenberechnung weiterhin gültig.

  ⇒ Klargestellt gegenüber dem WEG 1975 wurde, dass es auf die allfällige Abweichung (um mehr als 3 %) beim jeweiligen Wohnungseigentumsobjekt („dessen Nutzfläche ....") ankommt (und nicht auf die Abweichung bezogen auf die gesamte Wohnungseigentumsanlage).

---

[37] OGH 11.11.2003, 5 Ob 184/03z (= EWr W/43/1 ff).

6)
Nutzwert (und dessen Berechnung);
Ermittlung und Änderung der Nutzwerte;
Recht zum Antrag auf gerichtliche Nutzwertfestsetzung;
Änderung der Miteigentumsanteile;
(Ausgleichspflicht)

(§ 2 Abs 8 WEG; §§ 8 bis 10 WEG)

a)
Allgemeines

Der Nutzwert ist die Maßzahl, mit der der Wert eines Wohnungseigentumsobjektes im Verhältnis zu den Werten der anderen Wohnungseigentumsobjekte der Liegenschaft bezeichnet wird.

⇒ Das Gesetz spricht - anders als das WEG 1975 - vom „Wert“, sagt aber nicht konkret, was darunter zu verstehen ist (Verkehrswert, Nutzungsmöglichkeit,[38] Verwertbarkeit?).
Jedenfalls bedeutet ein höherer Nutzwert nicht nur einen höheren „Wert“, sondern - sofern die Verteilung der Aufwendungen dem (seit 1.3.1997 im Mischhaus differenziert zur Anwendung gelangenden) „Normschlüssel“ des nunmehrigen § 32 Abs 1 WEG folgt - auch eine höhere Beteiligung an den Aufwendungen für die Liegenschaft. Dieser Nachteil wird idR nicht aufgehoben durch den höheren Anteil an den Erträgnissen (§ 33 WEG), weil die Wohnungseigentümergemeinschaft üblicherweise keine typische „Gewinngemeinschaft“ darstellt (in der Regel überwiegen die Aufwendungen die Erträgnisse bei weitem).[39]

⇒ Darüber hinaus bestimmt der Nutzwert - unabdingbar - die Stimmgewichtung innerhalb der Eigentümergemeinschaft (höherer Nutzwert = mehr Einfluss bei der Willensbildung).

⇒ Die Festsetzung bzw Bestimmung der Nutzwerte schafft indes keinen eigenen Rechtsgrund für die Nutzung; sie hat die Widmung nur nachzuvollziehen.[40]

- Der Nutzwert ergibt sich aus der Nutzfläche des Objektes unter Berücksichtigung von Zuschlägen oder Abstrichen für werterhöhende oder wertvermindernde Eigenschaften.

⇒ Die Verteilung der Aufwendungen nach dem Nutzwert stellt gegenüber der im Mietrecht üblichen Aufteilung nach der Nutzfläche (§ 17 MRG) zweifellos den „gerechteren“ Verteilungsschlüssel dar, weil - neben der Fläche - eben auch noch andere Besonderheiten eines Objektes (siehe sogleich unten) mitberücksichtigt werden.

b)
Berechnung des Nutzwerts

§ 8 WEG enthält folgende Regelungen über die Berechnung des Nutzwerts:

---

[38] Vgl OGH 13.7.2000, 5 Ob 177/00s (= EWr II/19/68 ff).
[39] In diesem Sinne auch: OGH 30.8.1994, 5 Ob 86/94 (= EWr II/13/44 ff).
[40] OGH 25.11.2003, 5 Ob 157/03d (= EWr W/16/1 ff).

- Der Nutzwert ist in einer ganzen Zahl auszudrücken, wobei Teilbeträge
  - unter 0,5 abgerundet und
  - ab 0,5 aufgerundet

  werden (§ 8 Abs 1, Satz 1 WEG).

- Die Berechnung erfolgt aus der
  - Nutzfläche und
  - aus Zuschlägen oder Abstrichen für Umstände, die nach der Verkehrsauffassung den Wert des Wohnungseigentumsobjektes erhöhen oder vermindern, wie etwa dessen Zweckbestimmung, Stockwerkslage, Lage innerhalb eines Stockwerks oder dessen Ausstattung mit offenen Balkonen, Terrassen und Zubehörobjekten im Sinne des § 2 Abs 3 WEG.

⇒ „Empfehlungen“ für Zuschläge und Abstriche bei der Nutzwertberechnung wurden - unter Berücksichtigung der Verkehrsauffassung bzw den „Erfahrungen des täglichen Lebens“ (Letztere noch im Gesetzestext des § 5 Abs 1 WEG 1975 genannt) - auf einer Tagung des Hauptverbandes der allgemein gerichtlich beeideten Sachverständigen Österreichs, Landesverband für Oberösterreich und Salzburg, im April 1997 erarbeitet.[41]
Abgesehen von den verbindlichen gesetzlichen Vorgaben des § 8 WEG existieren somit keine weiteren zwingenden Parifizierungsgrundsätze.[42] Der unbestimmte Gesetzesbegriff der „Verkehrsauffassung“ ermöglicht sohin einigen Spielraum bei der Ermittlung der Nutzwerte.

⇒ Die Darstellung des Nutzwerts erfolgt in Form eines Bruches, wobei der Zähler den für ein konkretes Wohnungseigentumsobjekt ermittelten Wert und der Nenner die Gesamtnutzwerte aller Objekte der Liegenschaft (Wohnungen, sonstige selbständige Räumlichkeiten und Kfz-Abstellplätze, jeweils samt zugeordnetem Zubehör) zum Ausdruck bringt.
Beispiel:
- Ermittelter Wert für ein konkretes Objekt (etwa Wohnung): 97.
- Gesamtnutzwert aller Objekte der Liegenschaft: 3829.
- Nutzwert des konkreten Objekts (Wohnung) sohin: 97/3829.

⇒ Der Nutzwert erfasst somit nicht nur das eigentliche (selbständige) Wohnungseigentumsobjekt, sondern auch die im Zubehör-Wohnungseigentum stehenden Teile (die durch die Einverleibung des Wohnungseigentums auf Grund der Nutzwertfestlegung sachenrechtlich mit dem [selbständigen] Wohnungseigentumsobjekt verbunden werden).

⇒ Eine rechtliche Trennung des Zubehörs vom (selbständigen) Wohnungseigentumsobjekt ist nach der erfolgten Zuordnung und Verbücherung nur mehr im Wege einer Neufestsetzung der Nutzwerte samt Verbücherung der neuen Nutzwerte möglich.

⇒ Mit der WRN 2006 entfallen ist der letzte Halbsatz des § 8 Abs 1 WEG (aF), wonach eine Verbesserung der sonstigen Ausstattung

---

[41] Abgedruckt etwa in der Zeitschrift „Der Sachverständige“, 1997, Heft 3 sowie in wobl 1997, 224 ff (Call).
[42] Vgl etwa (zu §§ 5 und 6 WEG 1975 OGH 28.1.1997, 5 Ob 2346/96b (= EWr II/3/5 ff).

oder der Grundrissgestaltung des Objektes nur zu berücksichtigen ist, wenn sie nicht allein auf Kosten des Miteigentümers vorgenommen wurde.

- Auch Zuschläge für die Ausstattung mit Zubehörobjekten sowie mit offenen Balkonen und Terrassen sind in einer ganzen Zahl auszudrücken, wobei die Rundungsregel des Abs 1, Satz 1 zur Anwendung gelangt.
  Der Zuschlag ist jedoch mindestens mit der Zahl Eins anzusetzen. (§ 8 Abs 2, Satz 1 WEG).
  - ⇒ Wird also trotz der Aufrundungsregel die Zahl Eins nicht erreicht, so ist der Nutzwert dennoch mit der Zahl Eins anzusetzen (Beispiel: 0,4 = 1).
  - ⇒ Die Einfügung der offenen Balkone und Terrassen in § 8 Abs 2 erster Satz WEG erfolgte mit der WRN 2006.

  Sonstige werterhöhende oder wertvermindernde Unterschiede, die insgesamt nur einen Zuschlag oder Abstrich von nicht mehr als 2 vH rechtfertigen würden, sind zu vernachlässigen. (§ 8 Abs 2, Satz 2 WEG).
  - ⇒ Nach der mit der WRN 2006 geänderten Fassung des § 8 Abs 2 erster Satz WEG gilt diese Regelung (des zweiten Satzes) nicht (mehr) für offene Balkone und Terrassen. Damit können also nun Balkone und Terrassen auch dann als werterhöhende Ausstattungen berücksichtigt werden, wenn die Berechnung einen Zuschlag von weniger als 2 % ergibt.
  - ⇒ Angesichts der mit der WRN 2006 geschaffenen Übergangsregelung des § 58 Abs 3 WEG kann weiterhin die Einverleibung von Wohnungseigentum auf Grund einer vor dem 1. Oktober 2006 erfolgten Nutzwertermittlung (bei der die Änderungen in § 8 Abs 2 WEG idF der WRN 2006 naturgemäß noch nicht berücksichtigt werden konnten) beantragt werden.

- Der Nutzwert eines Abstellplatzes für ein Kraftfahrzeug darf dessen Nutzfläche rechnerisch nicht übersteigen.
  - Dies gilt allerdings dann nicht, wenn die Berücksichtigung von Zubehörobjekten zu einem die Zahl 1 übersteigenden Nutzwert führt.
    - ⇒ Die (insofern uneingeschränkte) Möglichkeit zur Berücksichtigung von Zubehör zum Kraftfahrzeugabstellplatz bei der Ermittlung des Nutzwerts wurde mit der WRN 2006 eröffnet.

  Bei der Berechnung ist neben den in Abs 1 leg cit genannten Umständen auch zu berücksichtigen, ob der Abstellplatz in einem Gebäude oder im Freien liegt. Letzterenfalls ist zu berücksichtigen, ob er überdacht ist (§ 8 Abs 3 WEG).
  - ⇒ Das Gesetz normiert damit spezielle - über Abs 1 leg cit hinausgehende - Bewertungskriterien für Kfz-Abstellplätze (die aber durchaus der ebenso zu berücksichtigenden Verkehrsauffassung entsprechen).
    Nach der Anordnung des ersten Satzes darf sohin der Nutzwert eines beispielsweise 15 m^2 großen Kfz-Abstellplatzes im Zähler die Zahl 15 nicht übersteigen (sofern kein Zubehör wie etwa ein Abstellraum für das Einlagern von Reifen, Ersatzteilen etc damit verbunden ist).

- Näheres zu den im Gesetz demonstrativ erwähnten Beispielen für werterhöhende bzw wertvermindernde Kriterien:
  - Zweckbestimmung (= Widmung) des Objektes (zB Wohnung, Geschäftsraum bestimmter Art, etwa Verkaufslokal, Magazin, Büro usw; Kfz-Abstellplatz; Motorradabstellplatz)

    ⇒ Zum Nutzwert eines Kfz-Abstellplatzes siehe oben die Ausführungen zu § 8 Abs 3 WEG).

    ⇒ Dem geschäftlich genutzten Objekt wird idR ein höherer Nutzwert zugeordnet als einer (gleich großen) Wohnung; zwingend ist dies aber (mE) nicht.
    Daraus erhellt, daß die Festlegung des Verteilungsschlüssels nach der Nutzfläche (statt nach dem Nutzwert) idR zu Lasten der Eigentümer von Eigentumswohnungen geht, weil sich deren Anteil an den Aufwendungen damit erhöht.
    Gegenteiliges gilt freilich, wenn eine sonstige selbständige Räumlichkeit (etwa eine Garage oder ein Magazin) bzw ein Abstellplatz für ein Kraftfahrzeug vom Nutzwert her geringer bewertet wird als die von der Fläche her gleich große Wohnung.
    Andererseits kann eine (zu) hohe Bewertung von Geschäftsobjekten (insbesondere in schlechteren Lagen) für den betroffenen Wohnungseigentümer verheerende wirtschaftliche Auswirkungen haben (etwa Unvermietbarkeit wegen des - verteilt nach Nutzwerten - zu hohen Anteils des Objekts an den Betriebs- und Erhaltungskosten der Liegenschaft).
    Inwieweit daher statt der Aufteilung nach den Nutzwerten (vgl § 32 WEG) eine Aufteilung nach der Nutzfläche vereinbart werden soll (derartige Vereinbarungen finden sich des öfteren in Wohnungseigentumsverträgen), bedarf durchaus guter Überlegung.

- Stockwerkslage

  ⇒ zB Abstrich für hohe Stockwerkslage im Gebäude ohne Lift oder für die Lage eines Objekts im Keller.
  In diesem Zusammenhang können auch andere Faktoren wie etwa Beeinträchtigungen durch Lärm, Staub, Geruch und sonstige Immissionen beachtlich sein (wobei es angesichts der bloß demonstrativen Aufzählung der Bewertungskriterien im Gesetz keine Rolle spielt, ob diese unter „Stockwerkslage" oder unter „Lage innerhalb eines Stockwerks" oder als eigenständige Kriterien berücksichtigt werden).

- Lage innerhalb eines Stockwerkes

  ⇒ zB Zuschlag für Fernsicht, Südseite; Abschlag für schlechte Belichtung; exponierte Lage über Hauseinfahrt etc.

- Über- oder unterdurchschnittliche Ausstattung des Objektes im Verhältnis zu den anderen Objekten

  ⇒ zB Zuschlag für zweites WC; Abstrich für fehlendes Badezimmer.

- Bessere Grundrissgestaltung des Objektes, ebenfalls im Verhältnis zu den anderen Objekten des Hauses

  ⇒ zB alle Räume von einem Vorraum aus begehbar (keine Durchgangszimmer).

- Besondere Ausstattung sowie Zubehör zu Objekt
  ⇒ zB Balkon; Loggia; Terrasse (als Bestandteile des Objekts).
  ⇒ zB als Zubehör zugeordnete Keller- und/oder Dachbodenräumlichkeiten; Abstellplatz auf Parkwippe; Hausgarten, Schwimmbad, Sauna ua.

c)
Ermittlung und Änderung der Nutzwerte

Die Bestimmungen über die Ermittlung und Änderung der Nutzwerte finden sich in § 9 WEG; ergänzend dazu präzisiert und regelt § 10 WEG das Recht zum Antrag auf gerichtliche Nutzwertfestsetzung und die Änderung der Miteigentumsanteile sowie die Ausgleichspflicht im Zusammenhang mit der Übertragung von Miteigentumsanteilen.

Demnach sind die Nutzwerte durch das Gutachten eines

- für den Hochbau zuständigen Ziviltechnikers
  oder
- eines allgemein beeideten und gerichtlich zertifizierten Sachverständigen für das Hochbau- oder das Immobilienwesen

zu ermitteln (§ 9 Abs 1 WEG).

⇒ Die erstmalige Ermittlung der Nutzwerte hat sohin jedenfalls durch ein Gutachten eines der im Gesetz genannten Sachverständigen zu erfolgen; diesbezüglich besteht kein Wahlrecht zur Anrufung des Gerichtes bzw der Schlichtungsstelle (dies entsprach auch schon der Regelung im WEG 1975 seit 1.1.1997).
Die Beauftragung des Ziviltechnikers bzw Sachverständigen erfolgt über private Initiative des/der an der Begründung des Wohnungseigentums Interessierten („privative Nutzwertermittlung").

⇒ Daraus folgt allerdings nicht, dass die erstmalige Begründung des Wohnungseigentums immer nur auf Grund eines privativ eingeholten Nutzwertgutachtens erfolgen kann. Die Rechtsprechung hat nämlich zumindest für den Fall einander widersprechender privater Nutzwertberechnungen den Antrag auf Nutzwertfestsetzung durch das Gericht zugelassen.[43]
ME müsste das Antragsrecht auch dann bejaht werden, wenn nur ein einziges Nutzwertgutachten vorliegt und ein Verstoß gegen zwingende Grundsätze der Nutzwertermittlung behauptet wird.

Gemäß § 9 Abs 2 WEG sind die Nutzwerte auf Antrag vom Gericht (bzw der Schlichtungsstelle) -insbesondere - in folgenden Fällen abweichend vom Nutzwertgutachten (gemäß Abs 1 leg cit) festzusetzen:

⇒ Die Auflistung ist nicht taxativ,[44] wiewohl sie gegenüber jener in § 3 Abs 2 WEG 1975 - unter Bezugnahme auf die Judikatur - erweitert wurde.

⇒ Die im Gesetz ausnahmslos verwendete Bezeichnung „Gericht" meint zugleich auch die Gemeinde(schlichtungsstelle). Dies ergibt

---

[43] OGH 9.9.2003, 5 Ob 144/03t (= EWr W/9/1 ff).

[44] Zum WEG 1975 siehe etwa OGH 21.10.1994, 5 Ob 80/94 (= EWr II/3/3 f);
OGH 29.9.1998, 5 Ob 156/98x (= EWr II/3/12 f);
OGH 9.2.1999, 5 Ob 213/98d (= EWr II/19/53 ff);
OGH 26.2.2002, 5 Ob 252/01x (= EWr II/3/24 f).

sich aus der Regelung des § 52 Abs 3 WEG, wonach in den durch Kundmachung gemäß § 39 Abs 2 und § 50 MRG bestimmten Gemeinden ein Verfahren auf Nutzwertfestsetzung (§ 9 Abs 2 WEG) oder Nutzwertneufestsetzung (§ 9 Abs 3 WEG) bei Gericht nur eingeleitet werden kann, nachdem die Sache vorher bei der Gemeinde anhängig gemacht wurde; diesbezüglich gelten die § 39 (Abs 3 bis 5) und 40 MRG.[45]

⇒ Im Hinblick auf den mit der WRN 2006 neu eingefügten Abs 6 leg cit kann nun nicht mehr gesagt werden, dass es für jede Änderung der Nutzwerte, gleichviel, ob diese zunächst „privativ“ (also durch das Gutachten eines Ziviltechnikers bzw Sachverständigen) ermittelt oder „autoritativ“ (also vor dem 1.1.1997 durch Gericht bzw Schlichtungsstelle) festgesetzt wurden, jedenfalls der Einschaltung des Gerichtes bzw der Schlichtungsstelle bedarf.
Nunmehr ist ausdrücklich auch die Möglichkeit einer „privativen Änderung“ (= Neuermittlung) im Gesetz vorgesehen (Näheres unten S 53). Damit verliert auch das sogenannte „Salzburger bzw Halleiner Modell“ (einvernehmliche Aufhebung des bisherigen Wohnungseigentums und zeitgleiche Neubegründung des Wohnungseigentums mit Hilfe privativ ermittelter - neuer - Nutzwerte) an Bedeutung.

⇒ Die Rechtskraft des Nutzwertfestsetzungsbeschlusses soll durch eine Neufestsetzung nur im unbedingt notwendigen Ausmaß durchbrochen werden. Eine Korrektur der Nutzwerte hat daher im Neufestsetzungsverfahren nur insoweit zu erfolgen, als Sachverhaltsänderungen oder die Auswirkungen von Verstößen gegen zwingende Parifizierungsgrundsätze dies erfordern.[46]

⇒ Gemäß § 55 WEG iVm § 29 Abs 1 Z 1 WEG 1975 und § 2 WEG 1948 ist auch der Antrag auf Neufestsetzung der Jahresmietwerte als zulässig anzusehen;[47] es erfolgt diesfalls kein „Umsteigen“ von Mietwerten auf Nutzwerte.[48]

- <u>Z 1 leg cit:</u>
  Wenn das Gutachten gegen <u>zwingende Grundsätze</u> der Nutzwertberechnung <u>verstößt</u>.
  - Diesfalls ist die Bekämpfung (Antragstellung) <u>zeitlich unbegrenzt</u> möglich (keine Limitierung durch § 10 WEG).[49]

    ⇒ Dieser Antragsgrund fand sich zwar nicht expressis verbis im WEG 1975, wurde aber auch schon früher von der Rechtsprechung anerkannt.[50]

---

[45] Vgl dazu etwa *ÖVI/Dirnbacher, MRG (2006), 418 ff.*
[46] OGH 28.1.1997, 5 Ob 2346/96b (= EWr II/3/5 ff);
OGH 11.12.2001, 5 Ob 227/01w (= EWr II/3/22 f);
OGH 9.11.2004, 5 Ob 220/04w (= EWr W/32/4 ff).
[47] OGH 9.12.2003, 5 Ob 109/03w (= EWr W/10/1 ff).
[48] OGH 11.12.2001, 5 Ob 227/01w (= EWr II/3/22 f).
[49] OGH 11.3.2003, 5 Ob 38/03d (= EWr II/3/28 ff)
OGH 9.12.2003, 5 Ob 109/03w (= EWr W/10/1 ff) uva.
[50] zB OGH 19.1.1993, 5 Ob 1106/92 (= EWr II/3/2);
OGH 28.1.1997, 5 Ob 2346/96b (= EWr II/3/5 ff);
OGH 29.9.1998, 5 Ob 156/98x (= EWr II/3/12 f);
OGH 24.10.2000, 5 Ob 272/00m (= EWr II/3/16 f);
OGH 21.11.2000, 5 Ob 279/00s (= EWr II/3/18 ff);

⇒ Beispiele:
- Bewertung einer Freifläche (ausgenommen Kfz-Abstellplatz gemäß § 2 Abs 2 WEG) als Nutzfläche (zB Terrasse[51]);
- Einbeziehung eines notwendigerweise allgemeinen Teils der Liegenschaft (zB Stiegenhaus) in die Nutzwertermittlung.[52]
- Wasserzähler (für die gesamte Liegenschaft) in einem Raum, an dem Wohnungseigentum begründet wurde.[53]
- Schaffung eines Wohnungseigentumsobjekts ohne Nutzwert.[54]
- Umwidmung allgemeiner Teile der Liegenschaft in Objekte, an denen Wohnungseigentum oder zumindest Zubehör-Wohnungseigentum bestehen soll.[55]
- Einvernehmlich (durch alle Wohnungseigentümer, allenfalls auch konkludent) vorgenommene Umwidmung eines im Wohnungseigentum stehenden Objekts in einen allgemeinen Teil der Liegenschaft.[56]
- Untergang eines Wohnungseigentumsobjektes (gleichzuhalten: endgültig feststehende Nichterrichtung eines ursprünglich geplanten und in die Wohnungseigentumsbegründung einbezogenen Objekts).[57]

⇒ Im Verfahren nach § 9 Abs 2 Z 1 WEG kann sowohl die Vertragswidrigkeit der Nutzwertberechnung als auch der Verstoß gegen zwingende Grundsätze geltend gemacht werden.[58]

- Z 2 leg cit:
  Wenn das Gutachten bei einem Wohnungseigentumsobjekt um mehr als 3 vH von den tatsächlichen Gegebenheiten abweicht.
  - In diesem Fall kann die behördliche Nutzwertfestsetzung nur innerhalb eines Jahres ab Rechtskraft der Bewilligung der Einverleibung von Wohnungseigentum beantragt werden (§ 10 Abs 2 1.HS WEG).
  - Für einen Wohnungseigentumsbewerber beginnt die Antragsfrist erst mit der Verständigung von der Einverleibung des Wohnungseigentums (§ 10 Abs 2, 2. Satz WEG).

    ⇒ Gegenüber § 3 Abs 2 Z 1 WEG 1975 wurde die relevante Grenze (Bagatellgrenze) insofern geändert, als nun eine Abweichung von „mehr als 3 %“ statt bisher „um mindestens 3 %“ gefordert wird.

    ⇒ Die Abweichung (um mehr als 3 %) bezieht sich (nach dem nunmehr klaren Wortlaut des Gesetzes) auf das jeweilige Wohnungseigentumsobjekt (und nicht auf die gesamte Wohnungseigentumsanlage).

OGH 11.3.2003, 5 Ob 38/03d (= EWr II/3/28 ff).
[51] OGH 28.1.1997, 5 Ob 2346/96b (= EWr II/3/5 ff).
[52] OGH 21.11.2000, 5 Ob 279/00s (= EWr II/3/18 ff).
[53] OGH 9.11.2004, 5 Ob 220/04w (= EWr W/32/4 ff).
[54] OGH 29.9.1998, 5 Ob 156/98x (= EWr II/3/12 f).
[55] OGH 21.10.1994, 5 Ob 80/94 (= EWr II/3/3 f);
OGH 9.2.1999, 5 Ob 213/98d (= EWr II/19/53 ff);
OGH 11.3.2003, 5 Ob 38/03d (= EWr II/3/28 ff).
[56] OGH 9.11.2004, 5 Ob 249/04k (= EWr W/9/4 ff).
[57] OGH 9.12.2003, 5 Ob 109/03w (= EWr W/10/1 ff);
OGH 30.8.2005, 5 Ob 70/05p (= EWr W/37/1 f).
[58] OGH 30.8.2005, 5 Ob 158/05d (= EWr W/9/7 ff).

⇒ Unter den Tatbestand der Z 2 leg cit sind alle Fehler zu subsumieren, sofern sie nicht als „Verstoß gegen zwingende Grundsätze der Nutzwertberechnung" anzusehen sind und damit gemäß Z 1 leg cit unbefristet geltend gemacht werden können. Die Unterschiede zwischen den Tatbeständen der Z 1 und der Z 2 leg cit könnten im Einzelfall zu Abgrenzungsproblemen führen.

- Z 3 leg cit:
  Wenn sich der Nutzwert eines Wohnungseigentumsobjekts durch eine gegenüber den Grundlagen der Nutzwertermittlung abweichende Bauführung um mehr als 3 vH ändert.
  - Auch in diesem Fall kann die behördliche Nutzwertfestsetzung nur innerhalb eines Jahres ab Vollendung der Bauführung beantragt werden (§ 10 Abs 2 2.HS WEG).

    ⇒ Anders als noch in § 3 Abs 2 Z 1a WEG 1975 wird bei der Antragsfrist nicht auf die Bau- bzw Benützungsbewilligung, sondern auf die Vollendung der Bauführung abgestellt; dies wegen der in den unterschiedlichen Bauordnungen der einzelnen Bundesländer teilweise nicht mehr erforderlichen Bewilligungen.

    ⇒ Die Abweichung (um mehr als 3 %) bezieht sich (nach dem klaren Wortlaut des Gesetzes) ebenfalls auf das jeweilige Wohnungseigentumsobjekt (und nicht auf die gesamte Wohnungseigentumsanlage).

    ⇒ Die - wohl weiterhin anzuwendende - Judikatur (zum WEG 1975) hat allerdings bei Hervorkommen der wahren Sach- und Rechtslage den Antrag auf Nutzwertkorrektur jederzeit zugelassen,[59] sodass der Anführung der Jahresfrist im Gesetz nur eingeschränkt Bedeutung zukommt.

- Z 4 leg cit:
  Wenn sich der Nutzwert eines Wohnungseigentumsobjekts nach Vollendung der Bauführung durch bauliche Vorgänge auf der Liegenschaft wesentlich ändert.
  - Auch in diesem Fall kann die behördliche Nutzwertfestsetzung nur innerhalb eines Jahres ab Vollendung der Bauführung beantragt werden (§ 10 Abs 2 2.HS WEG).

    ⇒ Die Frist beginnt mit der Vollendung der neuerlichen Bauführung zu laufen.

    ⇒ Was unter einer „wesentlichen" Änderung zu verstehen ist, lässt das Gesetz offen (eine Änderung um mehr als 3 % - bezogen auf das einzelne Wohnungseigentumsobjekt - wird aber wohl als Grundvoraussetzung anzusehen sein)

- Z 5 leg cit:
  Wenn sich die Nutzwerte durch Änderungen im Bestand räumlich unmittelbar aneinandergrenzender Wohnungseigentumsobjekte oder

[59] OGH 26.9.2000, 5 Ob 52/00h (= EWr II/3/15;
OGH 24.10.2000, 5 Ob 272/00m (= EWr II/3/16 f);
OGH 21.11.2000, 5 Ob 279/00s (= EWr II/3/18 ff);
OGH 13.3.2001, 5 Ob 52/01k (= EWr II/1/46 ff).

durch die Übertragung von Zubehörobjekten iSd § 2 Abs 3 WEG ändern.

- Diesfalls sind (nur) die Nutzwerte der von der Änderung oder Übertragung betroffenen Wohnungseigentumsobjekte so festzusetzen, dass ihre Summe gleich bleibt (§ 9 Abs 5 erster Satz WEG).
  - ⇒ Das WEG übernimmt diesfalls die vormalige Regelung des § 3 Abs 2 Z 2 sowie § 5 Abs 3 WEG 1975 unverändert.
  - ⇒ Auch die Zusammenlegung sowie die Teilung von Wohnungseigentumsobjekten fällt unter diese Regelung.[60]
    Eine mit der Teilung vorgenommene Widmungsänderung hat dann keine Auswirkungen, wenn bei der seinerzeitigen Parifizierung kein wertmäßiger Unterschied zwischen Geschäftsflächen und Wohnungen gemacht wurde.[61]
- Bei der Übertragung eines Zubehörobjekts ist eine Nutzwertfestsetzung entbehrlich, wenn sich der Nutzwert des Zubehörobjekts zweifelsfrei aus der früheren Nutzwertermittlung ergibt (§ 9 Abs 5 zweiter Satz WEG).
  - ⇒ Diese Regelung wurde mit der WRN 2006 neu eingefügt. Sie ist angesichts der erleichterten Möglichkeit im Zusammenhang mit der Übertragung von Kfz-Abstellplätzen (durch den ebenfalls neuen § 56 Abs 1 letzter Halbsatz WEG – siehe unten ab S 411) konsequent. [62]

Die Regelungen des § 9 Abs 2 WEG gelten entsprechend auch für eine Neufestsetzung der Nutzwerte durch das Gericht (Schlichtungsstelle) abweichend von einer bereits früher ergangenen Nutzwertfestsetzung durch das Gericht bzw die Schlichtungsstelle (§ 9 Abs 3 WEG).

⇒ „Entsprechend" bezieht sich auch auf die Befristung des Antrags gemäß § 10 Abs 2 WEG.

In der Entscheidung über die Nutzwertfestsetzung (Gericht bzw Schlichtungsstelle) ist auch festzustellen, inwieweit sich durch sie die Summe der Nutzwerte aller Wohnungseigentumsobjekte der Liegenschaft ändert (§ 9 Abs 4 WEG).

⇒ ME impliziert die Einleitung mit „inwieweit", dass in der Entscheidung auch auf die allenfalls unveränderte Summe der Nutzwerte hinzuweisen ist (ausdrücklich seinerzeit § 3 Abs 3 WEG 1975).

Die Nutzwerte können auch ohne gerichtliche Entscheidung abweichend vom Nutzwertgutachten (Abs 1 leg cit) oder von einer gerichtlichen Nutzwertfestsetzung (Abs 2 und 3 leg cit) festgesetzt werden. Dies unter der Voraussetzung, dass ein neues Nutzwertgutachten eingeholt wird und sämtliche Wohnungseigentümer den Ergebnissen dieses Gutachtens öffentlich beglaubigt schriftlich zustimmen (§ 9 Abs 6 WEG)

⇒ Diese Regelung wurde mit der WRN 2006 neu eingefügt.
Sie ermöglicht nun erstmals die „privative" Änderung der Nutzwerte (also ohne Neufestsetzung durch das Gericht, mithin nur

[60] OGH 11.12.2001, 5 Ob 227/01w (= EWr II/3/22 f).
[61] OGH 11.12.2001, 5 Ob 227/01w (= EWr II/3/22 f).
[62] Anders noch (und auch zum WEG 1975 (§ 3 Abs 2 Z 2 WEG 1975) ergangen: OGH 21.1.2003, 5 Ob 298/02p (= EWr II/3/26 f).

auf Grundlage eines Sachverständigengutachtens), und zwar unabhängig davon, ob die seinerzeitige Ermittlung der Nutzwerte „autoritativ" oder „privativ" (seit 1997) erfolgte.

⇒ Die Latte für die Inanspruchnahme dieser neuen Möglichkeit liegt freilich hoch.
Zum einen müssen alle Wohnungseigentümer ihre Zustimmung in grundbuchsfähiger Form (also schriftlich mit beglaubigten Unterschriften abgeben. Zum anderen stellt die spezielle gesetzliche Formulierung klar, dass eine „Vorwegzustimmung" nicht ausreicht (es muss den „Ergebnissen des Gutachtens" zugestimmt werden.

⇒ Sind (mit der Zusage der Einräumung des Wohnungseigentums im Grundbuch angemerkte) Wohnungseigentumsbewerber vorhanden, müssen auch diese den Gutachtensergebnissen zustimmen (dies folgt aus § 37 Abs 5 WEG – siehe unten ab S 356).

⇒ Die Materialien (WRN 2006) weisen darauf hin, dass die einvernehmliche (privative) Änderung der Nutzwerte sowohl vor als auch nach der erstmaligen Einverleibung des Wohnungseigentums im Grundbuch möglich ist (idR wird hier allerdings das vorhandene Gutachten einfach ausgetauscht werden durch ein neues).

d)
Recht zum Antrag auf gerichtliche Nutzwertfestsetzung

§ 10 WEG regelt in den Abs 1 und 2 das Recht zum Antrag auf gerichtliche Nutzwertfestsetzung.

⇒ Im Verfahren auf Änderung der Nutzwerte ist nicht über die allfälligen eigentumsrechtlichen Konsequenzen abzusprechen, die sich aus den neuen Nutzwerten (oder Jahresmietwerten) ergeben.[63]

- Berechtigt zur Antragstellung auf gerichtliche Nutzwertfestsetzung ist in den Fällen des § 9 Abs 2 Z 1 bis 4 jeder Miteigentümer und Wohnungseigentumsbewerber (§ 10 Abs 1, 1. HS WEG).

⇒ Die Antragstellung durch einen Miteigentümer ist (unter bestimmten Voraussetzungen - siehe oben) auch schon vor der Bewilligung der Einverleibung des Wohnungseigentums möglich.[64]
Insofern verwendet das Gesetz in Abs 1 leg cit zu Recht (auch) den Terminus „Miteigentümer".

- In den Fällen des § 9 Abs 2 Z 5 WEG kann die gerichtliche Nutzwertfeststellung nur gemeinsam von den von der Änderung oder Übertragung betroffenen Wohnungseigentümern beantragt werden (§ 10 Abs 1, 2. HS WEG).

⇒ § 9 Abs 2 Z 5 WEG regelt den Fall der Änderung räumlich unmittelbar aneinandergrenzender Wohnungseigentumsobjekte sowie die Übertragung von Zubehör (siehe oben).

⇒ Gemäß § 9 Abs 5 zweiter Satz WEG (WRN 2006) ist allerdings eine Nutzwertfestsetzung bei der Übertragung von Zubehörobjekten dann entbehrlich, wenn sich der Nutzwert des Zubehörs zweifelsfrei aus der früheren Nutzwertermittlung ergibt (siehe oben).

---

[63] OGH 9.12.2003, 5 Ob 109/03w (= EWr W/10/1 ff).
[64] OGH 9.9.2003, 5 Ob 144/03t (= EWr W/9/1 ff).

- Der Antrag auf gerichtliche Nutzwertfestsetzung kann nur innerhalb eines Jahres, und zwar
  - im Fall des § 9 Abs 2 Z 2 WEG (Abweichen von den tatsächlichen Gegebenheiten um mehr als 3 %) ab Rechtskraft der Bewilligung zur Einverleibung des Wohnungseigentums

    und
  - in den Fällen des § 9 Abs 2 Z 3 und 4 WEG (abweichende Bauführung um mehr als 3 % sowie wesentliche Änderung durch spätere Bauführung) ab Vollendung der Bauführung

  beantragt werden (§ 10 Abs 2 WEG).

  Keiner Befristung unterliegt die Antragstellung im Fall des § 9 Abs 2 Z 1 WEG (Verstoß gegen zwingende Grundsätze der Nutzwertberechnung).[65]

  ⇒ Erfolgt die Antragstellung aus einem nicht ausdrücklich im Gesetz genannten Grund (die gesetzliche Auflistung ist - siehe oben - nicht taxativ), so ist sie auch nicht fristgebunden.[66]

  ⇒ Näheres zur Befristung der Antragstellung siehe schon oben jeweils bei den einzelnen Fällen des § 9 Abs 2 WEG.

e)
Änderung der Miteigentumsanteile

Die in § 10 Abs 3 und 4 WEG enthaltenen Bestimmungen regeln die Verbücherung neu gestalteter (= aus welchem Grund auch immer geänderter) Miteigentumsanteile.

⇒ Die mit der WRN 2006 geänderten Bestimmungen des § 10 Abs 3 und 4 WEG sind anzuwenden, wenn im Fall einer gerichtlichen Nutzwertfestsetzung das darüber geführte Verfahren nach dem 30. September 2006 geendet hat oder im Fall einer einvernehmlichen Nutzwertfestsetzung das neue Gutachten nach dem 30. September 2006 erstattet wurde (§ 58 Abs 4 WEG).

Wenn die Nutzwerte auf Grund einer gerichtlichen (§ 9 Abs 2 und 3 WEG) oder einvernehmlichen (§ 9 Abs 6 WEG) Nutzwertfestsetzung geändert werden sollen, so kann dies (gemäß Abs 3 leg cit) bei bereits einverleibtem Wohnungseigentum durch Berichtigung (in sinngemäßer Anwendung des § 136 Abs 1 GBG 1955) geschehen.
Dies aber nur unter der Voraussetzung, dass es dadurch bei keinem der Miteigentumsanteile zu einer Änderung von mehr als 10 % kommt.
Die Berichtigung kann von jedem der von der Änderung betroffenen Miteigentümer beantragt werden.
Für die Berichtigung bedarf es nicht der Zustimmung der übrigen Miteigentümer oder Buchberechtigten.
Auf den Miteigentumsanteilen lastende bücherliche Rechte beziehen sich ohne weiteres auf die berichtigten Anteile.
(§ 10 Abs 3 WEG)

⇒ Die Möglichkeit zur (bloßen) Berichtigung des Anteils (statt des Nachweises der Anteilsübertragung) wurde mit der weitgehenden

---

[65] OGH 11.3.2003, 5 Ob 38/03d (= EWr II/3/28 ff)
OGH 9.12.2003, 5 Ob 109/03w (= EWr W/10/1 ff) uva.

[66] OGH 9.12.2003, 5 Ob 109/03w (= EWr W/10/1 ff).

Neuformulierung des Abs 3 leg cit durch die WRN 2006 klarer und einfacher gegenüber der vormaligen Rechtslage geregelt. Entscheidend für die Zulässigkeit der Berichtigung ist nun nicht mehr der Anlass für die Änderung (je nachdem, welcher der in § 9 Abs 2 WEG geregelten Fälle vorliegt), sondern das Ausmaß der Änderung.

⇒ Die quantitative Grenze von 10 Prozent bezieht sich auf jeden einzelnen Miteigentumsanteil.
Verändert sich auch nur ein einziger Miteigentumsanteil um mehr als 10 % (nach oben oder unten), ist die Berichtigung - abgesehen von dem in § 10 Abs 4 letzter Satz erwähnten Fall (siehe unten) - nicht möglich.

⇒ Die Berichtigung ist nur möglich, wenn bereits Wohnungseigentum an der Liegenschaft begründet wurde.
Dies ergibt sich eindeutig aus dem Wortlaut des Gesetzes; freilich scheint der (bzw ein) Grund für diese Einschränkung mE nicht unmittelbar einsichtig.

⇒ Antragslegitimiert - bei Vorliegen der in § 37 Abs 5 WEG genannten Voraussetzungen (siehe dazu unten ab S 356) - ist auch ein Wohnungseigentumsbewerber.

Liegen indes die in Abs 3 leg cit) genannten Voraussetzungen für eine (bloße) Berichtigung der Anteile nicht vor, so haben die Miteigentümer zur Änderung der Miteigentumsanteile entsprechend einer gerichtlichen oder einvernehmlichen Nutzwertfestsetzung gegenseitig Miteigentumsanteile in einem solchen Ausmaß zu übernehmen und zu übertragen, dass jedem Wohnungseigentümer der nun für sein Wohnungseigentumsobjekt erforderliche Mindestanteil zukommt (§ 10 Abs 4 erster Satz WEG).

Dieser Fall liegt sohin dann vor, wenn

- noch kein Wohnungseigentum an der Liegenschaft begründet ist oder
- bei (zumindest) einem der Miteigentumsanteile die gerichtliche oder einvernehmliche Nutzwertfestsetzung eine Änderung gegenüber dem früheren Nutzwertgutachten oder der einer früheren Nutzwertfestsetzung im Ausmaß von mehr als 10 % bewirkt.

Das Gesetz normiert für diese Fälle eine Übertragungspflicht der - von der Änderung bzw Übertragung betroffenen - Miteigentümer.

⇒ Die dies eigens auch für den Fall einer Nutzwert(neu)festsetzung nach § 9 Abs 2 Z 5 WEG anordnende Sonderregelung des bisherigen § 10 Abs 4 WEG aF konnte im Hinblick auf die umfassendere Formulierung des § 10 Abs 4 WEG idF der WRN 2006 entfallen.

Schließlich nennt das Gesetz auch noch den Fall einer Kombination aus Berichtigung einerseits und Anteilsübertragung andererseits (§ 10 Abs 4 letzter Satz WEG).

Dies für den Fall, dass

- sich zwar bei einem (oder mehreren) Miteigentumsanteil(en) eine Veränderung um mehr als 10 % ergibt,
- die Veränderung aber bei den anderen Miteigentumsanteilen unter 10 % bleibt.

Diesfalls können die Anteile derjenigen Miteigentümer nach Abs 3 leg cit berichtigt werden, die im Verhältnis zu keinem Miteigentümer, dessen Anteil um mehr als 10 % geändert wird, Miteigentumsanteile zu übertragen oder zu übernehmen haben.

⇒ Das in den Materialien zur WRN 2006 dafür angeführt Beispiel - das im Folgenden wiedergegeben wird -, offenbart die Kompliziertheit dieser Regelung.
Demnach kommt es nämlich nicht nur darauf an, dass der eigene Anteil nicht um mehr als 10 % verändert wird, sondern auch noch darauf, dass der Anteil nichts zu der über 10 % liegenden Veränderung eines anderen Miteigentumsanteils - durch Übertragung oder Übernahme eines Bruchteils - beizutragen hat.

⇒ Beispiel:
Anteil A vergrößert sich um 12 %.
- Dazu hat Anteil B durch Übertragung eines Bruchteils beizutragen, der bei Anteil B eine Veränderung um 5 % bewirkt.
- Anteil C hat durch Übertragung eines Bruchteils beizutragen, der bei Anteil C eine Veränderung um 6 % bewirkt.
Hinweis: Die Summe der beiden Veränderungen von B und C muss nicht identisch mit jener von A sein, weil die Größe der prozentuellen Veränderung von der Ausgangsgröße der jeweiligen Miteigentumsanteile abhängig ist.
- Bei den Anteilen E bis P ergeben sich Veränderungen jeweils unter 10 %, die mit der Vergrößerung von Anteil A jeweils nichts zu tun haben.
Eine Berichtigung kann nur bei den Anteilen E bis P erfolgen; die Veränderungen bei den Anteilen A, B und C erfolgen im Wege der Anteilsübertragung.

f) Ausgleichspflicht

Mangels vereinbarter Unentgeltlichkeit ist für die übernommenen Miteigentumsanteile ein angemessenes Entgelt zu entrichten (= Ausgleichspflicht gemäß § 10 Abs 4, zweiter Satz WEG).[67]

⇒ Das Gesetz geht davon aus, dass eine Vergrößerung des Miteigentumsanteils einhergeht mit einer Wertsteigerung bzw eine Verkleinerung des Miteigentumsanteils zu einer Wertverminderung führt; daher die angeordnete Ausgleichspflicht.
Ausgehend davon, dass Wohnungseigentum idR keine Gewinn- sondern vielmehr eine Verlustbeteiligung darstellt (die erforderlichen Aufwendungen der Wohnungseigentumsgemeinschaft übersteigen nahezu immer die Einnahmen), entspricht dies nicht der Realität. Die Verringerung des Anteils (bei gleichbleibender Nutzungsmöglichkeit an einem Objekt) ist eher als Vorteil für den Betroffenen anzusehen.
Es empfiehlt sich daher in vielen Fällen (bzw entspricht der Praxis), bereits in Kauf- oder Anwartschaftsverträgen für die erforderliche Abtretung von Miteigentumsanteilen Unentgeltlichkeit zu vereinbaren.

---

[67] Noch zu § 10 Abs 3 2.Satz WEG aF: OGH 9.11.2004, 5 Ob 249/04k (= EWr W/9/4 ff).

⇒ Die Ausgleichspflicht kommt auch im Fall der Rückabwicklung und Herstellung der gesetzmäßigen Grundbuchsordnung (etwa nach nichtiger Begründung von Wohnungseigentum an der gewidmeten Hausbesorgerdienstwohnung) in Betracht;[68] der Anspruch richtet sich jeweils gegen den einzelnen Miteigentümer (kein Gesamthandanspruch! [69]) und wird (erst) bei der bücherlichen Eintragung der Übertragung der Eigentumsanteile fällig.[70] Der Wert des Liegenschaftsanteils richtet sich nicht nur nach der Größe des Grundanteils, sondern auch nach den Werten, in dessen Genuss der Berechtigte durch die Übertragung gelangt (im Fall der Hausbesorgerdienstwohnung wird eben keine Eigentumswohnung übertragen).[71]

⇒ Der Anspruch auf Entrichtung eines Entgelts im Zusammenhang mit Anteilsänderungen, die durch eine Neufestsetzung der Nutzwerte notwendig werden, ist im streitigen Rechtsweg geltend zu machen.[72]

⇒ Im Wege des Wertausgleichs könnte in besonderen Fällen sogar die Preisgabe des Miteigentumsanteils (durch denjenigen, der das ihm zugesagte Wohnungseigentumsobjekt nicht erhalten hat und auch nicht mehr erhalten kann) erzwungen werden.[73]

Die durch die einzelne Übertragung entstehenden Kosten und Abgaben hat der Miteigentümer zu tragen, dem ein Miteigentumsanteil übertragen wird (§ 10 Abs 4 dritter Satz WEG).

⇒ In den Materialien zur WRN 2006 findet sich der (richtige) Hinweis, dass in jenen Fällen, wo die Nutzwertänderung und damit auch die Änderung der Miteigentumsanteile auf Grund von Änderungsmaßnahmen des einzelnen Wohnungseigentümers gemäß § 16 WEG erfolgt (bzw notwendig wird), der ändernde Wohnungseigentümer keinen Anspruch auf angemessenes Entgelt gemäß § 10 Abs 4 zweiter Satz WEG geltend machen kann. Vielmehr hat er selbst gemäß § 16 Abs 2 Z 3 WEG die beeinträchtigten Wohnungseigentümer angemessen zu entschädigen. Diese Entschädigungsregel geht der Zahlungspflicht nach § 10 Abs 4 zweiter Satz WEG (und mE auch jener des dritten Satzes) bevor.

g) Erforderliche Unterlagen für die Nutzwert(neu)festsetzung

Gemäß § 52 Abs 2 Z 5[74] WEG sind einem Antrag auf gerichtliche Nutzwertfestsetzung (§ 9 Abs 2 WEG) oder auf Nutzwertneufestsetzung (§ 9 Abs 3 WEG) „die Unterlagen beizufügen, aus denen sich die Notwendigkeit der Nutzwertfest- oder –neufestsetzung und - soweit dies urkundlich belegbar ist - die Rechtzeitigkeit des Antrags ergeben“.[75]

---

[68] OGH 25.6.1991, 5 Ob 1/91 (= EWr II/1/2 f).
[69] OGH 12.2.2002, 5 Ob 230/01m (= EWr II/4/3 f).
[70] OGH 25.6.1991, 5 Ob 1/91 (= EWr II/1/2 f);
OGH 12.2.2002, 5 Ob 230/01m (= EWr II/4/3 f).
[71] OGH 12.2.2002, 5 Ob 230/01m (= EWr II/4/3 f).
[72] OGH 9.12.2003, 5 Ob 109/03w (= EWr W/10/1 ff).
[73] OGH 9.12.2003, 5 Ob 109/03w (= EWr W/10/1 ff).
[74] Zitatänderung (Z 5 statt vormals Z 6) durch WohnAußStrBeglG (= BGBl I 2003/113).
[75] OGH 30.8.2005, 5 Ob 71/05k (= EWr W/52/14 ff).

⇒ Diese verfahrensrechtliche Regelung löste jene des § 26 Abs 2 Z 6 lit a bis c WEG 1975 ab, die eine konkrete - und umfangreiche (für manche Fälle überzogene) - Aufstellung der für die Antragstellung erforderlichen Unterlagen enthielt.

⇒ Zweckmäßigerweise sollte das Ansuchen um Festsetzung der Nutzwerte (ebenso wie die Auftragserteilung an den Sachverständigen im Fall des § 9 Abs 1 WEG) - über die gesetzlichen Mindesterfordernisse hinaus - auch noch folgende Angaben enthalten:

- Name, Anschrift und Telefonnummer (Fax, e-mail) des Antragstellers bzw dessen bevollmächtigten Vertreters;
- Anschrift, Einlagezahl u. Katastralgemeinde der Liegenschaft;
- Bekanntgabe, welche selbständigen Einheiten bewertet werden sollen und welche (auf Grund welcher beabsichtigten Widmung) im ideellen Eigentum verbleiben sollen (Angabe der Türnummern zweckmäßig);
- Anführung jener Teile der Liegenschaft, die gemäß § 2 Abs 3 WEG selbständigen Objekten zugeordnet werden sollen (zB Dachböden, Kellerabteile, Grundflächen);
- Grundbuchsauszug nicht älter als drei Monate;
- Liste der Liegenschaftseigentümer (mit deren Anschriften und Angaben über deren Rechtsstellung);
- Vollmachten (nicht auf juristische Person lautend, möglich aber Sammel-Spezialvollmacht);
- Planunterlagen (alle in der § 6-Bescheinigung bzw dem Sachverständigengutachten angeführten Bescheide samt den dazugehörigen Plänen im Original oder in beglaubigter Abschrift);
- Nutzflächenaufstellung in dreifacher Ausfertigung;
- Baubeschreibung in dreifacher Ausfertigung,

  Inhalt:
  - Beschreibung der unbebauten Flächen der Liegenschaft (samt Hinweis auf besondere Vor- und Nachteile in der Verwertung);
  - Lage des Hauses in Bezug auf seine Umgebung (Garten- oder Parklage, Straßen, Parks);
  - Ausstattung des Hauses (Anzahl und Höhe der Geschoße, Art und Ausgestaltung des Daches, Art, Zahl und Lage der Objekte, vorhandene Aufzüge, Sammelheizung, zentrale Warmwasserbereitung usw);
  - Ausstattung der einzelnen Objekte (bei Wohnungen zB Balkone, Terrassen, Fußböden, Bad, WC im Wohnungsverband, Art der Beheizung, Verfliesung, Gas- und Stromanschluss etc);
  - Zuordnungstabelle, aus der hervorgeht, welche Teile der Liegenschaft einem selbständigen Objekt zugeordnet werden;
  - Nicht mehr erforderlich (weil seit der WRN 2006 [§ 8 Abs 1 WEG nF, siehe S 46 unten] - anders als im WEG 1975 und in der Stammfassung des WEG - ohne Relevanz): Angabe jener Verbesserungen, die allein auf Kosten eines Miteigentümers vorgenommen wurden.

7)
Mindestanteil;
Verbindung mit dem Mindestanteil;
Unteilbarkeit des Mindestanteils

(§ 2 Abs 9 WEG; §§ 11 und 12 WEG)

a)
Allgemeines

Der Mindestanteil ist jener Miteigentumsanteil an der Liegenschaft, der zum Erwerb von Wohnungseigentum an einem Wohnungseigentumsobjekt erforderlich ist (§ 2 Abs 9, Satz 1 WEG).[76]

- Er entspricht dem Verhältnis des Nutzwerts des Objekts zur Summe der Nutzwerte aller Wohnungseigentumsobjekte der Liegenschaft. (§ 2 Abs 9, Satz 2 WEG).
  - ⇒ Ausgehend davon, dass im WEG die Begründung von Wohnungseigentum an allen (wohnungseigentumsfähigen und gewidmeten) Objekten obligatorisch ist (siehe ab S 73), werden auch nur mehr Wohnungseigentumsobjekte im Gesetz erwähnt.
  - ⇒ Die Summe aller Mindestanteile hat der Summe der Nutzwerte aller Wohnungseigentumsobjekte zu entsprechen (dies ebenfalls im Hinblick auf die durch § 3 Abs 2 WEG normierte obligatorische Wohnungseigentumsbegründung).

b)
Verbindung mit dem Mindestanteil

Das Wohnungseigentum ist mit dem Mindestanteil untrennbar verbunden (§ 11 Abs 1 Satz 1 WEG.

- Es kann nur mit diesem zusammen
  - beschränkt,
  - belastet,
  - von Todes wegen übertragen und
  - der Zwangsvollstreckung unterworfen

  werden (§ 11 Abs 1, Satz 2 WEG).
- Bücherliche Eintragungen auf dem Mindestanteil erstrecken sich auch dann auf das Wohnungseigentum, wenn sie dem Wohnungseigentum im Rang vorangehen (§ 11 Abs 2 WEG).
- Im Fall der Zwangsversteigerung eines Miteigentumsanteils sind die durch das Wohnungseigentum bewirkten Beschränkungen vom Ersteher ohne Rücksicht auf den bücherlichen Rang und ohne Anrechnung auf das Meistbot zu übernehmen (§ 11 Abs 3 WEG).
  - ⇒ § 11 WEG ist vollkommen ident mit § 7 WEG 1975.

c)
Unteilbarkeit des Mindestanteils

§ 12 WEG normiert die Unteilbarkeit des Mindestanteils.

---

[76] OGH 28.9.2004, 5 Ob 158/04b (= EWr W/43/11 ff) ua.

- Der mit dem Wohnungseigentum untrennbar verbundene Mindestanteil darf - außer im Fall einer Eigentümerpartnerschaft (§ 2 Abs 10, § 13 WEG) - nicht geteilt werden, solange das Wohnungseigentum besteht (§ 12 Abs 1 WEG).
  - ⇒ Die Eigentümerpartnerschaft setzt notwendigerweise die Teilung des Mindestanteils voraus (die Eigentümerpartner sind gemäß § 13 Abs 2 WEG Eigentümer je eines halben Mindestanteils; eine andere Aufteilung ist nicht möglich).
  - ⇒ Im Übrigen normiert § 12 Abs 1 WEG - wie schon § 8 WEG 1975[77] - ein Teilungsverbot des Mindestanteils.
- Würde nach dem Tod des Wohnungseigentümers dessen mit dem Wohnungseigentum verbundener Mindestanteil nach den Ergebnissen des Verlassenschaftsverfahrens
  - mehr als zwei natürlichen Personen
    oder
  - zwei natürlichen Personen zu unterschiedlichen Anteilen
    oder
  - zum Teil einer juristischen Person, einer Personengesellschaft des Handelsrechts oder einer eingetragenen Erwerbsgesellschaft

  zufallen und
  - kommt es auch nicht zur Bildung einer eingetragenen Erwerbsgesellschaft, die den Mindestanteil erwirbt,

  so hat das Verlassenschaftsgericht
  - eine öffentliche Feilbietung des Mindestanteils und des damit verbundenen Wohnungseigentums durch Versteigerung vorzunehmen (§ 12 Abs 2 WEG).
    - ⇒ Angesichts der im WEG (ohne spezielle Formvorschriften für die Begründung) normierten Eigentümerpartnerschaft wird jede aus zwei natürlichen Personen bestehende Erbengemeinschaft - mangels abweichender Vereinbarung - zur Eigentümerpartnerschaft.
    - ⇒ Die ausdrückliche Erwähnung der eingetragenen Erwerbsgesellschaft (EEG) in Abs 2 leg cit soll bewirken (Feststellung im AB), dass das Verlassenschaftsgericht (bzw der Gerichtskommissär) vor Abschluss des Verlassenschaftsverfahrens zur Vermeidung einer Versteigerung durch entsprechende Belehrung auf die Möglichkeit zur Bildung einer EEG hinzuwirken hat.
      Nach dem AB hat das Verlassenschaftsgericht hiezu allenfalls eine angemessene Frist zu setzen.
      Eine klare gesetzliche Regelung wäre wünschenswert gewesen.
    - ⇒ Zu der durch Artikel III des WE-BeG 2002 erfolgten Änderung des § 1 des Erwerbsgesellschaftengesetzes (EGG) siehe sogleich unten.

[77] Vgl OGH 30.4.1991, 5 Ob 47/91 (= EWr II/8/1 f);
OGH 8.11.1994, 5 Ob 127/94 (= EWr II/8/3 ff);
OGH 15.12.1998, 5 Ob 278/98p (= EWr II/8/8 ff).

8)
Abgrenzung zu anderen (ähnlichen) Rechtsinstituten

a)
Stockwerkseigentum

Dabei handelt es sich um materiell geteiltes Eigentum mehrerer Eigentümer an einem Gebäude.

- Anders als Wohnungseigentum bedeutet Stockwerkseigentum echtes Eigentum - und nicht ein bloßes Nutzungsrecht - an Räumen (Stockwerken).

  ⇒ Von ihrer Einstellung her sehen sich freilich auch heute manche Wohnungseigentümer offenbar als Stockwerkseigentümer, indem eigenmächtig Verfügungen über die gemeinsame Sache (etwa die Anbringung von Antennen an Außenfassaden oder Veränderungen an den Heizkörpern der Hauszentralheizung) getroffen werden, ohne die Regeln des § 16 WEG einzuhalten.
  Insofern spricht der Oberste Gerichtshof nicht ohne Grund von einer „Zergliederung und Entsolidarisierung der Wohnungseigentümergemeinschaft“ (der nicht weiter Vorschub zu leisten sei).[78]

- Eine Neubegründung von Stockwerkseigentum ist seit 1879 nicht mehr möglich (in Tirol, Vorarlberg und Burgenland konnte auch noch zu späteren Zeitpunkten Stockwerkseigentum begründet werden). Bestehendes Stockwerkseigentum bleibt aufrecht.

- Was die Befristung von Bestandobjekten im Stockwerkseigentum betrifft, so gelten die Befristungsregelungen des MRG für Wohnungseigentumsobjekte analog.[79] Demnach können Bestandobjekte, die im Stockwerkseigentum stehen, im Fall der Vermietung in gleicher Weise rechtswirksam (= durchsetzbar hinsichtlich des Endtermines) befristet werden wie solche, an denen Wohnungseigentum begründet ist. Inwieweit auch im Fall der Eigenbedarfskündigung an einer im Stockwerkseigentum stehenden Wohnung eine Analogie zum Wohnungseigentum vorzunehmen ist, blieb in der Rechtsprechung (vorerst) offen,[80] die zehnjährige Sperrfrist des § 30 Abs 3 Satz 2 MRG gelangt bei Umwandlung in Wohnungseigentum in gleicher Weise zur Anwendung (bzw zur Nichtanwendung) wie bei Wohnungseigentumsbegründung an vormals schlichten Miteigentumsanteilen.[81]

b)
Benützungsregelung unter schlichten Miteigentümern
(§§ 828 ff ABGB)

Bis zum WE-BeG 2002 waren Benützungsvereinbarungen unter schlichten Miteigentümern nicht verbücherungsfähig; sie entfalteten nur obligatorische Wirkung.[82] Der Einzelrechtsnachfolger war an die von den Rechtsvorgängern

---

[78] OGH 16.12.1997, 5 Ob 472/97s (= EWr II/19/36 ff).
[79] OGH 11.6.1992, 7 Ob 565/92 (= EWr I/29/12).
[80] OGH 15.10.1998, 2 Ob 257/98b (= EWr I/30/347 ff).
[81] OGH 26.8.1999, 2 Ob 202/99s (= EWr I/30/398 f).
[82] OGH 14.10.1992, 3 Ob 1590/92 (= EWr III/835 A/5).

geschlossene Benützungsvereinbarung - mangels ausdrücklicher oder konkludenter Überbindung[83] bzw ausdrücklicher Unterwerfung - nicht gebunden.

⇒ Allerdings ging durch die Einzelrechtsnachfolge nicht automatisch der Titel für die Beibehaltung der bisherigen Benützungsvereinbarung verloren.[84] Vielmehr bedurfte es einer gemeinschaftlichen Auflösungserklärung in Analogie zu § 1116 ABGB, einer neuen Benützungsvereinbarung oder der Anrufung des Außerstreitrichters zur Neuregelung des Benützungsverhältnisses.[85]

Der mit dem WE-BeG 2002 geschaffene § 828 Abs 2 ABGB ermöglicht die Anmerkung einer Benützungsvereinbarung unter schlichten Miteigentümern. Wenn die Benützungsvereinbarung im Grundbuch angemerkt ist, wirkt sie - kraft ausdrücklicher Anordnung in § 828 Abs 2 ABGB - auch für die (Einzel-) Rechtsnachfolger der Teilhaber, die sie untereinander getroffen haben.

⇒ Damit ist eine Bestandsicherung für eine Benützungsvereinbarung unter schlichten Miteigentümern möglich geworden.
Es scheint durchaus vorstellbar, dass Miteigentumsgemeinschaften - etwa solche, denen überwiegend Familienmitglieder angehören - auf den Aufwand einer Wohnungseigentumsbegründung verzichten und stattdessen eine gemäß § 828 Abs 2 ABGB verbücherte Benützungsvereinbarung treffen. Dies könnte sich dann als echte Alternative zum Wohnungseigentum anbieten, wenn im Fall einer dereinst von einem Miteigentümer eingebrachten Teilungsklage die Teilung durch Wohnungseigentumsbegründung tunlich und möglich wäre (insbesondere also dann, wenn eine ausreichende Anzahl an Objekten vorhanden ist).

⇒ Im Hinblick auf die Bindung des Einzelrechtsnachfolgers birgt die bücherlich angemerkte Benützungsregelung allerdings auch die Gefahr einer „Entwertung" des Miteigentumsanteils, falls das vereinbarte Benützungsrecht nicht der Größe des Anteils entspricht (wenn also etwa der Hälfteeigentümer nur ein Drittel der Nutzung zugestanden erhält).

- Die Benützungsregelung schafft ein Dauerrechtsverhältnis, das aus wichtigen Gründen auch einseitig (allenfalls durch das Begehren nach - neuer - gerichtlicher Benützungsregelung) aufgelöst werden kann.[86]

⇒ Für die Feststellung der erfolgten Aufkündigung einer bestehenden Benützungsvereinbarung ist grundsätzlich das streitige Verfahren vorgesehen;[87] desgleichen für die Feststellung bzw Durchsetzung[88] oder Einhaltung[89] einer Benützungsvereinbarung.

⇒ Substanzveränderungen ohne Einstimmigkeit sind unzulässig, wenn sie einen zur ausschließlichen Benutzung durch einen Teilhaber zugewiesenen Teil des Gemeinschaftsgutes betreffen, sofern dadurch in die Rechtssphäre der übrigen eingegriffen wird und wichtige Interessen berührt werden (zB Dachbodenausbau).[90]

---

[83] OGH 11.1.1996, 2 Ob 506/96 (= EWr III/835 A/14 ff).
[84] OGH 13.1.1995, 5 Ob 3/95 (= EWr III/835 A/9 ff).
[85] OGH 9.11.1993, 5 Ob 1592/93 (= EWr III/835 A/6).
[86] OGH 18.2.1992, 5 Ob 5/92 (= EWr III/835 A/1 ff).
[87] OGH 26.5.1992, 5 Ob 1026/92 (= EWr III/835 A/3).
[88] OGH 16.6.1992, 5 Ob 108/92 (= EWr III/835 A/4).
[89] OGH 22.2.1994, 5 Ob 23 bis 25/94 (= EWr III/835 A/7 f).
[90] OGH 12.9.2002, 5 Ob 174/02b (= EWr III/834 A/10 ff).

⇒ Mangels Zustimmung der übrigen Eigentümer verschafft die von der Minderheitseigentümerin eingeräumte Gestattung der Nutzung keinen die Eigentümergemeinschaft bindenden Titel und hindert daher die Räumungsklage der Mehrheit nicht.[91]

- Im Gesetz ist nicht ausdrücklich angeordnet, nach welchen rechtlichen Gesichtspunkten die Benützungsregelung zu erfolgen hat; grundsätzlich hat aber - nach Lehre und Rechtsprechung - jeder Miteigentümer Anspruch auf eine annähernd seinem Miteigentumsanteil entsprechende Nutzung der Sache; bei der gerichtlichen Zuweisung spielen auch Billigkeitserwägungen eine Rolle.[92] Der persönliche Bedarf und die familiären Verhältnisse sind zu berücksichtigen.[93]
- Von der eben besprochenen Benützungsregelung unter schlichten Miteigentümern zu unterscheiden ist die (im WEG 1975 seit 1.1.1994 durch Anmerkung und im WEG 2002 durch Ersichtlichmachung verbücherungsfähige) Benützungsregelung im Wohnungseigentumsrecht[94] (§ 17 WEG – siehe dazu unten ab S 159).

⇒ Eine Benützungsregelung nach dem WEG kann sich nur auf verfügbare allgemeine Teile der Liegenschaft beziehen und diesbezüglich Wohnungseigentümern besondere Nutzungsrechte einräumen (die einzelnen Wohnungseigentumsobjekte stehen ja ohnedies - dem Wesen des Wohnungseigentums entsprechend - in der ausschließlichen Nutzungsbefugnis der jeweiligen Wohnungseigentümer; eine Benützungsregelung nach dem ABGB strebt hingegen - zumeist - gerade die Regelung der Nutzungsbefugnis an den einzelnen Objekten einer Liegenschaft für die Teilhaber an (kann sich aber auch - zusätzlich oder ausschließlich - auf „allgemeine Teile“ der Liegenschaft beziehen; freilich ist auch hier die „Verfügbarkeit der Liegenschaft“ - etwa nicht gegeben vor Beendigung des Aufteilungsverfahrens nach §§ 81 ff EheG[95] - Grundvoraussetzung für die Benützungsregelung).

⇒ In „gemischten“ Anlagen könnte die Nutzungsbefugnis mehrerer schlichter Miteigentümer hinsichtlich der nicht im Wohnungseigentum stehenden, jedoch wohnungseigentumsfähigen Objekte mit Hilfe einer (angemerkten) Benützungsvereinbarung gemäß § 828 Abs 2 ABGB geregelt werden.

c)
Dienstbarkeit der Wohnung
(§§ 521 ff ABGB)

- Der Unterschied zum Wohnungseigentum liegt vor allem darin, dass die Dienstbarkeit weder übertragbar noch vererblich ist.

⇒ Wohnungseigentum ist ein Recht sui generis, andernfalls wäre es als Unterform der Dienstbarkeit anzusehen, weil hier wie dort nur

---

[91] OGH 8.7.2004, 6 Ob 119/04z (= EWr III/828 A/14 ff).
[92] OGH 18.2.1992, 5 Ob 69/91 (= EWr III/835 A/2);
OGH 13.2.2004, 7 Ob 5/04t (= EWr III/835 A/29 ff) ua.
[93] OGH 24.9.1996, 5 Ob 2219/96a (= EWr III/835 A/17 ff).
[94] OGH 13.1.1995, 5 Ob 7/95 (= EWr II/15/9 ff);
OGH 28.3.1995, 5 Ob 54/95 (= EWr II/15/6 ff);
OGH 16.4.1996, 5 Ob 2017/96w (= EWr II/15/13 ff).
[95] OGH 24.4.2003, 3 Ob 51/03a (= EWr III/835 A/24 ff).

ein Nutzungsrecht an fremder Sache zusteht (der Wohnungseigentümer nutzt eine im Miteigentum stehende Sache ausschließlich).

⇒ Die Dienstbarkeit der Wohnung unterliegt entweder den Grundsätzen des Gebrauchsrechtes (§§ 504 ff ABGB) oder den Regeln der Fruchtnießung (§§ 509 ff ABGB). Das Wohnungsgebrauchsrecht gewährt die Nutzung im Rahmen der persönlichen Bedürfnisse; der Fruchtgenuss erlaubt die Nutzung aller bewohnbaren Teile des Hauses ohne Einschränkung der Gebrauchsüberlassung.[96] Grundsätzlich (und anders als das Wohnungseigentumsrecht) erlöschen persönliche Dienstbarkeiten mit dem Tod.[97]

⇒ Die Annahme eines (dinglichen) Wohnrechts bedeutet zugleich Verzicht auf ein obligatorisches Mietrecht an der Sache (auch wenn dieses mehr Flächen umfasste als das Wohnrecht).[98]

9) Verhältnis WEG – MRG; Wirkung der Wohnungseigentumsbegründung auf ein bestehendes Mietverhältnis

(§ 4 WEG)

Abgesehen von der unterschiedlichen Regelungsmaterie (einerseits obligatorisches Recht der Miete – andererseits dingliches Recht des Wohnungseigentums) bestehen zwischen dem MRG und dem WEG vor allem folgende grundsätzlichen Unterschiede:

- Objekt des MRG ist das Haus bzw das Gebäude[99] (allenfalls die zum Zweck der Errichtung eines Gebäudes gemietete Liegenschaft[100]), während das WEG grundsätzlich die Liegenschaft[101] bzw den Grundbuchskörper (= die EZ) in den Vordergrund stellt.

  ⇒ Damit erweist sich das WEG als schwierig in der Handhabung, wenn es um die Anwendbarkeit der die Gemeinschaft betreffenden Normen in größeren Anlagen (mit mehreren, oft unterschiedlich genutzten oder ausgestatteten Gebäuden) geht. Das WEG versucht diesem Problem allerdings insoweit Rechnung zu tragen, als es im Zusammenhang mit dem Verteilungsschlüssel, der Abrechnungseinheit und der Abstimmungseinheit Regelungen - abweichend vom gesetzlichen Normalfall, der auf die gesamte Liegenschaft als Einheit abstellt - zulässt.

---

96 OGH 27.2.1995, 1 Ob 533/95 (= EWr III/522 A/1 ff).

97 OGH 17.7.1996, 7 Ob 2185/96s (= EWr III/523 A/5 f).

98 OGH 29.10.2004, 5 Ob 202/04y (= EWr III/479 A/6).

99 Siehe etwa OGH 12.5.1998, 5 Ob 122/98x, ident OGH 12.5.1998, 5 Ob 124/98s (= EWr I/1/91); sowie OGH 12.5.1998, 5 Ob 123/98v (= EWr I/1/92); OGH 26.5.1999, 5 Ob 134/99p (= EWr I/1/128 f); OGH 15.2.2000, 5 Ob 17/00m (= EWr I/1/145 f); OGH 14.5.2002, 5 Ob 65/02y (= EWr I/1/172 f) ua.

100 OGH 12.6.2003, 8 Ob 250/02a (= EWr I/1/188 ff); OGH 23.6.2005, 6 Ob 88/05t (= EWr I/1/214 ff) ua.

101 zB OGH 31.5.1994, 5 Ob 40/94 (= EWr II/17/40 ff; ident OGH 31.5.1994, 5 Ob 41/94 (= EWr II/17/44); OGH 5.7.1994, 5 Ob 78/93 (= EWr II/16/1 ff).

- Subjekt des MRG sind Mieter und Vermieter; das WEG wendet sich an den Wohnungseigentümer und an die Wohnungseigentümergemeinschaft.
  Der Wohnungseigentümer kann zugleich auch Vermieter sein; die Wohnungseigentümergemeinschaft ist dies - in der Regel - nicht.
  - ⇒ Die Wohnungseigentümergemeinschaft gelangt nur dann in die Rechtsposition eines Vermieters mit eigenen Rechten und Verbindlichkeiten, insbesondere dem Recht, den Mietzins einzufordern oder das Mietverhältnis aufzulösen, wenn sie allgemeine Teile der Liegenschaft (etwa die nicht mehr benötigte Hausbesorgerwohnung oder Teile der Fassade bzw des Daches[102] oder Plätze auf einem Gemeinschaftsparkplatz) in Bestand gibt.[103]
    Dies gilt auch in Ansehung von Mietverhältnissen, die vor der Begründung des Wohnungseigentums und damit vor dem Entstehen der Wohnungseigentümergemeinschaft an einzelnen Wohnungseigentumsobjekten eingegangen wurden.[104] Die Wohnungseigentümergemeinschaft tritt nicht in bereits bestehende Mietverhältnisse ein.[105]
  - ⇒ Der vermietende Wohnungseigentümer unterliegt sowohl den Normen des MRG als auch jenen des WEG.
    Ausgehend davon, dass die Willensbildung innerhalb der Wohnungseigentumsanlage in der Regel von der Wohnungseigentümergemeinschaft - und nicht vom einzelnen Wohnungseigentümer - ausgeht, kann sich das Problem ergeben, dass der einzelne Wohnungseigentümer als Vermieter gar nicht in der Lage ist, alle mietrechtlichen Ansprüche seines Vertragspartners ohne Mitwirkung der Wohnungseigentümergemeinschaft zu befriedigen.
    Die Änderung der Anzahl der Miteigentümer und die Ausgestaltung des Rechtsverhältnisses der Miteigentümer untereinander ist aber grundsätzlich ohne Einfluss auf die Rechte und Pflichten eines Mieters. Dies betrifft sämtliche Ansprüche des Mieters aus dem Bestandverhältnis oder dem Gesetz, die er dem Bestandgeber gegenüber geltend machen kann.[106]
  - ⇒ Grundsätzlich gibt es im Zusammenspiel Miete und Wohnungseigentum zwei problembehaftete Konstellationen:
    Zum einen die nachträgliche Wohnungseigentumsbegründung an einem bereits davor vermieteten, zur Gänze den Bestimmungen des MRG unterliegenden Objekt; zum anderen die (Neu-)Vermietung eines schon im Wohnungseigentum stehenden Objektes, auf das die Bestimmungen des MRG zur Gänze zur Anwendung gelangen.

Der Gesetzgeber hat sich bemüht, im neuen WEG die Wirkung der Wohnungseigentumsbegründung auf ein bereits bestehendes Mietverhältnis klarzustellen. § 4 WEG (und darauf Bezug nehmend auch Artikel II des WE-BeG, mit dem § 2 Abs 1 MRG geändert wurde) normieren Folgendes:

- ⇒ Ausdrücklich hingewiesen sei darauf, dass diese Regelung nicht für den Fall der Vermietung (eines zur Gänze dem MRG unter-

[102] zB OGH 5.9.2000, 5 Ob 217/00y (= EWr II/14/77 ff).
[103] OGH 16.12.1997, 5 Ob 458/97g (= EWr II/13c/37 ff).
[104] OGH 15.6.1999, 5 Ob 146/99b (= EWr II/13c/74 f).
[105] OGH 16.12.1997, 5 Ob 458/97g (= EWr II/13c/37 ff).
[106] OGH 13.4.1999, 5 Ob 259/98v (= EWr II/13c/71 ff).

liegenden Mietobjekts) erst durch den Wohnungseigentümer zur Anwendung gelangt, sondern nur für echte „Altmieter" gilt.
Auch setzt die Anwendbarkeit des § 4 WEG die Begründung von Wohnungseigentum am vermieteten Objekt voraus, was bei den vermieteten Objekten schlichter Miteigentümer (= Schaffung „gemischter" Liegenschaften vor dem 1.7.2002) nicht zutrifft; diesfalls ist mE die bisherige Rechtsprechung (siehe dazu sogleich unten) unverändert anwendbar.

- Mit der Begründung von Wohnungseigentum an einem vermieteten Objekt geht die Rechtsstellung des Vermieters auf den Wohnungseigentümer über, dem das Wohnungseigentum an diesem Objekt zukommt (§ 4 Abs 1 WEG).
  - ⇒ Es handelt sich hier um einen gesetzlich normierten Wechsel des Vertragspartners. Mit der Verbücherung des Wohnungseigentums geht die Vermieterstellung eo ipso auf den Wohnungseigentümer über.
    Aus einer Wohnungseigentumsbegründung nach Inkrafttreten des WEG (1.7.2002) folgt sohin ein Vertragsübergang iSd § 1120 ABGB bzw § 2 Abs 1 MRG.[107]
  - ⇒ Nach der Übergangsvorschrift des § 56 Abs 5 WEG ist § 4 Abs 1 WEG (nur) in Verfahren anzuwenden, die nach dem 30.6.2002 eingeleitet wurden.[108]
  - ⇒ Eine weitere Konsequenz der Neuregelung kann sich im Zusammenhang mit der Sanierungsregelung des § 56 Abs 2 WEG ergeben. Wenn nun per 1.7.2002 das Wohnungseigentum an der Substandardwohnung ungeachtet der seinerzeit (nämlich im Zeitraum 1.1.1994 bis 30.6.2002) contra legem erfolgten Begründung als wirksam anzusehen ist (und folgerichtig auch die Sonderregelung des § 2 Abs 1 Satz 2 MRG idF vor dem WE-BeG 2002 beseitigt wurde), geht auch in diesen Fällen die Vermieterstellung per 1.1.2002 auf den (nunmehr „legalisierten") Wohnungseigentümer über (die bisherige Rechtsprechung dazu[109] ist nicht mehr anwendbar).
  - ⇒ Damit verabschiedet sich das WEG von der vormaligen Rechtsprechung.[110]
    Diese hatte zunächst den Standpunkt eingenommen, dass nur alle Mit- und Wohnungseigentümer gemeinsam[111] bzw nur die Wohnungseigentümergemeinschaft[112] - nicht aber der einzelne Wohnungseigentümer der vermieteten Wohnung[113] (auch wenn ihm der Mietzins zufließt[114]) - gegenüber einem Mieter, dessen Mietverhältnis schon vor der Begründung des Wohnungseigentums begonnen hat, Rechte geltend machen können.
    In der Folge wurde diese Rechtsansicht vom Obersten Gerichtshof - zunächst noch zögernd[115] - aufgegeben.[116]

---

[107] OGH 20.9.2005, 5 Ob 156/05k; OGH 4.11.2005, 5 Ob 155/05p (= beide EWr W/4/1 ff).
[108] OGH 20.9.2005, 5 Ob 156/05k; OGH 4.11.2005, 5 Ob 155/05p (= beide EWr W/4/1 ff).
[109] OGH 26.6.2001, 5 Ob 147/01f (= EWr II/1/51 f).
[110] Überblick in OGH 28.2.2005, 5 Ob 3/05k (= EWr W/20/19 ff).
[111] OGH 29.10.1996, 5 Ob 2310/96h (= EWr II/13/68 ff).
[112] OGH 24.4.1997, 6 Ob 52/97h (= EWr II/13c/16 ff).
[113] OGH 11.3.1997, 5 Ob 44/97z (= EWr III/1120 A/27 f).
[114] OGH 30.6.1992, 5 Ob 111/92 (= EWr I/2/19 f).
[115] Die Frage offen lassend: OGH 16.7.1998, 6 Ob 178/98i (= EWr II/13/99 ff).

Einer - gut nachvollziehbaren - Argumentation der Lehre (vgl Call in wobl 1997, 182/55 sowie ders in wobl 1998, 161 f[117]) folgend, wurde zuletzt (im WEG 1975) ausgesprochen, dass nicht die Wohnungseigentümergemeinschaft, sondern nur der einzelne Wohnungseigentums-Vermieter den übernommenen Mieter aufkündigen kann.[118] Die Einräumung des alleinigen Nutzungs- und Verfügungsrechtes an einem bestimmten Objekt - mag es auch vermietet sein -, die gemäß § 1 Abs 1 WEG 1975 dem Wesen einer von allen Miteigentümern gemeinsam getragenen Begründung von Wohnungseigentum entspricht, ließ - so die Rechtsprechung zuletzt - regelmäßig die (ergänzende) Vertragsauslegung zu, dass dem jeweiligen Wohnungseigentümer (und nur diesem,[119] ohne weitere Zustimmung oder Mitwirkung der übrigen Mit- und Wohnungseigentümer[120]) damit auch alle jene Rechte übertragen wurden, die mit seinem alleinigen Nutzungs- und Verfügungsrecht korrespondieren.[121]
Die Wohnungseigentümergemeinschaft repräsentierte (schon nach der Rechtsprechung zum WEG 1975) nicht die Gesamtheit aller Mit- und Wohnungseigentümer (dies gilt nur für Verwaltungshandlungen).[122]
Auf diesen Überlegungen aufbauend, entschied die Rechtsprechung zum WEG 1975 eine Reihe mietrechtlicher Sachverhalte (keine Sachlegitimation der Wohnungseigentümergemeinschaft zur Geltendmachung von Vermieteransprüchen gemäß § 12a MRG;[123] alleinige Legitimation des jeweiligen Wohnungseigentümers zur Geltendmachung einer Mietzinserhöhung gemäß § 12a oder § 46a MRG[124] sowie zur Einbringung einer Mietzins- oder Räumungsklage;[125] volle Haftung aller Vermieter gegenüber dem Mieter bei Entschädigungsansprüchen gemäß § 8 Abs 3 MRG;[126] Geltendmachung von Mietzinsüberprüfungs- und Rückforderungsansprüchen nicht gegen die Wohnungseigentümergemeinschaft;[127] Klage des Altmieters auf Feststellung des vereinbarten Mietzinses nicht gegen die Wohnungseigentümergemeinschaft, sondern gegen alle Mit- und Wohnungseigentümer der Liegenschaft zu richten;[128] Aufwandersatzansprüche des Altmieters nach

---

116 OGH 10.3.1998, 5 Ob 44/98a (= EWr III/1120 A/44 f).
117 Darauf eingehend, aber noch nicht folgend: OGH 11.9.1997, 6 Ob 231/97g (= EWr III/1120 A/34 ff);
OGH 13.10.1998, 5 Ob 238/98f (= EWr II/13/102 f);
OGH 24.11.1998, 5 Ob 287/98m (= EWr II/13/110 f).
118 OGH 24.11.1998, 5 Ob 287/98m (= EWr II/13/110 ff).
119 Vgl OGH 24.11.1998, 5 Ob 258/98x (= EWr II/13/108 f) im Gegensatz zu OGH 13.10.1998, 5 Ob 238/98f (= EWr II/13/102 f).
120 OGH 24.2.1998, 5 Ob 492/97g (= EWr III/1120 A/41 ff).
121 OGH 24.2.1998, 5 Ob 492/97g (= EWr III/1120 A/41 ff);
OGH 24.3.1998, 5 Ob 404/97s (= EWr III/1120 A/46 f);
OGH 24.10.2000, 5 Ob 94/00k (= EWr I/21/94 ff);
OGH 3.8.2004, 5 Ob 43/04s (= EWr I/2/177 ff) ua.
122 OGH 13.4.1999, 5 Ob 259/98v (= EWr II/13c/71 ff).
123 OGH 15.6.1999, 5 Ob 146/99b (= EWr II/13c/74 f).
124 OGH 9.12.1997, 5 Ob 454/97v (= EWr I/12a/33 ff).
125 OGH 23.11.1999, 5 Ob 314/99k (= EWr II/13/129 f).
126 OGH 24.2.1998, 5 Ob 492/97g (= EWr III/1120 A/41 ff).
127 OGH 13.4.1999, 5 Ob 259/98v (= EWr II/13c/71 ff).
128 OGH 23.2.1999, 5 Ob 30/99v (= EWr II/13c/65 ff).

§ 10 MRG anteilig geltend zu machen gegen alle Mit- und Wohnungseigentümer;[129] Rechnungslegungsanspruch des Altmieters gegenüber allen Mit- und Wohnungseigentümern;[130] Rückforderungsansprüche bei Vermietung einer Substandardwohnung[131]).

- Soweit der Hauptmieter des Wohnungseigentumsobjekts
  - Geldansprüche aus dem Mietverhältnis, die noch aus der Zeit vor der Begründung des Wohnungseigentums an dem von ihm gemieteten Objekt herrühren, gegen den Wohnungseigentümer auch durch Exekution nicht hereinbringen kann, haftet die Eigentümergemeinschaft für den Ausfall (§ 4 Abs 2 WEG).

⇒ Wiewohl dieser Fall vermutlich nicht allzu häufig eintreten wird, kommt damit dem Kauf einer - wenn auch bestandfreien - Eigentumswohnung in einem zur Gänze dem MRG unterliegenden Haus immer noch ein gewissermaßen aleatorisches Element zu. Weiterhin wird der berufsmäßige Parteienvertreter den Kaufinteressenten auf allfällige Ansprüche vorhandener Altmieter und die damit im Rahmen der Eigentümergemeinschaft verbundene Mithaftung hinzuweisen haben.

⇒ Leider (mE) konnte sich der Gesetzgeber nicht dazu entschließen, dem Altmieter ein Vorzugspfandrecht am Anteil seines Vermieters einzuräumen und damit die übrigen Wohnungseigentümer - hinsichtlich allfälliger Geldansprüche aus dem Altmietverhältnis - endgültig zu entlasten.

Die mit § 4 Abs 2 WEG geschaffene Lösung verhindert zwar auch die Schmälerung des Haftungsfonds für Geldansprüche des Mieters durch die nachträgliche Begründung des Wohnungseigentums, stellt aber für diesen hinsichtlich der Durchsetzung einen wahren „Leidensweg" dar.

Zunächst muss er gegen Vermieter vorgehen und den erwirkten Titel im Exekutionsweg zu vollstrecken versuchen (das Gesetz gibt keine nähere Auskunft, welche konkreten Exekutionsschritte der Mieter - erfolglos - unternommen haben muss, um sodann die Eigentümergemeinschaft in Anspruch nehmen zu können; mE bleibt dieser allemal der Einwand offen, der Mieter habe keine geeigneten bzw nicht alle erfolgversprechenden Exekutionsmaßnahmen ergriffen). Einen nach erfolgloser Exekution gegen den Vermieter erwirkten Titel gegen die Eigentümergemeinschaft kann der Mieter sodann nur in die Rücklage oder in die von den Wohnungseigentümern geleisteten oder geschuldeten Zahlungen für Aufwendungen vollstrecken (siehe § 18 Abs 3 WEG). Scheitert auch dieser Einbringungsversuch, könnte der Anspruch gegen die einzelnen Wohnungseigentümer nur durch gesonderte Klagsführung geltend gemacht werden (§ 18 Abs 1 WEG); diesfalls haften die Wohnungseigentümer (gemäß § 18 Abs 3 letzter Satz WEG) für den Ausfall im Verhältnis ihrer Anteile (woraus sich - gleichsam als letzter Akt in diesem forensischen Karussell - Rückgriffsforderungen (gesetzliches Vorzugspfandrecht gemäß

---

[129] OGH 26.9.2000, 5 Ob 208/00z (= EWr I/10/63 f);
OGH 26.9.2000, 5 Ob 235/00w (= EWr I/10/65 f).

[130] OGH 24.10.2000, 5 Ob 94/00k (= EWr I/21/94 ff).

[131] OGH 26.6.2002, 5 Ob 147/01f (= EWr II/1/51 f).

§ 27 Abs 1 Z 2 lit a WEG) bzw Bereicherungsansprüche von Wohnungseigentümern (die wiederum mit gesonderter Klage geltend zu machen wären) ergeben könnten.

⇒ Ansprüche, die aus der Zeit vor der Begründung des Wohnungseigentums „herrühren" (= Gesetzestext) wird wohl im Sinne von „resultieren", also „ihren Ursprung haben", zu interpretieren sein. Demnach kommt es nicht unbedingt darauf an, dass der Anspruch schon vor der Begründung des Wohnungseigentums fällig war; entscheidend ist vielmehr, dass sich der die Fälligkeit auslösende Sachverhalt vor der Begründung des Wohnungseigentums ereignet hat.

Ansprüche des Mieters, die noch aus der Zeit vor der Begründung des Wohnungseigentums resultieren, sind vor allem im Zusammenhang mit ablösepflichtigen Investitionen gemäß § 10 MRG sowie bei Kautionen und bei noch nicht „abgewohnten" Mietzinsvorauszahlungen vorstellbar.

Hinsichtlich verbotener Einmalzahlungen (§ 27 MRG) sowie bei Mietzinsüberschreitungen haftet indes derjenige, dem die Beträge zugekommen sind,[132] also keinesfalls die Eigentümergemeinschaft.

- Ungeachtet der Rechtsstellung des Wohnungseigentümers als Vermieter kann der Hauptmieter des Wohnungseigentumsobjekts mietrechtliche Ansprüche, die sich auf
  - die allgemeinen Teile der Liegenschaft oder
  - die Liegenschaft als Gesamtheit

  beziehen,

  auch

  gegen die Eigentümergemeinschaft geltend machen

  (§ 4 Abs 3 WEG).

  ⇒ Zu denken ist hier vor allem an Ansprüche gemäß §§ 3, 4, 6, 9, 20 u 21 MRG, wo der einzelne Wohnungseigentümer naturgemäß nicht in der Lage ist, sie ohne Zutun der übrigen Miteigentümer zu erfüllen.

  ⇒ Das Gesetz billigt dem Mieter das Wahlrecht zu, gegen wen er mietrechtliche Ansprüche, die sich auf die allgemeinen Teile der Liegenschaft (etwa die Durchführung von Erhaltungsarbeiten an Fenstern, Fassaden, Dach, Stiegenhaus [§ 3 MRG] sowie Verbesserungsarbeiten [§ 4 MRG]) oder die Liegenschaft als Gesamtheit (etwa die Hauptmietzinsabrechnung [§ 20 MRG] sowie die Betriebskostenabrechnung [§ 21 MRG]) beziehen, geltend machen will.

  Dies wird allerdings mE so zu verstehen sein, dass der Mieter in jenen Fällen, wo sein Vermieter (also idR ein Minderheitseigentümer) den Anspruch wegen der erforderlichen Zustimmung der Mehrheit oder gar aller übrigen Wohnungseigentümer nicht unmittelbar erfüllen kann (etwa eine Erhaltungsarbeit an allgemeinen Teilen oder aber die Genehmigung einer vom Mieter gewünschten Veränderung, beispielsweise die Anbringung eines Parabolspiegels an der Außenfassade), vom Vermieter (Woh-

[132] Siehe dazu etwa *ÖVI/Dirnbacher, MRG [2006], 293 ff;* mwN

nungseigentümer) nur verlangen kann, dass dieser die erforderlichen Maßnahmen zur Erfüllung des Mieterbegehrens einleitet (etwa den Antrag gemäß § 52 Abs 1 Z 2 WEG iVm § 16 WEG auf Ersetzung der Zustimmung der übrigen Wohnungseigentümer durch den Außerstreitrichter einbringt). Der Mieter könnte aber auch - und in diesem Sinne ist das Wahlrecht zu verstehen - direkt gegen die Eigentümergemeinschaft vorgehen und von dieser die Zustimmung begehren.

⇒ Zu beachten ist, dass durch diese Neuregelung dem Verwalter einer Wohnungseigentumsanlage - als Vertreter der Eigentümergemeinschaft - ein Mehraufwand erwachsen kann (nach der Rechtsprechung zum WEG 1975 bestand jedenfalls keine Verpflichtung des WE-Verwalters, MRG-konforme Abrechnungen zu erstellen[133]).

- § 4 WEG ist in allen Verfahren anzuwenden, die nach dem 30.6.2002 eingeleitet wurden.
  In davor eingeleiteten Verfahren ist weiterhin die bisherige Rechtslage (Rechtsprechung zum WEG 1975) anzuwenden (§ 56 Abs 5 WEG).

  ⇒ Ausgehend davon, dass nach neuerer Rechtsprechung ohnedies schon der jeweilige Wohnungseigentümer aktiv legitimiert war, die Ansprüche der Vermieter (bisher: alle Mit- und Wohnungseigentümer) allein geltend zu machen, ändert sich mit dem WEG vor allem die Passivlegitimation auf Vermieterseite. Der Mieter hat nunmehr[134] - ausgenommen in den Fällen des § 4 Abs 3 WEG - seine Ansprüche allein gegen den Wohnungseigentümer seines Mietobjektes geltend zu machen.

  ⇒ Zur korrespondierenden Neuregelung im MRG (§ 2 Abs 1 MRG) siehe Artikel II des WE-BeG 2002.[135]

  Die Regelung des § 4 WEG gilt allerdings noch nicht für die Zeit, in der bloß vorläufiges Wohnungseigentum durch den Alleineigentümer begründet ist (§ 48 Z 1 WEG).

- Keine Lösung enthält das Gesetz für jene Liegenschaften, bei denen noch schlichte Miteigentümer neben Wohnungseigentümern vorhanden sind, hinsichtlich der „Mieter der schlichten Miteigentümer“.

  ⇒ ME ist diesfalls - siehe schon oben - die Rechtsprechung zum WEG 1975 weiterhin anwendbar.

- Eine weitere, auf das Zusammenwirken mietrechtlicher und wohnungseigentumsrechtlicher Normen abzielende Bestimmung - über den Aufteilungsschlüssel - findet sich in § 32 Abs 1 WEG (siehe unten ab S 308).

[133] OGH 27.4.1999, 5 Ob 98/99v (= EWr II/17/71 ff); und - noch zum WEG 1975 - OGH 8.4.2003, 5 Ob 37/03g (= EWr II/17/96 ff).

[134] Vgl zur bisherigen Rechtslage: OGH 26.9.2000. 5 Ob 208/00z (= EWr I/10/63 f) ua.

[135] Vgl *ÖVI/Dirnbacher, MRG (2006), 62.*

Literatur zu Einzelfragen:

Zum WEG 2002:

Call, „Zur Begründung und zum Erwerb von Wohnungseigentum“; wobl 2002, 110.

Hanel, "Nutzung der einzelnen Wohnungseigentumsobjekte sowie der allgemeinen Teile der Liegenschaft und die gemeinschaftliche Verwaltung der Liegenschaft im WEG 2002"; wobl 2002, 165.

Hausmann, "Miscellen zum WEG 2002"; wobl 2002, 212.

Österreicher, "Klarstellungen zur Preisbildung bei der Übertragung von Mietwohnungen gemeinnütziger Bauvereinigungen in das Wohnungseigentum durch Änderung der Gebarungsrichtlinienverordnung und der Entgeltrichtlinienverordnung 1994"; wobl 2003, 207.

Prader, "Problem Altmieter"; immolex 2002, 328.

Vonkilch, "Wirkung der Wohnungseigentumsbegründung auf ein bestehendes Mietverhältnis“ (§ 4 WEG 2002)"; wobl 2002, 123.

Würth, „Sonderprobleme der WE-Begründung: Kfz-Abstellplätze, Vorratsteilung, obligatorische Begründung“; wobl 2002, 118.

Würth, „Der Mieter des Wohnungseigentümers“; wobl 2003, 345.

Zum WEG 1975:

Binder, „Zur rechtlichen Qualifikation von Außenabstellplätzen im Rahmen des Wohnungseigentums; wobl 1992, 137.

Böhm/Faber, „Vermietung im Miteigentums- bzw Mischhaus“; wobl 2001, 189.

Call, „Zum Wohnungseigentum an Garagen, dargestellt am Beispiel des Tiroler und Wiener Baurechts“; ImmZ 1979, 343.

Call, „Zum Wohnungseigentum an Garagen“; JBl 1982, 240.

Call, „Die Novelle des Wohnungseigentumsgesetzes 1975 im Rahmen des Bauträgervertragsgesetzes - ein Überblick“; wobl 1997, 5.

Heindl, „Die Begründung von Wohnungseigentum an Substandardwohnungen“; wobl 1994, 5.

Heindl, „Begründung von Wohnungseigentum an Substandardwohnungen“; wobl 1995, 38.

Meinhart, „Wohnungseigentum im MRG-Althaus bedarf schriftlicher Vereinbarung“; ImmZ 1986, 147.

Meinhart, „Bescheinigung und Wohnungseigentumstauglichkeit bei sonstigen Räumlichkeiten wie Substandardwohnungen, Ferienhäuschen usw nach § 1 und § 12 Abs 2 Z 2 WEG 1975“; ImmZ 1986, 283 bis 284 und 327 bis 330.

Meinhart, „Substandard-Wohnung“; ImmZ 1996, 111.

Wachter, „Wohnungseigentumsrechtliche Probleme im Zusammenhang mit der Hausbesorgerwohnung“; JBl 1978, 18;

- dazu auch Glosse von **Call,** JBl 1978, 499.

III.
BEGRÜNDUNG UND ERWERB VON WOHNUNGSEIGENTUM
(§§ 3, 5 u. 6 WEG)

1)
Vorgang der Begründung

a)
Allgemeines

Gemäß § 3 Abs 1 WEG kann das Wohnungseigentum begründet werden auf Grundlage einer

- schriftlichen Vereinbarung aller Miteigentümer (= Wohnungseigentumsvertrag) (Z 1);

  ⇒ Näheres dazu siehe unten ab S 87.

- gerichtlichen Entscheidung über eine Klage nach § 43 WEG (Z 2);

  ⇒ Näheres dazu siehe unten ab S 89.

- gerichtlichen Entscheidung in einem Verfahren zur Aufhebung einer Miteigentumsgemeinschaft (= WE-Begründung durch Richterspruch) (Z 3);

  ⇒ Näheres dazu siehe unten ab S 95.

- gerichtlichen Aufteilung des ehelichen Gebrauchsvermögens und der ehelichen Ersparnisse gemäß §§ 81 bis 98 Ehegesetz (Z 4).

  ⇒ Näheres dazu siehe unten ab S 101.

Das Gesetz umschreibt damit den Titel zur Wohnungseigentumsbegründung; der ebenfalls erforderliche Modus liegt in der Einverleibung des Wohnungseigentumsrechts.

Zu den in § 3 Abs 1 WEG erwähnten Begründungsformen kommt noch die im 10. Abschnitt des Gesetzes (§§ 45 bis 51 WEG) normierte Begründung des vorläufigen Wohnungseigentums durch den Alleineigentümer auf Grundlage eines Wohnungseigentumsstatuts hinzu (siehe dazu unten ab S 372).

b)
Obligatorische Wohnungseigentumsbegründung an allen wohnungseigentumstauglichen (gewidmeten) Objekten

⇒ Zu der durch die WRN 2006 mit § 57 WEG geschaffenen temporären Ausnahme (hinsichtlich der nachstehenden Ausführungen) siehe unten S 417.

Gemäß § 3 Abs 2 WEG ist die Begründung von Wohnungseigentum nur zulässig, wenn sie sich auf

- alle wohnungseigentumstauglichen Objekte

bezieht, die nach der Widmung der Miteigentümer als Wohnungseigentumsobjekte vorgesehen sind.

⇒ Die erst im letzten Moment der Gesetzwerdung des WEG 2002 verfügte „obligatorische Wohnungseigentumsbegründung“ stellt damit eine gegenüber dem WEG 1975 wesentliche Änderung dar.

⇒ Die Neuformulierung des § 3 Abs 2 WEG durch die WRN 2006 stellt nun unmissverständlich klar, dass nicht (grundsätzlich) an allen wohnungseigentumstauglichen Objekten, sondern nur an den dafür nach der Widmung vorgesehenen Wohnungseigentum begründet werden muss.
Entscheidend ist (und darin liegt [und lag – siehe schon die Ausführungen in der Vorauflage dieses Werks] die Bedeutung des § 3 Abs 2 WEG), dass jedenfalls an allen bewerteten Objekten Wohnungseigentum begründet wird (es müssen aber nicht unbedingt alle an sich wohnungseigentumstauglichen Objekte auch tatsächlich bewertet werden).
Daraus ergibt sich zwangsläufig, dass alle nicht bewerteten Objekte allgemeine Teile der Liegenschaft darstellen und im ideellen Miteigentum der Wohnungseigentümer stehen.

⇒ Der neuformulierte § 3 Abs 2 WEG beseitigt sohin auch allfällige Zweifel (die dem Vernehmen nach bei einigen Grundbüchern nach der [missglückten] Formulierung des § 3 Abs 2 WEG aF aufgetaucht sind), inwieweit etwa auch an einer zur Unterbringung eines Hausbetreuers bzw als Dienstwohnung für einen noch vorhandenen Hausbesorger vorgesehenen Wohnung oder an sonstigen selbständigen, für Zwecke der Gemeinschaft bestimmten Räumlichkeiten Wohnungseigentum begründet werden muss.
Selbstverständlich steht es - de iure den Miteigentümern im Wohnungseigentumsvertrag, de facto meist dem Wohnungseigentumsorganisator bei Erteilung des Auftrags zur Nutzwertermittlung - frei, kraft entsprechender Widmung dafür zu sorgen, dass derartige Objekte (und natürlich auch Kraftfahrzeugabstellplätze) unbewertet und damit allgemeine Teile der Liegenschaft bleiben (vgl im Übrigen die Judikatur zur nichtigen Wohnungseigentumsbegründung, speziell an zur Unterbringung des Hausbesorgers vorgesehenen Wohnungen[136]).

Das WEG gestattet indes nicht mehr die Neuschaffung „gemischter Anlagen" (Wohnungseigentum neben schlichtem Miteigentum).

⇒ Es gibt - anders als nach dem WEG 1975 - kein Wahlrecht mehr, bloß an Teilen der Liegenschaft (etwa nur am Dachboden) Wohnungseigentum zu begründen und andere Teile im schlichten Miteigentum zu belassen.
Wohl aber könnte - insbesondere nach der Neuformulierung des § 3 Abs 2 WEG durch die WRN 2006 - bloß an Teilen der Liegenschaft (etwa nur am Dachboden) Wohnungseigentum begründet werden, während die restlichen Objekte als allgemeine Teile und damit im ideellen Miteigentum verblieben.
Der (zunächst vielleicht nicht unmittelbar einsichtige) Grund, an einem (oder einigen) - an sich wohnungseigentumstauglichen - Objekt(en) doch kein Wohnungseigentum zu begründen, könnte etwa darin liegen, die bisherigen Anteilsverhältnisse der schlichten Miteigentümer auch nach Begründung des Wohnungseigentums (weitgehend) unverändert zu lassen.

---

[136] OGH 31.1.1995, 5 Ob 143/94 (= EWr III/466 A/1 ff);
OGH 7.12.1999, 5 Ob 318/99x (= EWr II/1/42 f);
OGH 13.3.2001, 5 Ob 52/01k (= EWr II/1/46 ff);
OGH 12.2.2002, 5 Ob 230/01m (= EWr II/4/3 f) ua.

Beispiel:
Drei Miteigentümer mit je einem Drittel Anteil wollen ohne Anteilsverschiebung Wohnungseigentum an einem Gebäude mit vier Wohnungen (die jeweils gleich zu bewerten wären) begründen. Dies kann (nun) dadurch geschehen, dass nur drei der vier Wohnungen tatsächlich bewertet werden und sodann jeder Miteigentümer Wohnungseigentümer einer Wohnung wird; die vierte (unbewertete) Wohnung verbleibt im ideellen (nicht schlichten!) Miteigentum der Gemeinschafter (und kann etwa vermietet oder aber auch im Rahmen einer Benützungsvereinbarung einem Miteigentümer zur Nutzung überlassen werden).

⇒ Das WEG enthält - anders als das WEG 1975 seit 1994[137] - kein Verbot zur Begründung von Wohnungseigentum an „Substandardwohnungen"; es sind daher auch derartige Objekte in die Wohnungseigentumsbegründung (zwingend) einzubeziehen.

⇒ Aus § 3 Abs 2 WEG ergibt sich ua auch die Pflicht gemeinnütziger Bauvereinigungen, die auf Grund der Bestimmungen des WGG (oder wegen eingeräumter „Optionsrechte") Mietern bzw Nutzungsberechtigten Wohnungseigentum einräumen müssen, an den ihnen verbleibenden Objekten ebenfalls Wohnungseigentum zu begründen.

⇒ § 3 Abs 2 WEG gelangt im Fall der Klage nach § 43 WEG („Klage auf Einverleibung des Eigentumsrechts" - siehe dazu unten S 89) modifiziert zur Anwendung.
Die (erfreulich unkomplizierte) Judikatur[138] zur Rechtslage im Zeitraum 1.7.2002 bis 30.9.2006 ist mit der (die Situation verkomplizierenden) Änderung des § 43 WEG durch die WRN 2006 (weitgehend) obsolet geworden.

- Bei bestehenden gemischten Anlagen (entstanden vor dem 1.7.2002) ändert sich grundsätzlich nichts, jedoch ist nach den Übergangsbestimmungen die Begründung weiteren Wohnungseigentums nur mehr insofern möglich, als sodann von der weiteren Wohnungseigentumsbegründung alle restlichen wohnungseigentumsfähigen (bewerteten) Objekte erfasst werden müssen (§ 56 Abs 4 WEG).

  ⇒ Beispiel:
  Sechs von zehn Wohnungen stehen bereits im Wohnungseigentum; will der schlichte Miteigentümer nun ebenfalls Wohnungseigentum begründen, so kann dies nur in der Form geschehen, dass alle vier Wohnungen gleichzeitig ins Wohnungseigentum überführt werden (und sohin auch keine schlichten Miteigentumsanteile mehr übrig bleiben).

- Die Übergangsbestimmungen enthalten auch noch die Anordnung, dass bei bestehenden gemischten Anlagen weder Wohnungseigentümer noch schlichte Miteigentümer die Zustimmung zur Begründung (weiteren) Wohnungseigentums - an den Anteilen des die Wohnungseigentumsbegründung wünschenden schlichten Miteigentümers - verweigern dürfen (sofern dadurch eigene Nutzungsrechte weder aufgehoben noch eingeschränkt würden) (§ 56 Abs 12 WEG).

[137] OGH 26.6.2001, 5 Ob 147/01f (= EWr II/1/51 f).
[138] OGH 11.11.2003, 5 Ob 184/03z (= W/43/1 ff).

⇒ Insoweit wurde § 2 Abs 2 Z 1 zweiter Halbsatz WEG 1975 auf schlichte Miteigentümer erweitert.
Die Regelung führt allerdings im Hinblick auf § 3 Abs 2 WEG zu Auslegungsproblemen, sofern weitere schlichte Miteigentümer an ihren Anteilen Wohnungseigentum nicht begründen wollen. In diesem Fall würde dem die Wohnungseigentumsbegründung anstrebenden schlichten Miteigentümer die Zustimmungspflicht zur Begründung des WE an seinen Anteilen im Hinblick auf die angeordnete obligatorische Begründung des Wohnungseigentums an allen restlichen Anteilen der schlichten Miteigentümer nichts nützen.
Um der Regelung des § 56 Abs 12 WEG diesfalls einen Anwendungsbereich zu sichern, wäre diese dahingehend auszulegen, dass der Wunsch eines schlichten Miteigentümers nach Wohnungseigentumsbegründung zugleich die Pflicht der übrigen schlichten Miteigentümer auslöst, an ihren Anteilen Wohnungseigentum zu begründen. Die damit einhergehende „Zwangsbeglückung“ mit Wohnungseigentum spricht schon deshalb nicht gegen diese Auslegung, weil der Gesetzgeber und die Rechtsprechung auch schon im alten Recht bereit waren, eine derartige Konsequenz hinzunehmen (vgl § 2 Abs 2 Z 2 WEG 1975: Wurde im Teilungsverfahren die Wohnungseigentumsbegründung auch nur von einem einzigen[139] unter mehreren Beklagten begehrt und stellte der Kläger hierauf sein Klagebegehren entsprechend um, so kam es - Tunlichkeit und Möglichkeit vorausgesetzt - ungeachtet der allfälligen Ablehnung der Wohnungseigentumsbegründung durch andere Beklagte zur Teilung im Wege der Wohnungseigentumsbegründung).

- § 3 Abs 3 WEG enthält die - schon aus § 2 Abs 4 WEG hervorleuchtende - Anordnung, wonach an allgemeinen Teilen der Liegenschaft Wohnungseigentum nicht begründet werden kann.
  ⇒ Siehe dazu oben ab S 38.

c)
Erwerb des Wohnungseigentums (Miteigentümer, Eigentümerpartnerschaft)

Gemäß § 5 Abs 1 WEG kann Wohnungseigentum erworben werden von

- jedem Miteigentümer, dessen Anteil dem Mindestanteil entspricht und
- von zwei natürlichen Personen, deren Miteigentumsanteile je dem halben Mindestanteil entsprechen (Eigentümerpartnerschaft).
  ⇒ Zu beachten ist, dass infolge der Anordnung des § 3 Abs 2 WEG Wohnungseigentum nur an allen bewerteten Miteigentumsanteilen gleichzeitig begründet werden kann.
  ⇒ Die Formulierungsänderungen in § 5 Abs 1 WEG durch die WRN 2006 haben keine normative Bedeutung.
- Einen Sonderfall stellt der Erwerb des vorläufigen Wohnungseigentums durch den Alleineigentümer der Liegenschaft dar (§ 45 ff WEG).
  ⇒ Siehe unten ab S 370.

---
[139] Vgl OGH 7.7.1998, 5 Ob 48/98i (= EWr II/2/57 ff).

d) Sonderregelung für den Erwerb des Wohnungseigentums an einem Abstellplatz für Kraftfahrzeuge

Besondere (Auslegungs-)probleme beschert die mit § 5 Abs 2 WEG normierte Sonderregelung im Zusammenhang mit dem Erwerb des Wohnungseigentums an einem Abstellplatz für Kraftfahrzeuge.

⇒ Zum Begriff des Abstellplatzes für ein Kraftfahrzeug siehe schon oben ab S 31.

⇒ Die Regelung des § 5 Abs 2 WEG gelangt jedenfalls nur bei Abstellplätzen für Kraftfahrzeuge (als selbständige Wohnungseigentumsobjekte gemäß § 2 Abs 2 letzter Satz WEG) zur Anwendung. Nicht davon betroffen sind Garagen (als sonstige selbständige Räumlichkeiten gemäß § 2 Abs 2 Satz 3 WEG).

Gemäß Satz 1 leg cit kann Wohnungseigentum an einem Abstellplatz für Kraftfahrzeuge

- bis zum Ablauf von drei Jahren nach Begründung von Wohnungseigentum an der Liegenschaft
- nur von Personen oder Eigentümerpartnerschaften erworben werden, denen Wohnungseigentum an einer Wohnung oder einem selbständigen Geschäftsraum der Liegenschaft, mithin an einem „Bedarfsobjekt“

zukommt.

⇒ Mit der WRN 2006 erfolgte die Einschränkung auf Wohnungen und selbständige Geschäftsräumlichkeiten, für die zugleich die neue Bezeichnung „Bedarfsobjekte“ geschaffen wurde.
Die Neuregelung stellt insofern eine Klarstellung dar, als damit eindeutig geregelt wurde, dass das Wohnungseigentum an Garagenräumen (die ja gemäß § 2 Abs 2 WEG ebenfalls als selbständige Räumlichkeiten anzusehen sind), irrelevant ist für die Regelungen des § 5 Abs 2 WEG (ein Ergebnis, das vor der WRN 2006 nur im Wege der - wenn auch sinnvollen - Auslegung gefunden werden konnte).

⇒ Weiters klargestellt wurde mit der Anfügung eines Halbsatzes in Satz 1 leg cit durch die WRN 2006, dass ein Wohnungseigentümer mehrerer Bedarfsobjekte schon während der dreijährigen Frist eine entsprechende Mehrzahl von Abstellplätzen erwerben kann (eine Konsequenz, die mE schon bisher nicht ernsthaft in Zweifel zu ziehen war).
Erwirbt (oder behält sich) also jemand beispielsweise fünf Wohnungen, kann er auch (sofern vorhanden) schon während der ersten drei Jahre an fünf Kfz-Abstellplätzen Wohnungseigentum erwerben (und zwar selbst dann, wenn es auf der Liegenschaft nicht mehr als fünf Plätze geben sollte und daher die übrigen Wohnungseigentümer keine Abstellplätze erwerben könnten).

⇒ Der einzelne Eigentümerpartner allein kann nicht innerhalb der Dreijahresfrist Wohnungseigentum an einem Kfz-Abstellplatz erwerben.[140]

---

[140] OGH 20.9.2005, 5 Ob 173/05k (= wobl 2006, 216/94 mit - mE zu Recht - kritischer Anm Vonkilch).

⇒ Personen, denen kein Wohnungseigentum an einem Bedarfsobjekt zukommt, können auch dann nicht während der ersten drei Jahre Wohnungseigentum an einem Kfz-Abstellplatz erwerben, wenn alle Eigentümer von Bedarfsobjekten Stellplätze erworben oder auf einen Erwerb rechtswirksam (§ 5 Abs 2 Satz 2 WEG) verzichtet haben.[141]

Satz 2 leg cit enthält eine weitere Beschränkung:

Die in Satz 1 genannten Personen und Eigentümerpartnerschaften

⇒ Also nur Wohnungseigentümer eines Bedarfsobjekts

können

- während der dreijährigen Frist
- Wohnungseigentum an mehr als einem Abstellplatz nur erwerben, soweit
- die Zahl der auf der Liegenschaft vorhandenen und als Wohnungseigentumsobjekte gewidmeten Abstellplätze die Zahl der Bedarfsobjekte übersteigt;

  ⇒ sohin zählen allgemeine Flächen (nicht als Wohnungseigentumsobjekte gewidmete Kraftfahrzeugabstellplätze) nicht mit;
- bei der Berechnung der überzähligen Abstellplätze ist der schriftlich erklärte Verzicht eines Wohnungseigentümers auf den ihm vorzubehaltenden Platz zu berücksichtigen.

  ⇒ Auch hier zählen also auf Grund der mit der WRN 2006 verfügten Einschränkung auf „Bedarfsobjekte" selbständige Garagenräume bei der Berechnung nicht mit; wirksam verzichten kann somit nur der Wohnungseigentümer eines Bedarfsobjekts.

Nach Ablauf der dreijährigen Frist können auch andere Personen Wohnungseigentum an einem Abstellplatz erwerben (Satz 3 leg cit).

⇒ Andere Personen sind einerseits „Liegenschaftsfremde" und andererseits Wohnungseigentümer, die kein Bedarfsobjekt (also keine Wohnung oder selbständige Geschäftsräumlichkeit) besitzen; mE auch noch jene, die innerhalb der ersten drei Jahre auf einen Kraftfahrzeugabstellplatz schriftlich verzichtet haben (siehe dazu sogleich unten).

⇒ Die Absicht der - am vormaligen Zubehör-Wohnungseigentum an Kfz-Abstellplätzen (§ 1 Abs 2 WEG 1975) orientierten - Regelung des § 5 Abs 2 WEG liegt auf der Hand: Es sollen damit Wohnungseigentümer von Wohnungen und sonstigen selbständigen Räumlichkeiten auf der Liegenschaft beim Erwerb von Abstellplätzen für Kraftfahrzeuge auf der selben Liegenschaft bevorzugt werden gegenüber sonstigen Interessenten. Der Gesetzgeber verbindet mit seinen Anordnungen offenbar die Erwartung, dass der Wohnungseigentumsorganisator lieber sofort (wenn auch allenfalls zu geringerem) Preis an die Wohnungseigentümer der Liegenschaft veräußert, statt eine dreijährige Wartefrist in Kauf zu nehmen (um sodann zu allenfalls besserem Preis an sonstige Interessenten verkaufen zu können).
Aus § 5 Abs 2 Satz 1 WEG ergibt sich allerdings kein Rechtsanspruch der Wohnungseigentümer von Räumlichkeiten der Liegen-

[141] OGH 30.8.2005, 5 Ob 99/05b (= wobl 2006, 217/95 mit Anm Vonkilch).

schaft auf den Erwerb eines Abstellplatzes (dies weder innerhalb der ersten drei Jahre noch danach; und zwar unabhängig von einer abgegebenen oder auch nicht abgegebenen Verzichtserklärung). Die gesetzliche Regelung schafft kein Vorkaufsrecht; sie beschränkt lediglich die Dispositionsfreiheit des Wohnungseigentumsorganisators (und insofern auch jene eines Wohnungseigentümers, der nur den erworbenen Abstellplatz innerhalb der Sperrfrist an einen Nicht-Liegenschaftswohnungseigentümer veräußern möchte).

Nach Ablauf der dreijährigen Frist kann über die Kraftfahrzeugabstellplätze sowohl vom Wohnungseigentumsorganisator als auch von den Wohnungseigentümern, die daran innerhalb der Dreijahresfrist Wohnungseigentum erworben haben, völlig frei verfügt werden.

⇒ Ausgehend davon, dass dem Wohnungseigentümer eines Bedarfsobjekts auf der Liegenschaft auch innerhalb der ersten drei Jahre kein Anspruch auf Erwerb eines Abstellplatzes zukommt, spricht das Gesetz folgerichtig im letzten Halbsatz des zweiten Satzes lediglich von der Berücksichtigung des schriftlichen Verzichts bei der Berechnung der überzähligen Abstellplätze.

Beispiel dazu:

Angenommene Ausgangslage:
10 Wohnungen und 10 Plätze auf der Liegenschaft vorhanden.

a) Berechnung ohne Verzicht:
10 : 10; d.h. kein Wohnungseigentümer kann innerhalb der Dreijahresfrist an mehr als einem Abstellplatz Wohnungseigentum erwerben.
b) Berechnung bei Verzicht eines Wohnungseigentümers:
9 : 10; d.h. ein Wohnungseigentümer könnte schon innerhalb der Dreijahresfrist Wohnungseigentum an zwei Abstellplätzen erwerben.

Keine faktische Bedeutung kommt dem Verzicht zu, wenn auch nach Abgabe einer derartigen Erklärung die Anzahl der Abstellplätze jene der Wohnungen und sonstigen selbständigen Räumlichkeiten nicht übersteigt.

Angesichts des ersten Satzes bewirkt ein Verzicht keineswegs, dass der „davon betroffene" Abstellplatz innerhalb der Dreijahresfrist an einen Nicht-Wohnungseigentümer der Liegenschaft veräußert werden kann; der Verzicht führt lediglich dazu, dass ein anderer Wohnungseigentümer einer Räumlichkeit auf der Liegenschaft diesen Platz zusätzlich erwerben kann (sofern für die übrigen Wohnungen und sonstigen selbständigen Räumlichkeiten je ein Platz vorhanden ist).

Der schriftlich erklärte Verzicht auf Erwerb eines Kfz-Abstellplatzes verwehrt dem Verzichtenden mE nicht für immer den Ankauf, wohl aber während der dreijährigen Sperrfrist (andernfalls bestünde die Gefahr von Umgehungsgeschäften; Beispiel: 10 Wohnungseigentümer, 10 Stellplätze, zunächst Verzicht um sodann - Verhältnis Wohnungseigentümer:Stellplätze nun 9:10 - einen Platz mehr zu erwerben).

⇒ Im Fall der Begründung des vorläufigen Wohnungseigentums beginnt die Dreijahresfrist erst mit dem Erwerb von Miteigentum durch einen Fremden (das ist ein mit dem Alleineigentümer nicht im wirtschaftlichen oder familiären Naheverhältnis stehender Erwerber) - und nicht schon mit der Wohnungseigentumsbegründung des Alleineigentümers - zu laufen (§ 46 WEG).

Die Beschränkungen des ersten und zweiten Satzes des § 5 Abs 2 WEG gelten nicht für denjenigen Wohnungseigentumsorganisator, der im Wohnungseigentumsvertrag als Hauptverantwortlicher für die Wohnungseigentumsbegründung und den Abverkauf der Wohnungseigentumsobjekte bezeichnet ist; dies kann je Liegenschaft nur eine einzige Person sein (Satz vier leg cit).

⇒ Der vierte Satz des § 5 Abs 2 WEG wurde mit der WRN 2006 neu eingefügt.

⇒ Damit ist zum einen klargestellt, dass der Wohnungseigentumsorganisator grundsätzlich an jenen Kraftfahrzeugabstellplätzen, die nicht sofort bzw innerhalb der Dreijahresfrist verkauft werden (können), für sich selbst sofort bzw innerhalb der Dreijahresfrist Wohnungseigentum begründen darf, ohne deshalb Eigentümer einer entsprechenden Anzahl (oder auch nur eines einzigen) Bedarfsobjektes sein zu müssen (eine von einem Großteil der Lehre und auch in der Vorauflage dieses Buches bereits zum bisherigen Recht vertretene Auffassung).
Zum anderen bringt das Gesetz nun deutlich zum Ausdruck, dass dies nur für den „operativ tätigen" Wohnungseigentumsorganisator gilt.
Die Definition des operativ tätigen Wohnungseigentumsorganisators erfolgte im Hinblick auf die notwendige Kontrollmöglichkeit für das Grundbuchsgericht. Nur der im Wohnungseigentumsvertrag „als Hauptverantwortlicher für die Wohnungseigentumsbegründung und den Abverkauf der Wohnungseigentumsobjekte" bezeichnete Wohnungseigentumsorganisator kommt in den Genuss der Privilegierungsregelung des § 5 Abs 2 vierter Satz WEG.
Der letzte Halbsatz bringt in aller Deutlichkeit zum Ausdruck, dass es sich beim privilegierten Wohnungseigentumsorganisator je Liegenschaft nur um eine einzige Person (natürlich auch eine einzige juristische Person) handeln kann.

⇒ Vermieden werden sollen mit dem neuen Satz vier leg cit Umgehungsfälle dergestalt, dass - was nach der weitgehenden Umschreibung des Wohnungseigentumsorganisators in § 2 Abs 6 WEG durchaus möglich wäre - mehrere (zunächst schlichte) Miteigentümer allesamt als Wohnungseigentumsorganisatoren bezeichnet werden und (jeweils für sich) ohne Beachtung der in den beiden ersten Sätzen des § 5 Abs 2 WEG enthaltenen Reservierungs- und Verteilungsregelungen schon innerhalb der ersten drei Jahre Wohnungseigentum an Kraftfahrzeugabstellplätzen begründen.[142]
Insofern ist die Neuregelung in § 5 Abs 2 Satz vier WEG konsequent. Freilich eskamotiert mE auch die mit der WRN 2006 erfolgte Klarstellung nicht, dass die Bestimmung des § 5 Abs 2 WEG unnötig ist wie ein Kropf.
Der Gesetzgeber befürchtet offenbar Benachteiligungen einzelner Wohnungseigentümer (eigentlich: Interessenten am Erwerb eines Wohnungseigentumsobjekts), die aber in der Praxis entweder schon aus wirtschaftlichen Gründen gar nicht eintreten oder aber

---

[142] Dies freilich ablehnend - wenn auch hinsichtlich des Wohnungseigentumsorganisators offen lassend - OGH 30.8.2005, 5 Ob 99/05b (= wobl 2006, 217/95 mit Anm Vonkilch).

mit der Regelung (in der derzeitigen Form) auch nicht vermieden werden (können). Im Neubaubereich führen sowohl die Vielzahl der schon nach den Baugesetzen zu schaffenden Kraftfahrzeugabstellplätze als auch die wirtschaftliche Realität dazu, dass der Wohnungseigentumsorganisator keinem Interessenten am Ankauf einer Wohnung oder einer sonstigen selbständigen Räumlichkeit den gleichzeitig gewünschten Erwerb von Kraftfahrzeugabstellplätzen verwehren wird. Lediglich in innerstädtischen Lagen, und hier wiederum nahezu ausschließlich bei der nachträglichen Begründung von Wohnungseigentum im Althausbereich mag es vorstellbar sein, dass die wenigen vorhandenen Abstellplätze (etwa im Innenhof des Althauses) gleichsam an den „Bestbieter versteigert“ werden könnten (und somit die Wohnungseigentümer von Bedarfsobjekten auf der Liegenschaft leer ausgingen). Eben dies vermag indes § 5 Abs 2 WEG auch nicht zu verhindern; es reicht diesfalls aus, dass der (operativ tätige) Wohnungseigentumsorganisator mit dem Abverkauf drei Jahre zuwartet und sich sodann an den Bestbieter wendet (der vielleicht schon in den Jahren davor den Abstellplatz als Mieter mit Vorkaufsrecht benützt hat).
Der Sinn der Regelung ist somit nicht erkennbar; eine reine „Behinderungsvorschrift“ für den Wohnungseigentumsorganisator, zugleich unnötigen Mehraufwand bei Abverkauf, Vertragserrichtung und Verbücherung verursachend!
Empfehlung an den Gesetzgeber daher (über alle Mentalreservationen hinweg): <u>Ersatzlose Streichung</u> des § 5 Abs 2 WEG mit der nächsten Novelle!

⇒ Den in der Vergangenheit gelegentlich geäußerten Befürchtungen betreffend die allfällig unterschiedlichen Interessen der „Nur-Abstellplatz-Wohnungseigentümer“ einerseits und der Wohnungseigentümer von Räumlichkeiten andererseits lässt sich - folgt man den Ausführungen in den Materialien zur WRN 2006 - zweckmäßigerweise mit der Schaffung gesonderter Abrechnungseinheiten (§ 32 Abs 2, erster HS WEG), verbunden mit jeweils eigener Abstimmungseinheit (§ 32 Abs 2, zweiter HS WEG), begegnen (siehe dazu schon oben S 34).

⇒ Fraglich ist, ob eine (bzw welche) Sanktion aus einer entgegen den Anordnungen des § 5 Abs 2 WEG vorgenommenen Verbücherung von Wohnungseigentum folgt. ME wäre die Wohnungseigentumsbegründung jedenfalls nicht nichtig, weil sie nicht gegen zwingende <u>Grundsätze</u> des Wohnungseigentums verstoßen hätte (anders als nach dem WEG 1975 ist ja der Abstellplatz für ein Kraftfahrzeug - sofern er den Anforderungen des § 2 Abs 2 WEG entspricht - ein grundsätzlich wohnungseigentumstaugliches Objekt).

⇒ Die mit der WRN 2006 geschaffene Übergangsregelung des § 58 Abs 2 erster Satz WEG macht die mit § 5 Abs 2 vierter Satz WEG erfolgte Neuregelung hinsichtlich des „operativ tätigen Wohnungseigentumsorganisators“ - die als Klarstellung zu verstehen sein soll - auch anwendbar auf den Erwerb eines Abstellplatzes vor dem 1. Oktober 2006 (zur damit einhergehenden Problematik siehe unten S 419).
Wurde der Antrag auf Verbücherung jedoch schon vor dem 1. Februar 2005 eingebracht, so gilt die Ausnahmeregelung für <u>jede</u>

Person, der gemäß § 2 Abs 6 zweiter Satz WEG die Eigenschaft als Wohnungseigentumsorganisator zukommt (§ 58 Abs 2 zweiter Satz WEG).
Der Stichtag stellt ab auf die im Jänner 2005 erfolgte Versendung des Ministerialentwurfs zur WRN 2006; ab diesem Zeitpunkt - so die Materialien - müssten auf Grund der Veröffentlichung des Ministerialentwurfs auf der Website des Bundesministeriums für Justiz für jedermann die „pro futuro einzuhaltenden Umrisse der Ausnahmeregelung klar geworden sein" (sic!?).

⇒ Zur Problematik des § 5 Abs 2 WEG auch im Zusammenhang mit den Übergangsbestimmungen zur Stammfassung des WEG (§ 56 Abs 2, 4, 6 und 12 WEG) siehe unten ab S 410.

e) Einverleibung in das Grundbuch

Als Kernsatz gilt (wie schon im WEG 1975):

Das Wohnungseigentumsrecht entsteht (erst) durch die Einverleibung in das Grundbuch (§ 5 Abs 3 Satz 1 WEG).

⇒ Anders ausgedrückt:
Es gibt kein „außerbücherliches Wohnungseigentum" !
Vor der Einverleibung in das Grundbuch kann an einem Objekt kein Wohnungseigentum bestehen.

⇒ Exakt entsteht das Wohnungseigentum (schon) im Zeitpunkt des Einlangens jenes Einverleibungsgesuches beim Grundbuchsgericht, auf Grund dessen danach die Einverleibung bewilligt wird (= Datum des Eingangsstempels beim Grundbuchsgericht).

⇒ Im Hinblick darauf, dass die Wohnrechtsnovelle 2000 (WRN 2000) per 1.7.2000 bei der Befristung von Mietverhältnissen jegliche Differenzierung zwischen Objekten im Wohnungseigentum einerseits und solchen ohne Wohnungseigentum andererseits beseitigt hat, kommt dem exakten Zeitpunkt des Entstehens von Wohnungseigentum für den Abschluss von Mietverträgen nicht mehr die gleiche Bedeutung zu wie in der Zeit davor.

⇒ Hingewiesen sei allerdings darauf, dass die Frage der vollen Anwendbarkeit des MRG (Vollanwendungsbereich) oder der bloß teilweisen Anwendbarkeit des MRG (Teilausnahme - gegebenenfalls gemäß § 1 Abs 4 Z 3 MRG) in zwei Fallkonstellationen noch immer davon abhängen kann, ob am Mietobjekt im Zeitpunkt des Mietvertragsabschlusses Wohnungseigentum begründet ist oder nicht (zum einen bei Häusern, deren Baubewilligung nach dem 8.5.1945, aber vor dem 1.7.1953 erteilt wurde [und die daher für die Teilausnahme des § 1 Abs 4 Z 1 MRG „zu alt" sind]; zum anderen [idR - Ausnahmen durch Förderungsgesetze WWG und WFG 1968[143]] bei Häusern mit einer nach dem 30.6.1953 erteilten Baubewilligung, zu deren Errichtung öffentliche Mittel in Anspruch genommen wurden [was die Einordnung in die Teilausnahme des § 1 Abs 4 Z 1 MRG endgültig ausschließt]).

---

143 OGH 15.12.1998, 5 Ob 312/98p (= EWr I/1/112 ff);
OGH 3.12.2002, 5 Ob 49/02w (= EWr I/53/3 ff);
OGH 6.4.2004, 2 Ob 99/04d (= EWr I/1/204 f);
OGH 28.9.2004, 5 Ob 192/04b (= EWr I/16/436 ff);
OGH 22.12.2004, 8 Ob 125/04x (= EWr I/43/9 f).

⇒ Der Kündigungsschutz des MRG gilt selbstverständlich auch für den Mieter eines im Wohnungseigentum stehenden Objektes, wenngleich die Eigenbedarfskündigung diesfalls in den letzten Jahren von den Gerichten etwas „vermieterfreundlicher" judiziert wurde.[144]

Das Wohnungseigentum ist im Eigentumsblatt auf dem Mindestanteil einzutragen (§ 5 Abs 3 Satz 2 WEG)

- Bei einer Eigentümerpartnerschaft sind die Anteile der Partner am Mindestanteil (§ 13 Abs 2 WEG) zu verbinden.

  ⇒ Das Wohnungseigentumsrecht selbst bedarf keiner Verbindung, es ist ungeteilt.

Wird auf einer Liegenschaft das Wohnungseigentum einverleibt, so ist in der Aufschrift des Gutsbestandsblattes das Wort „Wohnungseigentum" einzutragen (§ 5 Abs 3 letzter Satz WEG).

- Bei Begründung des vorläufigen Wohnungseigentums durch den Alleineigentümer ist in der Aufschrift des Gutsbestandsblattes die Bezeichnung „Vorläufiges Wohnungseigentum" einzutragen (§ 45 Abs 4 WEG).

2) Grundlagen für die Einverleibung des Wohnungseigentums

a) Allgemeines

§ 6 WEG beschreibt die für die Einverleibung des Wohnungseigentums jedenfalls erforderlichen Unterlagen.

⇒ Die Regelung nimmt sowohl Bezug auf den „Normalfall" der Wohnungseigentumsbegründung (mit Hilfe eines Wohnungseigentumsvertrags) als auch auf die Fälle der „Wohnungseigentumsbegründung durch Richterspruch".

⇒ Die Begründung des vorläufigen Wohnungseigentums durch den Alleineigentümer wird in § 6 WEG nicht ausdrücklich erwähnt, doch normiert § 45 Abs 3 letzter Satz WEG, dass diesfalls die Regelungen des § 6 WEG mit der Maßgabe anzuwenden sind, dass anstelle der schriftlichen Vereinbarung der Miteigentümer (Wohnungseigentumsvertrag) das Wohnungseigentumsstatut vorzulegen ist (Näheres dazu siehe unten S 372).

---

[144] vgl etwa OGH 22.12.1993, 6 Ob 637/93 (= EWr I/30/76 ff);
OGH 22.11.1995, 1 Ob 619/95 (= EWr I/30/172 ff);
OGH 11.6.1996, 7 Ob 2057/96t (= EWr I/30/212 ff);
OGH 9.7.1997, 3 Ob 2237/96h (= EWr I/30/263 f);
OGH 21.4.1998, 4 Ob 105/98i (= EWr I/30/301 ff);
OGH 20.10.1998, 4 Ob 262/98b (= EWr I/30/351 f);
OGH 29.10.1998, 6 Ob 282/98h (= EWr I/30/353 ff);
OGH 12.9.2002, 6 Ob 9/02w (= EWr I/30/467 ff);
OGH 17.10.2002, 8 Ob 207/02b (= EWr I/30/472 f);
OGH 26.8.2004, 6 Ob 35/04x (= EWr I/30/528 ff);
OGH 23.9.2004, 6 Ob 135/04b (= EWr I/30/533 ff);
siehe aber auch OGH 15.10.1998, 2 Ob 257/98b (= EWr I/30/347 ff).

Unabdingbare Voraussetzungen (= erforderliche Beilagen) für die Stattgebung des beim zuständigen Grundbuchsgericht einzubringenden Antrags auf Verbücherung des Wohnungseigentums sind demnach:[145]

- Schriftliche Vereinbarung der Miteigentümer nach § 3 Abs 1 Z 1 WEG (= Wohnungseigentumsvertrag)
  oder
  Gerichtliche Entscheidung nach § 3 Abs 1 Z 2 bis 4 WEG (= rechtskräftige Entscheidung über eine Klage gemäß § 43 WEG auf Einverleibung des Eigentumsrechts oder über eine Teilungsklage oder über die gerichtliche Aufteilung des ehelichen Gebrauchsvermögens und der ehelichen Ersparnisse nach §§ 81 bis 98 des Ehegesetzes)
  (Abs 1 Z 1 leg cit)
  ⇒ Näheres zum Titel siehe unten ab S 87.
- Bescheinigung der Baubehörde
  oder
  Gutachten eines für den Hochbau zuständigen Ziviltechnikers oder eines allgemein beeideten und gerichtlich zertifizierten Sachverständigen für das Hochbau- oder das Immobilienwesen
  - über den Bestand an wohnungseigentumstauglichen Objekten

  (Abs 1 Z 2 leg cit).
  ⇒ Näheres dazu siehe sogleich unten.
- Nutzwertgutachten (§ 9 Abs 1 WEG)
  oder
  Rechtskräftige Entscheidung über die gerichtliche Nutzwertfestsetzung (§ 9 Abs 2 WEG)
  (Abs 1 Z 3 leg cit).
  ⇒ Näheres dazu siehe oben ab S 45.

b)
Bescheinigung der Baubehörde;
Gutachten eines Ziviltechnikers oder Sachverständigen
(§ 6 Abs 1 Z 2 und Abs 2 WEG)

Wie bereits oben dargelegt, bedarf es zur Einverleibung des Wohnungseigentums (neben der Titelurkunde und des Nutzwertgutachtens bzw der rechtskräftigen Entscheidung über die gerichtliche Nutzwertfestsetzung) gemäß § 6 Abs 1 WEG

- der Bescheinigung der Baubehörde
  oder
  des Gutachtens
  - eines für den Hochbau zuständigen Ziviltechnikers
    oder
  - eines allgemein beeideten und gerichtlich zertifizierten Sachverständigen für das Hochbau- oder das Immobilienwesen

  über den Bestand an

[145] OGH 11.11.2003, 5 Ob 184/03z (= EWr W/43/1 ff).

- wohnungseigentumstauglichen Objekten.
  ⇒ Die WRN 2006 beseitigte die vormals auch in dieser Bestimmung enthaltene Differenzierung zwischen Wohnungen und sonstigen selbständigen Räumlichkeiten einerseits und Kraftfahrzeugabstellplätzen andererseits.

In der Bescheinigung bzw im Gutachten sind alle auf der Liegenschaft vorhandenen, für die Begründung des Wohnungseigentums grundsätzlich geeigneten Räumlichkeiten und Abstellplätze für Kraftfahrzeuge anzuführen.

⇒ Die tatsächliche Widmung erfolgt de iure erst durch die Vereinbarung der Miteigentümer (bzw in der Titelurkunde), de facto hingegen meist schon mit dem Auftrag (des Wohnungseigentumsorganisators) zur Erstellung eines Nutzwertgutachtens (bzw mit der gerichtlichen Festsetzung der Nutzwerte).

⇒ Es ist sohin durchaus möglich, dass in der „§-6-Bescheinigung“ (bzw dem Gutachten) mehr (niemals weniger) Kfz-Abstellplätze aufscheinen, als im Nutzwertgutachten bewertet (und damit für die Begründung von Wohnungseigentum vorgesehen) werden. Dies gilt - nun eindeutig aus § 3 Abs 2 WEG hervorgehend - auch für Wohnungen und sonstige selbständige Räumlichkeiten.

⇒ Die „§-6-Bescheinigung“ (bzw das Gutachten) hat jene Liegenschaftsteile, an denen Zubehör-Wohnungseigentum begründet werden soll, nicht zu bezeichnen. Zum einen ergibt sich dies direkt aus dem Gesetzestext, zum anderen auch daraus, dass Widmungsfragen nur für die Bewertung (also für das Nutzwertgutachten bzw die gerichtliche Nutzwertfestsetzung) eine Rolle spielen, nicht aber bei der „Beschreibung“ der Liegenschaft.

⇒ „Grundlage für die Einverleibung des Wohnungseigentums“ ist also insofern nicht die „§-6-Bescheinigung“, sondern (erst) das Nutzwertgutachten bzw die gerichtliche Nutzwertfestsetzung (was schon deshalb konsequent ist, weil der Behörde bei Ausstellung der Bescheinigung bzw dem Ziviltechniker oder Sachverständigen bei Erstellung des Gutachtens die konkrete Widmung der einzelnen Objekte gar nicht bekannt sein muss).

⇒ Im WEG existiert - im Hinblick auf den Wegfall des diesbezüglichen Verbots der Wohnungseigentumsbegründung im WEG 1975 - auch keine Verpflichtung mehr, Substandardwohnungen gesondert auszuweisen.

⇒ Die Bescheinigung der Baubehörde bzw (seit 1.1.1997) das diese ersetzende Gutachten fand sich früher in § 12 WEG 1975 geregelt. Dementsprechend bürgerte sich die populäre Bezeichnung „§-12-Bescheinigung“ ein (numehr eben: „§-6 Bescheinigung“).

- Die Bescheinigung oder das Gutachten gemäß § 6 Abs 1 Z 2 WEG darf schon auf Grund der behördlich bewilligten Baupläne[146] auf Antrag
  - eines Miteigentümers

    oder
  - eines Wohnungseigentumsbewerbers

  ausgestellt werden (§ 6 Abs 2 1. HS WEG).

[146] OGH 11.11.2003, 5 Ob 184/03z (= EWr W/43/1 ff).

⇒ Ungeachtet des diesbezüglich nun auch im WEG missverständlichen Wortlauts („.... darf ..... ausgestellt werden") liegt es nicht im Ermessen der Baubehörde, eine Bescheinigung nach § 6 WEG auszustellen; vielmehr ist die Bescheinigung bei Vorliegen der gesetzlichen Voraussetzungen auszustellen.
Der Antragsteller hat einen Rechtsanspruch auf Ausstellung der Bescheinigung; daran ändert auch die Möglichkeit, sich an einen für den Hochbau zuständigen Ziviltechniker oder einen allgemein beeideten und gerichtlich zertifizierten Sachverständigen für das Hochbau- oder das Immobilienwesen wenden zu können, nichts.

⇒ Anders als im WEG 1975 besteht nunmehr angesichts des eindeutig gefassten Wortlauts des § 6 Abs 2 WEG kein Zweifel mehr, dass auch die genannten Ziviltechniker bzw Sachverständigen das Gutachten bereits auf Grund der behördlich bewilligten Baupläne ausstellen dürfen.[147]

- Der Ziviltechniker bzw Sachverständige als Verfasser des Gutachtens hat der zuständigen Behörde eine Ausfertigung des Gutachtens zu übermitteln (§ 6 Abs 2 2.HS WEG).

⇒ Gemeint ist die Baubehörde.

⇒ Der eigentliche Zweck dieser - sinngemäß schon im WEG 1975 (§ 12 Abs 2 Z 2 lit b WEG 1975) normierten - Anordnung bleibt im Verborgenen. Weiterhin ist keine Möglichkeit der Behörde ersichtlich, das Gutachten gegebenenfalls - in welcher Form auch immer - in Frage zu stellen.
Denkbar wäre allenfalls eine Anzeige an die Standesvertretung, woraus sich ein gewissermaßen regulatorischer Warnzweck der Regelung erschließen lässt.

⇒ Die Materialien zur WRN 2006 weisen darauf hin, dass die Vorlage der Bescheinigung das Grundbuchsgericht nicht von der Verpflichtung entbindet, die Wohnungseigentumstauglichkeit der angeführten Objekte aus Eigenem zu prüfen (was idR die Vorlage auch der Baupläne erforderlich machen wird).

c)
Nutzwertgutachten; gerichtliche Nutzwertfestsetzung
(§ 6 Abs 1 Z 3 WEG)

Gemäß § 6 Abs 1 Z 3 WEG ist weitere Voraussetzung für die Einverleibung des Wohnungseigentums (neben der Titelurkunde und der Bescheinigung der Baubehörde bzw des Gutachtens eines Ziviltechnikers oder Sachverständigen)

- das Nutzwertgutachten (§ 9 Abs 1 WEG)
  oder
- die rechtskräftige Entscheidung über die gerichtliche Nutzwertfestsetzung (§ 9 Abs 2 WEG).

⇒ Die diesbezüglichen Erörterungen erfolgten bereits zu § 9 WEG (siehe oben ab S 45).

⇒ Hingewiesen sei an dieser Stelle nochmals darauf, dass demjenigen, der die Nutzwerte feststellen lassen möchte - anders als

---

[147] Zum diesbezüglichen Auslegungsproblem im WEG 1975 siehe *ÖVI/Dirnbacher, WEG 2000*, S 37 ff.

bei der Ausstellung einer „§-6-Bescheinigung“ (bzw dem diese ersetzenden Gutachten) - kein Wahlrecht zwischen der Beauftragung eines Ziviltechnikers (bzw Sachverständigen) einerseits und der Antragstellung an die Behörde (Gericht bzw Schlichtungsstelle) andererseits zukommt.

Die erstmalige Feststellung der Nutzwerte fällt (seit 1.1.1997) nicht mehr in den Aufgabenbereich der Behörde; sie kann daher nur - über entsprechenden Auftrag - durch den Ziviltechniker (bzw Sachverständigen) erfolgen.[148]

⇒ Im Übrigen steht es jedermann frei, einen entsprechenden Auftrag zur Nutzwertberechnung („Parifizierung“) zu erteilen.

Das Nutzwertgutachten selbst ist eine notwendige Voraussetzung zur Begründung des Wohnungseigentums, bewirkt aber per se (also ohne nachfolgende Verbücherung des Wohnungseigentums) noch nichts.

In der Praxis kann es etwa durchaus vorkommen, dass sich Miteigentümer über die im Gutachten erfolgte Bewertung bzw die Zuteilung der einzelnen Objekte nicht einig werden können und daher vom ursprünglichen Vorhaben der Begründung des Wohnungseigentums doch Abstand nehmen (gerade im Zinshausbereich liegt manchmal ein Problem darin, dass einige Objekte - vielleicht „schlecht“ - vermietet sind und andere nicht [was nicht allein an der Höhe des lukrierten Mietzinses liegen muss, sondern auch im Alter bzw dem Familienstand des/der Mieter(s) den Grund haben kann].

Bei der Ermittlung des Nutzwerts findet die Frage der aufrechten Vermietung keinen Niederschlag.

⇒ Umgangssprachlich wird gelegentlich noch immer die Bezeichnung „Parifizierung“ (ein Begriff aus dem WEG 1948, unter dem die nach den seinerzeitigen Mietwerten erfolgte - für ältere Objekte auf Grund von Übergangsvorschriften [vgl § 55 WEG] noch immer geltende[149] - Bewertung der einzelnen Objekte zu verstehen ist) als Synonym für „Wohnungseigentum“ verwendet.

3)
Schriftliche Vereinbarung aller Miteigentümer

(Wohnungseigentumsvertrag als Titel)
(§ 3 Abs 1 Z 1 WEG)

Die Schaffung des Wohnungseigentums auf Grund einer schriftlichen Vereinbarung aller Miteigentümer stellt gleichsam den „Normalfall“ der Wohnungseigentumsbegründung dar.

Beim Wohnungseigentumsvertrag handelt es sich um die schriftliche Vereinbarung aller Miteigentümer (bzw aller, die an der Liegenschaft Wohnungseigentum erwerben wollen), in der diese einheitlich der Wohnungseigentumsbegründung an allen dafür tauglichen (bewerteten) Objekten der Liegenschaft zustimmen.

---

[148] Zur Zulässigkeit der erstmaligen Festsetzung der Nutzwerte durch Gericht im Fall zweier einander widersprechender privat eingeholter Nutzwertgutachten:
OGH 9.9.2003, 5 Ob 144/03t (= EWr W/9/1 ff).

[149] OGH 11.12.2001, 5 Ob 227/01w (= EWr II/3/22 f) ua.

⇒ Das Schriftformgebot[150] bezieht sich nach der Rechtsprechung bloß auf die für die Begründung des Wohnungseigentums wesentlichen Vertragspunkte.[151]

⇒ Allerdings kann sich das Formerfordernis der Schriftlichkeit für bestimmte Vereinbarungen (etwa über den Verteilungsschlüssel gemäß § 32 WEG oder für eine Benützungsregelung gemäß § 17 WEG) direkt aus der jeweiligen gesetzlichen Anordnung ergeben.

Im Hinblick auf § 3 Abs 2 WEG muss sich der Wohnungseigentumsvertrag auf die Wohnungseigentumsbegründung an allen bewerteten wohnungseigentumsfähigen Objekten der Liegenschaft beziehen.

⇒ Die Wohnungseigentumsfähigkeit allein ist nicht ausschlaggebend, weil es als zulässig anzusehen ist (und nunmehr in § 3 Abs 2 WEG hinsichtlich aller Objekte auch ausdrücklich erwähnt wird), dass an sich wohnungseigentumsfähige Objekte als allgemeine Teile der Liegenschaft gewidmet und daher auch nicht bewertet werden (siehe dazu oben ab S 73).

Aus der im WEG obligatorischen Wohnungseigentumsbegründung folgt auch, dass es keinen Miteigentümer geben kann, dem nach dem Wohnungseigentumsvertrag kein Wohnungseigentumsobjekt zukommen soll.

⇒ Diese Variante war bis 30.6.2002 durchaus möglich; sie führte eben zu einer sogenannten „gemischten Wohnungseigentumsanlage", bei der es neben den Wohnungseigentümern auch noch schlichte Miteigentümer gab, mit deren Miteigentumsanteilen kein ausschließliches Nutzungsrecht an bestimmten Teilen der Liegenschaft verbunden war.
„Gemischte Anlagen" existieren nach wie vor; das WEG verbietet lediglich das Neuentstehen derartiger Anlagen.

⇒ Zu der durch die WRN 2006 mit § 57 WEG geschaffenen temporären Ausnahme siehe unten S 417.

Eine gesetzliche Verpflichtung des einzelnen Miteigentümers an einer im schlichten Miteigentum stehenden Liegenschaft zur Unterfertigung eines Wohnungseigentumsvertrages - mithin also eine Zustimmungspflicht zur Wohnungseigentumsbegründung - existiert auch im WEG nicht.

⇒ Es kann indes dennoch zur Begründung des Wohnungseigentums auch gegen den Willen eines schlichten Miteigentümers kommen, falls einem darauf gerichteten Begehren in einem Teilungsverfahren stattgegeben wird („Wohnungseigentumsbegründungsklage" - siehe dazu unten ab S 95).

⇒ Die in § 56 Abs 12 WEG vorgesehene Zustimmungspflicht (auch) der schlichten Miteigentümer (dies unter Bezugnahme auf § 2 Abs 2 Z 1 WEG 1975[152]) bezieht sich ausnahmslos auf vor dem 1.7.2002 entstandene gemischte Wohnungseigentumsanlagen.
Fraglich ist allerdings, wie bzw ob die Zustimmung zur Begründung von Wohnungseigentum an allen Anteilen (vgl § 3 Abs 2 WEG - obligatorische Wohnungseigentumsbegründung) erzwungen werden kann.

---

[150] OGH 28.9.2004, 5 Ob 218/04a (= EWr W/3/1 ff) ua.
[151] OGH 22.10.1991, 5 Ob 104/91 (= EWr II/2/1);
OGH 15.9.1992, 5 Ob 45/92 (= EWr II/2/2 f).
[152] Vgl OGH 9.12.1997, 5 Ob 435/97z (= EWr II/2/37 ff).

> Tatsache ist, dass der Oberste Gerichtshof,[153] wenn auch noch unter Bezugnahme auf § 21 Abs 2 WEG 1975 (nahezu wortident nunmehr § 35 Abs 2 WEG) die Teilungsklage selbst dann ausgeschlossen hat, wenn auch nur an einem Objekt bereits Wohnungseigentum begründet war.

Selbst wenn mit einem Miteigentümer bzw Wohnungseigentumsbewerber die Wohnungseigentumsbegründung vereinbart wurde, besteht mangels konkreter Zusatzvereinbarungen keine Verpflichtung zur Unterfertigung eines Wohnungseigentumsvertrages mit bestimmtem, vom gesetzlichen „Normalfall" abweichenden Inhalt (auch wenn dieser dergestalt - wie etwa mit Schlüsselvereinbarungen nach § 32 WEG - rechtswirksam vereinbart werden könnte).

> ⇒ Es empfiehlt sich daher in jenen Fällen, wo an - vom Normalfall - abweichende Regelungen im Wohnungseigentumsvertrag gedacht wird, mit allen Wohnungseigentumsbewerbern unmittelbar bei Einräumung der Zusage zur Wohnungseigentumsbegründung darauf bezugnehmende gleichlautende Vereinbarungen zu treffen (sei es mit Hilfe einer entsprechenden Punktation über die vorgesehenen, künftig zu vereinbarenden Abweichungen oder durch Aufnahme der Verpflichtung, den bereits erstellten und zum Bestandteil der Vereinbarung erhobenen Wohnungseigentumsvertrag dereinst zu unterfertigen).

4)
Klage auf Einverleibung des Eigentumsrechts

(§ 3 Abs 1 Z 2; § 43 WEG)

Die Regelung stellt ab auf die Säumnis des Wohnungseigentumsorganisators im Zusammenhang mit seinen Pflichten gemäß § 37 Abs 2 Z 2 WEG (= Errichtung der für die Einverleibung des Eigentumsrechts und des Wohnungseigentums des Wohnungseigentumsbewerbers erforderlichen Urkunden sowie Stellung der dafür erforderlichen Anträge ohne Verzug nach Vollendung der Bauführung am Haus, in dem sich das zugesagte Wohnungseigentumsobjekt befindet; dies unter der weiteren Voraussetzung, dass der Wohnungseigentumsbewerber die zahlenmäßig bestimmt vereinbarten, bis zur Vollendung der Bauführung zu entrichtenden Beträge an Grund-, Bau- und sonstigen Kosten bezahlt hat).

> ⇒ Im Hinblick darauf, dass die Regelung des § 43 WEG, die noch in der Stammfassung des WEG inhaltlich weitgehend dem § 25 WEG 1975 entsprochen hat, hinsichtlich Abs 1 mit der WRN 2006 geändert wurde, kann nur mehr zu einigen Fragen auf die Judikatur zum WEG 1975 zurückgegriffen werden (vgl insbesondere sogleich unten das sich aus der obligatorischen Wohnungseigentumsbegründung gemäß § 3 Abs 2 WEG ergebende - in der WRN 2006 aufgegriffene - Problem).

Gemäß § 43 Abs 1 erster Satz WEG kann der Wohnungseigentumsbewerber im Fall der Säumnis des Wohnungseigentumsorganisators (mit der Stellung der Anträge oder der Erstellung der Urkunden [§ 37 Abs 2 Z 2 WEG]) auf die Einwilligung in die Einverleibung seines Eigentums am Mindestanteil und in die Begründung von Wohnungseigentum an allen dafür gewidmeten wohnungsei-

[153] OGH 27.9.2001, 5 Ob 47/01z (= EWr II/2/82 ff).

gentumstauglichen Objekten bei dem Bezirksgericht klagen, in dessen Sprengel die Liegenschaft gelegen ist.

⇒ Der Anspruch des Wohnungseigentumsbewerbers richtet sich im Wege der Durchgriffshaftung direkt gegen den Eigentümer der Liegenschaft.[154]

⇒ Im Fall des Miteigentums richtet sich der Anspruch gegen - alle[155] - Miteigentümer.

⇒ Scheinbar im Widerspruch dazu:
Der als Wohnungseigentumsorganisator agierende Miteigentümer der Liegenschaft kann auch ohne Beteiligung der übrigen Miteigentümer am Rechtsstreit auf Erfüllung der Zusage (das versprochene Wohnungseigentum einzuräumen) geklagt werden, weil es dem Wohnungseigentumsbewerber freisteht, sich die zur Durchsetzung seines Einverleibungsanspruchs benötigte Zustimmung der weiteren Miteigentümer, insbesondere, wenn es sich dabei selbst um Wohnungseigentümer oder Wohnungseigentumsbewerber handelt, auf rechtsgeschäftlichem Weg zu beschaffen.[156]

⇒ Mehrere auf Einverleibung des Eigentumsrechts belangte Liegenschaftseigentümer bilden eine einheitliche Streitpartei.[157] Es bedarf jedenfalls eines Urteils, das sich in gleicher Weise auf alle Miteigentümer der Liegenschaft erstreckt.[158]

⇒ Bei dem im WGG normierten Anspruch des Mieters oder Nutzungsberechtigten auf Übertragung des Mietobjektes ins Wohnungseigentum handelt es sich um einen besonderen gesetzlich geregelten - und im außerstreitigen Verfahren nach § 22 Abs 1 Z 2a WGG zu prüfenden - Anspruch. Zusätzlich bestehende, auf einer anderen Rechtsgrundlage beruhende Ansprüche auf Erwerb von Wohnungseigentum bleiben davon unberührt.[159]

- Klagsgrund ist sohin die Säumnis des Wohnungseigentumsorganisators, die nach Ablauf einer angemessenen Frist (gerechnet ab Bauvollendung[160]) anzunehmen ist.

⇒ In der Frage der Angemessenheit der Frist ist auf die Umstände des Einzelfalls Bedacht zu nehmen (etwa auf die Größe der Anlage).

⇒ Eine Untätigkeit von weniger als einem Monat wird idR noch nicht als Säumnis anzusehen sein;[161] wohl aber ein Zuwarten über neun Wochen.[162]

⇒ Objektiver Verzug des Wohnungseigentumsorganisators ist ausreichend für die Annahme einer Säumnis.[163]

⇒ Strittig ist, ob die Frist nur durch eine Mahnung in Gang gesetzt wird, oder ob die Klage die Mahnung ersetzt.[164]

---

[154] OGH 29.6.1999, 5 Ob 96/99z (= EWr II/25/18 ff).
[155] OGH 11.11.1997, 5 Ob 425/97d (= EWr II/2/31 ff).
[156] OGH 8.7.1997, 5 Ob 2087/96i (= EWr II/25/8 ff).
[157] OGH 26.11.1996, 5 Ob 2309/96m (= ÖWR E 5 zu § 25 WEG).
[158] OGH 20.1.2004, 5 Ob 292/03g (= EWr II/25/29 ff) ua,
[159] OGH 7.11.2000, 5 Ob 269/00w (= EWr II/25/22 ff).
[160] OGH 11.11.2003, 5 Ob 184/03z (= EWr W/43/1 ff).
[161] MietSlg 29.523.
[162] MietSlg 30.593.
[163] OGH 29.6.1999, 5 Ob 96/99z (= EWr II/25/18 ff);
OGH 7.11.2000, 5 Ob 269/00w (= EWr II/25/22 ff).

- Als ein den materiellen Erfordernissen für eine Klage nach § 43 WEG genügender Titel ist jede Vereinbarung anzusehen, die eine bindende Verpflichtung der Parteien vorsieht, Wohnungseigentum in einer hierfür geeigneten Prozedur zu verschaffen bzw zu übernehmen.[165]
  - ⇒ Fraglich scheint, ob auch ein Vorvertrag Anspruchsgrundlage sein kann;[166] Grundvoraussetzung ist aber immer die Schriftform.[167]
  - ⇒ Jedenfalls ausreichend ist aber eine Punktation.[168]
    Darunter ist ein von den Parteien unterfertigter Aufsatz zu verstehen, in dem alle wesentlichen Tatbestandsmerkmale (die „Hauptpunkte") eines Vertrages enthalten sind (mag auch die endgültige Vertragsurkunde in einverleibungsfähiger Form vorbehalten worden sein).[169]
    Es fehlt an der von der Rechtsprechung geforderten Bestimmtheit der schriftlich festzuhaltenden Hauptpunkte eines Wohnungseigentumsvertrags, wenn keine exakte räumliche Beschreibung der jeweils in Wohnungseigentum zu übertragenden Objekte vorgenommen wurde.[170]
  - ⇒ Auch das Vermächtnis von Wohnungseigentum (Legat) kann gleich jeder anderen Zusage der Einräumung von Wohnungseigentum zumindest in analoger Anwendung des § 43 WEG mit einer gegen den Eigentümer der Liegenschaft zu richtenden Klage auf Einverleibung des Eigentumsrechts durchgesetzt werden.[171]
  - ⇒ Die bloße Preisfestsetzung nach §§ 13 bis 15c WGG ist nicht Grundlage für eine Klage nach § 43 WEG.[172]
- Mit der erfolgreichen Klagsführung gemäß § 43 WEG erhält der Wohnungseigentumsbewerber einen <u>Titel</u> zum Erwerb des Wohnungseigentums.
  Durch die Neuformulierung des Abs 1 leg cit mit der WRN 2006 hat sich der Gesetzgeber - entgegen der Stammfassung des Abs 1 leg cit - dazu entschlossen, die Klage - grundsätzlich - als <u>„Gesamtbegründungsklage"</u> zu konzipieren.
  - ⇒ Der Wohnungseigentumsbewerber klagt sohin nicht mehr nur „auf die Einwilligung in die Einverleibung ... <u>seines</u> Wohnungseigentums am <u>zugesagten</u> Objekt" sondern „auf die ... Begründung von Wohnungseigentum an <u>allen</u> dafür gewidmeten wohnungseigentumstauglichen Objekten".
  - ⇒ Davor ergab sich aus der Anordnung des § 43 Abs 1 WEG aF, die dem Wohnungseigentumsbewerber lediglich einen Titel hinsichtlich des <u>ihm zugesagten Objekts</u> verschaffen konnte, ein Widerspruch zur Bestimmung des § 3 Abs 2 WEG (worin die

---

[164] Vgl MietSlg 29.521.
[165] OGH 8.7.1997, 5 Ob 2087/96i (= EWr II/25/8 ff).
[166] OGH 27.6.1995, 5 Ob 79/95 (= EWr II/25/1 ff).
[167] OGH28.9.2004, 5 Ob 218/04a (= EWr W/3/1 ff) ua.
[168] OGH 20.11.2002, 5 Ob 121/02h (= EWr II/2/94 f).
[169] OGH 29.6.1999, 5 Ob 96/99z (= EWr II/25/18 ff).
[170] OGH 20.11.2002, 5 Ob 121/02h (= EWr II/2/94 f).
[171] OGH 28.9.2004, 5 Ob 158/04b (= EWr W/43/11 ff).
[172] OGH 24.2.2004, 5 Ob 26/04s (= EWr II/25/35 f); zum (Miet-)Kauf siehe auch OGH 19.4.2004, 5 Ob 83/04y (= EWr II/25/37 f).

obligatorische Wohnungseigentumsbegründung an allen bewerteten Objekten normiert wird).
Der Oberste Gerichtshof löste das Problem durch einschränkende Auslegung des § 3 Abs 2 WEG. Der vom Gesetzgeber gewollte umfassende Rechtsschutz des Wohnungseigentumsbewerbers könne - so der OGH -, nur auf die Weise effizient und verfahrensrechtlich zwanglos umgesetzt werden, dass § 3 Abs 2 WEG im Falle von Klagen nach § 43 WEG nicht zur Anwendung gelangt; daher müsse das Klagebegehren ungeachtet der Regelung des § 3 Abs 2 WEG nicht auf Einverleibung des Wohnungseigentums an allen Anteilen gerichtet sein.[173]
Diese - auch von einem Großteil der Lehre im Ergebnis befürwortete (und auf eine von dieser konkret erfolgte Anregung zurückgehende) - pragmatische Lösung des Problems erschien dem Gesetzgeber offenbar nicht tauglich. Als Argument für die Ablehnung wird in den Materialien zur WRN 2006 die Befürchtung vor einer weiterhin erfolgenden bloß partiellen Wohnungseigentumsbegründung (also die Schaffung neuer „gemischter Anlagen" und damit die Umgehung der durch § 3 Abs 2 WEG angeordneten „Typenreinheit") durch bewusstes Zusammenspiel zwischen dem Wohnungseigentumsorganisator und eines mit ihm kooperierenden Wohnungseigentumsbewerbers genannt.
Daher wurde - nach einigen Diskussionen im Begutachtungsverfahren - der nunmehrige Weg der Gesamtbegründungsklage eingeschlagen.
Freilich musste dabei zugleich auch (durch die Anfügung eines weiteren Satzes in § 43 Abs 1 WEG – siehe sogleich unten) jenen Fällen Rechnung getragen werden, in denen die Wohnungseigentumsbegründung an allen wohnungseigentumstauglichen Objekten nicht möglich ist.

⇒ Hingewiesen sei auch darauf, dass bereits die Rechtsprechung[174] zum WEG 1975 besondere Treuepflichten der Käufer von Liegenschaftsanteilen (die dem Wohnungseigentumsorganisator das Versprechen abgegeben haben, selbst der Begründung von Wohnungseigentum zuzustimmen) gegenüber jenen angenommen hat, die ebenfalls mit der Zusage der Einräumung von Wohnungseigentum gekauft haben.
Diesbezüglich besteht ein besonderes, jedoch nicht gesetzlich geregeltes Gemeinschaftsverhältnis der Wohnungseigentumsbewerber.

- Ist die Wohnungseigentumsbegründung an allen wohnungseigentumstauglichen Objekten nicht möglich, so kann im Urteil über die Klage entgegen der Bestimmung des § 3 Abs 2 WEG ausnahmsweise die Einverleibung von Wohnungseigentum nur an dem dem Kläger zugesagten Objekt vorgesehen werden (§ 43 Abs 1 zweiter Satz WEG).

  ⇒ Die Ausnahmeregelung im zweiten Satz des § 43 Abs 1 WEG ist die notwendige Konsequenz aus der strikten Anordnung im ersten Satz leg cit.

[173] OGH 11.11.2003, 5 Ob 184/03z (= EWr W/43/1 ff).
[174] OGH 23.2.1999, 5 Ob 31/99s (= EWr II/25/12 ff).

Das Gesetz nennt ausdrücklich als Beispiel für die Unmöglichkeit der Begründung von Wohnungseigentum an allen Objekten den Fall, dass nicht jedem Miteigentümer ein Objekt zugewiesen werden kann.

⇒ Hingewiesen sei darauf, dass der Wohnungseigentumsbewerber jedenfalls - also auch dann, wenn (für ihn) fest steht, dass die Wohnungseigentumsbegründung an allen Objekten gar nicht möglich sein wird - eine „Gesamtbegründungsklage" (und nicht eine „Einzelbegründungsklage") einzubringen hat. Es bedarf auch im Zuge des Verfahren keiner Änderung des Klagebegehrens; vielmehr hat das Gericht nach Feststellung der Unmöglichkeit der Gesamtbegründung - ohne negative Kostenfolgen für den Kläger - im Spruch der Entscheidung („ausnahmsweise") die Einzelbegründung bloß an den Anteilen des Klägers vorzusehen.

Gemäß § 43 Abs 2 WEG kann sich der Kläger die bestimmte Angabe des von ihm beanspruchten Mindestanteils bis zur Ermittlung oder Festsetzung der Nutzwerte vorbehalten, sofern die für die Bestimmung des Mindestanteils maßgebenden Nutzwerte noch nicht ermittelt sind oder bescheinigt wird, dass die Voraussetzungen für eine gerichtliche Nutzwertfestsetzung vorliegen.

- Diesfalls hat das Gericht das Verfahren zu unterbrechen und den Parteien mit Beschluss aufzutragen, einen Ziviltechniker oder Sachverständigen (§ 9 Abs 1 WEG) mit der Erstattung eines Nutzwertgutachtens zu betrauen bzw die Einleitung des Verfahrens zur gerichtlichen Nutzwertfestsetzung zu beantragen.
  Das unterbrochene Verfahren ist nach Vorliegen des Nutzwertgutachtens bzw nach rechtskräftiger Entscheidung über die gerichtliche Nutzwertfestsetzung auf Antrag wieder aufzunehmen.

  ⇒ Die Unterbrechung darf nur im Falle einer unschlüssigen oder offenkundig unbegründeten Klage nicht erfolgen.[175]

  ⇒ Für die Unterbrechung genügt aber die Bescheinigung der klagenden Partei, dass die Voraussetzungen für die noch ausstehende Nutzwertfestsetzung vorliegen.[176]

Die Klage auf Einverleibung des Eigentumsrechts kann über Antrag des Klägers im Grundbuch angemerkt werden (§ 43 Abs 3 Satz 1 WEG).

⇒ Von wenigen Ausnahmefällen abgesehen kann die Anmerkung der Klage nur vom Wohnungseigentumsbewerber erwirkt werden; es muss also eine schriftliche Zusage des Wohnungseigentumsorganisators vorliegen.[177]

⇒ Die Möglichkeit zur Streitanmerkung besteht sohin nicht, wenn ein Liegenschaftseigentümer auf Grund eines angeblich mündlich abgeschlossenen Kaufvertrags über eine Eigentumswohnung auf Abgabe einer schriftlichen Wohnungseigentums-Zusage geklagt wird.[178]

- Die Anmerkung bewirkt, dass das über die Klage ergehende Urteil auch gegen die Personen wirkt, die erst nach dem Einlangen des

[175] OGH 27.6.1995, 5 Ob 79/95 (= EWr II/25/1 ff).
[176] OGH 8.7.1997, 5 Ob 2087/96i (= EWr II/25/8 ff).
[177] OGH 10.2.2004, 5 Ob 296/03w ident OGH 10.2.2004, 5 Ob 297/03t (beide EWr W/43/8 ff).
[178] OGH 5.11.2002, 5 Ob 233/02d (= EWr II/25/26 ff).

Gesuchs um die Streitanmerkung beim Grundbuchsgericht bücherliche Rechte erlangt haben (Satz 2 leg cit).
§ 65 GBG 1955 ist mit der Maßgabe anzuwenden, dass die Einverleibung des Eigentums am Mindestanteil und des Wohnungseigentums im Rang der Streitanmerkung vorzunehmen und alle nach der Streitanmerkung auf dem Mindestanteil vorgenommenen Eintragungen zu löschen sind (Satz 3 leg cit).

⇒ Die Streitanmerkung hat sohin rangwahrenden Charakter.[179]

Gemäß § 43 Abs 4 WEG bewirkt

- die Anmerkung nach § 40 Abs 2 WEG (Anmerkung der Zusage der Einräumung von Wohnungseigentum)

sowie

- die Streitanmerkung nach § 43 Abs 3 WEG

zu Gunsten des Wohnungseigentumsbewerbers, dass

- im Fall der Zwangsversteigerung der Liegenschaft
  - der Ersteher

sowie

- im Fall der Verwertung der Liegenschaft in der Insolvenz des Liegenschaftseigentümers
  - der Ersteher oder Erwerber

die dem Wohnungseigentumsbewerber auf Grund dieser Anmerkungen zustehenden Rechte nach Maßgabe des § 150 der Exekutionsordnung zu übernehmen hat.

⇒ Mit der Neuformulierung des Abs 4 leg cit wurde das dem Wohnungseigentumsbewerber mit dem WEG eingeräumte Widerspruchsrecht (Exszindierungsverfahren) nach § 37 EO (das die Zwangsversteigerung der gesamten Liegenschaft hätte blockieren können) wieder beseitigt.[180] Die nunmehrige Lösung bezieht sich nur auf den (späteren) Mindestanteil des Wohnungseigentumsbewerbers und löst - so die Materialien zur WRN 2006 - die Rangfrage dogmatisch zutreffend.

⇒ Auch für den Fall der Insolvenz des Liegenschaftseigentümers wurde - primär im Interesse einer einheitlichen Regelung - von der schon im WEG 1975 (§ 25 Abs 4 WEG 1975) enthaltenen Lösung (Anspruch auf Aussonderung des dem Wohnungseigentumsbewerbers zustehenden Mindestanteils und des damit verbundenen Wohnungseigentums; §§ 11, 14 KO, §§ 11, 21 AO) abgegangen.
Im Insolvenzfall hat nun der Ersteher (bei kridamäßiger Verwertung, also im Fall der Zwangsversteigerung) bzw der Erwerber (bei freihändiger Veräußerung) die Ansprüche des Wohnungseigentumsbewerbers (zu dessen Gunsten die Anmerkung nach § 40 Abs 2 WEG einverleibt ist) nach Maßgabe des § 150 EO zu übernehmen.

⇒ Die Materialien zur WRN 2006 halten ausdrücklich fest, dass durch den Wechsel von Aussonderungs- bzw Widerspruchsrecht

---

[179] OGH 23.10.1991, 3 Ob 113/91 (= EWr II/24a/1).
[180] Vgl OGH 23.10.1991, 3 Ob 113/91 (= EWr II/24a/1).

hin zur Lastenübernahme nach § 150 EO der Schutz des Wohnungseigentumsbewerbers in keiner Weise geschmälert werden soll. Im Übrigen steht bereits die Anmerkung nach § 40 Abs 2 WEG dem Rücktritt des Masseverwalters nach § 21 KO entgegen.

⇒ Die bisherige Rechtslage gilt jedoch noch weiter, wenn der Wohnungseigentumsbewerber sein Aussonderungsrecht oder sein Widerspruchsrecht jeweils gemäß § 43 Abs 4 WEG idF vor der WRN 2006 vor dem 1. Oktober 2006 gerichtlich geltend gemacht hat (§ 58 Abs 8 WEG).

Wird auf Grund einer Klage nach § 43 Abs 1 WEG Wohnungseigentum an allen dafür gewidmeten wohnungseigentumstauglichen Objekten begründet, so hindert dies nachfolgende Anmerkungen der Einräumung von Wohnungseigentum (§ 40 Abs 2 WEG) nicht (§ 43 Abs 5 WEG).

⇒ Die ebenfalls mit der WRN 2006 neu geschaffene Regelung stellt ab auf den vom Gesetzgeber offenbar erwarteten Normalfall der Gesamtbegründungsklage hinsichtlich aller wohnungseigentumstauglicher und gewidmeter Objekte.
Damit ist jene Judikatur[181] nicht mehr anwendbar, die dies ausdrücklich abgelehnt hat.

5) Wohnungseigentumsbegründung durch Richterspruch
(§ 3 Abs 1 Z 3 u 4 WEG)

a) Allgemeines

Bis 31.12.1993 gab es - abgesehen vom Fall der Klage auf Einverleibung des Wohnungseigentumsrechts (§ 25 WEG 1975; nunmehr § 43 WEG) - keine Möglichkeit zur Erlangung des Wohnungseigentums durch gerichtliche Entscheidung. Der Gesetzgeber hat sodann mit dem 3. WÄG (inkraftgetreten mit den wohnungseigentumsrechtlichen Bestimmungen per 1.1.1994) einer langjährigen Forderung eines Teiles der Lehre entsprochen und die Wohnungseigentumsbegründung "durch Richterspruch" als weitere Begründungsart (neben dem Normalfall der Vereinbarung der Miteigentümer untereinander und dem Sonderfall der Klage auf Einverleibung des Wohnungseigentumsrechts) zugelassen.

⇒ Die Wohnungseigentumsbegründung durch Richterspruch soll zur Verhinderung einer Verminderung der wirtschaftlichen Substanz der Liegenschaft beitragen. Auch kann damit - anders als im Fall der Zivilteilung - die Erhaltung von Wohnmöglichkeiten der Miteigentümer bewirkt werden. Dieser Vorteil hat nach Ansicht der Rechtsprechung den Gesetzgeber dazu bewogen, der Wohnungseigentumsbegründung ungeachtet der sich aus dem Unterbleiben der räumlichen Trennung der Miteigentümer allenfalls ergebenden Nachteile den Vorrang zu geben.
Aus diesem Grund stehen auch Streitigkeiten der Miteigentümer untereinander der Begründung von Wohnungseigentum nicht entgegen.[182]

---

[181] OGH 13.5.1997, 5 Ob 139/97w (= ÖWR E 4 zu § 24a WEG).

Das WEG hat grundsätzlich die vormaligen Regelungen des WEG 1975 (§ 2 Abs 2 Z 2 WEG 1975) im Zusammenhang mit der Begründung des Wohnungseigentums im Teilungsverfahren übernommen, diese aber noch erweitert.

⇒ Allerdings hat es der Gesetzgeber - wie schon im WEG 1975 - abermals - aus welchen Gründen auch immer[183] - unterlassen, nähere Anordnungen über die praktische Durchführung der Wohnungseigentumsbegründung durch gerichtliche Entscheidung zu treffen; auch die WRN 2006 brachte keine Ergänzungen.

⇒ Die Rechtsfindung blieb bislang der Rechtsprechung überlassen. Angesichts einer Vielzahl höchstgerichtlicher Judikate sind mittlerweile viele der vormals offenen Fragen geklärt.
Es fällt indes auf, dass - soweit überschaubar - bis dato erst eine einzige höchstgerichtliche Entscheidung[184] vorliegt, die das (in der Praxis höchst bedeutsame) Problem der tatsächlichen Zuordnung der einzelnen Wohnungseigentumsobjekte an die Miteigentümer behandelt. Diese Zuordnung muss nach Ansicht des Obersten Gerichtshofes nicht zwingend schon im Titelverfahren erfolgen; sie kann dem Exekutionsverfahren vorbehalten werden.[185]
Über die näheren Anforderungen an einen Exekutionsantrag, mit dem gemäß § 351 EO die Begründung von Wohnungseigentum angestrebt wird, ist dem Gesetz nichts zu entnehmen. Klar ist nur, dass im Teilungserkenntnis enthaltene Teilungsregeln oder -anordnungen das Exekutionsgericht binden. Es muss aber im Exekutionsantrag kein Teilungsvorschlag gemacht werden; mit den Parteien ist kontradiktorisch zu verhandeln und ein rechtsgestaltender Teilungsbeschluss zu fassen, wobei die konkrete Teilung durch Begründung von Wohnungseigentum auch eine Parifizierung der Liegenschaft voraussetzt. Sollte sich entgegen dem Titel nachträglich herausstellen, dass in Wahrheit keine Teilbarkeit der Liegenschaft durch Begründung von Wohnungseigentum aus tatsächlichen oder rechtlichen Gründen besteht, käme nur die Einstellung der Exekution in Frage.[186]

b)
Wohnungseigentumsbegründung im Teilungsverfahren („Teilungsklage")
(§ 3 Abs 1 Z 3 WEG)

Der Gesetzestext spricht von der Wohnungseigentumsbegründung auf Grundlage einer gerichtlichen Entscheidung in einem Verfahren zur Aufhebung einer Miteigentumsgemeinschaft.
Diese Bezeichnung ist spätestens mit dem WEG missverständlich geworden, weil nunmehr auch noch die im WEG 1975 (§ 2 Abs 2 Z 2 WEG 1975) ent-

---

[182] OGH 26.7.1996, 1 Ob 521/96 (= EWr II/2/17 ff);
OGH 21.12.1999, 5 Ob 89/99w (= EWr II/2/67 ff).
[183] OGH 26.6.2002, 3 Ob 52/02x (= EWr II/2/87 ff).
[184] OGH 26.6.2002, 3 Ob 52/02x (= EWr II/2/87 ff).
[185] OGH 7.7.1998, 5 Ob 48/98i (= EWr II/2/57 ff);
OGH 27.10.1998, 5 Ob 268/98t (= EWr II/2/63 f);
OGH 13.7.2000, 5 Ob 23/00v (= EWr II/2/74 ff);
OGH 24.4.2001, 5 Ob 17/01p (= EWr II/2/78 ff) ua.
[186] OGH 26.6.2002, 3 Ob 52/02x (= EWr II/2/87 ff).

haltene Beschränkung, wonach es nur über entsprechendes Begehren des (eines) Beklagten zur Teilung durch Wohnungseigentumsbegründung kommen konnte, weggefallen ist.[187]

Seit 1.7.2002 kann bereits der Kläger die Teilungsklage unmittelbar auf die Begründung des Wohnungseigentums richten.

⇒ Von einer „Aufhebung der Miteigentumsgemeinschaft“ kann somit nicht mehr die Rede sein.[188]
Treffender wäre die Bezeichnung „Wohnungseigentumsbegründungsklage“.

⇒ Die Möglichkeit zur Teilungsklage bedingt allerdings, dass an der Liegenschaft noch kein Wohnungseigentum (bzw kein Wohnungseigentum mehr) besteht (vgl § 35 Abs 2 WEG); die Rechtsprechung zum WEG 1975 hat jedenfalls (nach anfänglichem Zweifeln[189]) - unter Bezugnahme auf den nahezu wortidenten vormaligen § 21 Abs 2 WEG 1975 - die Teilungsklage selbst dann ausgeschlossen, wenn auch nur an einem Objekt Wohnungseigentum begründet war (Abhilfe bei Unerträglichkeit der Aufrechterhaltung der Gemeinschaft würde diesfalls nur die Ausschließungsklage bieten).[190] Insofern würde sich die in § 3 Abs 1 Z 3 WEG erwähnte Klage für einen schlichten Miteigentümer innerhalb der Eigentümergemeinschaft - ungeachtet des ihm mit § 56 Abs 12 WEG eingeräumten Rechts - als nutzlos erweisen, wollte man sie nicht als eine Art „Wohnungseigentumsbegründungsklage“ ansehen.

- Die Anwendbarkeit der Neuregelung setzt ein nach dem 30.6.2002 eingeleitetes Verfahren voraus.[191]

⇒ Für früher eingeleitete Verfahren gilt § 2 Abs 2 Z 2 WEG 1975 weiter; die Möglichkeit zur Begründung des Wohnungseigentums ist nach der Rechtslage im WEG 1975 zu beurteilen (§ 56 Abs 3 WEG).
Dies gilt insbesondere auch für das seinerzeitige (WEG 1975 idF des 3. WÄG) Verbot der Begründung von Wohnungseigentum an Substandardwohnungen.[192]
Freilich steht es dem Kläger - wenn auch mit Kostenfolgen - frei, die Klage zurückzuziehen und gestützt auf § 3 Abs 1 Z 3 WEG neu einzubringen.

Die Teilung durch Wohnungseigentumsbegründung stellt eine Sonderform der Naturalteilung dar.[193]

---

187 Siehe zu speziell damit verbundenen Fragen die Judikaturnachweise in *ÖVI/Dirnbacher, WEG 2000,* S 53 bis 59; sowie auch noch
OGH 13.7.2000, 5 Ob 23/00v (= EWr II/2/74 ff);
OGH 24.4.2001, 5 Ob 17/01p (= EWr II/2/78 ff).

188 OGH 5.11.2002, 5 Ob 222/02m (= EWr II/2/91 ff) ua.

189 OGH 26.5.1998, 5 Ob 146/98a (= EWr II/2/56).

190 OGH 27.9.2001, 5 Ob 47/01z (= EWr II/2/82 ff);
dies noch offen lassend: OGH 26.5.1998, 5 Ob 146/98a (= EWr II/2/56).

191 OGH 26.6.2002, 3 Ob 52/02x (= EWr II/2/87 ff);
OGH 5.11.2002, 5 Ob 222/02m (= EWr II/2/91 ff);
OGH 3.8.2004, 5 Ob 61/04p (= EWr II/2/100 f);
OGH 23.11.2004, 5 Ob 167/04a (= EWr II/2/102 ff) ua.

192 OGH 8.7.2003, 5 Ob 131/03f (= EWr II/2/96 ff).

193 OGH 26.6.2002, 3 Ob 52/02x (= EWr II/2/87 ff) ua.

⇒ Gemäß § 843 ABGB genießt die Naturalteilung (Realteilung) gegenüber der Zivilteilung Vorrangstellung.[194]
Eine Vorrangstellung der „echten Realteilung" gegenüber der „richterlichen Realteilung" (= Teilung durch Wohnungseigentumsbegründung) lässt sich indes aus dem Gesetz nicht ableiten[195] (anders der AB zum WEG 2002 unter ausdrücklichem Hinweis auf die anderslautende höchstgerichtliche Rechtsprechung).
Den unterschiedlichen Ansichten kommt indes in der Praxis nicht allzu große Bedeutung zu, weil in der Regel bei bebauten Liegenschaften die „echte" Realteilung" ohnedies nicht möglich ist und sich daher nur die Varianten Wohnungseigentumsbegründung oder Zivilteilung anbieten.

- Fest steht, dass die Teilung durch Wohnungseigentumsbegründung ein darauf gerichtetes Begehren voraussetzt.
  Anders als nach § 2 Abs 2 Z 2 WEG 1975 kann dieses Begehren aber nunmehr bereits vom Kläger gestellt werden und bedarf nicht mehr einer Einwendung des Beklagten.
  Die Neuregelung nimmt aber dem Beklagten nicht die Möglichkeit, ein auf die Teilung durch Wohnungseigentumsbegründung gerichtetes Begehren zu stellen, falls dies nicht der Kläger getan hat.

Aus der (reichhaltigen) Rechtsprechung zu § 2 Abs 2 Z 2 WEG 1975 lassen sich folgende Grundsätze auch für die Regelung des § 3 Abs 1 Z 3 WEG ableiten:

- Die Teilungsklage ist gegen <u>alle</u> Miteigentümer, die nicht als Kläger auftreten, zu richten.[196]
  ⇒ Mehrere Beklagte bilden zusammen eine einheitliche Streitpartei.[197]
- Der Teilungsanspruch ist ein <u>unbedingter</u> und bedarf nicht der Begründung des Interesses durch den Kläger; die Rücksichtnahme auf die Interessen eines Hindernisse einwendenden Teilhabers führt jedoch zur Interessensabwägung über die Zumutbarkeit eines Aufschubs.[198]
  ⇒ Der Teilungsanspruch des Miteigentümers besteht (idR) selbst bei einem auf seinem Anteil haftenden Veräußerungs- und Belastungsverbot.[199]
- Die Teilung durch Wohnungseigentumsbegründung kann vom Gericht - wie jede Realteilung - nur vorgenommen werden, wenn sie <u>möglich</u> und <u>tunlich</u> ist.[200]

---

[194] OGH 26.7.1996, 1 Ob 521/96 (= EWr II/2/17 ff);
OGH 30.9.1997, 5 Ob 2399/96x (= EWr II/2/27 ff);
OGH 10.3.1998, 5 Ob 374/97d (= EWr II/2/44 ff);
OGH 24.4.2001, 5 Ob 17/01p (= EWr II/2/78 ff);
OGH 12.2.2002, 5 Ob 15/02w (= EWr II/2/85 f);
OGH 5.11.2002, 5 Ob 222/02m (= EWr II/2/91 ff) ua.

[195] OGH 24.4.2001, 5 Ob 17/01p (= EWr II/2/78 ff).

[196] OGH 26.5.1998, 5 Ob 146/98a (= EWr II/2/56).

[197] OGH 7.7.1998, 5 Ob 48/98i (= EWr II/2/57 ff).

[198] OGH 7.7.1998, 5 Ob 48/98i (= EWr II/2/57 ff) ua.

[199] OGH 8.11.1994, 5 Ob 98/94 (= EWr II/2/5 ff).

[200] OGH 26.7.1996, 1 Ob 521/96 (= EWr II/2/17 ff);

- Die Teilung ist möglich, wenn die Sache ohne wesentliche Wertminderung geteilt werden kann und rechtliche Hindernisse nicht entgegenstehen.[201]
    - ⇒ Ob die Teilung überhaupt möglich ist, ist im Titelverfahren zu klären.[202]
    - ⇒ Grundvoraussetzung ist jedenfalls, dass jedem Miteigentümer zumindest ein Objekt in das Wohnungseigentum übertragen werden kann,[203] von diesem Grundsatz ist allerdings dann eine Ausnahme zu machen, wenn der Anteil eines Miteigentümers deutlich unter der für die Wohnungseigentumsbegründung erforderlichen Mindestgröße bleibt (ein solcher Miteigentümer ist entsprechend seinem Anteil in Geld abzufinden[204]) oder eine Anteilsveräußerung während des Teilungsverfahrens erfolgt.[205]
      Die Anteilsveräußerung während des Verfahrens ist nach der Rechtsprechung als untauglicher Versuch zur Verhinderung der Wohnungseigentumsbegründung anzusehen;[206] dies gilt insbesondere dann, wenn die Teilungsklage im Grundbuch angemerkt wurde.[207]
    - ⇒ Der Verzicht auf die Zuweisung eines eigenen Wohnungseigentumsobjektes ist möglich.[208] Diesfalls genügt es, für die übrigen Miteigentümer Wohnungseigentumseinheiten vorzusehen (es bedarf keiner bücherlichen Übertragung des Miteigentumsanteils des Verzichtenden vor Schluss der Verhandlung im Teilungsstreit; die entsprechende Prozesserklärung reicht aus).[209]
    - ⇒ Möglich ist auch der Verzicht auf Ausgleichszahlung.[210]
    - ⇒ Eine Teilung dergestalt, dass sowohl Wohnungseigentum begründet wird als auch schlichtes Miteigentum an Objekten (die nicht notwendigerweise als allgemeine Teile des Hauses anzusehen sind) verbleibt, ist ausgeschlossen[211] (dies seit 1.7.2002 schon im Hinblick auf die obligatorische Wohnungseigentumsbegründung gemäß § 3 Abs 2 WEG).
    - ⇒ Das Nebeneinander von Real- und Zivilteilung ist aber (in besonderen Fällen) möglich.[212]
- Die Teilung ist tunlich, wenn die Sache ohne Notwendigkeit eines unverhältnismäßig großen Wertausgleichs in Teile zerlegt werden kann, sodass der Wert des Ganzen in den Teilen erhalten bleibt. Jeder Miteigentümer muss dabei einen Teil annähernd gleicher Be-

---

OGH 12.12.1999, 5 Ob 89/99w (= EWr II/2/67 ff);
OGH 24.4.2001, 5 Ob 17/01p (= EWr II/2/78 ff);
OGH 3.8.2004, 5 Ob 61/04p (= EWr II/2/100 f) ua.

201 OGH 26.7.1996, 1 Ob 521/96 (= EWr II/2/17 ff).

202 OGH 27.10.1998, 5 Ob 268/98t (= EWr II/2/63 f) ua.

203 OGH 30.4.1996, 5 Ob 2059/96x (= EWr II/2/9 ff);
OGH 13.11.1997, 8 Ob 337/97k (= EWr II/2/35 f).

204 OGH 16.12.1997, 5 Ob 498/97i (= EWr II/2/40 ff).

205 OGH 8.7.2003, 5 Ob 131/03f (= EWr II/2/96 ff).

206 OGH 16.12.1997, 5 Ob 498/97i (= EWr II/2/40 ff).

207 OGH 8.7.2003, 5 Ob 131/03f (= EWr II/2/96 ff).

208 OGH 24.3.1998, 5 Ob 11/98y (= EWr II/2/49 ff).

209 OGH 12.2.2002, 5 Ob 15/02w (= EWr II/2/85 f).

210 OGH 23.11.2004, 5 Ob 167/04a (= EWr II/2/102 ff).

211 OGH 10.3.1998, 5 Ob 374/97d (= EWr II/2/44 ff).

212 OGH 21.12.1999, 5 Ob 89/99w (= EWr II/2/67 ff).

schaffenheit und seiner Quote entsprechenden Wertes erhalten; nur relativ geringfügige Wertunterschiede können in Geld ausgeglichen werden;[213] es ist aber keine kleinliche Betrachtungsweise anzustellen.[214]

⇒ Was die eigentlichen Teilungskosten anlangt, sieht der Oberste Gerichtshof in der von der früheren Judikatur angenommenen Obergrenze bei der Naturalteilung (etwa 3,5%) keine absolute Höchstgrenze; vielmehr wurde darauf hingewiesen, dass die in Kauf zu nehmenden Kosten bei der vom Gesetzgeber gewünschten Teilung durch Begründung von Wohnungseigentum generell höher veranschlagt werden können;[215] es kommt auf die Umstände des Einzelfalls an.[216]
Umbaukosten in Höhe von rund 10 % des Gesamtwertes einer Liegenschaft können aber als Hindernis für die Naturalteilung durch Begründung von Wohnungseigentum angesehen werden;[217] Umbaukosten zwischen 5,4 % und 6,84 % des Gesamtwertes wurden hingegen noch als geringfügig angesehen;[218] ob Umbaukosten von 7,97 % noch als tolerierbarer oder unverhältnismäßiger Aufwand zu qualifizieren sind, ist keine vom Obersten Gerichtshof zu entscheidende Rechtsfrage von erheblicher Bedeutung.[219]

⇒ Für die Qualifizierung von Teilungskosten als unverhältnismäßig (oder auch nicht) ist der Verkehrswert der Liegenschaft als Vergleichsgröße heranzuziehen.[220]

⇒ Die Verminderung des Verkehrswerts der Liegenschaft durch Wohnungseigentumsbegründung um 41 % macht die Teilung unmöglich (richtig wohl: untunlich).[221]

⇒ Auch erforderliche Ausgleichszahlungen in Höhe von 9,55 % des Verkehrswerts der Liegenschaft rechtfertigen die Abweisung des Begehrens auf Aufhebung der Miteigentumsgemeinschaft durch Begründung von Wohnungseigentum.[222]

- Es gilt die Regel, dass derjenige, der das Rechtsschutzziel der Wohnungseigentumsbegründung anstrebt, die dafür <u>notwendigen rechtserzeugenden Tatsachen zu behaupten und zu beweisen</u> hat.[223]

  ⇒ Darunter ist eine „Darlegungspflicht" hinsichtlich des Vorliegens der Voraussetzungen für die Teilung durch Wohnungseigentumsbegründung zu verstehen.[224]

---

[213] OGH 26.7.1996, 1 Ob 521/96 (= EWr II/2/17 ff);
OGH 7.7.1998, 5 Ob 48/98i (= EWr II/2/57 ff).
[214] OGH 21.12.1999, 5 Ob 89/99w (= EWr II/2/67 ff).
[215] OGH 24.3.1998, 5 Ob 11/98y (= EWr II/2/49 ff);
OGH 5.11.2002, 5 Ob 222/02m (= EWr II/2/91 ff) ua.
[216] OGH 24.4.2001, 5 Ob 17/01p (= EWr II/2/78 ff);
OGH 5.11.2002, 5 Ob 222/02m (= EWr II/2/91 ff) ua.
[217] OGH 9.11.1999, 5 Ob 282/99b (= EWr II/2/65 f).
[218] OGH 24.4.2001, 5 Ob 17/01p (= EWr II/2/78 ff).
[219] OGH 5.11.2002, 5 Ob 222/02m (= EWr II/2/91 ff).
[220] OGH 28.3.2000, 5 Ob 72/00z (= EWr II/2/72 f).
[221] OGH 3.8.2004, 5 Ob 61/04p (= EWr II/2/100 f).
[222] OGH 7.12.2004, 5 Ob 271/04w (= EWr II/2/106).
[223] OGH 27.10.1998, 5 Ob 268/98t (= EWr II/2/63 f).
[224] OGH 30.4.1996, 5 Ob 2059/96x (= EWr II/2/9 ff);
OGH 25.2.1997, 5 Ob 14/97p (= EWr II/2/23 ff);

⇒ Diese Darlegungspflicht trifft nunmehr idR den Kläger, der die Begründung des Wohnungseigentums im Teilungsverfahren begehrt (anders, wenn nur der Beklagte die Begründung des Wohnungseigentums einwendet).

⇒ Zweifel an der Möglichkeit zur Begründung des Wohnungseigentums gehen zu Lasten des Beweispflichtigen.[225]

- Ein konkreter Teilungsvorschlag kann - muss aber nicht - erstattet werden.[226]

⇒ Das Gericht ist zwar an einen Teilungsvorschlag nicht gebunden; dennoch wird sich idR die Erstattung eines Teilungsvorschlages im Zusammenhang mit der Darlegung der Möglichkeit zur Wohnungseigentumsbegründung als sinnvoll erweisen.
Wird ein Teilungsvorschlag erstattet, darf das Gericht eine Verhandlung und Entscheidung darüber nicht ablehnen; will es dem in die Gestalt eines Begehrens gekleideten Teilungsvorschlag nicht folgen, hat es nicht die Klage abzuweisen, sondern die ihm angemessene Art der Teilung zu verfügen.[227]
Jüngerer Rechtsprechung nach darf sich das Gericht nur dann auf die Verhandlung und Entscheidung über das Klagebegehren beschränken und die Durchführung der Naturalteilung der den Parteien noch immer offen stehenden außergerichtlichen Einigung oder dem Exekutionsrichter im Verfahren nach § 351 EO überlassen, wenn die Realteilungsklage keinen Teilungsvorschlag enthält.[228]

⇒ Das Recht zur Erstattung eines Teilungsvorschlags kommt sowohl dem Kläger als auch dem Beklagten zu.[229]

⇒ Nach der Rechtsprechung kann sich allerdings selbst die Vorlage einer Nutzwertberechnung als nicht ausreichend erweisen (etwa dann, wenn sich die Notwendigkeit von Ausgleichszahlungen ergibt).[230]

c) Wohnungseigentumsbegründung durch gerichtliche Aufteilung des ehelichen Gebrauchsvermögens und der ehelichen Ersparnisse
(§ 3 Abs 1 Z 4 WEG)

Diese mit dem 3. WÄG per 1.1.1994 in das WEG 1975 eingefügte Möglichkeit zur Wohnungseigentumsbegründung wird im WEG unverändert beibehalten.

OGH 30.9.1997, 5 Ob 2399/96x (= EWr II/2/27 ff);
OGH 10.3.1998, 5 Ob 374/97d (= EWr II/2/44 ff);
OGH 27.10.1998, 5 Ob 268/98t (= EWr II/2/63 f);
OGH 21.12.1999, 5 Ob 89/99w (= EWr II/2/67 ff);
OGH 24.4.2001, 5 Ob 17/01p (= EWr II/2/78 ff);
OGH 23.11.2004, 5 Ob 167/04a (= EWr II/2/102 ff) ua.

[225] OGH 30.4.1996, 5 Ob 2059/96x (= EWr II/2/9 ff).

[226] OGH 7.7.1998, 5 Ob 48/98i (= EWr II/2/57 ff);
OGH 27.10.1998, 5 Ob 268/98t (= EWr II/2/63 f);
OGH 21.12.1999, 5 Ob 89/99w (= EWr II/2/67 ff);
OGH 13.7.2000, 5 Ob 23/00v (= EWr II/2/74 ff);
OGH 26.6.2002, 3 Ob 52/02x (= EWr II/2/87 ff).

[227] OGH 13.7.2000, 5 Ob 23/00v (= EWr II/2/74 ff).

[228] OGH 24.4.2001, 5 Ob 17/01p (= EWr II/2/78 ff).

[229] OGH 13.7.2000, 5 Ob 23/00v (= EWr II/2/74 ff).

[230] OGH 30.9.1997, 5 Ob 2399/96x (= EWr II/2/27 ff).

⇒ Geht man von der Anzahl der höchstgerichtlichen Entscheidungen zu dieser Form der Wohnungseigentumsbegründung aus (soweit überschaubar bis dato keine), scheint sich die Wohnungseigentumsbegründung im Zusammenhang mit dem Aufteilungsverfahren nach Scheidung der Ehe nicht durchgesetzt zu haben. Dies verwundert schon deshalb nicht, als § 84 EheG anordnet, dass sich die Lebensbereiche der geschiedenen Ehegatten (nach der Aufteilung) möglichst wenig berühren sollen. Dies wird im Fall einer Wohnungseigentumsbegründung - wenn überhaupt - wohl nur dann der Fall sein können, wenn die vormaligen Ehegatten ihr Wohnbedürfnis nach der Scheidung nicht gerade (beide) in der neu geschaffenen Wohnungseigentumsanlage (etwa einem Haus mit zwei Wohnungen) befriedigen (müssen).

⇒ Die Wohnungseigentumsbegründung im Aufteilungsverfahren kann mE nur dann erfolgen, wenn die Liegenschaft im ausschließlichen Eigentum der beiden Ehegatten steht. Andernfalls würde unzulässigerweise in Rechte Dritter eingegriffen werden.

6)
Zusammenfassung
(Vorgang der Begründung des Wohnungseigentums)

Zur Begründung des Wohnungseigentums bedarf es eines Titels.

Der weiters erforderliche Modus liegt in der Einverleibung.

Im „Normalfall" der Wohnungseigentumsbegründung stellt die schriftliche Vereinbarung aller Miteigentümer - genannt Wohnungseigentumsvertrag - den Titel dar.

Der Titel kann aber auch in einer gerichtlichen Entscheidung über eine Klage auf Einverleibung des Eigentumsrechts (§ 43 WEG) oder in einer gerichtlichen Entscheidung in einem Verfahren zur Aufhebung der Miteigentumsgemeinschaft („Teilungsklage") oder in einer gerichtlichen Aufteilung des ehelichen Gebrauchsvermögens und der ehelichen Ersparnisse (§§ 81 bis 98 Ehegesetz) liegen.

⇒ Von diesen Fällen der Wohnungseigentumsbegründung durch Miteigentümer zu unterscheiden ist die mit dem WEG neu geschaffene Möglichkeit zur Begründung des Wohnungseigentums durch den Alleineigentümer.
Der gesetzliche Terminus dafür lautet vorläufiges Wohnungseigentum (10. Abschnitt des WEG; §§ 45 bis 51 WEG; siehe unten ab S 370).

- Eine wichtige Neuerung des WEG gegenüber dem WEG 1975 liegt darin, dass die Wohnungseigentumsbegründung nur mehr an allen wohnungseigentumstauglichen (und gewidmeten) Objekten gleichzeitig erfolgen kann (§ 3 Abs 2 WEG). Das Neuentstehen „gemischter Anlagen" (schlichte Miteigentümer neben Wohnungseigentümern) ist sohin (vom - mit der Änderung durch die WRN 2006 noch seltener gewordenen - Ausnahmsfall der Klage nach § 43 WEG abgesehen[231]) nicht mehr möglich.

---

[231] OGH 11.11.2003, 5 Ob 184/03z (= EWr W/43/1 ff).

Zur Einverleibung des Wohnungseigentums bedarf es (= notwendige Beilagen zum Antrag auf Verbücherung) neben dem Titel

- einer Bescheinigung der Baubehörde oder
  eines diese ersetzenden Gutachtens eines in § 6 Abs 1 Z 2 WEG näher umschriebenen Ziviltechnikers bzw Sachverständigen
  sowie
- eines Nutzwertgutachtens oder (in den in Fällen des 9 Abs 2 WEG) einer rechtskräftigen Entscheidung über die gerichtliche Nutzwertfestsetzung.

Die Einverleibung des Wohnungseigentums erfolgt auf dem Mindestanteil im B-Blatt.

⇒ Formulierung zB „.... verbunden mit Wohnungseigentum an Wohnung Top ....“.

Beim gemeinsamen Eigentum zweier natürlicher Personen (= Eigentümerpartnerschaft) sind deren Anteile am Mindestanteil zu verbinden.

Wird auf einer Liegenschaft das Wohnungseigentum einverleibt, so ist in der Aufschrift des Gutsbestandsblatts das Wort „Wohnungseigentum“ einzutragen.

⇒ Bei Begründung des Wohnungseigentums durch den Alleineigentümer lautet die Bezeichnung „Vorläufiges Wohnungseigentum“.

Wohnungseigentum entsteht immer erst mit der Verbücherung !

⇒ Es gibt kein „außerbücherliches Wohnungseigentum“!

Literatur zu Einzelfragen:

Zum WEG 2002:

Call, „Zur Begründung und zum Erwerb von Wohnungseigentum“; wobl 2002, 110.

Derbolav, „Zur Problematik der Klage auf Teilung im Wohnungseigentum“; wobl 2002, 160.

Derbolav, „Nochmals: Zur Klage auf Teilung in Wohnungseigentum“ Wobl 2003, 4.

Friedl, „Die Begründung von Wohnungseigentum durch Klage nach § 43 WEG“; immolex 2004, 294.

Hausmann, "Miscellen zum WEG 2002"; wobl 2002, 212.

Kassowitz, "Zusammenhang zwischen Wohnungseigentumsvertrag, Nutzwertfestsetzung und Grundbuchseintragung"; wobl 2002, 354.

Schernthanner, "Der Kfz-Abstellplatz im Wohnungseigentumsrecht – Was ändert sich durch das neue WEG 2002 ?"; immolex 2002, 208.

Verweijen, „Das Baurechtswohnungseigentum“; immolex 2003, 115.

Würth, „Sonderprobleme der WE-Begründung: Kfz-Abstellplätze, Vorratsteilung, obligatorische Begründung"; wobl 2002, 118.

Zum WEG 1975:

Apfelthaler, „Nutzwertgutachten und Nutzwert(neu)festsetzung im Lichte des neuen Rechts"; Der Sachverständige 1995, 41.

Call, „Nutzwertfestsetzung im Wohnungseigentumsrecht"; Der Sachverständige 1997, 14.

Call, „Empfehlungen für Zu- und Abschläge beim Nutzwertgutachten nach dem Wohnungseigentumsgesetz 1975 in der Fassung der Novelle BGBl I 1997/7"; wobl 1997, 224.

Derbolav, „8 Thesen zur „Privatisierung" des Nutzwertverfahrens"; wobl 1997, 210.

Derbolav, „Was muß ein Antragsteller auf gerichtliche Festsetzung der Nutzwerte nach § 3 Abs 2 WEG dem Antrag beifügen?"; wobl 1998, 270.

Gantner, „Die Sinnhaftigkeit des Unteilbarkeitsgrundsatzes des WEG"; immolex 2001, 143.

Heindl, „Die Begründung von Wohnungseigentum an Substandardwohnungen"; wobl 1994, 5.

Heindl, „Begründung von Wohnungseigentum an Substandardwohnungen"; wobl 1995, 38.

Hofmeister, „Probleme der Exekution in Miteigentumsanteile"; ÖJZ 1991, 202.

Kletecka/Löcker, „Praktische Aspekte der Begründung von Wohnungseigentum im Teilungsprozeß"; immolex 1998, 115.

Meinhart, „Nutzfläche nach Plan- oder Naturmaßen (§ 6 WEG 1975)"; ImmZ 1979, 19.

Prader, „Nichtigkeiten bei Wohnungseigentumsbegründung und ihre Folgen"; immolex 2001, 300.

Pittl/Kogler, „Wer kann im Verfahren zur Aufhebung einer Miteigentumsgemeinschaft die Begründung von Wohnungseigentum begehren?"; wobl 1998, 204.

Stabentheiner, „Die Privatisierung der Nutzwertbestimmung"; immolex 1997, 21.

Würth, „Zubehör und Nutzwertfestsetzung"; ImmZ 1980, 115.

Ziehensack, „Materiell- und verfahrensrechtliche Aspekte des allgemeinen und ehescheidungsrechtlichen Teilungsanspruchs"; wobl 1996, 230.

IV.
DIE EIGENTÜMERPARTNERSCHAFT

(4. Abschnitt: §§ 13 bis 15 WEG sowie § 2 Abs 10 WEG; § 56 Abs 8 WEG)

1) Allgemeines

Die Eigentümerpartnerschaft kann als Kernstück der Neuerungen im WEG 2002 (wenn nicht gar als dessen Auslöser) angesehen werden.

⇒ Vom Ausgangspunkt der seinerzeitigen Überlegungen und Beratungen über ein neues WEG - der Schaffung spezieller Regelungen zu Gunsten von Lebensgemeinschaften - ist freilich nur soviel übrig geblieben, als die neue Eigentümerpartnerschaft auch von Lebensgefährten in Anspruch genommen werden kann.
Eine spezielle Begünstigung für Lebensgemeinschaften findet sich in der endgültig beschlossenen Fassung des WEG nicht mehr.
Hingegen gibt es weiterhin privilegierende Vorschriften für das gemeinsame Wohnungseigentum von Ehegatten (und - neu mit dem WEG hinzugekommen - für einige andere Konstellationen von Eigentümerpartnern).

⇒ Bereits die erste Novellierung des WEG, also die WRN 2006, brachte einschneidende Veränderungen im Recht der Eigentümerpartnerschaft (siehe sogleich unten).

Unter einer Eigentümerpartnerschaft ist nach der Legaldefinition des § 2 Abs 10 WEG die Rechtsgemeinschaft zweier natürlicher Personen zu verstehen, die gemeinsam Wohnungseigentümer eines Wohnungseigentumsobjektes sind.

⇒ Grundsätzliches dazu siehe oben S 42 f.

⇒ Abgesehen von der Beschränkung auf zwei natürliche Personen bestehen keine weiteren Bedingungen hinsichtlich der möglichen Eigentümerpartner.
Die Partner können sohin Lebensgefährten sein, miteinander verwandt sein, bloß wirtschaftliche Interessen verfolgen, verschiedenen oder gleichen Geschlechts sein, groß- oder minderjährig sein, oder - und dies stellt nach wie vor den quantitativ wichtigsten Anwendungsfall des gemeinsamen Wohnungseigentums dar - miteinander verheiratet sein.

- Soweit in anderen Rechtsvorschriften auf das Ehegattenwohnungseigentum Bezug genommen wird, ist darunter ab dem 1.7.2002 die Eigentümerpartnerschaft iSd WEG zu verstehen (§ 56 Abs 8 WEG).

⇒ Der gesetzliche Terminus „Ehegattenwohnungseigentum" (vgl §§ 9 bis 11 WEG 1975) existiert seit 1.7.2002 nicht mehr.

Bei der Ausgestaltung der Regelungen über die Partnerschaft ist der Gesetzgeber zum Teil den Vorschriften des WEG 1975 über das Ehegattenwohnungseigentum gefolgt, hat aber doch - vor allem im Todesfall des einen Partners - auch davon abweichende Normen (insbesondere zuletzt mit der WRN 2006) festgelegt.

⇒ Auch für den Todesfall wurde indes keine privilegierende Regelung für Lebensgefährten geschaffen.

2)
Grundregeln für die Eigentümerpartnerschaft
(§ 13 WEG)

Für die Eigentümerpartnerschaft gelten - soweit das WEG keine speziellen Regelungen trifft - die Bestimmungen des 16. Hauptstücks des Zweiten Teils des ABGB (§ 13 Abs 1 WEG).

⇒ Damit wird klargestellt, dass es sich bei der Eigentümergemeinschaft um eine Miteigentumsgemeinschaft handelt (mit subsidiärer Anwendbarkeit der §§ 825 ff ABGB).

⇒ Das WEG fordert keine spezielle Vereinbarung für das Zustandekommen einer Eigentümerpartnerschaft; diese ist eine Gemeinschaft sui generis, die nicht der (vorherigen) Vergesellschaftung bedarf.

⇒ Im Erbfall kann eine Eigentümerpartnerschaft ohne Zutun der Partner entstehen (zwei Erben je zur Hälfte).

Zur Begründung einer Eigentümerpartnerschaft müssen die Partner Eigentümer je eines halben Mindestanteils sein (§ 13 Abs 2 1. HS WEG).

⇒ Das Gesetz verwendet dafür die Bezeichnung "Anteil am Mindestanteil“.

⇒ Partnerschaften mit unterschiedlichen Anteilsverhältnissen (etwa ein Partner zu drei Viertel und der andere Partner zu einem Viertel) sind sohin rechtlich nicht möglich (dies unabhängig davon, wie im Innenverhältnis die Belastungen und Aufwendungen geteilt wurden bzw werden).

Die Anteile der Partner am Mindestanteil dürfen nicht verschieden belastet sein (§ 13 Abs 2 2. HS WEG).
Dies gilt auch für den Fall, dass ein Wohnungseigentümer einer anderen Person unter gleichzeitiger Begründung des gemeinsamen Wohnungseigentums den dazu erforderlichen Anteil am Mindestanteil überträgt (§ 13 Abs 2 Satz 2 WEG).

Durch das gemeinsame Wohnungseigentum der Partner werden ihre Anteile am Mindestanteil so verbunden, dass sie, solange die Eigentümerpartnerschaft besteht,

- nicht getrennt und
- nur gemeinsam
  - beschränkt,
  - belastet oder
  - der Zwangsvollstreckung unterworfen

werden dürfen (§ 13 Abs 3 1. Satz WEG).

⇒ Weggefallen mit der WRN 2006 ist die in der Stammfassung des WEG aus § 9 Abs 2 WEG Satz eins WEG 1975 übernommene Regelung, wonach die Anteile am Mindestanteil bei aufrechter Eigentümerpartnerschaft auch nicht getrennt veräußert werden dürfen. Diese - beim Ehegattenwohnungseigentum geradezu selbstverständliche - Anordnung verlor mit der Erweiterung der Anwendungsfälle für das partnerschaftliche Wohnungseigentum ihre zwingende Notwendigkeit, was allerdings bei Gesetzwerdung des WEG zunächst nicht bedacht wurde. Es musste sohin nach der alten Regelung der trennungswillige Partner zunächst seinen Anteil dem verbleibenden übertragen und erst anschließend konnte dieser eine neue Partnerschaft durch neuerliche Übertragung des halben Anteils begründen; dies mit der Konsequenz einer zusätzlichen steuerlichen Belastung (zweimaliger Anfall von Grunderwerbsteuer).

- Jeder der Partner darf seinen Anteil am Mindestanteil nur mit Zustimmung des anderen Partners veräußern (§ 13 Abs 3 letzter Satz WEG).

  ⇒ Die ebenfalls mit der WRN 2006 neu eingefügte Regelung vermeidet somit die „Zwangsbeglückung" des einen Partners durch einen ihm vom Veräußernden aufgedrängten neuen Partner. Zugleich geht aus dem letzten Satz leg cit die grundsätzliche Möglichkeit zum (einvernehmlichen) Austausch des Eigentümerpartners hervor.

- Die Zwangsvollstreckung auf Grund eines nur gegen einen Partner bestehenden Exekutionstitels ist nur im Weg des mit der Pfändung des Anspruchs auf Aufhebung des gemeinsamen Wohnungseigentums zu verbindenden Antrags auf Zwangsversteigerung des gesamten Mindestanteils und des damit verbundenen gemeinsamen Wohnungseigentums zulässig (§ 13 Abs 3 zweiter Satz WEG).

  ⇒ Grundsätzlich ist somit der halbe Mindestanteil des Schuldners der Exekution nicht entzogen und fällt auch in die Konkursmasse des in Konkurs verfallenen Partners (Gleiches gilt im Fall eines Schuldenregulierungsverfahrens).[232]

  ⇒ Da bei einer Eigentümerpartnerschaft die Anteile der Partner am Mindestanteil nur gleich belastet sein können, muss sich auch das Vorzugspfandrecht - samt Klagsanmerkung - auf den gesamten gemeinsamen Mindestanteil beziehen.[233]

In diesem Exekutionsverfahren ist der Partner, gegen den kein Exekutionstitel besteht, Beteiligter; er kann zur Wahrung seiner Rechte alle Rechtsmittel erheben, wie wenn er selbst Verpflichteter wäre; überdies kann er gegen diese Exekution Widerspruch erheben (§ 37 der Exekutionsordnung), wenn sich die Exekution auf das Wohnungseigentumsobjekt bezieht, das ihm zur Befriedigung seines dringenden Wohnbedürfnisses dient (§ 13 Abs 3 dritter Satz WEG).

⇒ Die Exszindierungsmöglichkeit setzt - anders als im WEG 1975 - nur voraus, dass es sich um die bedarfsqualifizierte Wohnung des nicht Verpflichteten handelt; nicht mehr erforderlich (wie noch in § 9 Abs 2 Satz 3 WEG 1975) ist der gewöhnliche Aufenthalt (daher könnte etwa auch dann exszindiert werden, wenn die Wohnung erst bezogen werden soll).

⇒ Für die - wohnungseigentumsrechtliche - Auslegung des Begriffs des dringenden Wohnbedürfnisses kann nach Ansicht des Obersten Gerichtshofes die zu § 30 Abs 2 Z 6 MRG ergangene (reichhaltige) Judikatur über die Beweislast nicht ohne weiteres herangezogen werden, weil beim Kündigungstatbestand zunächst der

---

[232] OGH 30.9.1997, 5 Ob 2403/96k (= EWr II/9/6 ff);
OGH 12.12.2000, 5 Ob 196/00k (= EWr II/9/13 ff).

[233] OGH 19.4.2004, 5 Ob 67/04w (= EWr W/27/7 ff);
OGH 25.5.2004, 5 Ob 123/04f (= EWr W/27/10).

Vermieter das Fehlen einer regelmäßigen Verwendung der Wohnung zu Wohnzwecken zu beweisen hat.[234]

⇒ Bei der Prüfung des schutzwürdigen Interesses des Exszindierungswerbers ist auch das schutzwürdige Interesse der mit ihm im gemeinsamen Haushalt lebenden minderjährigen Kinder zu berücksichtigen.[235]

⇒ Fraglich (vom Gesetzestext nicht umfasst) ist, ob der Exekutionsführung die vertragliche Ausschließung des Teilungsanspruches (allerdings, von der mit der WRN 2006 geschaffenen Ausnahme abgesehen, jeweils nur für drei Jahre rechtswirksam - siehe sogleich unten die Ausführungen zu § 10 Abs 6 WEG) entgegensteht und ob dem Nichtschuldner die weiteren Einreden des § 830 ABGB (Einrede der Unzeit und des Nachteils) möglich sind.

Unter den selben Voraussetzungen hat ein Partner im Fall eines Konkurses über das Vermögen des anderen Partners das Recht auf Aussonderung (§ 44 KO) von dessen halben Mindestanteil (§ 13 Abs 3 vierter Satz WEG).

⇒ Satz vier leg cit wurde mit der WRN 2006 neu eingefügt.

⇒ Das Aussonderungsrecht setzt ebenfalls ein dringendes Wohnbedürfnis des berechtigten Partners am Wohnungseigentumsobjekt voraus. Es bewirkt wohl idR den Entzug des halben Anteils vor den Gläubigern für alle Zeiten.

Die Partner haften für alle Verbindlichkeiten aus ihrem gemeinsamen Wohnungseigentum zur ungeteilten Hand.
Sie dürfen über das gemeinsame Wohnungseigentum und über die Nutzung des im gemeinsamen Wohnungseigentum stehenden Wohnungseigentumsobjekts nur gemeinsam verfügen (§ 13 Abs 4 WEG).

⇒ Diese Haftung zur ungeteilten Hand gilt allerdings nur für das Außenverhältnis; im Innenverhältnis sind die Partner - falls keine spezielle Vereinbarung besteht - grundsätzlich gemäß § 896 ABGB zu gleichen Anteilen ausgleichspflichtig.[236]

Die mit dem gemeinsamen Wohnungseigentum verbundenen Befugnisse zur Mitwirkung an der Entscheidungsfindung in der Eigentümergemeinschaft (Äußerungs- und Stimmrecht sowie Minderheitsrechte bei der Willensbildung der Eigentümergemeinschaft) stehen den Partnern nur gemeinsam zu (§ 10 Abs 5 WEG).

⇒ Diese Regelung entspricht der vormaligen Lehre und Rechtsprechung[237] zum Ehegatten-Wohnungseigentum.

⇒ Wichtig (vor allem für den Verwalter): Das Stimmrecht kann nur gemeinsam und einheitlich ausgeübt werden.

⇒ Selbstverständlich kann sich der Partner bei Ausübung seiner Rechte - gleichviel ob durch den anderen Partner oder durch einen Dritten - (unter Einhaltung der in § 24 Abs 2 WEG näher bezeichneten Voraussetzungen – siehe unten S 225) vertreten lassen.

---

[234] OGH 17.9.1997, 3 Ob 225/97b (= EWr II/9/2 ff);
OGH 22.12.1999, 3 Ob 203/99w (= EWr II/9/9 ff).
[235] OGH 17.9.1997, 3 Ob 225/97b (= EWr II/9/2 ff).
[236] OGH 25.5.1993, 5 Ob 1024/93 (= EWr II/9/1).
[237] OGH 29.10.1996, 5 Ob 2310/96h (= EWr II/13/68 ff) ua.

⇒ Auch die Geltendmachung von Individualrechten ist den Eigentümerpartnern nur gemeinsam möglich (Antrag auf gerichtliche Genehmigung einer Änderung;[238] Durchsetzung des Rechnungslegungsbegehrens[239]).

⇒ Wird ein Mietvertrag nur durch einen Eigentümerpartner als Vermieter abgeschlossen, ist der andere zur Räumungsklage wegen titelloser Benützung berechtigt (es sei denn, er hätte der Begründung des Benützungsrechts wenigstens konkludent zugestimmt).[240]

3) Aufhebung der Eigentümerpartnerschaft - Teilungsklage

(§ 13 Abs 6 WEG)

Für die Beendigung der Eigentümerpartnerschaft kommen folgende Möglichkeiten in Frage:

- Einvernehmlich rechtsgeschäftliche Beendigung

  ⇒ Dieser Fall erfährt (und bedarf) keiner eigenen gesetzlichen Regelung. Er unterscheidet sich vom „normalen" Veräußerungsfall lediglich dadurch, dass hier eben beide Partner unter einem ihre Mindestanteile an eine (physische oder juristische) Person übertragen oder ein Partner seinen Anteil dem anderen Partner überlässt (womit die Eigentümerpartnerschaft jeweils zwangsläufig beendet wird).

- Zwangsversteigerung des gesamten Mindestanteils

  ⇒ Diese Variante kommt entweder dann zum Tragen, wenn der Gläubiger von vornherein einen Exekutionstitel gegen beide Partner erwirbt oder nach Pfändung des Anspruchs auf Aufhebung des gemeinsamen Wohnungseigentums (§ 13 Abs 3 WEG).

- Klage auf Aufhebung der Eigentümerpartnerschaft (§ 13 Abs 6 WEG)

  ⇒ Dazu siehe sogleich unten.

- Tod des Partners (§ 14 WEG)

  ⇒ Dazu siehe ausführlich unten ab S 112.

Die Klage auf Aufhebung der Partnerschaft (= Teilungsklage gemäß § 830 ABGB) stellt ein Recht des Miteigentümers dar, eine Miteigentumsgemeinschaft zu beenden.

Ihre Einbringung steht daher auch dem Eigentümerpartner grundsätzlich und jederzeit - von den gesetzlichen Ausnahmsfällen abgesehen - zu.

⇒ Liegt kein Ausnahmsfall vor (dazu sogleich unten), kann der beklagte Eigentümerpartner dem Klagebegehren gemäß § 830 ABGB nur die Einwände der Unzeit bzw des Nachteils entgegenhalten (womit idR die Teilung nicht endgültig verhindert werden kann).

- Die Teilungsklage kann vertraglich - unter den nachstehend umschriebenen Voraussetzungen und abgesehen von den danach erwähnten Einschränkungen - grundsätzlich rechtswirksam ausgeschlossen werden (§ 13 Abs 6 WEG).

[238] OGH 4.10.2005, 5 Ob 72/05g (= EWr W/16/49 ff).
[239] OGH 20.1.2004, 5 Ob 303/03z (= EWr II/17/109 ff).
[240] OGH 16.3.2004, 4 Ob 8/04m (= EWr III/1118 A/123 ff).

Die Voraussetzungen sind:

- Vereinbarung in Schriftform.
  - ⇒ Das Formgebot wurde aus Gründen der Beweissicherung (dies wohl vor allem) und wegen der dadurch erwarteten Warnfunktion (hinsichtlich der wohnungseigentumsrechtlichen Bindungswirkung der Vereinbarung) mit der WRN 2006 neu eingefügt.
  - ⇒ Das Schriftformgebot gilt für Ausschlussvereinbarungen, die nach dem 30.9.2006 geschlossen werden (§ 58 Abs 5 WEG); dementsprechend behalten davor (allenfalls bloß mündlich getroffene) Vereinbarungen für die Restlaufzeit ihre Wirksamkeit).
- Beschränkung des Ausschlusses der Teilungsklage auf den Zeitraum von drei Jahren ab Abschluss der jeweiligen Vereinbarung (sofern kein Ausnahmefall - siehe sogleich unten - vorliegt).
  - ⇒ Die diesbezüglich mit der WRN 2006 erfolgten Änderungen liegen einerseits darin, dass der Beginn der Dreijahresfrist nicht mehr zwangsläufig mit Entstehen des partnerschaftlichen Wohnungseigentums (mithin mit der bücherlichen Einverleibung und damit unabhängig davon, wann die Vereinbarung abgeschlossen wird) zusammenfällt, sondern vom konkreten Zeitpunkt des Abschlusses der Vereinbarung abhängt; andererseits wird bereits an dieser Stelle des Gesetzestextes (arg. „jeweiligen") klargestellt, dass eine Ausschlussvereinbarung mehrmals getroffen werden kann.
  - ⇒ Grundsätzlich bleibt aber die gesetzliche Beschränkung hinsichtlich der wirksam zu vereinbarenden Dauer des Ausschlusses der Teilungsklage aufrecht.
    Die Eigentümerpartner sollen nicht ad infinitum oder auf sehr lange Zeit aneinander gebunden sein.
  - ⇒ Die Regelung hat vor allem auch Bedeutung für Lebensgefährten. Ausgehend davon, dass der Schutz des Partners im Hinblick auf die Befriedigung seines dringenden Wohnbedürfnisses in der gemeinsam angeschafften Wohnung wesentlich geringer ist als jener des Ehegatten (siehe zu diesem gleich unten), stellt sie die einzige Möglichkeit für eine zumindest temporäre Absicherung dar.
  - ⇒ Die Möglichkeit einer Vereinbarung zum Ausschluss der Teilungsklage wird jedenfalls vom Rechtsberater mit den Mandanten zu erörtern sein.
  - ⇒ Als zulässig anzusehen wäre auch die schriftliche Vereinbarung einer kürzeren Dauer des Ausschlusses der Teilungsklage.
  - ⇒ Ein längerer (garantierter) Bestand des „Wohnungseigentums mehrerer Partner an einem Wohnungseigentumsobjekt" könnte - abgesehen von den unten erwähnten Ausnahmefällen - im Wege der Vergesellschaftung (mit entsprechenden Vereinbarungen im Gesellschaftsvertrag) erreicht werden.
- Eine Ausschlussvereinbarung kann schriftlich beliebig oft wiederholt werden.
  - ⇒ Die gewählte Formulierung stellt klar, dass es jeweils des Abschlusses einer neuen (und schriftlichen) Vereinbarung bedarf, um die Teilungsklage für weitere - jeweils maximal drei - Jahre auszuschließen; eine „revolvierende Verlängerung" („verlängert sich automatisch, sofern nicht ......") kommt nicht in Frage.

⇒ Obgleich dies vom Gesetzgeber wohl nicht ausdrücklich beabsichtigt war, kann die Neuregelung vor allem bei Lebensgefährten als eine Art „Treuetest" angesehen werden (weigert sich der Partner, eine neue Ausschlussvereinbarung zu unterfertigen [und damit Bindung auf weitere drei Jahre einzugehen], ist Vorsicht geboten).

- Ausnahmsweise kann eine Ausschlussvereinbarung auch für längere Zeit oder unbefristet getroffen werden, wenn für einen der Partner eine bloß dreijährige Bindung aus triftigen Gründen - etwa wegen seines hohen Alters - unzumutbar wäre.

⇒ Dies stellt die mit der WRN 2006 gefundene Kompromisslösung angesichts der gelegentlich geäußerten Kritik an der die Privatautonomie beschränkenden Bestimmung über den wirksamen Ausschluss der Teilungsklage dar.

⇒ Selbstverständlich reicht (ungeachtet des im Gesetzestext verwendeten Plurals) ein wichtiger Grund für die Anwendbarkeit der Regelung aus.
Das Gesetz selbst erwähnt - beispielsweise - einen derartigen Grund (hohes Alter).
Vorstellbar schiene eine zeitlich längere Vereinbarung über den Ausschluss der Teilungsklage - abgesehen vom [idR dann wohl zum unbefristeten Ausschluss führenden] Fall einer schweren Krankheit oder Behinderung [die vielleicht zur Anschaffung einer behindertengerecht ausgestatteten Wohnung geführt hat] - etwa auch bei einer Eigentümerpartnerschaft zwischen Studenten, die am Studienort gemeinsam eine Eigentumswohnung erworben haben und wo sichergestellt werden soll, dass diese für die Befriedigung des dringenden Wohnbedürfnisses während der üblichen Dauer des Studiums verwendet werden kann.

⇒ Keineswegs ist es als der Rechtswirksamkeit einer (längeren bzw unbefristeten) Ausschlussvereinbarung abträglich anzusehen, wenn der triftige Grund nicht nur für den einen, sondern für beide Partner (im Zeitpunkt der Vereinbarung) gegeben ist.

⇒ Die Materialien zur WRN 2006 betonen allerdings zu Recht, dass es sich um eine Ausnahmebestimmung handelt, die nicht zur Umgehung der an sich vom Gesetzgeber gewollten Limitierung des Klagsausschlusses führen darf.

In den beiden folgenden Fällen kann eine Vereinbarung über den Ausschluss der Teilungsklage nicht rechtswirksam erfolgen:

- Sind die Partner Ehegatten und dient ihr Wohnungseigentumsobjekt wenigstens einem von ihnen zur Befriedigung seines dringenden Wohnbedürfnisses, so ist während der Ehe die Aufhebungsklage des anderen unzulässig (§ 13 Abs 6 vierter Satz WEG).

⇒ Die Unzulässigkeit der Teilungsklage während aufrechter Ehe bezieht sich nur auf die bedarfsqualifizierte Wohnung.[241] Andere Wohnungseigentumsobjekte der Ehegatten als Eigentümerpartner sind davon nicht betroffen.

⇒ Das Erfordernis des gewöhnlichen Aufenthalts ist (anders als in § 9 Abs 3 Satz 3 WEG 1975) nicht mehr gegeben.

---

[241] OGH 22.12.1999, 3 Ob 203/99w (= EWr II/9/9 ff) ua.

⇒ Siehe auch die Spezialregelung des § 15 WEG über die Eigentümerpartnerschaft von Ehegatten bei Nichtigerklärung, Aufhebung oder Scheidung der Ehe (unten S 127 f).

- Dient das gemeinsame Wohnungseigentumsobjekt einem minderjährigen Partner zur Befriedigung seines dringenden Wohnbedürfnisses, so ist während dessen Minderjährigkeit die Aufhebungsklage des anderen unzulässig (§ 13 Abs 6 letzter Satz WEG).

⇒ Auch diese Privilegierung bezieht sich nur auf die bedarfsqualifizierte Wohnung des Minderjährigen und nicht auch auf andere Wohnungseigentumsobjekte des Minderjährigen als Eigentümerpartner.

⇒ Nicht unzulässig wäre die Einbringung der Aufhebungsklage durch den Minderjährigen (sofern der Beklagte nicht auch minderjährig ist und sein dringendes Wohnbedürfnis in der Wohnung befriedigt).

4)
Wohnungseigentum der Partner im Todesfall
(§ 14 WEG)

a)
Allgemeines

§ 14 WEG enthält umfangreiche und prima facie nicht eben leicht zu erfassende Regelungen über das Wohnungseigentum der Partner im Todesfall.

⇒ Schon die Regelungen des § 10 WEG 1975 über das Wohnungseigentum der Ehegatten bei Tod des einen Partners waren kompliziert.
Die nunmehrigen Regelungen müssen aber auch Bezug nehmen auf jene Fälle, in denen Personen ohne familienrechtliche Beziehungen Eigentümerpartnerschaften eingegangen sind und im Todesfall auch erbrechtliche Ansprüche (insbesondere auch Pflichtteilsansprüche) nach dem Verstorbenen zu beachten sind.

⇒ Der Stammfassung des WEG konnte das Bemühen entnommen werden, einen Ausgleich zwischen den Interessen Pflichtteilsberechtigter (neben dem überlebenden Partner) einerseits und den Interessen des überlebenden, auf die Wohnung angewiesenen (und seinerseits pflichtteilsberechtigten) Partners (neben weiteren Pflichtteilsberechtigten) andererseits zu schaffen. Keine besondere Berücksichtigung durch unmittelbare gesetzliche Anordnungen fanden (und finden) indes die Interessen eines nicht pflichtteilsberechtigten überlebenden Partners gegenüber der Verlassenschaft nach dem verstorbenen Partner; diesfalls bedarf es ausdrücklicher Regelungen unter Lebenden (oder der Einigung mit den Erben). Darüber hinaus - und dies war der hauptsächlich geäußerte Kritikpunkt an der ursprünglichen Regelung im WEG - konnte es in bestimmten Fällen zur (massiven) Benachteiligung von Gläubigern des verstorbenen Eigentümerpartners kommen.

⇒ Die weitreichende Neugestaltung des § 14 WEG durch die WRN 2006 versucht der geäußerten Kritik Rechnung zu tragen und verstärkt vor allem den Gläubigerschutz. Dies jedoch um den Preis einer Schlechterstellung der bisher gesetzlich privilegierten Eigentümerpartner (also insbesondere von Ehegatten).

Grundsätzlich gelangen die Regelungen des § 14 WEG nun immer zur Anwendung beim Tod des einen Eigentümerpartners.
Der sonstige Erwerb des Anteils des Verstorbenen von Todes wegen (als Erbe oder Vermächtnisnehmer) - vorbehaltlich einer abweichenden Vereinbarung nach Abs 5 leg cit (siehe unten) - ist ausgeschlossen (§ 14 Abs 1 Einleitungssatz WEG).

⇒ Der Gesetzgeber hat damit die zunächst in das WEG übernommene Systematik des alten Rechts (§ 10 Abs 1 Satz 1 WEG 1975) verlassen. Die Regelungen über den wohnungseigentumsrechtlichen Erwerb des Anteils des Verstorbenen gelten nicht mehr bloß subsidiär gegenüber jenen des erbrechtlichen Erwerbs sondern ausschließlich.

Damit ist auch die zum WEG 1975 ergangene Rechtsprechung zum Wahlrecht hinsichtlich des Erwerbs als Erbe bzw letztwilliger Vermächtnisnehmer einerseits[242] und dem Verzicht auf alle Rechte aus letztwilliger Verfügung bzw dem gesetzlichen Erbrecht, dafür aber der Akkreszenz (mit allen Vorteilen des § 14 WEG) andererseits[243] obsolet geworden.

§ 14 WEG stellt sohin die spezielle wohnungseigentumsrechtliche - und zugleich einzig zur Anwendung gelangende - Regelung der Rechtsnachfolge von Todes wegen im Fall einer Eigentümerpartnerschaft dar.

⇒ Im „Normalfall“ handelt es sich dabei um eine „Anwachsung sui generis“ (Näheres dazu siehe sogleich unten).

b)
Zuwachs (Anwachsung)
(§ 14 Abs 1 WEG)

Der Anteil des Verstorbenen (am Mindestanteil und gemeinsamen Wohnungseigentum) geht von Gesetzes wegen unmittelbar in das Eigentum des überlebenden Partners über (§ 14 Abs 1 Z 1 WEG), sofern nicht

- innerhalb einer vom Verlassenschaftsgericht festzusetzenden angemessenen Frist ein anderes Ergebnis erzielt wird (§ 14 Abs 1 Z 2 WEG), also der überlebende Partner
  - auf den Eigentumsübergang verzichtet
    oder
  - eine Vereinbarung gemeinsam mit den Erben des Verstorbenen unter Zustimmung der Pflichtteilberechtigten schließt, auf Grund derer der Anteil des Verstorbenen einer anderen Person zukommt.

oder

- auf Grund einer Vereinbarung gemäß § 14 Abs 5 WEG der Anteil des Verstorbenen (am Mindestanteil und gemeinsamen Wohnungseigentum) einer anderen Person zukommt,

  ⇒ Näheres dazu siehe unten ab S 122.

  ⇒ Liegt keine der erwähnten Ausnahmen vor, wächst der Anteil des Verstorbenen dem überlebenden Partner - selbst gegen dessen Willen - kraft Gesetzes zu (= „Anwachsung“ oder „Zuwachs“).

---

[242] OGH 15.12.1992, 5 Ob 158/92 (= EWr II/10/2).
[243] OGH 15.12.1992, 5 Ob 158/92 (= EWr II/10/2);
OGH 7.12.1993, 5 Ob 99/93 (= EWr II/10/3 ff);
OGH 13.12.1994, 5 Ob 137/94 (= EWr II/10/7 f) ua.

Es bedarf dazu keiner gesonderten Erklärung.
Darin liegt eine Durchbrechung des Intabulationsprinzips (vgl Gesetzestext des § 14 Abs 1 Z 1 WEG: „.... geht unmittelbar ins Eigentum ... über").

⇒ Der Anteil fällt wegen des unmittelbaren Eigentumsübergangs nicht in die Verlassenschaft.[244]

Gemäß § 14 Abs 1 Z 2 WEG hat das Verlassenschaftsgericht dem überlebenden Partner eine angemessene Frist zu setzen, innerhalb derer dieser von der Möglichkeit Gebrauch machen kann, den gesetzlichen Übergang des Eigentums am Anteil des Verstorbenen zu verhindern.

⇒ Diese Verhinderung wird sich vor allem dann als sinnvoll erweisen, wenn der überlebende Partner bereits weiß, dass er seiner Zahlungspflicht gemäß § 14 Abs 2 WEG (siehe unten) nicht wird nachkommen können.

⇒ Die vom Verlassenschaftgericht gesetzte Frist muss „angemessen" sein; sie ist daher nach den Umständen des Einzelfalls (zB und insbesondere unter Berücksichtigung der Anzahl der Erben) festzulegen.
Die richterliche Frist kann mE über begründeten Antrag auch verlängert werden.

⇒ Eine „Verkürzung" der Frist scheint mE insofern möglich, als der überlebende Partner gegenüber dem Verlassenschaftsgericht die Erklärung abgeben kann, weder verzichten noch eine Vereinbarung mit den Erben (zu der er nicht gezwungen werden kann) treffen zu wollen (Näheres dazu siehe sogleich unten).

- Solange das Verlassenschaftsgericht noch keine Frist gesetzt hat oder die gesetzte Frist noch offen ist (also die Möglichkeit des Verzichts besteht), sind die Rechte des überlebenden Partners am Anteil des Verstorbenen auf jene eines Verwalters (§ 837 ABGB) beschränkt (§ 14 Abs 1 Z 4 WEG).

⇒ Trotz der Einschränkung, wonach sich die Verwalterstellung nur auf den halben Mindestanteil des Verstorbenen bezieht, ergibt sich daraus wegen der gesetzlichen Verbindung der Mindestanteile auch eine Beschränkung der Verfügungsmöglichkeit über den halben Mindestanteil des überlebenden Partners (die erst wegfällt mit Beendigung des „Schwebezustandes" vor bzw während offener Frist).

Innerhalb der vom Verlassenschaftsgericht festgesetzten Frist hat der überlebende Partner somit (siehe oben) folgende Möglichkeiten, den gesetzlichen Eigentumsübergang zu verhindern:

- Verzicht (§ 14 Abs 1 Z 2 WEG, Variante 1)

⇒ Durch Erklärung an das Verlassenschaftsgericht.

⇒ Der Verzicht hat freilich nicht nur Auswirkungen auf den halben Mindestanteil des Verstorbenen, sondern führt zur Versteigerung des gesamten Anteils (§ 14 Abs 1 Z 3 WEG enthält die Anordnung an das Verlassenschaftsgericht, diesfalls eine öffentliche Feilbietung des gesamten Mindestanteils und des damit verbundenen Wohnungseigentums durch Versteigerung vorzunehmen).

oder

[244] OGH 15.12.1992, 5 Ob 158/92 (= EWr II/10/2).

- Vereinbarung mit den Erben des Verstorbenen unter Zustimmung der Pflichtteilsberechtigten, auf Grund derer der Anteil des Verstorbenen einer anderen Person zukommt (§ 14 Abs 1 Z 2 WEG, Variante 2).
  ⇒ Sowohl im Fall des Verzichts als auch bei einer Vereinbarung nach Z 2 leg cit kommt es nicht zur Anwachsung, sodass der halbe Mindestanteil - jedenfalls rechnerisch (bei einer Vereinbarung) - in den Nachlass des Verstorbenen fällt.

Diesfalls ergeben sich folgende Möglichkeiten als Ergebnis der Vereinbarung:

⇒ Ungeachtet der Umformulierung des § 13 Abs 1 Z 2 WEG durch die WRN 2006 ergeben sich keine Änderungen gegenüber der bisherigen Rechtslage.

- Eine Person übernimmt den gesamten Anteil.
  ⇒ Dabei kann es sich um eine natürliche oder um eine juristische Person handeln (also zB um einen Erben oder um eine EEG, allenfalls unter Beteiligung von Erben und/oder des Überlebenden oder um eine Personengesellschaft des Handelsrechts oder um eine Kapitalgesellschaft).
- Eine Person übernimmt den halben Anteil.
  ⇒ Dabei kann es sich nur um eine natürliche Person (etwa um einen Erben) handeln (weil eine Eigentümerpartnerschaft zwischen einer natürlichen und einer physischen Person im Gesetz nicht vorgesehen ist - vgl § 2 Abs 10 WEG); es entsteht zwangsläufig eine neue Partnerschaft zwischen dem Überlebenden und der hinzukommenden natürlichen Person.
- Zwei Personen übernehmen den gesamten Anteil.
  ⇒ Auch diesfalls kann es sich nur um zwei natürliche Personen handeln, die eine neue Partnerschaft begründen.

Erwirbt der überlebende Partner den Anteil des Verstorbenen nach Z 1 leg cit (Zuwachs) oder geht dieser Anteil auf Grund einer Vereinbarung nach Z 2 leg cit auf eine andere Person über, so gilt für die Eintragung in das Grundbuch § 182 Abs 3 AußStrG[245] sinngemäß (§ 14 Abs 1 Z 5 WEG).

⇒ Das Verlassenschaftsgericht hat gemäß dieser Regelung eine Amtsbestätigung für die Verbücherung auszustellen.

⇒ Bezieht sich eine Vereinbarung gemäß § 14 Abs 1 Z 2 WEG auch auf den Anteil des Überlebenden, ist darüber keine Amtsbestätigung auszustellen; es obliegt dem Überlebenden, eine grundbuchstaugliche Urkunde zu schaffen.

c)
Zahlungspflicht bei Zuwachs (Übernahmspreis)
(§ 14 Abs 2 WEG)

Erwirbt der überlebende Partner den Anteil des Verstorbenen am Mindestanteil und Wohnungseigentum durch Zuwachs (§ 14 Abs 1 Z 1 WEG) und liegt

- weder ein Privilegierungsfall nach Abs 3 leg cit
  ⇒ Näheres dazu siehe unten ab S 117.

---

245 Zitatänderung (von § 178 AußStrG auf § 182 Abs 3 AußStrG) durch Art 2 Z 1 des WohnAußStrBeglG.

- noch eine letztwillige Verfügung oder eine Schenkung auf den Todesfall hinsichtlich der Zahlungspflicht (Abs 4 leg cit)

  ⇒ Näheres dazu siehe unten ab S 119.

vor, so hat er

- der Verlassenschaft nach dem Verstorbenen
- die Hälfte des Verkehrswerts (§ 2 Abs 2 LBG) des Mindestanteils

als Übernahmspreis zu bezahlen (§ 14 Abs 2 Satz 1 WEG).

⇒ Der Begriff des Übernahmspreises wurde mit der WRN 2006 an dieser Gesetzesstelle eingeführt.

⇒ Unter der „Hälfte des Verkehrswerts des Mindestanteils" ist der halbe Verkehrswert des (gesamten) Wohnungseigentumsobjekts zu verstehen.

⇒ Die Zahlungspflicht des Überlebenden besteht ungeachtet des Vorhandenseins (oder Nichtvorhandenseins) von Pflichtteilsberechtigten, Erben oder Nachlassgläubigern (gegebenenfalls erfreut die Zahlung den Staat).

⇒ Ohne Auswirkung auf die Zahlungspflicht nach Abs 2 leg cit bleibt es auch, wenn der Überlebende seinerzeit allein oder überwiegend den Erwerb des Wohnungseigentumsobjekts finanziert hat (der Erwerb kann daher den Überlebenden - mangels Regelung iSd Abs 4 leg cit [siehe unten ab S 119] - insgesamt teuer zu stehen kommen).

Die Höhe der Zahlungspflicht des überlebenden Partners an die Verlassenschaft kann einvernehmlich bestimmt werden; dies jedoch nur für den Fall, dass

- kein Inventar zu errichten ist

und

- soweit dadurch nicht in Rechte von Gläubigern oder Pflichtteilsberechtigten eingegriffen wird

(§ 14 Abs 2 2. Satz WEG).

⇒ Ein Inventar ist jedenfalls zu errichten im Fall einer bedingten Erbserklärung (§ 802 ABGB) sowie von Amts wegen, wenn der (ein) Erbe minderjährig ist oder unter Sachwalterschaft steht (darüber hinaus gibt es auch noch andere Fälle der notwendigen Inventarserrichtung).

⇒ Der Gesetzestext lässt zwar (wie schon das WEG 1975) offen, mit wem der Überlebende eine derartige Vereinbarung über die Höhe seiner Zahlungspflicht treffen kann, es kommen aber dafür nur die Erben des Verstorbenen (unter Zustimmung allfälliger Pflichtteilsberechtigter) in Frage.
Daraus ergibt sich freilich zwangsläufig, dass die Möglichkeit zur Vereinbarung das Vorhandensein von Erben voraussetzt.

⇒ Neu angeführt in dieser Gesetzesstelle wurden mit der WRN 2006 Gläubiger und Pflichtteilsberechtigte.
Die Materialien zur WRN 2006 führen aus, dass dem in seinen Rechten beeinträchtigten Noterben die gegen den überlebenden Partner zu richtende Klage auf Zahlung des durch die Minderbewertung verursachten Ausfalls am Pflichtteil zur Verfügung steht und der durch eine Minderbewertung verkürzte Gläubiger eine eigene, nicht an die Tatbestände der Anfechtungsordnung geknüpfte Anfechtungsklage gegen den Überlebenden richten kann.

d) Sonderregelung für Pflichtteilsberechtigte
(§ 14 Abs 3 WEG)

Das Gesetz macht eine wichtige Ausnahme von der Zahlungspflicht des überlebenden Partners gemäß § 14 Abs 2 WEG:

Diese Zahlungspflicht gilt gemäß § 14 Abs 3 WEG dann nicht, wenn

- es sich beim überlebenden Partner um einen Pflichtteilsberechtigten nach dem verstorbenen Partner handelt und
- Gegenstand des gemeinsamen Wohnungseigentums eine Wohnung war,
- die dem überlebenden Partner zur Befriedigung seines dringenden Wohnbedürfnisses dient;

sowie unter den weiteren Voraussetzungen, dass

- kein anderer Pflichtteilsberechtigter vorhanden ist und
- die Verlassenschaft ohne eine Zahlung des überlebenden Partners nicht überschuldet wäre.

⇒ Die genannten Voraussetzungen - die um die beiden letztgenannten mit der WRN 2006 erweitert wurden) - müssen kumulativ erfüllt sein.

⇒ Fest steht damit jedenfalls, dass überlebende Ehegatten dem Kreis der Privilegierten angehören; ebenso steht aber auch fest, dass überlebende Lebensgefährten nicht zum Kreis der Privilegierten zählen.

⇒ Der Privilegierungstatbestand wird aber auch von Ehegatten (bzw anderen Partnern, die Pflichtteilsberechtigte des Verstorbenen sind) dann nicht erfüllt, wenn es sich beim partnerschaftlichen Wohnungseigentumsobjekt nicht um die bedarfsqualifizierte Wohnung[246] handelt.
Eine ergänzende Sonderregelung hinsichtlich eines zur bedarfsqualifizierten Wohnung gehörigen Kfz-Abstellplatzes wurde mit der WRN 2006 mit Abs 6 leg cit geschaffen (siehe unten S 126).
Keine Privilegierung besteht jedenfalls hinsichtlich anderer (weiterer) Kfz-Abstellplätze (sofern es sich dabei um selbständige Wohnungseigentumsobjekte und nicht um „altes" Zubehör-Wohnungseigentum zu bedarfsqualifizierten Wohnungen handelt), sowie bei allen sonstigen selbständigen Räumlichkeiten und bei Wohnungen, die dem Überlebenden nicht zur Befriedigung seines dringenden Wohnbedürfnisses dienen.

⇒ Maßgeblicher Zeitpunkt für die Beurteilung der Frage, ob es sich um die bedarfsqualifizierte Wohnung handelt, ist mE jener des Todes des Partners. Im Hinblick darauf allerdings, dass auch in diesem Zusammenhang das Erfordernis des gewöhnlichen Aufenthalts weggefallen ist (siehe dazu schon oben die Ausführungen zu § 13 Abs 3 u 6 WEG), kann sich die Privilegierung auch auf eine Wohnung erstrecken, die im maßgeblichen Zeitpunkt noch nicht bezogen ist, in der aber nach der Absicht des überlebenden Partners (ebenfalls im maßgeblichen Zeitpunkt) das dringende Wohnbedürfnis in naher Zeit befriedigt werden soll.

---

[246] OGH 22.12.1999, 3 Ob 203/99w (= EWr II/9/9 ff) ua.

Zum Begriff „naher Zeit“ liegt (mietrechtliche) Judikatur (insbesondere zu den Kündigungstatbeständen nach § 30 Abs 2 Z 4 u 6 MRG) vor.[247]

Wenn aber - neben dem überlebenden Partner - noch ein anderer Pflichtteilsberechtigter (Noterbe nach dem Verstorbenen) vorhanden ist, so hat der überlebende Partner

- ein Viertel des Verkehrswertes des Mindestanteils

an die Verlassenschaft zu bezahlen (§ 14 Abs 3 zweiter Satz WEG).

⇒ Die Regelung wurde neu geschaffen mit der WRN 2006 (davor bestand im Privilegierungsfall niemals eine Zahlungspflicht an die Verlassenschaft sondern nur - in bestimmten Fällen - gegenüber Pflichtteilsberechtigten).

⇒ Anders als nach der Rechtslage vor der WRN 2006 besteht die Zahlungspflicht bei Vorhandensein eines (oder mehrerer) weiteren Pflichtteilsberechtigten (ein Pflichtteilsberechtigter ist ja der Privilegierte selbst) auch dann, wenn der Verstorbene noch weiteres Vermögen hinterlässt, das an sich ausreichen würde, Pflichtteilsansprüche des bzw der weiteren Noterben zu befriedigen.
Fraglos lassen sich mit der Neuregelung Pflichtteilsansprüche einfacher berechnen als nach der alten Bestimmung, wonach dies unter „Berücksichtigung des übrigen Nachlasses“ zu geschehen hatte.
Tatsache ist aber auch, dass damit - trotz Privilegierung - ein Viertel des Verkehrswerts des Mindestanteils in den Nachlass fällt und sohin kosten- und steuerrelevant wird (wenn auch für den überlebenden Partner in einer privilegierten Steuerklasse.

⇒ Hingewiesen sei darauf, dass (auch) die Zahlungspflicht hinsichtlich des verminderten Übernahmspreises nach Abs 3 leg cit durch letztwillige Verfügung des anderen Partners oder durch Schenkung auf den Todesfall erlassen werden kann (Abs 4 leg cit – siehe unten ab S 119).
Bei Neubegründung einer Eigentümerpartnerschaft kann angesichts der Beteiligung eines Rechtsanwalts oder Notars entsprechende Beratung der mit den komplexen Bestimmungen des § 14 WEG idR überforderten Laien erwartet werden (sodass gegebenenfalls eine Regelung entsprechend der Abs 4 oder auch 5 leg cit getroffen wird), nicht aber in den zigtausend Fällen des in den letzten Jahrzehnten bereits begründeten Ehegattenwohnungseigentums. Insofern stellt die Neuregelung für diese Wohnungseigentümer eine Benachteiligung dar, weil sie für den jeweils Überlebenden im Todesfall des Partners zu völlig neuen (und aus seiner Sicht unerwarteten) Belastungen führt.

Wenn zwar - neben dem überlebenden Partner - kein anderer Pflichtteilsberechtigter (Noterbe nach dem Verstorbenen) vorhanden ist, die Verlassenschaft jedoch ohne eine Zahlung des überlebenden Partners überschuldet wäre, so hat der überlebende Partner

- bis zur Höhe eines Viertels des Verkehrswerts des Mindestanteils
- den zur Deckung der Nachlassverbindlichkeiten erforderlichen Betrag

an die Verlassenschaft zu bezahlen (§ 14 Abs 3 dritter Satz WEG).

---

[247] Judikaturnachweise siehe etwa in *ÖVI/Dirnbacher, MRG (2006), S 352 u 356 f.*

Die Regelung des Abs 2 zweiter Satz leg cit (einvernehmliche Bestimmung des Übernahmspreises) gilt entsprechend (§ 14 Abs 3 vierter Satz WEG)

⇒ Auch diese Bestimmung wurde mit der WRN 2006 neu geschaffen.
Der Gesetzgeber versucht damit der Kritik an der früheren Regelung Rechnung zu tragen und den Gläubigerschutz zu verbessern.

⇒ Die Frage der Überschuldung des Nachlasses ist im Verlassenschaftsverfahren nicht gesondert zu prüfen.
Der nicht zum Zug kommende Nachlassgläubiger kann seine Forderung gegenüber dem Erben geltend machen.

Ist dem privilegierten überlebenden Partner die sofortige Entrichtung des verminderten Übernahmspreises nach seinen Verhältnissen (insbesondere seinem Vermögen, seinem Einkommen, seinen Sorgepflichten sowie seinen Aufwendungen für die Wohnung und zur Aufrechterhaltung einer angemessenen Lebenshaltung) nicht zumutbar, so hat das Verlassenschaftsgericht mangels einer anderslautenden Vereinbarung

- auf Antrag
- die Zahlungspflicht bis zu einer Frist von höchstens fünf Jahren hinauszuschieben oder
- die Zahlung in Teilbeträgen innerhalb dieses Zeitraums zu bewilligen;
- dies jeweils unter Festsetzung einer angemessenen Verzinsung

(§ 14 Abs 3 letzter Satz WEG).

⇒ Diese Regelung fand sich bereits in § 10 Abs 3 letzter Satz WEG 1975 und in der Stammfassung des WEG; sie wurde durch die WRN 2006 lediglich sprachlich modifiziert.

⇒ Bei der im Gesetzestext erwähnten Vereinbarung handelt es sich um eine solche, die zwischen dem überlebenden Partner und den Pflichtteilsberechtigten (und wohl auch Nachlassgläubigern) geschlossen werden kann.

e)
Erlassen der Zahlungspflicht des überlebenden Partners
(§ 14 Abs 4 WEG)

Die in § 14 Abs 2 und 3 WEG bestimmte Zahlungspflicht des überlebenden Partners (= Pflicht zur Zahlung des Übernahmspreises bzw des verminderten Übernahmspreises) kann durch

- letztwillige Verfügung des anderen Partners
  oder
- Schenkung auf den Todesfall

erlassen werden (§ 14 Abs 4 WEG).

⇒ Anders als im Fall der Vereinbarung nach § 14 Abs 5 WEG nF (siehe unten) geht die Bestimmung des Abs 4 leg cit gerade davon aus, dass es zum gesetzlichen Eigentumserwerb durch Zuwachs kommen wird (was ja idR dem „Normalfall“ entspricht).

⇒ Ausgehend davon, dass die Verpflichtung des überlebenden Partners zur Zahlung des halben (oder auch nur eines Viertels des) Verkehrswerts des Wohnungseigentumsobjekts an die Verlassenschaft im Fall des Todes des anderen Partners idR nicht den Interessen von Eigentümerpartnern entspricht, kommt den durch

Abs 4 leg cit ermöglichten Gestaltungsmöglichkeiten (unter Lebenden) erhebliche Bedeutung zu.

Im Zusammenhang mit der Möglichkeit des Abbedingens der Zahlungspflicht des überlebenden Partners hat die WRN 2006 wesentliche Änderungen gegenüber der früheren Rechtslage gebracht.

Diese können wie folgt kurz zusammengefasst werden:

- Die entsprechende Regelung findet sich nunmehr in Abs 4 leg cit (und nicht mehr in § 14 Abs 5 WEG aF).

  ⇒ Dafür ist der Regelungsinhalt des alten Abs 4 nunmehr in § 14 Abs 5 zu finden. Der „Austausch" ist systemkonform, zumal nun die Abs 2 bis 4 die Bestimmungen über den Übernahmspreis enthalten, währende Abs 5 den doch anders gearteten Fall der Fortsetzungsvereinbarung mit einem vorweg bestimmten Dritten behandelt.

- Die Erlassung der Zahlungspflicht ist nicht mehr vertragsrechtlich, sondern erbrechtlich konstruiert („liberatorisches Legat" bzw „liberatorische Schenkung auf den Todesfall").

  Darüber hinaus besteht für die Eigentümerpartner keine Möglichkeit mehr, auf andere Weise (etwa durch sonstige Erklärungen oder Vereinbarungen) die Zahlungspflicht des jeweils Überlebenden abzubedingen.

  ⇒ Die WRN 2006 hat sohin die Möglichkeit beseitigt, durch (bloße) „schriftliche Vereinbarung" (die nicht einmal einer Datierung oder der notariellen Beglaubigung der Unterschriften bedurfte) die Zahlungspflicht des überlebenden Partners abzubedingen.

  ⇒ Da § 14 Abs 4 WEG idF der WRN 2006 hinsichtlich der Erlassung der Zahlungspflicht erst ab 1.10.2006 anzuwenden ist (58 Abs 6 WEG), behalten davor getroffene („bloß schriftliche") Vereinbarungen über das Abbedingen der Zahlungspflicht ihre Wirksamkeit.

  Pro futuro gesehen wird es freilich kaum gelingen können, bei Eigentümerpartnerschaften, die bereits vor dem 1.10.2006 begründet wurden (also schon vor dem Auslaufen der Altregelung bestanden haben), den tatsächlichen Zeitpunkt des Zustandekommens einer „bloß schriftlichen" Vereinbarung zu verifizieren (bzw zu falsifizieren).

  Fraglich ist auch, wie sich eine vor dem 1.10.2006 getroffene Vereinbarung über das Abbedingen der Zahlungspflicht auf die erst ab diesem Zeitpunkt (für bestimmte Fälle, siehe oben) eingeführte Zahlungspflicht nach Abs 3 leg cit auswirkt.

- Grundsätzlich abbedungen werden kann nunmehr auch die Zahlungspflicht des privilegierten Partners nach Abs 3 leg cit.

  ⇒ Die mit der WRN 2006 erbrechtlich konstruierten Regelungen über die Erlassung der Zahlungspflicht des überlebenden Partners erübrigen gesonderte wohnungseigentumsrechtliche Anordnungen über den Schutz der Pflichtteilsberechtigten oder der Nachlassgläubiger.

  Diese können sich erbrechtlicher Instrumentarien zur Durchsetzung ihrer Ansprüche bedienen.

Ein wesentlicher Unterschied zwischen letztwilliger Verfügung einerseits und Schenkung auf den Todesfall andererseits liegt in der Bindungswirkung.

- Die letztwillige Verfügung („liberatorisches Legat") über den Erlass der Zahlungspflicht des überlebenden Partners kann jederzeit widerrufen werden.
- Demgegenüber sind die Partner bei der Schenkung auf den Todesfall an die Erklärung über die Erlassung der Zahlungspflicht gebunden.

⇒ Anders als eine letztwillige Verfügung kann die Schenkung auf den Todesfall, einmal abgeschlossen, während aufrechter Eigentümerpartnerschaft von den Partnern idR nur mehr einvernehmlich abgeändert oder beseitigt werden (selbstverständlich wird die Vereinbarung unwirksam [gegenstandslos] bei Beendigung der Eigentümerpartnerschaft zu Lebzeiten der Partner).

⇒ Die Schenkung auf den Todesfall bedarf - anders als die letztwillige Verfügung - jedenfalls des Notariatsakts.

Ein liberatorisches Legat oder die Schenkung auf den Todesfall nach Abs 4 leg cit kann sich selbst in jenen Fällen empfehlen, wo scheinbar ohnedies (aber eben nicht wirklich) der Privilegierungstatbestand des Abs 3 leg cit vor der Zahlungspflicht nach Abs 2 leg cit (ganz oder teilweise) bewahrt.

⇒ Dazu folgende Beispiele:

- Ehegatten (oder auch Mutter und Tochter bzw andere jeweils zueinander Pflichtteilsberechtigte) erwerben gemeinsam Wohnungseigentum an einer Wohnung (die sodann dem/der Überlebenden zur Befriedigung des dringenden Wohnbedürfnisses dient) und an zwei (oder mehr) Abstellplätzen für ein Kraftfahrzeug. Zwar bewirkt nun die Neuregelung in Abs 6 leg cit (siehe unten S 126 f), dass sich die Privilegierung immerhin auch auf einen Abstellplatz bezieht, hinsichtlich des weiteren (oder der weiteren Plätze) gilt jedoch weiterhin die Zahlungspflicht nach Abs 2 leg cit.
- Ehegatten erwerben gemeinsam Wohnungseigentum an einer Wohnung und nutzen diese zunächst auch zur Befriedigung ihres dringenden Wohnbedürfnisses (gemeinsame Ehewohnung). In der Folge beziehen sie (beispielsweise) ein Einfamilienhaus, behalten aber die Eigentumswohnung (die sodann vielleicht leer steht, vermietet oder den Kindern leihweise überlassen wird). Im Todesfall des einen Partners trifft den Überlebenden die Zahlungspflicht nach Abs 2 leg cit, weil das Tatbestandsmerkmal des „dringenden Wohnbedürfnisses" gemäß Abs 3 leg cit im Zeitpunkt des Todes nicht verwirklicht ist.
- Ehegatten erwerben gemeinsam Wohnungseigentum an mehreren Objekten (seien es Wohnungen, sonstige selbständige Räumlichkeiten oder Abstellplätze für Kraftfahrzeuge). Die Privilegierung nach Abs 3 leg cit kann sich jedenfalls nur auf eine - nämlich die bedarfsqualifizierte - Wohnung beziehen, nicht auch auf die übrigen Objekte.

⇒ Auch eine letztwillige Verfügung oder die Schenkung auf den Todesfall iSd Abs 4 leg cit kann mE mit Bedingungen oder Auflagen versehen werden.

- Ein vorstellbarer praktische Anwendungsfall wäre es etwa, die Zahlungspflicht des (jeweiligen oder auch nur des einen) Überlebenden zu beschränken, nicht aber gänzlich abzubedingen (was vor allem in jenen Fällen zur Anwendung gelangen könnte, in denen die Partner unterschiedliche Beiträge zum Erwerb des Wohnungseigentumsobjekts geleistet haben).

- Gut nachvollziehbar wäre auch eine Einschränkung dahingehend, dass die Zahlungspflicht nur für den Fall als abbedungen gilt, als im Zeitpunkt des Todes des einen Partners (noch) keine Klage auf Aufhebung der Eigentümerpartnerschaft anhängig ist.

f)
Fortsetzungsvereinbarung unter Lebenden
(§ 14 Abs 5 WEG)

Gemäß § 14 Abs 5 WEG kann die Rechtsfolge des § 14 Abs 1 Z 1 WEG („Zuwachs" bzw „Anwachsung") von den Eigentümerpartnern verhindert werden.

⇒ Die Regelung fand sich bis zur WRN 2006 in § 14 Abs 4 WEG; es erfolgten durch die Novelle aber auch inhaltliche Modifikationen.

Die Eigentümerpartner können durch eine

- vor einem Notar
- oder unter anwaltlicher Mitwirkung

schriftlich geschlossene Vereinbarung bestimmen, dass anstelle des gesetzlichen Eigentumsübergangs nach Abs 1 Z 1 leg cit der Anteil des Verstorbenen am Mindestanteil und gemeinsamen Wohnungseigentum einer anderen natürlichen Person zukommt (§ 14 Abs 5 Z 1 erster Satz WEG).

⇒ Es geht hier also um die Festlegung einer Nachfolgeregelung hinsichtlich des halben Mindestanteils des zuerst versterbenden Partners.
Zugleich wird damit die Fortsetzung der Eigentümerpartnerschaft zwischen dem Überlebenden und der vorweg bestimmten Person festgelegt (wobei jedoch aus verschiedenen Gründen nicht garantiert ist, dass es tatsächlich dazu kommt; Voraussetzungen sind nämlich, dass sowohl die Vereinbarung als auch die Eigentümerpartnerschaft im Zeitpunkt des Todes noch existieren und dass der Begünstigte auch wirklich neuer Partner - siehe dazu sogleich unten - wird).

⇒ Der Gesetzestext lässt an sich offen, ob sich die Eigentümerpartner auf eine einzige Person einigen müssen, der - unabhängig davon, wer von ihnen zuerst verstirbt - der Anteil des Verstorbenen zukommen soll (und mit der sodann die Fortsetzung der Partnerschaft zu erfolgen hat) oder ob es auch möglich ist, verschiedene Personen als Begünstigte einzusetzen.
Die Vereinbarung nach Abs 5 leg cit substituiert die gesetzliche Anwachsung nach Abs 1 Z 1 leg cit (vgl Gesetzestext „.... anstelle des gesetzlichen Eigentumsübergangs nach Abs. 1 Z 1 ....".
ME spricht nichts dagegen, der Vereinbarung Bedingungen (oder Auflagen) beizufügen (wovon eben eine sein könnte, dass die Begünstigung abhängig davon ist, welcher Partner zuerst verstirbt).
Nur eine diesbezüglich flexible Auslegung wird den Erfordernissen der Praxis entsprechen (man denke etwa an Lebensgefährten, die zwar vielleicht mit einem eigenen Angehörigen, nicht aber mit einem Verwandten des Partners die Gemeinschaft fortsetzen wollten).

⇒ Ein Schwachpunkt der Vereinbarung nach Abs 5 kann darin gesehen werden, dass der Begünstigte - schon unmittelbar nachdem er neuer Partner geworden ist - die Klage auf Aufhebung der Eigentümerpartnerschaft gegen den überlebenden Partner einbringen könnte.
Das Klagerecht eines Eigentümerpartners kann idR (siehe oben die Ausführungen zu § 13 Abs 6 WEG) nur für drei Jahre abbedungen werden; dazu bedarf es aber einer Vereinbarung der jeweiligen Partner untereinander. Zu überlegen wäre, im Fall der Fortsetzungsvereinbarung nach Abs 5 leg cit eine Bedingung, wonach der Begünstigte nur dann neuer Partner werden soll, wenn er eine entsprechende Ausschlussvereinbarung mit dem überlebenden Partner abschließt, zuzulassen.

⇒ Die Beschränkung der Begünstigten auf natürliche Personen ergibt sich notwendigerweise daraus, dass eine Eigentümerpartnerschaft zwischen einer natürlichen und einer juristischen Person nicht möglich ist (§ 2 Abs 10 WEG).

Mit der WRN 2006 neu eingefügt wurde die Bedingung, dass die schriftliche Vereinbarung nur dann gültig ist, wenn sie entweder vor einem Notar oder „unter anwaltlicher Mitwirkung“ abgeschlossen wird.

⇒ Nach den diesbezüglichen Ausführungen in den Materialien zur WRN 2006 kann die anwaltliche Mitwirkung in der „Teilnahme eines Rechtsanwalts, der einen der Partner vertritt, in der Vertretung jedes der beiden Partner durch einen (eigenen) Rechtsanwalt oder - vorbehaltlich allenfalls kollidierender Interessen der Partner - in der Teilnahme eines für beide Partner tätig werdenden Rechtsanwalts bestehen“.
Ein weiterer Grund für die prima facie ungewöhnlich scheinende Formulierung kann mE auch darin gesehen werden, keinen der beiden rechtsberatenden Berufsstände zu bevorzugen bzw zu benachteiligen.

⇒ Die Neuregelung mag sicherstellen, dass den Eigentümerpartnern vor dem Abschluss der inhaltlich doch recht komplexen Fortsetzungsvereinbarung entsprechende Beratung zukommt. Wie die notarielle bzw anwaltliche Mitwirkung im Einzelfall aber wirklich auszusehen hat, bleibt indes auf Grund der Formulierung des WEG offen. Angesichts einer zwischenzeitig erfolgten Änderung der Rechtsanwaltsordnung[248] (neu angefügter Absatz 4 in § 10 RAO) scheint aber mit der nun Gesetz gewordenen Variante die Dokumentation (und hoffentlich auch Archivierung) der Vereinbarung sichergestellt.
⇒ § 10 Abs 4 RAO lautet:
„Sieht das Gesetz vor, dass eine Urkunde vor einem Rechtsanwalt zu errichten ist, so hat der Rechtsanwalt die Identität der Partei an Hand eines amtlichen Lichtbildausweises zu überprüfen, die Partei umfassend über die mögliche Gestaltung der Urkunde und deren Rechtswirkungen zu belehren und sich zu vergewissern, dass die Partei die Tragweite und die Auswirkungen ihrer rechtsgeschäftlichen Verfügung verstanden hat. Zum Nachweis der Erfüllung dieser Pflicht ist die Urkunde auch vom Rechtsanwalt zu unterfertigen“.

---

[248] Bundesgesetz, mit dem die Rechtsanwaltsordnung geändert wird; BGBl I/2006/93.

⇒ Offen bleibt auch, ob ein allfälliger (nur einvernehmlich möglicher) Widerruf der Vereinbarung ebenfalls der notariellen bzw anwaltlichen Mitwirkung bedarf.
ME wird dies nicht zu fordern sein, weil die Rückkehr zum gesetzlichen „Normalfall" (= Anwachsung) keine der Fortsetzungsvereinbarung an Bedeutung gleichstehende Verfügung darstellt.
Anders zu sehen wäre mE der „Austausch des Begünstigten". Hier tritt wieder die vom Gesetzgeber offenbar gewünschte Dokumentationsfunktion des Notars oder Anwalts in den Vordergrund.

⇒ Das spezielle Formgebot des § 14 Abs 5 Z 1 WEG gilt für Vereinbarungen, die nach dem 30.9.2006 geschlossen werden (§ 58 Abs 6 WEG); früher - bloß schriftlich - abgeschlossene Vereinbarungen behalten ihre Wirksamkeit.

Der durch eine Vereinbarung der Eigentümerpartner Begünstigte erwirbt durch den Erbfall nicht unmittelbar Eigentum am halben Mindestanteil, sondern erhält damit erst einen Anspruch auf dessen Übereignung (§ 14 Abs 5 Z 1 zweiter Satz WEG).

⇒ Die Vereinbarung selbst verschafft dem Begünstigten noch keine Rechte (sie könnte ja auch jederzeit von den Eigentümerpartnern einvernehmlich widerrufen oder abgeändert werden, ohne dass der Begünstigte daraus irgendwelche Folgen ableiten könnte). Erst mit dem Erbfall entsteht der Anspruch auf Übereignung (der sodann erst durchgesetzt werden muss).

Der durch die Vereinbarung Begünstigte hat diesen Anspruch

- innerhalb einer vom Verlassenschaftsgericht festzusetzenden angemessenen Frist
- durch Anmeldung im Verlassenschaftsverfahren gegen den Nachlass des Verstorbenen

geltend zu machen (§ 14 Abs 5 Z 1 dritter Satz WEG).

⇒ Der Anspruch des Begünstigten ist damit vergleichbar jenem eines Legatars.

Bei erfolgreicher Geltendmachung des Anspruchs hat der Begünstigte im Fall eines Nachlasskonkurses das Recht auf Aussonderung des halben Mindestanteils (§ 44 KO), sofern Gegenstand des gemeinsamen Wohnungseigentums eine Wohnung ist, die ihm zur Befriedigung seines dringenden Wohnbedürfnisses dient (§ 14 Abs 5 Z 1 vierter Satz WEG).

⇒ Der Aussonderungsanspruch setzt somit voraus, dass es sich um die bedarfsqualifizierte Wohnung des Begünstigten handelt und dass dieser seinen Anspruch erfolgreich geltend macht.
Andernfalls geht der Gläubigerschutz den Interessen (Ansprüchen) des Begünstigten bevor.

Für die Übereignung des Anteils des Verstorbenen am Mindestanteil hat der Begünstigte

- den Übernahmspreis nach Abs 2 leg cit
- an die Verlassenschaft nach dem Verstorbenen

zu bezahlen;

Wenn es sich aber beim Begünstigten um einen Pflichtteilsberechtigten des Verstorbenen handelt und ihm die Wohnung zur Befriedigung seines dringenden Wohnbedürfnisses dient (also der Privilegierungstatbestand des Abs 3 erster Satz leg cit vorliegt), so hat er

- wenn keine anderen Noterben vorhanden sind und der Nachlass nicht überschuldet ist, keinen
  oder
- wenn der Nachlass überschuldet ist, (allenfalls) nur den verminderten

Übernahmspreis nach Abs 2 leg cit an die Verlassenschaft nach dem Verstorbenen zu bezahlen.

Für die Erlassung der Zahlungspflicht des Begünstigten durch letztwillige Verfügung oder Schenkung auf den Todesfall gilt Abs 4 leg cit entsprechend (§ 14 Abs 5 Z 1 letzter Satz WEG).

⇒ Die mit der WRN 2006 erfolgte Neuformulierung des letzten Satzes in Abs 5 leg cit stellt klar, dass grundsätzlich auch der Begünstigte für den Erwerb des halben Mindestanteils den Übernahmspreis nach Abs 2 leg cit zu bezahlen hat, wobei gegebenenfalls aber auch die Privilegierungsregelung des Abs 3 leg cit zur Anwendung gelangen kann.
Der Schutz (anderer) Noterben und allfälliger Nachlassgläubiger scheint damit gewährleistet.

Unterlässt der Begünstigte die fristgerechte Verfolgung seines Anspruchs, so tritt der Eigentumsübergang nach Abs 1 Z 1 leg cit (= Anwachsung) mit der Rechtsfolge des Abs 2 oder 3 leg cit ein (§ 14 Abs 5 Z 2 erster Satz WEG).

⇒ Die WRN 2006 hat die davor im Gesetz (§ 14 Abs 4 fünfter Satz WEG aF) enthaltene zweite - erbrechtliche - Erwerbsstufe nicht mehr übernommen.
Damit ist auch die geradezu absurde - in der Vorauflage dieses Werks deutlich kritisierte (ja sogar als Reaktionsversehen des Gesetzgebers gedeutete) - Konsequenz, wonach die Erben des Verstorbenen bei unterbliebener Durchsetzung des Anspruchs allein, also ohne Beteiligung des überlebenden Partners (!), eine andere natürliche Person bestimmen konnten, auf die sodann der halbe Mindestanteil überging und die mit dem überlebenden Partner (ohne Möglichkeit des Widerspruchs durch diesen) die Eigentümerpartnerschaft fortsetzte (also eine Art „Zwangspartnerschaft"), beseitigt.

⇒ Dem Unterlassen der fristgerechten Geltendmachung (sei es bewusst als Verzicht oder auch unbewusst aus welchen Gründen auch immer) gleichzuhalten ist das Scheitern bei der Durchsetzung (aus welchen Gründen auch immer).

- Gleiches gilt, wenn der Begünstigte den Erbfall nicht erlebt (§ 14 Abs 5 Z 2 zweiter Satz WEG).

⇒ Damit stellt das Gesetz klar, dass es sich um eine höchstpersönliche Begünstigung handelt und der Erbe des vorverstorbenen Begünstigten - sofern die Eigentümerpartner in ihrer Vereinbarung nicht ausdrücklich Anderes vorgesehen haben - nicht in die Begünstigung eintritt (keine „Zwangspartnerschaften").

⇒ Der Nichterwerb des halben Mindestanteils durch den Begünstigten - aus welchem Grund auch immer - führt sohin geradewegs wieder zum gesetzlichen „Normalfall" der Anwachsung gemäß Abs 1 Z 1 leg cit.
Damit verbunden ist aber - sofern nicht der Privilegierungstatbestand des Abs 3 leg cit erfüllt ist - die Zahlungspflicht des überlebenden Partners gemäß Abs 2 leg cit.

Eigentümerpartner werden daher im Fall einer Vereinbarung nach Abs 5 leg cit zu überlegen haben, vorsichtshalber auch noch eine Vereinbarung nach Abs 4 leg cit über die Abbedingung der Zahlungspflicht gemäß Abs 2 leg cit zu treffen.

- Wenn der Begünstigte nach dem Erbfall, aber vor seiner Eintragung im Grundbuch stirbt, gilt für den Anspruch des Begünstigten die Regelung des Abs 1 Z 1 leg cit entsprechend (§ 14 Abs 5 Z 2 letzter Satz WEG).

⇒ Auch für den Fall des Todes des Begünstigten vor der Einverleibung (des schuldrechtlich bereits erworbenen Anspruchs auf Übertragung) des halben Mindestanteils tritt wieder der gesetzliche „Normalfall" der Anwachsung gemäß Abs 1 Z 1 leg cit ein. Allerdings hat diesfalls der überlebende Eigentümerpartner den - allenfalls verminderten - Übernahmspreis (Abs 2 bzw Abs 3 leg cit) an die Verlassenschaft bzw an Erben des vorverstorbenen Begünstigten zu bezahlen.
Auch mit dieser Regelung vermeidet das Gesetz eine „Zwangspartnerschaft" zwischen dem Überlebenden und Erben des vor der Eintragung verstorbenen Begünstigten.

g)
Sonderregelung für gemeinsamen Kfz-Abstellplatz
(§ 14 Abs 6 WEG)

In den Fällen des § 14 Abs 3 und § 14 Abs 5 Z 1 vierter und letzter Satz WEG gelten die dort vorgesehenen Begünstigungen auch

- für einen im gemeinsamen Wohnungseigentum der Partner stehenden Abstellplatz für ein Kraftfahrzeug,

der von den Partnern zur

- einheitlichen Benützung zusammen mit der Wohnung

gewidmet war (§ 14 Abs 6 WEG).

⇒ Diese mit der WRN 2006 geschaffene Neuregelung beseitigt ein quasi Redaktionsversehen in der Stammfassung des WEG, das darin erblickt werden konnte, dass zwar die im Zubehör-Wohnungseigentum stehenden Kraftfahrzeugabstellplätze weiter privilegiert blieben (weil sie notwendigerweise das gleiche rechtliche Schicksal haben wie die Hauptsache), keine Privilegierung aber hinsichtlich der von Eigentümerpartnern ab 1.7.2002 angeschafften - auf Grund der neuen Rechtslage im selbständigen Wohnungseigentum stehenden - Abstellplätze gegeben war.

⇒ Auf Grund des diesbezüglich eindeutigen Wortlauts der Regelung kann sich die Privilegierung immer nur auf einen Abstellplatz beziehen und zwar unter der weiteren Voraussetzung, dass eine bedarfsqualifizierte Wohnung vorliegt.
Welche konkreten Anforderungen an die (von der Bezeichnung her an dieser Stelle eher unglücklich gewählte) „Widmung" zu stellen sind, bleibt indes mE offen. Fraglich scheint insbesondere, ob es ausreicht, dass der Kfz-Abstellplatz seinerzeit in der Absicht zur gemeinsamen Benützung mit der Wohnung angeschafft wurde, oder ob - wie die Materialien zur WRN 2006 offenbar meinen - die entsprechende Nutzung im relevanten Zeitpunkt (des Todes des einen Eigentümerpartners) gegeben sein muss.

ME ist nicht wirklich einzusehen (und aus dem Wortlaut der Bestimmung auch nicht eindeutig hervorgehend), warum die Begünstigungsregelung etwa schon dann nicht zur Anwendung gelangen soll, wenn im Zeitpunkt des Todes des einen Partners gerade kein Fahrzeug vorhanden ist.

⇒ Die gleichfalls mit der WRN 2006 in § 56 Abs 1 zweiter Satz WEG erfolgte Einfügung, wonach sich in den Fällen des § 14 Abs 3 und Abs 5 Z 1 WEG die dort vorgesehenen Begünstigungen auch auf einen Abstellplatz für ein Kraftfahrzeug erstrecken, der gemäß § 1 Abs 2 WEG 1975 mit der Wohnung verbunden ist (an dem also weiterhin Zubehör-Wohnungseigentum besteht), dient - so die Materialien zur WRN 2006 - zur Klarstellung (wiewohl daran mE mangels Sonderrechtsfähigkeit des Zubehörs wohl nie ernsthaft zu zweifeln war).

5) Eigentümerpartnerschaft bei Nichtigerklärung, Aufhebung oder Scheidung der Ehe

(§ 15 WEG)

Im Fall der rechtskräftigen Auflösung der Ehe (Scheidung, Nichtigerklärung oder Aufhebung) löst sich das gemeinsame Wohnungseigentum nicht von selbst auf.

⇒ Diese - schon im zeitlichen Geltungsbereich des WEG 1975 zutreffende - Aussage wird angesichts der Eigentümerpartnerschaft im WEG - die ja nicht an die Ehe anknüpft - zur Selbstverständlichkeit.
Unternehmen die vormaligen Ehegatten in Bezug auf ihr gemeinsames Wohnungseigentum nichts, bleibt es eben bei einer Eigentümerpartnerschaft iSd WEG.

⇒ Will der vormalige (meist wohl: geschiedene) Ehegatte verhindern, dass sein Anteil im Todesfall dem früheren Ehepartner zuwächst (§ 14 Abs 1 Z 1 WEG), so bedarf es der Auflösung der Eigentümerpartnerschaft zu Lebzeiten (oder - wenn auch mit gewissen Unsicherheiten behaftet (siehe oben) - einer Vereinbarung gemäß § 14 Abs 5 WEG).

⇒ Die Regelungen des § 13 Abs 3 WEG (Rechte des Partners als „Nichtschuldner“ im Zusammenhang mit der Exekution gegen den Partner als Schuldner) gelten jedenfalls auch für die Eigentümerpartnerschaft der geschiedenen Ehegatten.

§ 15 Abs 1 WEG normiert, dass dem Begehren auf Aufhebung der Eigentümerpartnerschaft nach Ablauf eines Jahres seit dem Eintritt der Rechtskraft der Auflösung der Ehe der Einwand der Unzeit oder des Nachteils nicht mehr entgegen steht.

⇒ Der Entfall des Einwands der Unzeit und des Nachteils (§ 830 ABGB) bedeutet, dass die Eigentümerpartnerschaft vom (früheren) Ehegatten nach Ablauf eines Jahres ab der Auflösung der Ehe leichter aufgelöst werden kann als alle übrigen Eigentümerpartnerschaften (von Nicht-Ehegatten).
Die - sodann - erleichterte Auflösung bezieht sich sowohl auf die bedarfsqualifizierte Wohnung als auch auf sonstige Objekte, die

im gemeinsamen Wohnungseigentum der (ehemaligen) Ehegatten stehen.

⇒ Bis zum Ablauf eines Jahres ab Rechtskraft der Auflösung der Ehe steht jedem Partner die Möglichkeit zur Einleitung eines Verfahrens zur Aufteilung des ehelichen Gebrauchsvermögens und der ehelichen Ersparnisse offen.
Während des ersten Jahres ab Auflösung der Ehe wird idR der Einwand der Unzeit erfolgreich sein (weil eben noch das eheliche Aufteilungsverfahren eingeleitet werden kann).

Ist im Zeitpunkt des Todes eines der beiden bisherigen Ehegatten ein Verfahren zur Aufteilung des ehelichen Gebrauchsvermögens und der ehelichen Ersparnisse anhängig und gehört auch das gemeinsame Wohnungseigentumsobjekt zum Gegenstand dieses Verfahrens, so gehen die darüber im Aufteilungsverfahren getroffenen Anordnungen den Regelungen des § 14 WEG vor (§ 15 Abs 2 WEG).

⇒ Die mit der WRN 2006 erfolgte Neuanfügung eines zweiten Absatzes in § 15 WEG dient der Vermeidung einer allfälligen Kollision der Regelungen des § 14 WEG einerseits und jenen der §§ 81 ff EheG andererseits. Maßgeblich für das Schicksal des halben Mindestanteils des verstorbenen Partners sind sohin die im Aufteilungsverfahren getroffenen Regelungen und nicht jene des § 14 WEG (sofern nicht wohnungseigentumsrechtliche Verfügungen der Partner gemäß § 14 Abs 4 und 5 WEG im Aufteilungsverfahren mit zu berücksichtigen sind).

Literatur zu Einzelfragen:

Zum WEG 2002:

Kletecka, „Die Eigentümerpartnerschaft im WEG 2002"; immolex 2002, 174.

Markl, „Die Eigentümerpartnerschaft - §§ 13 bis 15 WEG 2002"; wobl 2002, 129.

Markl, „Zur ´Vereinbarung´ zwischen Eigentümerpartnern gemäß § 14 Abs 4 WEG 2002"; wobl 2004, 202.

Zum WEG 1975:

Gantner, „Das rechtliche Schicksal der Eigentumswohnung im Scheidungsfall"; immolex 2001, 236.

Kepplinger, „Ehegattenwohnungseigentum, Exekution und Konkurs"; immolex 2000, 121.

Markl, „Auswirkungen der EO-Novelle 2000 auf die Zwangsversteigerung von Ehegattenwohnungseigentum"; wobl 2001, 97.

Posch, „Zur Qualifikation der Begründung gemeinsamen Wohnungseigentums von Ehegatten gemäß § 9 WEG 1975 als Ehepakt"; ImmZ 1977, 263 bis 266 und 281 bis 284.

Rechberger, „Die Begründung des gemeinsamen Wohnungseigentums vo Ehegatten iS des § 9 Abs 1 WEG 1975“; ÖJZ 1976, 622.

Rechberger, „Nochmals: Die Begründung des Ehegattenwohnungseigentums - ein Ehepakt?“; NZ 1978, 129.

Schramböck, „Ausgewählte Rechtsprobleme der ehelichen Gütergemeinschaft“; ÖJZ 1999, 443.

Schweighofer, „Lebensgemeinschaft. Ehegattenwohnungseigentum und die eingetragene Erwerbsgesellschaft“; wobl 1996, 95.

Wagner, „Eine Klarstellung zur Ehegatten-Eigentumswohnung“; ImmZ 1976, 85.

Ziehensack, „Materiell- und verfahrensrechtliche Aspekte des allgemeinen und ehescheidungsrechtlichen Teilungsanspruchs“; wobl 1996, 230.

Zingher, „Das gemeinsame Wohnungseigentum von Ehegatten“; ÖJZ 1976, 225.

V.
NUTZUNG, ÄNDERUNG, ERHALTUNG DES WOHNUNGSEIGENTUMSOBJEKTS
(§ 16 WEG)

1) Vorbemerkung

§ 16 WEG ist inhaltlich weitgehend ident mit der vormaligen Regelung des § 13 WEG 1975.

⇒ Es kann daher weiterhin auch noch auf die (reichhaltige) Judikatur zu § 13 WEG 1975 zurückgegriffen werden.

Der Gesetzgeber des WEG hat aber - erfreulicherweise - die vormals missverständliche Überschrift „Verwaltung der im Wohnungseigentum stehenden Wohnung oder sonstigen Räumlichkeit" geändert und stattdessen die viel aussagekräftigere Bezeichnung „Nutzung, Änderung und Erhaltung des Wohnungseigentumsobjekts" gewählt.

⇒ Im AB wird ausdrücklich klargestellt, dass die auf das „Wohnungseigentumsobjekt" Bezug nehmenden Vorschriften auch die damit verbundenen Zubehör-Objekte umfassen.

- Unter der „Nutzung" des Wohnungseigentumsobjekts ist - ohne dass dies der Gesetzestext an dieser Stelle klar zum Ausdruck bringt - die Verwendung des Wohnungseigentumsobjekts (etwa durch Eigennutzung oder Vermietung) zu verstehen (Abs 1 leg cit).

  ⇒ Zur Nutzung des Wohnungseigentumsobjekts durch Vermietung („Altmietverhältnisse") siehe oben ab S 65.

  ⇒ Im Übrigen enthält auch das WEG diesbezüglich nur die Aussage, dass die Nutzung des Wohnungseigentumsobjekts „dem Wohnungseigentümer zukommt" (§ 16 Abs 1 WEG).

- Die „Änderung" des Wohnungseigentumsobjekts betrifft das Recht des Wohnungseigentümers, bestimmte bauliche Maßnahmen oder auch Widmungsänderungen (gegenüber dem bisherigen, im Wohnungseigentumsvertrag bzw Nutzwertgutachten festgelegten Verwendungszweck) vorzunehmen (Abs 2 leg cit).

  ⇒ Dazu siehe sogleich unten.

- Die Regelungen über die „Erhaltung" des Wohnungseigentumsobjekts (samt den dafür bestimmten Einrichtungen) behandeln die damit verbundenen Pflichten des Wohnungseigentümers (Abs 3 Satz 1 leg cit)..

  ⇒ Leider sind diese Bestimmungen auch im WEG wieder recht dürftig ausgestaltet (siehe unten ab S 153).

  Darüber hinaus werden auch Duldungspflichten des Wohnungseigentümers samt Entschädigungsansprüchen im Zusammenhang mit der Erhaltung der allgemeinen Teile der Liegenschaft und der Behebung ernster Schäden des Hauses normiert (Abs 3 Satz 2 leg cit).

  ⇒ Siehe unten S 157.

2) Änderungsrechte des Wohnungseigentümers
(§ 16 Abs 2 WEG)

a) Allgemeines

Die Regelung des § 16 Abs 2 WEG umschreibt das Recht des Wohnungseigentümers, Änderungen - einschließlich Widmungsänderungen - an seinem Wohnungseigentumsobjekt vorzunehmen. An diese Grundaussage des Einleitungssatzes werden in der Folge nähere Bedingungen - die vom Ausmaß der (potentiellen) Beeinträchtigung der übrigen Wohnungseigentümer abhängen - geknüpft.

In der Praxis wurde die - weitgehend idente - Vorgängerbestimmung des nunmehrigen § 16 WEG (das war § 13 WEG 1975) des Öfteren fehlinterpretiert bzw die Judikatur dazu verkannt. Es wurde - und wird wohl nach wie vor bei § 16 WEG - übersehen, dass sich aus der gesetzlichen Bestimmung idR noch kein unmittelbar in Anspruch zu nehmendes Recht des Wohnungseigentümers auf Durchführung der Änderung ergibt.

§ 16 WEG regelt ausschließlich, unter welchen Voraussetzungen eine angestrebte (Ver)Änderung genehmigungsfähig ist; keine Aussage hingegen enthält die Regelung darüber, welche Ver(Änderungen) genehmigungspflichtig sind!
Es wird immer wieder übersehen, dass sich aus der (vermuteten) Genehmigungsfähigkeit allein keineswegs ableiten lässt, ob die Änderung nicht (auch) genehmigungspflichtig ist.

Das Gesetz selbst enthält keine Aussage, wann eine (Ver)Änderung genehmigungspflichtig ist; dies erschließt sich dem Normunterworfenen nur aus der (allerdings reichhaltigen) Judikatur.

Als Grundsatz kann hier angesehen werden:
In allen Fällen, wo eine (erhebliche[249]) Beeinträchtigung der schutzwürdigen Interessen anderer Wohnungseigentümer denkbar ist, handelt es sich um eine genehmigungspflichtige Änderung.

⇒ Zu beachten bei „gemischten" Anlagen (vor dem 1.7.2002 entstanden): Der änderungswillige Mit- oder Wohnungseigentümer bedarf der Zustimmung aller übrigen Mit- und Wohnungseigentümer.

⇒ Die Rechte des § 16 WEG (samt jenen der verfahrensrechtlichen Bestimmung des § 52 Abs 1 Z 2 WEG) gelten auch schon für den Wohnungseigentumsbewerber, zu dessen Gunsten die Zusage der Einräumung des Wohnungseigentums im Grundbuch angemerkt ist, ab Bezug des wohnungseigentumstauglichen Objekts; dies auch dann, wenn er noch nicht Miteigentümer der Liegenschaft ist (§ 37 Abs 5 Satz 2 WEG).
Für die (bloße) Vormerkung des (Mit-)Eigentumsrechts besteht indes eine solche Regelung nicht. Eine Analogie ist mangels Regelungslücke nicht geboten.[250]

---

[249] OGH 27.8.2002, 5 Ob 128/02p (= EWr II/13/160 f);
OGH 13.5.2003, 5 Ob 86/03p (= EWr II/13/163 ff);
OGH 7.3.2006, 5 Ob 275/05k (= EWr W/16/57 ff) ua.

[250] OGH 14.9.2004, 5 Ob 77/04s (= EWr W/24/5 ff).

Sohin begründet schon die Möglichkeit einer Beeinträchtigung schutzwürdiger Interessen anderer Wohnungseigentümer die Pflicht des änderungswilligen Wohnungseigentümers, die Zustimmung aller (!!) übrigen Wohnungseigentümer einzuholen oder die Ersetzung der Zustimmung im Außerstreitverfahren (§ 52 Abs 1 Z 2 WEG) zu erwirken.[251]
Tut er dies nicht oder setzt er sich über den Widerspruch eines anderen Wohnungseigentümers hinweg, handelt er in unerlaubter Eigenmacht und kann im streitigen Rechtsweg (mit Eigentumsfreiheitsklage) zur Beseitigung der Änderung verhalten werden.[252]

⇒ Eine konkludente Zustimmung zur Änderung wird von der Rechtsprechung grundsätzlich für möglich angesehen. Voraussetzung dafür, dass ein Wohnungseigentümer das Stillschweigen der übrigen Eigentümer als Zustimmung verstehen darf ist jedoch, dass den anderen Miteigentümern das Untersagungsrecht bekannt war (und sie dennoch nicht davon Gebrauch machten).[253]

⇒ Die erforderliche Zustimmung der einzelnen Wohnungseigentümer (bzw Genehmigung durch den Außerstreitrichter) kann nicht durch eine Beschlussfassung der Eigentümergemeinschaft ersetzt werden (dieser fehlt dafür die Entscheidungskompetenz).[254]

⇒ § 16 Abs 2 WEG regelt bloß die Voraussetzungen, unter denen ein Wohnungseigentümer zu Änderungen (einschließlich Widmungsänderungen) berechtigt ist.

⇒ Vice versa kann § 16 Abs 2 WEG auch als demonstrative Auflistung jener Kriterien verstanden werden, die eine Änderung - unabhängig davon, welche Teile der Liegenschaft nachteilig betroffen werden - unzulässig machen.[255]

⇒ Die Grundlage für die Eigentumsfreiheitsklage (actio negatoria), die dem Schutz des Eigentümers vor der Anmaßung oder unberechtigten Erweiterung eines Rechtes durch Dritte dient und auch zur Abwehr jeder sonstigen Störung des Eigentums durch unberechtigte Eingriffe berechtigt, liegt nicht in § 16 Abs 2 WEG, sondern in der Bestimmung des § 523 ABGB iVm § 829 ABGB.[256]

⇒ Zur Rechtsdurchsetzung (Verfahren) siehe unten ab S 148.

---

[251] OGH 30.6.1992, 5 Ob 1028/92 (= EWr II/13/9 f);
OGH 21.12.1993, 5 Ob 95/93 (= EWr II/13/35 f);
OGH 11.11.1997, 5 Ob 380/97m (= EWr II/13/78 f);
OGH 9.2.1999, 5 Ob 22/98t (= EWr II/13/115 f);
OGH 19.12.2000, 5 Ob 153/00m (= EWr II/13/142 ff);
OGH 11.12.2001, 5 Ob 207/01d (= EWr II/13/154 f);
OGH 12.3.2002, 5 Ob 50/02t (= EWr II/13/158 f);
OGH 25.1.2005, 5 Ob 213/04s (= EWr W/16/28 ff) uva.

[252] OGH 30.6.1992, 5 Ob 1028/92 (= EWr II/13/9 f);
OGH 14.9.1003, 5 Ob 1049/93 (= EWr II/14/5 f);
OGH 9.12.1997, 5 Ob 402/97x (= EWr II/13/80 ff);
OGH 11.11.1997, 5 Ob 380/97m (= EWr II/13/78 f);
OGH 23.2.1999, 5 Ob 297/98g (= EWr II/13/119 ff);
OGH 26.9.2000, 5 Ob 218/00w (= EWr II/13/137 f);
OGH 19.12.2000, 5 Ob 153/00m (= EWr II/13/142 ff);
OGH 11.12.2001, 5 Ob 207/01d (= EWr II/13/154 f) uva.

[253] OGH 27.8.2002, 5 Ob 128/02p (= EWr II/13/160 f).

[254] OGH 25.1.2005, 5 Ob 213/04s (= EWr W/16/28 ff) ua.

[255] OGH 13.10.1992, 5 Ob 126/92 (= EWr II/13/13 f).

[256] OGH 19.12.2000, 5 Ob 153/00m (= EWr II/13/142 ff).

b) Genehmigungspflichtige / genehmigungsfähige Änderungen

Zu unterscheiden ist[257] zwischen

- genehmigungspflichtigen Änderungen einerseits
  und
- genehmigungsfähigen Änderungen andererseits.

⇒ Naturgemäß ist nicht jede genehmigungspflichtige Änderung (= eine Veränderung, die der Genehmigung aller übrigen Wohnungseigentümer bzw des Außerstreitrichters bedarf) zugleich auch eine genehmigungsfähige; vice versa kann jedoch eine genehmigungsfähige Änderung sehr wohl zugleich auch eine genehmigungspflichtige sein (siehe oben).

Das Vorliegen einer genehmigungspflichtigen „Änderung" iSd § 16 Abs 2 WEG kann nur bei bagatellhaften Umgestaltungen verneint werden.[258]

⇒ Beispiele dafür finden sich in der höchstgerichtlichen Judikatur - soweit überblickbar - nicht allzu oft (ebensowenig zu § 9 MRG, also jener mietrechtlichen Vorschrift, die diesbezüglich viele Parallelen zu § 16 WEG aufweist).

⇒ Judiziert ist, dass es dem Wohnungseigentümer auch ohne Einholung der Zustimmung der übrigen Miteigentümer (bzw ohne Ersetzung dieser Zustimmung durch den Außerstreitrichter) freisteht, Veränderungen an einer nichttragenden Innenwand (auch deren Entfernung) vorzunehmen, sofern sich in dieser keine gemeinsamen Versorgungsleitungen befinden.[259]

⇒ Eine Selbstverständlichkeit stellt es dar, dass das Einschlagen von Nägeln oder das Anbohren von Wänden udgl innerhalb eines Wohnungseigentumsobjekts keine Verfügung bzw Veränderung iSd § 16 WEG (13 WEG 1975) darstellt und damit die „Bagatellgrenze" nicht überschreitet.[260]

⇒ Der Anschluss eines Ofens an einen vorhandenen (Not-)Kamin ist nicht genehmigungsbedürftig; es handelt sich dabei um eine unwesentliche Maßnahme.[261]

⇒ Eine Veränderung, die der baubehördlichen Bewilligung bedarf, ist wohl immer wesentlich; jedoch ist nicht jede Veränderung, die keiner baubehördlichen Bewilligung (bzw nur - mehr - einer Bauanzeige) bedarf (etwa der Einbau eines Badezimmers), allein deshalb bagatellhaft.

⇒ Kriterien für die Abgrenzung (insbesondere für die Beurteilung, ob berücksichtigungswürdige Interessen anderer Wohnungseigentümer berührt werden könnten) sind die Geringfügigkeit, die Unerheblichkeit und die leichte Entfernbarkeit des Eingriffs (idS werden Malerei-, Tapezier- und Fußbodenbelagsarbeiten sowie auch Verfliesungen idR nicht zu den genehmigungspflichtigen Änderungen zu zählen sein).

---

[257] OGH 9.12.1997, 5 Ob 402/97x (= EWr II/13/80 ff);
OGH 20.1.2004, 5 Ob 306/03s (= EWr II/13/166 f) ua.
[258] OGH 9.12.1997, 5 Ob 402/97x (= EWr II/13/80 ff).
[259] OGH 23.4.1998, 5 Ob 90/98s (= EWr II/13/95 f).
[260] OGH 12.3.2002, 5 Ob 50/02t (= EWr II/13/158 f).
[261] OGH 11.1.2005, 5 Ob 140/04f (= EWr W/16/25 ff).

⇒ Auch die Frage der Verkehrsüblichkeit[262] spielt eine Rolle, wobei dem Gericht ein Ermessensspielraum zukommt.[263]

⇒ Der Eingriff in die zentrale Heizungsanlage des Hauses (Anschweißen zusätzlicher Rohre) stellt jedenfalls keine bagatellhafte Änderung dar.[264]

Jedenfalls keine Genehmigungspflichtigkeit (mehr) ist dann gegeben, wenn bereits vorweg - etwa im Wohnungseigentumsvertrag - die Zustimmung der Miteigentümer zu (bestimmten) Änderungen erteilt worden ist.

⇒ Die (bereits im Wohnungseigentumsvertrag eingeräumte) Gestattung einer „solchen geschäftlichen Tätigkeit, die üblicherweise in einer Wohnung ausgeübt wird" erlaubt die Eröffnung einer Arztordination ohne weitere bzw gesonderte Zustimmung der übrigen Miteigentümer.[265]

⇒ Unwirksam ist allerdings die vertragliche Vereinbarung eines (generellen) Änderungsverbotes pro futuro; das Individualrecht des Wohnungseigentümers (Wohnungseigentumsbewerbers) auf Vornahme von Änderungen an seinem Wohnungseigentumsobjekt lässt sich nicht vorweg (und zur Gänze) ausschließen.[266]

⇒ Vertragliche Einschränkungen des Änderungsrechtes führen allerdings dazu, dass die auf einer solchen Vertragslage aufbauenden Erwartungen der Wohnungseigentümer in die gemäß § 16 Abs 2 Z 1 WEG vorzunehmende Prüfung schutzwürdiger Interessen einfließen können.[267]

- Die Rechtsprechung hat in den letzten Jahren in folgenden Fällen genehmigungspflichtige Änderungen erblickt (dies unabhängig von der Frage der - meist von den Umständen des Einzelfalls abhängigen - Genehmigungsfähigkeit):
  - Umbauten:

    ⇒ Satellitenantenne am Dach;[268]

    ⇒ Satellitenantenne an der Fassade;[269]

    ⇒ Satellitenantenne; Montage am Innenrahmen des Fensters;[270]

    ⇒ Montage einer Außenwandtherme;[271]

    ⇒ Verlegung einer sanitären Anlage;[272]

    ⇒ Vergrößerung des Vorraumes unter Inanspruchnahme allgemeiner Teile der Liegenschaft;[273]

---

[262] OGH 24.10.2000, 5 Ob 248/00g (= EWr II/13/139 ff) ua.
[263] OGH 15.1.2002, 5 Ob 212/01i (= EWr II/13/156);
OGH 21.2.2006, 5 Ob 47/06g (= EWr W/16/55 f) ua.
[264] OGH 12.7.2005, 5 Ob 122/05k ident
OGH 12.7.2005, 5 Ob 59/05w (= beide EWr W/16/36 ff).
[265] OGH 11.11.1997, 5 Ob 380/97m (= EWr II/13/78 f); inhaltlich ident
OGH 9.12.1997, 5 Ob 448/97m (= EWr II/13/83 f).
[266] OGH 9.2.1999, 5 Ob 22/98t (= EWr II/13/115 f).
[267] OGH 23.3.1999, 5 Ob 58/99m (= EWr II/13/122 ff);
OGH 11.5.2004, 5 Ob 84/04w (= EWr W/16/4 f) ua.
[268] OGH 28.4.1992, 5 Ob 120/91 (= EWr II/13/6 ff).
[269] OGH 26.9.2000, 5 Ob 218/00w (= EWr II/13/137 f).
[270] OGH 12.3.2002, 5 Ob 50/02t (= EWr II/13/158 f).
[271] OGH 9.7.1996, 5 Ob 2178/96x (= EWr II/13/63 ff).
[272] OGH 28.8.1996, 5 Ob 2134/96a (= EWr II/13/66 f).
[273] OGH 30.9.1997, 5 Ob 2334/96p (= EWr II/13/76 f).

⇒ Anbringung einer zweiten Eingangstüre;[274]

⇒ Veränderungen an Fenstern (Ersatz einflügeliger Fenster durch zweiflügelige);[275]

⇒ Einbau zweier Fenster in eine mehrgeschossige fensterlose Fassade;[276]

⇒ Verglasung einer Loggia;[277]

⇒ Errichtung eines Wintergartens;[278]

⇒ Errichtung eines außenliegenden Aufzuges für eine Wohnung;[279]

⇒ Einbau eines Aufzuges in eine Jugendstilvilla;[280]

⇒ Errichtung einer Terrasse auf dem Flachdach;[281]

⇒ Errichtung einer Terrasse mit direktem Zugang zum Garten;[282]

⇒ Errichtung einer Terrasse samt Abstellraum am Flachdach;[283]

⇒ Ausbau des Dachbodens;[284]

⇒ Verbindung einer Wohnung mit Nachbarwohnung;[285]

⇒ Zusammenlegung zweier nebeneinanderliegender Substandardwohnungen;[286]

⇒ Außenmauern, Scheidewände (auch Decken) zwischen einzelnen Wohnungseigentumsobjekten, Bauteile mit allgemeinen Versorgungsleitungen oder tragende Innenwände;[287]

⇒ Umgestaltung der Fassade;[288]

⇒ Anbringung von Geschäftsschildern an der Außenfassade; Hinweis auf Arztordination an der Balkonbrüstung;[289]

⇒ Anbau eines Balkons;[290]

---

[274] OGH 7.6.1995, 5 Ob 82/95 (= EWr II/13/53 ff).

[275] OGH 21.12.1993, 5 Ob 95/93 (= EWr II/13/35 f).

[276] OGH 29.4.2003, 5 Ob 93/03t (= EWr II/13/162).

[277] OGH 30.4.1991, 5 Ob 1029/91 (= EWr II/13/2);
OGH 15.1.2002, 5 Ob 212/01i (= EWr II/13/156 f);
OGH 21,2,2006, 5 Ob 47/06g (= EWr W/16/55 f).

[278] OGH 21.10.1994, 5 Ob 88/94 (= EWr II/13/48 ff);
OGH 9.2.1999, 5 Ob 22/98t (= EWr II/13/115 f);
OGH 10.2.2004, 5 Ob 11/04k (= EWr II/13/168 ff);
OGH 28.9.2004, 5 Ob 215/04k (= EWr II/13/171);
OGH 30.8.2005, 5 Ob 114/05h (= EWr W/16/46 ff).

[279] OGH 13.10.1992, 5 Ob 126/92 (= EWr II/13/13 f).

[280] OGH 24.11.1992, 5 Ob 125/92 (= EWr II/13/18 ff).

[281] OGH 2.2.1993, 5 Ob 116/92 (= EWr II/13/25 ff);
OGH 21.6.1994, 5 Ob 3-5/94 (= EWr II/13/42 f);
OGH 25.10.1994, 5 Ob 92/94 (= EWr II/13/51 f).

[282] OGH 22.3.1994, 5 Ob 30/94 (= EWr II/13/37 ff).

[283] OGH 27.10.1998, 5 Ob 269/98i (= EWr II/13/104 ff).

[284] OGH 16.2.1993, 5 Ob 150/92 (= EWr II/13/28 ff);
OGH 30.8.1994, 5 Ob 86/94 (= EWr II/13/44 ff);
OGH 10.2.1998, 5 Ob 241/97w (= EWr II/13/86 ff);
OGH 11.1.2000, 5 Ob 261/99i (= EWr II/13/133 f);
OGH 24.10.2000, 5 Ob 248/00g (= EWr II/13/139 ff);
OGH 13.11.2001, 5 Ob 232/01f (= EWr II/13/151 ff);
OGH 13.12.2005, 5 Ob 250/05h (= EWr W/24/40 ff).

[285] OGH 22.9.1993, 5 Ob 57/93 (= EWr II/13/31 ff).

[286] OGH 23.2.1999, 5 Ob 297/98g (= EWr II/13/119 ff).

[287] OGH 21.4.1998, 5 Ob 90/98s (= EWr II/13/95 f).

[288] OGH 9.12.1997, 5 Ob 402/97x (= EWr II/13/80 ff).

[289] OGH 13.10.1992, 5 Ob 126/92 (= EWr II/13/13 f).

[290] OGH 16.1.2001, 5 Ob 5/01y (= EWr II/13/145 f).

⇒ Errichtung einer Swimmingpool-Anlage;[291]

⇒ Errichtung eines Gartenhäuschens auf Zubehörfläche; Einbau von Kellerfenstern;[292]

⇒ Erweiterung eines Holzschuppens und Umbau in Garage;[293]

⇒ Rein eigennützige Verbauung allgemeiner Teile der Liegenschaft (Errichtung eines Flugdachs mit angebautem Holz- und Geräteschuppen);[294]

⇒ Verdoppelung der Nutzfläche eines Geschäftsobjekts durch geplanten Zubau;[295]

⇒ Einbau von Außenkühlgeräten;[296]

⇒ Eingriff in zentrale Heizungsanlage;[297]

- <u>Umwidmungen:</u>

⇒ Eröffnung eines Institutes für Nuklearmedizin in Wohnung;[298]

⇒ Umwidmung einer Wohnung in Augenarztpraxis;[299]

⇒ Verwendung einer Wohnung als Arztpraxis;[300]

⇒ Tätigkeit eines Heilmasseurs in Wohnung (auch wenn darin primär das dringende Wohnbedürfnis befriedigt wird);[301]

⇒ Umwandlung Büroräumlichkeiten in Wohnung;[302]

⇒ Umwidmung Lagerräume in Wohnung (verbunden mit baulichen Veränderungen an der Fassade);[303]

⇒ Umwidmung eines Lagers in Büroräumlichkeiten;[304]

⇒ Umwidmung Lager- und Magazinräumlichkeiten in Gaststätte;[305]

⇒ Umwidmung „Verkaufsraum" in Restaurant;[306]

⇒ Umwidmung Keller in Lagerraum;[307]

⇒ Änderung Lebensmittelgeschäft in Gasthaus;[308]

⇒ Änderung Imbisslokal in Barbetrieb;[309]

⇒ Änderung des Gegenstandes und der Betriebsform des im Wohnungseigentumsobjekt geführten Unternehmens;[310]

---

[291] OGH 16.12.1997, 5 Ob 483/97h (= EWr II/13/85).
[292] OGH 23.3.1999, 5 Ob 58/99m (= EWr II/13/122 ff).
[293] OGH 5.4.2005, 5 Ob 28/05m (= EWr W/16/31 ff).
[294] OGH 23.11.1999, 5 Ob 299/99b (= EWr II/13/131 f).
[295] OGH 7.3.2006, 5 Ob 275/05k (= EWr W/16/57 ff).
[296] OGH 27.8.2002, 5 Ob 128/02p (= EWr II/13/160 f),
[297] OGH 12.7.2005, 5 Ob 122/05k ident
OGH 12.7.2005, 5 Ob 59/05w (= beide EWr W/16/36 ff).
[298] OGH 22.3.1991, 5 Ob 103/90 (= EWr II/13/1).
[299] OGH 31.5.1994, 5 Ob 35/94 (= EWr II/13/40 f).
[300] OGH 9.12.1997, 5 Ob 448/97m (= EWr II/13/83 f).
[301] OGH 21.12.2004, 5 Ob 277/04b (= EWr W/16/14 ff).
[302] OGH 15.12.1998, 5 Ob 226/98s (= EWr II/13/113 f).
[303] OGH 22.12.1992, 5 Ob 93/92 (= EWr II/13/21 ff).
[304] OGH 19.12.2000, 5 Ob 153/00m (= EWr II/13/142 ff);
OGH 27.8.2002, 5 Ob 128/02p (= EWr II/13/160 f).
[305] OGH 20.1.2004, 5 Ob 306/03s (= EWr II/13/166 f).
[306] OGH 7.3.2006, 5 Ob 262/05y (= EWr W/16/52 ff).
[307] OGH 24.11.1998, 5 Ob 287/98m (= EWr II/13/110 ff).
[308] OGH 27.10.1992, 5 Ob 69/92 (= EWr II/13/15 ff).
[309] OGH 13.5.2003, 5 Ob 86/03p (= EWr II/13/163 ff).
[310] OGH 30.6.1992, 5 Ob 1028/92 (= EWr II/13/9 ff);
OGH 30.4.1996, 5 Ob 2075/96z (= EWr II/13/57 ff).

⇒ Änderung des Gegenstandes und der Betriebsform (Wohnungseigentumsobjekt in einem innerstädtischen Einkaufszentrum).[311]

Die Frage, ob eine genehmigungspflichtige Änderung auch genehmigungsfähig ist, läßt sich bisweilen nur schwer vorweg beantworten; es kommt - worauf die Rechtsprechung immer wieder zutreffend hinweist - sehr oft auf die konkreten Umstände des Einzelfalles an.[312] Dem Richter wird ein weiter Wertungsspielraum - insbesondere bei der Beurteilung der Verkehrsüblichkeit[313] - überlassen (Ermessensspielraum des Gerichts).[314]
Besondere Bedeutung kommt natürlich der Erheblichkeit der Beeinträchtigung und der Interessenslage der Miteigentümer zu.

- Es gilt allemal: Die Verfügungsmacht des einzelnen Wohnungseigentümers findet dort ihre Grenze, wo seine Maßnahmen die schutzwürdigen[315] Interessen der anderen Miteigentümer empfindlich[316] berühren.[317]
- Die den Wohnungseigentümern eigene Pflicht zur gegenseitigen Rücksichtnahme auf schutzwürdige Interessen der anderen sowie ein zumutbares Maß an wechselseitiger Toleranz prägen das besondere Schuldverhältnis der Wohnungseigentümer bei der Ausübung der Nutzungsrechte an den im Wohnungseigentum stehenden Objekten und der Duldung der damit für die anderen Wohnungseigentümer verbundenen und im Rahmen eines geordneten Zusammenlebens unvermeidlichen nachteiligen Auswirkungen.[318]

⇒ Prima facie eher überraschend wurde beispielsweise die Umwandlung einer Wohnung in ein Institut für Nuklearmedizin gestattet, weil ärztliche Berufstätigkeit üblicherweise in Wohnhäusern ausgeübt wird und im Anlassfall ohnedies bereits von Anfang an Kundenverkehr im Haus durch ein Cafe und eine Steuerberatungskanzlei gegeben war.[319]

⇒ Die Verwendung einer Wohnung (in einem bis dahin ausschließlich Wohnzwecken dienenden Gebäude) als Augenarztpraxis wurde indes - vor allem wegen der Beeinträchtigung schutzwürdiger Interessen der übrigen Miteigentümer - nicht genehmigt.[320]

⇒ Gestattet wurde hingegen die Umwidmung von Lagerräumen in eine Wohnung, weil dadurch die Interessen der Miteigentümer

---

311 OGH 11.12.2001, 5 Ob 207/01d (= EWr II/13/154 f).
312 OGH 23.3.1999, 5 Ob 58/99m (= EWr II/13/122 ff);
OGH 24.10.2000, 5 Ob 248/00g (= EWr II/13/139 ff);
OGH 15.1.2002, 5 Ob 212/01i (= EWr II/13/156 f);
OGH 5.4.2005, 5 Ob 28/05m (= EWr W/16/31 ff) uva.
313 OGH 24.10.2000, 5 Ob 248/00g (= EWr II/13/139 ff);
OGH 15.1.2002, 5 Ob 212/01i (= EWr II/13/156 f) ua.
314 OGH 15.12.1998, 5 Ob 226/98s (= EWr II/13/113 f);
OGH 29.4.2003, 5 Ob 93/03t (= EWr II/13/162);
OGH 21.2.2006, 5 Ob 47/06g (= EWr W/16/55 f) ua.
315 OGH 24.10.2000, 5 Ob 248/00g (= EWr II/13/139 ff);
OGH 11.12.2001, 5 Ob 207/01d (= EWr II/13/154 f) ua.
316 OGH 13.5.2003, 5 Ob 86/03p (= EWr II/13/163 ff).
317 OGH 21.12.1993, 5 Ob 95/93 (= EWr II/13/35 f).
318 OGH 10.2.1998, 5 Ob 241/97w (= EWr II/13/86 ff);
OGH 11.1.2005, 5 Ob 140/04f (= EWr W/126/25 ff).
319 OGH 22.3.1991, 5 Ob 103/90 (= EWr II/13/1).
320 OGH 31.5.1994, 5 Ob 35/94 (= EWr II/13/40 f).

nach Ansicht des Gerichts nicht beeinträchtigt wurden;[321] desgleichen die Umwidmung einer Steuerberatungskanzlei in eine Tierarztpraxis.[322]

- Der Umstand, dass eine Veränderung auch eine Änderung der Nutzwerte nach sich ziehen könnte, steht der Genehmigungsfähigkeit grundsätzlich nicht entgegen.[323]
  - ⇒ Die Nutzwertfestsetzung hat in einem eigenen, jeder Parteiendisposition entzogenen Verfahren zu erfolgen.[324]
  - ⇒ Dennoch kann mE in einer Änderung der Nutzwerte (zB als Folge einer Bauführung oder Widmungsänderung) eine Beeinträchtigung schutzwürdiger Interessen eines Wohnungseigentümers liegen (etwa dann, wenn er dadurch vom Mehrheitseigentümer zum Minderheitseigentümer wird, was ua zum Verlust der Möglichkeit zur Auswahl des Verwalters führt). Derartige Fälle müssten daher auch schon im Genehmigungsverfahren nach § 16 WEG iVm § 52 Abs 1 Z 2 WEG berücksichtigt werden.
    Grundsätzlich hat die Rechtsprechung Berücksichtigungswürdigkeit rechtlicher Probleme (als mögliche Beeinträchtigung schutzwürdiger Interessen) schon bejaht.[325]
  - ⇒ Eine bauliche Veränderung, die zu einer Verdoppelung der Nutzfläche und der Nutzwerte eines Wohnungseigentumsobjektes auf Kosten von allgemeinen Teilen führen würde, gereicht den übrigen Wohnungseigentümern zum Nachteil und ist daher nicht genehmigungsfähig.[326]
- Das Verfügungsrecht des einzelnen Wohnungseigentümers setzt nicht immer eine Veränderung des eigenen Wohnungseigentumsobjektes voraus (zB Errichtung eines Aufzugs ohne Veränderung innerhalb der Wohnung[327] oder Anbringung einer Satellitenantenne[328]).
  - ⇒ Selbst wenn von der Änderung ausschließlich allgemeine Teile der Liegenschaft betroffen sind, handelt es sich dann nicht um eine Verwaltungsmaßnahme (nunmehr § 28 WEG), wenn die gewünschte Änderung allein dem Nutzen eines Wohnungseigentümers dient;[329] die rein eigennützige Verbauung oder sonstige Veränderung allgemeiner Teile der Liegenschaft durch einen Miteigentümer kann keine Maßnahme der Verwaltung der Liegenschaft sein (und ist daher auch einer Beschlussfassung durch die Mehrheit nicht zugänglich).[330]

---

[321] OGH 22.12.1992, 5 Ob 93/92 (= EWr II/13/21 ff).
[322] OGH 23.11.1993, 5 Ob 1080/93 (= EWr II/13/34).
[323] OGH 21.10.1994, 5 Ob 88/94 (= EWr II/13/48 ff);
OGH 23.3.1999, 5 Ob 58/99m (= EWr II/13/122 ff).
[324] OGH 24.11.1998, 5 Ob 287/98m (= EWr II/13/110 ff).
[325] OGH 22.9.1993, 5 Ob 57/93 (= EWr II/13/31 ff).
[326] OGH 7.3.2006, 5 Ob 275/05k (= EWr W/16/57 ff).
[327] OGH 13.10.1992, 5 Ob 126/92 (= EWr II/13/13 f).
[328] OGH 28.4.1992, 5 Ob 120/91 (= EWr II/13/6 ff);
OGH 26.9.2000, 5 Ob 218/00w (= EWr II/13/137 f);
OGH 12.3.2002, 5 Ob 50/02t (= EWr II/13/158 f).
[329] OGH 23.11.1999, 5 Ob 299/99b (= EWr II/13/131 f):
OGH 25.1.2005, 5 Ob 213/04s (= EWr W/16/28 ff);
OGH 5.4.2005, 5 Ob 28/05m (= EWr W/16/31 ff).
[330] OGH 13.12.2005, 5 Ob 250/05h (= EWr W/24/40 ff).

⇒ Allerdings dient das Verfahren gemäß § 16 Abs 2 WEG nicht der Durchsetzung von Erhaltungsarbeiten auf der Liegenschaft.[331]

⇒ § 16 Abs 2 WEG ist auch nicht anwendbar für die Zustimmung zur Benützung einer öffentlichen Verkehrsfläche zum Betrieb eines Schanigartens.[332]

⇒ Die Anwendbarkeit des § 16 Abs 2 WEG setzt jedenfalls voraus, dass es um Änderungen im Zusammenhang mit einem Wohnungseigentumsobjekt geht; der gewünschte Ausbau eines nicht im Wohnungseigentum stehenden Dachbodens fällt nicht darunter.[333]

⇒ Es gibt zwar Nutzungen von allgemeinen Teilen der Liegenschaft, die im Interesse eines reibungslosen Zusammenlebens der Hausbewohner durch eine Hausordnung geregelt werden können und sollen; die Ermöglichung des Fernsehempfangs über individuelle Satellitenantennen gehört jedoch nicht zum üblichen Regelungsgegenstand einer Hausordnung.[334]

Der Verwalter ist ungeachtet der diesbezüglich oft anzutreffenden Praxis nicht das befugte Organ, die Zustimmung zu Einzelwünschen von Wohnungseigentümern zu erteilen (oder zu verweigern)!

⇒ Der Verwalter ist hiezu weder berechtigt noch verpflichtet; er kann allenfalls beratend (= idR an alle anderen Wohnungseigentümer oder an den Außerstreitrichter verweisend) tätig werden.

⇒ Praxisnahes Beispiel:
Der Verwalter hat gegenüber dem anfragenden Wohnungseigentümer nicht zu entscheiden, ob dieser eine Satellitenantenne am Haus anbringen darf oder nicht; er würde seine Kompetenz sowohl bei positiver als auch bei negativer Auskunft überschreiten. Richtigerweise wäre der Wohnungseigentümer darüber aufzuklären, dass über sein Begehren primär alle übrigen Mit- und Wohnungseigentümer und - sollte einhellige Zustimmung nicht zustande kommen - der Außerstreitrichter zu befinden haben).

⇒ Änderungen am Wohnungseigentumsobjekt stellen eine Maßnahme „ausschließlicher" Verfügung des Wohnungseigentümers über das Objekt und nicht eine solche der Verwaltung durch die Miteigentümer dar.[335]

Allerdings kann die Eigentümergemeinschaft Ansprüche zur Freimachung und Freihaltung notwendig allgemeiner Teile selbst - und damit über ihren Verwalter als Vertreter - durchsetzen.

⇒ Diesfalls handelt es sich um eine ordentliche Verwaltungsmaßnahme (im Anlassfall: widerrechtliche Nutzung eines Heizraumes).[336]

In der Folge werden die gesetzlichen Vorausetzungen des Änderungsrechts des Wohnungseigentümers näher erörtert (§ 16 Abs 2 Z 1 bis 5 WEG).

---

[331] OGH 15.6.1999, 5 Ob 162/99f (= EWr II/13/127 f).
[332] OGH 25.1.2000, 5 Ob 334/99z (= EWr II/13/135 f).
[333] OGH 13.11.2001, 5 Ob 232/01f (= EWr II/13/151 ff).
[334] OGH 12.3.2002, 5 Ob 50/02t (= EWr II/13/158 f).
[335] OGH 25.1.2005, 5 Ob 213/04s (= EWr W/16/28 ff).
[336] OGH 21.3.2006, 5 Ob 18/06t (= EWr W/18/37 ff).

⇒ Nur wenn diese Voraussetzungen kumulativ[337] erfüllt (bzw bei Negativbedingungen nicht erfüllt) sind, hat das Gericht über Antrag des änderungswilligen Wohnungseigentümers die Zustimmung der übrigen Wohnungseigentümer zu ersetzen.

c) Änderung betrifft nur das im Wohnungseigentum stehende Objekt
(§ 16 Abs 2 Z 1 WEG)

Die Änderung darf

- weder eine Schädigung des Hauses
- noch eine Beeinträchtigung schutzwürdiger Interessen der anderen Wohnungseigentümer;
  - insbesondere auch keine Beeinträchtigung der äußeren Erscheinung des Hauses

    und
  - keine Gefahr für die Sicherheit von Personen, des Hauses oder von anderen Sachen

zur Folge haben.

⇒ Unter Beeinträchtigung der äußeren Erscheinung des Hauses ist nicht jede (wertneutrale) Veränderung zu verstehen, sondern nur eine solche Veränderung, die eine Verschlechterung des Erscheinungsbildes bewirkt.[338]
Die Beeinträchtigung des äußeren Erscheinungsbildes des Hauses ist ein spezifischer Fall der Interessenbeeinträchtigung der übrigen Miteigentümer.[339]
Der unbestimmte Gesetzesbegriff bietet dem Rechtsanwender einen gewissen Ermessensspielraum.[340]

⇒ Die Änderung an Fenstern - die als wesentliches Gestaltungselement der Fassade eines Hauses anzusehen sind - vermag jedenfalls eine Beeinträchtigung der Interessen anderer Miteigentümer zu bewirken.[341]

⇒ Auch rechtliche Probleme als Folge einer Änderung können eine Beeinträchtigung schutzwürdiger Interessen darstellen.[342]

⇒ Die Verengung der Durchgangsbreite eines allgemein benützten Hausgangs, Hausflurs oder Stiegenhauses durch eine nach außen aufschlagende (zusätzliche) Wohnungseingangstüre bringt eine Gefährdung der Hausbewohner mit sich, sodass die Ersetzung der Zustimmung nicht erfolgen kann.[343]

---

[337] OGH 7.3.2006, 5 Ob 275/05k (= EWr W/16/57 ff).
[338] OGH 30.4.1991, 5 Ob 1029/91 (= EWr II/13/2);
OGH 29.4.2003, 5 Ob 93/03t (= EWr II/13/162) ua.
[339] OGH 21.2.2006, 5 Ob 47/06g (= EWr W/16/55 f).
[340] OGH 10.2.1998, 5 Ob 241/97w (= EWr II/13/86 ff);
OGH 29.4.2003, 5 Ob 93/03t (= EWr II/13/162);
OGH 28.9.2004, 5 Ob 191/04f (= EWr W/16/6 ff) ua.
[341] OGH 21.12.1993, 5 Ob 95/93 (= EWr II/13/35 f).
[342] OGH 22.9.1993, 5 Ob 57/93 (= EWr II/13/31 ff).
[343] OGH 7.6.1995, 5 Ob 82/95 (= EWr II/13/53 ff).

- Abs 2 Z 1 leg cit meint zum einen bauliche Veränderungen ausschließlich im Inneren eines Wohnungseigentumsobjekts, zum anderen aber auch Widmungsänderungen.

  ⇒ Der Begriff der „Widmungsänderung" ist sehr weit auszulegen.[344] Unter Widmungsänderung ist in diesem Zusammenhang nicht allein eine Änderung im baurechtlichen Sinn, sondern eine andere Verwendung des Wohnungseigentumsobjektes als ursprünglich von den Miteigentümern vorgesehen zu verstehen (etwa die Nutzung einer Wohnung als Ordination oder für die Tätigkeit eines Heilmasseurs[345]).

  ⇒ Der Rechtstitel für die Nutzungsbefugnis liegt in der Widmung (und nicht in der Nutzwertfestsetzung bzw –bestimmung).[346]

  ⇒ Ob eine genehmigungsbedürftige Widmungsänderung vorliegt, ist nach der gültigen Widmung des betreffenden Objekts zu beurteilen. Primär ist daher zu prüfen, welche vertragliche Widmung für ein Objekt besteht. Dies erfordert einen Rückgriff auf die vertragliche Einigung der Mit- und Wohnungseigentümer.[347]

  ⇒ An die im seinerzeitigen Kauf- und WE-Vertrag festgelegte Widmung ist idR auch der Einzelrechtsnachfolger gebunden.[348]

  ⇒ Änderungen unter Beibehaltung des Geschäftszweiges sind großzügig zu behandeln;[349] eine vorübergehende Einstellung des Geschäftsbetriebs läßt die Widmung unberührt.[350]

  ⇒ Findet sich im Kauf- und Wohnungseigentumsvertrag keine spezifizierte Widmung eines Geschäftslokals, so liegt keine Genehmigungsbedürftigkeit der Änderung vor, solange sich diese innerhalb der Grenzen des Verkehrsüblichen bewegt (Änderung von Lebensmittelgeschäft in Backwarengeschäft mit Verabreichung kleiner Imbisse und Getränke in belebter Geschäftsgegend trotz Änderung der Öffnungszeiten nicht genehmigungsbedürftig).[351] Unter dem (unspezifizierten) Begriff „Geschäftslokal" ist ganz allgemein ein der gewerblichen Nutzung dienendes Objekt zu verstehen; eine Differenzierung in „Geschäftslokal" und (den unüblichen Begriff) „Gastronomielokal" ist nicht vorzunehmen. Liegt keine spezielle Geschäftsraumwidmung vor, dann kann der Betrieb eines Gastlokals nicht schon per se eine genehmigungsbedürftige Änderung iSd § 16 Abs 2 WEG darstellen.[352]

  ⇒ Nicht genehmigt wurde die beabsichtigte Umwandlung eines Lebensmittelgeschäftes in ein Gasthaus (unter Inanspruchnahme gemeinsamer Teile der Liegenschaft); ua deshalb, weil dadurch ein Konkurrenzbetrieb zu einem im gleichen Haus schon vorhandenen Gasthaus einer Miteigentümerin geschaffen worden wäre.

---

[344] OGH 13.10.1992, 5 Ob 126/92 (= EWr II/13/13 f);
OGH 21.12.2004, 5 Ob 277/04b (= EWr W/16/14 ff).

[345] OGH 21.12.2004, 5 Ob 277/04b (= EWr W/16/14 ff).

[346] OGH 25.11.2003, 5 Ob 157/03d (= EWr W/16/1 ff).

[347] OGH 7.3.2006, 5 Ob 262/05y (= EWr W/16/52 ff).

[348] OGH 30.6.1992, 5 Ob 1028/92 (= EWr II/13/9 f).

[349] OGH 13.5.2003, 5 Ob 86/03p (= EWr II/13/163 ff);
OGH 11.5.2004, 5 Ob 84/04w (= EWr W/16/4 f).

[350] OGH 30.4.1996, 5 Ob 2075/96z (= EWr II/13/57 ff).

[351] OGH 9.11.2004, 5 Ob 227/04z (= EWr W/16/10 ff).

[352] OGH 12.7.2005, 5 Ob 122/05k ident
OGH 12.7.2005, 5 Ob 59/05w (= beide EWr W/16/36 ff).

Auch die Beachtung des wirtschaftlichen Interesses eines Miteigentümers ist schutzwürdig.[353]

⇒ Die mit der Errichtung eines Gaststättenbetriebs erfahrungsgemäß verbundenen Begleiterscheinungen können als wesentliche Beeinträchtigung der Miteigentümer beurteilt werden.[354]

⇒ Die erforderliche Zustimmung jedes einzelnen Wohnungseigentümers zu einer geplanten Widmungsänderung kann nicht durch eine Beschlussfassung der Wohnungseigentümergemeinschaft ersetzt werden.[355]

d)
Änderung betrifft auch allgemeine Teile der Liegenschaft
(§ 16 Abs 2 Z 2 WEG)

Diesfalls müssen zum einen die in § 16 Abs 2 Z 1 WEG genannten Voraussetzungen erfüllt sein, zum anderen muss die Änderung überdies[356] auch noch

- entweder der Übung des Verkehrs entsprechen
  oder
  ⇒ Die Voraussetzungen müssen nicht kumulativ vorliegen.[357]
- einem wichtigen Interesse des Wohnungseigentümers dienen.
  ⇒ Die Verkehrsüblichkeit bzw das wichtige Interesse werden allerdings bei bestimmten - „privilegierten" - Änderungen von Gesetzes wegen unwiderleglich vermutet (siehe dazu sogleich unten).

Die Änderung hat aber - selbst wenn wichtige Interessen des die Änderung beabsichtigenden Wohnungseigentümers bestehen - zu unterbleiben, wenn sie den übrigen Miteigentümern wegen einer wesentlichen Beeinträchtigung ihrer schutzwürdigen Interessen nicht zumutbar ist.[358]

⇒ In diesem Fall scheitert die Genehmigung eben schon an einer nicht erfüllten Voraussetzung gemäß Abs 2 Z 1 leg cit.

⇒ Die ausschließliche Inanspruchnahme eines Teiles des Gemeinschaftsgartens als Terrasse beeinträchtigt schutzwürdige Interessen der übrigen Miteigentümer;[359] desgleichen die eigenmächtige Benützung eines Flachdaches als Terrasse;[360] die Beteiligungsverhältnisse an der Liegenschaft spielen dabei keine Rolle.[361]

⇒ Das grundsätzlich berechtigte Interesse, einen seit 26 Jahren bewährten Mieter zu behalten, deckt nicht die annähernde Verdoppelung des Wohnungseigentumsobjekts zu Lasten allgemeiner Teile der Liegenschaft, also praktisch den Austausch des vermieteten Objekts, weil ein liegenschaftsfremder Mieter des Ob-

---

[353] OGH 27.10.1992, 5 Ob 69/92 (= EWr II/13/15 f).
[354] OGH 7.3.2006, 5 Ob 262/05y (= EWr W/16/52 ff).
[355] OGH 11.12.2001, 5 Ob 207/01d (= EWr II/13/154 f).
[356] OGH 2.2.1993, 5 Ob 116/92 (= EWr II/13/25 ff);
OGH 7.3.2006, 5 Ob 275/05k (= EWr W/16/57 ff) ua.
[357] OGH 16.5.2006, 5 Ob 109/06z (= EWr W/16/60 f).
[358] OGH 30.8.1994, 5 Ob 86/94 (= EWr II/13/44 ff);
OGH 15.12.1998, 5 Ob 226/98s (= EWr II/13/113 f);
OGH 30.8.2005, 5 Ob 114/05h (= EWr W/16/46 ff);
OGH 7.3.2006, 5 Ob 275/05k (= EWr W/16/57 ff) ua.
[359] OGH 22.3.1994, 5 Ob 30/94 (= EWr II/13/37 ff).
[360] OGH 21.6.1994, 5 Ob 3-5/94 (= EWr II/13/42 f).
[361] OGH 27.10.1998, 5 Ob 269/98i (= EWr II/13/104 ff).

jekts den Fortbestand des Mietverhältnisses bzw den Neuabschluss eines Mietvertrags davon abhängig macht.[362]

⇒ Der Wunsch nach Ausbau des im schlichten Miteigentum stehenden Dachbodens samt Schaffung eines neuen Wohnungseigentumsobjekts verwirklicht nicht den Tatbestand des § 16 Abs 2 Z 2 WEG.[363]

⇒ Wohnungseigentum erfordert gegenseitige Rücksichtnahme. Nur eine wesentliche Beeinträchtigung schutzwürdiger Interessen steht einer Änderung entgegen.[364]
Nicht darunter zu verstehen ist die Besorgnis, dass durch eine Umwidmung die Parkraumnot verschärft würde (weil ein Anspruch auf ausreichende Parkmöglichkeiten für Personenkraftwagen auf öffentlichem Grund nicht gegeben ist).[365]

- Eine Abwägung der Interessen des die Änderung anstrebenden Wohnungseigentümers gegenüber den Interessen der ihm entgegentretenden anderen Wohnungseigentümer hat allerdings im Zusammenhang mit der Prüfung der (Un-)Zumutbarkeit zu unterbleiben.[366]

Das wichtige Interesse des die Änderung anstrebenden Wohnungseigentümers spielt sohin nur dort eine Rolle, wo die Änderung an sich nicht der Übung des Verkehrs entspricht, aber keine schutzwürdigen Interessen der anderen Miteigentümer beeinträchtigt.[367]

- Bei der Beurteilung der Frage, was der Übung des Verkehrs entspricht, kommt dem Gericht ein gewisser Ermessensspielraum zu.

  ⇒ Solange das Gericht bei der Beurteilung der Frage, ob eine Veränderung der Übung des Verkehrs entspricht, den ihm wegen des unbestimmten Gesetzesbegriffs eingeräumten Ermessensspielraum nicht verlässt, liegt keine erhebliche Rechtsfrage vor. Nur in Fällen grober, die Rechtssicherheit in Frage stellender Fehlbeurteilung hat der Oberste Gerichtshof korrigierend einzugreifen[368] (was freilich wieder eine Frage des Ermessens darstellt).

  ⇒ Die Errichtung eines Aufzugs in einem Haus, dessen oberstes Geschoß nur über 84 Stufen durch Überwindung eines Höhenunterschiedes von 13,25 m erreichbar ist, entspricht der Übung des Verkehrs.[369]

  ⇒ Die Verlegung der sanitären Anlagen einer Geschäftsräumlichkeit in den Keller, der nur über allgemeine Teile des Hauses zu erreichen ist, entspricht nicht der Übung des Verkehrs.[370]

---

[362] OGH 7.3.2006, 5 Ob 275/05k (= EWr W/16/57 ff).
[363] OGH 21.12.2004, 5 Ob 278/04z (= EWr W/16/20 ff).
[364] OGH 11.5.2004, 5 Ob 84/04w (= EWr W/16/4 f) ua.
[365] OGH 22.12.1992, 5 Ob 93/92 (= EWr II/13/21 ff);
OGH 30.4.1996, 5 Ob 2075/96z (= EWr II/13/57 ff).
[366] OGH 22.12.1992, 5 Ob 93/92 (= EWr II/13/21 ff);
OGH 5.7.1991, 5 Ob 9/91 (= EWr II/13/3 f);
OGH 7.6.1995, 5 Ob 82/95 (= EWr II/13/53 ff);
OGH 15.12.1998, 5 Ob 226/98s (= EWr II/13/113 f);
OGH 7.3.2006, 5 Ob 275/05k (= EWr W/16/57 ff).
[367] OGH 5.7.1991, 5 Ob 9/91 (= EWr II/13/3 f).
[368] OGH 15.1.2002, 5 Ob 212/01i (= EWr II/13/156 f);
OGH 7.3.2006, 5 Ob 275/05k (= EWr W/16/57 ff).
[369] OGH 24.11.1992, 5 Ob 125/92 (= EWr II/13/18 ff).
[370] OGH 28.8.1996, 5 Ob 2134/96a (= EWr II/13/66 f).

⇒ Der Durchbruch von der im obersten Stock gelegenen Wohnung auf das darüber befindliche Flachdach und die Einbeziehung eines Teiles desselben als Terrasse in den Wohnungsverband entspricht auch nicht der Übung des Verkehrs.[371]

⇒ Die Erweiterung eines Holzschuppens und der Umbau in eine Garage (als Zweitabstellplatz für einen PKW) entspricht nicht der Übung des Verkehrs.[372]

⇒ Es trifft nicht zu, dass ein nach den baurechtlichen Vorschriften zulässiger Bau immer der Übung des Verkehrs entspricht.[373]

⇒ Auch wenn ein Dachbodenausbau heute als weitgehend verkehrsüblich anzusehen ist, können die örtlichen Gegebenheiten oder eine besondere Art der Bauausführung gegen eine solche Annahme sprechen.[374]

⇒ Die Verkehrsüblichkeit ist unbeachtlich, wenn die Widmung jegliche Geschäftstätigkeit ausschließt.[375]

- Es liegt am antragstellenden Wohnungseigentümer, sein wichtiges Interesse an der gewünschten Änderung zu behaupten und unter Beweis zu stellen.[376]

⇒ Die Steigerung der Lebensqualität bzw die Wertsteigerung des Objekts allein bewirkt idR noch kein wichtiges Interesse iSd § 16 Abs 2 WEG.[377]

⇒ Der mit dem Ausbau einer Zubehör-Fläche am Dachboden zu einer über 82 m^2 großen Eigentumswohnung mit Dachterrasse verbundenen Wertsteigerung ist aber nicht von vornherein die Eignung abzusprechen, ein wichtiges Interesse zu begründen.[378]

⇒ Das für die Inanspruchnahme allgemeiner Teile der Liegenschaft geforderte „wichtige Interesse" muss über das selbstverständliche Interesse des Eigentümers an einer Wertsteigerung des Objekts hinausgehen.[379]

⇒ Bloße Zweckmäßigkeitsüberlegungen sind nicht mit dem geforderten wichtigen Interesse gleichzusetzen.[380]

⇒ Die Wichtigkeit des Interesses an der angestrebten Änderung ist in Relation zum Ausmaß der Inanspruchnahme allgemeiner Teile der Liegenschaft zu sehen (Dachbodenausbau).[381]

⇒ Der familiär bedingte Wunsch, die Terrasse zu verglasen und damit ganzjährig benutzbar zu machen, kann - bei geringer Inan-

---

[371] OGH 25.10.1994, 5 Ob 92/94 (= EWr II/13/51 f).
[372] OGH 5.4.2005, 5 Ob 28/05m (= EWr W/16/31 ff).
[373] OGH 24.10.2000, 5 Ob 248/00g (= EWr II/13/139 ff).
[374] OGH 24.10.2000, 5 Ob 248/00g (= EWr II/13/139 ff).
[375] OGH 21.12.2004, 5 Ob 277/04b (= EWr W/16/14 ff).
[376] OGH 30.9.1997, 5 Ob 2334/96p (= EWr II/13/76 f); OGH 11.1.2000, 5 Ob 261/99i (= EWr II/13/133 f).
[377] OGH 25.10.1994, 5 Ob 92/94 (= EWr II/13/51 f); OGH 27.10.1998, 5 Ob 269/98i (= EWr II/13/104 ff); OGH 11.1.2000, 5 Ob 261/99i (= EWr II/13/133 f); OGH 21.2.2006, 5 Ob 47/06g (= EWr W/16/55 f) ua.
[378] OGH 11.1.2000, 5 Ob 261/99i (= EWr II/13/133 f).
[379] OGH 16.1.2001, 5 Ob 5/01y (= EWr II/13/145 f) ua.
[380] OGH 27.10.1998, 5 Ob 269/98i (= EWr II/13/104 ff).
[381] OGH 11.1.2000, 5 Ob 261/99i (= EWr II/13/133 f).

spruchnahme allgemeiner Teile der Liegenschaft - als ausreichend dargelegtes Interesse angesehen werden.[382]

⇒ Das Vorbringen, wonach durch die Abtrennung eines Gangteiles ein für eine Garderobe nutzbarer Raum entstehen könne und für die Wohnung eine größere Lärm- und Wärmedichtung möglich sei, läßt konkrete Tatsachen vermissen und ist daher nicht geeignet, das geforderte wichtige Interesse darzutun.[383]

⇒ Ebenfalls die Zustimmung versagt wurde der Errichtung einer Terrasse auf einem im gemeinsamen Eigentum stehenden Flachdach im Rahmen des Betriebs einer Rechtsanwaltskanzlei; dies unter anderem deshalb, weil das wichtige Interesse des Wohnungseigentümers als nicht gegeben angesehen wurde.[384]

⇒ Das Dienstzimmer eines Nachtdienste verrichtenden Apothekers muss nicht notwendigerweise mit einem Balkon ausgestattet sein (wichtiges Interesse verneint).[385]

⇒ Der Wunsch nach einem Zweitabstellplatz für einen Pkw stellt kein ausreichend wichtiges Interesse iSd § 16 Abs 2 Z 2 WEG dar; eine derartige Beurteilung ist zumindest nicht als korrekturbedürftige Fehlbeurteilung zu qualifizieren.[386]

⇒ Wirtschaftliche Interessen des änderungswilligen Wohnungseigentümers können als wichtig iSd § 16 Abs 2 Z 2 WEG angesehen werden;[387] rechtfertigen aber nicht jeden Eingriff.[388]

Die Zusatzvoraussetzungen des Abs 2 Z 2 leg cit gelten kraft gesetzlicher Fiktion (§ 16 Abs 2 Z 2 Satz 2 WEG) bei folgenden Änderungen als jedenfalls erfüllt:

⇒ Die Verkehrsüblichkeit bzw das wichtige Interesse des Antragstellers sind daher diesfalls nicht zu prüfen; wohl aber die Voraussetzungen gemäß Abs 2 Z 1 leg cit).

⇒ Bei den gesondert erwähnten Änderungen handelt es sich sohin um „privilegierte" Investitionen (vergleichbar - wenn auch nicht ganz ident - mit den in § 9 Abs 2 Z 1, 4 und 5 MRG genannten[389]).

- Einbeziehung oder Einbau einer Wasserentnahmestelle oder eines Klosetts in das Innere des Wohnungseigentumsobjekts.

  ⇒ Dieser Privilegierungsfall fand sich in § 13 Abs 2 Z 2 WEG 1975 nicht; wohl aber im II. Abschnitt, Artikel III, Z 2 der Übergangsbestimmungen zum 3. WÄG.
  Während die Regelung des 3. WÄG aber nur für Substandardwohnungen anwendbar war, an denen vor dem 1. Oktober 1993 Wohnungseigentum begründet wurde (was dem mit dem 3. WÄG eingefügten Verbot der Begründung von Wohnungseigentum an derartigen Wohnungen entsprach), gilt die Privilegierung im WEG ausnahmslos für alle Substandardwohnungen (also einschließlich jener, an denen das Wohnungseigentum erst auf Grund der Sa-

---

[382] OGH 21.2.2006, 5 Ob 47/06g (= EWr W/16/55 f).
[383] OGH 30.9.1997, 5 Ob 2334/96p (= EWr II/13/76 f).
[384] OGH 2.2.1993, 5 Ob 116/92 (= EWr II/13/25 ff).
[385] OGH 16.1.2001, 5 Ob 5/01y (= EWr II/13/145 f).
[386] OGH 5.4.2005, 5 Ob 28/05m (= EWr W/16/31 ff).
[387] OGH 28.9.2004, 5 Ob 191/04f (= EWr W/16/6 ff).
[388] OGH 7.3.2006, 5 Ob 275/05k (= EWr W/16/57 ff).
[389] Vgl *ÖVI/Dirnbacher, MRG (2006),* S 103 ff.

nierungsregelung des § 56 Abs 2 WEG seit 1.7.2002 als wirksam begründet anzusehen ist).

⇒ Die im Gesetzestext ausdrücklich genannte „Einbeziehung" bewirkt, dass der Wohnungseigentümer - sofern die Voraussetzungen des Abs 2 Z 1 leg cit gegeben sind - bisher allgemeine Teile des Hauses (Gang-WC, nur von ihm genutzte Gangteile) in sein Wohnungseigentumsobjekt integrieren darf.

- Errichtung von Licht-, Gas-, Kraft-, Wasser- oder Fernsprechleitungen, Beheizungsanlagen und ähnlicher Einrichtungen.

  ⇒ Mit dem WEG gegenüber dem WEG 1975 neu hinzu gekommen in der Auflistung ist hier die Errichtung von Beheizungsanlagen.

- Anbringung der nach dem Stand der Technik notwendigen Einrichtungen für den Hörfunk- und Fernsehempfang, sowie für Multimediadienste,
  sofern der Anschluss an eine bestehende Anlage
  - nicht möglich
    oder
  - nicht zumutbar ist.

  ⇒ Das WEG positiviert mit seiner Wortwahl („... nach dem Stand der Technik notwendigen Einrichtungen für den Hörfunk- und Fernsehempfang ....") die bisherige Rechtsprechung, wonach unter den „notwendigen Antennen" nicht nur Antennen verstanden wurden, die den Empfang überhaupt ermöglichen, sondern auch solche, die nach dem Stand der jeweiligen Technik den Empfang solcher Hörfunk- und Fernsehprogramme gestatten, die mit den herkömmlichen Zimmer- oder Dachbodenantennen bzw im Wege des Kabelfernsehens nicht empfangen werden können.[390]

  ⇒ Die mit dem WEG ebenfalls neu angeführten „Multimediadienste" passen das Wohnungseigentumsrecht insofern an das Mietrecht an (wo die Einfügung in § 9 Abs 2 Z 5 MRG mit der MRN 2001 per 1.1.2002 erfolgte).
  Nach den Gesetzesmaterialien zur MRN 2001 sollte damit in EU-konformer Weise dem heutigen Stand der Technik - erwähnt wurden Breitbandtechnologie, Hochgeschwindigkeitsdatendienste („high-speed data services") und Bewegtbildkommunikation („video on demand", Video-Mail), die sogenannte „Sprach-Bildnachrichten" ermöglichen - entsprochen und eine eventuelle Einschränkung der Nutzbarkeit technischer Einrichtungen der Breitbandtechnologie verhindert werden.

e)
Änderung betrifft auch Objekte anderer Wohnungseigentümer
(§ 16 Abs 2 Z 3 WEG)

In diesem Fall müssen zum einen die in Abs 2 Z 1 und Z 2 leg cit genannten Voraussetzungen erfüllt sein, zum anderen muss der betroffene Wohnungseigentümer die Änderung überdies nur dann zulassen, wenn sie

- keine wesentliche und dauernde Beeinträchtigung seines Wohnungseigentums zur Folge hat

[390] OGH 28.4.1992, 5 Ob 120/91 (= EWr II/13/6 ff).

und

- ihm bei billiger Abwägung aller Interessen zumutbar ist.

Hinzu kommt, daß der die Änderung durchführende Wohnungseigentümer den beeinträchtigten Wohnungseigentümer angemessen zu entschädigen hat.

f)
Behördliche Bewilligung
(§ 16 Abs 2 Z 4 WEG)

Wenn für eine Änderung, die von den anderen Wohnungseigentümern geduldet werden muss, eine behördliche Bewilligung erforderlich ist, dürfen diese eine allenfalls erforderliche Zustimmung nicht verweigern.

⇒ Das Bestehen einer Duldungspflicht (hinsichtlich der Änderung) ist jedenfalls Grundvoraussetzung für die Pflicht zur Zustimmung zu dem konkreten Ansuchen des die Änderung begehrenden Wohnungseigentümers um die baubehördliche Bewilligung.[391]

⇒ Soweit Bauvorschriften dem beabsichtigten Bauvorhaben offensichtlich entgegenstehen, können die anderen Mit- und Wohnungseigentümer zur Zustimmung nicht verhalten werden. [392]

⇒ Ob eine baubehördliche Bewilligung der Änderung eines Wohnungseigentumsobjektes erforderlich und zu erlangen ist, spielt im Genehmigungsverfahren so lange keine Rolle, als nicht feststeht, dass mit einer Bewilligung der Baubehörde keinesfalls gerechnet werden kann.[393]

⇒ Umgekehrt bewirkt die Zulässigkeit der Änderung nach baurechtlichen Vorschriften für sich allein noch keine Duldungspflicht der anderen Wohnungseigentümer (weil die Genehmigung der Baubehörde, sofern sie erforderlich ist, zu den selbstverständlichen Erfolgsvoraussetzungen eines Änderungsvorhabens gehört).[394]

⇒ Stützt sich der Wohnungseigentümer auf eine vertragliche Verpflichtung zur Zustimmung, so liegt kein Fall des § 16 Abs 2 Z 4 WEG vor; der vertragliche Anspruch ist im streitigen Rechtsweg durchzusetzen.[395]

g)
Räumlich unmittelbar aneinandergrenzende Wohnungseigentumsobjekte
(§ 16 Abs 2 Z 5 WEG)

Für Änderungen im Bestand räumlich unmittelbar aneinandergrenzender Wohnungseigentumsobjekte sowie für die Übertragung von Zubehörobjekten gelten die Z 1 und Z 4 des § 16 Abs 2 WEG sinngemäß.

---

391 OGH 28.8.1996, 5 Ob 2134/96a (= EWr II/13/66 f).
392 OGH 5.7.1991, 5 Ob 9/91 (= EWr II/13/3 ff);
OGH 28.4.1992, 5 Ob 120/91 (= EWr II/13/6 ff);
OGH 14.7.1992, 5 Ob 127/91 (= EWr II/13/11 f);
OGH 22.12.1992, 5 Ob 93/92 (= EWr II/13/21 ff).
393 OGH 23.3.1999, 5 Ob 58/99m (= EWr II/13/122 ff);
OGH 10.2.2004, 5 Ob 11/04k (= EWr II/13/168 ff);
OGH 11.5.2004, 5 Ob 84/04w (= EWr W/16/4 f) ua.
394 OGH 14.7.1992, 5 Ob 127/91 (= EWr II/13/11);
OGH 7.6.1995, 5 Ob 82/95 (= EWr II/13/53 ff).
395 OGH 19.3.1998, 6 Ob 63/98b (= EWr II/13/89 ff);
OGH 9.2.1999, 5 Ob 248/98a (= EWr II/13/117 f).

⇒ Nicht genehmigt wurde die Herstellung einer Innenstiege zwischen zwei in verschiedenen Stockwerken liegenden Wohnungen.[396]

⇒ Auch die Zusammenlegung zweier nebeneinander liegender Eigentumswohnungen bedarf der Genehmigung.[397]

h)
Rechtsdurchsetzung; Verfahren

Ansprüche auf Duldung von Änderungen (sowie auch jene auf Duldung von Erhaltungsarbeiten), einschließlich der Entschädigung eines dadurch beeinträchtigten Wohnungseigentümers, sind im besonderen außerstreitigen Verfahren nach § 52 WEG geltend zu machen (§ 52 Abs 1 Z 2 WEG).

⇒ Auch ein vertragliches Änderungsverbot schließt die Einleitung eines Verfahrens (nach § 52 Abs 2 Z 1 WEG) und die Genehmigung der begehrten Änderung in diesem Verfahren nicht aus;[398] die zwingende Regelung des § 16 Abs 2 WEG normiert ein Individualrecht des Wohnungseigentümers auf Änderungen.[399]

⇒ Stützt sich der Wohnungseigentümer jedoch auf eine vertragliche Verpflichtung zur Zustimmung, so ist der Anspruch im streitigen Rechtsweg durchzusetzen.[400]

Für die Antragslegitimation gilt:

Jedenfalls antragslegitimiert ist der jeweilige Wohnungseigentümer.

⇒ Eigentümerpartner können den Antrag nur gemeinsam einbringen.[401]

⇒ Von der Rechtsprechung offen gelassen wurde, ob einem Wohnungseigentümer ein direkt gegen einen Mieter eines anderen Wohnungseigentumsobjektes durchsetzbarer Veränderungsanspruch zukommt oder nicht.[402]

Ebenfalls antragslegitimiert ist der Wohnungseigentumsbewerber, sofern zu seinen Gunsten die Zusage der Einräumung des Wohnungseigentums im Grundbuch angemerkt ist und er das wohnungseigentumstaugliche Objekt bezogen hat.

⇒ Diesfalls ist der Wohnungseigentumsbewerber auch dann antragslegitimiert, wenn er noch nicht Miteigentümer der Liegenschaft ist (§ 37 Abs 5 Satz 2 WEG).
Es bedarf (schon seit der WRN 1999 zum WEG 1975) nicht mehr der von der früheren Rechtsprechung in Einzelfällen angenommenen „mittelbaren Anwendung der Verwaltungsbestimmungen des WEG". [403]

---

[396] OGH 22.9.1993, 5 Ob 57/93 (= EWr II/13/31 ff).
[397] OGH 23.2.1999, 5 Ob 297/98g (= EWr II/13/119 ff).
[398] OGH 23.3.1999, 5 Ob 58/99m (= EWr II/13/122 ff);
OGH 11.5.2004, 5 Ob 84/04w (= EWr W/16/4 f).
[399] OGH 11.5.2004, 5 Ob 84/04w (= EWr W/16/4 f).
[400] OGH 19.3.1998, 6 Ob 63/98b (= EWr II/13/89 ff);
OGH 9.2.1999, 5 Ob 248/98a (= EWr II/13/117 f);
OGH 30.8.2005, 5 Ob 114/05h (= EWr W/16/46 ff).
[401] OGH 4.10.2005, 5 Ob 72/05g (= EWr W/16/49 ff).
[402] OGH 29.10.1996, 5 Ob 2310/96h (= EWr II/13/68 ff); siehe dazu auch
OGH 13.5.2003, 5 Ob 86/03p (= EWr II/13/163 ff).
[403] OGH 19.3.1998, 6 Ob 63/98b (= EWr II/13/89 ff).

- Vom Sonderfall des angemerkten Wohnungseigentumsbewerbers abgesehen ist der „außerbücherliche" Erwerber jedoch nicht antragslegitimiert.
  - ⇒ Diesbezüglich besteht auch keine Gesetzeslücke, sodass eine analoge Anwendung des § 16 WEG (vormals § 13 WEG 1975) nicht in Betracht kommt.[404]
- Gleichfalls nicht antragslegitimiert ist der schlichte Miteigentümer (betrifft vor dem 1.7.2002 entstandene „gemischte" Anlagen).
  - ⇒ Nach der Rechtsprechung zum WEG 1975 gewährte § 13 Abs 2 WEG 1975 allein dem Wohnungseigentümer die in dieser Gesetzesstelle beschriebenen Individualrechte als Folge seines Verfügungsrechts iSd §§ 828 und 829 ABGB).[405]
    Der in der Rechtsprechung vertretene Grundsatz, die materiellrechtlichen Bestimmungen des § 13 WEG 1975 (nunmehr § 16 WEG) und die verfahrensrechtlichen Bestimmungen des § 26 WEG 1975 (nunmehr § 52 WEG) kämen schon dann zur Anwendung, wenn auf der Liegenschaft auch nur an einem Objekt Wohnungseigentum besteht, also auch bei sogenannten gemischten Objekten (= Miteigentümer sind zum Teil Wohnungseigentümer und zum Teil schlichte Miteigentümer), bedeutet nicht, dass die Rechte der schlichten Miteigentümer in Angleichung an die der Wohnungseigentümer geändert würden, sondern lediglich, dass die Rechtsstellung des Wohnungseigentümers nicht dadurch beeinträchtigt wird, dass zur Eigentümergemeinschaft auch schlichte Miteigentümer gehören. Auch diese treffen die den Rechten des Wohnungseigentümers entsprechenden Pflichten, sodass ihnen in einem von einem Wohnungseigentümer eingeleiteten Verfahren nach § 26 WEG 1975 (nunmehr § 52 WEG) Parteistellung (aber eben keine Antragslegitimation) zukommt.[406]
    Der Oberste Gerichtshof hat zuletzt - noch zum WEG 1975 - eine diesbezügliche Angleichung der Rechtsposition des schlichten Miteigentümers an jene des Wohnungseigentümers in einer gemischten Wohnungseigentumsgemeinschaft für überlegenswert erachtet, um einen Konflikt mit dem Gleichheitsgrundsatz zu vermeiden.[407]
  - ⇒ Eine Angleichung der Rechtspositionen des schlichten Miteigentümers einerseits und des Wohnungseigentümers andererseits ist auch mit dem WEG nicht erfolgt.
    Vielmehr normiert die Übergangsregelung des § 56 Abs 12 WEG ausdrücklich, dass die sich auf die Wohnungseigentümer beziehenden Regelungen sinngemäß auch für schlichte Miteigentümer gelten, soweit die ihnen entsprechenden Bestimmungen des WEG 1975 auch für die schlichten Miteigentümer galten.
    Angesichts der obigen Ausführungen besteht sohin kein Zweifel, dass auch § 16 Abs 2 WEG keine Grundlage für ein Antragsrecht schlichter Miteigentümer darstellt.

---

[404] OGH 11.3.1997, 5 Ob 70/97y (= EWr II/13/73).
[405] OGH 16.2.1993, 5 Ob 150/92 (= EWr II/13/28 ff);
OGH 27.2.2001, 5 Ob 70/99a (= EWr II/13/147 ff);
OGH 13.11.2001, 5 Ob 232/01f (= EWr II/13/151 ff).
[406] OGH 16.2.1993, 5 Ob 150/92 (= EWr II/13/28 ff).
[407] OGH 27.2.2001, 5 Ob 70/99a (= EWr II/13/147 ff).

⇒ Schlichte Miteigentümer können allerdings insoweit dann doch als Antragsteller auftreten, wenn sie sich dem Antrag eines Wohnungseigentümers auf Antragstellerseite anschließen.[408]

⇒ Jedenfalls kommt aber im Verfahren nach § 52 Abs 1 Z 2 WEG (betreffend § 16 Abs 2 WEG) allen Mit- und Wohnungseigentümern der Liegenschaft Parteistellung zu,[409] es sei denn, dass durch die Stattgebung des Antrags nur die Interessen einzelner, im Antrag bestimmt bezeichneter Miteigentümer unmittelbar berührt werden.[410]

⇒ Zumindest dann, wenn in einem Verfahren die fehlende Zustimmung einzelner Miteigentümer zu einem Bauansuchen durch eine gerichtliche Entscheidung ersetzt werden soll, müssen jene Miteigentümer, die ihre Zustimmung bereits erteilt haben, am Verfahren nicht beteiligt werden. Die gegen einzelne Miteigentümer ergehende Entscheidung ist insofern einer gesonderten Rechtskraft fähig.[411]

Das Verfahren kann auch eingeleitet werden, nachdem die Änderungen bereits vorgenommen wurden;[412] die nachträgliche Erteilung der Genehmigung ist möglich.[413]

⇒ Freilich riskiert der Wohnungseigentümer, der eine bewilligungspflichtige Änderung ohne vorherige Zustimmung der übrigen Wohnungseigentümer bzw ohne Genehmigung durch das Gericht vornimmt, dass er im streitigen Verfahren - von jedem einzelnen (beeinträchtigten) Wohnungseigentümer[414] - auf Unterlassung (Entfernung, Beseitigung, Wiederherstellung) belangt werden kann (Eigentumfreiheitsklage[415] - siehe dazu sogleich unten).
Faktisch kommt oft hinzu, dass andere Miteigentümer - nachdem sie allfällige aus der Änderung (insbesondere Widmungsänderungen) resultierende Nachteile bereits tatsächlich wahrgenommen haben (etwa die aus dem Patientenaufkommen einer Arztordination im Haus erfließenden Unannehmlichkeiten) - im (erst nachträglich eingeleiteten) außerstreitigen Genehmigungsverfahren gewichtige(re) Argumente gegen die Bewilligung vorzubringen vermögen.

Der Rechtszug an den Obersten Gerichtshof wurde in Fragen der Genehmigung einer Änderung oftmals - zu Recht - deshalb nicht zugelassen, weil den einzelnen Fällen eine Bedeutung über den konkreten Anlass hinaus nicht zukommt.[416]

---

[408] OGH 14.7.1992, 5 Ob 127/92 (= EWr II/13/11 f).
[409] OGH 14.7.1992, 5 Ob 127/91 (= EWr II/13/11 f).
[410] OGH 28.4.1992, 5 Ob 120/91 (= EWr II/13/6 ff).
[411] OGH 10.2.2004, 5 Ob 11/04k (= EWr II/13/168 ff).
[412] OGH 7.6.1995, 5 Ob 82/95 (= EWr II/13/53 ff);
OGH 29.6.2004, 5 Ob 143/04x (= EWr III/523 A/17 ff) ua.
[413] OGH 21.12.1993, 5 Ob 95/93 (= EWr II/13/35 f);
OGH 4.10.2005, 5 Ob 72/05g (= EWr W/16/49 ff) ua.
[414] OGH 26.9.2000, 5 Ob 218/00w (= EWr II/13/137 f) ua.
[415] OGH 19.12.2000, 5 Ob 153/00m (= EWr II/13/142 ff) ua.
[416] OGH 9.7.1996, 5 Ob 2178/96x (= EWr II/13/63 ff);
OGH 9.12.1997, 5 Ob 448/97m (= EWr II/13/83 f);
OGH 23.3.1999, 5 Ob 58/99m (= EWr II/13/122 ff);
OGH 16.1.2001, 5 Ob 5/01y (= EWr II/13/145 f);
OGH 11.12.2001, 5 Ob 207/01d (= EWr II/13/154 f);

Darüber hinaus ist dem Rechtsanwender in derartigen Entscheidungen immer ein gewisser Wertungs- bzw Beurteilungsspielraum eingeräumt.[417]

Behauptungs- und beweispflichtig dafür, dass die positiven Voraussetzungen für die Genehmigung der Änderung erfüllt sind, ist derjenige, der die Änderung begehrt (= der antragstellende Wohnungseigentümer);[418] hinsichtlich des Vorliegens negativer Voraussetzungen trifft denjenigen, der der Änderung entgegentritt (= der Antragsgegner) die Behauptungs- und Beweispflicht.[419]

Jedem einzelnen Mit- und Wohnungseigentümer steht zur Abwehr eigenmächtig vorgenommener Änderungen eines Wohnungseigentümers (mithin also solcher Änderungen, die - obwohl genehmigungspflichtig - ohne Zustimmung aller übrigen Wohnungseigentümer bzw ohne rechtswirksame Genehmigung durch den Außerstreitrichter erfolgt sind) ein im streitigen Rechtsweg durchzusetzender Unterlassungs- und Beseitigungsanspruch zu.[420]

⇒ Es handelt sich dabei um eine Eigentumsfreiheitsklage (§ 523 ABGB iVm § 829 ABGB).[421]

⇒ Ein Unterlassungsanspruch wegen übermäßiger Beeinträchtigung durch Immissionen zwischen Wohnungseigentümern kann auch auf § 364 ABGB gegründet werden.[422]

⇒ Das Begehren des Klägers hat dabei auf Beseitigung der Änderung sowie allenfalls auch auf Unterlassung künftiger eigenmächtiger Änderungen (gegebenenfalls auch Wiederherstellung) zu lauten.[423]

⇒ Bei der Eigentumsfreiheitsklage hat der Kläger sein Eigentum und den Eingriff des Beklagten, letzterer hingegen die Berechtigung seines Eingriffs nachzuweisen. Gelingt dem Beklagten dieser Nachweis, dann kann dem Unterlassungsbegehren des Klägers

---

OGH 15.1.2002, 5 Ob 212/01i (= EWr II/13/156 f);
OGH 28.9.2004, 5 Ob 215/04k (= EWr II/13/171) uva.

417 OGH 30.4.1991, 5 Ob 1029/91 (= EWr II/13/2);
OGH 23.11.1993, 5 Ob 1080/93 (= EWr II/13/34);
OGH 31.5.1994, 5 Ob 35/94 (= EWr II/13/40 f);
OGH 21.6.1994, 5 Ob 3-5/94 (= EWr II/13/42 f);
OGH 21.10.1994, 5 Ob 88/94 (= EWr II/13/48 ff);
OGH 15.12.1998, 5 Ob 226/98s (= EWr II/13/113 f);
OGH 13.11.2001, 5 Ob 232/01f (= EWr II/13/151 ff);
OGH 15.1.2002, 5 Ob 212/01i (= EWr II/13/156 f);
OGH 29.4.2003, 5 Ob 93/03t (= EWr II/13/162);
OGH 28.9.2004, 5 Ob 215/04k (= EWr II/13/171);
OGH 21.2.2006, 5 Ob 47/06g (= EWr W/16/55 f) uva.

418 OGH 11.1.2000, 5 Ob 261/99i (= EWr II/13/133 f);
OGH 24.10.2000, 5 Ob 248/00g (= EWr II/13/139 ff).

419 OGH 30.9.1997, 5 Ob 2334/96p (= EWr II/13/76 f).

420 OGH 30.6.1992, 5 Ob 1028/92 (= EWr II/13/9 f);
OGH 14.9.1993, 5 Ob 1049/93 (= EWr II/14/5 f);
OGH 9.12.1997, 5 Ob 402/97x (= EWr II/13/80 ff);
OGH 23.2.1999, 5 Ob 297/98g (= EWr II/13/119 ff);
OGH 26.9.2000, 5 Ob 218/00w (= EWr II/13/137 f) ua.

421 OGH 19.12.2000, 5 Ob 153/00m (= EWr II/13/142 ff)
OGH 13.5.2003, 5 Ob 86/03p (= EWr II/13/163 ff);
OGH 21.12.2004, 5 Ob 277/04b (= EWr W/16/14 ff) ua.

422 OGH 11.1.2005, 5 Ob 140/04f (= EWr W/16/25 ff).

423 OGH 21.12.1993, 5 Ob 95/93 (= EWr II/13/35 f);
OGH 13.5.2003, 5 Ob 86/03p (= EWr II/13/163 ff) ua.

mangels Rechtswidrigkeit des Eingriffs kein Erfolg beschieden sein.[424]

⇒ Wegen eines Verhaltens Dritter kann bei fehlender Beteiligung nur Einwirkung auf diesen begehrt werden; diesfalls steht dem Beklagten die Wahl unter mehreren Möglichkeiten zu (etwa Entfernung des störenden Mieters oder Einwirkung auf diesen).[425]

- Anders als in einem Verfahren nach § 52 Abs 1 Z 2 WEG hat der Prozessrichter im Streitverfahren keine Prüfung der Genehmigungsfähigkeit - und auch keine Interessensabwägung - vorzunehmen.[426]

⇒ Die Genehmigungsfähigkeit ist auch nicht als Vorfrage im Streitverfahren zu prüfen.[427]

⇒ Zu prüfen ist bloß die Genehmigungsbedürftigkeit[428] der Änderung (sohin nur die verbotene Eigenmacht des Ändernden[429]). Die Genehmigungsbedürftigkeit einer Widmungsänderung - ob sie überhaupt dem § 16 Abs 2 WEG zu unterstellen ist - ist vom Prozessrichter als Vorfrage seiner Entscheidung über die Berechtigung eines auf § 523 ABGB gestützten Unterlassungs- bzw Wiederherstellungsbegehrens zu beurteilen.[430]

⇒ Auch die Prüfung des Einwands schikanöser Rechtsausübung bleibt dem Außerstreitrichter vorbehalten.[431]

⇒ Der Ändernde kann bis zur Rechtskraft der Genehmigung (im Außerstreitverfahren) mit der Negatorienklage belangt werden.[432]

⇒ Mit der Eigentumsfreiheitsklage kann jeder belangt werden, der Eingriffe veranlasst, indem er durch Handlungen oder Unterlassungen die Voraussetzungen für die Störung durch Dritte schafft. Als mittelbarer Störer ist der passiv legitimiert, der die rechtliche und tatsächliche Möglichkeit hat, die störenden Handlungen Dritter zu steuern und gegebenenfalls zu verhindern.[433]

- Neu mit dem AußStr-BegleitG (1.1.2005) im Wege einer Umformulierung in § 190 Abs 1 ZPO geschaffen wurde die Möglichkeit zur Unterbrechung eines Zivilprozesses wegen präjudizieller Rechtsfragen, die in einem anhängigen Außerstreitverfahren zu klären sind.

---

[424] OGH 25.11.2003, 5 Ob 157/03d (= EWr W/16/1 ff).
[425] OGH 13.5.2003, 5 Ob 86/03p (= EWr II/13/163 ff).
[426] OGH 11.11.1997, 5 Ob 380/97m (= EWr II/13/78 f);
OGH 9.12.1997, 5 Ob 402/97x (= EWr II/13/80 ff);
OGH 9.12.1997, 5 Ob 448/97m (= EWr II/13/83 f);
OGH 19.12.2000, 5 Ob 153/00m (= EWr II/13/142 ff);
OGH 11.12.2001, 5 Ob 207/01d (= EWr II/13/154 f);
OGH 13.5.2003, 5 Ob 86/03p (= EWr II/13/163 ff);
OGH 20.1.2004, 5 Ob 306/03s (= EWr II/13/166 f);
OGH 21.12.2004, 5 Ob 277/04b (= EWr W/16/14 ff) ua.
[427] OGH 11.12.2001, 5 Ob 207/01d (= EWr II/13/154 f).
[428] OGH 23.2.1999, 5 Ob 297/98g (= EWr II/13/119 ff);
OGH 29.6.2004, 5 Ob 143/04x (= EWr III/523 A/17 ff) ua.
[429] OGH 19.12.2000, 5 Ob 153/00m (= EWr II/13/142 ff).
[430] OGH 9.11.2004, 5 Ob 227/04z (= EWr W/16/10 ff);
OGH 12.7.2005, 5 Ob 122/05k ident
OGH 12.7.2005, 5 Ob 59/05w (= beide EWr W/16/36 ff).
[431] OGH 23.2.1999, 5 Ob 297/98g (= EWr II/13/119 ff).
[432] OGH 11.11.1997, 5 Ob 380/97m (= EWr II/13/78 f).
[433] OGH 19.12.2000, 5 Ob 153/00m [mwN] (= EWr II/13/142 ff).

⇒ Davor durfte ein Streitverfahren (mangels ausdrücklicher gesetzlicher Anordnung) nicht wegen eines (wenn auch präjudiziellen) Außerstreitverfahrens unterbrochen werden. Es begann sohin bisweilen für den Beklagten im Zivilprozess (und zugleich Antragsteller im nachträglich eingeleiteten Außerstreitverfahren) gleichsam ein „Wettlauf mit der Zeit“. Wurde der Klage stattgegeben vor der Entscheidung im Genehmigungsverfahren, musste die Änderung rückgängig gemacht werden (obwohl sie vielleicht danach im Außerstreitverfahren doch noch bewilligt wurde).
Nach neuer Rechtslage hat der geklagte Wohnungseigentümer die Chance, die (zunächst eigenmächtig vorgenommene) Änderung zu belassen, sofern zunächst das außerstreitige Genehmigungsverfahren für ihn positiv erledigt wird. Nach Rechtskraft der Bewilligung müsste der Kläger im Zivilprozess - um negative Kostenfolgen zu vermeiden - das Klagebegehren auf Kosten einschränken (diese wären ihm freilich zuzusprechen, sofern im Zeitpunkt der Klagseinbringung eine nicht genehmigte, aber genehmigungspflichtige Änderung vorgelegen war).

⇒ Die nunmehr mögliche Unterbrechung liegt allerdings im Ermessen des Gerichts.

⇒ Angefochten werden kann nur die Unterbrechung, nicht aber auch die Nichtvornahme der Unterbrechung.

3)
Erhaltung des Wohnungseigentumsobjekts (Pflichten des Wohnungseigentümers)
(§ 16 Abs 3 WEG)

a)
Erhaltungspflicht des Wohnungseigentümers

Die Regelungen über die Erhaltung sind - sowohl was die Pflichten des einzelnen Wohnungseigentümers als auch jene der Eigentümergemeinschaft betrifft - im WEG (wie schon im WEG 1975) eher dürftig.

Gemäß § 16 Abs 3 WEG hat der Wohnungseigentümer

- das Wohnungseigentumsobjekt
  und
- die dafür bestimmten Einrichtungen
  - insbesondere die Strom-, Gas- und Wasserleitungen
    sowie
  - die Beheizungs- und sanitären Anlagen
- auf seine Kosten

so zu warten und in Stand zu halten, dass den anderen Wohnungseigentümern kein Nachteil erwächst.

Die Abgrenzung des Umfangs der Erhaltungspflicht des einzelnen Wohnungseigentümers gegenüber der Erhaltungspflicht der Eigentümergemeinschaft entspricht sohin - sinngemäß[434] - der durch § 3 MRG[435] normierten Trennung zwischen der des Mieters und des Vermieters.

---

[434] OGH 12.6.1996, 5 Ob 2114/96k (= EWr II/14/27);

⇒ Zur Erhaltungspflicht der Eigentümergemeinschaft siehe ausführlich unten ab S 272.

⇒ § 28 Abs 1 Z 1 WEG verweist auch ausdrücklich auf § 3 MRG.[436]

⇒ Bezeichnenderweise wurde am 20.3.2002 im Parlament - zugleich mit der Beschlussfassung über das WEG 2002 - auch ein Entschließungsantrag verabschiedet, mit dem der Bundesminister für Jusitiz ersucht wurde, „im Rahmen seiner Serviceleistungen für die Bevölkerung eine Informationsschrift über Fragen der Erhaltung im Sinn des § 3 MRG aufzulegen und dabei - unter Heranziehung der Judikatur zum Begriff der ´allgemeinen Teile des Hauses´ und zum Begriff der ´ernsten Schäden des Hauses´ - insbesondere darauf einzugehen, wen die Erhaltungspflicht für welche Maßnahmen trifft“. <!!!>
Bedauerlich scheint, dass diese für das Wohnungseigentumsrecht nicht ganz unwesentlichen Fragen nicht unmittelbar im neuen Wohnungseigentumsgesetz - mithin durch den Gesetzgeber - klar beantwortet werden konnten.

- Innerhalb der einzelnen Wohnungseigentumsobjekte trifft die Erhaltungspflicht den jeweiligen Wohnungseigentümer.

⇒ Die Erhaltungspflicht erstreckt sich auch auf das Zubehör-Wohnungseigentum.[437]

Was die einzelnen Wohnungseigentumsobjekte betrifft, beschränkt sich die Erhaltungspflicht der Eigentümergemeinschaft auf die Behebung ernster Schäden des Hauses[438].

⇒ Unter dem „wertungsgeladenen“ Rechtsbegriff „ernster Schaden des Hauses“ sind Schäden an der Bausubstanz zu verstehen; wobei der Einfluss des Schadens auf die Brauchbarkeit nicht allein[439] (nach einer Entscheidung aber offenbar doch[440]) ausschlaggebend ist.

Demnach obliegt der Eigentümergemeinschaft beispielsweise die Erhaltung betreffend:

⇒ Heizungsrohre sowie (idR - siehe unten zur Elektroinstallation[441]) im Inneren der Mauern verlaufende Leitungen;[442]

⇒ Außenfenster[443] und Türen sowie Terrassen;

OGH 12.6.1996, 5 Ob 2151/96a (= EWr II/14/28 ff);
OGH 15.6.1999, 5 Ob 162/99f (= EWR II/13/127 f);
OGH 28.9.1999, 5 Ob 249/99z (= EWr II/14/64 ff) ua.

[435] Siehe dazu ausführlich *ÖVI/Dirnbacher, MRG (2006),* S 70 ff.

[436] OGH 26.9.2000, 5 Ob 64/00y (= EWr II/13b/18 ff);
OGH 11.12.2001, 5 Ob 210/01w (= II/13a/23 ff).

[437] OGH 28.9.1999, 5 Ob 249/99z (= EWr II/14/64 ff).

[438] OGH 12.6.1996, 5 Ob 2114/96k (= EWr II/14/27);
OGH 20.10.1999, 3 Ob 79/99k (= EWr I/3/58 ff).

[439] OGH 7.5.1998, 6 Ob 88/98d (= EWr I/3/50 ff);
OGH 28.11.2000, 1 Ob 228/00m (= EWr I/3/73 f);
OGH 26.2.2002, 5 Ob 42/02s (= EWr I/3/85 ff);
OGH 7.12.2004, 5 Ob 233/04g (= EWr I/3/100 ff);
OGH 12.7.2005, 5 Ob 136/05v (= EWr I/8/94 ff) ua.

[440] OGH 11.7.2001, 7 Ob 218/00k (= EWr I/3/75 ff).

[441] OGH 11.12.2001, 5 Ob 210/01w (= EWr II/13a/23 ff);
OGH 26.2.2002, 5 Ob 42/02s (= EWr I/3/85 ff).

[442] OGH 22.11.1994, 5 Ob 102/94 (= EWr II/14/13 ff).

[443] OGH 27.2.1996, 5 Ob 15/96 (= EWr I/3/26 ff);

⇒ gesamte Fußbodenkonstruktion[444] bzw Schäden im Aufbau der Fußbodenkonstruktion[445] (nicht aber Oberflächenbelag);
⇒ Balkon;[446]
⇒ Durchfeuchtungsschäden;[447]
⇒ nachhaltiger[448] Schimmel.[449]

- Erfahrungsgemäß kommt in der Praxis der Klärung des konkreten Umfangs der Erhaltungspflicht - insbesondere der Frage der mit einer notwendigen Erhaltungsarbeit zusammenhängenden Nacharbeiten („Folgeschäden"; etwa Fliesen, Tapeten, Malerei, Fußbodenbelag etc betreffend) - erhebliche Bedeutung zu.
  Aus dem Gesetzestext lässt sich dazu keine eindeutige Antwort ableiten.

  ⇒ Während der 5. Senat des Obersten Gerichtshofes davor - soweit überschaubar - (mit einem Großteil der Lehre) davon ausgegangen ist, dass zu den Erhaltungsarbeiten immer auch die jeweils damit verbundenen Vor- und Nacharbeiten zählen[450], schien der 1. Senat des Höchstgerichtes eine andere Auffassung zu vertreten.[451] Demnach reicht der rein faktische Zusammenhang, dass nämlich der Beseitigung ernster Schäden des Hauses die Behebung anderer Schäden folgt, nicht aus, um die Behebung solcher „anderer Schäden" in die Erhaltungspflicht des Vermieters (bzw im Wohnungseigentum in die der Eigentümergemeinschaft) zu verlagern.
  ⇒ Von der Lehre wird indes weiter der Standpunkt vertreten, dass den Vermieter (und damit ebenso die Eigentümergemeinschaft im Wohnungseigentum) die Behebungspflicht auch hinsichtlich der mit den Erhaltungsarbeiten verbundenen Folgeschäden trifft (in diesem Sinn wohl auch weiterhin die Ansicht des 5. Senates[452]). Auch die Materialien zur WRN 2006 enthalten Ausführungen in diesem Sinn.

- Die Gefährdung der persönlichen Sicherheit ist für die Zuordnung der Erhaltungspflicht - wohnungseigentumsrechtlich gesehen (!!!) - nicht maßgeblich.[453]
  Die in § 3 MRG durch die WRN 2006 neu eingefügte Pflicht des Vermieters zur Beseitigung einer vom Mietgegenstand ausgehenden erheblichen Gesundheitsgefährdung schlägt wohnungseigentumsrechtlich nicht durch.

OGH 12.3.2002, 5 Ob 301/01b (= EWr II/14/86 ff) ua.
[444] OGH 12.6.1996, 5 Ob 2151/96a (= EWr II/14/28 ff);
OGH 15.6.1999, 5 Ob 162/99f (= EWr II/13/127 f).
[445] OGH 11.7.2001, 7 Ob 218/00k (= EWr I/3/75 ff).
[446] OGH 15.12.1992, 5 Ob 1102/92 (= EWr II/14/3 f).
[447] OGH 22.11.1994, 5 Ob 102/94 (= EWr II/14/13 ff);
OGH 27.4.1999, 5 Ob 116/99s (= EWr I/3/55 ff);
OGH 26.6.2001, 5 Ob 142/01w (= EWr II/14/83 ff).
[448] OGH 15.5.2001, 5 Ob 206/00f (= EWr I/21/102 f).
[449] OGH 12.6.1996, 5 Ob 2060/96v (= EWr I/3/33 ff);
OGH 13.11.2001, 5 Ob 155/01g (= Ewr I/3/82 ff).
[450] Vgl etwa OGH 14.9.1993, 5 Ob 1062/93 (= EWr I/3/14) ua.
[451] OGH 28.11.2000, 1 Ob 228/00m (= EWr I/3/73 f).
[452] OGH 29.3.2004, 5 Ob 62/04k (= EWr W/20/12 ff).
[453] Noch zu § 3 MRG idF vor der WRN 2006: OGH 26.2.2002, 5 Ob 42/02s (= EWr I/3/85 ff).

⇒ Dies ergibt sich - worauf auch die Materialien zur WRN 2006 zutreffend hinweisen - daraus, dass § 28 Abs 1 Z 1 WEG unverändert blieb und demgemäß die Gemeinschaft weiterhin nur zur Behebung ernster Schäden des Hauses (allerdings auch in einem Wohnungseigentumsobjekt) verpflichtet ist.

⇒ Die Novellierung des § 3 MRG ermöglicht sohin nicht den spekulativen (preisgünstigen) Erwerb von Objekten mit beispielsweise gesundheitsgefährdender Elektrik, um diese sodann von (und auf Kosten) der Gemeinschaft instandsetzen zu lassen.

⇒ Vor der Novellierung des § 3 MRG durch die WRN 2006 vertrat der 5. Senat des OGH im Zusammenhang mit (im Laufe des noch aufrechten Mietverhältnisses gefährlich gewordenen) Elektroinstallationen den Standpunkt, dass nur dann, wenn der (gefährliche) Zustand (zugleich) auch einen ernsten Schaden des Hauses bewirkt - etwa bei Feuer- oder Explosionsgefahr - die Erhaltungspflicht des Vermieters zu bejahen sei.
Diese Interpretation des § 3 MRG (aF) ist mit der WRN 2006 für den Bereich des Mietrechts wegen der in § 3 MRG (nF) erfolgten Ausdehnung der Erhaltungspflichten des Vermieters nicht mehr relevant; sinngemäß weiterhin zutreffend ist sie aber für den Bereich des Wohnungseigentumsrechts.

⇒ Von der Erhaltungspflicht des einzelnen Wohnungseigentümers hinsichtlich der in seinem Wohnungseigentumsobjekt befindlichen Leitungen (= mE ab der Vorzählersicherung) zu unterscheiden ist die Erhaltungspflicht der Eigentümergemeinschaft in Bezug auf die Anschlussleitung. Entspricht diese nicht dem heute üblichen Standard für die Benützung der in einem Haushalt üblichen Elektrogeräte (wie zB Waschmaschine, Geschirrspüler, Kühlschrank, Bügeleisen, Fernseher sowie - sofern dafür nicht Gas verwendet wird - Heizen und Kochen), so handelt es sich um eine der Gemeinschaft (§ 28 Abs 1 Z 1 WEG iVm § 3 MRG) obliegende Erhaltungsarbeit (und nicht bloß um eine nützliche Verbesserung iSd § 4 Abs 2 Z 1 MRG).[454]

- Die Kosten der Brauchbarmachung von Wohnungseigentumsobjekten zählen - ungeachtet der Erwähnung in § 3 MRG - nicht zu den Erhaltungsarbeiten iSd §§ 28 Abs 1 Z 1 und 16 Abs 3 Satz 1 WEG.[455]

⇒ Auch an diesem Beispiel zeigt sich, dass die Erhaltungspflichten der Eigentümergemeinschaft nicht vollends ident sind mit jenen des Vermieters gemäß § 3 MRG.

- Jeder Wohnungseigentümer kann die Entscheidung des Außerstreitrichters ua darüber verlangen, dass Arbeiten - die ordnungsgemäße Erhaltung der Liegenschaft betreffend - binnen einer angemessenen Frist durchgeführt werden[456] (§ 30 Abs 1 Z 1 WEG).

⇒ Wobei diesfalls - anders als bei einem Beschluss der Mehrheit (?) - vom Gericht auch auf die Dringlichkeit und auf wirtschaftliche Aspekte wie die Finanzierbarkeit Bedacht zu nehmen ist.[457]

⇒ Zu § 30 Abs 1 Z 1 WEG siehe unten ab S 289.

---

[454] OGH 11.12.2001, 5 Ob 210/01w (= EWr II/13a/23 ff).
[455] OGH 12.6.1996, 5 Ob 2114/96k (= EWr II/14/27).
[456] OGH 13.12.1994, 5 Ob 133/94 (= EWr II/13a/1 f) ua.
[457] OGH 11.12.2001, 5 Ob 210/01w (= EWr II/13a/23 ff).

- Die Frage der Schadensverursachung ist für die Erhaltungspflicht der Gemeinschaft[458] (sowie des Vermieters[459]) ohne Belang.

  ⇒ Eine allfällige schadenersatzrechtliche Auseinandersetzung erfolgt nicht im Außerstreitverfahren.[460]

b)
Duldungspflicht und Entschädigungsanspruch des Wohnungseigentümers

§ 16 Abs 3 Satz 2 WEG verpflichtet den Wohnungseigentümer,

- das Betreten und
- die Benützung

des Wohnungseigentumsobjektes zu gestatten, so weit dies erforderlich ist

- zur Erhaltung der allgemeinen Teile der Liegenschaft und
- der Behebung ernster Schäden des Hauses.

  ⇒ Die Regelung ist vergleichbar mit jener des § 8 Abs 2 MRG.[461]

Für die vermögensrechtlichen Nachteile, die er dadurch erleidet, ist er von der Eigentümergemeinschaft angemessen zu entschädigen.

⇒ Diese Regelung verschafft dem beeinträchtigten Wohnungseigentümer einen verschuldensunabhängigen Anspruch.
Es handelt sich um eine wohnungseigentumsrechtliche Eingriffshaftung sui generis; sinngemäß vergleichbar mit jener nach § 8 Abs 3 MRG.[462]

Literatur zu Einzelfragen:

Zum WEG 2002:

Hanel, „Nutzung der einzelnen Wohnungseigentumsobjekte sowie der allgemeinen Teile der Liegenschaft und die gemeinschaftliche Verwaltung der Liegenschaft"; wobl 2002, 165.

Kind, „Darf die Mauer weg?";
immolex 2005, 326.

Markl/Endres, „§ 16 Abs 2 WEG 2002 contra § 37 EO – Recht auf Beibehaltung eines rechtswidrigen Zustandes?"; wobl 2005, 368.

Prader, „Zur Frage des Ersatzanspruchs des Wohnungseigentümers für in Eigenregie durchgeführte Arbeiten"; immolex 2003, 277.

Tschütscher, „Wer anschafft, zahlt? – Wer trägt die Kosten von baulichen Änderungen des Wohnungseigentumsobjekts?"; wobl 2004, 233.

---

[458] OGH 12.6.1996, 5 Ob 2151/96a (= EWr II/14/28 ff).
[459] OGH 27.4.1999, 5 Ob 116/99s (= EWr I/3/55 ff) ua.
[460] OGH 12.6.1996, 5 Ob 2151/96a (= EWr II/14/28 ff).
[461] Siehe dazu *ÖVI/Dirnbacher, MRG (2006),* S 94 ff.
[462] Dazu ausführlich *ÖVI/Dirnbacher, MRG (2006),* S 97 ff.

Verweijen, „Inhalt und Grenzen des Rechtes des Wohnungseigentümers zu Widmungsänderungen gemäß § 16 Abs 2 WEG 2002“; immolex 2003, 202.

Zum WEG 1975:

Apathy, „Der possessorische Schutz gegenüber Eigenmächtigkeiten eines Miteigentümers“; JBl 1977, 341.

Call, „Das neue gewerberechtliche Betriebsanlagenverfahren im Wohnungseigentumsrecht“; wobl 1997, 211.

Gaisbauer, „Nächtliches Baden und Duschen in der Mietwohnung aus privatrechtlicher Sicht“; wobl 1997, 253.

Größ, „Nochmals: Immissionen durch Klavierspielen im Wohnhaus“; wobl 1999, 189.

Hausmann, „Zum Änderungsrecht des Wohnungseigentümers“; ecolex 1995, 321.

Markl, „Das Änderungsrecht des Wohnungseigentümers gem § 13 Abs 2 Z 1 bis 3 WEG im Spiegel der Rechtsprechung“; wobl 1994, 95.

Panosch, „Wohnrechtliche Probleme bei der Montage von Parabolantennen“; ÖJZ 1994, 18.

Schimetschek, „Bauführung des Wohnungseigentümers“; ImmZ 1977, 346.

VI.
BENÜTZUNGSREGELUNG
(§ 17 WEG)

1) Allgemeines

Ziel einer Benützungsregelung ist es, den Miteigentümern eine - ihrem Miteigentumsanteil entsprechende oder diesen sogar übersteigende (oder unterschreitende) - (gesicherte) Benützungsmöglichkeit an verfügbaren allgemeinen Teilen der Liegenschaft (das Wohnungseigentum an sich verschafft ja bereits eine ausschließliche Benützungsmöglichkeit an einem bestimmten Teil der Liegenschaft, eben dem Wohnungseigentumsobjekt [Wohnung, sonstige selbständige Räumlichkeit oder Kfz-Abstellplatz; jeweils samt allfälligem Zubehör]) einzuräumen, wobei nach der Sachlage unvermeidliche Begünstigungen bzw Benachteiligungen durch ein entsprechendes Benützungsentgelt auszugleichen sind.

⇒ Das Gesetz unterscheidet nicht zwischen den Bezeichnungen „Benützungsregelung" und „Benützungsvereinbarung".
Sprachlich korrekt (indes rechtlich irrelevant) wäre es, die mit Hilfe des Gerichtes geschaffene Regelung als „Benützungsregelung" und die über Vereinbarung der Wohnungseigentümer zustande gekommene Regelung als „Benützungsvereinbarung" zu bezeichnen.
In der Rechtsprechung findet sich für die Benützungsregelung bisweilen auch die Bezeichnung „Gebrauchsregelung" bzw „Gebrauchsordnung".[463]

⇒ In die Benützungsregelung sind alle gleichartigen Objekte und die daran von allen Miteigentümern beanspruchten Nutzungsrechte einzubeziehen.[464]

⇒ Bei der gerichtlichen Benützungsregelung handelt es sich um eine Ermessensentscheidung, die von Billigkeitserwägungen getragen ist.[465]

⇒ Dabei ist eine Interessensabwägung vorzunehmen.[466]

⇒ Die Interessensabwägung hat persönliche und familiäre Verhältnisse, wirtschaftliche Gründe eines Miteigentümers[467] sowie Gemeinschaftsinteressen[468] ebenso zu berücksichtigen wie die Dringlichkeit des jeweiligen Bedarfs und andere, nur von Fall zu Fall bedeutsame Faktoren.[469]

---

[463] OGH 5.11.2002, 5 Ob 253/02w (= EWr II/15/51 f).
[464] OGH 18.2.1992, 5 Ob 5/92 (= EWr III/835 A/1).
[465] OGH 13.1.1998, 5 Ob 104/97y (= EWr II/15/28 ff);
OGH 9.2.1999, 5 Ob 17/99g (= EWr II/15/33 ff);
OGH 17.12.2002, 5 Ob 285/02a, 5 Ob 286/02y (EWr II/15/53 ff) ua
[466] OGH 18.2.1992, 5 Ob 69/91 (= EWr III/835 A/2);
OGH 16.4.1996, 5 Ob 2017/96w (= EWr II/15/13 ff);
OGH 24.9.1996, 5 Ob 2219/96a (= EWr III/835 A/17 ff);
OGH 25.2.1997, 5 Ob 47/97s (= EWr II/15/21 ff).
[467] OGH 14.9.1999, 5 Ob 208/99w (= EWr II/15/37).
[468] OGH 9.2.1999, 5 Ob 17/99g (= Ewr II/15/33 ff);
OGH 11.10.2000, 5 Ob 228/00s (= EWr II/15/42) ua.
[469] OGH 16.4.1996, 5 Ob 2017/96w (= EWr II/15/13 ff);

⇒ Bei der Schaffung einer Gebrauchsordnung handelt es sich um eine Regelungsstreitigkeit, bei der das Gericht nicht an das Begehren des Antragstellers gebunden ist; vielmehr soll eine billige - den Interessensausgleich wahrende[470] - Lösung für alle Beteiligten gefunden werden. Die Angabe eines von einer Partei gewünschten Ziels stellt sich als unverbindliche Anregung dar.[471]

⇒ Es entspricht der Billigkeit, dass die auf der gemeinsamen Liegenschaft errichteten Garagenplätze vordringlich den Miteigentümern zugewiesen werden, die in der Errichtungsphase den Wunsch nach einem Garagenplatz äußerten und hiefür auch die aufgelaufenen Kosten getragen haben.
Derartige Billigkeitserwägungen müssen aber nicht auch auf den Mieter eines solchen Miteigentümers durchschlagen.[472]

Mangels wirksamer Benützungsregelung kommt jedem Wohnungseigentümer das Recht zur Nutzung der allgemeinen Teile der Liegenschaft zu.

⇒ Dieses Nutzungsrecht ist nicht exakt eingeschränkt auf den Anteil des Wohnungseigentümers. Mangels Benützungsregelung kann der Wohnungseigentümer als Teilhaber die gemeinsame Sache nach Willkür benützen. Der Gebrauch ist allerdings nur insoweit zulässig, als dadurch nicht der Gebrauch der anderen Miteigentümer gestört wird.[473]

⇒ Es kann daher auch ohne besondere Vereinbarung von einem Miteigentümer keine Vergütung dafür gefordert werden, dass dieser in der Vergangenheit einen größeren Teil der gemeinsamen Sache benützte, als seiner Miteigentumsquote entsprach. Ein Verwendungsanspruch steht den Miteigentümern nicht zu, weil die Vermögensverschiebung ihren Rechtsgrund im Gesetz findet.
Die Forderung nach Benützungsentgelt setzt sohin begrifflich eine Benützungsregelung voraus.[474]

Benützt ein Wohnungseigentümer allgemeine Teile der Liegenschaft entgegen den Anordnungen einer wirksamen Benützungsregelung, so stellt dies eine eigenmächtige Störung dar.

⇒ Diesfalls kommt jedem hiedurch beeinträchtigten Wohnungseigentümer ein im streitigen Rechtsweg durchsetzbarer Unterlassungs- und Beseitigungsanspruch als Ausfluss seines Anteils- und Verfügungsrechts gegen den Störer zu.[475]

⇒ Die Beweispflicht dafür, zur Sondernutzung eines allgemeinen Teils der Liegenschaft berechtigt zu sein, trifft den Nutzenden.[476]

Grundsätzlich ist zu unterscheiden zwischen Benützungsregelungen

- im schlichten Miteigentum

⇒ Siehe dazu oben ab S 62.

OGH 13.1.1998, 5 Ob 104/97y (= EWr II/15/28 ff) ua.
470 OGH 7.10.2003, 5 Ob 106/03d (= EWr W/17/1 ff).
471 OGH 17.12.2002, 5 Ob 285/02a, 5 Ob 286/02y (= EWr II/15/53 ff).
472 OGH 17.12.2002, 5 Ob 285/02a, 5 Ob 286/02y (= EWr II/15/53 ff).
473 OGH 21.3.2006, 5 Ob 61/06s (= EWr W/17/6 ff).
474 OGH 10.5.2005, 5 Ob 4/05g (= EWr W/24/10 ff).
475 OGH 27.9.2001, 5 Ob 20/01d (= EWr II/17/78 ff);
OGH 7.10.2003, 5 Ob 106/03d (= EWr W/17/1 ff).
476 OGH 11.5.1999, 5 Ob 127/99h (= EWr III/523 A/7 ff).

und

- im Wohnungseigentum

  ⇒ Siehe dazu sogleich unten.

Die Benützungsregelung im Wohnungseigentum kann sich nur auf die verfügbaren allgemeinen Teile der Liegenschaft beziehen (§ 17 Abs 1 WEG).

⇒ Dies gilt unabhängig davon, wie die Benützungsregelung zustande kommt (mit oder ohne Mitwirkung des Außerstreitrichters).

⇒ Grundsätzlich in Frage kommt allerdings auch eine Benützungsregelung zwischen Eigentümerpartnern (über die Benützung des im gemeinsamen Wohnungseigentum stehenden Objekts).
Die Rechtsprechung hat in der Vergangenheit anlässlich eines diesbezüglichen Antrags eines Ehegatten die Anwendbarkeit des wohnungseigentumsrechtlichen Außerstreitverfahrens (§ 26 Abs 1 Z 3 WEG 1975) bejaht.[477]
(Hinweis: Die korrespondierende Nachfolgeregelung des § 52 Abs 1 Z 3 WEG unterscheidet sich lediglich dadurch, dass vor dem jeweiligen Zitat der Gesetzesstelle über die Benützungsregelung die Worte „wie besonders" durch das Wort „etwa" ersetzt wurden; die Entscheidung scheint daher weiterhin anwendbar).

⇒ Die (gerichtliche) Benützungsregelung ist von einer Neufestsetzung der Nutzwerte zu unterscheiden.[478]

⇒ Die Nutzung durch Mieter des Mit- oder Wohnungseigentümers ist dem vermietenden Mit- oder Wohnungseigentümer zuzurechnen.[479]

⇒ Mit einer Benützungsregelung kann nicht (auch) eine bauliche Veränderung an einem allgemeinen Teil der Liegenschaft angestrebt werden; für die Durchsetzung einer derartigen Veränderung bietet der Individualanspruch auf (gerichtliche) Benützungsregelung keinen Raum.[480] Eine bauliche Veränderung an einem allgemeinen Teil des Hause geht über einen Antrag nach § 17 Abs 2 WEG hinaus.[481]

- Die Beifügung "verfügbaren" soll zum Ausdruck bringen, dass an gemeinsamen Teilen (Anlagen) der Liegenschaft auch Rechte bestehen könnten, die nicht im Wege eines Antrags auf Benützungsregelung vom Außerstreitrichter beseitigt werden können (sogenannte „Sondernutzungsrechte).[482]

  ⇒ Bestehen derartige Rechte (etwa Mietrechte), dann ist der davon betroffene Teil der Liegenschaft (oder die Anlage) eben nicht verfügbar und es kann hierüber keine Benützungsregelung getroffen werden.

  ⇒ Grundvoraussetzung für eine Benützungsregelung ist sohin die rechtliche Verfügbarkeit der in Betracht kommenden Liegenschaftsteile.[483]

---

[477] OGH 13.1.1995, 5 Ob 7/95 (= EWr II/15/9 ff).
[478] OGH 18.2.1992, 5 Ob 69/91 (= EWr III/835 A/2);
OGH 16.4.1996, 5 Ob 2017/96w (= EWr II/15/13 ff).
[479] OGH 24.10.2000, 5 Ob 278/00v (= EWr II/15/41).
[480] OGH 12.9.2002, 5 Ob 147/02g (= EWr II/15/48 ff).
[481] OGH 30.5.2006, 5 Ob 69/06t (= EWr W/17/9 ff).
[482] OGH 28.3.1995, 5 Ob 54/95 (= EWr II/15/6 ff).
[483] OGH 5.11.2002, 5 Ob 253/02w (= EWr II/15/51 f).

⇒ Die rechtliche Verfügbarkeit ist insbesondere dann nicht gegeben, wenn die Miteigentümer bereits eine allseits verbindliche Benützungsvereinbarung über die allgemeinen Teile der Liegenschaft geschlossen haben. Diesfalls kommt nur eine - in § 17 Abs 2 WEG erstmals ausdrücklich genannte, allerdings schon von der Judikatur zum WEG 1975 gewährte[484] - (gerichtliche) Abänderung einer bestehenden Regelung aus „wichtigen Gründen" in Betracht[485] (siehe dazu sogleich unten).

⇒ Ein dennoch eingebrachter Antrag wäre abzuweisen.[486]

⇒ Ob es sich bei den verfügbaren gemeinsamen Teilen und Anlagen der Liegenschaft um einen Teil eines Gebäudes oder um eine Freifläche handelt, ist belanglos.[487]

⇒ Die Frage der Verfügbarkeit ist in einem Außerstreitverfahren als Vorfrage zu prüfen.[488]

⇒ Eine Vereinbarung für den Fall der künftigen Verfügbarkeit (etwa nach Bestandfreimachung) des Objektes ist zulässig.[489]

⇒ Ein allgemeiner Teil der Liegenschaft ist auch dann nicht „verfügbar", wenn er notwendigerweise allen Wohnungseigentümern zur Verfügung stehen muss (etwa Stiegenhaus, Gang etc).

⇒ Zum Begriff der „allgemeinen Teile der Liegenschaft" (§ 2 Abs 4 WEG) siehe oben S 38 ff.

Die wohnungseigentumsrechtliche Benützungsregelung wird durch den Wechsel eines Wohnungseigentümers nicht berührt ! (§ 17 Abs 3 Satz WEG).

- Die Bindung des Einzelrechtsnachfolgers besteht unabhängig davon, ob die Benützungsregelung aus dem Grundbuch zu ersehen ist oder nicht.

⇒ Dies stellt eine wesentliche Änderung gegenüber der Rechtslage (zuletzt) im WEG 1975 (§ 15 WEG 1975) dar (wo eine nicht im Grundbuch eingetragene Benützungsregelung den Einzelrechtsnachfolger nur bei ausdrücklicher Überbindung[490] oder [auch stillschweigender schlüssiger[491]] Unterwerfung[492] [nicht aber bei bloßer Kenntnis[493]] gebunden hat).

⇒ Dem potentiellen Erwerber (insbesondere Käufer oder Ersteher) eines Wohnungseigentumsobjekts muss sohin ausdrücklich empfohlen werden, das allfällige Bestehen einer Benützungsregelung (etwa am Gemeinschaftsparkplatz, an Grünflächen oder am Rohdachboden) vor dem Erwerb abzuklären.
Diesbezüglich ergeben sich mE auch (neue) Hinweis- bzw Aufklärungs- bzw Informationspflichten rechtsberatender Berufe sowie von Maklern (Schriftformgebot für Information gemäß § 30b KSchG).

---

484 OGH 25.2.1997, 5 Ob 47/97s (= EWr II/15/21 ff).
485 OGH 7.10.2003, 5 Ob 106/03d (= EWr W/17/1 ff).
486 OGH 16.6.1992, 5 Ob 108/92 (= EWr III/835 A/4).
487 OGH 12.11.1996, 5 Ob 2147/96p (= EWr II/15/19 f).
488 OGH 25.2.1997, 5 Ob 47/97s (= EWr II/15/21 ff).
489 OGH 24.2.1999, 3 Ob 148/97d (= EWr III/834 A/6 ff).
490 OGH 11.1.1996, 2 Ob 506/96 (= EWr III/835 A/14 ff).
491 OGH 15.5.2001, 5 Ob 97/01b (= EWr II/15/43);
OGH 7.10.2003, 5 Ob 106/03d (= EWr W/17/1 ff).
492 OGH 25.2.1997, 5 Ob 47/97s (= EWr II/15/21 ff).
493 OGH 21.12.1999, 5 Ob 55/99w (= EWr II/15/38 ff).

Auch bei der Bewertung eines Wohnungseigentumsobjekts kann das Vorhandensein von Benützungsregelungen Bedeutung haben.

Die Benützungsregelung

- ist bei Festsetzung durch das Gericht
  - von Amts wegen
- sonst (= bei schriftlicher Vereinbarung aller Wohnungseigentümer),
  - sofern die Unterschrift auch nur eines Wohnungseigentümers öffentlich beglaubigt ist,
  - auf Antrag dieses oder eines anderen Wohnungseigentümers

im Grundbuch ersichtlich zu machen (§ 17 Abs 3 Satz 2 WEG).

⇒ Im Fall der Vereinbarung ist die Ersichtlichmachung sohin nicht zwingend vorgesehen (was sich einerseits aus dem Wesen der Ersichtlichmachung [Evidenzzweck[494]] und andererseits aus der gesetzlich verankerten Bindung des Rechtsnachfolgers erklärt).

2) Zustandekommen der Benützungsregelung

Die Benützungsregelung im WEG kommt - nur[495] - zustande durch:

- Schriftliche Vereinbarung sämtlicher Wohnungseigentümer (§ 17 Abs 1WEG)

⇒ Das WEG 1975 erwähnte diese Form des Zustandekommens einer Benützungsregelung überhaupt nicht (wiewohl fraglos auch im WEG 1975 alle Mit- und Wohnungseigentümer gemeinsam [und schriftlich] eine Benützungsvereinbarung treffen konnten).

⇒ Neu im WEG ist aber jedenfalls die für das wirksame Zustandekommen geforderte Schriftform.[496]

⇒ „Sämtliche" bedeutet, dass alle Wohnungseigentümer (und - sofern noch schlichte Miteigentümer vorhanden sind - auch diese) die Vereinbarung unterfertigen müssen (die bloße Duldung einer bestimmten Benützung führt nicht zu einer Benützungsregelung iSd § 17 WEG).

⇒ Damit scheidet im WEG der - früher mögliche[497] - konkludente Neuabschluss einer Benützungsvereinbarung (und wohl auch konkludent eingeräumte „Sondernutzungsrechte"[498]) aus.

⇒ Grundsätzlich ist aber das WEG auch auf die vor dem 1.7.2002 begründeten Wohnungseigentumsrechte und auf die vor diesem Zeitpunkt zwischen Wohnungseigentümern, Wohnungseigentumsbewerbern oder Wohnungseigentumsorganisatoren untereinander oder mit Dritten geschlossenen Rechtsgeschäfte anzuwenden (§ 56 Abs 13 WEG). Mangels ausdrücklicher Rückwirkungsbestimmung für Benützungsvereinbarungen (insbesondere das Schriftformgebot betreffend) sowie aus Gründen der Rechts-

---

[494] OGH 2.9.1997, 5 Ob 394/97w (= EWr II/19/50 f).
[495] OGH 10.5.2005, 5 Ob 4/05g (= EWr W/24/10 ff).
[496] OGH 7.10.2003, 5 Ob 106/03d (= EWr W/17/1 ff).
[497] OGH 25.2.1997, 5 Ob 47/97s (= EWr II/15/21 ff);
OGH 27.9.2001, 5 Ob 20/01d (= EWr II/17/78 ff);
OGH 7.10.2003, 5 Ob 106/03d (= EWr W/17/1 ff) ua.
[498] OGH 26.2.2002, 5 Ob 54/02f (= EWr II/15/44 f).

sicherheit sind Benützungsvereinbarungen nach dem im Zeitpunkt des Abschlusses geltenden Recht zu beurteilen.[499]

oder

- Gerichtliche Regelung bzw gerichtliche Abänderung einer bestehenden Regelung
(§ 17 Abs 2 Satz 1 WEG).
  ⇒ Der rechtsgestaltende Ausspruch des Außerstreitrichters im Falle einer Benützungsregelung kann auch mit einem Leistungsbefehl verbunden werden, wenn auf Grund der neu gestalteten Rechtslage ein Mit- und Wohnungseigentümer im Rahmen der getroffenen Neuregelung Leistungen zu erbringen hat.[500]

- Antragslegitimiert dazu ist
  - jeder einzelne Wohnungseigentümer,
  sowie (sofern noch vorhanden) auch
  - jeder schlichte Miteigentümer[501] (§ 56 Abs 12 WEG) und auch
  - der Wohnungseigentumsbewerber, sobald eine Zusage der Einräumung des Wohnungseigentums im Grundbuch angemerkt ist und zumindest ein Wohnungseigentumsbewerber Miteigentum erworben hat (§ 37 Abs 5 WEG).[502]
    ⇒ Der Antrag ist gegen alle Miteigentümer der Liegenschaft zu richten.[503]
    ⇒ Im Verfahren tritt nicht die (Wohnungs-)Eigentümergemeinschaft als solche auf; im Verfahren haben alle Miteigentümer, deren Interessen durch die Entscheidung über den Antrag unmittelbar berührt werden können, Parteistellung; sie sind von Amts wegen in das Verfahren einzubeziehen.[504]

  Dabei gilt Folgendes:
  - Existiert über den Regelungsgegenstand noch keine Benützungsregelung, so bedarf der Antrag keiner speziellen Begründung.
  - Liegt hingegen schon eine Benützungsregelung darüber vor, erfolgt die Abänderung nur aus wichtigen Gründen.
    ⇒ Der gesetzliche Plural scheint überschießend; auch ein wichtiger Grund müsste für die Abänderung ausreichen.
    ⇒ Die gesetzliche Formulierung („Abänderung") scheint aber insofern zu eng, als auch die ersatzlose Beendigung (Kündigung[505]) einer vormaligen Benützungsvereinbarung beantragt werden kann.
    ⇒ Grundsätzlich ist jede Benützungsregelung (auch eine verbücherte) - wie jedes Dauerrechtsverhältnis[506] - aus wichtigem Grund auflösbar.

---

[499] OGH 7.10.2003, 5 Ob 106/03d (= EWr W/17/1 ff).
[500] OGH 5.11.2002, 5 Ob 253/02w (= EWr II/15/51 f).
[501] OGH 16.4.1996, 5 Ob 2017/96w (= EWr II/15/13 ff).
[502] OGH 14.9.2004, 5 Ob 77/04s (= EWr W/24/5 ff).
[503] OGH 12.9.2002, 5 Ob 147/02g (= EWr II/15/48 ff).
[504] OGH 12.11.1996, 5 Ob 2147/96p (= EWr II/15/19 f) ua.
[505] OGH 7.10.2003, 5 Ob 106/03d (= EWr W/17/1 ff).
[506] zB OGH 16.12.1996, 1 Ob 2392/96p (= EWr III/1118 A/52 f);

⇒ Es macht keinen Unterschied, ob eine davor durch Vereinbarung oder durch den Außerstreitrichter zustande gekommene Benützungsvereinbarung (Benützungsregelung) - aus wichtigem Grund - abgeändert werden soll.

⇒ Die konstitutiv wirkende Regelung der Benützung der gemeinsamen Sache durch Richterspruch beseitigt bis dahin bestandene Benützungsvereinbarungen; eine (alte) Gebrauchsregelung und eine in Rechtskraft erwachsene (neue) gerichtliche Benützungsregelung können somit nicht nebeneinander bestehen (und sich widersprechen).[507]

- Inwieweit bereits eine Benützungsvereinbarung besteht, ist im Verfahren über einen Antrag auf Schaffung (Abänderung) einer Benützungsvereinbarung (als Vorfrage) zu prüfen.[508]

⇒ Zur (noch gegebenen) Wirksamkeit einer (alten) Benützungsvereinbarung siehe oben S 163.

- Eine Benützungsregelung (Benützungsvereinbarung) kommt - sieht man von der „vorläufigen Benützungsregelung" gemäß § 17 Abs 2 Satz 2 WEG ab - nicht zustande durch Entscheidung (Beschluss) der Mehrheit der Miteigentümer oder über Anordnung des Verwalters!

⇒ Insofern handelt es sich bei der Benützungsregelung eben nicht um eine - der Majorisierung zugängliche - Maßnahme der (ordentlichen) Verwaltung; sie kann nicht einmal dem in § 29 WEG umschriebenen Kreis der außerordentlichen Verwaltung zugerechnet werden, weil sie selbst vom Auffangtatbestand des § 29 Abs 5 WEG (den Verwaltungsmaßnahmen, über die die Eigentümergemeinschaft nach Maßgabe der §§ 834 und 835 ABGB entscheiden kann) nicht erfasst wird.[509]

⇒ Ein die Benützung gemeinsamer Teile und Anlagen der Liegenschaft regelnder Beschluss der Mehrheit der Wohnungseigentümer bewirkt keine Bindung der Überstimmten[510] (abgesehen vom Fall des qualifizierten Mehrheitsbeschlusses über eine vorläufige Benützungsregelung).
Ein derartiger „Beschluss" ist - weil absolut nichtig - jederzeit (also ohne Beachtung der Fristen des § 24 Abs 6 bzw § 29 Abs 1 WEG) anfechtbar.[511]

⇒ Es ist auch kein Mehrheitsbeschluss über die Einhebung eines Benützungsentgelts möglich.[512]

3)
Vorläufige Benützungsregelung

Während des Verfahrens über den Antrag über die erstmalige Schaffung einer gerichtlichen Benützungsregelung kann

- mit einer Mehrheit von zwei Dritteln der Anteile

OGH 13.7.1998, 7 Ob 207/97k (= EWr III/1118 A/69 ff).
[507] OGH 5.11.2002, 5 Ob 253/02w (= EWr II/15/51 f).
[508] OGH 7.10.2003, 5 Ob 106/03d (= EWr W/17/1 ff).
[509] OGH 10.5.2005, 5 Ob 4/05g (= EWr W/24/10 ff).
[510] OGH 9.12.1997, 5 Ob 442/97d (= EWr II/15/25 ff).
[511] OGH 10.5.2005, 5 Ob 4/05g (= EWr W/24/10 ff).
[512] OGH 10.5.2005, 5 Ob 4/05g (= EWr W/24/10 ff).

eine vorläufige Benützungsregelung beschlossen werden.
(§ 17 Abs 2 Satz 2 WEG)

⇒ Dies stellt eine Ausnahme vom Grundsatz der sonst in diesem Bereich normierten Einstimmigkeit dar.[513]

⇒ Das WEG 1975 sah für die vorläufige Benützungsregelung eine qualifizierte Mehrheit von drei Vierteln der Anteile vor.

⇒ Klargestellt (gegenüber der sprachlich undeutlichen Formulierung im WEG 1975) wurde auch, dass die vorläufige Benützungsregelung den vorher eingebrachten Antrag auf Schaffung einer gerichtlichen Benützungsregelung zwingend voraussetzt.[514]
Die vorläufige Benützungsregelung bedingt sohin ein anhängiges Verfahren auf Schaffung einer gerichtlichen Benützungsregelung.

⇒ Nach dem Wortlaut des Gesetzes ist eine vorläufige Benützungsregelung nach einem bloß auf Abänderung einer bestehenden Benützungsregelung gerichteten Antrag nicht vorgesehen (und kann daher auch nicht rechtswirksam beschlossen werden).

⇒ Die Wirksamkeit einer vorläufigen Benützungsregelung endet mit der Rechtskraft der Entscheidung im Verfahren auf erstmalige Schaffung einer gerichtlichen Benützungsregelung; wohl aber auch bei jeder anderen Beendigung des Außerstreitverfahrens (etwa Zurückziehung des Antrags).

⇒ Vom Regelungsgegenstand her (verfügbare allgemeine Teile der Liegenschaft) unterscheidet sich die vorläufige Benützungsregelung nicht von der endgültigen.

⇒ Die vorläufige Benützungsregelung kann nicht in das Grundbuch eingetragen (ersichtlich gemacht) werden (so auch der AB).

Literatur zu Einzelfragen:

Zum WEG 2002:

Hanel, „Nutzung der einzelnen Wohnungseigentumsobjekte sowie der allgemeinen Teile der Liegenschaft und die gemeinschaftliche Verwaltung der Liegenschaft“; wobl 2002, 165.

Zum WEG 1975:

Meinhart, „Eigentümerwechsel und Bindung an Nebenabreden und Benützungsregelungen (§§ 834, 1096, 1120 ABGB, § 2 MRG)“;
ImmZ 1988, 135.

Schimetschek, „Das Benützungsentgelt des Miteigentümers“;
ImmZ 1978, 163.

[513] OGH 27.8.2002, 5 Ob 156/02f (= EWr II/15/46 f).

[514] In diesem Sinne aber auch schon die - erst im zeitlichen Geltungsbereich des § 17 WEG noch zu § 15 WEG 1975 ergangene - Entscheidung
OGH 27.8.2002, 5 Ob 156/02f (= EWr II/15/46 f).

VII.
EIGENTÜMERGEMEINSCHAFT
(§ 18 WEG)

1)
Allgemeines

Die Regelungen über die Eigentümergemeinschaft in § 18 WEG gehen auf langjährige Entwicklung des Gesetzes sowie von Judikatur und Lehre zurück:

- Mit dem durch das 3. WÄG neu eingefügten § 13c WEG 1975, der die bis dahin nur im Umsatzsteuer- und Sozialversicherungsrecht existente Wohnungseigentümergemeinschaft erstmals als rechtlich relevanten Terminus in das Wohnungseigentumsrecht einfließen ließ, kam der Gesetzgeber einer bereits rund zwanzig Jahre davor erhobenen Forderung der Lehre[515] nach.
  Allerdings nur im Ansatz.
  Wiederholt wurde kritisch angemerkt, dass es der Wohnungseigentümergemeinschaft in der letztendlich beschlossenen Fassung des § 13c WEG 1975 (3. WÄG) an einer klaren gesellschaftsrechtlichen Regelung mangelte. Es fehlten Bestimmungen über die körperschaftsrechtliche Ausgestaltung, sodass offen blieb, an welches gesellschaftsrechtliche Modell die innere Struktur der Wohnungseigentümergemeinschaft anknüpft.
  Die WRN 1999 hat der Wohnungseigentümergemeinschaft (sowie deren einzelnen Miteigentümern) durch die Einführung des gesetzlichen Vorzugspfandrechts bessere Möglichkeiten zur Befriedigung ihrer Ansprüche eingeräumt.
  Weiterhin wurde aber die Wohnungseigentümergemeinschaft nur als "Quasi-Rechtspersönlichkeit"[516] („Quasi-juristische Person“[517]) angesehen.

- Aus der (sinngemäß auch noch für das WEG anwendbaren) Judikatur zu § 13c WEG 1975:
  - ⇒ Die Wohnungseigentümergemeinschaft stellt an sich kein wirklich neues Recht dar; sie wurde in der Rechtsprechung bereits als „organschaftliches Handeln des Verwalters“ vorgeformt.[518]
  - ⇒ Dritte, die schon vor Inkrafttreten des 3. WÄG Rechte gegen die einzelnen Miteigentümer erworben haben, gehen durch die Schaffung der Wohnungseigentümergemeinschaft nach § 13c WEG dieser Rechte nicht wieder verlustig;[519] die Rechtsprechung lehnt

---

[515] Vgl *Faistenberger-Barta-Call, Kommentar zum WEG 1975,* Vorwort XV, sowie dieselben in wobl 1989, 57 ff

[516] OGH 24.9.1996, 5 Ob 43/95 (= EWr II/13c/8);
OGH 10.6.1997, 5 Ob 230/97b (= EWr II/13c/20 f).

[517] OGH24.9.1996, 5 Ob 2102/96w (= EWr II/17/50 ff).

[518] OGH 27.8.1996, 5 Ob 132/95 (= EWr II/13c/7);
OGH 10.9.1996, 5 Ob 2179/96v (= EWr II/17/47 ff);
OGH 28.1.1997, 5 Ob 9/95 (= EWr II/13c/13 ff).

[519] OGH 29.10.1996, 5 Ob 16/96 (= EWr II/13c/11 f);
OGH 13.4.1999, 5 Ob 259/98v (= EWr II/13c/71 ff);
OGH 2.9.2003, 1 Ob 163/03g (= EWr W/18/6 ff) ua.

eine Rückwirkung auf bereits vor dem Inkrafttreten des 3. WÄG verwirklichte Sachverhalte ab,[520] es wird weder eine privative oder kumulative Schuldübernahme noch eine ex lege eintretende Gesamtrechtsnachfolge angenommen;[521] § 13c WEG sieht keine gesetzliche Rechtsnachfolge der Wohnungseigentümergemeinschaft in bestehende Schuldverhältnisse vor;[522] es kommt nicht auf den Zeitpunkt der Fälligkeit der jeweiligen Forderung, sondern auf den Zeitpunkt des Vertragsabschlusses an, weil damit die Person des Schuldners festgelegt wird.[523]
Ein gesetzlicher Vertragseintritt scheidet schon deshalb aus, weil die Wohnungseigentümergemeinschaft nie in die Position des grundbücherlichen Eigentümers gelangen kann.[524]

Das WEG brachte einige Änderungen, deren Bedeutung mE aber nicht überschätzt werden sollte.
Nach wie vor verfügt die Eigentümergemeinschaft über keine (vertretungsbefugten) Organe (sieht man von der - insofern nicht unstrittigen - Stellung des Verwalters ab[525]; vgl § 18 Abs 2 Z 1 lit a WEG) und kann auch - sieht man abermals vom Verwalter (sowie allenfalls Eigentümervertreter [§ 22 WEG] - siehe S 214) ab - keine vertretungsbefugten Organe bestellen (vgl § 26 WEG).

⇒ Bedenkt man, dass es in Österreich Wohnungseigentumsanlagen mit hunderten Miteigentümern und sohin tausenden Bewohnern gibt, drängt sich der Vergleich mit einer Kleinstadt auf, die über keine vertretungsbefugten Organe (etwa über keinen Gemeinderat) verfügt (und deren Bürger über jede [wichtige] Frage gesondert verhandeln müssten).

- Die vormalige Wohnungseigentümergemeinschaft heißt nun Eigentümergemeinschaft (§ 2 Abs 5 Satz 2 WEG); das ist eine bloße Namensersetzung.[526]

⇒ Die Umbenennung ist nicht ganz einsichtig.
Es trifft zwar zu, dass (wie schon im WEG 1975[527]) auch im WEG der Gemeinschaft sowohl Wohnungs- als auch (schlichte) Miteigentümer angehören (§ 56 Abs 12 WEG), doch hat das Gesetz an den meisten anderen Stellen die vormalige Bezeichnung „Miteigentümer" durch „Wohnungseigentümer" ersetzt (wiewohl auch in diesen Fällen sehr oft noch - vermutlich über Jahrzehnte - Miteigentümer betroffen sind), sodass die Änderung der Bezeichnung im Zusammenhang mit der Gemeinschaft insofern eher inkonsequent scheint.

- Die Eigentümergemeinschaft wird nun ausdrücklich als juristische Person bezeichnet (§ 2 Abs 5 Satz 2 WEG).

---

[520] OGH 12.5.1998, 5 Ob 113/98y (= EWr II/13c/48 ff).
[521] OGH 29.9.1998, 5 Ob 223/98z (= EWr II/13c/54 ff);
OGH 22.12.1998, 5 Ob 306/98f (= EWr II/13c/61 ff);
OGH 12.1.1999, 5 Ob 334/98y (= EWr III/896 A/1 ff);
OGH 2.9.2003, 1 Ob 163/03g (= EWr W/18/6 ff) ua.
[522] OGH 15.6.1999, 5 Ob 146/99b (= EWr II/13c/74 f);
OGH 7.11.2000, 5 Ob 201/00w (= EWr II/13c/119 ff) ua.
[523] OGH 14.5.2002, 5 Ob 109/02v (= EWr II/13c/182 ff).
[524] OGH 23.2.1999, 5 Ob 30/99v (= EWr II/13c/65 ff).
[525] OGH 12.9.2002, 5 Ob 173/02f (= EWr II/13c/190 ff).
[526] OGH 2.9.2003,l 1 Ob 163/03g (= EWr W/18/6 ff),
[527] OGH 14.9.1999, 5 Ob 242/99w (= EWr II/13c/76 f) ua.

⇒ Der Hinweis in den Materialien, wonach die Eigentümergemeinschaft nun „ausdrücklich als juristische Person konzipiert ist“, eskamotiert nicht das Fehlen von dies überzeugend unter Beweis stellenden meritorischen Änderungen.
Es erfolgte lediglich eine Klarstellung über die Vertretungsbefugnis (siehe dazu unten).

Neue (vertretungsbefugte) Organe hat die Eigentümergemeinschaft (sieht man vom - äußerst eingeschränkt vertretungsbefugten - Eigentümervertreter gemäß § 22 WEG ab) nicht bekommen (auch eine gemäß § 26 WEG mögliche Gemeinschaftsordnung kann keine weiteren vertretungsbefugten Organe schaffen).

Nichts geändert hat sich daran, dass der Eigentümergemeinschaft weiterhin nur Teilrechtsfähigkeit (Rechtsfähigkeit nur auf dem Gebiet der Verwaltung der Liegenschaft) zukommt.

Weitere Änderungen brachte die WRN 2006.
Sie erweiterte zwar nicht unmittelbar die Aktivlegitimation bzw den Geschäftskreis der Eigentümergemeinschaft, eröffnete aber expressis verbis (§ 18 Abs 2 WEG nF) die Abtretung von Ansprüchen an diese zum Zweck der Geltendmachung im eigenen Namen (siehe sogleich unten).

⇒ Anzumerken bleibt freilich, dass das Gesetz damit - wenigstens im Zusammenhang mit der Durchsetzung von Gewährleistungs- und Schadenersatzansprüchen (resultierend aus der „Begründungsphase“ des Wohnungseigentums) - nicht wirklich Neues brachte, weil die Rechtsprechung bereits in den Jahren davor eine derartige Zession als zulässig ansah.[528]
Selbst in der Frage der Durchsetzung von Ansprüchen zur Freimachung notwendig allgemeiner Teile der Liegenschaft bahnte sich unmittelbar vor Inkrafttreten der WRN 2006 eine Judikaturwende an, indem der Eigentümergemeinschaft (plötzlich) doch die (unmittelbare) Legitimation zugestanden wurde.[529]

2)
Geschäftskreis der Eigentümergemeinschaft; Aktiv- und Passivlegitimation; Exekution

Die Eigentümergemeinschaft ist eine zweckorientierte Gemeinschaft.

Rechtspersönlichkeit kommt ihr - auch im WEG - nur in Angelegenheiten der Verwaltung der Liegenschaft zu.[530]

⇒ Lediglich durch § 4 Abs 2 und 3 WEG werden ihr noch bestimmte weitere Pflichten im Zusammenhang mit „Altmietverhältnissen“ aufgebürdet (siehe oben ab S 69).

---

[528] OGH 15.6.2004, 5 Ob 181/03h (= EWr W/18/14 ff);
OGH 14.9.2004, 5 Ob 148/04g (= EWr W/18/21 f);
OGH 29.10.2004, 5 Ob 95/04p (= EWr W/27/14 ff):
OGH 11.1.2005, 5 Ob 304/04y (= EWr W/18/27 f).

[529] OGH 21.3.2006, 5 Ob 18/06t (= EWr W/18/37 ff).

[530] OGH 16.12.1997, 5 Ob 458/97g (= EWr II/13c/37 ff);
OGH 24.2.1998, 5 Ob 497/97t (= EWr II/26/29 f);
OGH 12.10.1999, 5 Ob 202/99p (= EWr II/13c/78 ff);
OGH 20.11.2002, 5 Ob 268/02a (= EWr II/13c/201 ff);
OGH 29.10.2004, 5 Ob 88/04h (= EWr W/18/25 f) ua.

⇒ Allerdings ist die Eigentümergemeinschaft (auch schon entsprechend der Rechtslage vor dem 3. WÄG) hinsichtlich der ihre Umsätze betreffenden Umsatzsteuer ein eigenes Steuersubjekt und daher abgabenpflichtig iSd § 77 BAO.[531]

⇒ Unter Angelegenheiten der Verwaltung sind Maßnahmen der Geschäftsführung zu verstehen.[532]

⇒ Zur Verwaltung gehört alles, was gemeinschaftliche Interessen bei der Nutzung und Erhaltung des Gemeinschaftsgutes beeinträchtigen (berühren[533]) könnte. Verwaltungshandlungen zeichnen sich dadurch aus, dass sie gemeinschaftliches Vorgehen erfordern, weil es um Interessen aller Gemeinschafter geht.[534]
Von den bloßen Besitz- oder Gebrauchshandlungen der einzelnen Miteigentümer heben sich die Verwaltungshandlungen dadurch ab, dass mit ihnen Geschäfte der Gemeinschaft besorgt werden; die Abgrenzung zu den Verfügungen ist nach den Auswirkungen der Geschäftsführungsakte auf das gemeinschaftliche Gut bzw die Anteile der Miteigentümer vorzunehmen (eine Verfügung greift in die Substanz der Gemeinschafts- oder Anteilsrechte ein).[535]

⇒ Außerhalb des Geschäftskreises der Verwaltungsangelegenheiten kann die Eigentümergemeinschaft weder Rechte erwerben noch Verbindlichkeiten eingehen;[536] es sind ihr über die Verwaltungsrechte hinaus keine Eigentümerrechte zugeordnet.[537]

⇒ Der Verwalter steht seit der Anerkennung der (Teil-)Rechtsfähigkeit der Eigentümergemeinschaft zu dieser und nicht mehr zu den einzelnen Miteigentümern in einem Auftragsverhältnis.[538]

Die Eigentümergemeinschaft kann nur im Bereich der Verwaltungsangelegenheiten

- Rechte erwerben;
- Verbindlichkeiten eingehen;
- klagen und
- geklagt werden[539]

(§ 18 Abs 1 Satz 1 WEG).

Was die örtliche Zuständigkeit des Gerichtes betrifft, führt Abs 1 leg cit noch aus:

- Für Klagen gegen die Eigentümergemeinschaft ist das Gericht örtlich zuständig, in dessen Sprengel die Liegenschaft gelegen ist.

---

531 OGH 15.6.2004, 5 Ob 268/03b (= EWr II/13c/233 ff).
532 OGH 10.6.1997, 5 Ob 230/97b (= EWr II/13c/20 f);
OGH 29.11.2001, 8 ObS 114/01z (= EWr II/13c/157 ff) ua.
533 OGH 2.9.2003, 1 Ob 163/03g (= EWr W/18/6 ff);
OGH 15.6.2004, 5 Ob 181/03h (= EWr W/18/14 ff) ua.
534 OGH 21.3.2006, 5 Ob 18/06t (= EWr W/18/37 ff) ua.
535 OGH 16.12.1997, 5 Ob 458/97g (= EWr II/13c/37 ff).
536 OGH 10.6.1997, 5 Ob 230/97b (= EWr II/13c/20 f);
OGH 12.10.1999, 5 Ob 202/99p (= EWr II/13c/78 ff) ua.
537 OGH 20.11.2002, 5 Ob 268/02a (= EWr II/13c/201 ff);
OGH 2.9.2003, 1 OB 163/03g (= EWr W/18/6 ff).
538 OGH 11.3.2003, 5 Ob 47/03b (= EWr II/13c/214 f).
539 OGH 26.3.1996, 5 Ob 2023/96b (= EWr II/13c/5 f).

- Dieses Gericht ist auch zuständig für Klagen der Eigentümergemeinschaft gegen einen Wohnungseigentümer.
  - ⇒ Derartige Klagen - betreffend Verbindlichkeiten gegenüber der Gemeinschaft - sind grundsätzlich zulässig.[540]
  - ⇒ Die Pflicht zur Leistung der vorgeschriebenen Akonto-Zahlungen besteht unabhängig von einer ordnungsgemäßen Rechnungslegung durch den Verwalter.[541]
  - ⇒ Im Abschluss des Wohnungseigentumsvertrags ist sogar ein schlüssiger Verzicht auf Aufrechnung gegenüber der Eigentümergemeinschaft zu sehen.[542]
- Klagt die Eigentümergemeinschaft einen Dritten (also einen nicht Mit- oder Wohnungseigentümer), so richtet sich die örtliche Zuständigkeit nach dem Wohnsitz des Beklagten.
  - ⇒ Diesfalls existiert also kein spezieller wohnungseigentumsrechtlicher Gerichtsstand.

Da die Eigentümergemeinschaft idR keine wirtschaftliche Tätigkeit ausübt, ist sie (idR) nicht als Unternehmer, sondern als Verbraucher anzusehen.

⇒ Dies kann ua Bedeutung haben für die Aufkündigung von Versicherungsverträgen.[543]

Aus Abs 1 leg cit und der dazu ergangenen Rechtsprechung lassen sich zumindest die nachfolgenden Schlussfolgerungen ziehen:

⇒ Die Rechtsprechung bezieht sich teilweise noch auf § 13c WEG 1975, kann aber wegen unveränderter materieller Rechtslage weiterhin herangezogen werden (im Folgenden wurden die in den Entscheidungen enthaltenen Zitate der Gesetzesstellen - sofern sie sich auf das Wohnungseigentumsgesetz beziehen - dem WEG 2002 angepasst; auch wurde die Bezeichnung „Wohnungseigentümergemeinschaft“ durch „Eigentümergemeinschaft“ ersetzt).

- Schon seit 1.1.1994 klagt idR nicht mehr der Verwalter im eigenen Namen, sondern die Eigentümergemeinschaft (vertreten durch den gemeinsamen Verwalter, sofern ein solcher bestellt ist[544]).
  - ⇒ Vor dem 3. WÄG hatte der Verwalter eine den Wohnungseigentümern zustehende Forderung im eigenen Namen geltend zu machen, nach der Judikatur kam ihm dabei "bloß eine einem organschaftlichen Vertreter (etwa dem Masseverwalter im Konkurs) ähnliche Stellung" zu.[545]
  - ⇒ Für ein Klagerecht des Verwalters im eigenen Namen ist neben dem Klagerecht der Eigentümergemeinschaft kein Raum.[546]

---

540 OGH 26.9.1995, 5 Ob 116/95 (= EWr II/13c/1 ff);
OGH 24.9.1996, 5 Ob 43/95 (= EWr II/13c/8);
OGH 21.12.1999, 5 Ob 328/99t (= EWr II/13c/88 ff).

541 OGH 11.11.1997, 5 Ob 2381/96z (= EWr II/13c/35 f);
OGH 10.2.1998, 5 Ob 111/97b (= EWr II/17/58 ff);
OGH 21,12,1999, 5 Ob 328/99t (= EWr II/13c/88 ff) ua.

542 OGH 10.2.1998, 5 Ob 111/97b (= EWr II/17/58 ff);
OGH 21.12.1999, 5 Ob 328/99t (= EWr II/13c/88 ff).

543 OGH 5.8.2003, 7 Ob 155/03z (= EWr W/18/1 ff).

544 OGH 26.9.1995, 5 Ob 116/95 (= EWr II/13c/1 ff).

545 OGH 5.7.1991, 5 Ob 60/91 (= EWr II/17/4).

546 OGH 10.6.1997, 5 Ob 239/97a (= EWr II/13c/22);

⇒ Klagt der Verwalter im eigenen Namen (ohne selbst in Vorlage getreten zu sein), ist ihm vom Gericht Gelegenheit zur Berichtigung der Parteienbezeichnung zu geben;[547] auch eine Richtigstellung von Amts wegen kann in Frage kommen;[548] erfolgt keine Richtigstellung, ist die Klage abzuweisen;[549] desgleichen, wenn sich herausstellt, dass der Verwalter ungeachtet seines Vorbringens doch nicht in Vorlage getreten ist[550] oder wenn ausdrücklich ein Titel gegen die Gemeinschaft angestrebt wird[551] (oder im Fall eines gemäß § 528 Abs 2 Z 2 ZPO nicht weiter anfechtbaren Konformatsbeschlusses[552]).
Die Berichtigung der Parteienbezeichnung vom Verwalter auf die Eigentümergemeinschaft (wegen anzunehmender Identität) wurde stets nur dann zugelassen, wenn es um Ansprüche ging, die materiell der Gemeinschaft zustanden oder gegen die Gemeinschaft entstanden sind.[553]

- Will der Verwalter hingegen einen materiell ihm selbst zustehenden Anspruch gegen einen (Mit-)Wohnungseigentümer oder gegen die Eigentümergemeinschaft geltend machen (etwa weil er in Vorlage getreten ist), so tritt er (weiterhin) im eigenen Namen auf.[554]

  ⇒ Der Verwalter macht in diesem Fall einen Rückerstattungsanspruch gemäß § 1014 ABGB geltend.[555]

- Die Eigentümergemeinschaft ist auch legitimiert zur Klage gegen einen säumigen Mit- bzw Wohnungseigentümer wegen Nichtzahlung von Wohnbeiträgen (Bewirtschaftungskosten).[556]

  ⇒ Dies ändert aber nichts an der - durch § 20 Abs 5 WEG konkretisierten - Pflicht des Verwalters, als Vertreter der Eigentümergemeinschaft rückständige Zahlungen eines Miteigentümers einzumahnen und nötigenfalls fristgerecht Klage nach § 27 Abs 2 WEG (dazu siehe unten ab S 259) zu erheben und die Anmerkung der Klage zu beantragen.

OGH 26.9.2000, 5 Ob 249/00d (= EWr II/13c/113 f).
[547] OGH 27.8.1996, 5 Ob 132/95 (= EWr II/13c/7);
OGH 24.9.1996, 5 Ob 2037/96m (= EWr II/13c/9 f);
siehe aber auch: OGH 10.6.1997, 5 Ob 239/97a (= EWr II/13c/22).
[548] OGH 8.7.1997, 5 Ob 65/97s (= EWr II/13c/23 ff);
OGH 11.11.1997, 5 Ob 2226/96f (= EWr II/13c/34);
OGH 11.11.1997, 5 Ob 2381/96z (= EWr II/13c/35 f).
[549] OGH 24.4.1997, 6 Ob 52/97h (= EWr II/13c/16 ff);
OGH 9.12.1997, 5 Ob 268/97s (= EWr II/13c/44 ff).
[550] OGH 2.9.1997, 5 Ob 281/97b (= EWr II/13c/26 f);
OGH 29.9.1998, 5 Ob 223/98z (= EWr II/13c/54 ff).
[551] OGH 12.5.1998, 5 Ob 113/98y (= EWr II/13c/48 ff).
[552] OGH 15.6.1999, 5 Ob 146/99b (= EWr II/13c/74 f).
[553] OGH 14.10.1997, 5 Ob 396/97i (= EWr II/13c/33).
[554] OGH 8.7.1997, 5 Ob 64/97s (= EWr II/13c/23 ff);
OGH 9.12.1997, 5 Ob 268/97s (= EWr II/13c/44 ff);
OGH 9.6.1998, 5 Ob 152/98h (= EWr II/13c/51).
[555] OGH 27.10.1998, 5 Ob 265/98a (= EWr II/13c/57 ff);
OGH 9.3.1999, 5 Ob 61/99b (= EWr II/13c/69 f);
OGH 20.10.1999, 5 Ob 284/99x (= EWr II/13c/81 ff).
[556] OGH 26.9.1995, 5 Ob 116/95 (= EWr II/13c/1 ff);
OGH 24.9.1996, 5 Ob 43/95 (= EWr II/13c/8);
OGH 7.7.1998, 5 Ob 4/98v (= EWr II/13c/52 f);
OGH 28.5.2002, 5 Ob 120/02m (= EWr II/13c/186 ff) ua.

- Zum Rechnungslegungsbegehren über die Rücklage im Fall des Verwalterwechsels ist ausschließlich die Eigentümergemeinschaft legitimiert.[557]
- Weiters ist die Eigentümergemeinschaft (und nur diese) legitimiert Überschüsse vom alten Verwalter herauszuverlangen.
  - ⇒ Es macht dabei (seit dem 3. WÄG) keinen Unterschied, ob es sich dabei um die Herausgabe eines Betriebskostenüberschusses oder um die Herausgabe der (Instandhaltungs-)Rücklage handelt;[558] ist dabei die Abrechnung an sich strittig, so ist diese Streitfrage im Verfahren über die Herausgabe als Vorfrage zu klären.[559]
- Gesamthandforderungen (zB Schadenersatzansprüche oder Gewährleistungsansprüche in Ansehung von Mängeln, die sich auf die gesamte im gemeinschaftlichen Eigentum stehende Sache auswirken) können von der Eigentümergemeinschaft geltend gemacht werden.[560]
  - ⇒ Voraussetzung dafür ist freilich, dass der Anspruch bereits von Beginn an der Gemeinschaft (auf Grund eines Vertrages mit dem Gewährleistungs- oder Schadenersatzpflichtigen) zukommt (siehe sogleich unten).
  - ⇒ Überraschend (angesichts der Vorjudikatur) - mE aber durchaus überzeugend (trotz der Vorjudikatur) - hat der 1. Senat des OGH (nur) der Eigentümergemeinschaft zugestanden, Amtshaftungsansprüche wegen Schäden an allgemeinen Teilen der Liegenschaft geltend zu machen (wenn zwar der Schaden vor dem 1.1.1994 gesetzt wurde, ein Schaden aber erst nach diesem Zeitpunkt eingetreten ist).[561]
    Nach den Materialien zur WRN 2006 wurde dieser Rechtsprechung mit dem neuen § 18 Abs 2 WEG offenbar derogiert, weil es sich (nun) um eine (bloß) zedierbare - und nicht (mehr) unmittelbar durchsetzbare - Forderung handelt (Näheres dazu siehe sogleich unten).
- Der Abschluss und die Beendigung eines Dienstvertrags mit einem Hausbesorger fallen unter die der Eigentümergemeinschaft zustehende ordentliche Verwaltung, weshalb diese als Dienstgeber anzusehen ist.[562]
  - ⇒ Die Eigentümergemeinschaft ist allerdings nicht zur Veräußerung von Wohnungseigentumsobjekten legitimiert[563] (daher kann auch nicht die Gemeinschaft die allenfalls nicht mehr benötigte Hausbesorgerwohnung veräußern).
- Die Eigentümergemeinschaft ist berechtigt, gerichtlich klären zu lassen, ob Mietrechte an einem gemeinschaftlichen Kfz-Abstellplatz be-

---

[557] OGH 23.6.1998, 5 Ob 93/98g (= EWr II/16/7 ff);
OGH 11.5.1999, 5 Ob 244/98p (= EWr II/16/11 ff);
OGH 11.5.2004, 5 Ob 220/03v (= EWr W/52/1 ff) ua.
[558] OGH 11.3.2003, 5 Ob 47/03b (= EWr II/13c/214 f) ua.
[559] OGH 11.5.2004, 5 Ob 220/03v (= EWr W/52/1 ff).
[560] OGH 28.1.1997, 5 Ob 9/95 (= EWr II/13c/13 ff).
[561] OGH 2.9.2003, 1 Ob 163/03g (= EWr W/18/6 ff).
[562] OGH 29.11.2001, 8 ObS 114/01z (= EWr II/13c/157 ff).
[563] OGH 15.6.2004, 5 Ob 268/03b (= EWr II/13c/233 ff).

stehen (die mit einem schon abgeschlossenen oder erst abzuschließenden Mietvertrag kollidieren).[564]

⇒ Fraglich ist aber, ob der Eigentümergemeinschaft ein Räumungsanspruch zusteht, da ihr ja kein Eigentums- oder Nutzungsrecht an der Liegenschaft zukommt.[565]

⇒ Völlig indifferent scheint derzeit die Rechtsprechung zur Frage der Durchsetzung von Verstößen gegen eine (wirksam zustande gekommene) Hausordnung (nur Möglichkeit einer Ausschlussklage nach § 36 WEG sowie über Leistungs- und Unterlassungsklagen, wie sie dem Eigentümer nach § 364 und § 523 ABGB zustehen?).[566]

- Die Eigentümergemeinschaft haftet in Angelegenheiten der Verwaltung des gemeinschaftlichen Wohnungseigentums - mit ihrem Vermögen (subsidiär die Miteigentümer)[567] - deliktisch.[568]

⇒ Dies auch für Schäden aus Handlungen oder Unterlassungen des Wohnungseigentumsverwalters (als direkter Stellvertreter aller Wohnungseigentümer); keine Beschränkung der Haftung bloß für untüchtigen Besorgungsgehilfen.[569]
Auch wenn man den Verwalter nicht als Organ der Eigentümergemeinschaft versteht, führen die Grundsätze der Repräsentantenhaftung dazu, der Eigentümergemeinschaft das Handeln des Verwalters zuzurechnen.[570]

⇒ Auch der Verwalter einer Wohnungseigentumsanlage kann einem Dritten (also einer nicht zur Eigentümergemeinschaft gehörigen oder ihr vertraglich verbundenen Person) wegen deliktischen Verhaltens ersatzpflichtig werden.[571]

⇒ Haftung für Verletzung nach Einsturz oder Ablösung von Teilen eines Gebäudes (§ 1319 ABGB).[572]

⇒ Haftung (Gefährdungshaftung iSd § 1319 ABGB) der Eigentümergemeinschaft für die Sicherung eines auf der Wohnungseigentümer-Liegenschaft aufgeführten Werks (im Anlassfall: Erdaufschüttung; Druck auf den Zaun des klagenden Nachbarn).[573]

⇒ Wegehalterhaftung (§ 1319a ABGB);[574] die Veranlassung des Winterdienstes zählt zur Verwaltung der Liegenschaft;[575] gegen die Passivlegitimation der Gemeinschaft spricht auch nicht, dass auch der Geschädigte dieser angehört (und von einem gegen diese lautenden Exekutionstitel wirtschaftlich (mit)betroffen wäre).[576]

---

564 OGH 27.9.2001, 5 Ob 159/01w (= EWr II/13c/153 ff).
565 OGH 27.9.2001, 5 Ob 159/01w (= EWr II/13c/153 ff).
566 OGH 25.22.2003, 5 Ob 261/03y (= EWr W/18/10 ff).
567 OGH 12.2.2002, 5 Ob 291/01g (= EWr II/13c/164 ff).
568 OGH 12.9.2002, 5 Ob 173/02f (= EWr II/13c/190 ff);
OGH 6.4.2006, 6 Ob 70/06x (= EWr W/18/42 f) ua.
569 OGH 12.2.2002, 5 Ob 291/01g (= EWr II/13c/164 ff).
570 OGH 12.9.2002, 5 Ob 173/02f (= EWr II/13c/190 ff).
571 OGH 12.9.2002, 5 Ob 173/02f (= EWr II/13c/190 ff).
572 OGH 12.2.2002, 5 Ob 291/01g (= EWr II/13c/164 ff).
573 OGH 15.6.2004, 5 Ob 119/04t (= EWr W/18/18 ff).
574 OGH 27.2.2001, 5 Ob 28/01f (= EWr II/13c/139 f);
OGH 6.4.2006, 6 Ob 70/06x (= EWr W/18/42 f) ua.
575 OGH 11.1.2000, 5 Ob 335/99x (= EWr II/13c/91);
OGH 12.9.2002, 5 Ob 173/02f (= EWr II/13c/190 ff).
576 OGH 9.11.1999, 5 Ob 283/99z (= EWr II/13c/84 ff).

- Zur (Nicht-)Legitimation der Eigentümergemeinschaft im Zusammenhang mit „Altmietverhältnissen“ bzw zum diesbezüglich neuen Recht (§ 4 WEG) siehe oben ab S 65.

Eine Sonderregelung trifft § 18 Abs 1 letzter Satz und Abs 4 WEG im Zusammenhang mit der Vollstreckung eines gegen die Eigentümergemeinschaft ergangenen Exekutionstitels.

⇒ Die Zitatänderung von Abs 3 in Abs 4 leg cit erfolgte wegen des neu eingefügten Abs 2 leg cit mit der WRN 2006.

Dieser kann zunächst nur vollstreckt werden

- in die Rücklage (§ 31 WEG – siehe dazu unten ab S 297)
  oder
- in die von den Wohnungseigentümern geleisteten oder geschuldeten Zahlungen für Aufwendungen (§ 32 – siehe dazu unten ab S 305).

⇒ Dies stellt eine Erweiterung des vor der Inanspruchnahme der Miteigentümer heranzuziehenden Deckungsfonds dar.
De facto kann mE die Möglichkeit - eigentlich ja Verpflichtung - zur Forderungsexekution die Rechtsdurchsetzung des Gläubigers der Eigentümergemeinschaft noch erschweren, weil er eine weitere (ergebnislose) Exekution führen muss, bevor er die Miteigentümer (anteilig) in Anspruch nehmen kann (dazu siehe sogleich unten).

Soweit jedoch die Forderung durch eine solche Exekution nicht hereingebracht werden kann, haften die Wohnungseigentümer für den Ausfall im Verhältnis ihrer Miteigentumsanteile („subsidiäre Ausfallshaftung“).

- Grundsätzlich können aber Forderungen gegen die Eigentümergemeinschaft gegen die einzelnen Wohnungseigentümer
  - nur durch gesonderte Klagsführung (beim örtlich zuständigen Gericht, in dessen Sprengel die Liegenschaft gelegen ist)
    und
  - nur insoweit geltend gemacht werden, als sie trotz Exekution gegen die Eigentümergemeinschaft (in die Rücklage bzw in geleistete oder geschuldete Zahlungen der Wohnungseigentümer für Aufwendungen) nicht einbringlich gemacht werden konnten.

⇒ Das Gesetz lässt die einzelnen Wohnungseigentümer subsidiär haften für alle Forderungen im Zusammenhang mit der - ordentlichen und außerordentlichen - Verwaltung der Liegenschaft.
Es handelt sich um eine subsidiäre Ausfallshaftung.[577]
Die Subsidiarität besteht darin, dass der Anspruch nicht sofort (anteilig) gegen die einzelnen Wohnungseigentümer, sondern zunächst gegen die Eigentümergemeinschaft klagsweise geltend zu machen und durch entsprechende Exekutionsführung der Versuch der Einbringlichmachung zu unternehmen ist.
Eine unmittelbar gegen die einzelnen Wohnungseigentümer eingebrachte Klage wäre mangels Passivlegitimation abzuweisen.[578]

⇒ Die Erwähnung der gesonderten Klagsführung dient der Klarstellung, dass der gegen die Eigentümergemeinschaft ergangene

[577] OGH 2.6.2003, 5 Ob 116/03z (= EWr III/1425 A/1 ff).
[578] OGH 31.3.2003, 5 Ob 248/02k (= EWr II/13c/216 ff).

Titel nicht unmittelbar gegen (einzelne) Wohnungseigentümer vollstreckt werden kann.
Dies traf allerdings auch schon im WEG 1975 zu.[579]
Folgerichtig wurde daher die Zulässigkeit einer zugleich mit der Leistungsklage (gegen die Gemeinschaft) erhobenen Feststellungsklage (gegen die Wohnungseigentümer) verneint.[580]

⇒ Zu den Gläubigern, die zunächst die Eigentümergemeinschaft klagen müssen und sich nur subsidiär an die einzelnen Mit- und Wohnungseigentümer halten können, zählt auch der Verwalter (Aufwandersatz gemäß § 1041 ABGB).[581]

⇒ Die Regelung des § 18 Abs 4 WEG schließt nicht aus, dass die Mit- und Wohnungseigentümer im Innenverhältnis die Haftung anders regeln; dies hat jedoch keine Auswirkungen auf das Außenverhältnis zum Dritten (subsidiäre Inanspruchnahme der Mit- und Wohnungseigentümer nur nach bücherlichen Anteilen).

⇒ Dass Aufwandersatzansprüche zunächst ausschließlich gegen die Eigentümergemeinschaft zu richten sind und nur subsidiär gegen die einzelnen Wohnungseigentümer, kann dann nicht gelten, wenn mit einem Teil der Wohnungseigentümer vom aufwendenden Miteigentümer eine Vereinbarung getroffen wurde, die sie aus ihrer Kostentragungspflicht entlässt.[582]

Die Wohnungseigentümer können der Eigentümergemeinschaft

- aus ihrem Miteigentum erfließende Unterlassungsansprüche

  ⇒ ME wohl auch Beseitigungsansprüche;

  sowie
- die Liegenschaft betreffende Gewährleistungs- und Schadenersatzansprüche

abtreten, wodurch die Eigentümergemeinschaft diese Ansprüche erwirbt und im eigenen Namen geltend machen kann (§ 18 Abs 2 erster Satz WEG).

⇒ Abs 2 leg cit (mit diesem Inhalt) wurde mit der WRN 2006 neu in das Gesetz eingefügt (der vormalige Abs 2 wurde - modifiziert - zu Abs 3 leg cit).

Die mit der WRN 2006 (§ 18 Abs 2 erster Satz erster Halbsatz WEG) geschaffene Abtretungsmöglichkeit betreffend Unterlassungsansprüche bedeutet im Einzelnen:

- Die höchstgerichtliche Judikatur dazu ist - soweit sie bis Ende 2005 ergangen ist - als überholt anzusehen.

  ⇒ Nach dieser Rechtsprechung war zur Abwehr von Eingriffen in das gemeinsame Eigentum grundsätzlich (nur) jeder einzelne Wohnungseigentümer berechtigt[583] (wobei darin nach Ansicht des Obersten Gerichtshofes kein Rechtsschutzdefizit zu erblicken war[584]).
  Dementsprechend war die Durchsetzung petitorischer Rechtsschutzansprüche - etwa ein Entfernungs- und Unterlassungsbe-

[579] Undeutlich: OGH 20.10.1999, 5 Ob 284/99x (= EWr II/13c/81 ff).
[580] OGH 12.2.2002, 5 Ob 24/02v (= EWr II/13c/170 ff).
[581] OGH 9.3.1999, 5 Ob 61/99b (= EWr II/13c/69 f);
OGH 20.10.1999, 5 Ob 284/99x (= EWr II/13c/81 ff).
[582] OGH 29.1.2002, 5 Ob 277/01y (= EWr II/19/105 ff).
[583] OGH 9.6.1998, 5 Ob 493/97d (= EWr II/14/56 f).
[584] OGH 20.11.2002, 5 Ob 268/02a (= EWr II/13c/201 ff).

gehren, das auf das Eigentumsrecht der Mitglieder der Wohnungseigentümergemeinschaft gestützt wurde - keine Angelegenheit der Verwaltung iSd § 18 WEG und konnte daher nur durch die einzelnen Wohnungseigentümer erfolgen.[585]

⇒ Von dieser Ansicht ist der Oberste Gerichtshof bis knapp vor Inkrafttreten der WRN 2006 nicht abgegangen. Insbesondere existiert auch keine Entscheidung, wonach die Zession derartiger Ansprüche möglich sei.
Allerdings hat das Höchstgericht dann doch festgehalten, dass die Eigentümergemeinschaft Ansprüche zur Freimachung und Freihaltung von <u>notwendig allgemeinen Teilen</u> der Liegenschaft selbst (also ohne vorheriger Abtretung) durchsetzen kann, weil es sich diesbezüglich (doch) um eine ordentliche Verwaltungsmaßnahme handle. Die Eigentümergemeinschaft sei Besitzmittlerin für die Gesamtheit der Mit- und Wohnungseigentümer, wobei es ihre Pflicht sei (!), im Rahmen ihrer Verwaltungsaufgaben die gesetzliche Zweckbestimmung notwendig allgemeiner Teile der Liegenschaft (im Anlassfall ging es um einen widerrechtlich in Besitz genommenen Heizraum) zu gewährleisten.[586] Die Merkwürdigkeit („Treppenwitz der Rechtsgeschichte“[587]) dieser nun - mE um Jahre zu spät - eingeschlagenen Judikaturlinie, mit der der 5. Senat des Obersten Gerichtshof seinen davor immer enger gewordenen Verwaltungsbegriff endlich wieder - und völlig zu Recht - ausweitet (lediglich die Einschränkung auf „notwendig“ allgemeine Teile wäre noch zu überdenken), liegt darin, dass sie ein Kernstück der WRN 2006 (§ 18 Abs 2 WEG nF) ad absurdum führt. Die (komplizierte) „Zessionslösung“ - siehe dazu sogleich unten - erübrigt(e) sich, wenn der Anspruch ohnedies originär von der Gemeinschaft - weil als im Rahmen der Verwaltung liegend anzusehen - durchgesetzt werden kann (könnte).
Die weitere Entwicklung der Judikatur dazu darf mit Spannung erwartet werden.

- Der neue Abs 2 leg cit erklärt nun ausdrücklich die <u>Abtretung</u> von <u>Unterlassungs</u>ansprüchen der Wohnungseigentümer, die sich aus ihrem <u>Miteigentum</u> - und damit auch aus ihrem <u>Mitbesitz</u> - an der Liegenschaft ergeben, für zulässig.
  Dabei kann es sich beispielsweise handeln um
  - Eigentumsfreiheitsklagen (§ 523 ABGB);
  - Durchsetzung nachbarrechtlicher Ansprüche (§§ 364 ff ABGB);
  - Räumungsklagen gegen titellose Benützer;
  - Besitzstörungsklagen.

    ⇒ Freilich bringt es die vom Gesetzgeber gewählte „Abtretungslösung“ mit sich, dass die Judikatur zur <u>Passivlegitimation der Eigentümergemeinschaft</u> weiterhin aktuell bleibt. Gemäß dem insoweit unverändert gebliebenen § 18 <u>Abs 1</u> WEG kann die Gemeinschaft nach wie vor nur in Angelegenheiten der Verwaltung klagen und geklagt werden. Es erfolgte mit der Novelle eben grundsätzlich <u>keine Erweiterung</u> der in § 28 Abs 1 WEG enthaltenen Aufzählung der Verwaltungsangelegenheiten (wie es nach

[585] OGH 29.10.2004, 5 Ob 88/04h (= EWr W/18/25 f).
[586] OGH 21.3.2006, 5 Ob 18/06t (= EWr W/18/37 ff).
[587] © Call in wobl 2006, 223

der im Gesetzwerdungsverfahren zur WRN 2006 gleichfalls diskutierten „Verwaltungslösung“ vorgesehen gewesen wäre).

⇒ Somit bleibt etwa weiterhin die Judikatur beachtlich, wonach die Frage der Grundstücksgrenzen keine Angelegenheit der Verwaltung iSd § 18 WEG darstellt und daher die Klage nicht gegen die Eigentümergemeinschaft zu richten ist.[588] Auch die Frage der Freiheit des Eigentums von fremden Nutzungsrechten ist nicht in einer gegen die Eigentümergemeinschaft sondern gegen alle Wohnungseigentümer als notwendige Streitgenossen gerichteten Klage zu klären.[589]

Auch die Durchsetzung von Individual- oder Minderheitsrechten erfolgt nach der Rechtsprechung nicht gegen die Eigentümergemeinschaft (Antragsgegner sind diejenigen Wohnungseigentümer, deren Interessen durch die Entscheidung über den Antrag berührt werden können).[590]

Im Falle einer gemeinschaftsinternen Auseinandersetzung - etwa über die Regelung der Benützung eines Parkplatzes - kommt nicht der Eigentümergemeinschaft im hierüber durchzuführenden Außerstreitverfahren Parteistellung zu, sondern jenen Miteigentümern, deren Interessen durch die Entscheidung über den Antrag unmittelbar berührt werden können.[591]

⇒ Vor diesem Hintergrund darf es als durchaus spannend angesehen werden, welche Interpretation der Oberste Gerichtshof dem „Verwaltungsbegriff“ künftig angedeihen lassen wird (ein gleichsam „Meilenstein“ ist ja bereits - siehe unmittelbar oben - mit der Zuordnung des Räumungsanspruchs der Gemeinschaft hinsichtlich notwendig allgemeiner Teile der Liegenschaft gelegt worden[592]).

Die Beschränkung derartiger Gemeinschaftsrechte auf „notwendig“ allgemeine Teile stellt mE keine Selbstverständlichkeit dar (vielmehr scheint es sich dabei mE um ein begrüßenswertes - zunächst vorsichtiges - Herantasten an einen erweiterten Verwaltungsbegriff zu handeln).

ME (be)hindert die mit der WRN 2006 geschaffene Abtretungsmöglichkeit keinesfalls die Weiterentwicklung der Definition des Verwaltungsbegriffs (die mit der WRN 2006 diesbezüglich erfolgten Änderungen sind eher als Versuch anzusehen, einen Ausweg aus der - letztendlich doch als wenig praktikabel erkannten - extrem restriktiven Auslegung des Verwaltungsbegriffs durch den Obersten Gerichtshof [den dieser zuletzt freilich zu lockern im Begriffe war] zu finden).

⇒ Tatsache ist, dass die Eigentümergemeinschaft auch nach der mit der WRN 2006 geschaffenen Rechtslage nur jene Ansprüche durchsetzen kann, die entweder (nach Gesetz und dazu ergehender Rechtsprechung) dem Bereich der Verwaltung zuzuordnen sind oder die ihr von einzelnen Gemeinschaftern zur Durchsetzung abgetreten wurden.

---

[588] OGH 14.10.1997, 5 Ob 392/97a (= EWr II/13c/32).
[589] OGH 29.3.2001, 6 Ob 255/00v (= EWr III/523 A/11 ff).
[590] OGH 12.6.1996, 5 Ob 2151/96a (= EWr II/14/28 ff);
OGH 9.12.1997, 5 Ob 268/97s (= EWr II/13c/44 ff).
[591] OGH 12.11.1996, 5 Ob 2147/96p (= EWr II/15/19 f).
[592] OGH 21.3.2006, 5 Ob 18/06t (= EWr W/18/37 ff).

- Die Abtretung (Zession) ist ein Konsensualvertrag.

  Gemäß § 1392 ABGB bedarf es der Übertragung der Forderung von einer (eben der ursprünglich anspruchsberechtigten) Person auf eine andere; weiters ist die Annahme der Forderung durch die andere Person erforderlich.

  ⇒ Erfolgen Angebot und Annahme in Schriftform (was bei einem Konsensualvertrag nicht zwingend erforderlich ist), unterliegt der Vertrag der Gebührenpflicht!

  Die Eigentümergemeinschaft kann nicht gezwungen werden, eine ihr von einem (oder mehreren) Wohnungseigentümer(n) angebotene Forderung auch tatsächlich anzunehmen.

  ⇒ Der Verwalter als Vertreter der Eigentümergemeinschaft könnte dabei - wohl weniger im Zusammenhang mit der Abtretung von Unterlassungsansprüchen als vielmehr bei der gleichfalls möglichen Abtretung von Gewährleistungs- und Schadenersatzansprüchen (siehe sogleich unten) - vor schwierige Entscheidungen gestellt sein.

  Wiewohl die Durchsetzung der gegenständlichen Ansprüche mE idR zu Angelegenheiten der ordentlichen Verwaltung zu zählen sein wird, kann dem Verwalter generell empfohlen werden, vor der Annahme des angebotenen Anspruchs (jedenfalls aber vor der Einleitung (mit Kostenrisiko behafteter) forensischer Schritte einen Beschluss der Mehrheit (einfache Mehrheit gerechnet nach bücherlichen Anteilen ist ausreichend) einzuholen. Der Verwalter kann dies insofern ohne Risiko veranlassen, als er mit jedem Ergebnis einer derartigen Abstimmung zu leben vermag (weder die Zustimmung zur noch die Ablehnung der klagsweisen Verfolgung der genannten Ansprüche durch die Gemeinschaft wird als rechtswidrige Weisung iSd § 20 Abs 1 WEG anzusehen sein).

  Im Zusammenhang mit beabsichtigten Besitzstörungsklagen könnte die vorhergehende Beschlussfassung allerdings wegen der 30-tägigen Klagsfrist auf praktische Probleme stoßen; doch liegt diesfalls mE eindeutig eine Angelegenheit der ordentlichen Verwaltung vor, sodass die Beschlussfassung - auch wegen des überschaubaren Kostenrisikos der Anspruchsverfolgung - entbehrlich scheint. Auch könnte der Verwalter vorweg versuchen, im Hinblick auf (liegenschaftsbezogen) immer wieder zu erwartende Vorkommnisse (etwa die Störung des Besitzes am Gemeinschaftsparkplatz) generelle Direktiven beschließen zu lassen.

Die mit der WRN 2006 in den Gesetzestext (§ 18 Abs 2 erster Satz zweiter Halbsatz WEG) eingeflossene Möglichkeit zur Abtretung von Gewährleistungs- und Schadenersatzansprüchen bedeutet im Einzelnen:

- Die höstgerichtliche Judikatur seit dem Jahr 2004 findet nun ihren Niederschlag im Gesetzestext.

  ⇒ Insofern schafft die WRN 2006 keine neue Rechtslage; siehe aber unten die Ausführungen zu § 18 Abs 2 zweiter Satz WEG).

- Zur Rechtsentwicklung:

  Gewährleistungsansprüche sind Ansprüche jeweils aus einem individuellen Vertrag[593] (und stehen daher - vor allem bei Neubau-

[593] OGH 7.11.2000, 5 Ob 201/00w (= EWr II/13c/119 ff);

ten - idR jeweils nur dem Wohnungseigentümer [als Käufer] gegenüber seinem Vertragspartner [als Verkäufer] zu;[594] nicht aber der Eigentümergemeinschaft[595]; dies auch im Hinblick auf allgemeine Teile [zB fehlender Kinderspielplatz[596]] der Liegenschaft.[597] Entgegen der früheren Rechtsprechung handelt es sich dabei nicht um Gesamthandforderungen der Mit- und Wohnungseigentümer[598]).

Es ist daher grundsätzlich - auch nach der Einfügung des Abs 2 leg cit durch die WRN 2006 - der jeweilige Wohnungseigentümer (als Käufer) zur Durchsetzung derartiger Gewährleistungs- und Schadenersatzansprüche (gegenüber seinem Verkäufer) berechtigt.

Insoweit bleibt die bisher dazu ergangene - im Folgenden dargestellte - Judikatur beachtlich:

Diese sieht im Hinblick darauf, dass etwa bei der Wahl zwischen Verbesserungs- und Preisminderungsansprüchen (insbesondere nach der Rechtslage vor dem mit 1.1.2002 in Kraft getretenen GewRÄG[599]) die Interessen der übrigen Wohnungseigentümer berührt werden könnten, einen die Klage genehmigenden Mehrheitsbeschluss als erforderlich an.[600]

Dabei reicht die Untätigkeit der Mehrheit (= keine Reaktion auf Mängelrügen eines Wohnungseigentümers) bereits aus, dass der klagende Wohnungseigentümer die Klage durch eine den Mehrheitsbeschluss substituierende Entscheidung des Außerstreitrichters sanktionieren lässt.[601]

Der einzelne anspruchsberechtigte Wohnungseigentümer hat als Mitglied der Mit- und Wohnungseigentümergemeinschaft die Interessen der übrigen Gemeinschaftsmitglieder zu wahren.[602]

Während der Anspruch auf Mängelbeseitigung an allgemeinen Teilen des Hauses wohl ein Gesamthandanspruch ist, trifft dies nicht auf die Forderung nach Verbesserungskapital für Mängelbeseitigung bzw für zulässigerweise auf Begehren eines Vorschusses für Verbesserungskapital zu. Eine solche ist als Geldforderung teilbar. Diesfalls kann der einzelne Wohnungseigentü-

---

OGH 21.11.2000, 5 Ob 282/00g (= EWr II/24/25 ff);
OGH 26.8.2003, 5 Ob 142/03y (= EWr II/13c/222 ff);
OGH 2.9.2003, 1 Ob 163/03g (= EWr W/18/6 ff);
OGH 9.12.2003, 5 Ob 165/03f (= EWr II/13c/228 ff);
OGH 15.6.2004, 5 Ob 181/03h (= EWr W/18/14 ff) ua.

594 OGH 10.7.2001, 5 Ob 296/00s (= EWr II/13c/146 ff);
OGH 11.1.2005, 5 Ob 304/04y (= EWr W/18/27 f) ua.

595 OGH 21.11.2000, 5 Ob 282/00g (= EWr II/24/25 ff);
OGH 3.12.2002, 5 Ob 231/02k (= EWr II/24/35 ff);
OGH 3.12.2002, 5 Ob 269/02y (= EWr II/13c/209 ff) ua.

596 OGH 9.4.2002, 5 Ob 31/02y (= EWr II/13c/177 f).

597 OGH 26.2.2002, 5 Ob 28/02g (= EWr II/13c/174 ff);
OGH 28.9.2004, 5 Ob 200/04d (= EWr W/18/23 f) ua.

598 OGH 26.8.2003, 5 Ob 142/03y (= EWr II/13c/222 ff).

599 OGH 13.5.2003, 5 Ob 99/03z (= EWr II/13c/220 f).

600 OGH 10.7.2001, 5 Ob 296/00s (= EWr II/13c/146 ff);
OGH 26.2.2002, 5 Ob 28/02g (= EWr II/13c/174 ff);
OGH 3.12.2002, 5 Ob 269/02y (= EWr II/13c/209 ff) ua.

601 OGH 28.9.2004, 5 Ob 200/04d (= EWr W/18/23 f).

602 OGH 24.10.2000, 5 Ob 253/00t (= EWr II/13a/17 ff);
OGH 26.8.2003, 5 Ob 142/03y (= EWr II/13c/222 ff) ua.

mer nur den auf seinen Anteil entfallenden Teil des eingesetzten oder zu bevorschussenden Deckungskapitals begehren; ein selbständiges Klagerecht auf das Ganze besteht nicht.[603]
Soweit allerdings Gemeinschaftsinteressen nicht gefährdet sind (etwa bei Unbehebbarkeit des Mangels, wo ohnedies nur Preisminderung in Betracht kommt) , ist der einzelne Mit- und Wohnungseigentümer nicht gehindert, seine - auch allgemeine Teile der Liegenschaft betreffenden - Gewährleistungs- und Schadenersatzansprüche allein (also ohne vorangehenden Mehrheitsbeschluss) geltend zu machen.[604]
Gleiches gilt für Schadenersatzansprüche eines Wohnungseigentümers.[605]
Den Endpunkt in der Entwicklung der Rechtsprechung zur Durchsetzung von Schadenersatz- und Gewährleistungsansprüchen betreffend allgemeine Teile der Liegenschaft und ernste Schäden des Hauses vor der WRN 2006 brachte jene Judikatur, die eine Abtretung der Individualansprüche (des Wohnungseigentümers aus seinem Vertrag mit dem Bauträger) an die Eigentümergemeinschaft als zulässig ansieht. Möglicherweise schon unter dem Eindruck der Verhandlungen zur WRN 2006 stehend, hat der 5. Senat des OGH zugestanden, dass der Miteigentümer seine Individualrechte gegenüber Dritten auf erstmalige Herstellung des mängelfreien Zustands der Baulichkeit der Eigentümergemeinschaft als Trägerin der Verwaltung der Liegenschaft zedieren kann. Dies mit der durchaus nachvollziehbaren (wiewohl schon aus dem mE richtigen Verständnis des Verwaltungsbegriffs resultierenden) Begründung, wonach die erstmalige Herstellung eines mängelfreien Gesamtzustands der Baulichkeit (angesichts der gegebenen Instandhaltungspflichten der Gemeinschaft) durchaus einem gemeinsamen Interesse aller Miteigentümer entspricht.[606]
Weiterhin wurde aber ausdrücklich darauf hingewiesen, dass die Verfolgung von Mängeln aus der „Gründungsphase“ formal ab ihrem Entstehen nicht der Eigentümergemeinschaft zuzuordnen wäre, sondern ihren vertraglichen Wurzeln nach den einzelnen Mit- und Wohnungseigentümern zusteht, von diesen aber der Eigentümergemeinschaft durch Abtretung zugewiesen werden kann.[607]
Eben dies geht nun aus dem Gesetzestext des § 18 Abs 2 Satz eins zweiter Halbsatz WEG idF der WRN 2006 eindeutig hervor.

⇒ Als möglich anzusehen ist es weiterhin, dass die Rechtszuständigkeit für die Durchsetzung beim einzelnen Wohnungseigentümer belassen wird (dieser daher allein die Klage einbringt), die Gemeinschaft aber den Rechtsanwalt mit der Klagsführung beauftragt und das Kostenrisiko übernimmt. Auch eine solche Vorgangsweise entspricht dem Gemeinschaftsinteresse und hält sich

---

[603] OGH 26.8.2003, 5 Ob 142/03y (= EWr II/13c/222 ff).
[604] OGH 20.11.2002, 5 Ob 190/02f (= EWr II/13c/205 ff); OGH 13.5.2003, 5 Ob 99/03z (= EWr II/13c/220 f).
[605] OGH 3.12.2002, 5 Ob 231/02k (= EWr II/24/35 ff).
[606] OGH 15.6.2004, 5 Ob 181/03h (= EWr W/18/14 ff); OGH 14.9.2004, 5 Ob 148/04g (= EWr W/18/21 f); OGH 11.1.2005, 5 Ob 304/04y (= EWr W/18/27 f).
[607] OGH 15.6.2004, 5 Ob 181/03h (= EWr W/18/14 ff); OGH 29.10.2004, 5 Ob 95/04p (= EWr W/27/14 ff).

innerhalb des Geschäftskreises, für den der Gemeinschaft Rechtsfähigkeit zukommt.[608]

⇒ Großzügig ließ die Judikatur im Zusammenhang mit der Durchsetzung von Schadenersatz- und Gewährleistungsansprüchen die Richtigstellung der Parteienbezeichnung (§ 235 Abs 5 ZPO) zu.[609] Tritt die Eigentümergemeinschaft formell als Klägerin auf, lässt aber der zur Begründung des Klagsanspruchs vorgetragene Sachverhalt eindeutig erkennen, dass es um Ansprüche der einzelnen Wohnungseigentümer geht, wird die Richtigstellung der Parteienbezeichnung zugelassen (auch wenn es dadurch zu einem Personenwechsel im Verfahren kommt);[610] bei entsprechend klarer Sachlage hat die Berichtigung von Amts wegen zu erfolgen;[611] gegebenenfalls ist das Problem mit den Parteien zu erörtern.[612]

Von der Möglichkeit einer Berichtigung der Parteienbezeichnung kann allerdings dann kein Gebrauch gemacht werden, wenn die klagende Eigentümergemeinschaft nach einer Erörterung des Problems darauf beharrt, zur Geltendmachung des streitgegenständlichen Anspruchs legitimiert zu sein;[613] diesfalls wäre die Sache iS einer Abweisung des Begehrens sofort entscheidungsreif.[614]

Der Berichtigung der Parteienbezeichnung (von Eigentümergemeinschaft auf einzelne Wohnungseigentümer) bedarf es naturgemäß dann nicht, wenn die Zession des Anspruchs an die Eigentümergemeinschaft behauptet und unter Beweis gestellt wird.

- Dem Verwalter können aus der Möglichkeit zur Abtretung von Gewährleistungs- und Schadenersatzansprüchen an die Eigentümergemeinschaft (neue) Pflichten erwachsen.

⇒ ME impliziert die (nun direkt im Gesetz angeführte) Möglichkeit der (rechtsgeschäftlichen) Zession von Ansprüchen die Pflicht des Verwalters, vor der Beauftragung einer Sanierungsarbeit zu prüfen, ob nicht noch ein Gewährleistungsanspruch eines Wohnungseigentümers gegeben ist. Bejahendenfalls wäre zu klären, ob dieser bereit ist, den Anspruch entweder selbst durchzusetzen oder der Gemeinschaft abzutreten (die Frage der Abtretung und/oder der gerichtlichen Durchsetzung des Anspruchs könnte (und sollte) sodann immer noch (siehe oben) der Beschlussfassung durch die Wohnungseigentümer unterzogen werden).

Allerdings dürfen die Anforderungen an die Hinweispflicht des Verwalters nicht überspannt werden. Eine abstrakte Rechtsbelehrungspflicht gegenüber jedem einzelnen Wohnungseigentümer hinsichtlich der diesem selbst zustehenden Ansprüche geht über die Interessenswahrungspflicht des Verwalters hinaus.[615]

---

[608] OGH 11.1.2005, 5 Ob 304/04y (= EWr W/18/27 f).
[609] OGH 29.10.2004, 5 Ob 88/04h (= EWr W/18/25 f) ua.
[610] OGH 7.11.2000, 5 Ob 201/00w (= EWr II/13c/119 ff); OGH 3.12.2002, 5 Ob 269/02y (= EWr II/13c/209 ff) ua.
[611] OGH 9.12.2003, 5 Ob 165/03f (= EWr II/13c/228 ff).
[612] OGH 20.12.2005, 5 Ob 287/05z (= EWr W/18/29 f).
[613] OGH 9.12.2003, 5 Ob 165/03f (= EWr II/13c/228 ff); OGH 16.5.2006, 5 Ob 4/06h.
[614] OGH 12.3.2002, 5 Ob 301/01b (= EWr II/14/86 ff).
[615] OGH 29.4.2003, 5 Ob 73/03a (= EWr II/17/99 f).

- Auch für Gewährleistungs- und Schadenersatzansprüche gilt, dass weder ein Wohnungseigentümer zur Abtretung noch die Eigentümergemeinschaft zur Annahme (und Durchsetzung) eines ihr angebotenen Anspruchs verpflichtet ist.
  - ⇒ Es könnte allerdings der Treuepflicht des Miteigentümers gegenüber den Gemeinschaftern entsprechen, einen Anspruch, der - aus welchem Grund auch immer (oft wohl wegen des Kostenrisikos) - nicht selbst durchgesetzt werden soll, der Gemeinschaft zu überlassen (bei der sich immerhin das Kostenrisiko besser verteilt).

    Andererseits wird der Verwalter vor der Annahme eines angebotenen Anspruchs - ungeachtet der jedenfalls empfehlenswerten Beschlussfassung - zu überlegen haben, welche Vorteile für die Gemeinschaft aus der Durchsetzung zu erwarten sind. Unter dieser Prämisse betrachtet wird mE die Annahme eines Gewährleistungsanspruchs, der sich nur auf das Objekt eines Wohnungseigentümers bezieht (sodass die Gemeinschaft keine Erhaltungspflicht trifft, wie etwa bei schadhafter Malerei), idR kaum zu rechtfertigen sein (außer es handelte sich um einen Folgeschaden, der gemeinsam mit dem Hauptmangel geltend gemacht und behoben werden kann).
- Es bedarf keineswegs der Zession durch alle (oder auch nur mehrere) Wohnungseigentümer an die Eigentümergemeinschaft, um dieser Ansprüche zu verschaffen.
  - ⇒ Andererseits kann die Gemeinschaft nicht mehr Rechte erwerben, als ihr angeboten (und abgetreten) wurden. Bei teilbaren Leistungen (etwa Geldforderungen) wird sie daher nur im Rahmen des ihr Abgetretenen Ansprüche durchsetzen können.[616]
  - ⇒ Diejenigen Wohnungseigentümer, die ihre Ansprüche nicht an die Eigentümergemeinschaft abgetreten haben, können diese neben der Gemeinschaft geltend machen. Auf die in derartigen „Parallelprozessen" zu erwartenden Probleme kann hier nur kurz hingewiesen werden (der Gesetzgeber hat sie mit seiner Entscheidung, der „Abtretungslösung" gegenüber der „Verwaltungslösung" den Vorzug zu geben, hingenommen).
  - ⇒ Die bloße Rechtsnachfolge im Miteigentum der Liegenschaft bewirkt nicht automatisch die Nachfolge in die (Gewährleistungs- und Schadenersatz-)Rechte aus dem Vertrag zwischen dem (Erst-)Käufer und dem (gewährleistungs- und schadenersatzpflichtigen) Verkäufer. Vielmehr bedarf es dazu einer gesonderten Zession (die im Prozess ausreichend konkret zu behaupten ist).[617]
    Dementsprechend können Einzelrechtsnachfolger im Wohnungseigentum der Eigentümergemeinschaft derartige Rechte nur dann abtreten, wenn sie diese davor im Wege der Zession selbst erworben haben.

Unterlässt die Eigentümergemeinschaft die Geltendmachung eines ihr abgetretenen Anspruchs und droht dadurch eine Frist für die Anspruchsverfolgung abzulaufen, so kann der betreffende Wohnungseigentümer den Anspruch für die Eigentümergemeinschaft geltend machen (§ 18 Abs 2 zweiter Satz WEG).

---

[616] Vgl dazu auch OGH 26.8.2003, 5 Ob 142/03y (= EWr II/13c/222 ff).
[617] OGH 21.2.2006, 5 Ob 214/05i (= EWr W/18/31 ff).

⇒ Diese - gleichfalls mit der WRN 2006 eingefügte - Regelung kann als „Notventil“ bei Untätigkeit der Gemeinschaft (de facto wohl: des Verwalters) angesehen werden.
Es soll damit verhindert werden, dass Wohnungseigentümer der Gemeinschaft Ansprüche (zu denken ist hier insbesondere an Gewährleistungsansprüche) zur Durchsetzung anbieten, diese - idR über den Verwalter - zunächst annimmt, nach erfolgter Zession aber nicht mehr weiterverfolgt.

⇒ Tatbestandsvoraussetzung für die Anwendbarkeit der Bestimmung ist der drohende Ablauf einer Frist.
Wie knapp der Fristablauf bereits bevorstehen muss, lässt sich weder dem Gesetz noch den Materialien zur WRN 2006 entnehmen.
ME wird hier kein kleinlicher Maßstab anzulegen, sondern vor allem darauf Rücksicht zu nehmen sein, wie sich die Gemeinschaft nach erfolgter Abtretung verhalten hat. Blieb sie vollends untätig und damit ineffektiv in ihren Bemühungen zur Durchsetzung, wird ein Zuwarten bis zum letzten Tag nicht erwartet werden können. Auch muss dem durch Abs 2 zweiter Satz leg cit Legitimierten ausreichend Zeit verbleiben, seinerseits die effektive Anspruchsverfolgung - idR die Klagsführung - vorzubereiten.

⇒ Die Materialien zur WRN 2006 bezeichnen die „Notfallslegitimation“ des einzelnen Wohnungseigentümers als „wohnungseigentumsrechtlichen Sonderfall der im Gesellschaftsrecht anerkannten Rechtsfigur der actio pro socio“. Demnach erhebt der Wohnungseigentümer die Klage im eigenen Namen, hat aber als Adressat der damit geforderten Leistung die Eigentümergemeinschaft zu bezeichnen.
ME bedarf es großer Vorstellungskraft, die Regelung des § 18 Abs 2 zweiter Satz WEG nicht von vornherein als glatte Totgeburt anzusehen. Welcher Wohnungseigentümer wird das mit einer derartigen Klagsführung verbundene Kostenrisiko (das ja auch in Relation zu dem, was er ersiegen kann - und das ist bezogen auf allgemeine Teile oder ernste Substanzschäden nicht mehr als sein Beitrag zur Rücklage - gesehen werden muss) eingehen?

⇒ Diskutiert wird derzeit, wann die Gewährleistungsfrist bei der sukzessiven Begründung des Wohnungseigentums (Abverkauf der einzelnen Wohnungseigentumsobjekte durch den Bauträger über einen längeren Zeitraum) hinsichtlich der allgemeinen Teile der Liegenschaft beginnt. (Theoretisch) in Frage dafür kommt der Beginn des Fristenlaufs mit dem ersten Abverkauf, mit dem letzten Abverkauf oder - zuletzt im Rahmen einer gewichtigen Lehrmeinung vertreten - mit dem Abverkauf der Mehrheit der Anteile.
ME sprechen für Letzteres bestenfalls praktikable Überlegungen; an sich ist angesichts der mE klaren Rechtslage (die Gewährleistungsfrist beginnt grundsätzlich mit der Übergabe des Kaufgegenstandes an den Käufer) nicht einzusehen, warum späteren Erwerbern keine Gewährleistungsansprüche hinsichtlich des Kaufgegenstandes (und dazu zählen eben auch die allgemeinen Teile der Liegenschaft !) zukommen sollten (selbstverständlich unter Berücksichtigung des zu erwartenden Zustands des zu diesem Zeitpunkt nicht mehr gänzlich neuen Kaufobjekts [insbesondere und samt allgemeiner Teile der Liegenschaft]).

3)
Vertretung der Eigentümergemeinschaft

§ 18 Abs 3 WEG listet - anders als das WEG 1975 - exakt auf, durch wen die Eigentümergemeinschaft vertreten wird.

⇒ Die Änderung der Absatzbezeichnung (von vormals Abs 2 auf nunmehr Abs 3) erfolgte mit der WRN 2006 und ergibt sich zwangsläufig aus der Einfügung eines neuen Abs 2.

- Es erfolgt dabei zugleich die Klarstellung, dass eine Parallelverwaltung (grundsätzlich) nicht in Frage kommt.

⇒ Die vormalige Rechtsprechung hat dies - und zwar sowohl bei schlichten Miteigentumsgemeinschaften[618] als auch im Bereich des Wohnungseigentums[619] - insofern anders gesehen, als sie (mit ausführlicher Begründung und unter Berufung auf gewichtige Lehrmeinungen) die Vertretungsbefugnis der Mehrheit (als Vollmachtgeber) trotz eines bestellten Verwalters nicht ausgeschlossen hat.
Zugegebenermaßen passt diese Rechtsansicht mit der Konzeption der Eigentümergemeinschaft als (echte) juristische Person nicht zusammen (sie wurde auch unter Bezugnahme auf die „Quasi"-Rechtspersönlichkeit der Wohnungseigentümergemeinschaft im WEG 1975 geäußert).
§ 18 Abs 3 Z 1 WEG „korrigiert" sohin insofern zugleich auch ein „missliebiges" Judikat des Höchstgerichts.
Ausnahmen - allerdings nicht allein auf den Mehrheitseigentümer beschränkt - bleiben aber bestehen (Abwehr unmittelbar drohender Nachteile;[620] Tätigkeit als Geschäftsführer ohne Auftrag; Abwehr von Eingriffen in das gemeinsame Eigentum[621]).

⇒ Eine weitere Ausnahme vom Grundsatz, wonach angesichts eines bestellten Verwalters die Mehrheit nicht (mehr) vertreten darf, ergibt sich in Angelegenheiten des rechtlichen Verhältnisses zwischen der Eigentümergemeinschaft und ihrem Verwalter. In diesem Zusammenhang stellt nun eine mit der WRN 2006 in § 18 Abs 3 Z 1 WEG vorgenommene Einfügung (siehe sogleich unten) klar, dass nicht nur einem bestellten Eigentümervertreter (§ 22 WEG) Vertretungsbefugnis zukommt, sondern eben auch der Mehrheit der Wohnungseigentümer.

Die Eigentümergemeinschaft wird vertreten (§ 18 Abs 3):

- Wenn ein Verwalter bestellt ist (Z 1)
  - durch den Verwalter
    oder
    in Fragen des rechtlichen Verhältnisses zwischen der Eigentümergemeinschaft und dem Verwalter durch die nach Miteigentumsanteilen zu berechnende Mehrheit der Wohnungseigentümer
    oder

---

[618] OGH 7.12.1999, 5 Ob 321/99p (= EWr I/40/23 f).
[619] OGH 12.7.2000, 7 Ob 148/00s (= EWr II/14/71 ff).
[620] OGH 8.7.1997, 5 Ob 147/97x (= EWr II/13a/7 ff);
OGH 2.9.1997, 5 Ob 2148/96k (= EWr II/14/45 ff);
OGH 14.10.1997, 5 Ob 274/97y (= EWr II/13c/28 ff).
[621] OGH 9.6.1998, 5 Ob 493/97d (= EWr II/14/56 f).

    - bei Bestellung eines Eigentümervertreters (§ 22 WEG) in dem von der Interessenskollision betroffenen Geschäftsbereich nur durch den Eigentümervertreter (siehe unten ab S 214).
- Wenn kein Verwalter bestellt ist (Z 2)
    - durch die Mehrheit der Wohnungseigentümer (berechnet nach Miteigentumsanteilen)
    oder
    - bei Bestellung eines vorläufigen Verwalters (§ 23 WEG) nur durch diesen (siehe unten ab S 218).

⇒ Die Erweiterung der Z 1 leg cit durch Anführung der Mehrheit der Wohnungseigentümer stellt klar, dass die Mehrheit nicht unbedingt einen Eigentümervertreter (§ 22 WEG) bestellen muss, um gegenüber dem bestellten Verwalter handlungsbefugt zu sein.

⇒ Weiterhin als Kuriosum sui generis anzusehen ist der Umstand, dass dem gewählten Eigentümervertreter gerade dann keine Vertretungsbefugnis zukommt, wenn die Gemeinschaft am ehesten eines Vertreters bedürfte, nämlich bei nicht vorhandenem Verwalter.

⇒ Die Klärung des Konfliktsbereiches „Wann ist der Eigentümervertreter nun wirklich statt des Verwalters vertretungsbefugt ?“ kann sich in der Praxis als problematisch erweisen.

⇒ Fest steht allerdings, dass bei aufrechtem Verwaltungsverhältnis die Mehrheit (das ist auch der Mehrheitseigentümer, der nicht selbst verwaltet !) gegenüber Dritten keine rechtswirksamen Vertretungshandlungen (mehr) betreffend (und zugleich auch verpflichtend) die Eigentümergemeinschaft vornehmen kann.

Literatur zu Einzelfragen:

Zum WEG 2002:

Freiberger, „KSchG: Eigentümergemeinschaft nach WEG Verbraucher oder Unternehmer?“; RdW 2004, 130 (2004/103).

Hanel, „Nutzung der einzelnen Wohnungseigentumsobjekte sowie der allgemeinen Teile der Liegenschaft und die gemeinschaftliche Verwaltung der Liegenschaft“; wobl 2002, 165.

Perner, „Eigentümergemeinschaft: Forderungserwerb ex lege?“; ecolex 2004, 938.

Schauer, „Die Eigentümergemeinschaft (§§ 18 ff WEG 2002)“; wobl 2002, 135.

Zum WEG 1975:

Barta/Mentschl, „Zur umstrittenen Haftung der Wohnungseigentümergemeinschaft und der Ausfallshaftung der einzelnen Wohnungseigentümer für „Hausschulden“ nach § 13c WEG“; immolex 1997, 249.

Call, „Wie haften Wohnungseigentümer für Liegenschaftsaufwendungen und für Zahlungsrückstände säumiger Miteigentümer?"; wobl 1988, 125.

Call, „Zur Verkehrssicherungspflicht des Liegenschaftseigentümers bei Eis und Schnee"; wobl 1998, 64.

Illedits, „Die Wohnungseigentümergemeinschaft"; wobl 2000, 65.

Kohl, „Wohnungseigentümergemeinschaft und Stockwerkseigentümergemeinschaft"; wobl 1997, 78.

Kletecka, „Probleme der Willensbildung in der Wohnungseigentümergemeinschaft"; wobl 1995, 82.

Mayrhofer, „Tücken der Wohnungseigentümergemeinschaft"; immolex 1998, 17.

Meinhart, „Solidarhaftung der Wohnungseigentümer gegenüber dem Hausbesorger"; ImmZ 1988, 311.

Niedermayr, „Die Wohnungseigentümergemeinschaft (§ 13 c WEG)"; wobl 1994, 6.

Oberhofer, „Klagslegitimation der Wohnungseigentümergemeinschaft im Ausschließungsverfahren nach § 22 WEG"; immolex 1998, 187.

Prader, „§ 13c WEG - einfach schwierig oder?"; AnwBl 1998, 424.

Prader, „Neues zur Wohnungseigentümergemeinschaft"; RdW 1999, 644.

Prader, „Wohnungseigentümergemeinschaft - Verbraucher oder Unternehmer"; RdW 2000, 234.

Schauer, „Wohnungseigentümergemeinschaft und KSchG"; wobl 2000, 220.

Vonkilch, „Zwei Fragen des Übergangsrechts im Zusammenhang mit der durch das 3. WÄG eingeführten Wohnungseigentümergemeinschaft (§ 13c WEG)"; wobl 1999, 253.

Wilhelm, „Die Wohnungseigentümergemeinschaft"; ecolex 1994, 1.

VIII.
VERWALTER; EIGENTÜMERVERTRETER; VORLÄUFIGER VERWALTER
(§§ 19 - 23 WEG)

1) Bestellung eines Verwalters
(§ 19 WEG)

a) Allgemeines

Gleich dem WEG 1975 kennt auch das WEG mehrere Varianten der Bestellung eines Verwalters (und zwar wieder an verschiedenen Stellen des Gesetzes geregelt).

⇒ Nunmehr wird aber erstmals der „Normalfall" der Bestellung durch die Eigentümergemeinschaft in einem eigenen Paragraphen geregelt.

Es kann unterschieden werden zwischen der Bestellung durch

- die Eigentümergemeinschaft (§ 19 WEG)
  und (über Antrag)
- das Gericht (§ 30 Abs 1 Z 6 WEG).

⇒ Dazu siehe S 291 f; zum „vorläufigen Verwalter" siehe ab S 218.

Gemäß § 19 Satz 1 WEG kann die Eigentümergemeinschaft eine natürliche oder juristische Person zum Verwalter bestellen.

⇒ Die Bestellung eines Verwalters ist nicht zwingend.

⇒ Anders als der „Eigentümervertreter" (§ 22 WEG) muss der Verwalter nicht dem Kreis der Miteigentümer angehören.

⇒ Besondere Voraussetzungen für die Person des Verwalters bestehen nicht; es kann, muss sich aber nicht um eine gewerbsmäßige Tätigkeit handeln.

⇒ Auch die Bestellung des Wohnungseigentumsorganisators zum Verwalter muss nicht als unbillig angesehen werden.[622]

⇒ Die juristische Person als Verwalter ist im WEG ausdrücklich genannt; es kann sich dabei auch um Personengesellschaften des Handelsrechts oder um Erwerbsgesellschaften handeln.

⇒ Nicht (wieder-)bestellt werden darf ein Verwalter, dessen Vertrag über Antrag eines Wohnungseigentümers wegen grober Verletzung der Pflichten vom Gericht aufgelöst wurde (Wiederbestellungsverbot des § 21 Abs 3 WEG).

- Die Bestellung bedarf eines einfachen Mehrheitsbeschlusses.

⇒ Es handelt sich gemäß § 28 Abs 1 Z 5 WEG um eine Maßnahme der ordentlichen Verwaltung.

⇒ Die Regeln über die Beschlussfassung (§ 24 WEG) sind jedenfalls einzuhalten (siehe dazu unten ab S 222).

---

[622] OGH 4.9.2001, 5 Ob 98/01z (= EWr II/18/43 ff).

b) Ersichtlichmachung

Name und Anschrift des Verwalters sind

- bei Bestellung durch das Gericht
  - von Amts wegen;
- sonst auf Grund einer Urkunde über die Bestellung zum Verwalter, sofern die Unterschriften auch nur eines Wohnungseigentümers sowie des Verwalters darauf öffentlich beglaubigt sind,
  - auf Antrag
    - dieses oder
    - eines anderen Wohnungseigentümers oder
    - des Verwalters

im Grundbuch ersichtlich zu machen (§ 19 zweiter Satz WEG).

⇒ Die WRN 2006 brachte wesentliche Errleichterungen im Zusammenhang mit der Ersichtlichmachung (aber auch Löschung - siehe unten) des Verwalters im Grundbuch.
Nach der vormaligen Rechtslage erfolgte die Ersichtlichmachung (über Antrag) „auf Grund des Bestellungsbeschlusses“; dabei wurde gefordert, dass sich der für den Grundbuchsantrag vorgelegten Urkunde die im Rahmen einer ordnungsgemäßen Beschlussfassung durch die Miteigentümergemeinschaft erfolgte Verwalterbestellung entnehmen lässt. [623]
Dies ist nun nicht mehr erforderlich. Zur Ersichtlichmachung bedarf es nicht mehr der Vorlage des Verwaltungsvertrags oder eines Bestellungsbeschlusses, sondern lediglich einer von mindestens einem Wohnungseigentümer und dem Verwalter jeweils beglaubigt unterfertigten Bestätigung über die Bestellung einer bestimmten (natürlichen oder juristischen) Person zum Verwalter der betreffenden Wohnungseigentumsanlage. Das Grundbuchsgericht hat sohin die Rechtmäßigkeit der Verwalterbestellung aus Anlass der beantragten Ersichtlichmachung nicht (mehr) zu prüfen.

⇒ Folgt man der (wohl richtigen) Ansicht, wonach die Ersichtlichmachung zwingend ist, könnten sich aus einer Verletzung dieser Vorschrift Haftungen des Verwalters ergeben.
Jedenfalls nicht zu übersehen - insbesondere aus der Sicht des Verwalters - ist der positive Aspekt der Ersichtlichmachung, der - auch noch nach Jahren - im einfachen Nachweis der Bestellung liegt.
Freilich führt das mit der WRN 2006 vereinfachte Ersichtlichmachungsverfahren dazu, dass die Rechtmäßigkeit der Verwalterbestellung noch weniger aus der Ersichtlichmachung selbst abgeleitet werden kann als in der Vergangenheit (bei strenger Prüfung der Bestellungsurkunde durch das Grundbuchsgericht).

Gemäß § 21 Abs 4 WEG ist nach Auflösung des Verwaltungsvertrags die Ersichtlichmachung des Verwalters im Grundbuch zu löschen, und zwar

---

[623] Zur Ersichtlichmachung nach früherem Recht siehe:
OGH 28.5.2002, 5 Ob 120/02m (= EWr II/13c/186 ff).

- bei Auflösung durch das Gericht
  - von Amts wegen;
- bei Auflösung des Verwaltungsvertrags auf andere Art auf Grund einer Urkunde über die Kündigung oder die sonstige Auflösung des Vertrags
  - auf Antrag
    - eines Wohnungseigentümers oder
    - des Verwalters;

wobei die Urkunde bei Auflösung durch den Verwalter dessen öffentlich beglaubigte Unterschrift, ansonsten die öffentlich beglaubigte Unterschrift eines Wohnungseigentümers tragen muss.

⇒ Konsequenterweise brachte die WRN 2006 auch bei der Löschung der Ersichtlichmachung wesentliche Erleichterungen.[624]
Die vorzulegende Urkunde muss auch hier nur bestätigenden Charakter (hinsichtlich der Beendigung des Verwaltungsvertrags) aufweisen; keinesfalls muss die Auflösungserklärung (insbesondere Kündigung) oder ein Beschluss über die Auflösung dem Grundbuchsgericht vorgelegt werden.
Der Umstand, dass nur eine Vertragsseite die Beendigung des Verwaltungsvertrags auf der dem Grundbuchsgericht vorzulegenden Urkunde bestätigen muss, ermöglicht allerdings grundsätzlich auch missbräuchliche Löschungsanträge (etwa bei Streit über die Wirksamkeit einer Kündigung). Der Gesetzgeber hat dies aber offenbar deshalb in Kauf genommen, um die einfache Löschung der Ersichtlichmachung auch dann zu gewährleisten, wenn die Vertragsteile am Ende der Verwaltungstätigkeit nicht einmal mehr zur gemeinsamen Unterfertigung einer Urkunde bereit sein sollten.

⇒ Auf ein Problem sei allerdings hingewiesen:
Die Löschung der Ersichtlichmachung setzt angesichts des letzten Halbsatzes in § 21 Abs 4 zweiter Satz WEG nF voraus, dass bei Auflösung des Verwaltungsvertrags durch den Verwalter dessen öffentlich beglaubigte Unterschrift und vice versa bei Auflösung des Verwaltungsvertrags durch die Mehrheit der Wohnungseigentümer die öffentlich beglaubigte Unterschrift eines Wohnungseigentümers dem Löschungsantrag beigefügt sein muss. Dies bedeutet jedoch, dass nur diejenige Vertragsseite die Löschung der Ersichtlichmachung begehren kann, über deren Veranlassung die Beendigung des Verwaltungsvertrags erfolgte. Löst nun der Verwalter auf, so können die Wohnungseigentümer die Löschung der Ersichtlichmachung (ohne Mitwirkung des Verwalters) nicht begehren und umgekehrt - der praktisch eher wahrscheinliche Fall - kann der (gekündigte) Verwalter die Löschung seiner Ersichtlichmachung nicht beantragen, sofern es ihm nicht gelingt, wenigstens einen Wohnungseigentümer zur öffentlich beglaubigten Unterfertigung der Urkunde über die Vertragsbeendigung zu bewegen.

---

[624] Kurioses zur (versuchten) Löschung der Ersichtlichmachung nach § 21 Abs 4 WEG aF siehe OGH 11.11.2003, 5 Ob 211/03w (= EWr W/21/1 ff).

2)
Aufgaben und Befugnisse des Verwalters
(§ 20 WEG)

a)
Allgemeines

Der Verwalter ist verpflichtet,

- die gemeinschaftsbezogenen Interessen aller Wohnungseigentümer zu wahren
  - ⇒ Dies bedeutet ua, dass der Verwalter die Verwaltung nach den Grundsätzen der Sparsamkeit, Wirtschaftlichkeit und Zweckmäßigkeit auszuüben hat.[625]
  - ⇒ Der Verwalter hat nicht nur die Interessen der Eigentümergemeinschaft, sondern auch jene des einzelnen Wohnungseigentümers zu wahren. Eine allgemeine Definition der Interessenswahrungspflicht lässt sich jedoch angesichts der „Vielfalt denkbarer Lebenssachverhalte" nicht geben;[626] es kommt immer auf die Umstände des Einzelfalls an.[627]
    Eine (ständige) gerichtliche Kontrolle der Tätigkeit des Verwalters - etwa durch Anrufung des Gerichts durch die Minderheit - ist nicht vorgesehen.[628]
  - ⇒ Der Vertrag zwischen der Eigentümergemeinschaft und dem Verwalter ist ein Vertrag mit Schutzwirkung zugunsten Dritter (zu welchen auch der Mieter von Eigentumswohnungen zählt).[629]

  und
- Weisungen der Mehrheit der Wohnungseigentümer zu befolgen, soweit diese nicht gesetzwidrig sind (§ 20 Abs 1 Satz 1 WEG).
  - ⇒ Rechtswidrige Weisungen dürfen nicht befolgt werden; nicht prüfen muss der Verwalter die Zweckmäßigkeit der Weisung.
  - ⇒ Vielmehr hat der Verwalter - auch in Angelegenheiten der ordentlichen Verwaltung - sowohl generellen Direktiven als auch individuellen Weisungen der Mehrheit Folge zu leisten; die Grenze bilden lediglich offensichtlich gesetzwidrige Mehrheitsbeschlüsse.[630]
  - ⇒ Die Weisung, eine Schneefräse nicht anzuschaffen, ist nicht gesetzwidrig.[631]
  - ⇒ Selbstverständlich sind vom Verwalter gerichtliche Entscheidungen zu beachten.

Keinesfalls kommt dem Verwalter die Funktion eines Schiedsrichters bei Auseinandersetzungen zwischen Miteigentümern zu.

- ⇒ Hiefür wird der Verwalter aber in der Praxis häufig missbraucht, insbesondere im Zusammenhang mit beabsichtigten Änderungen an Wohnungseigentumsobjekten (vgl § 16 Abs 2 WEG).

---

[625] OGH 12.7.2005, 5 Ob 144/05w (= EWr W/24/23 ff) ua.
[626] OGH 29.4.2003, 5 Ob 73/03a (= EWr II/17/99 f).
[627] OGH 1.10.2002, 5 Ob 189/02h (= EWr II/18/53 f).
[628] OGH 12.7.2005, 5 Ob 144/05w (= EWr W/24/23 ff).
[629] OGH 28.2.2005, 5 Ob 3/05k (= EWr W/20/19 ff).
[630] OGH 11.3.1994, 1 Ob 529/94 (= EWr II/17/35 ff).
[631] OGH 11.3.1994, 1 Ob 529/94 (= EWr II/17/35 ff).

⇒ Kraft Gesetzes stehen dem Verwalter nur Verwaltungsagenden hinsichtlich der Wohnungseigentumsanlage zu, keineswegs aber Verfügungsakte; es sei denn, er wäre hierzu eigens bevollmächtigt.[632]

⇒ Neueste Judikatur:
Die Gemeinschaft ist hinsichtlich notwendig allgemeiner Teile der Liegenschaft als Besitzmittlerin für die Gesamtheit der Mit- und Wohnungseigentümer anzusehen; sie hat die gesetzliche Zweckbestimmung solcher Liegenschaftsteile im Rahmen ihrer Verwaltungsaufgaben und Befugnisse zu gewährleisten.[633]
Es kommen daher dem Verwalter (als Vertreter der Eigentümergemeinschaft) diesbezüglich Aufgaben zu.

Inhalt des Verwaltungsvertrags ist die ordnungsgetreue Erhaltung und Betreuung der Liegenschaft.

⇒ Durch die Leistungen des Hausverwalters sollen nicht nur seine unmittelbaren Vertragspartner (die Wohnungseigentümer) begünstigt werden, sondern auch deren Angehörige und Besucher sowie die Mieter von Wohnungseigentümern. Eine Verletzung der vertraglich übernommenen Schutzpflichten macht den Verwalter daher auch gegenüber diesem geschützten Personenkreis direkt haftbar.[634]

Dem Verwalter steht die Verwaltung der Liegenschaft und dabei insbesondere auch

- die nach außen unbeschränkbare Vertretung der Eigentümergemeinschaft

zu;

- im Rahmen dieser Vertretung ist er auch zur Bestellung eines berufsmäßigen Parteienvertreters befugt

(§ 20 Abs 1 Satz 2 WEG).

- Die Verwaltervollmacht des § 20 WEG ist sohin eine nach außen unbeschränkte Formalvollmacht,[635] die alle mit der Verwaltung zusammenhängenden Maßnahmen - einschließlich der Vertretung der Eigentümergemeinschaft und die Bestellung eines berufsmäßigen Parteienvertreters - deckt.

⇒ Dem Verwalter obliegt auch die Vertretung der vom Gesetz in seine Hand gelegten Interessen aller Teilhaber gegen den einzelnen Teilhaber;[636] insbesondere als Vertreter der Eigentümergemeinschaft gegen einen säumigen Miteigentümer.[637]

⇒ Selbstverständlich erstreckt sich die Befugnis des bestellten Verwalters auch auf die Vertretung vor Ämtern und Behörden (= ausdrückliche Feststellung des JA).

---

[632] OGH 27.9.2001, 5 Ob 20/01d (= EWr II/17/78 ff).
[633] OGH 21.3.2006, 5 Ob 18/06t (= EWr W/18/37 ff).
[634] OGH 11.3.1994, 1 Ob 529/94 (= EWr II/17/35 ff).
[635] OGH 10.9.1996, 5 Ob 2179/96v (= EWr II/17/47 ff).
[636] OGH 14.9.1993, 5 Ob 1049/93 (= EWr II/14/5 f).
[637] OGH 26.9.1995, 5 Ob 116/95 (= EWr II/13c/1 ff);
OGH 24.9.1996, 5 Ob 43/95 (= EWr II/13c/8);
OGH 7.7.1998, 5 Ob 4/98v (= EWr II/13c/52 f);
OGH 21.12.1999, 5 Ob 328/99t (= EWr II/13c/88 ff).

⇒ Anders als Rechtsanwälte oder Notare kann sich der bestellte Verwalter in Verfahren nicht bloß auf die ihm erteilte Vollmacht berufen (§ 30 Abs 2 ZPO); er muss vielmehr die Bevollmächtigung nachweisen (dafür kommt der urkundliche Nachweis - oder [mE] - die Ersichtlichmachung im Grundbuch in Frage). Gegebenenfalls hat das Gericht einen Verbesserungsauftrag zu erteilen.[638]

- Ist ein Verwalter gültig bestellt, so scheidet eine Verwaltung durch Miteigentümer aus[639] (Ausnahmen: Abwehr unmittelbar drohender Nachteile;[640] Tätigkeit als Geschäftsführer ohne Auftrag; Abwehr von Eingriffen in das gemeinsame Eigentum[641]).

⇒ Dennoch erfolgende Rechtshandlungen der Miteigentümer sind als schwebend unwirksam anzusehen (können also nachträglich durch den Verwalter - auch schlüssig[642] - genehmigt und damit wirksam werden).

⇒ Die Mehrheit kann allerdings jederzeit die ordentliche Verwaltung an sich ziehen;[643] was im Lichte des § 18 Abs 3 Z 1 WEG (aber nur) so zu verstehen ist, dass sie dem Verwalter Weisungen über die Vertretung erteilen kann.

- Zum Sonderfall betreffend Fragen des rechtlichen Verhältnisses zwischen der Eigentümergemeinschaft und dem Verwalter (§ 18 Abs 3 Z 1 lit b) WEG idF der WRN 2006 siehe oben S 185.
- Die nach außen hin unbeschränkte Vertretungsbefugnis des Verwalters erfährt allerdings durch § 22 WEG eine Ausnahme.
In dem von einer Interessenskollision betroffenen Geschäftsbereich (aber nur in diesem) vertritt - statt des Verwalters - der Eigentümervertreter die Eigentümergemeinschaft.

⇒ Zum Eigentümervertreter (§ 22 WEG) siehe ab S 214.

- In welcher Form der Verwalter - unter seiner Verantwortung - Verwaltungsmaßnahmen setzt, ist nicht entscheidungswesentlich.

⇒ Es kommt insbesondere nicht darauf an, ob der Verwalter selbst, durch seine Dienstnehmer oder durch von der Eigentümergemeinschaft bestellte Vertrauenspersonen seine Agenden durchführt.[644]

⇒ Die wirksame Bestellung eines Rechtsanwaltes zur Vertretung der Gemeinschaft wird durch einen Wechsel in der Person des Verwalters nicht berührt.[645]

---

[638] OGH 25.5.2004, 5 Ob 54/04h (= EWr III/37 Z/1 ff).
[639] OGH 22.11.1994, 5 Ob 102/94 (= EWr II/14/13 ff);
OGH 9.6.1998, 5 Ob 493/97d (= EWr II/14/56 f);
OGH 30.3.1999, 10 Ob 379/98b (= EWr III/1118 A/78 ff).
[640] OGH 8.7.1997, 5 Ob 147/97x (= EWr II/13a/7 ff);
OGH 2.9.1997, 5 Ob 2148/96k (= EWr II/14/45 ff);
OGH 14.10.1997, 5 Ob 274/97y (= EWr II/13c/28 ff).
[641] OGH 9.6.1998, 5 Ob 493/97d (= EWr II/14/56 f).
[642] OGH 13.1.1995, 5 Ob 3/95 (= EWr III/835 A/9 ff).
[643] OGH 12.6.1996, 5 Ob 2064/96g (= EWr II/18/19 ff).
[644] OGH 27.8.1991, 5 Ob 1061/91 (= EWr II/18/1).
[645] OGH 9.10.2001, 5 Ob 234/01z (= EWr II/17/81 ff).

Im Innenverhältnis ist der Verwalter - anders als gegenüber Dritten - nur zur Erledigung von Angelegenheiten der ordentlichen Verwaltung befugt und verpflichtet.

- § 29 Abs 6 WEG normiert sogar ausdrücklich, dass der Verwalter - unbeschadet seiner Vertretungsbefugnis nach § 20 Abs 1 WEG - Maßnahmen der außerordentlichen Verwaltung nur auf Grund eines Mehrheitsbeschlusses (und Abwarten der Anfechtungsfrist bzw der Entscheidung über die Anfechtung[646]) durchführen darf.
  - ⇒ Dies entspricht der auch schon zum WEG 1975 (einhellig) vertretenen Auffassung.[647]
  - ⇒ Zu unterscheiden ist zwischen „dürfen" und „können" (der Verwalter kann zwar die Eigentümergemeinschaft - rechtswirksam - auch im Bereich der außerordentlichen Verwaltung nach außen vertreten, er darf es aber nicht ohne Mehrheitsbeschluss).
  - ⇒ Im Verhältnis Eigentümergemeinschaft - Verwalter kann die Hausverwaltervollmacht (beliebig) beschränkt werden (etwa auch dahingehend, dass das Anhängigmachen von Prozessen nicht von der Vollmacht umfasst ist; davon könnte allerdings in der Folge - auch konkludent - wieder abgegangen werden).[648]
  - ⇒ Setzt sich der Verwalter über eine zwischen den Miteigentümern bestehende Gebrauchsordnung hinweg, so gilt er als mittelbarer Störer, von dem die Unterlassung im Wege einer actio negatoria (Eigentumsfreiheitsklage) gemäß § 523 ABGB begehrt werden kann.[649]

Die dem Verwalter als Machthaber nach dem 22. Hauptstück des Zweiten Teils des ABGB auferlegten Verbindlichkeiten können weder aufgehoben noch beschränkt werden (§ 20 Abs 7 erster Satz WEG).

- ⇒ Die Regelung verweist auf den Auftragsvertrag iSd §§ 1002 ff ABGB und die damit verbundenen zwingenden Pflichten des Auftragnehmers (die teilweise in § 20 WEG wiederholt bzw konkretisiert werden).
- ⇒ § 20 Abs 7 erster Satz WEG entspricht wörtlich § 17 Abs 7 WEG 1975.

b)
Vorausschau
(§ 20 Abs 2 WEG)

Der Verwalter hat den Wohnungseigentümern

- bis spätestens zum Ende der laufenden Abrechnungsperiode
- „auf die in § 24 Abs 5 WEG beschriebene Weise"

eine Vorausschau zur Kenntnis zu bringen, in der

- die in absehbarer Zeit notwendigen, über die laufende Instandhaltung hinausgehenden Erhaltungsarbeiten
  und

---

[646] OGH 21.6.2005, 5 Ob 265/04p (= EWr W/29/2 ff);
OGH12.7.2005, 5 Ob 144/05w (= EWr W/24/23 ff).
[647] OGH 12.3.2002, 5 Ob 301/01b (= EWr II/14/86 ff) ua.
[648] OGH 10.9.1996, 5 Ob 2179/96v (= EWr II/17/47 ff).
[649] OGH 27.9.2001, 5 Ob 20/01d (= EWr II/17/78 ff).

- die in Aussicht genommenen Verbesserungsarbeiten,
- die dafür erforderlichen Beiträge zur Rücklage
  sowie
- die sonst vorhersehbaren Aufwendungen,
  - vor allem die Bewirtschaftungskosten,
  und
- die sich daraus ergebenden Vorauszahlungen

bekannt zu geben sind (§ 20 Abs 2 WEG).

⇒ Die Regelung über die Vorausschau geht inhaltlich über jene des § 17 Abs 1 Z 2 WEG 1975 hinaus.

⇒ Weiterhin soll aber den Miteigentümern aufgezeigt werden, mit welchen Aufwendungen und Erträgnissen sie aller Voraussicht nach zu rechnen haben,[650] (der „Beobachtungszeitraum" geht allerdings nunmehr über das folgende Kalenderjahr hinaus).

⇒ Die Wohnungseigentümer sollen durch die Vorausschau Entscheidungsgrundlagen für allfällige Weisungen an den Verwalter erhalten.[651]

⇒ Mangels gegenteiliger Weisung bindet die Vorausschau den Verwalter in der weiteren Geschäftsbesorgung;[652] zugleich gibt sie ihm aber auch eine ermächtigende Vorgabe für seine Tätigkeit.[653]

⇒ Die Vorausschau ist (in Anlehnung an die Rechnungslegung) für die ganze Liegenschaft zu erstellen.[654]

⇒ Im Verfahren über Streitigkeiten mit dem Verwalter über die Legung der Vorausschau kommt allen Miteigentümern Parteistellung zu.[655]

Zu den einzelnen Anforderungen der Vorausschau:

- Die Abrechnungsperiode ist idR das Kalenderjahr (§ 34 Abs 2 WEG).

  ⇒ Sohin ist die Vorausschau bis spätestens 31.12. des Jahres zur Kenntnis zu bringen.
  Dies bedeutet allerdings nicht zwangsläufig, dass die Vorausschau gegen Ende des Jahres erstellt (bzw zur Kenntnis gebracht) werden muss. Es reicht aus, die Vorausschau einmal jährlich den Wohnungseigentümern zur Kenntnis zu bringen (etwa - aus Kostengründen - gleichzeitig mit der Übermittlung der Abrechnung über das vorherige Kalenderjahr, wobei zusätzlich der nur für die Vorausschau geforderte Hausanschlag zu beachten wäre).

- Die „in § 24 Abs 5 WEG beschriebene Weise" bedeutet, dass die Vorausschau den Wohnungseigentümern
  - sowohl durch Hausanschlag
  - als auch durch Übersendung
  (schriftlich) zur Kenntnis zu bringen ist.

---

[650] OGH 22.2.1994, 5 Ob 72/93 (= EWr II/17/32 ff);
OGH 7.12.1999, 5 Ob 311/99t (= EWr II/17/76 f).
[651] OGH 7.12.1999, 5 Ob 311/99t (= EWr II/17/76 f).
[652] OGH 22.2.1994, 5 Ob 72/93 (= EWr II/17/32 ff).
[653] OGH 7.12.1999, 5 Ob 311/99t (= EWr II/17/76 f).
[654] OGH 22.2.1994, 5 Ob 72/93 (= EWr II/17/32 ff).
[655] OGH 14.9.1993, 5 Ob 72/93 (= EWr II/26/16 f).

⇒ § 17 Abs 1 Z 2 WEG 1975 sah diesbezüglich nur vor, dass die Vorausschau „im Haus zur Einsicht“ aufzulegen war.

⇒ Näheres zu der „in § 24 Abs 5 WEG beschriebenen Weise“ siehe unten ab S 229.

- Über die „laufende Instandhaltung hinausgehende Erhaltungsarbeiten“ sind solche, die in längeren als einjährigen Abständen wiederkehren.

⇒ Diese Auslegung findet sich allerdings - anders als im WEG 1975 (vgl § 17 Abs 1 Z 3 WEG 1975) - nicht mehr direkt im Gesetz.

Die gleichfalls erwähnte „absehbare Zeit“ stellt einen unbestimmten Gesetzesbegriff dar, der einigen Wertungsspielraum eröffnet.

⇒ Die Obergrenze wird wohl - in Anlehnung an mietrechtliche Wertungen (vgl § 18 MRG) und an § 37 Abs 4 WEG - bei zehn Jahren anzusetzen sein.
Entscheidend scheint mE freilich die Erkennbarkeit der (größeren) Erhaltungsarbeit; es müssen sich - bei sorgfältiger Beobachtung - zumindest Anhaltspunkte für die Notwendigkeit solcher Arbeiten ergeben.

⇒ Der über das Kalenderjahr hinaus erweiterte „Beobachtungszeitraum“ führt dazu, dass jene Judikatur,[656] die dem Antragsteller im Verfahren auf Legung der Vorausschau nach Ablauf des betreffenden Kalenderjahres das Rechtsschutzinteresse abgesprochen hat, nicht mehr uneingeschränkt aufrecht erhalten werden kann.

- Unter den (in absehbarer Zeit) „geplanten Verbesserungsarbeiten“ können mE nur solche verstanden werden, die bereits von der Mehrheit beschlossen worden sind.

⇒ Dies ergibt sich daraus, dass Verbesserungsarbeiten außerordentliche Verwaltungsmaßnahmen darstellen, die der Verwalter ohne Beschluss gar nicht vornehmen (und auch nicht eigenmächtig planen) darf (§ 29 Abs 6 WEG).

- Die Bekanntgabe der „erforderlichen Beiträge zur Rücklage“ betrifft den Kern der Vorausschau.

⇒ Ausgehend davon, dass ein Zweck der Rücklage in der Vermeidung von Belastungsspitzen der Wohnungseigentümer liegt, dient die Vorausschau mit dem im WEG erweiterten „Beobachtungszeitraum“ diesem Ziel.

⇒ Daraus muss aber auch abgeleitet werden, dass der Verwalter über die in absehbarer Zeit anfallenden Arbeiten zumindest eine Kostenschätzung anzustellen (einzuholen) und bekannt zu geben hat.
Die allenfalls erforderliche Beiziehung von (Bau-)Fachleuten ist mE als Maßnahme der ordentlichen Verwaltung anzusehen; die dabei auflaufenden Kosten können aus der Rücklage entnommen werden.

- Die „sonst vorhersehbaren Aufwendungen“ sind idR die Bewirtschaftungskosten.

⇒ Daraus errechnen sich die erforderlichen Akontierungen („Vorauszahlungen“).

---

[656] OGH 7.12.1999, 5 Ob 311/99t (= EWr II/17/76 f).

c) Rechnungslegung (Abrechnung)

(§ 20 Abs 3 WEG)

Der Verwalter hat den Wohnungseigentümern

- eine nach den Regelungen des § 34 WEG
  - ordentliche
    und
  - richtige[657]

  Abrechnung
  sowie
- gegebenenfalls
  nach den Regelungen des Heizkostenabrechnungsgesetzes
  die Abrechnung über die Heiz- und Warmwasserkosten

zu legen (§ 20 Abs 3 WEG).

Die Abrechnung wird im Katalog der Verwalterpflichten (§ 20 WEG) nur erwähnt (Generalklausel); die nähere Ausgestaltung - allerdings nur in formeller Hinsicht - normiert die spezielle Regelung des § 34 WEG.

⇒ Einzelheiten zur Abrechnung und zur Durchsetzung der diesbezüglichen Verwalterpflichten siehe daher unten ab S 326.

⇒ Eine Entlastung des Verwalters ist im Gesetzestext des WEG nicht ausdrücklich vorgesehen, wird aber von der Rechtsprechung für möglich gehalten. Die Bedeutung der Entlastung liegt darin, dass diese die Billigung der Amtsführung für die Dauer der Entlastungsperiode und den Ausspruch des Vertrauens für die künftige Geschäftsführung darstellt und auch eine gewisse Präklusionswirkung insoweit zeitigt, als sie den Entlasteten von allen Ansprüchen freistellt, die bei sorgfältiger Prüfung aller Unterlagen erkennbar gewesen sind.[658]

⇒ Gemäß § 4 Abs 3 WEG kann die Eigentümergemeinschaft bei Vorhandensein von „Altmietern“ die mietrechtliche Pflicht (§ 20 MRG) zur Hauptmietzinsabrechnung treffen; diesfalls erstreckt sich die Abrechnungspflicht des Verwalters auch auf die Erstellung einer Hauptmietzinsabrechnung.[659]

- Die eigentliche Bedeutung der (auch schon im WEG 1975 seit der WRN 1999 enthaltenen) Beifügung „richtig“ liegt darin, dass dem Wohnungseigentümer damit auch eine materielle (inhaltliche) Überprüfung der Abrechnung im wohnungseigentumsrechtlichen Außerstreitverfahren (§ 52 Abs 1 Z 6 WEG) eröffnet wird.

  ⇒ Der Wohnungseigentümer kann damit (anders als der Mieter hinsichtlich der Hauptmietzinsabrechnung[660]) die Legung einer auch inhaltlich richtigen (und nicht bloß formell = „ordentlichen“) Abrechnung im Außerstreitverfahren erzwingen (Eigentümerpartnern - auch Ehegatten - kommt dieses Recht nur gemeinsam zu).[661]

---

[657] OGH 23.3.2004, 5 Ob 167/03z (= EWr W/20/1 ff).
[658] OGH 20.12.2005, 5 Ob 238/05v (= EWr W/20/23 ff).
[659] Anders noch zur früheren Rechtslage (§ 17 WEG 1975): OGH 27.4.1999, 5 Ob 98/99v (= EWr II/17/71 ff).
[660] OGH 24.9.1996, 5 Ob 2135/96y (= EWr I/20/7 ff).
[661] OGH 20.1.2004, 5 Ob 303/03z (= EWr II/17/109 ff).

⇒ Zum (neuen?) Verständnis des Begriffs der „Richtigkeit“[662] siehe unten S 326 f.

⇒ Die WRN 1999 enthält keine Übergangsregelung für die Anwendung des neuen Rechts (Kontrolle der Abrechnung auf ihre Richtigkeit im Außerstreitverfahren) auf bereits in der Vergangenheit (vor dem 1.1.2000) verwirklichte Sachverhalte.
Nach der Rechtsprechung ist das neue Recht nur in Verfahren anzuwenden, die nach dem 31.12.1999 anhängig gemacht wurden.[663]

⇒ In materiellrechtlicher Hinsicht ist die Rechtsprechung indes zum Ergebnis gelangt, dass auch die Rechnungslegungen früherer Zeiträume (soweit Überprüfungsansprüche nicht schon verjährt sind) in nach dem 31.12.1999 anhängig gemachten Außerstreitverfahren auf ihre Richtigkeit geprüft werden können.[664]
Im Übrigen gilt als unstrittig, dass der Verwalter auch schon vor der WRN 1999 verpflichtet war, eine „richtige“ Abrechnung zu legen (die Rechnungslegungspflicht nach § 20 Abs 3 WEG mit ihrer Durchsetzung im außerstreitigen Verfahren ist aber nicht mehr bloß ausführendes Recht zu den Spezialbestimmungen des ABGB (§§ 1012, 830, 837 ABGB), sondern Spezialrecht im Verhältnis zwischen Wohnungseigentümern und ihrem Verwalter).[665]

- Die Verwalterpflicht über die Abrechnung von Heiz- und Warmwasserkosten nach dem Heizkostenabrechnungsgesetz existiert erst im WEG.

⇒ Darin kann eine „Korrektur“ nicht gebilligter Rechtsprechung erblickt werden. Diese hat zum WEG 1975 eine diesbezügliche Verpflichtung des Verwalters - im Regelfall - verneint.[666]

⇒ Durchdachter Gesetzgebung unwürdig scheint die Floskel „gegebenenfalls“.
Nach den Materialien soll sie zum Ausdruck bringen, dass die Abrechnungspflicht des Verwalters nur dann zum Tragen kommt, wenn „gemeinschaftlich zu tragende Heiz- und Warmwasserkosten angefallen sind“ (und wenn das HeizKG anzuwenden ist).

⇒ Selbstverständlich kann sich der Verwalter zur Erfüllung dieser Abrechnungspflicht eines Gehilfen bedienen.

d)
Hinweispflicht (Naheverhältnis)
(§ 20 Abs 4 Satz 1 WEG)

Beabsichtigt der Verwalter den Abschluss eines Rechtsgeschäfts mit einer Person, die mit ihm durch ein

- familiäres
  oder
- wirtschaftliches

[662] Vgl OGH 23.3.2004, 5 Ob 167/03z (= EWr II/20/1 ff);
OGH 29.3.2004, 5 Ob 62/04k (= EWr W/20/12 ff);
OGH 3.8.2004, 5 Ob 160/04x (= EWr W/20/16 ff).
[663] OGH 14.5.2002, 5 Ob 113/02g (= EWr II/17/83 ff).
[664] OGH 8.4.2003, 5 Ob 37/03g (= EWr II/17/96 ff).
[665] OGH 23.3.2004, 5 Ob 167/03z (= EWr II/20/1 ff).
[666] OGH 15.12.1998, 5 Ob 307/98b (= EWr II/17/68 ff).

Naheverhältnis verbunden ist, so hat er die Wohnungseigentümer auf dieses Naheverhältnis hinzuweisen.

- Was unter einem „familiären oder wirtschaftlichen" Naheverhältnis konkret zu verstehen ist, entzieht sich (weiterhin bzw weitgehend) der Kenntnis der Normunterworfenen.
  - ⇒ Der Hinweis in den Materialien, wonach dieser Begriff im Wohnungseigentumsrecht „schon eingeführt sei" ist ebensowenig hilfreich wie der seinerzeitige auf das Maklergesetz bei Einführung in das WEG 1975.
    Beispiele, wonach damit etwa „enge Verwandtschaft" oder eine „direkte gesellschaftsrechtliche Verflechtung" gemeint sind, geben nur Selbstverständlichkeiten wieder.
  - ⇒ Der AB (leider nicht direkt das Gesetz) stellt allerdings klar, dass eine ständige Geschäftsbeziehung (wiederkehrende Beauftragung eines Professionisten durch den Verwalter) noch kein „wirtschaftliches Naheverhältnis" iSd § 20 Abs 4 Satz 1 WEG indiziert.
  - ⇒ Nach der Lehre liegt ein wirtschaftliches Naheverhältnis auch bei arbeitsrechtlich oder mit Werkvertrag verbundenen Partnern vor.[667]
- In welcher Form der Hinweis zu erfolgen hat, lässt das Gesetz offen.
  - ⇒ Jedenfalls nicht erforderlich ist die Verständigung auf die in § 24 Abs 5 WEG beschriebene Weise (Hausanschlag und Übersendung).
- Der Zweck der Regelung scheint in der Schaffung von mehr Transparenz (im Verhältnis Machthaber und Machtgeber) zu liegen.
  - ⇒ Sie ergänzt lediglich die Regelungen des ABGB über das „Insichgeschäft".
  - ⇒ Insbesondere soll damit die „Sensibilität" (aller Beteiligter) geschärft werden.
  - ⇒ Daran kann aber mE nicht das aus dem Gesetz keineswegs hervorleuchtende Postulat geknüpft werden, wonach der Verwalter mit dem Abschluss des Geschäftes zuwarten müsse, um der Gemeinschaft Gelegenheit zu einer gegenteiligen Weisung zu erteilen.
  - ⇒ Die Regelung scheint überschießend; zweckmäßigerweise hätte sie auf die in § 20 Abs 4 Satz 2 WEG genannten Arbeiten eingeschränkt werden sollen.

e)
Einholung von Anboten
(§ 20 Abs 4 Satz 2 WEG)

Der Verwalter hat

- für Erhaltungsarbeiten, die über die laufende Instandhaltung hinausgehen
  und
- für größere Verbesserungsarbeiten

mindestens drei Anbote einzuholen.

---

[667] Zum Naheverhältnis im Zusammenhang mit Verwalterwechsel: OGH 25.11.2003, 5 Ob 246/03t (= EWr W/24/1 ff).

⇒ Das ist um ein Anbot mehr als nach dem WEG 1975 verpflichtend vorgesehen war (§ 17 Abs 1 Z 3 WEG 1975 sprach von „mehreren Anboten").

⇒ Auch wenn dies manchem Verwalter (vor allem in ländlichen Bereichen mit wenig Auswahlmöglichkeit bei einzelnen Gewerken) in der Seele weh tun mag: § 20 Abs 4 Satz 2 WEG ist keine Soll- oder Kann-, sondern eine Muss-Bestimmung!
Selbstverständlich hat der Verwalter (schon nach dem einzuhaltenden Grundsatz der Sparsamkeit) danach zu trachten, Anbote möglichst kostengünstig (und im Idealfall gratis) zu erlangen. Falls dies aber nicht möglich ist, so müssen dennoch alle drei im Gesetz nunmehr vorgesehenen Anbote - eben kostenpflichtig (zu Lasten der Eigentümergemeinschaft [Rücklage] - beschafft werden. Andernfalls läge eine Verletzung von Verwalterpflichten vor.

⇒ Wiewohl das Gesetz nunmehr darüber keine konkrete Aussage mehr trifft (vgl dagegen § 17 Abs 1 Z 3 WEG 1975), scheint mE noch immer die Auslegung sinnvoll, dass unter den „über die laufende Instandhaltung hinausgehenden Erhaltungsarbeiten" solche zu verstehen sind, die in längeren als einjährigen Abständen wiederkehren (so auch die Materialien).

f)
Mahnung und Klagsführung
(§ 20 Abs 5 WEG)

Der Verwalter hat rückständige Zahlungen eines Wohnungseigentümers auf die Aufwendungen für die Liegenschaft

- einzumahnen

  und - nötigenfalls -

- Klage nach § 27 Abs 2 WEG binnen der dort genannten Frist zu erheben

  ⇒ Frist: Sechs Monate ab Fälligkeit der Forderung.

  und

- die Anmerkung der Klage zu beantragen.

  ⇒ Der Verwalter muss sohin dafür sorgen, dass das der Eigentümergemeinschaft nach § 27 Abs 1 Z 1 WEG zukommende gesetzliche Vorzugspfandrecht (siehe unten ab S 259) ordnungsgemäß geltend gemacht wird.

  ⇒ Zu beachten ist, dass damit der Spielraum des Verwalters in Bezug auf andere Einbringungsversuche (etwa Stundung oder Ratenzahlungsvereinbarung) eingeschränkt ist. Die gesetzliche Beifügung „nötigenfalls" kann wohl nur so verstanden werden, dass im Falle der nicht rechtzeitigen Zahlung (nach vorheriger Mahnung) die Klage nach § 27 Abs 2 WEG - mithin binnen sechs Monaten ab Fälligkeit der Forderung - eingebracht werden muss.

  ⇒ Für den Verwalter - der ja (unter praktischen Aspekten gesehen) mit den Mit- und Wohnungseigentümern der von ihm verwalteten Liegenschaft auf längere Sicht im möglichst guten Einvernehmen „zu leben" hat - empfiehlt sich, schon im Verwaltungsvertrag (sowie bei jeder erforderlichen Mahnung) auf die Verwalterpflicht zur Klagsführung innerhalb von sechs Monaten ausdrücklich hinzuweisen. Nicht der „böse" Verwalter klagt, sondern die Eigentümergemeinschaft (vertreten durch den zur Klagsführung gesetzlich verpflichteten Verwalter).

⇒ Problematisch kann die Klärung der Frage sein, wie bei strittiger Verwalterbestellung (also insbesondere während des Verfahrens auf Anfechtung der Verwalterkündigung) schuldbefreiend Zahlungen des Wohnungseigentümers auf die Aufwendungen für die Liegenschaft erfolgen können.

Der Oberste Gerichtshof hat diese Frage jüngst - dogmatisch sicher richtig, für die Praxis aber wenig hilfreich - dahingehend beantwortet, dass es auf die Einzahlung auf das (bzw zumindest das Einlangen der Zahlung auf dem) gemäß § 20 Abs 6 WEG für die Eigentümergemeinschaft eingerichteten Konto (dazu siehe sogleich unten) ankommt (und daher diese Tatfrage in dem von der Eigentümergemeinschaft gegen den Wohnungseigentümer eingeleiteten Verfahren wegen Nichtbezahlung der Wohnbeiträge zu prüfen sei.[668]

Das Problem liegt freilich darin, dass der laienhafte Wohnungseigentümer sich gelegentlich zwei Verwaltern gegenübersieht, nämlich dem (rechtswirksam?) gekündigten einerseits und dem (rechtswirksam?) neu bestellten andererseits und beide wohl die Zahlung auf das jeweils von ihnen für die Eigentümergemeinschaft eingerichtete Konto (das ja jedenfalls seit 1.10.2006 auch ein Anderkonto sein kann - für die Zeit davor ließ dies das Höchstgericht unbeantwortet) verlangen werden (dies unter Hinweis auf die nur damit gegebene schuldbefreiende Wirkung der Zahlung). In derartigen Fällen wird dem verunsicherten Wohnungseigentümer - ungeachtet dessen, dass gerade dies der Oberste Gerichtshof mit seine Entscheidung eigentlich vermeiden wollte - nur der Gerichtserlag (§ 1425 ABGB) als Ausweg verbleiben.

g)
Kontoführung
(§ 20 Abs 6 WEG)

Der Verwalter hat alle die Eigentümergemeinschaft betreffenden Ein- und Auszahlungen über ein für jeden Wohnungseigentümer einsehbares

- Eigenkonto der Eigentümergemeinschaft

  oder

- Anderkonto

durchzuführen (§ 20 Abs 6 Satz 1 WEG).

⇒ Die WRN 2006 brachte die - mE - Klarstellung, dass hinsichtlich der Art des einzurichtenden Kontos grundsätzlich eine Wahlmöglichkeit zwischen Eigentümergemeinschaftskonto einerseits und Anderkonto andererseits besteht. Damit ist die diesbezügliche - von der Lehre geführte (indes von der Rechtsprechung offen gelassene[669]) - Diskussion über das (vom Verwalter) einzurichtende Konto beendet (es kann auch dahingestellt bleiben, ob es sich bei der Neuformulierung des sprachlich in der Stammfassung des WEG fraglos verunglückten § 20 Abs 6 WEG, der gemäß § 54

[668] OGH 4.4.2006, 5 Ob 277/05d (= EWr W/20/26 ff).
[669] OGH 4.4.2006, 5 Ob 277/05d (= EWr W/20/26 ff).

Abs 2 WEG als einzige Bestimmung des WEG erst mit 1.1.2003 in Kraft getreten ist, um eine Klarstellung oder um eine Rechtsänderung iS einer Erweiterung handelt).

- Die Regelung verbietet (jedenfalls seit 1.1.2003) die Einrichtung gemeinsamer Konten für mehrere Liegenschaften.

⇒ Dies ist ein wesentlicher Unterschied zur Vorläuferbestimmung des § 17 Abs 3 WEG 1975 (die den Verwalter zur Führung eines auf die Eigentümergemeinschaft lautenden Kontos zwar grundsätzlich berechtigt, aber nur im Fall eines Mehrheitsbeschlusses oder auf Grund gerichtlicher Entscheidung über den Antrag eines Miteigentümers - für den „wichtige Gründe" gefordert waren[670] - verpflichtet hat).

⇒ Obgleich mit der Umformulierung des § 20 Abs 6 durch die WRN 2006 die vormals vorhandene Beifügung „gesondertes Konto" verloren gegangen ist, kann mE auch bei Einrichtung eines Anderkontos kein Zweifel bestehen, dass es sich dabei um ein ausschließlich dem Zahlungsverkehr der betreffenden Liegenschaft gewidmetes Konto handeln muss.

⇒ Auch ohne ausdrücklicher Erwähnung im Text des WEG wird der Gemeinschaft im Fall eines Konkurses des Verwalters ein Aussonderungsrecht (§ 44 KO) zuzugestehen sein, weil auch Treugut des Treuhänders im Konkurs ausgesondert werden kann.

⇒ Fraglos kann die Eigentümergemeinschaft dem Verwalter per Weisung (und auch schon im Verwaltungsvertrag) die Führung eines Anderkontos untersagen.

⇒ Aus der Sicht des Wohnungseigentumsverwalters wäre noch hinzuzufügen, dass die Einrichtung eines Anderkontos für ihn insofern problematisch sein kann, als diesfalls er gegenüber der Bank für (gelegentlich auch bei Anderkonten vorkommende) Negativsalden haftet. Es muss daher - bei gewünschter Aufgabe des Kontos (also jedenfalls bei Beendigung der Verwaltungstätigkeit) - ein ausgeglichener Saldo gegeben sein, was, wie die Erfahrung zeigt, den Verwalter uU vor schwierige Einbringungsversuche (auch noch nach Beendigung seines Mandats) stellen kann.

- § 20 Abs 6 Satz 1 WEG normiert auch ausdrücklich ein Einsichtsrecht des einzelnen Wohnungseigentümers.

⇒ Die Materialien stellen dazu klar, dass „nicht etwa jeder Wohnungseigentümer mit einer Kontokarte auszustatten wäre, mit deren Hilfe er dann unmittelbar beim Bankinstitut den Kontostand abfragen und Kontoauszüge ausdrucken könnte".
Dieser Klarstellung hätte es nicht bedurft, zumal wohl nicht strittig ist, dass das Verfügungsrecht über das Konto bei der Gemeinschaft bzw ihrem Vertreter, also dem Verwalter, liegt.

Zu hinterfragen ist mE vielmehr, ob der Gesetzestext - wie der AB vermeint - wirklich so zu verstehen ist, dass (vom Verwalter) jedem Wohnungseigentümer jederzeit (!) Einsicht in die Bankbelege und -auszüge über dieses Konto zu gewähren ist (oder ob für die mehrmalige [zusätzliche] Belegeinsicht [neben der ohnedies und selbstverständlich bei der Abrechnung zu gewährenden] eine Begründung anzuführen wäre).

[670] Dazu OGH 11.11.1997, 5 Ob 2367/96s (= EWr II/17/55 ff).

h)
Spezielle Auskunftspflichten des Verwalters
(§ 20 Abs 7 WEG)

Der Verwalter hat auf Verlangen jedem Wohnungseigentümer Auskunft

- über den Inhalt des Verwaltungsvertrags,
  besonders über die Entgeltsvereinbarungen und den Umfang der vereinbarten Leistungen

zu geben (§ 20 Abs 7, zweiter Satz, erster Fall WEG).

⇒ Die Regelung wurde mit der WRN 2006 neu eingefügt.
Die Materialien zur WRN 2006 führen als Begründung an, dass es „bei Wohnungseigentümern häufig ein Informationsdefizit über den Inhalt des Verwaltungsvertrags gebe und es für Wohnungseigentümer nicht selten schwierig sei, vom Verwalter Auskünfte hierüber zu erhalten".

⇒ ME wird damit - indirekt - der Zwang zum Abschluss schriftlicher Verwaltungsverträge postuliert (was ja grundsätzlich nicht negativ zu werten ist, genauso gut aber direkt im Gesetz hätte angeordnet werden können).

⇒ Der Verwalter, der über einen schriftlichen Vertrag verfügt, wird der nun in § 20 Abs 7 WEG normierten Informationspflicht unschwer (durch Übersendung einer Kopie des Verwaltungsvertrags) nachkommen können; andernfalls könnte sich die Auskunft zu einer mühsamen Angelegenheit auswachsen (zumal vielfach davon auszugehen sein wird, dass der anfragende Wohnungseigentümer nicht der beste Freund des befragten Verwalters ist).
Es empfiehlt sich sohin (freilich nicht erst seit der WRN 2006, nunmehr aber umso dringender) der Abschluss schriftlicher Verwaltungsverträge im Wohnungseigentum.

Weiters hat der Verwalter im Fall einer schriftlichen Willensbildung auf Verlangen jedem Wohnungseigentümer Auskunft

- über das Stimmverhalten der anderen Wohnungseigentümer

zu geben (§ 20 Abs 7, zweiter Satz, zweiter Fall WEG).

⇒ Auch die Regelung wurde mit der WRN 2006 in den Gesetzestext eingefügt.

⇒ Die Bestimmung beseitigt - allenfalls (mE allerdings schon bisher zu Unrecht) gestellte - Zweifelsfragen, inwieweit der Verwalter auf derartige Anfragen Auskunft geben muss bzw („Datenschutz") geben darf.
Zugleich gibt sie dem Verwalter die Begründung (Rechtfertigung) hinsichtlich erteilter Auskünfte gegenüber Wohnungseigentümern, die darüber Beschwerde führen (weil sie vielleicht auf Grund der erteilten Information von einem anderen Wohnungseigentümer wegen ihres Stimmverhaltens kritisiert worden sind).

⇒ Unverständlich (und durch teleologische Auslegung zu korrigieren ist die Beschränkung der Auskunftspflicht auf die Fälle der schriftlichen Willensbildung.
Ausgehend davon, dass die Beschlussfassung generell nicht an eine bestimmte Form gebunden ist (und daher neben der mündlichen Abstimmung in der Eigentümerversammlung und dem zumeist in Schriftform erfolgenden Umlaufverfahren auch noch andere Varianten - etwa eine telefonische Befragung - denkbar

sind), müsste dem Wohnungseigentümer in allen Fällen der Willensbildung das Recht zur Information über das Stimmverhalten der anderen Wohnungseigentümer zukommen.
Immerhin ist das Wissen über das Stimmverhalten der übrigen Wohnungseigentümer - worauf die Materialien zur WRN 2006 zutreffend hinweisen - Grundvoraussetzung für die (außergerichtliche) Prüfung des tatsächlichen Zustandekommens einer Mehrheit (sodass darin auch eine verfahrensvermeidende Wirkung gesehen werden kann).

Die ausdrückliche Anführung der genannten Auskunftspflichten des Verwalters in § 20 Abs 7 WEG ist nicht dahingehend zu verstehen, dass dem Verwalter in anderen Angelegenheiten keine Pflicht zur Auskunft gegenüber anfragenden Wohnungseigentümern zukommt.

⇒ Die Regelung ist als demonstrative Auflistung zu verstehen; ihr Zweck besteht darin, bisherige Zweifelsfragen (soweit sie als solche aufgetaucht bzw erkannt wurden) zu beseitigen.

⇒ In der Praxis taucht auch immer wieder die Frage auf, ob der Verwalter einem diesbezüglich anfragenden Wohnungseigentümer Auskunft über die (nur) ihm bekannten Anschriften von Wohnungseigentümern, die nicht auf der Liegenschaft wohnen, geben darf (bzw muss). Die Frage ist mE zu bejahen, sofern ein Wohnungseigentümer dem Verwalter die Weitergabe seiner Anschrift an andere Miteigentümer nicht ausdrücklich untersagt hat und der anfragende Wohnungseigentümer eine mit dem gemeinsamen Miteigentum im Zusammenhang stehende Begründung für sein Interesse an der Auskunft (etwa die Absicht einer Beschlussfassung) gegenüber dem Verwalter anzugeben vermag (ohne dass damit eine spezielle Prüfpflicht des Verwalters über den Wahrheitsgehalt der angeführten Begründung verbunden wäre).

⇒ Nicht zugestimmt werden kann mE den Ausführungen in den Materialien zur WRN 2006, wonach auch ein Vertragspartner der Eigentümergemeinschaft (etwa ein Bankinstitut oder ein Professionist) gegenüber einem einzelnen Wohnungseigentümer über den Inhalt eines mit der Eigentümergemeinschaft (vertreten durch den Verwalter) geschlossenen Vertrags auskunftspflichtig ist. Bei dieser Ansicht wird einfach übersehen, dass hier gerade eben nicht Identität bzw eine vertragliche Beziehung zwischen dem Anfragenden und der Eigentümergemeinschaft besteht und sohin sehr wohl rechtliche Gründe („Datenschutz"; „Bankgeheimnis") der Auskunftserteilung entgegenstehen können.
Wollte der Gesetzgeber (auch) eine derartige Auskunftspflicht bewirken, bedürfte es einer ausdrücklichen gesetzlichen Anordnung.

i)
Herabsetzung des vereinbarten Entgelts
(§ 20 Abs 8 WEG)

Wenn der Verwalter seine Pflichten grob verletzt, kann die Eigentümergemeinschaft - neben allfälligen Schadenersatzansprüchen - auch eine

- Herabsetzung des mit dem Verwalter vereinbarten Entgelts

nach Maßgabe der mit dem Pflichtverstoß einhergehenden Minderung des Nutzens aus der Verwaltertätigkeit verlangen.

- § 20 Abs 8 WEG schafft eine Sanktionsmöglichkeit gegen den seine Pflichten grob verletzenden Verwalter.
  - ⇒ Die Sanktion besteht neben (und unabhängig von) den verschiedenen Möglichkeiten zur Beendigung des Verwaltungsvertrags (§ 21 WEG – siehe unten ab S 207).
  - ⇒ Schadenersatzansprüche bleiben ebenfalls unberührt (wobei es diesbezüglich der ausdrücklichen Erwähnung im Gesetz gar nicht bedurft hätte).
  - ⇒ Die Entgeltsminderung setzt neben einer groben Pflichtverletzung auch die Kausalität des Fehlverhaltens für die Gemeinschaft, konkret eine Minderung des Nutzens aus der Verwaltung, voraus.
  - ⇒ Rechtsdogmatisch ist der Anspruch vergleichbar mit dem (früheren) gewährleistungsrechtlichen Preisminderungsanspruch.
- Der Anspruch steht nur der Gemeinschaft zu.
  - ⇒ Dem einzelnen Wohnungseigentümer erwächst sohin kein Individualrecht.
- Die Durchsetzung des Anspruchs erfolgt im streitigen Verfahren.
  - ⇒ So ausdrücklich der noch knapp vor der Beschlussfassung des Gesetzes geänderte § 52 Abs 1 Z 6 WEG.

j)
Rechte des Verwalters

Dem WEG sind (wie schon dem WEG 1975) keine besonderen Rechte des Verwalters zu entnehmen.

Aus dem ABGB ergeben sich aber die folgenden Rechte (Ansprüche) eines Verwalters:

- Auslagenersatz (§ 1014 ABGB)
  - ⇒ Der Anspruch des Verwalters auf Ersatz von Aufwendungen auf die Liegenschaft ist nicht von der vorherigen Rechnungslegung abhängig.[671]
    Die Abrechnung muss spätestens in dem Prozess vorliegen, in dem der Verwalter seinen Anspruch geltend macht.[672]
    Ob diese Abrechnung vom Verwalter selbst erstellt worden ist oder bloß das Ergebnis der gerichtlichen Beweisaufnahme bildet, ist rechtlich unerheblich.[673]
- Belohnungsanspruch (§§ 1004 ff ABGB)
  - ⇒ Das Verwalterhonorar gehört zu den Bewirtschaftungskosten (und ist daher bei Festsetzung der Akontoforderungen zu berücksichtigen).[674]
- Allfälliger Schadenersatzanspruch (§ 1015 ABGB)

Der gewerbliche Verwalter hat auch ohne ausdrückliche Vereinbarung Anspruch auf Entlohnung; bei nicht gewerblicher Verwaltung muss das Entgelt ausdrücklich oder konkludent vereinbart sein.

---

671 OGH 16.2.1993, 5 Ob 22/93 (= EWr II/17/18 f).
672 OGH 18.2.1992, 5 Ob 20/92 (= EWr III/837 A/1).
673 OGH 7.12.1993, 5 Ob 110-112/93 (= EWr II/17/20 f).
674 OGH 5.11.2002, 5 Ob 171/02m (= EWr II/17/87 ff).

- Bei Fehlen einer Honorarvereinbarung können beim gewerblichen (nicht gemeinnützigen) Gebäudeverwalter die in den Richtlinien der Innung („Richtlinien und Honorarsätze für die Immobilienmakler, Immobilienverwalter und Bauträger") enthaltenen Sätze nicht als konkludent vereinbart angesehen werden. Vielmehr gilt ein angemessenes Entgelt als bedungen (das sich unter Berücksichtigung aller Umstände unter Bedachtnahme auf das, was unter ähnlichen Umständen geschieht oder geschehen ist, ergibt).[675]
  - ⇒ Hingewiesen sei darauf, dass die „Richtlinien und Honorarsätze für die Immobilienmakler, Immobilienverwalter und Bauträger" (aus kartellrechtlichen Gründen) seit dem Jahr 2006 nicht mehr veröffentlicht werden.
    Es ist daher bei Neuabschluss eines Verwaltungsvertrages mit dem bloßen Hinweis auf diese Richtlinien (als Honorarvereinbarung) nicht mehr getan; vielmehr muss das Honorar - soll nicht ein (im Einzelfall wohl des Öfteren strittiges) angemessenes Entgelt als bedungen gelten - konkret vereinbart werden.
  - ⇒ Über das vereinbarte Verwaltungsentgelt hinaus kann der Verwalter zulässigerweise kein weiteres Entgelt verlangen; der übliche Sachaufwand ist darin beinhaltet. Setzt der Geschäftsbesorger zur Auftragserfüllung seinen Betrieb ein, so ist die Abgeltung von im Zusammenhang mit der Auftragserfüllung entstehenden Betriebskosten Entgelt und nicht Aufwandsentschädigung iSd § 1014 ABGB; dies gilt für den gewerblichen wie für den nicht gewerblichen Hausverwalter (ohne besondere Vereinbarung steht dem Verwalter daher kein Entgelt für die Anschaffung von Fachliteratur und Büromaterial zu).[676]
- Der einem Hausverwalter im Rahmen des Geschäftsbetriebes erwachsene Honoraranspruch unterliegt der dreijährigen Verjährung des § 1486 Z 1 ABGB. Nach der ständigen Rechtsprechung des Obersten Gerichtshofes und der überwiegenden Lehre gilt diese Verjährungsbestimmung auch für den mit der Verwaltungstätigkeit verbundenen Anspruch auf Auslagenersatz.[677]
  - ⇒ § 1486 Z 1 ABGB sieht aber - im Unterschied zu § 1486 Z 6 ABGB - für Gegenforderungen der Vertragspartner des Hausverwalters wegen deren Vorschüsse an den Hausverwalter die kurze Verjährungsfrist nicht vor. Der Anspruch von Mit- und Wohnungseigentümern auf Rückzahlung von Vorschüssen an den Hausverwalter für dessen Honorar- und Auslagenersatzansprüche unterliegt daher der 30-jährigen Verjährungsfrist.[678]
- Strittig - aber in der Regel von marginaler Bedeutung - ist, ob dem Verwalter, dem gekündigt wurde, während der Kündigungsfrist ein Anspruch auf Ausübung seiner Verwaltertätigkeit zukommt.
  - ⇒ Selbstverständlich bleibt in jedem Fall der Entlohnungsanspruch während der Kündigungsfrist aufrecht (sofern kein Fall des § 20 Abs 8 WEG - siehe unmittelbar oben - vorliegt).

---

[675] OGH 9.6.1998, 5 Ob 152/98h (= EWr II/17/66 f).
[676] OGH 23.3.2004, 5 Ob 167/03x (= EWr W/20/1 ff).
[677] OGH 19.1.1993, 5 Ob 142/92 (= EWr III/1486 A/1).
[678] OGH 19.1.1993, 5 Ob 142/92 (= EWr III/1486 A/1).

3)
Auflösung und Verlängerung des Verwaltungsvertrags
(§ 21 WEG)

a)
Allgemeines

Bei der Auflösung des Verwaltungsvertrags ist - wie bei jedem Dauerrechtsverhältnis - zu unterscheiden zwischen der ordentlichen Kündigung und der außerordentlichen Beendigungung aus wichtigem Grund.

⇒ Das WEG behandelt beide Fälle; allerdings nicht abschließend, sodass ergänzend auch noch auf das ABGB zurückzugreifen ist.

⇒ Grundsätzlich erfolgte mit dem WEG eine Straffung und Vereinfachung der vormals komplizierten Regelungen über die Beendigung des Verwaltungsvertrags.

Vereinheitlicht sind im WEG Kündigungsfrist und Kündigungstermin bei der ordentlichen Kündigung (§ 21 Abs 1 WEG):

- Die Kündigungsfrist beträgt - für den Verwalter wie für die Eigentümergemeinschaft - drei Monate.

  ⇒ Diesbezüglich keine Änderung gegenüber dem WEG 1975.

- Kündigungstermin ist das Ende der Abrechnungsperiode.

  ⇒ Abrechnungsperiode ist idR das Kalenderjahr (§ 34 Abs 2 WEG).

  ⇒ Abzustellen ist auf die Abrechnungsperiode für die Verwaltung (Abweichungen für Teilbereiche - praktisch denkbar für Heiz- und Warmwasserkosten - sind ohne Relevanz für den Kündigungstermin).

Neben der Einhaltung von Kündigungsfrist und Kündigungstermin stellt das WEG keine weiteren Anforderungen an die ordentliche Aufkündigung eines auf unbestimmte Zeit abgeschlossenen Verwaltungsvertrags.

⇒ Insbesondere ist keine Begründung gefordert.
Daran ändert auch der Umstand nichts, dass Abs 2 leg cit ausdrücklich die Kündigung „ohne Angabe von Gründen" erwähnt, während Abs 1 leg cit diese Beifügung nicht aufweist.

⇒ Auch die Einhaltung einer bestimmten Form ist nicht erforderlich.

⇒ Generell weggefallen ist im WEG die in § 18 Abs 1 Z 2 Satz 1 WEG 1975 enthaltene Bedingung der gleichzeitigen Bestellung eines anderen Verwalters.[679]
Daraus kann sich allerdings ein praktisches Problem - vor allem für den gekündigten (oder auch selbst kündigenden) Verwalter - im Zusammenhang mit der Übergabe der Verwaltungsunterlagen (sowie eines Überschusses) ergeben. In Ermangelung eines bestellten (neuen) Verwalters wird die Eigentümergemeinschaft vertreten durch die „Mehrheit der Wohnungseigentümer" (§ 18 Abs 2 Z 2 lit a WEG). An diese kann freilich unmittelbar nichts ausgefolgt oder übergeben werden. Für den Altverwalter bieten sich diesfalls mE nur der Erlag bei Gericht oder der Antrag auf Bestellung eines vorläufigen Verwalters (der ja gemäß § 23 WEG von jedem, der ein berechtigtes Interesse an der wirksamen Ver-

---

[679] OGH 24.5.2005, 5 Ob 115/05f (= EWr W/21/4 ff).

tretung der Eigentümergemeinschaft hat, eingebracht werden kann) an.

⇒ Bei der Kündigung des Verwalters durch die Eigentümergemeinschaft handelt es sich um eine Angelegenheit der ordentlichen Verwaltung (§ 28 Abs 1 Z 5 WEG).[680]
Sie bedarf eines (einfachen) Mehrheitsbeschlusses der Wohnungseigentümer.[681]
Nur ganz ausnahmsweise bei Vorliegen wichtiger Gründe, Vollmacht und Auftrag zur Verwaltung nicht zu widerrufen, wenn der Bestellung eine Vereinbarung aller Miteigentümer untereinander zu einem über die normale Verwaltung hinausgehenden besonderen Zweck zugrunde lag, kann die Abberufung eines Hausverwalters als wichtige Veränderung iSd § 834 f ABGB angesehen und der Gesamtheit der Miteigentümer vorbehalten werden.[682]

⇒ Die Wirksamkeit der Kündigung setzt voraus, dass ihr eine den Anforderungen des WEG genügende Willensbildung und Beschlussfassung vorangegangen ist.[683]
Daher ist jene Judikatur, die für die Kündigung eines Wohnungseigentumsverwalters eine von der Mehrheit der Miteigentümer getragene Erklärung genügen ließ, wie immer auch diese Mehrheit zustande gekommen war, seit der Neugestaltung der Vorschriften über die gemeinschaftliche Willensbildung durch das 3. WÄG überholt. Es ist vielmehr allen Mit- und Wohnungseigentümern - auch jenen mit einer voraussichtlich chancenlosen Gegenposition - Gelegenheit zur Äußerung zu geben, was die Möglichkeit einer Werbung für den eigenen Standpunkt ebenso einzuschließen hat wie die eigene Stimmabgabe.[684]

⇒ Die Kündigung des Verwalters ist erst wirksam, nachdem sie ihm zugegegangen ist.[685]

⇒ Die Unterlassung des Hausanschlags macht den Beschluss über die Kündigung des Verwalters nicht unwirksam.[686]

⇒ Das Kündigungsrecht der Mehrheit ist vertraglich unabdingbar. Ein vereinbartes Mitspracherecht eines Dritten bei Bestellung und Abberufung des Wohnungseigentumsverwalters verstößt gegen zwingendes Recht.[687]

⇒ Die Kündigung (bzw der Widerruf) des dem Verwalter eines gemeinschaftlichen Gutes erteilten Auftrages ist eine einseitige, rechtsgestaltende Erklärung, die - so wie die Kündigung anderer Dauerschuldverhältnisse - mit den aus der Normierung von Kündigungsfristen und/oder Kündigungsterminen resultierenden Modifi-

---

[680] OGH 4.9.2001, 5 Ob 98/01z (= EWr II/18/43 ff);
OGH 10.2.2004, 5 Ob 315/03i (= EWr II/13b/30 f);
OGH 4.4.2006, 5 Ob 277/05d (= EWr W/20/26 ff) ua.

[681] Noch zur Rechtslage vor dem 3. WÄG (danach siehe die folgenden FN):
OGH 10.11.1992, 5 Ob 1086/92 (= EWr II/18/7 f);
OGH 25.5.1993, 5 Ob 41/93 (= EWr II/18/12 ff).

[682] OGH 10.2.2004, 5 Ob 315/03i [unter Hinweis auf MietSlg 26.056] (= EWr II/13b/30 f).

[683] OGH 10.7.2001, 5 Ob 146/01h (= EWr II/18/38 ff);
OGH 4.11.2005, 5 Ob 172/05p (= EWr W/21/8 f) ua.

[684] OGH 28.5.2002, 5 Ob 118/02t (= EWr II/18/50 ff).

[685] OGH 25.11.1997, 5 Ob 2382/96x (= EWr II/13b/3 ff);
OGH 13.10.1998, 5 Ob 261/98p (= EWr II/18/24 ff).

[686] OGH 4.11.2005, 5 Ob 172/05p (= EWr W/21/8 f).

[687] OGH 13.3.2001, 5 Ob 37/01d (= EWr II/18/33 ff).

kationen wirksam wird, sobald sie dem Empfänger zugegangen ist. Die Aufhebung einer solchen Kündigung (der „Widerruf") bedürfte eines contrarius actus, also eines Mehrheitsbeschlusses der Mit- und Wohnungseigentümer über die Wiederbestellung des Verwalters, die auch noch dessen Annahme voraussetzt.[688]

⇒ Die Kündigung des Verwalters (nicht auch der Antrag auf gerichtliche Abberufung) setzt einen Mehrheitsbeschluss voraus. Für diesen ist die Kenntnis und Zählung der Miteigentumsanteile unabdingbar. Daher kommt das Recht zur Kündigung des Verwaltungsvertrags dem Wohnungseigentumsbewerber, der noch nicht Miteigentümer der Liegenschaft ist, nicht zu.[689]

⇒ Dem gekündigten Verwalter steht kein Recht zur formalen Anfechtung des Beschlusses über seine Kündigung zu.[690]
Die Rechts(un)wirksamkeit eines solchen Beschlusses kann der betroffene Verwalter (nur) als Vorfrage im Verfahren auf Feststellung der Rechts(un)wirksamkeit der Kündigung relevieren.[691]

⇒ Die Frage der wirksamen Verwalterkündigung (über Mehrheitsbeschluss) ist zu trennen von jener über die Zahlungspflicht des einzelnen Wohnungseigentümers hinsichtlich der monatlichen Wohnbeiträge an die Eigentümergemeinschaft. Schuldbefreiend erfolgt die Zahlung nur dann, wenn sie auf das Konto der Eigentümergemeinschaft erfolgt (oder zumindest darauf einlangt)[692] – siehe dazu schon oben S 201.

Der Verwaltungsvertrag kann auf <u>unbestimmte Dauer</u> oder - <u>beliebig</u> - <u>befristet</u> abgeschlossen werden.

- Das WEG normiert <u>keine</u> Obergrenze für die zulässige Vertragsdauer.
- § 21 Abs 2 WEG ermöglicht allerdings die Auflösbarkeit eines (länger als auf drei Jahre) befristeten Vertrags nach drei Jahren, also gegebenenfalls auch schon vor Ablauf der vereinbarten Dauer.

⇒ Die Vereinbarung einer längeren Vertragsdauer als drei Jahre ist daher keinesfalls unwirksam oder gar verboten.

⇒ Im Fall der erstmaligen Begründung des Wohnungseigentums beginnt die Dreijahresfrist für die Kündbarkeit mit erstmaligem Bezug der Baulichkeit; entscheidend ist der Einzug des ersten Benützers;[693] auf die Benützungsbewilligung kommt es nicht an.[694]

Wird ein auf bestimmte Zeit geschlossener Verwaltungsvertrag nach Ablauf der Vertragsdauer <u>stillschweigend verlängert</u> (§ 863 ABGB), so gilt dies als Verlängerung auf <u>unbestimmte Zeit</u> (§ 21 Abs 6 WEG).

⇒ Es kommen daher diesfalls sodann die Regelungen über die Aufkündigung eines von vornherein auf unbestimmte Zeit abgeschlossenen Vertrags zur Anwendung.

---

[688] OGH 25.5.1993, 5 Ob 41/93 (= EWr II/18/12 ff).
[689] OGH 23.4.2002, 5 Ob 87/02h (= EWr II/18/47 ff).
[690] OGH 4.11.2005, 5 Ob 172/05p (= EWr W/21/8 f).
[691] OGH 13.10.1998, 5 Ob 261/98p (= EWr II/18/24 f);
OGH 10.7.2001, 5 Ob 146/01h (= EWr II/18/38 ff);
OGH 4.11.2005, 5 Ob 172/05p (= EWr W/21/8 f).
[692] OGH 4.4.2006, 5 Ob 277/05d (= EWr W/20/26 ff).
[693] OGH 10.11.1992, 5 Ob 1086/92 (= EWr II/18/7 f).
[694] OGH 4.9.2001, 5 Ob 98/01z (= EWr II/18/43 ff).

⇒ Selbstverständlich kann die Verlängerung auf unbestimmte Zeit - mit gleicher Rechtsfolge - auch ausdrücklich vereinbart werden.

⇒ Die ausdrückliche Verlängerung auf bestimmte Zeit führt, sofern das Vertragsverhältnis davor bereits drei Jahre oder länger gedauert hat, ebenfalls zur Aufkündbarkeit mit dreimonatiger Kündigungsfrist zum Ende der Abrechnungsperiode.

§ 21 Abs 4 WEG regelt die Löschung der Ersichtlichmachung des Verwalters im Grundbuch nach Auflösung des Verwaltungsvertrags.

⇒ Zur Ersichtlichmachung des Verwalters gemäß § 19 Satz 2 WEG bzw zur Löschung der Ersichtlichmachung gemäß § 21 Abs 4 WEG (und insbesondere zu den diesbezüglich mit der WRN 2006 erfolgten Änderungen) siehe schon oben S 189 f.

⇒ Über den Individualantrag eines Wohnungseigentümers zur Löschung der Ersichtlichmachung hat nur das Grundbuchsgericht zu entscheiden (§ 21 Abs 4 WEG enthält nämlich die Komplementärbestimmung zur Regelung der Ersichtlichmachung des Namens und der Adresse des Verwalters in § 19 Satz 2 WEG, um die ebenfalls beim Grundbuchsgericht anzusuchen ist (daher kein diesbezüglicher Antrag im Außerstreitverfahren möglich).[695]

Die Regelungen des § 21 Abs 1 bis 4 WEG können nicht vertraglich abbedungen werden (§ 21 Abs 5 WEG).

⇒ ME kann aus § 21 Abs 1 bis 4 WEG nicht zwingend geschlossen werden, dass es sich dabei um eine einseitige Schutznorm nur zu Gunsten der Eigentümergemeinschaft handelt.
Dies ergibt sich mE schon daraus, dass - anders als in Vorentwürfen zum WEG 2002 - letztendlich auch dem Verwalter die Möglichkeit zur Auflösung eines auf länger als drei Jahre abgeschlossenen Vertrags (nach Ablauf von drei Jahren) eingeräumt wurde. Es leuchtet sohin aus § 21 WEG keine „Bevorzugung" eines Vertragspartners hervor (so auch die Materialien), sodass Abs 5 leg cit zwingendes Recht für beide normiert.

b)
Auflösungsvarianten

Durch § 21 Abs 1 bis 3 WEG sowie unter Berücksichtigung von Endigungsgründen nach dem ABGB ergeben sich folgende Möglichkeiten zur Auflösung des Verwaltungsvertrags:

- Ordentliche Kündigung eines auf unbestimmte Zeit abgeschlossenen Verwaltungsvertrags (§ 21 Abs 1 WEG)
  - Aufkündigung durch:
    - Eigentümergemeinschaft
      oder
    - Verwalter
  - Kündigungsfrist:
    - 3 Monate
  - Kündigungstermin
    - Ende der Abrechnungsperiode

[695] OGH 11.11.2003, 5 Ob 211/03w (= EWr W/21/1 ff).

- Kündigung eines auf bestimmte, mehr als dreijährige Zeit abgeschlossenen Verwaltungsvertrags (§ 21 Abs 2 WEG)
  - Aufkündigung durch:
    - Eigentümergemeinschaft
      oder
    - Verwalter
  - Kündigungsfrist:
    - 3 Monate
  - Kündigungstermin
    - Erstmals nach Ablauf von drei Jahren zum Ende der Abrechnungsperiode

      ⇒ Damit ergibt sich - sofern die Abrechnungsperiode ident ist mit dem Kalenderjahr und der Verwalter mit Beginn eines Kalenderjahres bestellt wurde - eine erstmalige Aufkündigungsmöglichkeit zum Ende des vierten Jahres.

      ⇒ Die (vorzeitige) Kündigungsmöglichkeit nach § 21 Abs 2 WEG ist auch dann zu bejahen, wenn bereits vor dem 1.7.2002 zu einem späteren Zeitpunkt aufgekündigt wurde.[696]
- Außerordentliche Kündigung eines auf unbestimmte oder bestimmte Zeit abgeschlossenen Verwaltungsvertrags aus wichtigen Gründen (§ 21 Abs 3 WEG, 1. Fall)
  - Aufkündigung durch:
    - Eigentümergemeinschaft
      oder
    - Verwalter[697]
  - Kündigungsfrist:
    - Keine
  - Kündigungstermin
    - Jederzeit

      ⇒ Die Feststellung der Wirksamkeit einer derartigen Kündigung erfolgt (ebenfalls) im Außerstreitverfahren (§ 52 Abs 1 Z 8 WEG).
- Vorzeitige Auflösung eines auf unbestimmte oder bestimmte Zeit abgeschlossenen Verwaltungsvertrags (§ 21 Abs 3 WEG, 2. Fall)
  - Auflösung durch:
    - Gericht; auf Antrag eines Wohnungseigentümers (§ 30 Abs 1 Z 6 WEG)

      ⇒ Das Antragsrecht kommt auch schon dem Wohnungseigentumsbewerber zu, sobald im Grundbuch eine Zusage der Einräumung des Wohnungseigentumsrechts angemerkt ist.[698]
    - Voraussetzung:
      Grobe Verletzung der Pflichten des Verwalters

      ⇒ Der Antrag auf gerichtliche Abberufung des Verwalters dient sohin als Abhilfe gegen einen Vertretungsmissstand.[699]

---

[696] OGH 24.5.2005, 5 Ob 115/05f (= EWr W/21/4 ff).
[697] OGH 21.1.2003, 5 Ob 306/02i (= EWr II/18/55 ff).
[698] OGH 23.4.2002, 5 Ob 87/02h (= EWr II/18/47 ff).

- Wiederbestellung dieses Verwalters unzulässig (Abs 3 letzter HS leg cit)[700]
- Kündigungsfrist und Kündigungstermin:
  - Keine bzw jederzeit
    ⇒ Die Abberufung erfolgt durch den Außerstreitrichter wegen grober Vernachlässigung der Verwalterpflichten.
    ⇒ Die Gründe müssen so schwerwiegend sein, dass sie Bedenken hinsichtlich seiner Treue- und Interessenwahrungspflicht hervorrufen und die Wahrnehmung der Interessen aller Wohnungseigentümer nach allgemeiner Verkehrsauffassung nicht mehr gesichert scheint.[701]
    ⇒ Es kann immer nur nach den Umständen des Einzelfalles entschieden werden, ob eine Verletzung von Verwalterpflichten so schwerwiegend ist, dass sie die gerichtliche Abberufung rechtfertigt.[702]
    Dem Gericht ist ein gewisser Beurteilungsspielraum eingeräumt.[703] Solange das Gericht zweiter Instanz seine Entscheidung innerhalb des ihm zustehenden Beurteilungsspielraumes trifft, liegt keine erhebliche Rechtsfrage vor.[704]
    ⇒ Die Verletzung von Interessenwahrungs- und Informationspflichten im Zusammenhang mit der Behebung von Baumängeln rechtfertigt nicht grundsätzlich, also unabhängig von der Würdigung des tatsächlichen Geschehens, eine Abberufung des Verwalters.[705]
    ⇒ Es basiert auf der Judikatur des Obersten Gerichtshofes, dass mehrere Pflichtverletzungen des Wohnungseigentumsverwalters auch dann seine Abberufung rechtfertigen können, wenn sie zwar für sich allein betrachtet nicht besonders schwerwiegend sind, zusammengenommen aber „doch das Gewicht einer groben Pflichtenvernachlässigung im Sinne des § 18 Abs 1 Z 3 WEG 1975" (§ 21 Abs 3 WEG) erreichen.
    Lediglich geringfügige und entschuldbare Fehlleistungen haben dabei unberücksichtigt zu bleiben;[706] dies allerdings auch dann, wenn es sich um mehrere handelt.[707]
    Auch länger zurückliegende Pflichtverletzungen sind mitzuberücksichtigen.[708]
    ⇒ Die beharrliche Missachtung von Minderheitsrechten stellt jedenfalls eine grobe Pflichtenverletzung dar (im Anlassfall: Unterlassung der Rechnungslegung und der Einholung von Kostenvor-

---

[699] OGH 2.6.2003, 5 Ob 116/03z (= EWr III/1425 A/1 ff).
[700] Zum „Scheingeschäft": OGH 9.3.1993, 5 Ob 133/92 (= EWr II/18/9 ff);
OGH 21.2.2006, 5 Ob 196/05t (= EWr W/24/45 ff).
[701] OGH 9.3.1999, 5 Ob 52/99d (= EWr II/18/26 f);
OGH 13.4.1999, 5 Ob 83/99p (= EWr II/18/28 ff).
[702] OGH 8.10.1991, 5 Ob 1052/91 (= EWr II/18/2 f);
OGH 1.10.2002, 5 Ob 189/02h (= EWr II/18/53 f).
[703] OGH 24.11.1992, 5 Ob 1091/92 (= EWr II/26/11);
OGH 24.4.2001, 5 Ob 75/01t (= EWr II/18/36 f).
[704] OGH 9.3.1999, 5 Ob 52/99d (= EWr II/18/26 f) ua.
[705] OGH 1.10.2002, 5 Ob 189/02h (= EWr II/18/53 f).
[706] OGH 8.10.1991, 5 Ob 1052/91 (= EWr II/18/2 f).
[707] OGH 13.4.1999, 5 Ob 83/99p (= EWr II/18/28 ff).
[708] OGH 24.4.2001, 5 Ob 75/01t (= EWr II/18/36 f).

anschlägen; Versäumung eines Termines zur Auslegung von Rattenködern; Ausschluss von der Gegensprechanlage und vom Zugang zum Dachboden; Einklagung von Kosten ohne vorherige Zahlungsaufforderung; Absperren einer Wasserhauptleitung ohne vorherige Information).[709]

⇒ Bei der Prüfung von Abberufungsgründen ist auch eine Zukunftsprognose anzustellen.[710]

⇒ Es stellt keine Pflichtverletzung des Verwalters dar, wenn die Notwendigkeit der vom Hauskomitee getätigten, vom Verwalter nachträglich sanktionierten und aus Gemeinschaftsmitteln bezahlten Anschaffungen von der die Abberufung anstrebenden Miteigentümerin selbst nicht bezweifelt wird.
Die Bezahlung eines Spesenersatzes an die Mitglieder des Hauskomitees stellt jedenfalls im Fall, dass ein solcher Spesenersatz gegen Überwälzung auf die Miteigentümer im Rahmen der Betriebskosten im Wohnungseigentumsvertrag vorgesehen ist, schon deswegen keine grobe Pflichtenverletzung dar.[711]

⇒ Auch der Mehrheitseigentümer, der nicht formell zum Verwalter bestellt wurde (sondern die Verwaltung „an sich gezogen hat") kann gegebenenfalls über Antrag eines Miteigentümers abberufen werden;[712] nur auf diesem Weg kann (wegen des Wiederbestellungsverbots des § 18 Abs 2 WEG 1975 [nunmehr § 21 Abs 3 WEG]) verhindert werden, dass der pflichtwidrig verwaltende Mehrheitseigentümer die Verwaltung (erneut) wieder an sich zieht.[713]
Allerdings würde die bloße Enthebung des Mehrheitseigentümers als Verwalter wieder zum Zustand der - unzulänglichen - Selbstverwaltung führen; es empfiehlt sich daher, im Abberufungsantrag klarzustellen, wer in Hinkunft die Liegenschaft verwalten soll.[714]
Im Falle angemaßter Verwaltungshandlungen eines Minderheitseigentümers bedarf es allerdings keines gesonderten gerichtlichen Abberufungsverfahrens (weil dieser keinesfalls als bestellter Verwalter anzusehen ist).[715]

⇒ Allfällige Pflichtverletzungen des Antragsgegners (Verwalters) sind dann nicht zu prüfen, wenn der Antragsteller als Voraussetzung für sein Abberufungsbegehren nicht widerspruchsfrei behauptet, dass der Antragsgegner zum Verwalter bestellt wurde.[716]

⇒ Nach höchstgerichtlicher Rechtsprechung steht es (entgegen gewichtiger Lehrmeinungen, allerdings noch zum etwas anders gearteten Recht des WEG 1975) dem Antragsteller frei, entweder nur die bloße Abberufung zu fordern und es der Mehrheit zu überlassen, einen neuen Verwalter zu bestellen oder aber die Erset-

[709] OGH 30.4.1996, 5 Ob 2108/96b (= EWr II/18/15 ff).
[710] OGH 30.4.1996, 5 Ob 2108/96b (= EWr II/18/15 ff);
OGH 13.4.1999, 5 Ob 83/99p (= EWr II/18/28 ff);
OGH 24.4.2001, 5 Ob 75/01t (= EWr II/18/36 f) ua.
[711] OGH 27.8.1991, 5 Ob 1061/91 (= EWr II/18/1).
[712] OGH 12.6.1996, 5 Ob 2064/96g (= EWr II/18/19 ff).
[713] OGH 25.11.2003, 5 Ob 265/03m (= EWr II/18/58 f),
[714] OGH 12.6.1996, 5 Ob 2064/96g (= EWr II/18/19 ff).
[715] OGH 10.6.1997, 5 Ob 189/97y (= EWr II/17/53 f).
[716] OGH 25.11.2003, 5 Ob 265/03m (= EWr II/18/58 f).

zung des Verwalters, die sich aus Enthebung und Neubestellung zusammensetzt, zu begehren.[717]

⇒ Im Verfahren über den Antrag eines Miteigentümers auf Abberufung des Verwalters kommt sowohl allen Miteigentümern als auch dem Verwalter Parteistellung zu.[718]

⇒ Das Verbot der Wiederbestellung kann nur dann zum Tragen kommen, wenn davor der Verwaltungsvertrag (oder die faktische Verwaltung) durch das Gericht aufgelöst wurde.[719]

- Vorzeitige Auflösung eines auf unbestimmte oder bestimmte Zeit abgeschlossenen Verwaltungsvertrags (nach ABGB)
  - Auflösung durch:
    - Gericht; Klage des Verwalters
    - Voraussetzung:
      Wichtiger Grund (Unzumutbarkeit der Aufrechterhaltung des Vertrags)
  - Kündigungsfrist und Kündigungstermin:
    - Keine bzw jederzeit
- Zeitablauf bei befristeten Verträgen
  - Keine (ausdrückliche oder stillschweigende) Verlängerung

    ⇒ Inwieweit keine Verlängerung (eigentlich „Umwandlung in ein unbefristetes Verwaltungsverhältnis") erfolgt, ist wohl eine Frage der Formulierung des Vertrags (zB „endet jedenfalls am ...., ohne dass es einer Kündigung bedarf").
- Einvernehmliche Vertragsbeendigung
  - Vereinbarung zwischen Eigentümergemeinschaft und Verwalter
- Ersetzung des vorläufigen Verwalters
  - Bestellung eines Verwalters durch die Eigentümergemeinschaft

    ⇒ Zum vorläufigen Verwalter (§ 23 WEG) siehe unten ab S 218.
- Tod des Verwalters (§ 1022 ABGB)

  ⇒ Allerdings kann sich beim Hausverwalter das Fortbestehen der Vollmacht und des Auftrags aus der Natur des Geschäfts ergeben (was idR bei einer Verwaltung anzunehmen sein wird).

4) Eigentümervertreter

(§ 22 WEG)

Der Eigentümervertreter ist eine gänzliche Neuschöpfung durch das WEG. Von der ursprünglichen Absicht, den in vielen Wohnungseigentumsanlagen de facto, indes nicht de iure existierenden „Hausvertrauensmann" zu institutionalisieren, ist freilich wenig übrig geblieben.

⇒ Ein „Hausvertrauensmann" hat mit dem Eigentümervertreter iSd § 22 WEG idR nichts gemeinsam.

---

[717] OGH 24.4.2001, 5 Ob 75/01t (= EWr II/18/36 f).

[718] OGH 18.2.1992, 5 Ob 51/91 (= EWr II/18/4);
OGH 19.1.1993, 5 Ob 5/93 (= EWr II/26/12);
OGH 4.9.2001, 5 Ob 98/01z (= EWr II/18/43 ff) ua.

[719] OGH 20.9.2005, 5 Ob 154/05s (= EWr W/24/33 ff).

Abgesehen davon, dass in der Praxis Hausvertrauensleute des Öfteren gar nicht von der Mehrheit (nach vorangegangener Willensbildung iSd Gesetzes) eingesetzt werden (was zwingende Voraussetzung für den Eigentümervertreter gemäß § 22 WEG ist), können sie keine rechtswirksamen Vertretungshandlungen für die Eigentümergemeinschaft setzen (die Vertretung einzelner Wohnungseigentümer wäre nur nach Maßgabe einer individuellen Bevollmächtigung gemäß § 24 Abs 2 WEG möglich).
Allerdings können im WEG Hausvertrauenspersonen im Rahmen einer Gemeinschaftsordnung gemäß § 26 WEG funktionell - aber ohne Vertretungsbefugnis - verankert werden (zu § 26 WEG siehe unten ab S 255).

Der Eigentümervertreter des § 22 WEG könnte auch als Kollisionskurator bezeichnet werden.

Seine vom Gesetz (§ 22 Abs 1 Satz 2 WEG) vorgegebene Aufgabe ist es, die Eigentümergemeinschaft gegenüber dem bestellten Verwalter zu vertreten, soweit dieser

- die Belange der Gemeinschaft wegen widerstreitender eigener Interessen (wie etwa im Fall einer gerichtlichen oder außergerichtlichen Auseinandersetzung zwischen ihm und der Gemeinschaft) nicht ausreichend wahrnehmen kann, sowie
- in dem von der Interessenskollision betroffenen Geschäftsbereich auch gegenüber Dritten.

Der Eigentümervertreter ist sohin das zweite vertretungsbefugte Organ der Eigentümergemeinschaft, jedoch mit speziellen (weitreichenden) gesetzlichen Einschränkungen.

⇒ Das im Gesetzestext enthaltene Beispiel der gerichtlichen Auseinandersetzung gibt eine Selbstverständlichkeit wieder.
Weniger klar sind die Fälle der außergerichtlichen Auseinandersetzung. Das künftige Auslegungsproblem scheint mE vor allem darin zu liegen, das „widerstreitende eigene Interesse“ des bestellten Verwalters zu interpretieren.
Fraglos schließt nicht jedes Eigeninteresse des Verwalters seine Eignung als Vertreter der Gemeinschaft aus, sondern nur ein solches, das den Interessen der Gemeinschaft entgegensteht („widerstreitet“). Kollidiert sein - wenn auch vorhandenes - Eigeninteresse nicht, so bleibt die Vertretungsbefugnis aufrecht.

⇒ Nicht weniger problematisch scheint die andere im Gesetz erwähnte Konstellation.
Hier vertritt der Eigentümervertreter die Gemeinschaft statt des bestellten Verwalters (und nicht gegen diesen). Aus der Sicht des betroffenen Dritten könnten sich durchaus Zweifel darüber ergeben, wer nun tatsächlich für die Gemeinschaft vertretungsbefugt ist (auch die Ersichtlichmachung - siehe unten - gibt nur Auskunft über die Person des Eigentümervertreters, kann aber nicht seine konkret gegebene Vertretungsbefugnis klären).
Der primäre Konflikt wird mE in vielen Fällen bei der Feststellung (Beurteilung) des Konfliktsfalls liegen. Gerade dafür - konkret für die Beurteilung, ob nun der Eigentümervertreter oder der bestellte Verwalter zu vertreten hat - sieht das Gesetz aber keine Lösung vor (§ 22 WEG wird in § 52 Abs 1 Z 8 WEG nicht erwähnt).

⇒ Im Übrigen hat der Gesetzgeber den Eigentümervertreter (bzw Auseinandersetzungen in diesem Zusammenhang; etwa über die wirksame Bestellung oder Abberufung) bei den im wohnungseigentumsrechtlichen Außerstreitverfahren (§ 52 WEG) auszutragenden Angelegenheiten nicht angeführt (auch in § 30 WEG, betreffend Minderheitsrechte, findet sich keine Erwähnung).
Dies ist schon deshalb bedauerlich, weil auch ein „zu gutes" Verhältnis des von der Mehrheit (etwa auch dem Wohnungseigentümer mit Mehrheitsanteil) bestellten Eigentümervertreters zum Verwalter problematisch werden kann und einer Kontrolle im Außerstreitverfahren hätte zugänglich gemacht werden sollen (dies übersehen die Materialien bei der Begründung für die nicht vorhandenen Individualrechte).

- Ausdrücklich sei nochmals festgehalten, dass dem Eigentümervertreter über die im Gesetz genannten Kollisionsfälle hinaus keine Vertretungsbefugnis zukommt.

⇒ ME ergibt sich aus dem gesetzlichen Aufgabenbereich des Eigentümervertreters, dass dessen Vertretungsbefugnis von einem (aufrechten) Verwaltungsverhältnis abhängig ist.
Zugegebenermaßen führt diese Interpretation zu dem seltsamen Ergebnis, dass die Eigentümergemeinschaft gerade in jenem Fall, wo sie keinen bestellten Vertreter (mehr) hat, auch ihres „Ersatzvertreters" verlustig geht.
Erwägenswert (und nach dem Gesetzestext nicht ausgeschlossen) scheint, dem Eigentümervertreter die Vertretungsbefugnis gegen den Verwalter (bzw gegen den Dritten bei kollidierendem Geschäftsbereich) - zumindest bis zur Bestellung eines neuen Verwalters - weiter zuzugestehen.
Jedenfalls beendet mE das Ausscheiden des Verwalters nicht die (maximal zweijährige) Funktionsdauer des Eigentümervertreters endgültig; die Funktion des Eigentümervertreters könnte in der „verwalterlosen Zeit" als „ruhend" bezeichnet werden; sie erwacht erst wieder (für die noch offene Restlaufzeit) mit der Bestellung eines neuen Verwalters.
Für Vertragsverhandlungen mit dem vorgesehenen neuen Verwalter kommt der Eigentümervertreter damit freilich nicht in Frage.

Die Eigentümergemeinschaft kann

- aus dem Kreis der Wohnungseigentümer
- eine natürliche Person
- mit deren Zustimmung

zum Eigentümervertreter bestellen (§ 22 Abs 1 Satz 1 WEG).

⇒ Die Bestellung des Eigentümervertreters ist eine Angelegenheit der ordentlichen Verwaltung (§ 28 Abs 1 Z 6 WEG); sie setzt sohin einen (einfachen) Mehrheitsbeschluss - entsprechend den Beschlussfassungsregeln des § 24 WEG - voraus.
Ausgehend davon, dass auf dieselbe Weise der Verwalter auch gleich gekündigt werden könnte, stellt sich manchem Praktiker vielleicht schon die Frage, in welchen (echten) Konfliktsfällen die Mehrheit - statt der Kündigung des Verwalters - einen Eigentümervertreter zum Zweck der Interessensvertretung gegen den

Verwalter bestellen wird (sieht man von der Fixbestellung des Verwalters für den Zeitraum von drei [de facto vier] Jahren ab).

⇒ In gleicher Weise erfolgt auch eine allfällige Abberufung des Eigentümervertreters (nur in § 28 Abs 1 Z 6 WEG erwähnt).

⇒ Da das Gesetz ausdrücklich darauf besteht, dass der Eigentümervertreter aus „dem Kreis der Wohnungseigentümer“ zu bestellen ist (was wohl bedeutet, dass er Wohnungseigentümer sein muss), scheiden andere Personen, auch wenn sie in einem (familiären) Naheverhältnis zum Wohnungseigentümer stehen, als zur Wahl Berechtigte aus.
Auch ist aus der gesetzlichen Anforderung zu schließen, dass der Eigentümervertreter seine Funktion verliert, wenn er aus dem Kreis der Wohnungseigentümer ausscheidet (also zB seine Wohnung verkauft oder den Kindern schenkt).

⇒ Fraglos muss die natürliche Person geschäftsfähig sein.

⇒ Die Zustimmung des Betroffenen kann ebenfalls als selbstverständliche Voraussetzung angesehen werden.

⇒ Jede Eigentümergemeinschaft - unabhängig von ihrer Größe oder anteiligen Zusammensetzung - kann einen Eigentümervertreter bestellen.
Es existiert aber weder ein Zwang zur Bestellung, noch eine Möglichkeit des Einzelnen bzw der Minderheit, die Bestellung eines Eigentümervertreters zu erzwingen (kein Individualrecht!).

- Der Eigentümervertreter hat Weisungen der Mehrheit der Wohnungseigentümer zu befolgen, soweit diese nicht gesetzwidrig sind (§ 22 Abs 2 Satz 1 WEG).
  Im Rahmen der Vertretung der Eigentümergemeinschaft ist er auch zur Bestellung eines berufsmäßigen Parteienvertreters befugt (§ 22 Abs 2 Satz 2 WEG).

⇒ Allein die Prüfung und Entscheidung, ob eine Weisung gesetzwidrig ist oder nicht, kann so schwierig sein, dass generell nur profund rechtskundigen Personen empfohlen werden kann, sich für die Funktion des Eigentümervertreters zur Verfügung zu stellen (insofern scheint der Gesetzgeber schon gewusst zu haben, warum er ausdrücklich betont, dass ein Wohnungseigentümer nur mit seiner Zustimmung zum Eigentümervertreter bestellt werden darf).

⇒ ME haftet der Eigentümervertreter der Eigentümergemeinschaft gemäß § 1299 ABGB („Sachverständigenhaftung“).

⇒ Das Gesetz sieht zwar einen Entlohnungsanspruch des Eigentümervertreters nicht ausdrücklich vor, verbietet aber auch keine entsprechende Vereinbarung. Es ist daher mE von der Zulässigkeit einer Honorarvereinbarung auszugehen.

Die Funktion des Eigentümervertreters endet spätestens zwei Jahre nach seiner Bestellung; eine Wiederbestellung ist jedoch zulässig (§ 22 Abs 1 Satz 3 WEG).

⇒ Das Gesetz sagt nicht, wann (frühestens) eine Wiederbestellung erfolgen kann.
Der Zweck der - erst knapp vor der Beschlussfassung des WEG in das Gesetz eingefügten - Befristung liegt offenkundig darin, die Wohnungseigentümer nicht allzu lange an den (bzw einen be-

stimmten) Eigentümervertreter zu binden; auch knüpft die Zweijahresfrist an jene des § 25 Abs 1 WEG über die Abhaltung von Eigentümerversammlungen an. Zudem wird das Einschreiten eines Eigentümervertreters idR wohl nur temporär erforderlich (bzw sinnvoll) sein. Eine an diesen Prämissen orientierte Auslegung führt daher mE zum Ergebnis, dass die Wiederbestellung (Wiederwahl) nur im zeitlichen Nahebereich zum Ende der (höchstens) zweijährigen Funktionsdauer des Eigentümervertreters erfolgen kann. Eine revolvierende Bestellung gleich auf mehrere „Funktionsperioden" ist daher ebenso unwirksam wie die sofortige Bestellung mehrerer Vertreter, die hintereinander agieren sollen.

⇒ Andere Endigungsgründe (als der Zeitablauf der Funktionsperiode) wären die Abberufung des Eigentümervertreters durch die Mehrheit der Wohnungseigentümer; das Ausscheiden aus dem Kreis der Wohnungseigentümer (siehe dazu schon oben) oder auch der Tod (die Verlassenschaft ist keine natürliche Person).

Für die Ersichtlichmachung des Eigentümervertreters im Grundbuch und deren Löschung gelten § 19 zweiter Satz WEG und § 21 Abs 4 WEG entsprechend (§ 22 Abs 2 Satz 3 WEG).

⇒ Zur Ersichtlichmachung (des Verwalters) und die damit verbundenen Änderungen durch die WRN 2006 siehe oben S 189 f.

⇒ Auch die Ersichtlichmachung des Eigentümervertreters kann gegebenenfalls nicht zur Klärung der Frage beitragen, ob der Eigentümervertreter - wegen Vorliegens der gesetzlichen Voraussetzungen (§ 22 Abs 1 Satz 2 WEG) - gerade vertretungsbefugt ist oder nicht.

5) Vorläufiger Verwalter

(§ 23 WEG)

Ist kein Verwalter bestellt, so kann

- sowohl ein Wohnungseigentümer
- als auch ein Dritter, der ein berechtigtes Interesse an einer wirksamen Vertretung der Eigentümergemeinschaft hat,

die gerichtliche Bestellung eines vorläufigen Verwalters beantragen.

⇒ Die Bestellung eines vorläufigen Verwalters setzt voraus, dass kein Verwalter (mehr) bestellt ist. Daher keine Bestellung eines vorläufigen Verwalters bei Anfechtung des Mehrheitsbeschlusses der ordentlichen Verwalterkündigung (Beschluss ist erst bei Unterbleiben der fristgerechten Anfechtung oder mit dem rechtskräftigen Scheitern der Anfechtung endgültig rechtswirksam).[720]

⇒ Auch der von der Mehrheit gekündigte (oder auch der selbst kündigende) Verwalter könnte nach dem Kündigungstermin - als „Dritter" - ein berechtigtes Interesse an der Bestellung eines vorläufigen Verwalters haben (zwecks Ausfolgung der Unterlagen und/oder eines Überschusses).

---

[720] OGH 28.9.2004, 5 Ob 69/04i (= EWr W/23/1 ff).

⇒ Das berechtigte Interesse an der Bestellung eines vorläufigen Verwalters ist bei der Absicht zur Einbringung einer Besitzstörungsklage gegen die (verwalterlose) Eigentümergemeinschaft zu bejahen. Dabei ist keine Vorwegbeurteilung der Erfolgsaussichten einer gegen die Eigentümergemeinschaft angestrengten Klage im Außerstreitverfahren vorzunehmen.
Wer Rechtsschutzansprüche gegen eine Eigentümergemeinschaft gerichtlich durchsetzen will, hat in aller Regel ein berechtigtes Interesse an der Bestellung eines vorläufigen Verwalters, wenn die Eigentümergemeinschaft (sein Gegner) keinen bestellten Verwalter hat und auch für keine funktionierende Eigenverwaltung der Wohnungseigentümer (der nach Miteigentumsanteilen zu berechnenden Mehrheit) gesorgt ist.[721]

⇒ Die Bestellung eines vorläufigen Verwalters erfolgt im Außerstreitverfahren (§ 52 Abs 1 Z 8 WEG).

⇒ Antragsgegner im Verfahren um Bestellung eines vorläufigen Verwalters sind jene Miteigentümer, die nicht auf Antragstellerseite auftreten. Ihre Interessen werden durch die Bestellung eines vorläufigen Verwalters insofern unmittelbar berührt, als damit die in § 833 ABGB als Normalfall vorgesehene oder von der Mehrheit der Miteigentümer sogar ausdrücklich beschlossene Selbstverwaltung beendet und die ansonsten der Mehrheit der Mit- und Wohnungseigentümer überantwortete Auswahl der Person des Verwalters vorweggenommen wird (§ 28 Abs 1 Z 5 WEG iVm § 836 ABGB). Den Antragsgegnern kommt Parteistellung und jedenfalls das Recht zur Stellungnahme hinsichtlich der Auswahl der Person des Verwalters zu.[722]

„Bis" zu „dieser" Entscheidung durch das Gericht gilt der

- im Grundbuch erstgenannte Wohnungseigentümer als

Zustellbevollmächtigter (§ 23 Satz 2 WEG).

⇒ Dem Wortlaut des Gesetzes kann nun die Bedeutung des Wortes „bis" (etwas) besser entnommen werden als seinerzeit im (ähnlich) formulierten § 17 Abs 5 WEG 1975 (sprachlich perfekter gelungen ist die vergleichbare Klarstellung freilich in § 17 Abs 2 WEG im Zusammenhang mit der vorläufigen Benützungsregelung).
Gemeint ist, dass der im Grundbuch „Erstgenannte" erst ab der Einbringung eines Antrags auf Bestellung eines vorläufigen Verwalters als Zustellbevollmächtigter gilt (und nicht auch schon davor).

⇒ Der Antrag auf Bestellung eines Verwalters (§§ 19 ff WEG) zieht im Übrigen nicht die gleiche Konsequenz nach sich.

⇒ Der Zustellbevollmächtigte gilt indes nicht als Organ der Eigentümergemeinschaft, das für sie rechtsgeschäftliche oder prozessuale Erklärungen abgeben kann.[723]

Die Vertretungsbefugnis des vorläufigen Verwalters endet mit der Bestellung eines Verwalters durch die Gemeinschaft.[724]

---

[721] OGH 7.12.2004, 5 Ob 259/04f (= EWr W/23/4 f).
[722] OGH 24.9.1996, 5 Ob 2102/96w (= EWr II/17/50 ff).
[723] OGH 13.1.2004, 5 Ob 282/03m (= EWr II/17/101 ff).
[724] OGH 21.2.2006, 5 Ob 196/05t (= EWr W/24/25 ff).

⇒ Der vorläufige Verwalter wird nur bestellt bis zur Übernahme der Verwaltung durch einen von der Eigentümergemeinschaft (neu) bestellten Verwalter. Seine Funktion erlischt mit der Bestellung eines Verwalters durch die Mehrheit, ohne dass es einer gesonderten Aufkündigung bedarf.

⇒ Der vorläufige Verwalter schließt ebenfalls (wie der Verwalter) die Vertretungsbefugnis der Mehrheit der Wohnungseigentümer aus (vgl § 18 Abs 2 Z 2 lit b WEG „... *nur* durch diesen"); zu beachten ist aber die mit der WRN 2006 vorgenommene Ergänzung in § 18 Abs 3 Z 1 lit b WEG (oben S 185).

Literatur zu Einzelfragen:

Zum WEG 2002:

Call/Hanel, „Eigenkonto der Eigentümergemeinschaft oder Treuhand-(Ander-)konto des Wohnungseigentumsverwalters nach dem WEG 2002"; wobl 2002, 285.

Hanel, „Nutzung der einzelnen Wohnungseigentumsobjekte sowie der allgemeinen Teile der Liegenschaft und die gemeinschaftliche Verwaltung der Liegenschaft"; wobl 2002, 165.

Jäger/Böhm, „WEG 2002 – Checklist für den Hausverwalter"; immolex 2002, 216.

Loimer, „Die aktive und passive Klagslegitimation der (Wohnungs-)Eigentümergemeinschaft im Wandel deer Rechtsprechung"; immolex 2004, 7.

Prader, „Verwaltung nach dem WEG 2002"; immolex 2002, 202.

Schauer, „Die Eigentümergemeinschaft (§§ 18 ff WEG 2002)"; wobl 2002, 135.

Verweijen, „Der Eigentümervertreter gemäß § 22 WEG 2002"; immolex 2003, 17.

Vonkilch, „Wer ist zur Vertretung der Eigentümergemeinschaft gegenüber dem Verwalter befugt?"; immolex 2003, 335.

Ziebermayr/Aumann, „Hausverwaltungskonten im neuen WEG 2002"; ImmZ 2002, 249.

Zum WEG 1975:

Call, „Die Verjährung der Ansprüche des gewerbsmäßigen Verwalters einer Wohnungseigentumsanlage"; ÖJZ 1978, 169 bis 175 und 203 bis 209.

Call, „OGH entschied Verjährungsstreit um Verwalteransprüche"; ÖJZ 1980, 175.

Call, „Dürfen Privatpersonen und Vereine Wohnungseigentumshäuser verwalten?"; ÖZW 1982, 42.

Call, „Was ist eine „richtige" Abrechnung iSd § 17 Abs 1 Z 1 WEG idF der Wohnrechtsnovelle 1999?"; wobl 2001, 1.

Call/Hauswirth, „Die Jahresabrechnung in Wohnungseigentumsanlagen. Gestaltungsvorschläge für ein Muster einer ordnungsgemäßen Abrechnung iSd § 17 Abs 2 Z 1 WEG" wobl 1990, 57.

Derbolav, „Kündigung und Abberufung des Verwalters nach dem WEG 1975"; ImmZ 1977, 231 bis 235 und 251 bis 252.

Fenyves, „Die Haftung des Immobillienverwalters"; wobl 1992, 215.

Hauswirth, „Praktische Probleme bei der Verwaltung von Wohnungseigentumsobjekten"; ImmZ 1981, 51.

Jäger, „Abrechnungen im Wohnrecht"; immolex 1998, 21.

Jäger, „Umsatzsteuer im Wohnungseigentum"; immolex 1998, 147.

Kapsch, „Die Rechtsstellung des Hausverwalters im Lichte der neueren Rechtsprechung"; ecolex 2002, 4.

Karollus-Brunner/Kapsch/Zehetner, „Die Rechtsstellung des Hausverwalters im Lichte der neueren Rechtsprechung"; ecolex 2002, 4.

Kepplinger/Duursma, „Zur Klagslegitimation des (Haus)Verwalters"; immolex 2000, 335.

Mazal, „Hausbetreuung und Haftung - arbeitsrechtlliche Aspekte"; ecolex 2002, 7.

Meinhart, „Vollmacht des Immobilienverwalters"; ImmZ 1989, 95.

Vonkilch, „Zum zeitlichen Anwendungsbereich von § 17 Abs 1 Z 1 WEG idF der WRN 1999"; immolex 2000, 177.

Würth, „Beendigung der Verwaltung, Mitwirkung des Gerichtes"; ImmZ 1980, 149.

IX.
WILLENSBILDUNG
BESCHLÜSSE, EIGENTÜMERVERSAMMLUNG; GEMEINSCHAFTSORDNUNG
(§§ 24 - 26 WEG)

1)
Beschlüsse der Eigentümergemeinschaft
(§ 24 WEG)

a)
Form der Beschlussfassung
(§ 24 Abs 1 WEG)

Nach dem ersten HS in Abs 1 Satz 1 leg cit dient „vornehmlich" die Eigentümerversammlung (§ 25 WEG) der Beschlussfassung, doch releviert der zweite HS des ersten Satzes diese Aussage sofort, indem er erwähnt, dass Beschlüsse auch - allenfalls ergänzend zu den in der Eigentümerversammlung abgegebenen Erklärungen - auf andere Weise - etwa auf schriftlichem Weg - zustande kommen können.

⇒ Der erste HS bringt nur einen Wunschgedanken des Gesetzgebers zum Ausdruck; normative Bedeutung kommt ihm nicht zu.

⇒ Im Ergebnis gibt das Gesetz zu erkennen, dass keine bestimmte Form - insbesondere nicht zwingend die Schriftform - für das Zustandekommen eines Beschlusses vorgesehen ist.

⇒ Ausdrücklich zulässig ist auch eine Kombination von Beschlussformen.[725]

Beschlüsse können sohin gefasst werden

- in der Eigentümerversammlung

  und/oder

- im Umlaufweg

  und zwar

  - auf additive Weise

    ⇒ Unter „additiver Einholung" ist in diesem Zusammenhang die Fortsetzung der - vorerst ergebnislosen - Abstimmung in der Eigentümerversammlung im Umlaufweg zu verstehen (in § 25 Abs 3 WEG ist dies für den Verwalter sogar zwingend, allerdings seit der WRN 2006 auch nicht mehr unbedingt unter Einhaltung der Schriftform, vorgesehen; siehe dazu unten ab S 252).

  oder

  - auf andere Weise.

    ⇒ Darunter ist insbesondere das - in der Praxis sehr häufig anzutreffende - schriftliche Zustandekommen eines Beschlusses nach vorheriger Information und Übersendung der entsprechenden Frage(n) (= Beschlussgegenstand) zu verstehen (= „Umlaufbeschluss").

    ⇒ Die Zulässigkeit eines Umlaufbeschlusses ist (auch) für den Fall der Abberufung eines Verwalters zu bejahen.[726]

---

[725] OGH 11.5.2004, 5 Ob 105/04h (= EWr II/13b/32 ff).

⇒ Für das In-Kenntnis-Setzen der Miteigentümer von einer beabsichtigten Beschlussfassung genügt die Übersendung eines entsprechenden Schriftstücks an die im Gesetz angegebene Anschrift; ein Zustellnachweis ist nicht erforderlich[727] (Näheres dazu siehe unten).

⇒ Inwieweit es zulässig ist, im Rahmen eines Umlaufverfahrens nach Ablauf der gesetzten Frist den noch nicht das Stimmrecht ausgeübt habenden Wohnungseigentümern eine Fristverlängerung zu gewähren, hat der Oberste Gerichtshof offen gelassen.[728] ME ist diese Vorgangsweise nur dann zu billigen, wenn zugleich auch denjenigen, die ihre Stimme bereits abgegeben haben, die Möglichkeit zur Änderung des Stimmverhaltens eingeräumt wird.
Es spricht aber nichts dagegen, jederzeit über den gleichen Abstimmungsgegenstand erneut abstimmen zu lassen.

⇒ Die Materialien erwähnen auch noch - verbunden mit dem insofern praxisbezogenen Hinweis auf sehr kleine Eigentümergemeinschaften - die dislozierte mündliche Beschlussfassung beispielsweise durch eine „Telefonkonferenz".

⇒ Aus welchen Erwägungen heraus die Materialien zur WRN 2006 die Beschlussfassung in Form des Umlaufbeschlusses als „an sich eher bedenklich" bezeichnen (und damit die in der Praxis mit Abstand häufigste Form des Zustandekommens eines Beschlusses diskreditieren) bleibt unerfindlich.
Möglicherweise fehlt es hier an der praktischen Erfahrung, etwa in einer Wohnungseigentumsanlage mit mehreren hunderten Miteigentümern im Rahmen einer Eigentümerversammlung auch nur den Versuch einer Beschlussfassung anzustellen.

Ein Beschluss ist - „mit der sich aus Abs 6 leg cit ergebenden Einschränkung" - erst wirksam, nachdem allen Wohnungseigentümern Gelegenheit zur Äußerung gegeben worden ist (Abs 1 Satz 2 1. HS leg cit).

⇒ Diese Regelung bedeutet keinesfalls, dass ein Beschluss erst dann wirksam wird, nachdem sich alle Wohnungseigentümer tatsächlich geäußert haben. Es reicht aus, allen Wohnungseigentümern die Gelegenheit zur Äußerung einzuräumen.[729]
Dies ist etwa schon bei ordnungsgemäßer Verständigung über eine Eigentümerversammlung (unter Anführung des Beschlussgegenstandes) der Fall und natürlich ebenso im Umlaufverfahren, wenn um Äußerung zu einem Abstimmungsthema ersucht wird.

⇒ Bis zur Beendigung des Abstimmvorgangs tritt keine endgültige Bindung des Wohnungseigentümers an das eigene Abstimmungsverhalten ein.[730]

⇒ Der Hinweis auf die Anfechtbarkeit (Abs 6 leg cit, aber auch § 29 WEG) scheint im Zusammenhang mit der Willensbildung und der Wirksamkeit eines Beschlusses verfehlt.
§ 24 Abs 1 Satz 2 WEG vermengt zwei Dinge unzulässig miteinander: Einerseits den Abstimmungsvorgang mit der formalen Voraussetzung für eine ordnungsgemäße Beschlussfassung (wo-

[726] OGH 10.2.2004, 5 Ob 315/03i (= EWr II/13b/30 f) ua.
[727] OGH 25.11.2003, 5 Ob 249/03h (= EWr II/13b/28 f) ua.
[728] OGH 28.9.2004, 5 Ob 185/04y (= EWr W/52/4 ff).
[729] OGH 30.8.2005, 5 Ob 138/05p (= EWr W/25/1 ff).
[730] OGH 29.10.1996, 5 Ob 2306/96w (= EWr II/14/36 ff).

bei wiederum Zustandekommen und Wirksamkeit des Beschlusses verwechselt worden sind) und andererseits den Hinweis auf die Anfechtbarkeit des Beschlusses als „Einschränkung" seiner Wirksamkeit. Die rechtzeitige Anfechtung eines Beschlusses der Eigentümergemeinschaft bewirkt eine zeitliche Einschränkung seiner Rechtswirksamkeit, bis seine Rechtmäßigkeit im Anfechtungsverfahren evaluiert ist oder aber der ex tunc wirkende Feststellungsausspruch der Unwirksamkeit des Beschlusses in Rechtskraft erwachsen ist. Der Beschluss ist daher erst bei einem Unterbleiben der fristgerechten Anfechtung oder ihrem rechtskräftigen Scheitern endgültig rechtswirksam.[731]

⇒ Im Übrigen wird es für das wirksame Zustandekommen eines Beschlusses - ungeachtet des Gesetzestextes - nicht ausreichen, den (allen) Wohnungseigentümern (nur) Gelegenheit zur Äußerung einzuräumen; vielmehr muss ihnen (ausnahmslos) auch die Gelegenheit <u>zur Stimmabgabe</u> (also zur <u>Ausübung des Stimmrechts</u>) eingeräumt werden.
Der Gesetzestext ist insofern undeutlich, als er durch die Anführung des „Äußerungs- <u>und</u> Stimmrechts" in Abs 2 leg cit und die Beschränkung nur auf das <u>Stimmrecht</u> in Abs 3 leg cit sehr wohl zum Ausdruck bringt, dass er den Unterschied erkennt, in Abs 1 leg cit aber nicht darauf eingeht. Auch in § 25 Abs 3 WEG („additives Umlaufverfahren") ist wieder nur von der Äußerung die Rede, obwohl es gerade hier primär um die Stimmabgabe geht.

Die Wohnungseigentümer sind an ihre bereits abgegebene Erklärung solange nicht gebunden, als noch nicht allen die Gelegenheit zur Äußerung gegeben wurde[732] (Abs 1 Satz 2 2. HS leg cit).

⇒ Kerngedanke dieser Anordnung ist, dass die Argumente einer Minderheit überzeugend genug sein könnten, um die Mehrheit (oder zumindest einige Wohnungseigentümer) von ihrer ersten Ansicht (und ihrem Stimmverhalten) wieder abweichen zu lassen.

⇒ Für den Verwalter wird es sich idR als zweckmäßig erweisen, möglichst <u>allen</u> Wohnungseigentümern <u>zur gleichen Zeit</u> die Gelegenheit zur Stellungnahme zu geben.

⇒ Hingewiesen sei darauf, dass in der <u>ordnungsgemäßen</u> Ladung zu einer Eigentümerversammlung (samt Angabe des beabsichtigten Beschlussgegenstandes) bereits die Einräumung der Äußerungsmöglichkeit für <u>alle</u> Wohnungseigentümer liegt und daher diesfalls bei additiver Fortsetzung der Beschlussfassung im Umlaufverfahren (nach dem Gesetzestext) keine Möglichkeit zur Änderung des Stimmverhaltens (für die bei der Versammlung Erschienenen) vorgesehen ist.

⇒ Beim Umlaufbeschluss ist eine angemessene Frist zur Äußerung einzuhalten.[733]

Mehrheitsbeschlüsse binden - sofern sie wirksam zustande gekommen sind - auch alle erst nachher in die Gemeinschaft Eintretenden (Einzelrechtsnachfolger).

⇒ Die neuen Gemeinschaftsmitglieder haben auch die finanziellen Auswirkungen dieser Beschlüsse zu tragen.[734]

---

[731] OGH 28.9.2004, 5 Ob 69/04i (= EWr W/23/1 ff).
[732] OGH 27.2.2001, 5 Ob 33/01s (= EWr II/13b/21).
[733] OGH 25.11.1997, 5 Ob 2382/96x (= EWr II/13b/3 ff).

b) Stellvertretung
(§ 24 Abs 2 WEG)

Die Wohnungseigentümer können ihr Äußerungs- und Stimmrecht

- entweder persönlich
- oder durch einen Vertreter

ausüben (§ 24 Abs 2 Satz 1 WEG).

Die Vertretungsbefugnis ist auszuweisen

- in Schriftform
- durch eine Vollmacht,
  - die darauf gerichtet ist
    und
  - höchstens drei Jahre alt sein darf.

(§ 24 Abs 2 Satz 2 erster HS WEG).

⇒ Die schriftliche Vollmacht unterliegt nicht (mehr) der Gebührenpflicht!

⇒ „Darauf gerichtet" bedeutet, dass es sich um eine Gattungsvollmacht[735] handeln muss (gerichtet auf die Ausübung der Befugnisse zur Mitwirkung an der Entscheidungsfindung in der Eigentümergemeinschaft der Liegenschaft „XY"; eine weitergehende Einschränkung, etwa nur zur Vertretung in einer bestimmten Eigentümerversammlung oder auch nur für die Abstimmung zu einem bestimmten Beschlussgegenstand, ist möglich).

⇒ Eine im Kaufvertrag enthaltene Formulierung, dass mit einem bestimmten Stichtag sämtliche Rechte und Pflichten bzw Befugnisse übergehen, beinhaltet nicht die Ermächtigung zum Handeln im Namen des Verkäufers und aufrechten Miteigentümers (erfüllt nicht das Kriterium einer „darauf gerichteten schriftlichen Vollmacht").[736]

⇒ Die Geltungsdauer der Vollmacht wurde gegenüber der vormals in § 13b Abs 1 WEG 1975 normierten Frist - vernünftigerweise - von einem auf drei Jahre verlängert.

⇒ Selbstverständlich ist der Widerruf der Vollmacht jederzeit möglich (und sollte zweckmäßigerweise dem Verwalter bekannt gegeben werden).

⇒ Einer den obigen Anforderungen entsprechenden Vollmacht bedarf es auch, wenn ein Eigentümerpartner gleichzeitig auch für den anderen einschreiten möchte (gilt auch für Ehegatten!).

⇒ Auch ein „Haussprecher" (Hausvertrauensmann udgl) bedarf - soll er Vertretungshandlungen für Wohnungseigentümer vornehmen - einer entsprechenden Vollmacht (und ebenso der - für die Vertretung einzelner Wohnungseigentümer freilich gar nicht konzipierte - Eigentümervertreter gemäß § 22 WEG).

---

[734] OGH 28.3.2000, 5 Ob 21/00z (= EWr II/19/58 ff);
OGH 29.1.2002, 5 Ob 277/01y (= EWr II/19/105 ff);
OGH 31.3.2003, 5 Ob 43/03i (= EWr II/14/104) ua.

[735] OGH 20.11.2002, 5 Ob 214/02k (= EWr II/13b/24).

[736] OGH 25.11.1997, 5 Ob 2382/96x (= EWr II/13b/3 ff).

Weist der Vertreter seine Vertretungsbefugnis nicht in der geforderten Weise nach, so ist sein Handeln nur wirksam, wenn es vom Wohnungseigentümer nachträglich

- binnen 14 Tagen
- schriftlich

genehmigt wird.
(§ 24 Abs 2 Satz 2 letzter HS WEG).

⇒ Im Ergebnis bedeutet dies nichts anderes als die Möglichkeit zur Heilung einer (ursprünglichen) Missachtung der Vorschriften über die Bevollmächtigung durch nachfolgende schriftliche Zustimmung des Wohnungseigentümers hinsichtlich der Handlungen des Vertretenden.

⇒ Die erstmals im WEG erfolgte Fristsetzung schafft Klarheit (und stellt eine Erleichterung für den Verwalter dar).
Die 14-Tagesfrist des § 24 Abs 2 WEG ist aber nicht anwendbar auf vor dem 1.7.2002 gefasste Beschlüsse (§ 13b Abs 1 WEG 1975 sah eine angemessene Frist für die Genehmigung vollmachtslosen Handelns vor).[737]

⇒ Eine (bloß) konkludente Willenserklärung vermag angesichts der klaren gesetzlichen Anordnung (Schriftform) einen ursprünglichen Vollmachtsmangel nicht zu sanieren.[738]

c)
Ausschluss vom Stimmrecht
(§ 24 Abs 3 WEG)

Dem Wohnungseigentümer steht kein Stimmrecht zu, wenn es sich beim Gegenstand einer beabsichtigten Beschlussfassung

- um ein Rechtsgeschäft, Rechtsverhältnis oder einen Rechtsstreit
- mit einem Wohnungseigentümer
  oder
- mit einer Person, mit der dieser durch ein familiäres oder wirtschaftliches Naheverhältnis verbunden ist,

handelt (§ 24 Abs 3 WEG).

⇒ Der Ausschluss vom Stimmrecht ist nicht gleichzusetzen mit dem Ausschluss von der Willensbildung der Eigentümergemeinschaft. An der Beratung bzw Diskussion über den beabsichtigten Beschlussgegenstand nimmt der Wohnungseigentümer sehr wohl teil, auch wenn er in der Folge vom Stimmrecht ausgeschlossen ist.[739]

⇒ Als Beispiel für die Anwendbarkeit der Regelung mag dienen:
Der Baumeister als Wohnungseigentümer kann mitbestimmen, ob eine Verbesserungsarbeit vorgenommen werden soll; es kommt ihm durchaus das entsprechende Stimmrecht in dieser Frage zu. Sollte darüber hinaus - was freilich nicht zwingend erforderlich

---

[737] OGH 25.1.2005, 5 Ob 311/04b (= EWr W/24/8 f).
[738] OGH 20.11.2002, 5 Ob 214/02k (= EWr II/13b/24).
[739] Scheinbar anderer Ansicht, mE aber nur missverständlich formuliert:
OGH 10.2.2004, 5 Ob 315/03i (= EWr II/13b/30 f);
eindeutig im obigen Sinn: OGH 30.8.2005, 5 Ob 138/05p (= EWr W/25/1 ff).

wäre[740] - abgestimmt werden, ob seine Firma mit den Arbeiten beauftragt werden soll, so nimmt er zwar auch an der allenfalls darüber vorangehenden Diskussion teil, es kommt ihm aber kein Stimmrecht mehr über diesen Beschlussgegenstand zu.

⇒ Die Regelung kann aber auch dazu führen, dass eine Minderheit die Verwaltung durch den Mehrheitseigentümer im Wege der ordentlichen Verwalterkündigung beendet.[741]
Freilich obliegt die Bestellung eines neuen Verwalters wieder der Mehrheit (allerdings mit Stimmrechtsausschluss hinsichtlich der eigenen Wiederbestellung).
Nicht (mehr) unmittelbar anwendbar ist die Regelung - was die Kündigung des Verwalters durch die „Mehrheit der Minderheit" betrifft - im Bereich des WGG. Die mit der WRN 2006 eingefügte Bestimmung des § 19a Abs 4 WGG lässt die Verwalterbestellung durch die Eigentümergemeinschaft nur dann zu, wenn die Bauvereinigung nicht mehr über die Mehrheit der Miteigentumsanteile verfügt oder als Verwalterin durch das Gericht (§ 21 Abs 3 zweiter Fall WEG) abberufen wurde.

⇒ Auch der vom Stimmrecht (zu Recht) ausgeschlossene Miteigentümer kann den Beschluss wegen Mängel der Willensbildung (etwa der unzureichenden Verständigung und Anhörung sonstiger Mit- und Wohnungseigentümer) anfechten.[742]

⇒ Der Ausschluss eines Wohnungseigentümers vom Stimmrecht kann dazu führen, dass danach einem anderen Wohnungseigentümer eine dominante Mehrheitseigentümerposition zufällt. Diesfalls kommt die Schutzbestimmung des § 30 Abs 2 WEG („Dominatorregelung") dem vom Stimmrecht ausgeschlossenen Wohnungseigentümer zu, sodass dieser den Außerstreitrichter anrufen kann (siehe dazu unten ab S 293).

⇒ Auch bei der Regelung des § 24 Abs 3 WEG stellt sich - ebenso wie in § 20 Abs 4 Satz 1 WEG und in § 30 Abs 2 WEG - das Problem der Auslegung des Begriffes des „familiären oder wirtschaftlichen Naheverhältnisses" (siehe dazu oben S 198 f).

⇒ Für den Verwalter kann sich die unangenehme Konsequenz ergeben, in manchen Fällen gar nicht beurteilen zu können, ob tatsächlich ein (vielleicht nur von einem anderen Miteigentümer behauptetes) familiäres oder wirtschaftliches Naheverhältnis besteht. Von der Entscheidung darüber hängt aber ab, ob ein Beschluss rechtswirksam zustandegekommen ist oder nicht.

Zweck der Regelung ist die Vermeidung von Interessenkollisionen.
Ob ein Interessenkonflikt droht, hängt einerseits von der Intensität der Beziehung zwischen den in Rede stehenden Personen, andererseits vom Zweck des Geschäftes ab. Es kommt dabei auf die Umstände des Einzelfalls an, die nach wirtschaftlich sinnvollen und praktikablen Gesichtspunkten zu beurteilen sind.

⇒ Ein zum Stimmrechtsausschluss führendes Naheverhältnis zum Geschäftspartner einer Eigentümergemeinschaft kann nach diesen Kriterien nicht nur dann bestehen, wenn der an der Willensbildung der Gemeinschaft teilnehmende Wohnungseigentümer als Gesellschafter oder Geschäftsführer des Geschäftspartners

[740] OGH 22.12.1998, 5 Ob 306/98f (= EWr II/13c/61 ff).
[741] OGH 10.2.2004, 5 Ob 315/03i (= EWr II/13b/30 f).
[742] OGH 10.2.2004, 5 Ob 315/03i (= EWr II/13b/30 f).

fungiert; es ist auch konzernmäßigen Verflechtungen und wirtschaftlichen Beteiligungen nachzugehen, die auf gleich gerichtete (der Eigentümergemeinschaft abträgliche) Interessen schließen lassen. Selbst Abhängigkeiten, die sich aus einem Dienstvertrag oder aus der ständigen Zusammenarbeit in einem Auftrags- oder Werksvertragsverhältnis ergeben, können ein wirtschaftliches Naheverhältnis iSd § 24 Abs 3 WEG indizieren.
Auch der Zweck des involvierten Rechtsgeschäfts bzw Rechtsverhältnisses ist unter dem Aspekt einer möglichen Interessenkollision zu prüfen. Ob ein wirtschaftliches Naheverhältnis der Beteiligten den in § 24 Abs 3 WEG vorgesehenen Stimmrechtsausschluss gebietet, hängt nicht zuletzt von den Folgewirkungen der zu beschließenden Maßnahme ab. Mit der Wahrscheinlichkeit und dem Gewicht der Nachteile, die der Eigentümergemeinschaft drohen, ändert sich auch der Wertungsmaßstab, der an das wirtschaftliche Naheverhältnis anzulegen ist. Die Notwendigkeit eines Stimmrechtsausschlusses wächst mit dem Gefahrenpotential (insofern ist ein besonders strenger Maßstab bei der Verwalterbestellung bzw beim Verwalterwechsel anzulegen).[743]

d)
Berechnung der Mehrheit der Stimmen
(§ 24 Abs 4 WEG)

Der erste Satz des Abs 4 leg cit enthält (ebenso wie vormals § 13b Abs 2 WEG 1975) eine klare Aussage:

- Die Mehrheit der Stimmen der Wohnungseigentümer richtet sich nach dem Verhältnis der Miteigentumsanteile.

⇒ Damit ist eindeutig klargestellt, dass sich die Mehrheit (der Stimmen der Miteigentümer) nicht nach der Anzahl der Personen (also nicht "nach Köpfen"), sondern nach dem Verhältnis der Miteigentumsanteile (§ 833 ABGB) richtet.

⇒ Es ist daher vor jeder Abstimmung (insbesondere auch im Rahmen einer Eigentümerversammlung) erforderlich, zunächst die Anteile der Erschienenen festzustellen (Grundbuchsauszug).
Ist nicht mehr als die anteilsmäßige Hälfte der Wohnungseigentümer (bücherlichen Miteigentümer) erschienen (oder zumindest iSd Abs 2 leg cit vertreten), steht fest, dass in dieser Versammlung kein Mehrheitsbeschluss gefasst werden kann.
Dies hat - sofern dennoch eine Beschlussfassung „begonnen" wird - jedenfalls Auswirkungen auf die Aufgaben des Verwalters (§ 25 Abs 3 Satz 2 WEG – siehe dazu unten ab S 252).

⇒ Im Ergebnis bedeutet die Zählweise des WEG ein "Mitrechnen" der an der aktiven Mitwirkung in Verwaltungsangelegenheiten nicht interessierten Wohnungseigentümer bei den "Nein-Stimmen".
Mit anderen Worten: Nur durch die Zustimmung der Wohnungseigentümer, die mehr als die Hälfte der bücherlichen Anteile repräsentieren, zu einem Beschlussgegenstand kommt ein (einfacher) Mehrheitsbeschluss zustande.

---

[743] OGH 25.11.2003, 5 Ob 246/03t (= EWr W/24/1 ff).

In der langen Phase der Gesetzwerdung des WEG 2002 wurde im Ansatz durchaus erkannt, dass es - vor allem infolge zunehmender Passivität vieler Wohnungseigentümer in Wohnungseigentumsanlagen (Stichwort: Wohnungseigentum als reines Anlageobjekt) - tendenziell immer schwieriger wird, Mehrheitsbeschlüsse zustande zu bringen (was ua dazu führen kann, dass Verbesserungsarbeiten, die jedenfalls eines Mehrheitsbeschlusses bedürfen, nicht mehr vorgenommen werden können und solcherart so manche Wohnungseigentumsanlage nur mehr „auszuverwalten" [= Erhaltung, aber keine Verbesserung mehr] ist).
Leider ist dem Gesetzgeber mE keine brauchbare Regelung zur Lösung des Problems gelungen.
Eine vernünftige - am Gesellschaftsrecht angelehnte und mit entsprechendem Minderheitsschutz dem Wohnungseigentum angepasste - Quorumslösung (Berechnung der Mehrheit ausgehend von den sich am Entscheidungsfindungsprozess aktiv Beteiligenden) wurde durch eine diesbezüglich geradezu absurde - und deshalb zu Recht einhellig abgelehnte - Vorschlagsvariante im Ministerialentwurf, der dem Begutachtungsverfahren unterzogen wurde, gleichsam abgewürgt.
Als Ersatz wurde sodann lediglich - die zur Lösung des Problems mE unzureichende - Verwalterpflicht gemäß § 25 Abs 3 Satz 2 WEG („additives Umlaufverfahren") normiert (siehe dazu unten ab S 252).

⇒ Im Fall eines Konflikts zwischen einverleibtem Wohnungseigentümer und (bloß) vorgemerktem Eigentümer kommt die Stimmrechtsausübung dem einverleibten Wohnungseigentümer zu.[744]

Bei Stimmengleichheit kann jeder Wohnungseigentümer die nach „pflichtgemäßem Ermessen" zu treffende Entscheidung des Gerichts beantragen (§ 24 Abs 4 Satz 2 WEG).

⇒ Die noch in § 13b Abs 2 WEG 1975 enthaltene Beschränkung, wonach der Antrag auf gerichtliche Entscheidung nicht zulässig war im Falle einer „Beschlussfassung über die nachträgliche Genehmigung einer eigenmächtig vorgenommenen Maßnahme", ist im WEG - mE zu Recht - entfallen.

e)
Verständigung über die (erfolgte) Beschlussfassung und Rechtsbelehrungspflicht
(§ 24 Abs 5 WEG)

Beschlüsse der Eigentümergemeinschaft sind jedem Wohnungseigentümer

sowohl

- durch Anschlag
  - an einer für alle Wohnungseigentümer deutlich sichtbaren Stelle des Hauses (bei mehreren Häusern oder mehreren Stiegenhäusern an einer entsprechenden Mehrzahl solcher Stellen)

als auch

- durch Übersendung

[744] OGH 14.9.2004, 5 Ob 77/04s (= EWr W/24/5 ff).

- an die Anschrift des Wohnungseigentumsobjekts (sofern es sich um eine Wohnung oder um eine sonstige selbständige Räumlichkeit handelt)
  oder
- an eine andere vom Wohnungseigentümer bekannt gegebene inländische Zustellanschrift (jedenfalls bei Abstellplätzen für ein Kraftfahrzeug)

schriftlich zur Kenntnis zu bringen (§ 24 Abs 5 Sätze 1 bis 3 WEG).

⇒ Der Gesetzgeber hat hier mE ein Musterbeispiel für eine (sinnlos) überbordende Regelung gesetzt.
Gleichviel, welche Aspekte auch immer zur Schaffung dieser Bestimmung bewogen haben, bleibt anzumerken, dass mit der nun kumulativ geforderten Verständigung (Hausanschlag und Übersendung) dem Wohnungseigentum und damit den Wohnungseigentümern kein guter Dienst erwiesen wurde. Berücksichtigt man, dass der Dualismus der Verständigung (Hausanschlag und Übersendung) im neuen Wohnungseigentumsrecht in gleicher Weise auch noch im Zusammenhang mit der Vorausschau (§ 20 Abs 2 WEG), der Einberufung einer Eigentümerversammlung (§ 25 Abs 2 WEG) und der Übersendung der Niederschrift über die Versammlung (§ 25 Abs 3 WEG) zwingend vorgeschrieben ist, so kann dem Gesetzgeber der Vorwurf nicht erspart bleiben, damit kräftig zur Verteuerung des Wohnens (in der Rechtsform des Wohnungseigentums) beigetragen zu haben. Die mit dem gesetzlichen Formalismus verbundenen Mehrkosten bei der Verwaltung von Wohnungseigentumsanlagen werden (und müssen wohl auch) von den Wohnungseigentümern zu tragen sein.
Der Vorwurf der Verteuerung wiegt umso schwerer, als dem Praktiker bekannt ist, dass von einem Gutteil der Wohnungseigentümer eine Überflutung mit schriftlichen Informationen als unnötig, wenn nicht gar als Belästigung empfunden wird.
Wenn die Materialien die erst im letzten Moment vor der Beschlussfassung in der nunmehrigen Form eingefügte Regelung als „Veränderung im Sinn eines noch verbesserten Schutzes der Wohnungseigentümer" ansehen, drängt sich Einigen die Frage auf: „Wer schützt die Geschützten vor dem Schützer?".
De lege ferenda - indes möglichst umgehend - wird zu überlegen sein, den Hausanschlag als (idR) ausreichende Information zu präferieren (und allenfalls dem Wohnungseigentümer ein Individualrecht auf zusätzliche - dann aber allein von ihm und nicht von der Eigentümergemeinschaft zu honorierende - Übersendung einzuräumen).
Auch der Oberste Gerichtshof hat - vor der Einführung dies untersagender Bestimmungen - den Hausanschlag als ausreichende Information im Wohnungseigentum angesehen.[745]
Die Materialien zum Ministerialentwurf zur WRN 2006 bezeichnen die Bekanntmachungsregelungen im WEG als „hypertroph und erneuerungsbedürftig"; umso bedauerlicher scheint, dass sie dann doch nicht mit der WRN 2006 - sieht man von einer Ergänzung im Zusammenhang mit der elektronischen Übermittlung (dazu sogleich unten) ab - geändert wurden.

---

[745] OGH 29.10.1996, 5 Ob 2306/96w (= EWr II/14/36 ff).

⇒ Ein Beschluss kann auch ohne Tätigwerden des Verwalters zustande kommen (was § 25 Abs 1 letzter Satz WEG auch - etwas missverständlich - zum Ausdruck zu bringen versucht). Entgegen der in der Vorauflage vertretenen Ansicht muss wohl doch davon ausgegangen werden, dass sich die Anordnungen des § 24 Abs 5 WEG (anders als jene des § 25 Abs 1 Sätze 1 bis 3 und Abs 3 WEG über die Eigentümerversammlung) nicht nur an den Verwalter wenden, sondern Formalerfordernisse für jede Beschlussfassung wiedergeben.
Freilich erschwert damit das WEG die (fehlerfreie) Beschlussfassung ohne Mitwirkung des Verwalters (etwa jene über seine Kündigung[746]) sehr (zumal dem einzelnen Wohnungseigentümer oft das rechtliche know how - siehe etwa sogleich unten die Ausführungen zur Rechtsbelehrung im Zusammenhang mit der Beschlussanfechtung - und tatsächliche Wissen - etwa die Adressen aller übrigen Miteigentümer - gar nicht präsent sind).

⇒ Die „doppelte Informationspflicht“ (Hausanschlag und Übersendung) gilt nach der Rechtsprechung auch gegenüber einem schlichten Miteigentümer. Dieser verfügt zwar noch nicht über ein Wohnungseigentumsobjekt (sodass auch nicht die Übersendung an die Adresse des Wohnungseigentumsobjektes erfolgen kann) und müsste daher eine Zustellanschrift bekannt geben. Unterlässt er dies, hat die individuelle Übermittlung an jene Adresse zu erfolgen, die nach allgemeiner Lebenserfahrung den Zugang der Sendung erwarten lässt.
Die Übersendung der Einladung zur Eigentümerversammlung an eine sich aus einer ZMA-Auskunft ergebende aufrechte Wohnanschrift ist idS jedenfalls sachgerecht und erfüllt die Voraussetzungen des § 24 Abs 5 WEG gegenüber dem Miteigentümer, der noch nicht über ein „Wohnungseigentumsobjekt“ verfügt.[747]

Zu den Anforderungen des § 24 Abs 5 Sätze 1 - 3 (und 5) WEG im Einzelnen:

- Hausanschlag
  „an einer für alle Wohnungseigentümer deutlich sichtbaren Stelle des Hauses (bei mehreren Häusern an einer entsprechenden Mehrzahl solcher Stellen)“

⇒ Im Regelfall wird darunter der Eingangsbereich des Stiegenhauses (bei mehreren Stiegenhäusern der jeweilige Eingangsbereich) zu verstehen sein.
Problematisch (bis unmöglich) kann die Erfüllung der gesetzlichen Forderung bei speziell ausgestalteten Wohnungseigentumsanlagen (etwa bestehend aus Einfamilien- oder Reihenhäusern) sein. Hier ist der Anschlag mE - natürlich nur sofern vorhanden - bei einer Gemeinschaftseinrichtung (etwa einem Klub- oder Versammlungsraum oder auf einer Informationstafel innerhalb der Anlage) anzubringen.
Scheidet auch diese Möglichkeit aus, kann wohl nicht gefordert werden, dass der Verwalter den Anschlag direkt bei jedem einzelnen Wohnungseigentumsobjekt vornimmt; mE müsste in diesen Fällen ersatzweise der Anschlag im Verwaltungsbüro (sofern sich dieses in zumutbar erreichbarer Nähe befindet und zu den

[746] OGH 10.7.2001, 5 Ob 146/01h (= EWr II/18/38 ff).
[747] OGH 21.2.2006, 5 Ob 196/05t (= EWr W/24/25 ff).

üblichen Bürozeiten aufgesucht werden kann) ausreichen; fraglich ist, ob diesfalls die Übersendung mit Zustellnachweis vorzunehmen wäre. Zweckmäßigerweise sollte in solchen Fällen eine entsprechende Regelung im Rahmen einer Gemeinschaftsordnung (§ 26 WEG – siehe unten ab S 255) getroffen werden.

⇒ Für die Ordnungsgemäßheit des Anschlags kommt es nicht darauf an, ob jeder Wohnungseigentümer tatsächlich den Ort des Anschlags (idR das Stiegenhaus) regelmäßig aufsucht.
Es reicht aus, dass jeder Wohnungseigentümer die - für ihn in zumutbarer Weise in Anspruch zu nehmende - Möglichkeit dazu hat (was beispielsweise dann nicht der Fall wäre, stünde ihm gar kein Schlüssel zum üblicherweise versperrten Stiegenhaus zur Verfügung, etwa weil er nur Eigentümer eines Kfz-Abstellplatzes ist).

⇒ Die (zur insofern vergleichbaren Bestimmung des § 37 Abs 3 Z 4 MRG ergangene) Rechtsprechung geht davon aus, dass (vor allem bei straßenseitig orientierten Geschäftslokalen) der Zugang zum (Miet-)Objekt nicht durch das Haus bzw Stiegenhaus keine Seltenheit darstellt und daher die Kenntnismöglichkeit infolge eines Hausanschlags eine vom Gesetz fingierte ist. Für Mieter (und mE vice versa auch für Wohnungseigentümer), die ihr Objekt von der Straße oder dem Hof eines Hauses aus betreten, besteht daher die Notwendigkeit, entweder selbst regelmäßig das Stiegenhaus aufzusuchen oder eine geeignete Person damit zu betrauen, ihnen regelmäßig Informationen über allfällige Hausanschläge zukommen zu lassen.[748]

⇒ Ortsabwesenheit oder eine Beschädigung oder ein Abreißen des (behördlichen) Hausanschlags haben auf die Gültigkeit der Zustellung keinen Einfluss.[749]

⇒ Der Hausanschlag ist lediglich für die Frage des Beginns der Anfechtungsfrist von Bedeutung; mit der Willensbildung der Wohnungseigentümer steht er nicht im Zusammenhang.[750]

- Übersendung
  - Nach dem Wortlaut des ersten Satzes in § 24 Abs 5 WEG hat die Übersendung in Schriftform zu erfolgen.

    ⇒ Bei der schriftlichen Übersendung (und wohl auch bei der Übermittlung auf elektronischem Weg) wird kein Zustellnachweis gefordert[751] (siehe sogleich unten)

  - Gemäß § 24 Abs 5 letzter Satz WEG kann jedoch jeder Wohnungseigentümer verlangen, dass die Übersendung von Beschlüssen an ihn nicht auf dem Postweg, sondern durch elektronische Übermittlung geschieht.

    ⇒ Die mit der WRN 2006 erfolgte Anfügung des fünften (und somit letzten) Satzes in § 24 Abs 5 WEG bringt nun den Inhalt der bereits zum WEG im Jahr 2002 erfolgten Ausschussfeststellung des Jutizausschusses in den Gesetzestext ein.

[748] OGH 15.6.2000, 5 Ob 145/00k (= EWr I/37/196 ff).
[749] OGH 15.6.2000, 5 Ob 145/00k (= EWr I(37/196 ff).
[750] OGH 4.11.2005, 5 Ob 172/05p (= EWr W/21/8 f).
[751] OGH 25.11.2003, 5 Ob 249/03h (= EWr II/13b/28 f) ua.

⇒ Voraussetzung für die elektronische Übermittlung ist, dass dies der Wohnungseigentümer verlangt und dementsprechend auch eine E-Mail-Adresse bekannt gibt; ein Anspruch des Bekanntmachungspflichtigen (idR des Verwalters) auf elektronische (statt postalische) Übermittlung besteht nicht.

⇒ Mangels ausdrücklich gegenteiliger Anordnung bzw bis zu einem allfälligen Widerruf bezieht sich das Verlangen nach elektronischer Übermittlung auch auf alle anderen im Gesetz genannten Bekanntmachungsfälle.

- Die Übersendung hat - abgesehen von den Fällen elektronischer Übermittlung - dann nicht an die Anschrift des Wohnungseigentumsobjektes zu erfolgen, wenn
  - der Wohnungseigentümer eine andere inländische Zustellanschrift bekannt gibt
    oder
  - es sich beim Wohnungseigentumsobjekt um einen Abstellplatz für ein Kraftfahrzeug handelt; diesfalls ist vom Wohnungseigentümer eine inländische Zustellanschrift bekannt zu geben.

⇒ Das Gesetz erwähnt - wie schon das WEG 1975 - nicht die Übersendung an eine im Ausland gelegene Anschrift.
Dies kann nur so verstanden werden, dass der Verwalter nicht verpflichtet ist, einem derartigen Wunsch nachzukommen. Der Verwalter ist aber durchaus berechtigt, der Bitte nach Übersendung an eine ausländische Anschrift nachzukommen (allenfalls könnte er mit dem betroffenen Wohnungseigentümer eine Vereinbarung über die Abgeltung des damit verbundenen Mehraufwands treffen).

⇒ Sofern der Wohnungseigentümer eines Kfz-Abstellplatzes auch noch Eigentümer einer Wohnung und/oder sonstigen selbständige Räumlichkeit in derselben Wohnungseigentumsanlage ist (und hinsichtlich des Kfz-Abstellplatzes keine gesonderte Zustellanschrift bekannt gibt), genügt mE die einmalige Übersendung an die Anschrift der Wohnung (selbständigen Räumlichkeit).

⇒ Die Nichtbekanntgabe einer Zustellanschrift durch den Eigentümer eines Kfz-Abstellplatzes unterliegt keiner Sanktion.
Gibt dieser - trotz Aufforderung durch den Verwalter - keine inländische Zustellanschrift bekannt, hat die Übersendung mE an die zuletzt bekannte Anschrift zu erfolgen.

- Übersendung (Pflicht zur Übersendung) bedeutet nicht Zustellung.

⇒ Die Rechtsprechung zu § 13b WEG 1975, wonach das Gesetz keine Zustellung, sondern lediglich eine Verständigung fordert,[752] bleibt somit weiter anwendbar (dies ungeachtet der Bezeichnung „Zustellanschrift" in § 24 Abs 5 WEG).

⇒ Auch für die Verständigung von der Eigentümerversammlung ist kein der Zustellung nach dem Zustellgesetz vergleichbarer Akt - und nicht einmal deren Zugang - erforderlich.[753]

⇒ Insbesondere ist der Verwalter nicht verpflichtet, gegebenenfalls einen Zustellnachweis zu erbringen.

---

[752] OGH 25.11.1997, 5 Ob 2382/96x (= EWr II/13b/3 ff).
[753] OGH 20.9.2005, 5 Ob 154/05s (= EWr W/24/33 ff).

Es liegt auf der Hand, dass sich Gesetz und Rechtsprechung mit dieser Auslegung auf eine Gratwanderung zwischen praktischen Erfordernissen (Kostenfrage, vielfach Notwendigkeit der persönlichen Abholung von Poststücken) einerseits und der Gefahr der bewussten Informationsunterlassung („Querulantenklausel") andererseits begeben haben.
Es sollte mit der Regelung den Schwierigkeiten Rechnung getragen werden, die bei der Verständigung von Mitgliedern größerer Eigentumsgemeinschaften immer wieder aufgetreten sind.[754]
Dem Verwalter muss empfohlen werden, den Beweis für die vorgenommene Übersendung zu sichern, etwa durch Führung eines Postaufgabebuchs, Aktenvermerke der Mitarbeiter etc (nicht erforderlich ist jedoch - siehe oben - der „echte" Beweis mittels Rückscheinbriefs etc).

⇒ Die obigen Ausführungen beziehen sich sinngemäß auch auf die elektronische Übermittlung.

- Nochmals sei - der besseren Übersicht halber - aufgelistet, in welchen Fällen der Verwalter mit den Wohnungseigentümern (= mit jedem einzelnen Wohnungseigentümer) Kontakt aufzunehmen hat im Wege der Übersendung (elektronischen Übermittlung) und des Hausanschlags:
  - Bekanntgabe der Vorausschau (§ 20 Abs 2 WEG).

    ⇒ Siehe oben ab S 194.
  - Bekanntmachung eines Beschlusses (§ 24 Abs 5 WEG);
    - verbunden - aber nur in der Übersendung (nicht auch im Hausanschlag erforlich) - mit Rechtsbelehrung über die Anfechtungsmöglichkeit(en).

      ⇒ Siehe ab S 229
  - Einberufung der Eigentümerversammlung (§ 25 Abs 2 WEG).

    ⇒ Siehe unten S 250 f.
  - Übermittlung der Niederschrift über die Eigentümerversammlung (§ 25 Abs 3 WEG).

    ⇒ Siehe unten S 251 f.
    - Erforderlichenfalls („additives Umlaufverfahren") verbunden - aber nur in der Übersendung bzw bei der elektronischen Übermittlung (nicht auch im Hausanschlag) - mit der Aufforderung zur Äußerung über einen Vorschlag (Abstimmungsgegenstand).

      ⇒ Siehe unten ab S 252.
- Die Abrechnung hingegen muss nur an die in § 24 Abs 5 WEG bestimmte Anschrift übermittelt werden (§ 34 Abs 1 WEG); sie bedarf nicht zusätzlich auch des Hausanschlags.

  ⇒ Die mit der WRN 2006 eingefügte Regelung über die elektronische Übermittlung (§ 24 Abs 5 letzter Satz WEG) gelangt auch bei der Übermittlung der Abrechnung zur Anwendung.

  ⇒ Siehe weiters unten ab S 336.

---

[754] OGH 25.11.2003, 5 Ob 249/03h (= EWr II/13b/28 f).

Rechtsbelehrungspflicht:

Dem übersendeten Beschluss ist ein Hinweis darauf beizufügen, dass

- für den Beginn der Frist zur Anfechtung des Beschlusses dessen Anschlag im Haus maßgeblich ist.

Zugleich ist

- der Tag des Anschlags
  und
- das sich daraus ergebende Ende der Frist

bekannt zu geben (§ 24 Abs 5 letzter Satz WEG).

⇒ Diese - mE weit überzogene - Regelung wirft einige Probleme auf (dazu gleich unten).

⇒ Vorweg stellt sich die Frage, ob ein Redaktionsversehen darin zu erblicken ist, dass nach dem Wortlaut des Gesetzes nur dem übersendeten Beschluss, nicht aber auch dem Hausanschlag die Information über die Anfechtung beigefügt werden muss (so ließe sich etwa der Hinweis auf den - die Anfechtungsfrist jedenfalls auslösenden - Tag des Anschlags bei jener Beschlussausfertigung, die angeschlagen wird, am besten verifizieren).

⇒ Es fällt auf, dass der Gesetzgeber in Abs 5 leg cit die populäre Bezeichnung „Anfechtung" für die gerichtliche Bekämpfung eines Beschlusses wählt, hingegen in Abs 6 leg cit vom „Antrag auf gerichtliche Feststellung der Rechtsunwirksamkeit" spricht (beim Verweis auf § 29 WEG aber dann doch auch wieder anfechten lässt).
Gemeint ist offenbar Identes.

- Die - im WEG (wie schon im WEG 1975) unterschiedlich langen Anfechtungsfristen - beginnen jedenfalls mit dem Tag des Anschlags zu laufen.

⇒ Dies mE unabhängig davon, ob die weitere Pflicht zur Übersendung samt Hinweis auf die Anfechtung eingehalten wurde oder nicht.
Zum einen spricht schon der Gesetzestext selbst für dieses Verständnis („*... maßgeblich ist*" sowie § 24 Abs 6 WEG „*kann ..... ab Anschlag ....*"); zum anderen aber auch praktische Erwägungen. Jede andere Interpretation würde nämlich zu einem uneinheitlichen Ende der Anfechtungsfrist führen, was der Rechtssicherheit in besonderer Weise abträglich wäre. Zudem enthält die weiters im Gesetz enthaltene Pflicht zur Angabe des sich aus dem Anschlag ergebenden Endes der Anfechtungsfrist ein - wie sogleich unten dargelegt wird - gewissermaßen aleatorisches Element, sodass auch aus diesem Grund die Frage der offenen Anfechtungsfrist nicht von der - ordnungsgemäßen (!) – Übersendung abhängig gemacht werden kann).

⇒ Selbst der Nachweis über die erfolgte Übersendung ersetzt nicht den Hausanschlag als fristauslösend.

- Dem Gesetzestext ist nicht zwingend zu entnehmen, dass der Tag des Anschlags vor der Übersendung liegen muss.

⇒ Der Wortlaut des Gesetzes lässt es zu, in der Übersendung auf den beabsichtigten Tag des Anschlags hinzuweisen (und sohin den Anschlag erst nach der Übersendung vorzunehmen).

Die Ordnungsgemäßheit der Übersendung hängt dann allerdings von der Einhaltung des angekündigten Anschlagszeitpunkts ab. Es wäre zwar die logische Reihenfolge, erst anzuschlagen und dann darüber zu berichten, doch ist auch diese Variante im Hinblick auf die „Verkürzung der Anfechtungsfrist" (siehe dazu sogleich unten) nicht unproblematisch.

⇒ Wird - was dem Regelfall entsprechen dürfte - vor der Übersendung angeschlagen, dann muss (soll dem Zweck der Regelung entsprochen werden) die Übersendung möglichst umgehend danach erfolgen.
Allerdings muss dem Verwalter zugestanden werden, die sich aus der Pflicht zur Bekanntgabe des Endes der Anfechtungsfrist ergebende Rechtsfrage (siehe sogleich unten) einer Lösung - erforderlichenfalls unter Beiziehung eines Rechtsberaters - zuzuführen.

⇒ Die Pflicht zum Hinweis darauf, dass für den Beginn der Frist zur Anfechtung des Beschlusses dessen Anschlag im Haus maßgebend ist, kann als verallgemeinerungsfähig angesehen werden (diesbezüglich kann der Verwalter den Gesetzestext EDV-mäßig abspeichern und jeder Übersendung eines Beschlusses im Rahmen der geforderten Rechtsbelehrung beifügen).
Davon zu unterscheiden ist die weitere - jeweils nur anhand der konkreten Sachlage korrekt zu erfüllende - Pflicht zur Bekanntgabe des Tages des Anschlags und des Endes der Anfechtungsfrist.

- Die zur Anfechtung von Beschlüssen normierten Fristen sind materiellrechtlicher Natur.[755]

⇒ Für die Berechnung der Frist gilt § 902 Abs 2 ABGB (und damit übereinstimmend das Europäische Übereinkommen für die Berechnung von Fristen, BGBl 1983/254).
Dies bedeutet, dass eine in Monaten ausgedrückte Frist an jenem Tag des letzten Monats endet, der nach seiner Zahl dem Tag entspricht, an dem die Frist zu laufen beginnt (die Gesamtfrist ist dabei so zu berechnen, dass sie von Mitternacht des „dies a quo" bis Mitternacht des „dies ad quem" läuft).[756]

⇒ Die „Anfechtung" muss am letzten Tag der Frist beim zuständigen Gericht eingelangt sein.[757]
Auch hat der Anfechtende alle Rechtsgründe, auf die er sein Begehren stützt, innerhalb der Anfechtungsfrist anzuführen; ein späteres Vorbringen wäre verfristet (= „Eventualmaxime").[758]
Eine diesbezügliche Hinweispflicht des Verwalters ist dem Gesetz expressis verbis nicht zu entnehmen.

⇒ In der Praxis zeigt sich gelegentlich, dass Wohnungseigentümer einen Beschluss beim Verwalter anzufechten versuchen. Um den damit verbundenen Mehraufwand (die Treuepflicht des Verwalters

---

[755] OGH 25.2.1997, 5 Ob 2124/96f (= EWr II/13b/1 f);
OGH 8.7.1997, 5 Ob 197/97z (= EWr II/14/42 ff);
OGH 25.11.1997, 5 Ob 2330/96z (= EWr II/14/52 ff);
OGH 26.9.2000, 5 Ob 64/00y (= EWr II/13b/18 ff).
[756] Zur Berechnung einer Jahresfrist: OGH 9.6.1998, 5 Ob 147/98y (= EWr I/16/170 ff).
[757] OGH 25.2.1997, 5 Ob 2124/96f (= EWr II/13b/1 f).
[758] OGH 8.7.1997, 5 Ob 197/97z (= EWr II/14/42 ff).

gegenüber dem Wohnungseigentümer gebietet es mE, diesen auf den Irrtum aufmerksam zu machen) zu vermeiden, empfiehlt es sich - ungeachtet des Fehlens einer diesbezüglich ausdrücklich normierten Verpflichtung im Gesetz - schon bei der (ohnedies erforderlichen) Rechtsbelehrung darauf hinzuweisen, wo der Anfechtungsantrag einzubringen ist.

- Das Gesetz kennt drei verschieden lange (jeweils ab Anschlag des Beschlusses im Haus zu berechnende) Anfechtungsfristen:

  ⇒ Nur der Vollständigkeit halber sei bereits an dieser Stelle auf eine weitere - freilich nicht der Belehrungspflicht unterliegende - Anfechtungsmöglichkeit, den Sonderfall der „Dominatorregelung" (Anfechtung einer Maßnahme des Mehrheitseigentümers zum unverhältnismäßigen Nachteil eines anderen Wohnungseigentümers; Anfechtungsfrist - gleichviel, ob ordentliche oder außerordentliche Verwaltung - drei Monate „ab Erkennbarkeit") hingewiesen (§ 30 Abs 2 WEG).[759]
  Siehe dazu unten ab S 293.

  - Ein Monat - und zwar sowohl bei der Anfechtung eines Beschlusses über eine Maßnahme der ordentlichen Verwaltung als auch bei der Anfechtung eines Beschlusses über eine Maßnahme der außerordentlichen Verwaltung[760] - wegen
    - Rechtsunwirksamkeit des Beschlusses auf Grund formeller Mängel,
    - Gesetzwidrigkeit oder
    - Fehlens der erforderlichen Mehrheit.

    (§ 24 Abs 6 WEG).

    ⇒ Siehe dazu sogleich unten.
  - Drei Monate - und zwar nur[761] bei der Anfechtung eines Beschlusses über eine Maßnahme der außerordentlichen Verwaltung - wegen
    - Übermäßiger Beeinträchtigung des Antragstellers („Unzumutbarkeit")

    (§ 29 Abs 1 erster HS letzter Satz iVm Abs 2 Z 1 WEG) oder
    - Nicht gesetzeskonformer Finanzierung der Kosten der Veränderung

    (§ 29 Abs 1 erster HS letzter Satz iVm Abs 2 Z 2 iVm Abs 3 WEG)

    ⇒ Siehe dazu unten ab S 282.
  - Sechs Monate - und zwar nur bei der Anfechtung eines Beschlusses über eine Maßnahme der außerordentlichen Verwaltung - wegen
    - Unterbliebener Verständigung des Wohnungseigentümers von der beabsichtigten Beschlussfassung und von ihrem Gegenstand

    (§ 29 Abs 1 zweiter HS letzter Satz WEG).

---

[759] OGH 30.8.2005, 5 Ob 138/05p (= EWr W/25/1 ff)
[760] OGH 30.8.2005, 5 Ob 183/05f (= EWr W/24/30 ff).
[761] OGH 30.8.2005, 5 Ob 183/05f (= EWr W/24/30 ff).

⇒ Siehe dazu unten S 283 f.

Bei einem Beschluss über eine Maßnahme der ordentlichen Verwaltung kann sohin nur eine Anfechtungsfrist (nämlich die einmonatige) die zutreffende sein (sieht man von der oben erwähnten „Dominatorregelung“ des § 30 Abs 2 WEG ab).

Bei einem Beschluss über eine Maßnahme der außerordentlichen Verwaltung kann eine Kombination aus ein- und dreimonatiger Anfechtungsfrist oder die sechsmonatige Anfechtungsfrist (bzw eine Kombination aus ein- und sechsmonatiger Anfechtungsfrist?) die zutreffende sein.

⇒ Das sich aus der Pflicht zur Bekanntgabe des Endes der Frist für den Verwalter ergebende Problem ist schlicht, die richtige der drei in Frage kommenden Fristen zu erkennen und den Wohnungseigentümern mitzuteilen.

⇒ „Großzügigkeit“ ist hier nicht angesagt, weil auch eine vom Verwalter unrichtig als „zu lang“ bekanntgegebene Frist nicht zu deren tatsächlicher Verlängerung führt. Der Verwalter bestimmt nicht die Frist, er hat die richtige bekannt zugeben.

⇒ Es bleibt dem Verwalter daher - will er die richtige Frist bekanntgeben - nicht erspart, jedenfalls die - im Einzelfall nicht immer leichte (und gelegentlich schon den Anfechtungsgrund tragende) - Unterscheidung zwischen einer Beschlussfassung über eine Maßnahme der ordentlichen Verwaltung einerseits (Anfechtungsfrist immer nur ein Monat) und einer solchen über eine Maßnahme der außerordentlichen Verwaltung andererseits (Anfechtungsfrist ein und/oder drei/sechs Monate) zu treffen.
In manchen Fällen wird dem Verwalter dazu gute Rechtsberatung (und/oder auch Glück) zu wünschen sein.

⇒ Nicht leicht nachvollziehbar ist mE, wie ein seriös handelnder Verwalter die Sechsmonatsfrist bei unterbliebener Verständigung des Wohnungseigentümers von der beabsichtigten Beschlussfassung (§ 29 Abs 1 zweiter HS letzter Satz WEG) ausfindig machen soll. Dieser Mangel wird ja im Zeitpunkt der Übersendung (des Beschlusses samt Rechtsbelehrung) idR nur bei vorsätzlicher (seinerzeitiger) Unterlassung der Verständigung des Wohnungseigentümers von der beabsichtigten Beschlussfassung und ihrem Gegenstand bekannt sein; ansonsten aber (noch) gar nicht verifiziert worden sein.

⇒ § 24 Abs 5 WEG wendet sich zwar expressis verbis nicht nur an den Wohnungseigentumsverwalter (siehe dazu schon oben), scheint aber doch zugeschnitten auf eine vom Verwalter „organisierte“ Beschlussfassung. Dieser - als Fachmann - soll die (idR) laienhaften Wohnungseigentümer über die Möglichkeiten zur Bekämpfung eines Beschlusses informieren.
Üblicherweise wird es dem Verwalter (daher) auch zumutbar sein, ja es ist von ihm zu verlangen, die richtige Anfechtungsfrist ausfindig zu machen.
Dennoch kann nicht geleugnet werden, dass es Grenzfälle zwischen der ordentlichen Verwaltung einerseits und der außerordentlichen Verwaltung andererseits gibt. Insofern leuchtet mE aus dem Gesetz keine Verpflichtung des Verwalters hervor, sich bei der Anfechtungsfrist (möglicherweise unrichtig) festzulegen.

In begründeten Zweifelsfällen wird dem Verwalter daher die Möglichkeit zuzubilligen sein, Varianten anzuführen (und dabei auf die jeweiligen Voraussetzungen für die Anwendbarkeit der einen oder der anderen Frist hinzuweisen).
Ausdrücklich festgehalten sei jedoch, dass eine schablonenhafte Handhabung der Belehrungspflicht (jeweils Wiedergabe aller im Gesetz aufscheinenden Anfechtungsfristen) nicht der Absicht des Gesetzgebers entspricht (und überdies mE einer „fachlichen Bankrotterklärung" des Verwalters gleichkommt).

f)
Anfechtung von Beschlüssen
(§ 24 Abs 6 WEG)

Jeder Wohnungseigentümer kann einen Beschluss aus den in § 24 Abs 6 WEG genannten Gründen innerhalb eines Monats „anfechten" (Diktion des Gesetzes: Antrag auf Feststellung der Rechtsunwirksamkeit eines Beschlusses).

⇒ Mit der feststellenden Entscheidung über die Beschlussanfechtung wird endgültig über die Rechtswirksamkeit des Beschlusses der Wohnungseigentümer abgesprochen; dies im Fall der Feststellung der Rechtsunwirksamkeit des Beschlusses mit Wirkung ex tunc.[762]

Die Geltendmachung der Rechtsunwirksamkeit eines Beschlusses gehört zu den Individualrechten eines Wohnungseigentümers.[763]

⇒ Damit ist es auch einem Wohnungseigentümer, der zunächst für einen bestimmten Beschlussgegenstand gestimmt hat, möglich, den Beschluss innerhalb der einmonatigen Frist anzufechten (etwa, weil er inzwischen zu einer anderen Einschätzung der Angelegenheit gelangt ist).
Anders als § 29 Abs 1 WEG (Anfechtung eines Beschlusses über eine Angelegenheit der außerordentlichen Verwaltung aus bestimmten materiellen Gründen innerhalb einer Frist von drei Monaten) beschränkt § 24 Abs 6 WEG die Möglichkeit zur Anfechtung nicht auf die „Überstimmten".[764]

Die Regelung des § 24 Abs 6 WEG stellt auch klar, dass der Antrag auf Feststellung der Rechtsunwirksamkeit eines Beschlusses gegen alle Wohnungseigentümer zu richten ist.

⇒ Das Gesetz übenimmt damit die in der vormaligen Rechtsprechung vertretene Ansicht insoweit, als jedenfalls keine Passivlegitimation der Eigentümergemeinschaft gegeben ist;[765] allerdings ging die frühere Judikatur davon aus, dass der Antrag gegen die „namentlich genannte Mehrheit" zu richten ist und den übrigen Miteigentümern (deren Rechte durch die Entscheidung unmittelbar berührt werden könnten) Beteiligtenstellung einzuräumen ist.[766]

---

[762] OGH 28.9.2004, 5 Ob 69/04i (= EWr W/23/1 ff);
OGH 4.4.2006, 5 Ob 277/05d (= EWr W/20/26 ff) ua.
[763] OGH 10.2.2004, 5 Ob 315/03i (= EWr II/13b/30 f).
[764] OGH 10.2.2004, 5 Ob 255/03s (= EWr II/14/105 ff) ua.
[765] OGH 14.3.2000, 5 Ob 71/00b (= EWr II/13b/17)
OGH 12.3.2002, 5 Ob 301/01b (= EWr II/14/86 ff) ua.
[766] OGH 12.6.1996, 5 Ob 2151/96a (= EWr II/14/28 ff);

⇒ Nunmehr ist der Antrag gegen alle übrigen Wohnungseigentümer zu richten (also selbst gegen jene, die gegen das Zustandekommen des angefochtenen Beschlusses votiert oder sich neutral verhalten haben).

⇒ Die Materialien verweisen darauf, dass ein Wohnungseigentümer, der dem Standpunkt des Anfechtenden beitreten möchte, auch noch während des Verfahrens die Seite wechseln kann (was vor allem kostenmäßig Auswirkungen - insbesondere seit Einführung der Kostenersatzpflicht auch im wohnrechtlichen Außerstreitverfahren per 1.1.2005, siehe unten ab S 405 - haben kann).

⇒ Ausgehend davon, dass die Eigentümergemeinschaft im Anfechtungsverfahren nicht Partei ist, kann mE auch nicht deren Vertreter, also der Verwalter, als Partei(envertreter) beigezogen werden (wohl aber kann der Verwalter Partei sein auf Grund der mit der WRN 2006 eingefügten Neuregelung in § 52 Abs 2 Z 1 letzter Halbsatz WEG, wenn „auch ein Verhalten des Verwalters" Gegenstand des Verfahrens ist; was ja bei einer Beschlussanfechtung - insbesondere aus formellen Gründen - nicht als unwahrscheinlich angesehen werden kann; siehe zur Neuregelung unten S 387).
Bisherige Judikatur:
Es ergibt sich keine Sachlegitimation des Verwalters;[767] (doch kann ein die formelle Parteistellung des Verwalters bejahender erstgerichtlicher Beschluss infolge Rechtskraft einer materiellen Überprüfung durch den Obersten Gerichtshof entzogen sein).[768]
Dem Verwalter kommt allerdings dann Parteistellung zu, wenn seine Interessen durch die Entscheidung unmittelbar berührt werden können (§ 52 Abs 2 Z 2 WEG).[769]

Die in § 24 Abs 6 Satz 1 genannte Anfechtungsfrist beträgt ein Monat.

⇒ Übersicht zu den übrigen Anfechtungsfristen siehe schon oben S 237 f.

Es handelt sich dabei um eine materiellrechtliche Frist.

⇒ Siehe dazu oben S 236 f.

§ 24 Abs 6 WEG nennt folgende Anfechtungsgründe:

⇒ Das WEG 1975 enthielt keine Auflistung von Anfechtungsgründen.

- Formelle Mängel
- Gesetzwidrigkeit
- Fehlen der erforderlichen Mehrheit

Aus diesen Gründen kann grundsätzlich jeder Beschluss - gleichviel, ob ordentliche oder außerordentliche Verwaltungsangelegenheit (!!!) - angefochten werden.[770]

⇒ Ein Beschluss über eine Maßnahme der ordentlichen Verwaltung kann nur aus den genannten Gründen angefochten werden.[771]

OGH 9.12.1997, 5 Ob 268/97s (= EWr II/13c/44 ff).
767 OGH 14.3.2000, 5 Ob 71/00b (= EWr II/13b/17).
768 OGH 30.8.2005, 5 Ob 183/05f (= EWr W/24/30 ff).
769 Noch zur - gleichlautenden - Regelung des § 26 Abs 2 Z 2 WEG 1975: OGH 12.3.2002, 5 Ob 301/01b (= EWr II/14/86 ff).
770 OGH 29.11.2005, 5 Ob 221/05v (= EWr W/24/37 ff) ua.

Dies bedeutet weiters:
Auch ein Beschluss über eine außerordentliche Verwaltungsangelegenheit kann aus den obigen Gründen nur binnen Monatsfrist angefochten werden.[772]

⇒ Die dreimonatige Anfechtungsfrist des § 29 Abs 1 WEG dient nur der Geltendmachung anderer bzw zusätzlicher Anfechtungsgründe (und zwar ausschließlich im Fall eines Beschlusses über eine Angelegenheit der außerordentlichen Verwaltung).
Diese Konsequenz folgt - so der Oberste Gerichtshof - unmittelbar aus dem Wortlaut des § 24 Abs 6 letzter HS WEG (*„überdies“*).[773]

⇒ Von der Rechtsprechung klargestellt wurde auch, dass die Anfechtung eines Beschlusses über eine außerordentliche Verwaltungsangelegenheit sowohl aus einem Anfechtungsgrund nach § 24 Abs 6 WEG als auch aus einem Anfechtungsgrund gemäß § 29 Abs 2 WEG nicht zur generellen Verlängerung der Anfechtungsfrist von einem auf drei Monate führt.[774]
Vielmehr müsste diesfalls der anfechtende Wohnungseigentümer seine Anfechtung entweder hinsichtlich aller geltend gemachter Gründe binnen Monatsfrist oder zumindest die Anfechtung gestützt auf § 24 Abs 6 WEG binnen Monatsfrist und die zusätzlich auf einen Grund des § 29 Abs 2 WEG gestützte Anfechtung binnen zweier weiterer Monate, also innerhalb der Dreimonatsfrist, vornehmen.

⇒ Noch keine Rechtsprechung liegt vor zur Sechsmonatsfrist des § 29 Abs 1 WEG (Beschluss über außerordentliche Verwaltungsangelegenheit; Anfechtung wegen unterbliebener Verständigung des Wohnungseigentümers über die beabsichtigte Beschlussfassung und von ihrem Gegenstand).
Eine auch hier ausschließlich am Wortlaut des § 24 Abs 6 WEG (*„überdies“*) orientierte Auslegung müsste konsequenterweise zum Ergebnis gelangen, dass auch der von der Willensbildung zu Unrecht ausgeschlossene Wohnungseigentümer aus den Gründen des § 24 Abs 6 WEG binnen Monatsfrist anfechten muss (und nur die in § 29 Abs 2 WEG genannten Anfechtungsgründe innerhalb der Sechsmonatsfrist geltend machen kann).
ME wäre dies wenig sachgerecht, zumal der Grund für die lange Anfechtungsfrist in diesem Fall wohl darin zu sehen ist, dem Wohnungseigentümer, der (möglicherweise sogar bewusst) von der Willensbildung und Stimmabgabe ausgeschlossen wurde (und der - bei bewusstem Ausschluss - idR auch nicht über den gefassten Beschluss [samt Rechtsbelehrung über die Anfechtungsmöglichkeit] informiert worden ist), eine fristgemäß erweiterte Chance zur (faktischen) Kenntnisnahme und Bekämpfung des Beschlusses einzuräumen.

Ganz allgemein ist mE davon auszugehen, dass nur ein (prima facie zustande gekommener) Beschluss angefochten werden kann.

⇒ Die in den Materialien erwähnte Möglichkeit zur Anfechtung faktischer Verwaltungsmaßnahmen (noch dazu solcher, die sich

---

[771] OGH 20.11.2002, 5 Ob 159/02x (= EWr II/14/99 ff) ua.
[772] OGH 13.12.2005, 5 Ob 250/05h (= EWr W/24/40 ff).
[773] OGH 30.8.2005, 5 Ob 183/05f (= EWr W/24/30 ff).
[774] OGH 13.12.2005, 5 Ob 250/05h (= EWr W/24/40 ff).

offensichtlich auf den Willen der Mehrheit gründen), entbehrt jeder gesetzlichen Grundlage und behindert das Recht (und die Pflicht) des Verwalters, im Rahmen der ordentlichen Verwaltung - auch ohne Beschluss der Gemeinschaft - Maßnahmen zu setzen.

Angefochten werden kann nur, was wenigstens den Anschein (des Zustandekommens) eines Beschlusses erweckt[775] („Rechtsschein des Beschlusses"[776]).

⇒ Angefochten werden kann mE nur, was existiert und was ohne Anfechtung durch Verstreichen der Frist heilt. Dies setzt aber jedenfalls den Anschein eines Beschlusses voraus (so gibt es etwa keinen „Beschluss" der Minderheit und dementsprechend ist auch - sofern nicht gerade die Frage der Mehrheit strittig ist - keine Anfechtung erforderlich; allenfalls kann - ohne Fristgebot - eine Feststellungsklage[777] erhoben werden).

⇒ Ob ein entsprechender Anschein (eines Beschlusses) existiert, hängt von den Umständen des Einzelfalls ab.
In Zweifelsfällen ist bei der Zulässigkeit des Außerstreitverfahrens (= Möglichkeit zur Beschlussanfechtung) zur Erleichterung einer Klarstellung Großzügigkeit angebracht; bei der Abgrenzung zwischen nichtigen und anfechtbaren Beschlüssen wird sodann im Zweifel im Interesse der Rechtssicherheit für (befristete) Anfechtbarkeit zu entscheiden sein.[778]

Davon zu unterscheiden sind „Beschlüsse" in Angelegenheiten, bei denen das Gesetz eine Majorisierung (Entscheidungsfindung durch die Mehrheit der Wohnungseigentümer; nicht vorsieht („mangelnde Entscheidungskompetenz der Eigentümerversammlung"[779]).
Die einem solchen Beschluss anhaftende Nichtigkeit ist nicht heilbar.
Diesfalls ist nach der Rechtsprechung eine Anfechtung jederzeit, also auch außerhalb der Fristen des § 24 Abs 6 und des § 29 Abs 1 WEG möglich.[780]

⇒ Als Beispiele für unheilbar nichtige Beschlüsse können genannt werden:
- Beschlussfassung in Angelegenheiten des § 16 Abs 2 WEG (Verfügungsrechte des Wohnungseigentümers).[781]
- Schaffung einer Benützungsregelung gemäß § 17 WEG (und zwar nicht bloß einer vorläufigen) durch die Mehrheit der Wohnungseigentümer bzw überhaupt im Wege eines Beschlusses.[782]
- Versuch der Festlegung einer Gemeinschaftsordnung (§ 26 WEG) durch Beschluss.
- Beschlussmäßige Änderungen des Verteilungsschlüssels, der Abrechnungs- und/oder Abstimmungseinheit (§ 32 WEG).[783]

---

[775] OGH 24.5.2005, 5 Ob 16/05x (= EWr W/24/13 ff) ua.
[776] OGH 25.2.1997, 5 Ob 2124/96f (= EWr II/13b/1 f).
[777] OGH 11.11.2003, 5 Ob 263/03t (= EWr II/13b/25 ff).
[778] OGH 11.11.2003, 5 Ob 263/03t (= EWr II/13b/25 ff).
[779] OGH 7.6.2005, 5 Ob 41/05y (= EWr W/24/17 ff);
OGH 13.12.2005, 5 Ob 250/05h (= EWr W/24/40 ff).
[780] OGH 10.5.2005, 5 Ob 4/05g (= EWr W/24/10 ff);
OGH 24.5.2005, 5 Ob 16/05x (= EWr W/24/13 ff);
OGH 7.6.2005, 5 Ob 41/05y (= EWr W/24/17 ff) ua.
[781] Im Anlassfall der Sache nach wohl eher doch eine Verwaltungsangelegenheit:
OGH 24.5.2005, 5 Ob 16/05x (= EWr W/24/13 ff);
Dachbodenausbau: OGH 13.12.2005, 5 Ob 250/05h (= EWr W/24/40 ff).
[782] OGH 5.11.2002, 5 Ob 164/02g (= EWr II/19/117 f);
OGH 10.5.2005, 5 Ob 4/05g (= EWr W/24/10 ff).

⇒ Es kann sohin gesagt werden, dass der „Beschluss" immer dann - zeitlich unbegrenzt - angefochten werden kann, wenn das Gesetz diese Form der Entscheidungsfindung gar nicht vorsieht (sei es, dass es sich gar nicht um eine Verwaltungsangelegenheit handelt, oder aber auch, dass im Gesetz ausdrücklich die Form der schriftlichen Vereinbarung sämtlicher Wohnungseigentümer angeordnet ist).

⇒ ME ist die Rechtsansicht des Obersten Gerichtshofes, wonach die gerichtliche Überprüfung von Mehrheitsbeschlüssen darauf, ob sie gegen Stimmrechtsvorschriften verstoßen (haben), unbefristet möglich ist,[784] im Hinblick auf die anzustrebende Rechtssicherheit (siehe sogleich unten) problematisch.

⇒ Um einen krassen Verstoß gegen die Rechtsordnung, der zur Bejahung einer absoluten Nichtigkeit des Beschlusses zwingen würde, handelt es sich bei der allenfalls unrichtigen Zuordnung einer unterschiedlich deutbaren Stimme („Ich schließe mich der Mehrheit an") nicht.[785]

Ungeachtet der obigen Ausführungen ist aber grundsätzlich doch davon auszugehen, dass die gesetzliche Möglichkeit zur Anfechtung - vice versa - auch der Sanierung ursprünglich fehlerhafter Beschlüsse dient.

⇒ Bis zum Ablauf der Anfechtungsfrist kann die Wirksamkeit des Beschlusses durch (erfolgreiche) Anfechtung verhindert werden; danach ist der Fehler geheilt und der Beschluss - ohne dass dies noch geändert werden könnte - als endgültig wirksam anzusehen. Das (ungenützte) Verstreichen der Anfechtungsfrist dient sohin mE vor allem der Rechtssicherheit (ab einem gewissen Zeitpunkt soll eben davon ausgegangen werden können, dass eine von der Mehrheit herbeigeführte Entscheidung - endgültig - wirksam ist).

⇒ Zu unterscheiden von der Anfechtung eines Beschlusses ist die - ebenfalls im außerstreitigen Verfahren (§ 52 Abs 1 Z 3 WEG) vorzunehmende - Geltendmachung eines Minderheitsrechts (gemäß § 30 Abs 1 u 2 WEG). Diese unterliegt keiner Befristung, kann aber im Übrigen durchaus gewisse Überschneidungen mit der Beschlussanfechtung aufweisen (vor allem im Hinblick darauf, dass § 24 Abs 6 WEG die Anfechtung eines Beschlusses auch wegen „Gesetzwidrigkeit" zulässt - siehe dazu sogleich unten).

- Zur Anfechtung wegen formeller Mängel

  Ein formeller Mangel kann sich vor allem aus der Verletzung der speziellen Beschlussfassungsregeln der §§ 24 und 25 WEG ergeben.

  ⇒ Beispiele:
  - Keine Verständigung über die Eigentümerversammlung;
  - Verständigung an unrichtige Anschrift;
  - Verständigung zu knapp vor dem Termin der Versammlung;
  - Beschlussfassung trotz Verständigung ohne Angabe eines (des) Beschlussgegenstandes.

  ⇒ Die Rechtsprechung hat in der Vergangenheit bei formellen Mängeln einen eher pragmatischen Standpunkt eingenommen, indem sie die Kausalität der Verletzung einer Formvorschrift hinterfragt

---

[783] OGH 7.6.2005, 5 Ob 41/05y (= EWr W/24/17 ff).
[784] OGH 24.5.2005, 5 Ob 16/05x (= EWr W/24/13 ff).
[785] OGH 11.11.2003, 5 Ob 263/03t (= EWr II/13b/25 ff).

hat. Wurden die Mitwirkungsbefugnisse der Miteigentümer dennoch gewahrt, wurde im Hinblick auf den Gesetzeszweck über den Formfehler hinweggesehen.[786]
Ob ein Formfehler die Mitwirkungsbefugnisse einzelner Eigentümer beeinträchtigen konnte und daher den Mehrheitsbeschluss unwirksam macht, hängt von den Umständen des Einzelfalls ab (die mangelnde Legitimation des eine Eigentümerversammlung Einberufenden kann jedenfalls nicht vernachlässigt werden).[787]

- Zur Anfechtung wegen „Gesetzwidrigkeit"

Damit normiert das WEG - entgegen der Rechtsprechung zum WEG 1975[788] - eine materielle Kontrollmöglichkeit (und damit Überprüfungspflicht des Gerichtes) auch bei Beschlüssen über Maßnahmen der ordentlichen Verwaltung.

⇒ Im WEG 1975 konnten lediglich Beschlüsse über Maßnahmen der außerordentlichen Verwaltung einer materiellen Überprüfung im Hinblick auf die Interessenlage der Miteigentümer unterzogen werden.[789]

Die Frage, ob jeder Verstoß gegen das (ein) Gesetz (darunter ist ja nicht bloß das WEG zu verstehen) zur Anfechtbarkeit führt, hat die Rechtsprechung inzwischen dahingehend beantwortet, dass grundsätzlich nur ein Verstoß gegen zwingende Vorschriften über die Verwaltung des gemeinsamen Gutes eine Beschlussfassung rechtswidrig machen kann.[790]

⇒ Daher ist etwa im Rahmen der Beschlussanfechtung nicht zu prüfen, ob ein Verstoß gegen allgemeine Normen des Verwaltungsrechts (deren Einhaltung in einem eigenen Verfahren überprüft wird), vorliegt. Anders läge der Fall nur dann, wenn der Eigentümergemeinschaft durch die bewusste Missachtung gesetzlicher Vorschriften seitens der Mehrheit schwere wirtschaftliche Nachteile drohen.[791]

⇒ Die Rechtsprechung scheint sohin der schon in der Vorauflage dieses Buches vertretenen Auffassung zu folgen, wonach nur gravierende (offenkundige) Verstöße gegen das Gesetz den Anfechtungsgrund verwirklichen.
Beachtlich scheint mE auch, inwieweit eine (vermeintliche) Gesetzwidrigkeit nicht auch durch die Ausübung eines Minderheitsrechts beseitigt werden kann.
So wird etwa die allfällige Unangemessenheit der Rücklage (iSd § 31 Abs 1 WEG) - anders als ein Beschluss, überhaupt keine Rücklage zu bilden - idR nicht offenkundig (gesetzwidrig) sein und stellt damit auch keinen Grund zur Beschlussanfechtung dar. Wohl aber könnte ein Wohnungseigentümer in Ausübung seines

---

[786] OGH 13.7.1999, 5 Ob 177/99m (= EWr II/13b/13 ff);
OGH 15.5.2001, 5 Ob 106/01a (= EWr II/13b/22 f).
[787] OGH 11.5.2004, 5 Ob 105/04h (= EWr II/13b/32 ff).
[788] OGH 8.7.1997, 5 Ob 197/97z (= EWr II/14/42 ff);
OGH 26.9.2000, 5 Ob 64/00y (= EWr II/13b/18 ff);
OGH 26.6.2001, 5 Ob 142/01w (= EWr II/14/83 ff).
[789] OGH 11.5.1999, 5 Ob 219/98m (= EWr II/13b/10 ff);
OGH 5.9.2000, 5 Ob 217/00y (= EWr II/14/77 ff).
[790] OGH 12.7.2005, 5 Ob 144/05w (= EWr W/24/23 ff).
[791] OGH 12.7.2005, 5 Ob 144/05w (= EWr W/24/23 ff).

Minderheitsrechts gemäß § 30 Abs 1 Z 2 WEG die Erhöhung oder Verminderung der bereits festgelegten Beiträge zur Rücklage auf das angemessene Ausmaß begehren. Diesfalls erfolgte die Neufestsetzung der Rücklage mit Wirkung ex nunc;[792] im erstgenannten Fall zöge die festgestellte Rechtsunwirksamkeit des Beschlusses eine ex tunc Wirkung nach sich (was angesichts der sodann erforderlichen Rückabwicklung auch zur Folge hätte, dass bis zur rechtskräftigen Beendigung des Verfahrens überhaupt keine Rücklage angespart worden wäre).

⇒ Bei diesem Abgrenzungsversuch wird nicht übersehen, dass damit ein Wertungsspielraum verbleibt. Damit aber vermochte die Rechtsprechung in der Vergangenheit - vor allem im Wohnrecht - durchaus umzugehen.

- Zur Anfechtung wegen „Fehlens der erforderlichen Mehrheit"

  Bei diesem Anfechtungsgrund kann es sowohl um die Frage der korrekten Stimmenzählung für das Zustandekommen einer (einfachen) Mehrheit als auch um jene gehen, ob eine geforderte qualifizierte Mehrheit (oder Einstimmigkeit) zustande gekommen ist.

  ⇒ Beispiele:
  - Irrtum bei der Auszählung[793] und folglich unrichtige Ermittlung des Abstimmungsergebnisses;[794]
  - Mangel bei der Vertretung (Vollmacht nicht ausreichend);
  - Stimmrechtsausübung durch einen wegen eines familiären oder wirtschaftlichen Naheverhältnisses ausgeschlossenen Wohnungseigentümer;
  - Vorläufige Benützungsregelung nur mit einfacher Mehrheit beschlossen;
  - unrichtige Zählung der Stimmen wegen unzutreffender Zuordnung zu bestimmten Abstimmungseinheiten.[795]

  ⇒ Im Hinblick darauf, dass die Rechtsprechung[796] in bestimmten Fällen eines („absolut nichtigen") Beschlusses (siehe oben) die unbefristete Anfechtung zulässt, ist der Anwendungsbereich des gesetzlich determinierten Anfechtungsgrundes des „Fehlens der erforderlichen Mehrheit" eingeschränkt.

Beschlüsse in Angelegenheiten der außerordentlichen Verwaltung können überdies nach § 29 WEG angefochten werden.

⇒ „Überdies" setzt zum einen das (richtige) Verständnis voraus, dass die Regelungen des § 24 WEG (inklusive jener des Abs 6 leg cit) jedenfalls auch auf Beschlüsse über Maßnahmen der außerordentlichen Verwaltung zur Anwendung gelangen; zum anderen wird damit auf die Besonderheiten der Beschlussanfechtung gemäß § 29 WEG verwiesen.

- Die Rechtsprechung hat inzwischen eindeutig klargestellt, dass die Anfechtung eines Beschlusses über eine außerordentliche Verwaltungsangelegenheit sowohl aus den in § 24 Abs 6 WEG angeführten Gründen (innerhalb der Monatsfrist) als auch (mithin zusätzlich)

[792] OGH 30.9.1997, 5 Ob 367/97z (= EWr II/16/4 ff).
[793] OGH 11.11.2003, 5 Ob 263/03t (= EWr II/13b/25 ff).
[794] OGH 29.11.2005, 5 Ob 221/05v (= EWr W/24/37 ff).
[795] OGH 30.8.2005, 5 Ob 183/05f (= EWr W/24/30 ff).
[796] OGH 24.5.2005, 5 Ob 16/05x (= EWr W/24/13 ff).

aus den in § 29 Abs 2 WEG erwähnten (materiellen) Gründen (und nur hinsichtlich dieser innerhalb der dreimonatigen Frist) vorgenommen werden kann.[797]

§ 24 Abs 6 WEG ist auf Beschlüsse der Eigentümergemeinschaft anzuwenden, soweit sie nach dem 30.6.2002 bekannt gemacht wurden; für früher bekannt gemachte Beschlüsse gilt § 13b Abs 4 WEG 1975 weiter (§ 56 Abs 9 WEG).[798]

⇒ Die Verweisung auf das neue Anfechtungsrecht (des WEG gegenüber dem WEG 1975) umfasst gleicher Maßen die Rüge formeller und materieller Mängel der Beschlussfassung; beide Mängel sind an altem Recht zu messen, wenn der Beschluss vor dem 1.7.2002 kundgemacht wurde.[799]

g) Keine Beschränkung von Mitwirkungsbefugnissen (§ 24 Abs 7 WEG)

Die den Wohnungseigentümern zustehenden Befugnisse zur

- Mitwirkung an der Entscheidungsfindung in der Eigentümergemeinschaft (Äußerungs- und Stimmrecht sowie Minderheitsrechte bei der Willensbildung der Eigentümergemeinschaft)

können nicht vertraglich abbedungen werden.

⇒ Die - sachlich nicht wirklich begründeten - Ausnahmen vom obigen Grundsatz in § 13b Abs 5 WEG 1975 finden sich in § 24 Abs 7 WEG - zu Recht - nicht mehr.

⇒ Grundsätzlich nicht zulässig ist die bücherliche Anmerkung einer Einschränkung der Stimm- und Minderheitsrechte bei der Willensbildung der Eigentümergemeinschaft.[800]

⇒ Dennoch ergibt sich aus dem Gesetz selbst eine Ausnahme im Fall der Schaffung einer abweichenden Abstimmungseinheit für eine abweichende Abrechnungseinheit (§ 32 Abs 2 WEG).

⇒ § 24 Abs 7 WEG ist ein wichtiges Regulativ für den Wohnungseigentumsvertrag; darüber hinaus zeigt die Bestimmung (neben § 26 Abs 1 WEG) die Grenzen des Regelungsinhalts einer Gemeinschaftsordnung (§ 26 WEG) auf.

2) Eigentümerversammlung (§ 25 WEG)

a) Allgemeines (§ 25 Abs 1 WEG)

Erstmals im Wohnungseigentumsrecht wurde mit § 25 WEG eine auf die Eigentümerversammlung Bezug nehmende Regelung geschaffen.

---

[797] OGH 30.8.2005, 5 Ob 183/05f (= EWr W/24/30 ff) ua.
[798] OGH 11.11.2003, 5 Ob 263/03t (= EWr II/13b/25 ff).
[799] OGH 10.2.2004, 5 Ob 255/03s (= EWr II/14/105 ff).
[800] OGH 26.1.1999, 5 Ob 9/99f (= EWr II/13b/7 ff).

⇒ Dies ist im Hinblick auf die in § 24 Abs 1 WEG getroffene Aussage, wonach der Willensbildung der Eigentümergemeinschaft vornehmlich die Eigentümerversammlung dient, konsequent.
Die regelmäßige Abhaltung einer Eigentümerversammlung wird vom Gesetzgeber als für das Funktionieren der Gemeinschaft wichtig angesehen.[801]
Auch wurde damit das im WEG 1975 nur rudimentär vorhandene Organisationsrecht etwas ausgebaut.

Gemäß dem Einleitungssatz in Abs 1 leg cit hat der Verwalter

- alle zwei Jahre
- eine Eigentümerversammlung einzuberufen,
  - soweit nichts anderes vereinbart
    oder
  - mit einer Mehrheit von zwei Dritteln der Anteile beschlossen wird.

⇒ Die Regelung ist dahingehend unmissverständlich, als sie die Pflicht des Verwalters normiert, im zeitlichen Abstand von höchstens zwei Jahren eine Eigentümerversammlung einzuberufen.

⇒ Die Verpflichtung trifft expressis verbis nur den Verwalter (also nicht etwa auch die Wohnungseigentümer einer Wohnungseigentumsanlage, für die kein Verwalter bestellt ist).

⇒ Eine am Zweck der Regelung orientierte Interpretation kann nur zum Ergebnis führen, dass damit in zeitlicher Hinsicht eine maximale Zeitspanne normiert wird, während der die Einberufung einer Versammlung unterbleiben darf.
Die Anberaumung mehrerer Versammlungen unmittelbar hintereinander (etwa aus Anlass einer beabsichtigten Generalsanierung) führt sohin nicht dazu, dass danach für mehr als zwei Jahre von der Einberufung einer neuen Versammlung Abstand genommen werden darf.
Versammlungen sind auch dann einzuberufen (und ist darüber zu berichten), wenn nichts zur Klärung oder Besprechung ansteht; insofern mutiert die Regelung zum „Gaststättenförderungsgesetz".

⇒ Missverständlich scheint die Formulierung „soweit nichts anderes vereinbart oder mit einer Mehrheit von zwei Dritteln der Anteile beschlossen wird". Es bleibt mE offen, ob nicht nach dem Wort „vereinbart" die Einfügung „ist" fehlt. Damit wäre nämlich sichergestellt, dass bestehende (= vor dem 1.7.2002 getroffene) Vereinbarungen über die Abhaltung von Eigentümerversammlungen weiterhin gültig bleiben.

⇒ Ausdrücklich klargestellt hat die Rechtsprechung, dass im Wege der Vereinbarung bzw mit qualifiziertem Mehrheitsbeschluss nicht nur eine Verkürzung, sondern grundsätzlich auch eine Verlängerung der Zweijahresfrist für die Eigentümerversammlung festgelegt werden kann.[802]

⇒ Aus dem Gesetz nicht eindeutig zu entnehmen, aber vermutlich als ausreichend anzusehen ist es, wenn (bei Vorliegen einer Vereinbarung oder eines entsprechenden Beschlusses) die einfache

[801] OGH 30.8.2005, 5 Ob 138/05p (= EWr W/25/1 ff).
[802] OGH 30.8.2005, 5 Ob 138/05p (= EWr W/25/1 ff).

Mehrheit wieder zur gesetzlichen Normalvariante (Versammlung zumindest alle zwei Jahre) zurückkehren möchte (es handelt sich diesfalls um eine nicht gesetzwidrige Weisung in einer Angelegenheit der ordentlichen Verwaltung).

⇒ Hingewiesen sei nochmals darauf, dass nur eine rechtswirksame Vereinbarung oder der qualifizierte Mehrheitsbeschluss den Verwalter, der nicht (zumindest) alle zwei Jahre eine Eigentümerversammlung einberuft, exkulpiert. Andernfalls liegt eine Pflichtenverletzung vor, die eine Minderung des Entgelts (§ 20 Abs 8 WEG) oder sogar die Abberufung des Verwalters (§ 21 Abs 3 WEG) nach sich ziehen könnte.

⇒ Abgesehen vom Fall einer rechtswirksamen anderslautenden Vereinbarung oder einem qualifizierten Mehrheitsbeschluss ist davon auszugehen, dass die erste Eigentümerversammlung im zeitlichen Geltungsbereich des WEG spätestens im Juni 2004, die nächstfolgende spätestens im Juni 2006 und die nächste im Juni 2008 einzuberufen war (ist).

⇒ Weil die Eigentümerversammlung Willensbildungsorgan der Gemeinschaft ist, können sich die Mitwirkungsbefugnisse der Minderheit, auch jedes einzelnen Miteigentümers, nicht auf die Ausübung des Stimmrechts in dieser Versammlung reduzieren lassen (erfolgreiche Anfechtung eines Beschlusses, mit dem der Mehrheitseigentümer [mit mehr als 75 % der Miteigentumsanteile] die Abhaltung von Eigentümerversammlungen nur alle fünf Jahre festlegen wollte; dies auch unter Bezugnahme auf die „Dominatorregelung“ [siehe unten ab S 293] des § 30 Abs 2 WEG).[803]

§ 25 Abs 1 Satz 2 WEG ordnet an, dass der Verwalter

- Tag und Zeitpunkt der Versammlung so zu wählen hat,
- dass voraussichtlich möglichst viele Wohnungseigentümer

daran teilnehmen können.

⇒ Abgesehen davon, dass sich - soweit ersichtlich - in der Vergangenheit niemals Bedarf nach einer derartigen Anordnung ergeben hat (weil ohnedies jeder Verwalter an einer möglichst hohen Teilnehmerzahl bei der Versammlung interessiert ist), ist damit neuen Streitfällen Tür und Tor geöffnet.
Es trifft schon zu, dass - wie die Materialien anführen - die Einberufung einer Versammlung um 10 Uhr vormittags oder zur Ferienzeit angesichts der anzunehmenden Berufstätigkeit vieler Wohnungseigentümer nicht sinnvoll ist, andererseits, und auch dies gestehen die Materialien zu, könnte in einer Ferienwohnungsanlage die Anberaumung einer Eigentümerversammlung gerade zu diesen Zeiten (Terminen) zweckmäßig sein. Einer gesetzlichen Regelung dafür hätte es sicher nicht bedurft.
Hindert aber etwa die Übertragung des Endspiels einer Fußballweltmeisterschaft - rechtlich gesehen (praktisch wird dies ohnehin kaum ein Verwalter riskieren) - die zeitgleiche Anberaumung einer Eigentümerversammlung?
Es wird an der Rechtsprechung liegen, die Vorschrift (die etwa im Zuge einer Beschlussanfechtung releviert werden könnte) vernünftig zu interpretieren.

[803] OGH 30.8.2005, 5 Ob 138/05p (= EWr W/25/1 ff).

Der dritte Satz des § 25 Abs 1 WEG ermöglicht es darüber hinaus

- (mindestens) drei Wohnungseigentümern,
- die zusammen mindestens ein Viertel der Anteile haben,

vom Verwalter

- schriftlich
- unter Angabe eines wichtigen Grundes dafür

die Einberufung der Eigentümerversammlung zu verlangen.

⇒ Die Beifügung „darüber hinaus" macht klar, dass es sich dabei um das Recht handelt, die Einberufung weiterer Versammlungen (also zusätzlicher zu den idR obligatorisch alle zwei Jahre stattfindenden) zu begehren.

⇒ Sofern der Grund tatsächlich wichtig ist (was sich uU erst auf der Versammlung herausstellen wird), trifft mE die Eigentümergemeinschaft die damit allenfalls verbundene Kostenbelastung (etwa Saalmiete); andernfalls besteht ein Regressanspruch der Gemeinschaft gegen den die Kosten (unnötigerweise) verursachenden Wohnungseigentümer.

Von den obigen Anordnungen unberührt bleibt das Recht jedes Wohnungseigentümers, auf das Zustandekommen einer Eigentümerversammlung

- auch ohne Tätigwerden des Verwalters

hinzuwirken (§ 25 Abs 1 letzter Satz WEG).

⇒ Regelungsbedarf - im Sinne einer Klarstellung - ergab sich hier vor allem auf Grund der früheren (jeweils von der Instanz korrigierten) Rechtsprechung einiger Erstgerichte, die in ihren Entscheidungen einem missverständlichen Satz in einem Lehrbuch folgten, wonach eine Versammlung nur dann als beschlussfähig anzusehen sei, wenn sie vom Verwalter einberufen wurde.

⇒ Leider führt die versuchte Klarstellung zu neuen Missverständnissen. ME kann genauso gut ein Dritter (nicht Wohnungseigentümer) auf das Zustandekommen einer Eigentümerversammlung - wenigstens - „hinwirken" (etwa der Handynetzbetreiber, der für seinen Wunsch nach entgeltlicher Anbringung einer Antenne am Haus beim Verwalter kein offenes Ohr gefunden hat und daher die Wohnungseigentümer direkt - und zwar im Idealfall im Rahmen einer beschlussfähigen Eigentümerversammlung - informieren und zu einer Entscheidung veranlassen möchte).
Die Regelung im letzten Satz des § 25 Abs 1 WEG versucht vielmehr zum Ausdruck zu bringen, dass ein auf einer nicht vom Verwalter oder einem Wohnungseigentümer einberufenen Eigentümerversammlung gefasster Beschluss als rechtsunwirksam anzusehen ist (es sei denn, alle Wohnungseigentümer hätten an der Versammlung teilgenommen und sich einer Abstimmung nicht widersetzt).[804]

⇒ Das wahre Problem für den (nicht selbst verwaltenden) Wohnungseigentümer, der eine Eigentümerversammlung abhalten (und dabei auch wirksame Beschlüsse herbeiführen) möchte, wird freilich darin liegen, den komplizierten Beschlussfassungsregeln des WEG zu entsprechen.

---

[804] So schon zur diesbezüglich nicht so eindeutigen früheren Rechtslage (§ 13b WEG 1975): OGH 11.5.2004, 5 Ob 105/04h (= EWr II/13b/32 ff).

Ob bzw inwieweit diesfalls den Verwalter eine Mitwirkungspflicht trifft, ist mE offen (einerseits ist eine diesbezügliche Verwalterpflicht im Gesetz eben nur gemäß der in den Sätzen 1 und 3 des § 25 Abs 1 WEG enthaltenen Anordnungen vorgesehen, andererseits wird es die den Verwalter treffende Treuepflicht gegenüber dem einzelnen Wohnungseigentümer doch gebieten, diesem über Anfrage wenigstens die verfügbaren Adressen der übrigen Eigentümer zum Zweck der Verständigung über die Einberufung einer Versammlung mitzuteilen).

b)
Einberufung
(§ 25 Abs 2 WEG)

Die Einberufung der Eigentümerversammlung und die dabei zur Beschlussfassung anstehenden Gegenstände sind jedem Wohnungeigentümer

- mindestens zwei Wochen vor dem Versammlungstermin schriftlich

auf die in § 24 Abs 5 WEG beschriebene Weise, also

- per Hausanschlag
  und
- durch Übersendung

zur Kenntnis zu bringen.

⇒ Näheres zu der in § 24 Abs 5 WEG beschriebenen Weise siehe oben ab S 229.

⇒ Ungeachtet der Erwähnung der Schriftform kann unter den im Gesetz genannten Voraussetzungen - jedenfalls seit der WRN 2006 - die Ladung auch auf elektronischem Weg erfolgen.

- Zur Angabe des Beschlussgegenstands:

⇒ Der Angabe des zur Beschlussfassung anstehenden Gegenstandes kommt erhebliche Bedeutung zu, handelt es sich dabei doch um die für viele Wohnungseigentümer wichtigste Entscheidungsgrundlage für die Teilnahme an der Versammlung.
Dabei ist auf den Beschlussgegenstand sowohl der Art nach (zB „Anbringung einer Wärmeschutzfassade") als auch hinsichtlich der wirtschaftlichen Bedeutung (zB „Kostenrahmen maximal ..... Euro") hinzuweisen.

⇒ Von der Rechtsprechung nicht gefordert wird die völlige Identität des letztendlich gefassten Beschlusses mit dem in der Verständigung angegebenen Beschlussgegenstand.[805]

⇒ Fest steht allerdings: Wird auf der Versammlung über einen Beschlussgegenstand abgestimmt, der aus der Verständigung (samt Hausanschlag) nicht ersichtlich war, so wurde den zur Versammlung nicht Erschienenen (bzw nicht rechtswirksam Vertretenen) noch keine Gelegenheit zur Äußerung eingeräumt; es müsste eine Fortsetzung der Abstimmung - etwa im Umlaufverfahren - erfolgen (dies auch dann, wenn auf der Versammlung bereits ausreichend Pro-Stimmen erzielt worden sind).

⇒ Aus der Nichtanführung des Beschlussgegenstandes könnte sich bei dennoch erfolgter Beschlussfassung über eine Angelegenheit

[805] OGH 11.5.1999, 5 Ob 219/98m (= EWr II/13b/10 ff).

der außerordentlichen Verwaltung ohne anschließende Beteiligung der nicht zur Versammlung Erschienenen eine sechsmonatige Anfechtungsfrist ergeben.[806]

- Zur zweiwöchigen (Mindest-)Frist:
  - ⇒ Die im Gesetz genannte (Mindest-)Frist von zwei Wochen stellt mE ab auf den Hausanschlag.
  - ⇒ Die Nichteinhaltung der Frist kann im Fall einer Anfechtung zur Aufhebung des auf der Eigentümerversammlung gefassten Beschlusses wegen eines formellen Mangels führen!
  - ⇒ Der Zweck der Fristsetzung liegt mE nicht allein in der Ermöglichung der Vorbereitung der Wohnungseigentümer auf die für die Eigentümerversammlung angekündigten Beschlussgegenstände, sondern auch darin, den Wohnungseigentümern die zeitliche Koordination mit anderen Terminen und sohin die Teilnahme an der Versammlung zu ermöglichen.
  - ⇒ ME ist es als zulässig anzusehen, eine - nach ordnungsgemäßer Ankündigung - begonnene Eigentümerversammlung wegen der Notwendigkeit der Einholung weiterer Informationen zu einem angekündigten Beschlussgegenstand (etwa durch Beiziehung eines Sachverständigen) kurzfristig zu unterbrechen bzw zu vertagen.

c)
Niederschrift
(§ 25 Abs 3 Satz 1 WEG)

Der Verwalter hat

- über die Teilnehmer an
  und
- über das Geschehen (insbesondere über die Ergebnisse von Abstimmungen und gefasste Beschlüsse) bei

der Eigentümerversammlung

- eine Niederschrift aufzunehmen
  und
- jedem Wohnungseigentümer auf die in § 24 Abs 5 WEG beschriebene Weise, also
  - per Hausanschlag
    und
  - durch Übersendung

zur Kenntnis zu bringen (§ 25 Abs 3 Satz 1 WEG).

⇒ Das Gesetz normiert sohin eine Protokollierungspflicht des Verwalters.
Als Mindestinhalt der Niederschrift ist nach dem Wortlaut der Regelung jedenfalls die Anführung der Teilnehmer (vor allem auch die Information über deren Anteile) und ein Bericht über die Ergebnisse von Abstimmungen und über gefasste Beschlüsse anzusehen.

⇒ Überzogen, aber nicht wegzuleugnen, ist die gesetzliche Anordnung, das Protokoll jedem Wohnungseigentümer (also sowohl

[806] OGH 29.11.2005, 5 Ob 221/05v (= EWr W/24/37 ff).

denjenigen, die an der Versammlung teilgenommen haben als auch den Nichtteilnehmern) zu übersenden (bzw auf elektronischem Weg zu übermitteln) und (im Haus) anzuschlagen.

⇒ Die Übersendungs- und Anschlagspflicht besteht jedenfalls auch dann, wenn auf der Versammlung kein Abstimmungsvorgang stattgefunden hat.

⇒ Das Protokoll mit Bericht über einen gefassten Beschluss ersetzt an sich nicht die in § 24 Abs 5 WEG angeordnete Übersendung des Beschlusses (mit Rechtsbelehrung über die Anfechtung).
ME ist es aber als zulässig anzusehen, den Beschluss selbst und die Rechtsbelehrung über die Anfechtung(smöglichkeiten) in das Protokoll - deutlich abgegrenzt gegenüber dem Bericht über das Geschehen auf der Versammlung - aufzunehmen und solcherart wenigstens eine zusätzliche Übersendung (samt Hausanschlag) einzusparen. Dem Zweck (beider) Regelungen (§ 24 Abs 5 WEG und § 25 Abs 3 WEG) - Information und Rechtsbelehrung - wird auf diese Weise ebenso nachgekommen; eine Provozierung unnötigen (und kostenintensiven) Verwaltungsaufwands kann den Intentionen des Gesetzgebers nicht entsprechen.

⇒ Näheres zu der in § 24 Abs 5 WEG beschriebenen Weise siehe oben ab S 229.

d)
Additives Abstimmungsverfahren
(§ 25 Abs 3 Satz 2 WEG)

Eine weitere (gegenüber dem WEG 1975 vollends neue und mit einigem Aufwand behaftete) Pflicht des Verwalters normiert der zweite Satz des § 25 Abs 3 WEG:

Hat eine Abstimmung keine Mehrheit für oder gegen einen Vorschlag ergeben, so hat der Verwalter zur Herbeiführung eines Beschlusses

- die bei der Versammlung nicht erschienenen (und auch nicht rechtswirksam vertretenen) Wohnungseigentümer
- zugleich mit der Bekanntmachung der Niederschrift

aufzufordern, sich zu dieser Frage

- ihm gegenüber
- innerhalb einer zu bestimmenden Frist

zu äußern.

⇒ Der Zweck der Regelung liegt darin, das Zustandekommen eines Beschlusses - im Wege einer Mitwirkungspflicht des Verwalters - zu fördern; siehe dazu und zum Grundsatzproblem ausführlich schon oben S 228 f.

Die Voraussetzungen für die Anwendbarkeit der Regelung sind, dass

- im Rahmen einer Eigentümerversammlung eine Beschlussfassung unternommen (begonnen) wurde,
  wobei es grundsätzlich (im Hinblick auf die nachfolgende Verwalterpflicht) keine Rolle spielt, ob der Beschlussgegenstand
  - in der vorangegangenen Verständigung über die Eigentümerversammlung ausreichend bestimmt angeführt war

- oder erstmals in der Versammlung zur Sprache gekommen und zur Abstimmung gelangt ist;
  - ⇒ diesfalls ergibt sich das Erfordernis der Einbeziehung der übrigen (nicht zur Versammlung erschienenen) Wohnungseigentümer freilich schon aus der Regelung des § 24 Abs 1 Satz 2 WEG;

und dass

- sich in dieser Versammlung - gerechnet nach dem Verhältnis der Miteigentumsanteile - (vgl § 24 Abs 3 WEG)
  - weder eine einfache Mehrheit der Stimmen für
  - noch eine einfache Mehrheit der Stimmen gegen

  den zur Abstimmung gestellten Vorschlag ausgesprochen hat.

Mit anderen Worten:

- Die Regelung gelangt nur dann zur Anwendung, wenn das Zustandekommen eines Beschlusses rechnerisch noch möglich ist.
  - ⇒ Die gesetzliche Formulierung „...... *keine Mehrheit ...... für oder gegen einen Vorschlag .....*" hat mE mit einem geänderten Verständnis der Zählweise nichts zu tun.

    Sie will vielmehr - in Übereinstimmung mit dem bisherigen Verständnis - zum Ausdruck bringen, dass ein Beschluss rein rechnerisch zustande gekommen ist, wenn sich mehr als die Hälfte der bücherlichen Anteile dafür ausgesprochen hat (und daher diesfalls ein additives Verfahren nicht mehr erforderlich ist) und - vice versa - dann nicht mehr zustande kommen kann, wenn sich bereits mehr als die Hälfte der bücherlichen Anteile nicht dafür (und damit iS des bisherigen Verständnisses: dagegen) ausgesprochen hat (sodass sich eine Fortsetzung der Beschlussfassung ebenfalls erübrigt).

    Jede andere Interpretation des gesetzlichen Wortlauts steht - sofern sie zur (wiewohl mE an sich durchaus begrüßenswerten) Beachtlichkeit einer bloß relativen Mehrheit der Stimmen führt - im Widerspruch zur Kernaussage des § 24 Abs 4 WEG, wonach sich die Mehrheit der Stimmen nach dem Verhältnis der Miteigentumsanteile richtet (worunter allemal die absolute Mehrheit der Stimmen verstanden wird).
  - ⇒ Fest steht nach der diesbezüglich klaren Anordnung des Gesetzes, dass das „additive Verfahren" eine vorherige Eigentümerversammlung voraussetzt (und sohin nicht auf andere Formen der Beschlussfassung vom Verwalter angewendet werden muss).
- Es ergeben sich folgende Varianten für die - als Verwalterpflicht vorgesehene - Anwendung des additiven Verfahrens:
  - Variante 1:

    Die Eigentümerversammlung wird von weniger oder genau der Hälfte der Wohnungseigentümer - gerechnet nach bücherlichen Miteigentumsanteilen - besucht; es wird (dennoch) eine Abstimmung über einen in der Verständigung ordnungsgemäß angekündigten Beschlussgegenstand vorgenommen.
    - ⇒ Diesfalls ist die Versammlung von vornherein beschlussunfähig; für das Zustandekommen eines Beschlusses bedarf es daher jedenfalls der Fortsetzung.

⇒ Diejenigen Wohnungseigentümer, die ihre Stimme bereits in der Versammlung abgegeben haben, sind an ihr Stimmverhalten gebunden (weil ja bereits allen Wohnungseigentümern - durch die ordnungsgemäße Verständigung über die Versammlung - Gelegenheit zur Äußerung eingeräumt wurde).

- Variante 2:
  Die Eigentümerversammlung wird von weniger oder genau der Hälfte der Wohnungseigentümer - gerechnet nach bücherlichen Miteigentumsanteilen - besucht; es wird (dennoch) eine Abstimmung über einen in der Verständigung nicht ordnungsgemäß angekündigten Beschlussgegenstand vorgenommen.

  ⇒ Auch in diesem Fall ist die Versammlung von vornherein beschlussunfähig; für das Zustandekommen eines Beschlusses bedarf es jedenfalls der Fortsetzung.

  ⇒ Anders als nach Variante 1 können auch diejenigen Wohnungseigentümer, die ihre Stimme bereits in der Versammlung abgegeben haben, ihr Stimmverhalten innerhalb der Frist (die den nicht erschienenen bzw nicht rechtswirksam vertretenen Wohnungseigentümern zur Äußerung einzuräumen ist) noch ändern (weil sie gemäß § 24 Abs 1 Satz 2 WEG an ihre Erklärung solange nicht gebunden sind, als noch nicht allen Wohnungseigentümern die Gelegenheit zur Äußerung gegeben worden ist).
  ME bedingt diese Konstellation, dass auch den zur Versammlung erschienenen Wohnungseigentümern die (nachträgliche) Äußerungsfrist - zweckmäßigerweise im ohnedies zu übermittelnden Protokoll - bekannt zu geben ist.

- Variante 3:
  Die Eigentümerversammlung wird von mehr als der Hälfte der Wohnungseigentümer (aber nicht von allen) - gerechnet nach bücherlichen Miteigentumsanteilen - besucht; bei der Abstimmung über einen in der Verständigung ordnungsgemäß angekündigten Beschlussgegenstand spricht sich weniger als die Hälfte der bücherlichen Miteigentumsanteile für den Vorschlag aus.

  ⇒ In diesem Fall ist zu prüfen, ob der Vorschlag unter der (fiktiven) Annahme der Zustimmung einiger (oder auch aller) zur Versammlung nicht erschienenen (und auch nicht rechtswirksam vertretenen) Wohnungseigentümer, noch eine Mehrheit finden könnte.
  Nur wenn diese Prüfung zu positivem Ergebnis führt, ist das additive Verfahren einzuleiten.

  ⇒ Bindung an Abstimmungsverhalten: siehe Variante 1.

- Variante 4:
  Die Eigentümerversammlung wird von mehr als der Hälfte der Wohnungseigentümer (aber nicht von allen) - gerechnet nach bücherlichen Miteigentumsanteilen - besucht; es wird über einen in der Verständigung nicht ordnungsgemäß angekündigten Beschlussgegenstand abgestimmt.

  ⇒ Das Verfahren ist - unabhängig vom Ergebnis der Abstimmung in der Versammlung - jedenfalls fortzusetzen, weil noch nicht allen Wohnungseigentümern Gelegenheit zur Stellungnahme geboten wurde.

  ⇒ Keine Bindung an Abstimmungsverhalten: siehe Variante 2.

Die Äußerungsfrist ist vom Verwalter festzusetzen.

⇒ Das Gesetz spricht von einer „zu bestimmenden Frist", sodass es am Verwalter liegt, diese jeweils konkret festzulegen.
Ausgehend davon, dass es im Interesse der Gemeinschaft liegt, rasch zu klaren Verhältnisse zu kommen, wird die Frist nicht allzu lange anzusetzen sein (im Regelfall wird sie wohl 14 Tage nicht übersteigen müssen).
Zweckmäßigerweise sollte die Frist auch beim Hausanschlag aufscheinen, weil dadurch mE sichergestellt werden könnte, dass sie für alle Wohnungseigentümer gleichzeitig abläuft.

Die Äußerung muss (seit der WRN 2006) nicht mehr in Schriftform erfolgen; dementsprechend bedarf auch die Aufforderung zur Äußerung nicht (mehr) des Hinweises auf ein Formgebot.

⇒ Die WRN 2006 hat sohin das überschießende (möglicherweise schon seinerzeit auf ein Redaktionsversehen zurückgehende) Schriftformgebot - das dem Grundgedanken des § 24 Abs 1 WEG, der keine bestimmte Form für das Zustandekommen eines Beschlusses vorsieht, widersprochen hat - abgeschafft.

⇒ Sollten Zweifel am Zustandekommen einer Mehrheit bestehen, könnte der Beschluss ohnedies aus dem Grund des „Fehlens der erforderlichen Mehrheit" (§ 24 Abs 6 WEG) angefochten werden.

⇒ Fraglos empfiehlt sich aber auch in diesem Zusammenhang - aus Beweisgründen - die Schriftform.

- Die Unterlassung der Äußerung unterliegt keiner Sanktion.

⇒ Der Verwalter kann die Äußerung eines Wohnungseigentümers nicht erzwingen.
Es trifft ihn nach (fruchtlosem) Ablauf der Äußerungsfrist keine weitere Handlungspflicht mehr (hinsichtlich des Zustandekommens des Beschlusses über den Abstimmungsgegenstand).

⇒ § 25 Abs 3 WEG räumt den Wohnungseigentümern (zugleich der Gemeinschaft) eine zweite Chance zur Schaffung eines Beschlusses ein; wird diese (auch nicht) genützt, kommt es eben nicht zur Beschlussfassung (die ja in Angelegenheiten der ordentlichen Verwaltung ohnedies nicht zwingend vorgeschrieben ist).
Nochmals sei darauf hingewiesen, dass das Nichtzustandekommen eines Beschlusses den Verwalter nicht seiner Pflichten im Zusammenhang mit der ordentlichen Verwaltung (etwa der Beauftragung von notwendigen Erhaltungsarbeiten) enthebt (selbst wenn man den nicht zustande gekommenen Beschluss über die Vornahme einer dringend notwendigen Erhaltungsarbeit als Weisung an den Verwalter, die Arbeit nicht zu beauftragen, ansehen wollte, müsste sie mE (idR) als rechtswidrig angesehen werden).

3) Gemeinschaftsordnung

(§ 26 WEG)

Die Regelung des § 26 WEG stellt den - im Grunde anerkennenswerten - Versuch des Gesetzgebers dar, der Eigentümergemeinschaft eine über den gesetzlichen geregelten „Normalfall" hinausgehende privatautonome Gestaltung ihrer Organisationsstruktur zu gestatten.

⇒ Allerdings sind die dabei gesetzten Grenzen - durchaus nicht ohne Grund - so eng gezogen worden, dass am praktischen Nutzen der Regelung Zweifel angebracht scheinen.

Nach Abs 1 leg cit können

- sämtliche Wohnungseigentümer
- eine Vereinbarung in Schriftform

treffen

- über die Einrichtung bestimmter Funktionen innerhalb der Eigentümergemeinschaft
    - jedoch ohne Ausstattung der mit einer solchen Funktion betrauten Wohnungseigentümer mit Vertretungsbefugnis

  oder
- über die Willensbildung;

wobei diese rechtswirksam ist, soweit sie zwingenden Grundsätzen des WEG nicht widerspricht.

⇒ „Sämtliche" Wohnungseigentümer bedeutet alle und somit Einstimmigkeit (in Form der schriftlichen Vereinbarung).
Damit ist über die praktische Bedeutung der Bestimmung schon viel gesagt.
De facto führt die Forderung nach Einstimmigkeit (in Schriftform) dazu, dass eine Gemeinschaftsordnung wohl nur im Zusammenhang mit der Unterfertigung des Wohnungseigentumsvertrags zustande kommen wird. IdR liegt es damit am Wohnungseigentumsorganisator (der ja zumeist den Wohnungseigentumsvertrag konzipiert), ob die Gemeinschaft zu einer Gemeinschaftsordnung kommt oder nicht.
Die mit dem Erfordernis der Einstimmigkeit - faktisch (nicht rechtlich!) - erfolgte Verlagerung des Zeitpunkts des Zustandekommens der Gemeinschaftsordnung an den Beginn des Wohnungseigentums macht diese aber nicht nur vom „good will" des (daran vermutlich des Öfteren nicht allzu sehr interessierten) Organisators abhängig, sondern verhindert (de facto) auch, dass eine erst nach einiger Zeit für notwendig oder zumindest sinnvoll erachtete Gemeinschaftsordnung noch zustande kommt. Dies ist umso bedauerlicher, als die Gemeinschaftsordnung ja vor allem für größere Wohnungseigentümergemeinschaften zugeschnitten scheint, in diesen aber die Einstimmigkeit ein eher theoretisches Konstrukt darstellt.

⇒ De lege ferenda wird der Gesetzgeber mE an die Schaffung einer Gemeinschaftsordnung unter Mithilfe bzw nachträglicher Kontrolle des Gerichtes zu denken haben.

- Unter der Einrichtung bestimmter Funktionen ist etwa die Schaffung bzw Institutionalisierung eines „Verwaltungsbeirats" oder einer „Hausvertrauensperson" - jedoch jeweils ohne Vertretungsbefugnis - zu verstehen.

⇒ Die Materialien führen als Aufgaben derartiger Einrichtungen etwa die „generelle Überprüfung der vom Verwalter gelegten Abrechnungen" oder die „konsultative Unterstützung des Verwalters" an.

⇒ Zu unterscheiden ist zwischen der - in der Gemeinschaftsordnung (und damit einstimmig) festzulegenden - Funktion an sich und der (den) - nicht in der Gemeinschaftsordnung (und damit idR mit einfacher Mehrheit) zu bestellenden - konkreten Person(en) für diese Funktion.

- Vereinbarungen über die Willensbildung sind (mE) im Hinblick auf die - selbstverständlich - einzuhaltenden zwingenden Grundsätze des WEG nur in sehr eingeschränktem Rahmen möglich.
  - ⇒ Die Beschränkung oder gar der Ausschluss von Äußerungs- und Stimmrechten ist (auch) im Rahmen einer Gemeinschaftsordnung unzulässig; desgleichen jede Verhinderung der Inanspruchnahme von Minderheitsrechten gemäß § 30 WEG.
  - ⇒ ME kommt überhaupt nur eine Erweiterung oder eine Konkretisierung der den Wohnungseigentümern im Zusammenhang mit der Willensbildung schon durch das Gesetz eingeräumten Rechte in Frage (etwa die Festlegung einer „Mindestüberlegungszeit" vor einer Abstimmung oder eine Regelung über die jeweilige Dauer bzw den genauen Platz zur Anbringung des Hausanschlags oder für die Einsichtnahme in die Belege der Abrechnung; denkbar auch eine Regelung, wem - neben dem Verwalter [§ 30 Abs 3 WEG] - Schäden am Haus angezeigt werden sollen; allenfalls auch die Festlegung der Fälligkeit von Zahlungen [vgl § 32 Abs 9 WEG sowie § 34 Abs 4 WEG]).
  - ⇒ Die Ermittlung der zwingenden Grundsätze des WEG (bzw das Erkennen einer allfälligen Verletzung) wird im Einzelfall nicht immer leicht sein.
    Beispiel: Die Einrichtung eines (aus kompetenten Wohnungseigentümern zusammengesetzten) Verwaltungsbeirats zur Prüfung und Genehmigung der Abrechnung des Verwalters scheint eine naheliegende Idee zu sein; sofern jedoch mit der Genehmigung das unabdingbare Recht eines jeden Wohnungseigentümers auf gerichtliche Überprüfung der Abrechnung beschränkt werden soll, wäre die Regelung gegen zwingende Grundsätze des WEG verstoßend und damit unwirksam.
- Ein Individualrecht (Minderheitsrecht) auf Aufhebung oder Abänderung der dem § 26 WEG widersprechenden Bestimmungen einer Gemeinschaftsordnung normiert § 30 Abs 1 Z 8 WEG (iVm § 52 Abs 1 Z 3 WEG).
  - ⇒ Es kann aber nur die gerichtliche Aufhebung oder Änderung gesetzwidriger Bestimmungen in der Gemeinschaftsordnung begehrt werden.

Die Gemeinschaftsordnung wird durch den Wechsel eines Wohnungseigentümers nicht berührt.

Sie ist, sofern die Unterschrift auch nur eines Wohnungseigentümers öffentlich beglaubigt ist, auf Antrag dieses oder eines anderen Wohnungseigentümers im Grundbuch ersichtlich zu machen (§ 26 Abs 2 WEG).

- ⇒ Der Ersichtlichmachung kommt somit auch im Zusammenhang mit der Gemeinschaftsordnung keine konstitutive Wirkung zu.
  Das Unterbleiben der Ersichtlichmachung ist sanktionslos (zumal der Verwalter gar nicht zum Kreis der Antragsteller zählt).
- ⇒ Der Einzelrechtsnachfolger ist kraft ausdrücklicher gesetzlicher Anordnung an die Gemeinschaftsordnung gebunden.
  Zur daraus resultierenden Hinweis- bzw Informationspflicht (rechts-)beratender Berufe siehe schon oben S 162.

Literatur zu Einzelfragen:

Zum WEG 2002:

Garai, „Die Grenzen der Beschlussanfechtung (§ 24 Abs 6, § 29 Abs 1 WEG 2002)"; wobl 2004, 355.

Hanel, „Nutzung der einzelnen Wohnungseigentumsobjekte sowie der allgemeinen Teile der Liegenschaft und die gemeinschaftliche Verwaltung der Liegenschaft"; wobl 2002, 165.

Kletecka, „Die Beschlussfassung nach dem WEG 2002"; wobl 2002, 143.

Lenk, „Das Recht der Eigentümerversammlung im WEG 2002"; immolex 2002, 334.

Prader, „Verwaltung nach dem WEG 2002"; immolex 2002, 202.

Schauer, „Die Eigentümergemeinschaft (§§ 18 ff WEG 2002)"; wobl 2002, 135.

Zum WEG 1975:

Barta/Mentschl, „Wer darf die Wohnungseigentümerversammlung einberufen? - Zugleich: Überlegungen zum Umlaufbeschluss"; immolex 2000, 14.

Kletecka, „Probleme der Willensbildung in der Wohnungseigentümergemeinschaft"; wobl 1995, 82.

Meinhart, „Mitwirkungsbefugnisse und Willensbildung der Miteigentümer (§ 13 b WEG)"; wobl 1994, 41.

Prader, „WEG-Novelle 1999: Neue Anfechtungsmöglichkeiten des Wohnungseigentümers"; RdW 1999, 703.

Thöni, „Das Anhörungsrecht der Miteigentümer in Angelegenheiten der ordentlichen Verwaltung"; JBl 1992, 7.

X. GESETZLICHES VORZUGSPFANDRECHT

(§ 27 WEG)

1) Allgemeines; Zweck und Bedeutung

Im WEG wird das - mit der WRN 1999 in § 13c Abs 3 bis 5 WEG 1975 per 1.9.1999 erstmals im Bereich des Wohnungseigentums eingeführte[807] - gesetzliche Vorzugspfandrecht in einem eigenen Paragraphen (§ 27 WEG) geregelt.

⇒ Abgesehen von einer mit dem WE-BeG erfolgten Änderung des für das gesetzliche Vorzugspfandrecht relevanten § 216 EO unterscheidet sich § 27 WEG materiell nicht von der Vorgängerbestimmung des § 13c Abs 3 bis 5 WEG 1975.
Es kann daher auch noch auf die reichhaltige Judikatur zu § 13c Abs 3 bis 5 WEG 1975 zurückgegriffen werden.

Die Eigentümergemeinschaft kann idR nur dann funktionieren, wenn alle Wohnungseigentümer ihren Zahlungsverpflichtungen im Zusammenhang mit den auf die Liegenschaft zu leistenden Aufwendungen nachkommen.

Zahlungsausfälle einzelner Wohnungseigentümer können dazu führen, dass

- die Eigentümergemeinschaft ihren Verpflichtungen nicht mehr nachkommen kann;

  ⇒ etwa zur Begleichung der Rechnungen Dritter oder zur Erhaltung der allgemeinen Teile bzw der Substanz des Gebäudes

  oder
- einzelne Wohnungseigentümer
  - im Rahmen der subsidiären Ausfallshaftung von Dritten in Anspruch genommen werden;

    ⇒ § 18 Abs 1 u 4 WEG; siehe oben S 175 f.

    oder
  - von sich aus („freiwillig") Eigenleistungen für zahlungsunfähige (oder zahlungsunwillige) Wohnungseigentümer erbringen;

    ⇒ dies kann etwa zur Vermeidung der gerichtlichen Inanspruchnahme (im Wege der Ausfallshaftung) geschehen;

    oder
  - auf Grund öffentlich-rechtlicher Vorschriften eine Haftung als Solidarschuldner trifft.

    ⇒ Etwa im Zusammenhang mit kommunalen Gebühren (zB Wasser- und Kanalgebühren).

In all den genannten Fällen stehen den Betroffenen (also der Eigentümergemeinschaft oder dem einzelnen Wohnungseigentümer) Ansprüche bzw Rückgriffsforderungen gegenüber dem nichtzahlenden Wohnungseigentümer zu.

Zu Gunsten dieser Forderungen normiert das Gesetz an jedem Miteigentumsanteil ein gesetzliches Vorzugspfandrecht.

An die Geltendmachung von Schadenersatz- oder Bereicherungsansprüchen durch die Eigentümergemeinschaft scheint der historische Gesetzgeber nicht

---

[807] OGH 29.10.2004, 5 Ob 95/04p (= EWr W/27/14 ff).

gedacht zu haben. Allerdings schränken die aus § 13c Abs 1 WEG 1975 inhaltlich gleich in die §§ 18 und 27 WEG übernommenen Bestimmungen das Vorzugspfandrecht für Forderungen der Eigentümergemeinschaft gegen den Eigentümer eines Anteils in keiner Weise ein.[808]

⇒ Es trifft wohl zu, dass bei einem Anspruch der Eigentümergemeinschaft gegen einen Wohnungseigentümer, der aus einem Werkvertrag des Wohnungseigentümers mit der Eigentümergemeinschaft resultiert, eine einschränkende Auslegung des § 27 Abs 1 Z 1 WEG schon zur Vermeidung gleichheits- und damit verfassungswidriger Ergebnisse geboten ist. Anders liegt der Fall jedoch, wenn der Anspruch der Eigentümergemeinschaft aus einem gesetzlichen Schuldverhältnis resultiert, etwa einen Bereicherungs- oder Verwendungsanspruch zum Gegenstand hat, der wiederum seine Wurzel in der Verwaltung der Liegenschaft und damit in dem durch § 18 Abs 1 WEG definierten Rechtsbereich hat. Diesfalls ist die Anmerkung der Klage nach § 27 Abs 2 WEG zu bewilligen.[809]

Der Zweck und die Wirkung eines Vorzugspfandrechts liegen primär darin, dem dadurch begünstigten Pfandgläubiger eine bevorzugte Stellung für die Befriedigung seines Anspruchs zu verschaffen.[810]
Wie schon aus der Bezeichnung erhellt, geht das Vorzugspfandrecht anderen vertraglich eingeräumten Pfandrechten bevor. Es gewährt dem Begünstigten gegenüber anderen Pfandgläubigern (und deren Pfandrechten) einen - unabhängig vom Zeitpunkt der Geltendmachung - besseren Rang und durchstößt damit das bücherliche Rangprinzip.[811]
Vice versa wird dadurch die Befriedigungschance anderer Pfandgläubiger - und damit wohl auch die Tauglichkeit des Wohnungseigentums(objekts) als Instrument der (Kredit-)Sicherung - verschlechtert.

⇒ Ein Hypothekargläubiger muss stets damit rechnen, dass ein nachträglich entstandenes bzw releviertes Vorzugspfandrecht die eigene Forderung zur nicht mehr (ausreichend) besicherten macht.

Die Wirkung (und Bedeutung) eines gesetzlichen Pfandrechtes ist auch daran zu ermessen, dass sein Bestand unabhängig ist

- von einer vertraglichen Einräumung und
- von einer bücherlichen Eintragung.

Das Vorzugspfandrecht besteht ex lege.

Damit wird auch das Intabulationsprinzip durchbrochen.[812]

⇒ Die Anmerkung der Rangordnung für die beabsichtigte Veräußerung beseitigt - bis zur Einverleibung oder Rechtfertigung einer Vormerkung des neuen Eigentümers - nicht das Vorzugspfandrecht.

⇒ Auch ein verbüchertes Veräußerungs- und Belastungsverbot verhindert nicht die Geltendmachung des Vorzugspfandrechts; auch

---

[808] OGH 29.10.2004, 5 Ob 95/04p (= EWr W/27/14 ff).
[809] OGH 29.10.2004, 5 Ob 95/04p (= EWr W/27/14 ff).
[810] OGH 27.2.2001, 5 Ob 43/01m (= EWr II/13c/141 f).
[811] OGH 19.12.2000, 5 Ob 308/00f (= EWr II/13c/129 ff) ua.
[812] OGH 12.6.2001, 5 Ob 207/00b (= EWr II/13c/143 ff).

eröffnet ein gesetzliches Pfandrecht diesfalls die Möglichkeit einer Zwangsversteigerung.[813]

Allerdings hat der Gesetzgeber mit der verpflichtend angeordneten Anmerkung der Klage (Abs 2 leg cit – siehe sogleich unten) versucht, den Grundsatz des Vertrauens in das Grundbuch nicht vollends zu erschüttern.

⇒ Die Anmerkung nach § 27 Abs 2 WEG ist zwar im Gegensatz zur Streitanmerkung für den Rang bedeutungslos, hat aber ähnlich wie diese eine Warnfunktion.[814]

⇒ Die Anmerkung der Klage soll(te) zumindest jeden in das Grundbuch Einsicht Nehmenden zur Vorsicht (Überprüfung der Sach- und Rechtslage) gemahnen.

Zur Klarstellung und Verdeutlichung sei an dieser Stelle wieder erwähnt, dass sich die Anordnungen des WEG - und damit auch des § 27 WEG - in jenen Fällen der Wohnungseigentumsbegründung vor dem 1.7.2002, wo die Eigentümergemeinschaft neben Wohnungseigentümern auch (noch) schlichte Miteigentümer umfasst, ebenso auf Letztere beziehen, soweit die Regelungen des WEG 1975 auch für diese galten (§ 56 Abs 12 WEG).

⇒ Das Vorzugspfandrecht bestand (und besteht) auch an den Anteilen schlichter Miteigentümer innerhalb der Eigentümergemeinschaft.[815]

Das Vorzugspfandrecht kann für Forderungen, die vor dem 1.9.1999 entstanden sind, nicht in Anspruch genommen werden.[816]

⇒ Begründet wurde dies mit dem Schutz jener Gläubiger, die auf den vor der Rechtsänderung bestehenden Liegenschaftskredit vertraut haben.[817]

⇒ Per 1.9.1999 ist die Vorgängerbestimmung des § 27 WEG, also § 13c Abs 3 bis 5 WEG 1975, in Kraft getreten.

⇒ Die Klage kann aber angemerkt werden, wenn auch nur ein Teil der Forderung erst nach dem 31.8.1999 entstanden ist.[818]

Das Vorzugspfandrecht nach § 27 Abs 1 WEG in dem durch § 216 Abs 1 Z 3 EO bestimmten Ausmaß steht der Eigentümergemeinschaft bereits dann zu, sobald auch nur ein Wohnungseigentumsbewerber Miteigentum erworben hat und die Zusage der Einräumung des Wohnungseigentums bei auch nur einem Miteigentumsanteil im Grundbuch angemerkt ist (§ 37 Abs 5 WEG). Es muss dies nicht der in Exekution gezogene Anteil sein.[819]

---

813 OGH 19.12.2000, 5 Ob 308/00f (= EWr II/13c/129 ff).
814 OGH 28.3.2000, 5 Ob 61/00g (= EWr II/13c/99 f);
OGH 19.12.2000, 5 Ob 308/00f (= EWr II/13c/129 ff);
OGH 21.12.2000, 8 Ob 235/00t (= EWr II/13c/134 ff).
815 OGH 11.10.2000, 5 Ob 239/00h (= EWr II/13c/115 f).
816 OGH 29.2.2000, 5 Ob 38/00z (= EWr II/13c/94 f);
OGH 14.3.2000, 5 Ob 56/00x (= EWr II/13c/96);
OGH 14.3.2000, 5 Ob 66/00t (= EWr II/13c/97 f);
OGH 7.4.2000, 5 Ob 92/00s (= EWr II/13c/106 f);
OGH 27.4.2000, 5 Ob 95/00g (= EWr II/13c/108);
OGH 16.5.2000, 5 Ob 125/00v (= EWr II/13c/109);
OGH 30.5.2000, 5 Ob 128/00k (= EWr II/13c/110);
OGH 5.9.2000, 5 Ob 210/00v (= EWr II/13c/111 f) uva.
817 OGH 29.2.2000, 5 Ob 37/00b (= EWr II/13c/92 f) ua.
818 OGH 27.4.2000, 5 Ob 95/00g (= EWr II/13c/108).
819 OGH 26.5.2004, 3 Ob 71/04v (= EWr W/27/11 ff).

2) Voraussetzungen; Ausmaß, Geltendmachung und Wirkungen

§ 27 Abs 1 WEG weist im Einleitungssatz darauf hin, dass sich das Ausmaß des gesetzlichen Vorzugspfandrechts nach § 216 Abs 1 Z 3 der Exekutionsordnung (EO) bestimmt.

Dies bedeutet, dass

- Ansprüche mehrerer Wohnungseigentümer untereinander den gleichen Rang haben

  und

- aus der Verteilungsmasse nur die Forderungen gemäß § 27 WEG aus den letzten fünf Jahren vor dem Tag der Erteilung des Zuschlags (bevorzugt) zu berücksichtigen sind.

  ⇒ Die Verlängerung der bis 30.6.2002 mit drei Jahren festgelegten Frist auf nunmehr fünf Jahre erfolgte durch Artikel IV des WE-BeG (in Kraft getreten mit 1.7.2002). Es handelt sich dabei um die einzige - wiewohl bedeutsame - materielle Änderung des § 27 WEG gegenüber § 13c Abs 3 bis 5 WEG 1975. Sie verstärkt - weil der Verschleppung des Verfahrens durch den Verpflichteten zuwiderlaufend - die Effizienz des Vorzugspfandrechts (was freilich zu Lasten der übrigen Pfandgläubiger geht).

  ⇒ Die Frist beginnt mit der Fälligkeit der Forderung.

  ⇒ Bevorrangt sind die innerhalb der Fünfjahresfrist liegenden Beträge samt Zinsen und Kosten (§ 216 Abs 2 EO); für länger zurückliegende Beträge gilt (nur) das (normale) Rangprinzip.

  ⇒ Dem Vorzugspfandrecht gemäß § 27 WEG bevor gehen (nur) die Kosten der vorläufigen Verwaltung im Versteigerungsverfahren (§ 216 Abs 1 Z 1 EO) und die aus den letzten drei Jahren von der Liegenschaft zu entrichtenden, mit Vorzugspfandrecht ausgestatteten Abgaben (§ 216 Abs 1 Z 2 EO).

Gemäß § 27 Abs 2 WEG kommt dem Forderungsberechtigten das Vorzugspfandrecht nur unter Einhaltung der beiden folgenden Voraussetzungen zu:

  ⇒ Die Klagsanmerkung führt zu keiner konstitutiven Belastung des Miteigentumsanteils des Beklagten, weil das (insbesondere) die Forderungen der Eigentümergemeinschaft sichernde Vorzugspfandrecht schon kraft Gesetzes besteht. Das an sich vorhandene Pfandrecht wird jedoch erst durch die Klagsanmerkung verwertbar.[820]

- Geltendmachung der Forderung samt dem Pfandrecht binnen sechs Monaten mit Klage

  ⇒ Auch diese Frist beginnt mit der Fälligkeit der Forderung.[821]

  ⇒ Das Vorzugspfandrecht bezieht sich sohin nicht auf Forderungen, die im Zeitpunkt der klagsweisen Geltendmachung bereits älter als sechs Monate sind.
  Derartige Forderungen sind zwar, sofern nicht verjährt, klagbar, es gilt aber sodann das normale bücherliche Rangprinzip.

  ⇒ Erfolgt keine fristgerechte Klagsanmerkung, ergibt sich keine Besicherung der Forderung durch das Vorzugspfandrecht.

---

[820] OGH 19.4.2004, 5 Ob 67/04w (= EWr W/27/7 ff).

[821] OGH 21.12.2000, 8 Ob 235/00t (= EWr II/13c/134 ff).

⇒ Die Eigentümergemeinschaft genießt keine insolvenzrechtliche Sonderstellung.
Es besteht keine gesetzliche Anordnung, wonach auf Grund einer Forderungsanmeldung eine grundbücherliche Anmerkung vorzunehmen wäre.[822]
Es besteht aber kein Hindernis, Rechtsstreitigkeiten über Absonderungsansprüche nach der Konkurseröffnung einzuleiten. Jede Klage, die zur Ausübung des gesetzlichen Vorzugspfandrechts erhoben wird, privilegierte Forderungen zum Gegenstand hat und einen Antrag auf Anmerkung gemäß § 27 Abs 2 WEG enthält, ist ein zulässiger Rechtsbehelf zur Geltendmachung des Absonderungsrechts. Die Prozesssperre des § 6 Abs 1 KO besteht für eine solche Klage nicht.[823]

⇒ Die Geltendmachung von Geldforderungen - auch der gemäß § 27 WEG besicherten - hat (bis zum jeweils aktuellen Höchstbetrag) grundsätzlich im ADV-Mahnverfahren zu erfolgen, wobei unter Hinweis auf das gesetzliche Vorzugspfandrecht die Anmerkung der Klage samt Vollziehung der Anmerkung durch das Grundbuchsgericht beantragt werden muss.[824]
Eines in das Urteilsbegehren aufzunehmenden Zusatzes, dass bei Nichtzahlung Exekution in die Pfandsache geführt wird, bedarf es wegen der sich ohnehin auf das ganze Vermögen erstreckenden Haftung des beklagten Wohnungseigentümers nicht.[825]

und

- Beantragung der Anmerkung der Klage im Grundbuch beim Miteigentumsanteil des Beklagten.

⇒ Über den Antrag auf Klagsanmerkung ist im Grundbuchsverfahren zu entscheiden.[826]

⇒ Die Klagsanmerkung ist schon dann zu bewilligen, wenn auch nur ein Teil der Klagsforderung innerhalb von sechs Monaten vor der Klagseinbringung fällig geworden ist. Inwieweit das Vorzugspfandrecht realisiert werden kann, entscheidet sich definitiv erst im Exekutionsverfahren. Dementsprechend wird auch nur die Klage, nicht aber die eingebrachte Forderung angemerkt, auf die sich das Vorzugspfandrecht bezieht.[827]

⇒ Es erfolgt keine Anführung eines bestimmten Geldbetrages im Text der grundbücherlichen Anmerkung.[828]

---

[822] OGH 21.12.2000, 8 Ob 235/00t (= EWr II/13c/134 ff).
[823] OGH 12.12.2000, 5 Ob 305/00i (= EWr II/13c/123 ff);
OGH 21.12.2000, 8 Ob 235/00t (= EWr II/13c/134 ff).
[824] Jedenfalls nicht anderer Ansicht: OGH 10.2.2004, 5 Ob 256/03p (= EWr W/27/5 f).
[825] OGH 7.4.2000, 5 Ob 81/00y (= EWr II/13c/101 ff);
OGH 21.12.2000, 8 Ob 235/00t (= EWr II/13c/134 ff).
[826] OGH 24.10.2000, 5 Ob 122/00b (= EWr II/13c/117 f);
OGH 21.12.2000, 8 Ob 235/00t (= EWr II/13c/134 ff).
[827] OGH 14.3.2000, 5 Ob 66/00t (= EWr II/13c/97 f);
OGH 7.4.2000, 5 Ob 81/00y (= EWr II/13c/101 ff);
OGH 27.4.2000, 5 Ob 95/00g (= EWr II/13c/108);
OGH 24.10.2000, 5 Ob 122/00b (= EWr II/13c/117 f);
OGH 12.12.2000, 5 Ob 305/00i (= EWr II/13c/123 ff);
OGH 19.12.2000, 5 Ob 308/00f (= EWr II/13c/129 ff).
[828] OGH 14.3.2000, 5 Ob 66/00t (= EWr II/13c/97 f).

⇒ Die Rechtsprechung scheint den Standpunkt zu vertreten, dass im Antrag auf Anmerkung der Klage im Falle mehrerer Miteigentumsanteile des Beklagten ausreichend bestimmt angegeben werden muss, welches Objekt (welcher der in Frage kommenden Miteigentumsanteile) für die geltend gemachte Forderung haften soll.[829]

⇒ Ist die Klage angemerkt, dann sind später (im Laufe des Verfahrens) fällig gewordene Forderungen ohne weitere Anmerkung durch das Vorzugspfandrecht gesichert, wenn auf sie das Klagebegehren innerhalb der sechsmonatigen Frist des § 27 Abs 2 WEG ausgedehnt wird. Ausnützbar wird nämlich das Vorzugspfandrecht schon mit der Anmerkung der Klage; eines Hinweises auf die jeweils gesicherte Forderung (über deren vorzugsweise Befriedigung erst im Exekutionsverfahren entschieden wird) bedarf es nicht.[830]

⇒ Ob und in welchem Umfang und aus welchem Rechtstitel letztlich der klagenden Wohnungseigentümergemeinschaft der Klagsbetrag zusteht, ist bei Prüfung der Zulässigkeit der Klagsanmerkung nicht maßgeblich. Es muss sich aber den Klagebehauptungen entnehmen lassen, dass der Klagsanspruch eine besicherte Forderung iSd § 27 WEG ist.[831]
Dies hat das über den Antrag auf Klagsanmerkung entscheidende Gericht zu prüfen.[832]

⇒ Eine Unterbrechung des Hauptverfahrens (infolge Konkurseröffnung[833]) hindert die nach grundbuchsrechtlichen Prinzipien anzuordnende Klagsanmerkung nicht.[834]

⇒ Der Beitragsschuldner muss im Zeitpunkt der Klage und des Antrags auf Klagsanmerkung (Überreichung der Rechtsschutzanträge bei Gericht) noch grundbücherlicher Eigentümer des latent mit dem Vorzugspfandrecht belasteten Anteils sein (keine Klagsanmerkung gegen den Rechtsnachfolger des Beitragsschuldners).[835]

⇒ Die Klagsanmerkung ist gegen den Ersteher ab Anmerkung des Zuschlags im Grundbuch zulässig (Durchbrechung des Intabulationsprinzips !);[836] allerdings lässt die Rechtsprechung (auch?) Eintragungen gegen den Verpflichteten bis zur Einverleibung des Eigentumsrechts des Erstehers im Grundbuch zu.[837]

⇒ Der Beklagte muss jedenfalls im Zeitpunkt der Überreichung des Antrags auf Klagsanmerkung mit dem einverleibten bzw vorgemerkten Eigentümer der Miteigentumsanteile ident sein.

---

829 OGH 23.11.2004, 5 Ob 261/04z (= EWr W/27/19 ff).
830 OGH 23.11.2004, 5 Ob 261/04z (= EWr W/27/19 ff).
831 OGH 8.7.2003, 5 Ob 132/03b (= EWr W/27/1 f);
OGH 29.10.2004, 5 Ob 95/04p (= EWr W/27/14 ff).
832 OGH 29.2.2000, 5 Ob 37/00b (= EWr II/13c/92 f) ua.
833 OGH 24.10.2000, 5 Ob 122/00b (= EWr II/13c/117 f).
834 OGH 7.4.2000, 5 Ob 92/00s (= EWr II/13c/106 f);
OGH 5.9.2000, 5 Ob 210/00v (= EWr II/13c/111 f).
OGH 12.12.2000, 5 Ob 305/00i (= EWr II/13c/123 ff).
835 OGH 21.11.2000, 5 Ob 285/00y (= EWr II/13c/127 f).
836 OGH 12.6.2001, 5 Ob 207/00b (= EWr II/13c/143 ff).
837 OGH 28.1.2003, 5 Ob 303/02y (= EWr II/13c/212 f).

Allerdings wird das Intabulationsprinzip bei außerbücherlichem Eigentumserwerb (nicht nur des Erstehers nach § 156 Abs 1 Satz 3 EO) durchbrochen. So ist auch die Klagsanmerkung gegen eine in einem Verschmelzungsvorgang übernehmende Gesellschaft zulässig, selbst wenn grundbücherlich noch keine Berichtigung nach § 136 GBG durchgeführt wurde (wobei der Verschmelzungsvorgang durch eine Amtsbestätigung des Firmenbuchgerichts nachgewiesen werden kann).[838]

⇒ Bei einer Eigentümerpartnerschaft kommt eine Anmerkung am halben Anteil nicht in Frage.
Richtigerweise sind beide Miteigentümer unter Berufung auf die gesetzliche Solidarhaftung der Partner (§ 13 Abs 4 WEG) zu klagen und die Anmerkung der Klage bei beiden Anteilen zu verlangen.[839]
Dem stünde auch die Eröffnung des Konkurses über das Vermögen des einen Partners nicht entgegen; es wäre nur darauf zu achten, den Masseverwalter zu klagen.[840]

⇒ Die Klagsanmerkung muss nicht zwingend bereits in der Klagsschrift beantragt werden, jedoch jedenfalls innerhalb von sechs Monaten ab Fälligkeit der Forderung.[841]

⇒ Die Klagsanmerkung ist unzulässig, wenn das Verfahren über die Klage bereits rechtskräftig beendet wurde.[842]

⇒ Bei rechtskräftiger Abweisung des Gesuchs um Klagsanmerkung kommt nur bei geänderter Sachlage eine neuerliche Entscheidung in Betracht.[843]

⇒ Auch das WEG enthält keine Regelung über die Löschung einer (nach § 27 Abs 2 WEG) erwirkten Klagsanmerkung, so dass diese Lücke durch Analogie zu schließen ist.
Wegen der Ähnlichkeit der Anmerkung einer Hypothekarklage bietet sich hierzu § 65 Abs 1 GBG an, demzufolge „auf Ansuchen des Gegners die Löschung der Streitanmerkung zu verfügen ist, wenn der Kläger von der Klage absteht oder durch rechtskräftige Entscheidung abgewiesen wird“. Auch die ausdrückliche Einwilligung - nachgewiesen durch eine beweisbewirkende Urkunde - reicht aus. Die Löschungsverfügung kann auch vom Prozessgericht getroffen werden.[844]

⇒ Wenn Zweifel an der Bevollmächtigung eines einschreitenden Rechtsanwalts bestehen, kann ihm die Vorlage der ihm erteilten Einschreitervollmacht iS des auch in Grundbuchsachen geltenden § 37 ZPO aufgetragen werden. Maßgeblicher Zeitpunkt für allfällige Zweifel an der Bevollmächtigung ist jener der Entscheidung über das Gesuch.[845]

---

[838] OGH 11.11.2003, 5 Ob 252/03z (= EWr W/27/3 f).
[839] OGH 19.4.2004, 5 Ob 67/04w (= EWr W/27/7 ff);
OGH 25.5.2004, 5 Ob 123/04f (= EWr W/27/10).
[840] OGH 19.4.2004, 5 Ob 67/04w (= EWr W/27/7 ff).
[841] OGH 9.4.2002, 5 Ob 70/02h (= EWr II/13c/179 ff).
[842] OGH 29.2.2000, 5 Ob 38/00z (= EWr II/13c/94 f);
OGH 24.10.2000, 5 Ob 122/00b (= EWr II/13c/117 f).
[843] OGH 27.2.2001, 5 Ob 43/01m (= EWr II/13c/141 f).
[844] OGH 10.7.2001, 5 Ob 161/01i (= EWr II/13c/150 ff).
[845] OGH 12.2.2002, 5 Ob 10/02k (= EWr II/13c/167 ff);
OGH 28.5.2002, 5 Ob 120/02m (= EWr II/13c/186 ff).

Grundsätzlich gilt aber auch im Grundbuchsverfahren der erleichterte Vollmachtsnachweis nach § 30 Abs 2 ZPO und § 8 Abs 1 Satz 2 RAO.[846]

Eine wichtige Sonderregelung enthält auch noch § 27 Abs 3 WEG:

Die durch das Vorzugspfandrecht besicherte Forderung ist im Fall einer Zwangsversteigerung des Miteigentumsanteils

- durch Barzahlung zu berichtigen, soweit sie in der Verteilungsmasse (§ 215 EO) Deckung findet;
- ansonsten aber vom Ersteher ohne Anrechnung auf das Meistbot zu übernehmen.

⇒ Für den Ersteher des Miteigentumsanteils an einer (wenn auch nur teilweise) im Wohnungseigentum stehenden Liegenschaft ist sohin zu beachten, dass als „Mindestkaufpreis" (ungeachtet seines Meistbots) die durch das Vorzugspfandrecht besicherte Forderung anzusehen ist.

⇒ Sind die formellen Voraussetzungen der Klagseinbringung mit Anmerkung im Grundbuch erfüllt, genügt für die Geltendmachung der bevorrangten Forderung die Anmeldung zur Meistbotsverteilung.[847]

3) Vorzugspfandgläubiger

§ 27 Abs 1 WEG normiert, wem - in welchen Fällen - das Vorzugspfandrecht zukommt.

⇒ Damit ist zugleich klargestellt, wer Vorzugspfandgläubiger sein kann. Die Auflistung ist taxativ.

Demnach besteht das Vorzugspfandrecht an jedem Miteigentumsanteil zu Gunsten

- der Forderungen der Eigentümergemeinschaft gegen den Eigentümer des Anteils (Abs 1 Z 1 leg cit)

  ⇒ Beispiel:
  Klage der Eigentümergemeinschaft gegen einen Wohnungseigentümer, der die ihm (von der Gemeinschaft, idR über den Verwalter) vorgeschriebenen Rücklagenbeiträge nicht entrichtet hat.

  ⇒ Z 1 normiert den Hauptanwendungsfall des Vorzugspfandrechts nach § 27 WEG.
  Auf diesen Fall bezieht sich auch die in § 20 Abs 5 WEG normierte Verwalterpflicht (siehe oben S 200 f).

  ⇒ Nach den Materialien zur WRN 2006 kommt der Eigentümergemeinschaft hinsichtlich der ihr gemäß dem neuen § 18 Abs 2 WEG abgetretenen Forderungen kein Vorzugspfandrecht gegenüber einem Wohnungseigentümer zu.

  und

- der Rückgriffsforderungen eines anderen Wohnungseigentümers (Abs 1 Z 2 leg cit)

---

[846] OGH 28.5.2002, 5 Ob 120/02m (= EWr II/13c/186 ff);
OGH 8.7.2003, 5 Ob 132/03b (= EWr W/27/1 f).

[847] OGH 28.3.2000, 5 Ob 61/00g (= EWr II/13c/99 f);
OGH 26.9.2000, 5 Ob 249/00d (= EWr II/13c/113 f);
OGH 21.12.2000, 8 Ob 235/00t (= EWr II/13c/134 ff).

⇒ Der Regressanspruch richtet sich dabei gegen einen, mehrere oder alle übrigen Wohnungseigentümer, je nachdem welcher Anspruchsfall vorliegt (siehe die unten angeführten Beispiele).

- aus der Inanspruchnahme von dessen Haftung nach § 18 Abs 4 zweiter Satz WEG

⇒ Beispiel:
Klage des Wohnungseigentümers, der von einem Gläubiger der Eigentümergemeinschaft nach dessen erfolglosem Exekutionsversuch in die Rücklage (bzw in die von den Wohnungseigentümern geleisteten oder geschuldeten Zahlungen) überproportional (im Hinblick auf die von ihm ohnedies geleisteten Rücklagenbeiträge) in Anspruch genommen worden ist, gegen einen oder mehrere andere(n) Wohnungseigentümer.

- aus dessen Zahlung auf Verbindlichkeiten des Eigentümers des Anteils, die mit der Verwaltung der Liegenschaft zusammenhängen

⇒ Beispiel:
Klage des Wohnungseigentümers, der „freiwillig“ die Zahlung der (Rücklagen-)vorschreibung für einen anderen säumigen Wohnungseigentümer übernommen hat, gegen den zahlungsunwilligen Wohnungseigentümer.

- aus dessen Zahlung auf Verbindlichkeiten, die mit der Verwaltung der Liegenschaft zusammenhängen und für die dieser mit den übrigen Wohnungseigentümern zur ungeteilten Hand haftet.

⇒ Beispiel:
Klage des Wohnungseigentümers, der auf Grund seiner Solidarhaftung hinsichtlich der gesamten Wassergebühren der Wohnungseigentumsanlage von der Gemeinde in Anspruch genommen worden ist, gegen die übrigen Wohnungseigentümer.

Für Forderungen anderer Gläubiger kommt die Besicherung durch das Vorzugspfandrecht nicht in Frage.

⇒ Für den Verwalter[848] oder für Dritte (Gläubiger der Eigentümergemeinschaft) existiert sohin kein Vorzugspfandrecht !

Nochmals hingewiesen sei auf die Pflicht des Verwalters (§ 20 Abs 5 WEG), rückständige Zahlungen eines Wohnungseigentümers nach vorheriger Mahnung ordnungsgemäß iSd § 27 WEG einzuklagen.

⇒ Siehe dazu schon oben S 200 f.

---

[848] OGH 26.9.2000, 5 Ob 249/00d (= EWr II/13c/113 f);
OGH 24.10.2000, 5 Ob 122/oob (= EWr II/13c/117 f).

Literatur zu Einzelfragen:

Zum WEG 2002:

Call, „Zur Begründung und zum Erwerb von Wohnungseigentum"; wobl 2002, 110.

Zum WEG 1975:

Call, „Anmerkungen zum gesetzlichen Vorzugspfandrecht gem § 13c Abs 3 bis 5 WEG im Rahmen der Wohnrechtsnovelle 1999"; wobl 1999, 358.

Fuhrmann/Rainer, „Judikaturübersicht zum gesetzlichen Vorzugspfandrecht gemäß § 13c Abs 3-5 WEG"; immolex 2002, 118.

Reckenzaun, „Insolvenzverfahren und Vorzugspfandrecht nach § 13 WEG"; immolex 2002, 121.

Stabentheiner, „Zu Einzelfragen des wohnungseigentumsrechtlichen Vorzugspfandrechts"; immolex 2000, 116.

Wehrberger, „Die Rechtsgrundlage der Regressrechte des § 13c Abs 3 Z 2 WEG"; immolex 2002, 123.

XI. VERWALTUNG DER LIEGENSCHAFT

(7. Abschnitt; §§ 28 - 34 WEG)

1) Ordentliche Verwaltung

(§ 28 WEG)

a) Allgemeines

Vergleicht man die Regelungen des WEG über die ordentliche und außerordentliche Verwaltung mit jenen des WEG 1975, so sticht ins Auge, dass eine Aufteilung auf zwei Paragraphen (§§ 28 und 29 WEG) gegenüber der vormaligen Zusammenfassung in einer Bestimmung (§ 14 WEG 1975) erfolgt ist und ein Teil der Anordnungen bereits davor im 6. Abschnitt geregelt wird. Im Übrigen sind die Bestimmungen materiell weitgehend unverändert geblieben.

⇒ Dies bringt immerhin den Vorteil, weitgehend auf Judikatur zum WEG 1975 zurückgreifen zu können.

⇒ Da die Regelung des § 14 WEG 1975 nicht nur reine Wohnungseigentumsobjekte, sondern auch „gemischte Anlagen" betroffen hat,[849] steht zweifelsfrei fest, dass auch die Anordnungen der §§ 28 und 29 WEG in derartigen (vor dem 1.7.2002 entstandenen) gemischten Objekten sowohl für Wohnungseigentümer als auch für schlichte Miteigentümer zur Anwendung gelangen (§ 56 Abs 12 WEG).

Grundsätzlich gelten für die Verwaltung der Liegenschaft die §§ 833 bis 835 ABGB, durch das WEG werden die Normen des ABGB aber doch in wesentlichen Punkten abgeändert.

⇒ Das WEG verstärkt vor allem die Rechte des Minderheitseigentümers erheblich; zugleich wird damit die Möglichkeit der Mehrheit (des Mehrheitseigentümers) zu einer unzweckmäßigen - insbesondere zum „unverhältnismäßigen Nachteil der Minderheit" (vgl § 30 Abs 2 WEG) - erfolgenden Verwaltung der gemeinsamen Sache beschränkt (Näheres dazu siehe ab S 293).
Weiters haben die dem Verwalter auferlegten (zwingenden) Vorschriften (auch) die Beachtung der Interessen der Minderheit vor Augen.
Ganz besonders kommt der Schutz des Minderheitseigentümers aber in § 30 Abs 1 WEG zum Ausdruck, einer Regelung, die es ihm - unabhängig von der Größe (bzw Geringfügigkeit) seines Miteigentumsanteils - in vielen (wichtigen) Verwaltungsangelegenheiten ermöglicht, den Außerstreitrichter - gleichsam als Schiedsrichter - zur Korrektur von Handlungen oder Unterlassungen der Mehrheit anzurufen (Näheres dazu siehe ab S 289).

§ 28 WEG betrifft die <u>ordentliche Verwaltung</u> der Liegenschaft und damit jenen Bereich, in dem grundsätzlich die (einfache) Mehrheit (der Miteigentumsanteile) entscheidet (ohne besondere weitere Voraussetzungen).
Nach der Bestellung eines gemeinsamen Verwalters ist kein Miteigentümer mehr berechtigt, aus eigenem Verwaltungshandlungen vorzunehmen.

---

[849] OGH 7.7.1998, 5 Ob 490/97p (= EWr II/14/58 ff).

⇒ Siehe dazu sowie zu den (wenigen) Ausnahmen von diesem Grundsatz und zur im WEG ausgeschlossenen Vertretungsbefugnis des Mehrheitseigentümers oben ab S 185.

Wohl aber kann die Mehrheit dem Verwalter jederzeit Weisungen erteilen, die von diesem - sofern sie nicht rechtswidrig sind - zu befolgen sind.

⇒ Dazu sowie zu den weiteren Aufgaben des Verwalters siehe oben ab S 191.

Der Verwalter darf sohin jedenfalls in - allen - Angelegenheiten der ordentlichen Verwaltung entscheiden; würde eine Untätigkeit den Interessen der Gemeinschaft widersprechen, muss er sogar entscheiden (bzw entsprechende Maßnahmen setzen).

⇒ Dies ändert aber nichts daran, dass der Verwalter die Wohnungseigentümer über geplante - größere - Vorhaben vor der Durchführung zu informieren hat (schon um diesen die Möglichkeit zu einer - allenfalls auch der Absicht des Verwalters entgegenstehenden - Weisung zu geben. Dies ergibt sich zwar - auch aus dem neuen - WEG (seltsamerweise) nur allenfalls indirekt (etwa aus der Pflicht zur Legung einer Vorausschau gemäß § 20 Abs 2 WEG oder der durch § 24 Abs 1 WEG erfolgten Hervorhebung der Eigentümerversammlung im Zusammenhang mit der Willensbildung), entspricht aber der Treuepflicht des Machthabers gegenüber dem Machtgeber.

Selbstverständlich kann der Verwalter auch in Angelegenheiten der ordentlichen Verwaltung die Wohnungseigentümer abstimmen lassen; er muss es aber nicht.

⇒ Ein „Verschanzen" des Verwalters hinter einer „untätigen Mehrheit ist nicht akzeptabel und läuft seinen Handlungspflichten im Rahmen der ordentlichen Verwaltung zuwider.

⇒ Der Verwalter sollte sich im Klaren sein, dass ihn ein „Zuviel" an Abstimmungen in eine unangenehme „Patt-Situation" bringen kann: Einerseits müsste er - im Interesse der Gemeinschaft - eine Maßnahme setzen (etwa eine Erhaltungsarbeit zur Vermeidung weiterer Bauschäden beauftragen oder einen Schneepflug zur Sicherstellung des ordentlichen Winterdienstes anschaffen), andererseits steht dem möglicherweise das negative Ergebnis einer (unnötigen) Beschlussfassung entgegen.
Insofern muss dem Verwalter empfohlen werden, negative Weisungen nicht durch (überflüssige) Abstimmungen zu „provozieren" (was keinesfalls als Aufforderung zu eigenmächtigem Handeln oder zur Unterlassung der gebotenen Information der Eigentümergemeinschaft verstanden werden darf).

⇒ Wenigstens im sensiblen Bereich der ordentlichen Verwaltung wäre de lege ferenda zu überlegen, relative Mehrheiten zuzulassen. Andernfalls bleibt weiter die Frage offen, ob etwa eine Abstimmung, die nur 30% Zustimmung (bei 70% Stimmenthaltungen bzw Passivität) zum Abstimmungsgegenstand (ordentliche Verwaltung, etwa eine zweckmäßige, aber nicht unaufschiebbare Erhaltungsarbeit) erbracht hat, als negative Weisung an den Verwalter oder - ganz im Gegenteil - als eindeutige Aufforderung zum positiven Handeln zu verstehen ist.

Die Abgrenzung zwischen ordentlicher Verwaltung einerseits und außerordentlicher Verwaltung andererseits kann bisweilen eine schmale Gradwanderung darstellen.

⇒ Das Problem der Abgrenzung der ordentlichen Verwaltung von der außerordentlichen Verwaltung liegt nicht zuletzt darin, dass beide Bereiche nicht taxativ geregelt sind. Ungeachtet der doch recht umfangreichen Auflistung in § 28 Abs 1 WEG kann daher nicht gesagt werden, dass alles, was durch diese Gesetzesstelle nicht geregelt wird, außerordentliche Verwaltung darstellt.
Die Grenzen sind vielmehr fließend und können oft nur im Einzelfall ermittelt werden.

⇒ Dennoch ist die Entscheidung darüber für den Verwalter unverzichtbar, weil er nur im Bereich der ordentlichen Verwaltung (auch) ohne Beschluss der Mehrheit Maßnahmen treffen darf (§ 29 Abs 6 WEG).[850]

Die Unterscheidung ergibt sich zum einen direkt aus dem Gesetz (§ 28 WEG listet ja Angelegenheiten der ordentlichen Verwaltung - wenn auch nur demonstrativ[851] - auf), zum anderen sind die von der Rechtsprechung aufgestellten Grundsätze als Auslegungshilfen heranzuziehen.

- Der Abgrenzung zwischen ordentlicher Verwaltung einerseits und wichtiger Veränderung andererseits muss ein wirtschaftlicher Gesichtspunkt zugrunde gelegt werden.

  ⇒ Es ist die Bestimmung des § 3 MRG, auf die (auch) § 28 Abs 1 Z 1 WEG verweist, die eine Verknüpfung mit „wirtschaftlichen Gegebenheiten und Möglichkeiten" herstellt.[852]

- Auch zweckmäßige und wirtschaftlich gebotene Erneuerungsarbeiten zur Erhaltung bestehender Anlagen gehören noch zu Erhaltungsarbeiten;[853] desgleichen Maßnahmen zur Senkung des Energieverbrauchs[854] (Näheres siehe sogleich unten).

  ⇒ Die „wichtige Veränderung" stellt jedenfalls eine Maßnahme der außerordentlichen Verwaltung dar. Die Bezeichnung wird darüber hinaus auch als Synonym für außerordentliche Verwaltung verwendet (was § 834 ABGB entspricht).
  Auch § 29 WEG spricht von „Veränderungen", konkretisiert diese aber und bringt damit zum Ausdruck, darunter nur einen Teilbereich der außerordentlichen Verwaltung - eben den im WEG gesondert geregelten - zu verstehen.

- Die Beurteilung, ob es sich im Einzelfall um eine Maßnahme der ordentlichen Verwaltung handelt, hängt nicht allein davon ab, mit welchen Kosten die Maßnahme verbunden ist.[855]

---

[850] zuletzt: OGH 12.3.2002, 5 Ob 301/01b (= EWr II/14/86 ff).
[851] OGH 12.10.1999, 5 Ob 234/99v (= EWr II/14/67 ff);
OGH 5.9.2000, 5 Ob 217/00y (= EWr II/14/77 ff) ua.
[852] OGH 12.3.2002, 5 Ob 301/01b (= EWr II/14/86 ff).
[853] OGH 15.12.1992, 5 Ob 1102/92 (= EWr II/14/3 f);
OGH 28.6.1994, 5 Ob 57/94 (= EWr II/14/10 ff).
[854] OGH 17.12.1996, 5 Ob 81,82/94 (= EWr II/19/19 ff).
[855] OGH 24.9.1997, 5 Ob 43/95 (= EWr II/14/33 ff).

b) Angelegenheiten der ordentlichen Verwaltung

Zu den Angelegenheiten der ordentlichen Verwaltung, in denen die Mehrheit der Wohnungseigentümer - unbeschadet der Rechte des einzelnen Wohnungseigentümers nach § 30 WEG - entscheidet, gehören gemäß § 28 Abs 1 Z 1 bis 9 WEG insbesondere:

- Die ordnungsgemäße Erhaltung der allgemeinen Teile der Liegenschaft im Sinne des § 3 MRG,
  einschließlich
  - der baulichen Veränderungen, die über den Erhaltungszweck nicht hinausgehen und
  - der Behebung ernster Schäden des Hauses in einem Wohnungseigentumsobjekt (Z 1).

  ⇒ Zu dem seltsam anmutenden „Entschließungsantrag" (demzufolge der Bundesminister für Justiz der Bevölkerung die Regelung des § 3 MRG in einer Informationsschrift nahe bringen soll) siehe oben S 154.
  Im Übrigen ist die Informationsschrift - soweit überblickbar - bis dato, also mehr als vier Jahre nach dem Entschließungsantrag, (noch?) nicht erschienen.

  ⇒ Der Verweis auf § 3 MRG ist im WEG gegenüber § 14 Abs 1 Z 1 WEG 1975 noch dadurch verdeutlicht worden, indem nun die Behebung ernster Schäden in einem Wohnungseigentumsobjekt ausdrücklich genannt wird (was sich aber auch schon davor unschwer aus § 3 MRG ableiten ließ).

  ⇒ Hingewiesen sei insbesondere auf § 3 Abs 2 Z 5 MRG, wonach auch die "Installation von technisch geeigneten Gemeinschaftseinrichtungen zur Senkung des Energieverbrauchs oder die der Senkung des Energieverbrauchs sonst dienenden Ausgestaltungen des Hauses, von einzelnen Teilen des Hauses oder von einzelnen Mietgegenständen, wenn und insoweit die hiefür erforderlichen Kosten in einem wirtschaftlich vernünftigen Verhältnis zum allgemeinen Erhaltungszustand des Hauses und den zu erwartenden Einsparungen zählen" zu den Erhaltungsmaßnahmen gerechnet werden.[856]
  Im Hinblick darauf freilich, dass § 6 MRG hinsichtlich dieser besonderen „Erhaltungsarbeiten" des § 3 Abs 2 Z 5 MRG im Zusammenhang mit der Durchsetzung der Arbeiten (gegenüber dem Vermieter) die gleiche Antragslegitimation wie für Verbesserungsarbeiten vorsieht (zur Antragstellung ist nur die Mehrheit der Hauptmieter berechtigt), wäre auch im Wohnungseigentumsrecht überlegenswert, bei diesen Arbeiten die Beschlussfassung entsprechend den Kriterien des § 29 WEG (= wichtige Veränderungen) zu fordern (siehe dazu unten).

  ⇒ Die Umstellung einer ölbefeuerten Heizungsanlage auf Fernwärme ist jedenfalls keine Erhaltungsarbeit (sondern eine Maßnahme zur Verbesserung).[857]

---

[856] OGH 17.12.1996, 5 Ob 81,82/94 (= EWr II/19/19 ff);
OGH 26.9.2000, 5 Ob 64/00y (= EWr II/13b/18 ff) ua.
[857] OGH 29.8.1995, 5 Ob 93/95 (= EWr II/14/21 ff).

⇒ Auch der Austausch einer Satellitenanlage gegen eine Kabelanlage stellt eine Veränderung dar, die über die in § 14 Abs 1 WEG 1975 (und damit auch § 28 Abs 1 WEG) angeführten Angelegenheiten hinausgeht.[858]

⇒ Der Hinweis auf das Mietrechtsgesetz (schon im WEG 1975 seit 1.1.1982 enthalten) determiniert und erweitert - gegenüber der Rechtslage vor dem 1.1.1982 - den wohnungseigentumsrechtlichen Erhaltungsbegriff.[859]
Eine teleologische Reduktion des Erhaltungsbegriffes des WEG gegenüber jenem des MRG ist allerdings insoweit angebracht, als die Kosten der Brauchbarmachung von Wohnungseigentumsobjekten nicht zu den Erhaltungsarbeiten iSd WEG zählen.[860]
Auch schlägt die mit der WRN 2006 erfolgte Erweiterung der Erhaltungspflicht (des Vermieters), die diesen nun auch zur Beseitigung einer erheblichen Gesundheitsgefährdung, die von einem Bestandobjekt ausgeht, verpflichtet, für den Bereich des Wohnungseigentumsrechts (mangels Änderung der Formulierung des § 28 Abs 1 Z 1 WEG) nicht durch (siehe dazu oben S 155 f).

⇒ Die individuelle Erhaltungspflicht des Wohnungseigentümers erstreckt sich auch auf das - dem MRG unbekannte - Zubehör (sofern kein ernster Schaden des Hauses vorliegt).[861]

⇒ Die von der Rechtsprechung gewählte Annahme eines weiten („dynamischen“ oder „elastischen“) Erhaltungsbegriffs (dies unter Bezugnahme auf den in § 3 Abs 1 MRG normierten „ortsüblichen Standard“[862]) führt zu einer Ausdehnung des Bereichs der ordentlichen Verwaltung zu Lasten der außerordentlichen Verwaltung (Veränderung/Verbesserung).[863]
An die Auslegung des Begriffs der „ordnungsgemäßen Erhaltung“ ist kein allzu strenger Maßstab anzulegen.[864]
Zweckmäßige und wirtschaftlich gebotene Erneuerungsarbeiten zur Erhaltung bestehender Anlagen gehören demnach noch zur Erhaltung.[865]
Dieser Erhaltungsbegriff gebietet die Rücksichtnahme auf Entwicklungen der Bautechnik und auf eine zeitgemäße Wohnkultur.[866]
Selbst wenn es aber sohin zu einer „Verbesserung“ kommen kann, ohne dass dadurch schon eine Maßnahme außerordentlicher Verwaltung anzunehmen ist, setzt dies doch in der Regel eine Einschränkung der Funktionsfähigkeit, Brauchbarkeit, einen bestehenden Mangel oder doch zumindest eine Schadensgeneigtheit (der zu erhaltenden Sache) voraus.[867]

---

[858] OGH 27.8.2002, 5 Ob 157/02b (= EWr II/14/91 ff).
[859] OGH 15.12.1992, 5 Ob 1102/92 (= EWr II/14/3 f);
OGH 12.6.1996, 5 Ob 2151/96a (= EWr II/14/28 ff).
[860] OGH 12.6.1996, 5 Ob 2114/96k (= EWr II/14/27).
[861] OGH 28.9.1999, 5 Ob 249/99z (= EWr II/14/64 ff).
[862] OGH 20.11.2002, 5 Ob 159/02x (= EWr II/14/99 ff) ua.
[863] OGH 11.12.2001, 5 Ob 210/01w (= EWr II/13a/23 ff).
[864] OGH 14.9.2004, 5 Ob 196/04s (= EWr II/14/111).
[865] OGH 27.8.2002, 5 Ob 157/02b (= EWr II/14/91 ff);
OGH 20.11.2002, 5 Ob 159/02x (= EWr II/14/99 ff) ua.
[866] OGH 9.10.2001, 5 Ob 190/01d (= EWr I/3/80 f);
[867] OGH 27.8.2002, 5 Ob 157/02b (= EWr II/14/91 ff).

⇒ Auch die Behebung von ernsten Schäden des Hauses innerhalb der einzelnen Wohnungseigentumsobjekte gehört zur ordnungsgemäßen Verwaltung der Liegenschaft![868]
Es ist dabei nicht entscheidend, ob die Erhaltungsarbeit jedem Beitragspflichtigen zugute kommt.[869]

⇒ Wegen der Maßgeblichkeit des ortsüblichen Standards gehören auch zweckmäßige und wirtschaftlich gebotene Erneuerungsarbeiten zur Erhaltung des Hauses,[870] selbst wenn damit erstmals der im Erwerbsvertrag vorgesehene mängelfreie Zustand des Wohnungseigentumsobjektes hergestellt wird.[871]

⇒ Eine Maßnahme der ordentlichen Verwaltung ist die Behebung von Schäden am Fußboden innerhalb eines Wohnungseigentumsobjektes, sofern die gänzliche Erneuerung des Fußbodens notwendig ist.[872]

⇒ Ebenfalls zu den der Gemeinschaft obliegenden Erhaltungsarbeiten zählen Reparaturarbeiten an den Dächern einzelner auf einer Liegenschaft befindlicher Reihenhäuser.[873]

⇒ Die umfassende Sanierung einer Baulichkeit ist als Maßnahme der Erhaltung der ordentlichen Verwaltung zuzurechnen.[874]

⇒ Der Austausch sämtlicher Fenster sowie die Anbringung eines Vollwärmeschutzes können trotz hohen Kostenaufwands Maßnahmen der ordentlichen Verwaltung sein;[875] es ist jedoch eine Auseinandersetzung mit wirtschaftlichen Gesichtspunkten der Veränderungen unerlässlich;[876] dabei ist aber eine großzügige Betrachtung geboten und eine außergewöhnliche Maßnahme nur bei extrem hohen Kosten bei besonderen Finanzierungsproblemen anzunehmen.[877]

⇒ Auch die Verlegung einer zusätzlichen Steigleitung kann - sofern die vorhandene für die elektrische Versorgung einer Wohnung zum Betrieb der heute in einem Haushalt üblichen Geräte nicht ausreicht - eine Erhaltungsarbeit sein.[878]

⇒ Mängel an Balkonen, die nicht bloß deren Bodenbelag udgl betreffen, beziehen sich auf das Haus und fallen daher in die Erhaltungspflicht der Eigentümergemeinschaft.[879]

⇒ Dem Umfang von Sanierungsarbeiten sind auch im Bereich des WEG Grenzen durch die wirtschaftliche Zumutbarkeit gezogen;[880]

---

[868] OGH 12.6.1996, 5 Ob 2151/96a (= EWr II/14/28 ff).
[869] OGH 15.12.1992, 5 Ob 1102/92 (= EWr II/14/3 f).
[870] OGH 26.9.2000, 5 Ob 64/00y (= Ewr II/13b/18 ff);
OGH 11.12.2001, 5 Ob 210/01w (= EWr II/13a/23 ff) ua.
[871] OGH 28.6.1994, 5 Ob 57/94 (= EWr II/14/10 ff);
OGH 2.9.1997, 5 Ob 2148/96k (= EWr II/14/45 ff):
OGH 26.9.2000, 5 Ob 64/00y (= EWr II/13b/18 ff);
OGH 11.12.2001, 5 Ob 210/01w (= EWr II/13a/23 ff) ua.
[872] OGH 12.6.1996, 5 Ob 2151/96a (= EWr II/14/28 ff).
[873] OGH 27.8.1996, 5 Ob 132/95 (= EWr II/19/9 ff).
[874] OGH 24.9.1996, 5 Ob 43/95 (= EWr II/14/33 ff)
[875] OGH 26.9.2000, 5 Ob 64/00y (= EWr II/13b/18 ff).
[876] OGH 12.3.2002, 5 Ob 301/01b (= EWr II/14/86 ff).
[877] OGH 29.6.2004, 5 Ob 146/04p (= EWr Ii/14/110);
OGH 14.9.2004, 5 Ob 196/04s (= EWr II/14/111).
[878] OGH 11.12.2001, 5 Ob 210/01w (= EWr II/13a/23 ff).
[879] OGH 30.5.2000, 5 Ob 294/99t (= EWr II/13a/14 ff).
[880] OGH 15.12.1992, 5 Ob 1102/92 (= EWr II/14/3 f);

selbst die erstmalige Herstellung eines ordnungsgemäßen Zustandes kann die ordnungsgemäße Erhaltung sprengen, wenn über den Erhaltungszweck hinausgehende bauliche Änderungen umfasst sind und den Miteigentümern zusätzliche Kosten entstehen können.[881]

- Die Vornahme (und Finanzierung) der unter § 28 Abs 1 WEG zu subsumierenden Arbeiten trifft die Eigentümergemeinschaft !

  ⇒ Zur Abgrenzung der Erhaltungspflicht des einzelnen Wohnungseigentümers (§ 16 Abs 3 WEG) einerseits und der Erhaltungspflicht der Gemeinschaft (Maßnahme der ordentlichen Verwaltung gemäß § 28 Abs 1 WEG) andererseits siehe oben ab S 153.

  ⇒ Die Frage der Verursachung der Schäden ist für die Erhaltungspflicht der Gemeinschaft ohne Relevanz.[882]

  ⇒ Zu den Angelegenheiten der ordentlichen Verwaltung zählen auch Maßnahmen, die der Ursachenforschung und der Vorbereitung der Mängelbehebung dienen (wie etwa die Einholung eines Sachverständigengutachtens).[883]

- Die Bildung einer angemessenen Rücklage (Z 2).[884]

  ⇒ Die Bildung einer angemessenen Rücklage ist im WEG zwingend vorgeschrieben (vgl § 31 Abs 1 WEG: "Die Miteigentümer haben ...... zu bilden").[885]

  ⇒ Zur Rücklage siehe unten ab S 297.

- Die Aufnahme eines Darlehens zur Deckung der durch die Rücklage nicht gedeckten Kosten einer in größeren als einjährigen Abständen wiederkehrenden Arbeit zur ordnungsgemäßen Erhaltung (Z 3).

  ⇒ Vgl das damit korrespondierende Recht des einzelnen Wohnungseigentümers auf Gewährung von Ratenzahlungen (§ 30 Abs 1 Z 3 WEG in der durch die WRN 2006 abgeänderten Fassung - unten S 290 f).

- Die angemessene Versicherung der Liegenschaft (Z 4).

  ⇒ Auch die Kündigung eines Versicherungsvertrags ist eine Maßnahme der ordentlichen Verwaltung.[886]

- Die Bestellung des Verwalters und die Auflösung des Verwaltungsvertrags (Z 5).

  ⇒ Obgleich die Tätigkeit des gemeinsamen Verwalters angesichts der Minderheitsrechte des § 30 Abs 1 Z 5 und 6 WEG (Anträge gerichtet auf Einhaltung der Verwalterpflichten gemäß § 20 Abs 2 bis 6 WEG sowie auf Abberufung wegen grober Vernachlässigung von Pflichten) der von jedem Wohnungseigentümer auszulösenden Kontrolle des Außerstreitrichters unterliegt, bleibt doch

---

OGH 12.3.2002, 5 Ob 301/01b (= EWr II/14/86 ff).

881 OGH 20.11.2002, 5 Ob 159/02x (= EWr II/14/99 ff).

882 OGH 14.5.1996, 5 Ob 2002/96i (= EWr I/3/29 ff);
OGH 12.6.1996, 5 Ob 2151/96a (= EWr II/14/28 ff) ua.

883 OGH 26.6.2001, 5 Ob 142/01w (= EWr II/14/83 ff).

884 OGH 5.7.1994, 5 Ob 78/93 (= EWr II/16/1 ff);
OGH 27.8.1996, 5 Ob 132/95 (= EWr II/19/9 ff).

885 OGH 21.3.2006, 5 Ob 290/05s (= EWr W/31/8 ff).

886 OGH 12.7.2000, 7 Ob 148/00s (= EWr II/14/71 ff).

die Auswahl und Bestellung des Verwalters ein Bereich, in dem die Mehrheit allein entscheidet.[887]

Nur unter diesem Aspekt betrachtet scheint das Bestreben mancher Liegenschaftseigentümer verständlich, sich bei Begründung von Wohnungseigentum nur sovieler Anteile zu entledigen, dass die eigene Anteilsmehrheit erhalten bleibt.

Sieht man nämlich von der Auswahl und der Bestellung des gemeinsamen Verwalters ab, kann die Minderheit im Wohnungseigentum auf alle anderen Belange der Verwaltung im Wege des Antrags gemäß § 30 WEG Einfluss nehmen. Darin unterscheidet sich die Position des Minderheits-Wohnungseigentümers ganz wesentlich vom schlichten Minderheitseigentümer, der selbst gegen eine unzweckmäßige Verwaltung der Liegenschaft nicht einschreiten kann (und dem als letzte Konsequenz nur die Einbringung der Teilungsklage offen steht).

Die §§ 24 Abs 3 und 30 Abs 2 WEG ermöglichen der Minderheit im Wohnungseigentum aber doch Einflußnahme auf die Person des Verwalters, weil in den Fällen, in denen der Mehrheitseigentümer selbst bzw durch eine ihm familiär oder wirtschaftlich nahestehende Person die Verwaltung durchführt (bzw durchführen lässt), dieser die Kündigung des Verwalters insofern ermöglicht ist, als dem betroffenen (Mehrheits-)Eigentümer bei der Abstimmung (über die allfällige Einbringung einer Kündigung) kein Stimmrecht zukommt (§ 24 Abs 3 WEG); auch kann jeder Eigentümer im Falle von Verwaltungshandlungen zu seinem unverhältnismäßigen Nachteil den Außerstreitrichter anrufen („Dominatorregelung" des § 30 Abs 2 WEG – siehe unten ab S 293).

⇒ Zur Auflösung des Verwaltungsvertrags siehe oben ab S 207.

- Die <u>Bestellung und Abberufung eines Eigentümervertreters</u> (Z 6).

  ⇒ Zu dieser Angelegenheit der ordentlichen Verwaltung existiert kein korrespondierendes Minderheitsrecht.

  ⇒ Zum Eigentümervertreter siehe oben ab S 214.

- Die <u>Erlassung</u> und die <u>Änderung der Hausordnung</u> (Z 7).

  ⇒ Unter einer Hausordnung wird nach dem gewöhnlichen Sprachgebrauch, aber auch unter Berücksichtigung der in den Rechtsvorschriften gebrauchten Begriffe die Regelung der Benützung der allgemeinen Teile des Hauses durch die Bewohner und das Verhalten derselben in den ihnen zur alleinigen Nutzung überlassenen Teilen des Hauses, soweit dadurch andere Bewohner beeinträchtigt werden könnten, verstanden.[888]

  Einfacher: Generelle Norm für das reibungslose Zusammenleben der Hausbewohner.[889]

  ⇒ zB Regelung über Versperrthalten der Hauseingangstüre.[890]

  ⇒ Eine privilegierende Benützungsregelung am gemeinsamen Garten kann nicht Gegenstand einer Hausordnung sein.[891]

---

[887] OGH 12.6.1996, 5 Ob 2064/96g (= EWr II/18/19 ff).
[888] OGH 13.4.1999, 5 Ob 54/99y (= EWr II/13a/11 ff).
[889] OGH 14.9.1993, 5 Ob 1049/93 (= EWr II/14/5 f).
[890] OGH 8.10.1991, 5 Ob 81/91 (= EWr II/15/1 f).
[891] OGH 14.9.1993, 5 Ob 1049/93 (= EWr II/14/5 f).

- Die Vermietung
  - der verfügbaren allgemeinen, aber einer abgesonderten Benützung zugänglichen Teile der Liegenschaft
  - an eine Person, die nicht Wohnungseigentümer ist (Z 8).

    ⇒ Mietverträge mit Miteigentümern (daher auch mit Wohnungseigentümern) bedürfen zu ihrer Rechtswirksamkeit der Einstimmigkeit oder der gerichtlichen Genehmigung des darüber gefassten Mehrheitsbeschlusses (= Ausnahme vom Grundsatz, wonach die Mehrheit der Miteigentümer berechtigt ist, Mietverträge abzuschließen);[892] die Legitimation zur Anrufung kommt aber nur der Mehrheit (bzw der Hälfte) der Miteigentümer, nicht auch der Minderheit, zu.[893]

    ⇒ Selbstverständlich schränkt Z 8 auch die Vermietung an einen schlichten Miteigentümer in einer gemischten Anlage ein.

    ⇒ Auch die Vermietung der (nicht mehr benötigten) Hausbesorgerdienstwohnung an einen Dritten ist ordentliche Verwaltung iSd § 28 Abs 1 WEG (und kann daher vom Verwalter bzw der Mehrheit vorgenommen werden).

    ⇒ Der Abschluss von Mietverträgen stellt nur dann eine Maßnahme der ordentlichen Verwaltung dar, wenn er zu üblichen Konditionen erfolgt (verneint bei 20-jährigem Kündigungsverzicht und anderen Besonderheiten im Mietvertrag im Zusammenhang mit der Anbringung einer Mobilfunkanlage am Dach[894]).

    ⇒ Erfolgt der Abschluss auf ortsübliche Zeit und zu ortsüblichen Bedingungen, handelt es sich auch dann um eine Maßnahme der ordentlichen Verwaltung, wenn der Mieter ein Angehöriger eines Teilhabers ist.[895]

- Die Aufkündigung der nach Z 8 geschlossenen Mietverträge (Z 9).

    ⇒ Zum Recht des einzelnen Wohnungseigentümers auf Erwirkung der Aufkündigung des mit einem Dritten abgeschlossenen Mietvertrages über einen Kfz-Abstellplatz (§ 30 Abs 1 Z 9 WEG) siehe unten S 293.

c) Aufkündigung vermieteter Abstellplätze für Kraftfahrzeuge

Eine Sonderregelung über ein außerordentliches Kündigungsrecht der Eigentümergemeinschaft enthält § 28 Abs 2 WEG.

Die Eigentümergemeinschaft kann - ungeachtet anderer gesetzlicher oder vertraglicher Regelungen - Mietverträge über

- nicht im Wohnungseigentum stehende Abstellplätze für Kraftfahrzeuge
- unter Einhaltung einer Frist von drei Monaten

kündigen, sobald

---

[892] Zur Aufkündigung eines mit einem Miteigentümer abgeschlossenen Mietvertrages über einen Autoabstellplatz (Rechtslage vor der WRN 1999) siehe: OGH 25.11.1997, 5 Ob 2330/96z (= EWr II/14/52 ff).

[893] OGH 13.2.2004, 7 Ob 5/04t (= EWr III/835 A/29 ff).

[894] OGH 5.9.2000, 5 Ob 217/00y (= EWr II/14/77 ff).

[895] OGH 29.4.2003, 1 Ob 90/03x (= EWr III/833 A/5 f).

- bei einer Person, der Wohnungseigentum an einer Wohnung oder an einer sonstigen selbständigen Räumlichkeit der Liegenschaft zukommt,

Bedarf an einem Abstellplatz entsteht.

> ⇒ Die Kündigungsmöglichkeit besteht sohin nicht bei Bedarf eines Wohnungseigentümers schlechthin, sondern nur beim Bedarf des Wohnungseigentümers an einer Räumlichkeit (somit nicht wegen des Bedarfs eines Wohnungseigentümers, dem nur Wohnungseigentum an einem Kfz-Abstellplatz zukommt).
> Zu beachten wäre aber auch der Bedarf des Wohnungseigentümers an einer Räumlichkeit, dem darüber hinaus auch noch Wohnungseigentum an einem Kfz-Abstellplatz zukommt. Letzteres schließt die Kündigung ja nicht aus, sondern wäre nur im Rahmen der Bedarfsprüfung zu berücksichtigen.
> Im Hinblick auf die offenkundige Absicht des Gesetzgebers fraglich, wenngleich nach dem Gesetzeswortlaut nicht ausgeschlossen, wäre die Berücksichtigung des Bedarfs eines Wohnungseigentümers, dem nur Wohnungseigentum an einer Garage zukommt.
>
> ⇒ Da (auch) in dieser Bestimmung (wie schon in § 14 Abs 2 WEG 1975) ein Hinweis auf den Kündigungstermin fehlt, sollte mE im Hinblick auf § 560 ZPO vorsichtshalber nur zu den dort (für Geschäftsobjekte) genannten Terminen 31.3., 30.6., 30.9. und 31.12. aufgekündigt werden.

Bei einem Mietvertrag mit einem Wohnungseigentümer gilt die Sonderregelung für die außerordentliche Aufkündigung aber nur dann, soweit der Gekündigte

- mehr als einen Abstellplatz gemietet hat
  und
- der Bedarf des anderen Wohnungseigentümers bei Abwägung der beiderseitigen Interessen schwerer wiegt.

> ⇒ Tatbestandsmerkmal für eine auf § 28 Abs 2 WEG gestützte Aufkündigung ist sohin, dass dem gekündigten Wohnungseigentümer noch ein weiterer Abstellplatz in Miete verbleibt. Es reicht nicht aus, dass der gekündigte Wohnungseigentümer auch noch Wohnungseigentümer eines Abstellplatzes für Kraftfahrzeuge ist (bzw bei Wohnungseigentumsbegründung vor dem 1.7.2002: Zubehör-Wohnungseigentum daran hat).
> Weitere Voraussetzung ist, dass eine Interessensabwägung zu Gunsten des an der Kündigung interessierten Wohnungseigentümers ausschlägt.
>
> ⇒ Im WEG 1975 (§ 14 Abs 2 WEG 1975) galt - und daher (vgl § 56 Abs 12 WEG) gilt - nun auch:
> Der gekündigte Miteigentümer kann, muss aber nicht notwendigerweise zugleich auch Wohnungseigentümer sein; hingegen ist die Kündigung nur wegen des Bedarfs eines Wohnungseigentümers (und nicht auch wegen des Bedarfs eines schlichten Miteigentümers) möglich.
>
> ⇒ Die Begünstigungregelung bezieht sich auch auf die Eigentümerpartnerschaft (sofern ihr Wohnungseigentum an einer Wohnung oder sonstigen selbständigen Räumlichkeit der Liegenschaft zukommt).

Gesetzestext (und Materialien) lassen indes offen, ob im Fall der Kündigung gegen eine Partnerschaft jedem der beiden Partner ein Platz in Miete verbleiben muss (verneint man dies, käme sodann nur eine „dreipersonale Interessensabwägung“ und/oder der Losentscheid zur Klärung der Frage, welcher der beiden Partner den Abstellplatz verliert, in Betracht).

⇒ Offen bleibt auch (wie schon im WEG 1975), inwieweit der an der Kündigung interessierte Wohnungseigentümer die Eigentümergemeinschaft erforderlichenfalls zwingen kann, die Aufkündigung („für ihn“) einzubringen. § 30 Abs 1 Z 9 WEG sieht ein diesbezügliches Individualrecht nur im Zusammenhang mit den nach § 28 Abs 1 Z 8 WEG geschlossenen Mietverträgen (also mit jenen Verträgen, die mit einem Dritten, der nicht Wohnungseigentümer der Liegenschaft ist, geschlossen wurden) vor. ME kann sohin die Aufkündigung im Fall des Abs 2 leg cit nur im Wege des § 30 Abs 2 WEG aus der Sicht des einzelnen Wohnungseigentümers durchgesetzt werden.
In der Nichterwähnung der Kündigung nach Abs 2 leg cit in § 30 Abs 1 Z 9 WEG könnte freilich auch ein neuerliches Redaktionsversehen zu erblicken sein; bejaht man dies, wäre - im Wege der Analogie - dem an der Kündigung interessierten Wohnungseigentümer das Recht zur Antragstellung an den Außerstreitrichter zuzubilligen.

2) Außerordentliche Verwaltung
(§ 29 WEG)

a) Allgemeines

§ 29 WEG regelt primär (Abs 1 bis 4 leg cit) einen Teilbereich der außerordentlichen Verwaltung, nämlich Veränderungen an den allgemeinen Teilen der Liegenschaft.
Hinsichtlich aller übrigen Angelegenheiten der außerordentlichen Verwaltung erfolgt in Abs 5 leg cit der Verweis auf die §§ 834 und 835 ABGB.

⇒ Der Begriff der „wichtigen Veränderungen“ nach § 834 ABGB ist umfassender[896] als jener der Veränderungen nach § 29 WEG (die in Abs 1 leg cit näher determiniert werden).

Damit ist sichergestellt, dass Maßnahmen der außerordentlichen Verwaltung, die durch das WEG abgedeckt sind, nur eines einfachen Mehrheitsbeschlusses bedürfen (der von jedem Überstimmten - unter Zugrundelegung der in Abs 1 bis 4 leg cit festgelegten Anordnungen - angefochten werden kann), während sonstige Angelegenheiten der außerordentlichen Verwaltung nach den Bestimmungen des ABGB entweder einvernehmlich zu regeln sind oder - sofern (bloß) ein Mehrheitsbeschluss zu Stande kommt - erst nach gerichtlicher Genehmigung des Beschlusses (die als Wirksamkeitsvoraussetzung anzusehen ist und mit der die Zustimmung der Minderheit ersetzt wird) vorgenommen werden dürfen.

⇒ Durch die Regelung des WEG erfolgt sohin gleichsam eine Systemumkehr. Nicht die Mehrheit muss - wie nach ABGB - das

---

[896] OGH 25.11.1997, 5 Ob 2330/96z (= EWr II/14/52 ff).

Gericht bemühen, sondern die Minderheit, die sich mit der mehrheitlich beschlossenen Maßnahme nicht abfinden möchte.[897]

⇒ Der änderungswilligen Mehrheit steht (im Bereich des WEG) gar kein Anspruch auf Erwirkung einer gerichtlichen Genehmigung zu.[898]

⇒ Es besteht auch gar keine Notwendigkeit, die fehlende Zustimmung einzelner Miteigentümer zu bewilligungspflichtigen Bauvorhaben durch den Außerstreitrichter ersetzen zu lassen, weil sich die Baubehörde mit der Vorlage des Mehrheitsbeschlusses der Mit- und Wohnungseigentümer in Verbindung mit dem Nachweis, dass die überstimmte Minderheit den Außerstreitrichter nicht angerufen hat, begnügen muss.[899]

⇒ Bedarf eine Maßnahme der Einstimmigkeit (weil sie nicht als außerordentliche Verwaltungsangelegenheit iSd § 29 WEG anzusehen ist), kann die Mehrheit der Wohnungseigentümer nach erfolgter Beschlussfassung im Verfahren nach § 52 Abs 1 Z 3 WEG die verweigerte Zustimmung der Minderheit durch Entscheidung des Außerstreitrichters ersetzen lassen[900] (dies gilt aber nicht für Verfügungshandlungen, wie etwa dem Erwerb dinglicher Rechte an einer Liegenschaft).[901]

⇒ Die bei der Veräußerung der Hausbesorgerwohnung erforderliche grundbücherliche Eintragung setzt die Mitwirkung sämtlicher Miteigentümer voraus.[902]

<u>In jedem Fall bedarf es somit in außerordentlichen Verwaltungsangelegenheiten eines - allerdings nicht weiter qualifizierten - Mehrheitsbeschlusses !</u>

- § 29 Abs 6 WEG ordnet dies - unbeschadet der im Außenverhältnis unbeschränkbaren Vertretungsbefugnis (§ 20 Abs 1 WEG) - für den Verwalter im Wohnungseigentum ausdrücklich an.

  ⇒ Verletzt der Verwalter diese (auch schon im zeitlichen Geltungsbereich des WEG 1975 bestehende, wenngleich nicht expressis verbis im WEG 1975 ausgeführte) Verpflichtung, kann dies seine Haftung (Wiederherstellungs- oder Schadenersatzbegehren) auslösen.[903]

  ⇒ Ein zustande gekommener Beschluss der Mehrheit der Wohnungseigentümer ist auflösend bedingt, nämlich mit dem ungenützten Ablauf der Anfechtungsfrist oder mit der inhaltlich bestätigenden rechtskräftigen gerichtlichen Entscheidung; ihm kommt jedoch bereits Rechtswirksamkeit zu. Seine Rechtmäßigkeit hingegen wird erst im Anfechtungsverfahren evaluiert. Endgültig rechtswirksam („bestandskräftig") ist der Beschluss erst bei einem

---

[897] OGH 31.3.2003, 5 Ob 42/03t (= EWr II/14/102 f);
OGH 21.6.2005, 5 Ob 265/04p (= EWr W/29/2 ff) ua.

[898] OGH 12.9.2002, 5 Ob 147/02g (= EWr II/15/48 ff);
missverständlich noch OGH 27.8.2002, 5 Ob 157/02b (= EWr II/14/91 ff).

[899] OGH 12.9.2002, 5 Ob 147/02g (= EWr II/15/48 ff), unter Hinweis auf
VwGH 24.3.1998, 97/05/0214 (= immolex 1998, 150/86 = MietSlg 50.898);
OGH 31.3.2003, 5 Ob 42/03t (= EWr II/14/102 f) unter Hinweis auf
VwGH 21.9.2000, 99/06/0059; 9.11.1999, 99/05/0191 und 27.10.1998, 96/05/0280 ua.

[900] OGH 31.8.1999, 5 Ob 230/99f (= EWr II/26/39 ff).

[901] OGH 21.8.2001, 5 Ob 116/01x (= EWr II/26/44 f).

[902] OGH 23.3.2004, 5 Ob 41/04x (= EWr W/29/1).

[903] OGH 12.3.2002, 5 Ob 301/01b (= EWr II/14/86 ff).

Unterbleiben der Anfechtung oder ihrem rechtskräftigen Scheitern. Der Verwalter muss - außer bei Gefahr im Verzug - die endgültige Rechtswirksamkeit („Rechtskraft") eines Mehrheitsbeschlusses über Maßnahmen der außerordentlichen Verwaltung abwarten; andernfalls handelt er eigenmächtig. Die Minderheit kann Unterlassung und Besitzstörung für bereits durchgeführte Maßnahmen, Beseitigung und Schadenersatz (auch gerichtet auf Wiederherstellung des früheren Zustandes) verlangen; solche Ansprüche können erfolgreich auch gegen den Verwalter, der den ihm obliegenden Nachweis der Schuldlosigkeit nicht erbringt, gerichtet werden.[904]

b)
Angelegenheiten der außerordentlichen Verwaltung

Die Umschreibung der außerordentlichen Verwaltung iSd WEG erfolgt im ersten Absatz des § 29 WEG.

Demnach handelt es sich dabei um

- Veränderungen an den allgemeinen Teilen der Liegenschaft,
- die über die in § 28 WEG genannten Angelegenheiten hinausgehen, wie etwa
  - nützliche Verbesserungen

    oder
  - sonstige über die Erhaltung hinausgehende bauliche Veränderungen.

    ⇒ Die Beifügung „wie etwa" bringt zum Ausdruck, dass sich der Regelungsgegenstand des § 29 WEG nicht auf nützliche Verbesserungen und bauliche Veränderungen beschränkt.

    ⇒ Zum Problem der Abgrenzung der ordentlichen Verwaltung von der außerordentlichen Verwaltung siehe schon oben S 271.

Aus § 29 Abs 1 WEG läßt sich im Zusammenhang mit Verbesserungen ableiten, dass diese nützlich sein müssen, um als außerordentliche Verwaltungsangelegenheit iSd WEG angesehen werden zu können.

Trifft dieses Kriterium nicht zu, läge eine nur nach dem ABGB zu beurteilende Maßnahme vor.

⇒ Dazu ein praktisches Beispiel:
In einer Wohnungseigentumsanlage sollen die Fenster getauscht werden.
Diese Maßnahme ist
- ordentliche Verwaltung, sofern die alten Fenster irreparabel sind oder die Reparatur wirtschaftlich nicht gerechtfertigt ist;
- außerordentliche Verwaltung iSd § 29 WEG, sofern der Austausch zwar nicht notwendig ist, die neuen Fenster aber im Hinblick auf den Schall- und Wärmeschutz sinnvoll sind (nützliche Verbesserung);
- weder noch (sondern außerordentliche Verwaltung iSd ABGB), sofern die gut dämmenden Fenster nur deshalb getauscht werden sollen, weil die Farbe nicht mehr gefällt.

---

[904] OGH 21.6.2005, 5 Ob 265/04p (= EWr W/29/2 ff).

Die Anwendbarkeit des § 29 WEG beschränkt sich auf allgemeine Teile der Liegenschaft (bzw grundsätzlich auf Verwaltungsangelegenheiten); und zwar auf

- bauliche Änderungen (die zugleich auch nützliche Verbesserungen sein können, aber nicht sein müssen)
  - ⇒ Darunter wurde auch die Errichtung bzw Anbringung einer Mobilfunkantenne am Flachdach subsumiert.[905]
  - ⇒ Ebenso
    - ⇒ Schaffung von Autoabstellplätzen im Hof.[906]
    - ⇒ Aufstellen einer Wäschespinne im Garten.[907]
    - ⇒ Errichtung einer Streetball-Anlage.[908]
    - ⇒ Umstellung der ölbefeuerten Heizungsanlage auf Fernwärme.[909]
    - ⇒ Aufzugserrichtung.[910]
    - ⇒ Austausch Satellitenanlage gegen Kabelanlage.[911]
    - ⇒ Wirtschaftlich unzweckmäßige Trennung der mit der Nachbarliegenschaft gemeinsamen Versorgungsleitungen.[912]
- Widmungsänderungen.[913]
  - ⇒ Umwidmung und Vermietung einer Waschküche.[914]
  - ⇒ Die Aufkündigung einer an einen Miteigentümer vermieteten Allgemeinfläche ändert nur die Rechtszugehörigkeit, ist aber keine Veränderung an den gemeinsamen Teilen und Anlagen (§ 29 WEG nicht anwendbar).[915]
- Sonstige Beschlüsse in Verwaltungsangelegenheiten
  - ⇒ Beschluss der Mit- und Wohnungseigentümer, den von einzelnen Mitgliedern der Gemeinschaft bereits vorgenommenen Austausch von Fenstern und Türen als Erhaltungsaufwand anzuerkennen und ihn abzugelten (= Befriedigung allfälliger Verwendungsansprüche zur Vermeidung von Prozessen).[916]

c)
Beschlussanfechtung

Die Regeln über die Anfechtung eines Beschlusses über Maßnahmen der außerordentlichen Verwaltung finden sich in den Abs 1 bis 4 des § 29 WEG.

---

905 OGH 5.9.2000, 5 Ob 217/00y (= EWr II/14/77 ff).
906 OGH 11.11.1997, 5 Ob 159/97m (= EWr II/14/50 f).
907 OGH 30.9.1997, 5 Ob 369/97v (= EWr II/14/49).
908 OGH 8.7.1997, 5 Ob 197/97z (= EWr II/14/42 ff).
909 OGH 29.8.1995, 5 Ob 93/95 (= EWr II/14/21 ff).
910 OGH 28.2.1995, 5 Ob 36/95 (= EWr II/14/18 ff); OGH 15.6.1999, 5 Ob 124/99t (= EWr II/14/60 ff) ua.
911 OGH 27.8.2002, 5 Ob 157/02b (= EWr II/14/91 ff).
912 OGH 20.11.2002, 5 Ob 159/02x (= EWr II/14/99 ff).
913 OGH 25.11.1997, 5 Ob 2330/96z (EWr II/14/52 ff) ua.
914 OGH 7.7.1998, 5 Ob 490/97p (= EWr II/14/58 f).
915 OGH 25.11.1997, 5 Ob 2330/96z (EWr II/14/52 ff).
916 OGH 10.2.2004, 5 Ob 255/03s (= EWr II/14/105 ff); OGH 24.1.2006, 5 Ob 296/05y (= EWr W/29/11 ff).

⇒ Dem Gesetzgeber ist es damit gelungen, die - materiell gegenüber dem WEG 1975 weitgehend unverändert gebliebenen - Regelungen im neuen WEG wesentlich komplizierter darzustellen.

Über Angelegenheiten der außerordentlichen Verwaltung (iSd § 29 WEG - siehe dazu oben) entscheidet die Mehrheit der Wohnungseigentümer.

Jeder der Überstimmten kann jedoch mit

- einem gegen die übrigen Wohnungseigentümer zu richtenden Antrag
- die gerichtliche Aufhebung des Mehrheitsbeschlusses

verlangen (§ 29 Abs 1 Satz 1 WEG).

⇒ Der divergenten Textierung in § 24 Abs 6 WEG (Antrag auf gerichtliche Feststellung der Rechtsunwirksamkeit eines Beschlusses) einerseits und der in § 29 Abs 1 WEG (Antrag auf Aufhebung des Beschlusses) kommt mE im Ergebnis keine Bedeutung zu; in beiden Fällen geht es um die gerichtliche Feststellung der Unwirksamkeit eines Beschlusses.

⇒ Erfreulich ist auch hier die Klarstellung, dass der Antrag gegen die übrigen Wohnungseigentümer (und nicht bloß gegen die zustimmende Mehrheit oder gegen die Eigentümergemeinschaft) zu richten ist; siehe dazu schon oben S 239 f.

⇒ Die Anfechtungsmöglichkeit kommt (anders als bei Beschlüssen über Maßnahmen der ordentlichen Verwaltung) nur den überstimmten Gemeinschaftsmitgliedern zu.[917]

Gemäß § 29 Abs 1 Satz 2 WEG beträgt die - mit dem Anschlag des Beschlusses im Haus gemäß § 24 Abs 5 WEG beginnende - Antragsfrist

- drei Monate

  ⇒ aber nur hinsichtlich der in § 29 WEG angeführten Gründe (siehe dazu schon oben ab S 237).

  bzw

- sechs Monate
  - bei unterbliebener Verständigung des Wohnungseigentümers von der beabsichtigten Beschlussfassung und von ihrem Gegenstand (entsprechend § 25 Abs 2 WEG).

⇒ Während § 24 Abs 6 WEG eine einheitliche Anfechtungsfrist (von einem Monat) vorsieht, trifft § 29 Abs 1 WEG die obige Unterscheidung. Die in den Materialien dafür gebotene Begründung, wonach - zusammengefasst wiedergegeben - eine bloß einmalige Verständigung über den bereits gefassten Beschluss zu geringen Rechtsschutz biete, kann mE nicht überzeugen.
Insbesondere vermag sie nicht den Nachteil der Aufsplittung in (wie schon im WEG 1975) drei verschieden lange Fristen und schon gar nicht jenen des langen Schwebezustands bis zur gesicherten Wirksamkeit eines Beschlusses zu rechtfertigen.

⇒ Auch die in § 29 Abs 1 WEG genannten Fristen sind als materiellrechtliche anzusehen (wie seinerzeit jene des § 14 Abs 3 WEG 1975[918]).

⇒ Im Übrigen sind die Anordnungen des § 24 WEG über Beschlüsse der Eigentümergemeinschaft sinngemäß auch im Zusammen-

---

[917] OGH 10.2.2004, 5 Ob 255/03s (= EWr II/14/105 ff) ua.
[918] OGH 25.11.1997, 5 Ob 2330/96z (= EWr II/14/52 ff).

hang mit Beschlüssen gemäß § 29 WEG anzuwenden (siehe dazu ausführlich oben ab S 222).

Das Gericht hat den Mehrheitsbeschluss aufzuheben,

⇒ sofern nicht ein Fall des § 29 Abs 3 oder 4 WEG vorliegt (siehe sogleich unten)

wenn

- die Veränderung den Antragsteller übermäßig beeinträchtigen würde (§ 29 Abs 2 Z 1 WEG)

  oder
- die Kosten der Veränderung - unter Berücksichtigung auch der in absehbarer Zeit anfallenden Erhaltungsarbeiten - nicht aus der Rücklage gedeckt werden könnten (§ 29 Abs 2 Z 2 WEG).

Die Abs 3 u 4 leg cit präzisieren die grundsätzliche Anordnung des § 29 Abs 2 WEG, in dem sie Ausnahmen von der angeordneten Aufhebung eines Beschlusses anführen.

- Gemäß § 29 Abs 3 WEG hat eine Aufhebung des Mehrheitsbeschlusses aus Kostengründen (Abs 2 Z 2 leg cit) dann nicht stattzufinden, wenn der nicht gedeckte Kostenteil
  - von der beschließenden Mehrheit getragen wird

    oder
  - wenn es sich um eine Verbesserung handelt, die auch unter Berücksichtigung der fehlenden Kostendeckung in der Rücklage allen Wohnungseigentümern eindeutig zum Vorteil gereicht.
- Würde die Veränderung nur zu einer Beeinträchtigung des Antragstellers führen, die finanziell ausgeglichen werden kann, so hat das Gericht auszusprechen, dass die Veränderung nur gegen Entrichtung einer ziffernmäßig festzusetzenden angemessenen Entschädigung vorgenommen werden darf (§ 29 Abs 4 WEG).

Nach den Regeln des § 29 WEG ist der Mehrheitsbeschluss somit grundsätzlich rechtswirksam, kann jedoch - innerhalb der Anfechtungsfrist(en) gemäß Abs 1 leg cit (bzw gemäß § 24 Abs 6 WEG, sofern die Anfechtung aus den dort genannten Gründen erfolgt; siehe dazu schon oben ab S 237) - über entsprechenden Antrag und unter den in Abs 2 bis 4 leg cit (bzw in § 24 Abs 6 WEG) genannten Voraussetzungen vom Gericht aufgehoben werden.

⇒ Auch die Anfechtung eines Beschlusses über eine Maßnahme der außerordentlichen Verwaltung erfolgt im Außerstreitverfahren (§ 52 Abs 1 Z 5 WEG).

⇒ Kraft des in § 24 Abs 6 WEG enthaltenen Verweises auf § 29 WEG sind die Regelungen über die Anfechtung eines Beschlusses über Maßnahmen der außerordentlichen Verwaltung ebenfalls nur auf Beschlüsse der Eigentümergemeinschaft anzuwenden, soweit sie nach dem 30.6.2002 bekannt gemacht wurden; andernfalls gilt § 13b Abs 4 WEG 1975 (iVm § 14 Abs 3 WEG 1975) weiter (§ 56 Abs 9 WEG).

Zu den Kriterien der Aufhebung eines Beschlusses gemäß § 29 Abs 1 WEG im Einzelnen:

⇒ Die Judikatur zu § 14 Abs 3 WEG 1975 ist weiterhin anwendbar.

- Übermäßige Beeinträchtigung

  Das Gesetz unterscheidet erkennbar zwischen Beeinträchtigungen, die jedenfalls zur Aufhebung des Beschlusses führen und solchen, die gegen finanziellen Ausgleich hingenommen werden müssen.

  ⇒ Der in § 14 Abs 4 WEG 1975 enthaltene Verweis auf § 8 Abs 3 MRG findet sich in § 29 Abs 4 WEG nicht mehr (weil - so die Materialien - die Anknüpfung wegen des in § 8 Abs 3 MRG erwähnten grob fahrlässigen Verstoßes gegen die Schonungspflicht zum Teil unpassend war).
  Damit bleibt aber nun offen, ob auch ein finanzieller Ausgleich für immaterielle Nachteile des Wohnungseigentümers erfolgen kann.

  ⇒ Höchstgerichtliche Judikatur zur Ausgleichszahlung (nach § 14 Abs 4 WEG 1975) liegt - soweit überschaubar - nicht vor.

  ⇒ Die Rechtsprechung hat in der Anbringung einer Mobilfunkantenne auf dem Flachdach keine übermäßige Beeinträchtigung des Wohnungseigentümers der unmittelbar darunter liegenden Wohnung erblickt. Die Furcht des Antragstellers vor einer unbewiesenen Gesundheitsbeeinträchtigung und die damit verbundene psychische Belastung stellen gegenüber dem Vorteil der Eigentümergemeinschaft (Mieteinnahme) keine übermäßige Beeinträchtigung dar (auf Fragen einer Ausgleichszahlung wurde in der Entscheidung nicht eingegangen).[919]

  ⇒ Auch der Verlust der Empfangsmöglichkeit eines Fernsehprogramms (Eurosport) stellt keine übermäßige Beeinträchtigung dar.[920]

  ⇒ Die subjektiven Interessen jener Miteigentümer, die das Gericht nicht angerufen haben, bleiben unberücksichtigt, weil die geplante Veränderung nur den oder die „Antragsteller" nicht übermäßig beeinträchtigen darf.[921]

  ⇒ Bei der gebotenen Abwägung, ob überstimmte Wohnungseigentümer durch eine mehrheitlich beschlossene Verbesserung übermäßig beeinträchtigt werden, sind sowohl materielle wie ideelle Interessen zu berücksichtigen. Auch finanzielle Belastungen des Antragstellers, die über die Schmälerung der vorhandenen Rücklage hinausgehen, können unzumutbar sein.[922]

- Kostendeckung aus der Rücklage

  Es reicht nicht aus, dass die Kosten rechnerisch in der vorhandenen Rücklage Deckung finden; vielmehr ist auch die Prüfung anzustellen, ob durch die Schmälerung der Rücklage die Finanzierung von - absehbaren - Erhaltungsarbeiten gefährdet ist.

  ⇒ Auch hier handelt es sich um einen unbestimmten Gesetzesbegriff, der dem Rechtsanwender einen gewissen Beurteilungsspielraum eröffnet. Soweit erkennbar, wurde die Frage der Absehbarkeit (vgl § 14 Abs 3 Z 1 WEG 1975) vom OGH noch nicht judiziert (siehe dazu auch oben S 196).

  ⇒ Die Regelung führt zu dem Ergebnis, dass nur eine „hoch dotierte" Rücklage die Finanzierung von Veränderungen iSd § 29

[919] OGH 5.9.2000, 5 Ob 217/00y (= EWr II/14/77 ff).
[920] OGH 27.8.2002, 5 Ob 157/02b (= EWr II/14/91 ff).
[921] OGH 11.11.1997, 5 Ob 159/97m (= EWr II/14/50 f).
[922] OGH 15.6.1999, 5 Ob 124/99t (= EWr II/14/60 ff).

WEG unproblematisch macht (worin auch eine gewisse Gefahr einer Überdotierung der Rücklage liegt).

- Kostenübernahme durch die beschließende Mehrheit
  Ungeachtet des diesbezüglich missverständlichen Gesetzestextes kann die Mehrheit auch die gesamten Kosten übernehmen (und nicht nur den „nicht gedeckten Kostenanteil").
  ⇒ Die Finanzierung durch die Mehrheit führt dazu, dass für diese Beträge jedenfalls eine gesonderte Vorschreibung und Einhebung erfolgen muss.
  ⇒ Als unbedenklich angesehen werden kann der erzielbare Einfluss der die Zahlung übernehmenden Wohnungseigentümer auf das Stimmverhalten der Gemeinschaftsmitglieder („Stimmenkauf").[923]
- Verbesserung zum eindeutigen Vorteil aller Wohnungseigentümer
  Dieser Fall geht davon aus, dass
  - weder die Mehrheit die Kosten allein trägt
  - noch die Rücklage ausreichend dotiert ist
    und
  - eine Verbesserung geplant ist,
  - die allen Wohnungseigentümern zum eindeutigen Vorteil gereicht.

  Wenn die Verbesserung auch nur einem Wohnungseigentümer nicht zum eindeutigen Vorteil gereicht, darf sie nicht durch eine Sondervorschreibung, die alle Wohnungseigentümer belastet, finanziert werden.
  ⇒ Das WEG hat die vormalige Regelung des § 14 Abs 3 Z 3 WEG 1975[924] durch die Einfügung des Wortes „eindeutig" noch verschärft (und ihr damit vermutlich nahezu jeden Anwendungsbereich endgültig verschlossen).
  ⇒ An die Beurteilung des „eindeutigen Vorteils" ist ein objektiver Maßstab anzulegen.[925]
  Beispiele:
  - Der erstmalige Einbau einer Gegensprechanlage ist objektiv betrachtet eindeutig ein Vorteil; subjektiv für den Wohnungseigentümer einer Ordination aber möglicherweise nicht.
  - Der Kinderspielplatz stellt sicher einen - eindeutigen - Vorteil für (viele) Wohnungseigentümer mit Kindern dar; nicht aber für jene, die (im Moment) keinen Bedarf daran haben (oder die durch Lärm beeinträchtigt würden).
  - Eindeutig indes der beabsichtigte Einbau eines Aufzugs, der idR (zumindest dann, wenn keine allgemeinen Einrichtungen wie Waschküche, Trockenboden, Tiefgarage etc mit dem Lift erschlossen werden) weder subjektiv noch objektiv betrachtet einen - noch dazu eindeutigen - Vorteil für den Wohnungseigentümer mit einem im Erdgeschoss des Hauses situierten Wohnungseigentumsobjekt bewirkt.

  ⇒ Grundsätzlich gilt aber: Bei einer allen Miteigentümern zum Vorteil gereichenden Verbesserung, bei der sämtliche Mit- und Wohnungseigentümer nicht nur von einer besseren Benützbarkeit, sondern etwa auch von der Wertsteigerung ihrer Wohnungsei-

---

923 OGH 31.3.2003, 5 Ob 43/03i (= EWr II/14/104).
924 Noch zur Rechtslage nach WEG 1975: OGH 24.1.2006, 5 Ob 296/05y (= EWr W/29/11 ff).
925 OGH 24.1.2006, 5 Ob 296/05y (= EWr W/29/11 ff).

gentumsobjekte profitieren, verliert die individuelle Belastung eines mit der Verbesserung nicht einverstandenen Miteigentümers tendenziell an Bedeutung.[926]

⇒ Im Mehrheitsbeschluss über die Befriedigung allfälliger Verwendungsansprüche von Wohnungseigentümern könnte - wegen der damit möglichen Vermeidung von Rechtsstreitigkeiten zwischen Miteigentümern und der Eigentümergemeinschaft - letztlich eine allen Miteigentümern zum Vorteil gereichende Maßnahme gesehen werden.[927]

Ein ordnungsgemäß zustande gekommener Mehrheitsbeschluss ist gegen die Minderheit im Klagsweg durchzusetzen,[928] wenn von dieser eine geforderte Leistung verweigert wird (zB Abgabe einer Willenserklärung, Unterfertigung von Einreichplänen).

⇒ Glaubt die Mehrheit der Wohnungseigentümer, dass sich die Minderheit zu Unrecht weigert, einer von ihr zulässig beschlossenen Maßnahme nachzukommen, so kann sie deren Durchsetzung mangels einer Vergleichsnorm, nach der dies im außerstreitigen Verfahren zu geschehen hätte, nur durch Klage erzwingen.[929]

3) Minderheitsrechte und Anzeigepflicht des einzelnen Wohnungseigentümers
(§ 30 WEG)

a) Allgemeines

Anders als nach § 833 ABGB ist im Wohnungseigentumsrecht die Minderheit auch von der ordentlichen Verwaltung der Liegenschaft nicht ausgeschlossen.

Zwar entscheidet auch hier gemäß § 28 WEG die Mehrheit, doch kann die Minderheit in bestimmten Fällen - jenen des § 30 WEG - den Außerstreitrichter um Entscheidung anrufen.
Damit werden Entscheidungen der Mehrheit einer gerichtlichen Kontrolle unterworfen.

Die Individualrechte des einzelnen Wohnungseigentümers gehen aber insoweit über die Möglichkeit zur bloßen Reaktion (auf ein Verhalten der Mehrheit bzw des von dieser bestellten Verwalters) hinaus, als sie dem Wohnungseigentümer auch ein aktives Handeln (über Antrag und sodann Veranlassung des Außerstreitrichters) ermöglichen (sofern die Mehrheit bzw der Verwalter keine Handlungen setzt).

⇒ Die Normen des WEG erweitern sohin (gemessen an den Regelungen des ABGB) die Rechte des Minderheitseigentümers.[930]

- Das WEG hat insofern (gegenüber dem WEG 1975) ein neues Spannungsfeld zwischen den Individualrechten des § 30 WEG (vormals § 13a WEG 1975) und der Möglichkeit zur Beschlussanfechtung gemäß §§ 24 Abs 6 und 29 WEG (vormals §§ 13b und 14 Abs 3 WEG

---

[926] Zuletzt (aber noch zum WEG 1975): OGH 24.1.2006, 5 Ob 296/05y (= EWr W/29/11 ff).
[927] OGH 24.1.2006, 5 Ob 296/05y (= EWr W/29/11 ff).
[928] OGH 30.9.1997, 5 Ob 369/97v (= EWr II/14/49).
[929] OGH 22.9.1993, 5 Ob 76/93 (= EWr II/14/7 ff).
[930] OGH 27.10.1992, 5 Ob 85/92 (= EWr II/15/5).

1975) geschaffen, als es nunmehr auch bei der Beschlussanfechtung eine inhaltliche (materielle) Kontrolle durch das Gericht grundsätzlich zulässt.

⇒ Dem Wohnungseigentümer eröffnet sich damit uU die Wahl, die Änderung des ungewünschten Mehrheitswillens mit Wirkung ex tunc (Beschlussanfechtung) oder mit Wirkung ex nunc (Ausübung des Antragsrechts nach § 30 WEG) herbeizuführen.
Dieser Dualismus ist unnotwendig und kann der Rechtssicherheit nicht zuträglich sein.

⇒ Siehe dazu auch oben ab S 239 (244).

Antragsgegner der im außerstreitigen Verfahren (§ 52 Abs 1 Z 3 WEG) geltend zu machenden Ansprüche sind

- die übrigen Wohnungseigentümer
  (§ 30 Abs 1 Satz 1 erster Halbsatz WEG);

  ⇒ Es entspricht der Rechtsprechung zum WEG 1975, dass nicht die Eigentümergemeinschaft im Verfahren um Durchsetzung von Individualrechten passiv legitimiert ist.[931]
  Allerdings unterschied die frühere Rechtsprechung zwischen Antragsgegnern und Beteiligten[932], während das WEG nun - sieht man von den in § 30 Abs 1 Z 5 WEG genannten Angelegenheiten (siehe sogleich unten) ab - ausnahmslos (siehe auch § 24 Abs 6 WEG und § 29 Abs 1 WEG) alle übrigen Wohnungseigentümer als passiv legitimiert ansieht (siehe dazu auch oben S 239 f).

  ⇒ Die in der Nichtbeiziehung einer Partei gelegene Nichtigkeit wird aber bereits dann geheilt, wenn dieser der über die Rechtssache ergangene Sachbeschluss zugestellt wird, von ihr aber trotz der Möglichkeit eines Rekurses unbekämpft bleibt.[933]

- Der Verwalter, in Angelegenheiten betreffend
  (§ 30 Abs 1 Satz 1 zweiter Halbsatz WEG iVm § 30 Abs 1 Z 5 WEG)
  - Verstöße gegen § 20 Abs 2 bis 7 WEG, wenn ihm die Einhaltung seiner Pflichten aufgetragen werden soll
    oder
  - Auflösung des Verwaltungsvertrags wegen grober Verletzung der Verwalterpflichten

    ⇒ Die Passivlegitimation des Verwalters wurde erst mit der WRN 2006 in das Gesetz eingefügt (davor waren - schwer nachvollziehbar - auch die den Verwalter betreffenden Pflichtverstöße von den Wohnungseigentümern untereinander auszutragen).

    ⇒ Auch in den Angelegenheiten betreffend Pflichtverstöße des Verwalters sind alle übrigen Wohnungseigentümer dem Verfahren als Partei beizuziehen (die sodann den Antragsteller oder den Verwalter unterstützen können).

---

[931] OGH 26.9.1995, 5 Ob 116/95 (= EWr II/13c/1 ff);
OGH 12.6.1996, 5 Ob 2151/96a (= EWr II/14/28 ff).
[932] OGH 2.9.1997, 5 Ob 2148/96k (= EWr II/14/45 ff);
OGH 9.12.1997, 5 Ob 268/97s (= EWr II/13c/44 ff);
OGH 15.6.1999, 5 Ob 162/99f (= EWr II/13/127 f) ua.
[933] Vgl zB OGH 10.12.1992, 5 Ob 1086/92 (= EWr II/26/10);
OGH 15.12.1992, 5 Ob 149/92 (= EWr I/37/28);
OGH 30.6.1992, 5 Ob 104/92 (= EWr I/37/19).

b) Individualrechte
(§ 30 Abs 1 WEG)

Gemäß § 30 Abs 1 WEG kann jeder Wohnungseigentümer - über die Rechte zur Anfechtung von Beschlüssen nach § 24 Abs 6 WEG und § 29 WEG hinaus - mit einem gegen die übrigen Wohnungseigentümer bzw den Verwalter (siehe oben) zu richtenden Antrag die Entscheidung des Gerichts in folgenden Angelegenheiten verlangen:

⇒ Die Auflistung galt im WEG 1975 (§ 13a Abs 1 WEG 1975) als taxativ[934] (und ist mE auch in § 30 Abs 1 WEG als solche anzusehen).

- Durchführung von Arbeiten im Sinne des § 28 Abs 1 Z 1 WEG binnen einer angemessenen Frist (Z 1).

⇒ Dabei handelt es sich um die ordnungsgemäße Erhaltung der gemeinsamen Teile und Anlagen der Liegenschaft iSd § 3 MRG[935] (etwas präzisiert durch § 28 Abs 1 Z 1 WEG).

⇒ Der Wohnungseigentümer ist sohin - anders als der schlichte Minderheitseigentümer nach ABGB - in der Lage, der Säumnis der Mehrheit bei der Erhaltung der gemeinschaftlichen Sache wirksam entgegenzutreten und Erhaltungsmaßnahmen zu erzwingen.[936]

⇒ Es existiert aber kein Individualrecht des Wohnungseigentümers auf Verhinderung oder Aufschiebung solcher Arbeiten.[937]

⇒ Angesichts der Zugrundelegung eines weiten („dynamischen“ oder „elastischen“) Erhaltungsbegriffs ist es zu einer Ausdehnung des Bereichs der ordentlichen Verwaltung iSd § 28 Abs 1 Z 1 WEG gekommen. Daher bedarf die auf diese Vorschrift verweisende Regelung des § 30 Abs 1 Z 1 WEG insoferne der Einschaltung eines Korrektivs, als der einzelne Wohnungseigentümer nur solche Arbeiten (bei Untätigkeit der Mehrheit) mit Hilfe des Gerichts durchsetzen kann, die auch unter dem Aspekt der Dringlichkeit sowie unter Beachtung wirtschaftlicher Kriterien (Finanzierbarkeit) geboten scheinen. Fällt die Abwägung des Gerichts für den Antragsteller negativ aus, hat es bei der - grundsätzlichen - Zuständigkeit der Mehrheit für die Veranlassung von Erhaltungsarbeiten zu bleiben.[938] (!!)

⇒ Erhaltungsarbeiten (auf Kosten der Gemeinschaft) im Inneren des Wohnungseigentumsobjekts, die nur der Beseitigung einer (erheblichen) Gesundheitsgefährdung - und nicht auch (zugleich) der Behebung eines ernsten Schadens (an der Substanz des Gebäudes) - dienen, können ungeachtet der Erweiterung (der Vermieterpflichten) in § 3 MRG durch die WRN 2006 vom einzelnen Wohnungseigentümer nicht durchgesetzt werden (vgl die durch die WRN 2006 nicht veränderte Regelung des § 28 Abs 1 Z 1 WEG, in der nur von der Erhaltung der allgemeinen Teile der

---

[934] OGH 13.12.1994, 5 Ob 133/94 (= EWr II/13a/1 f).
[935] OGH 12.6.1996, 5 Ob 2151/96a (= EWr II/14/28 ff); OGH 15.6.1999, 5 Ob 162/99f (= EWr II/13/127 f) ua.
[936] OGH 15.9.1998, 5 Ob 180/98a (= EWr III/364 A/11 ff).
[937] OGH 13.12.1994, 5 Ob 133/94 (= EWr II/13a/1 f).
[938] OGH 11.12.2001, 5 Ob 210/01w (= EWr II/13a/23 ff).

Liegenschaft und der Beseitigung ernster Schäden des Hauses in einem Wohnungseigentumsobjekt - nicht aber auch von der erheblichen Gesundheitsgefährdung - die Rede ist).

- Bildung einer angemessenen Rücklage sowie angemessene Erhöhung oder Senkung des bereits festgelegten Beitrags zur Rücklage (Z 2).
  - ⇒ Zur Antragstellung sind auch diejenigen Wohnungseigentümer legitimiert, die seinerzeit der Bildung der Rücklage ausdrücklich zugestimmt haben.[939]
  - ⇒ Legitimiert zur Antragstellung ist auch der Fruchtgenussberechtigte an Miteigentumsanteilen, mit denen Wohnungseigentum verbunden ist.[940]
  - ⇒ Dem Verwalter kommt im Verfahren über die Rücklagenbildung keine Parteistellung zu; der Antrag ist gegen die übrigen Wohnungseigentümer der Liegenschaft zu richten[941] (es sei denn, der Fall des mit der WRN 2006 neu eingefügten § 52 Abs 2 Z 1 letzter HS WEG, also die Beurteilung eines Verhaltens des Verwalters, läge vor – siehe unten S 387).
  - ⇒ § 30 Abs 1 Z 2 WEG bildet sowohl die Rechtsgrundlage für überstimmte Wohnungseigentümer, die die Bildung einer Rücklage überhaupt bekämpfen oder die die Bildung einer Rücklage in einer bestimmten Höhe, die gegen ihren Willen beschlossen (oder vom Verwalter festgesetzt) wurde, anfechten wollen, als auch für das Begehren eines jeden Wohnungseigentümers auf Erhöhung oder Verminderung der einmal beschlossenen (oder vom Verwalter festgesetzten) Rücklage.[942]
  - ⇒ Bis zu einer abändernden oder aufhebenden Entscheidung des Gerichts aufgrund eines entsprechenden Antrags bleibt der Mehrheitsbeschluss über die Rücklage wirksam.[943]
- Gewährung von Ratenzahlung durch die Mehrheit, soweit dem Wohnungseigentümer
  - die sofortige Entrichtung des auf seinen Anteil entfallenden Teiles der durch die Rücklage nicht gedeckten Kosten
  - einer in längeren als einjährigen Abständen wiederkehrenden Erhaltungsarbeit
  - ohne Teilzahlungsmöglichkeit unmöglich oder unzumutbar ist; wobei
    - die Rückzahlung in monatlichen, den Verteilungszeitraum von zehn Jahren nicht übersteigenden Raten zu erfolgen hat und
    - die Verrechnung des ortsüblichen Hypothekarzinssatzes gestattet ist (Z 3).

---

[939] OGH 30.6.1992, 5 Ob 125/91 (= EWr II/15/3 f).
[940] OGH 30.6.1992, 5 Ob 125/91 (= EWr II/15/3 f).
[941] OGH 30.6.1992, 5 Ob 125/91 (= EWr II/15/3 f)
[942] Vgl hierzu bzw zu den identen früheren Bestimmungen (§ 13a Abs 1 Z 2 WEG 1975 bzw § 15 Abs 1 Z 2 WEG 1975 idF vor dem 3.WÄG): OGH 30.6.1992, 5 Ob 125/91 (= EWr II/15/3 f).
[943] OGH 30.9.1997, 5 Ob 367/97z (= EWr II/16/4 ff).

⇒ Weggefallen mit der WRN 2006 ist die vormalige Bedingung zur Bestellung einer Hypothek am Miteigentumsanteil des Darlehensnehmers (weil die Sicherheit der Gemeinschaft ohnedies durch das Vorzugspfandrecht gemäß § 27 WEG gegeben ist).
Die Bezeichnung „Hypothekarzinsen" wurde deshalb beibehalten, um damit zum Ausdruck zu bringen, dass kein Anspruch des Wohnungseigentümers auf Gewährung eines zinsenlosen Darlehens besteht.

⇒ Die Regelung hat (derzeit) nur verhältnismäßig geringe praktische Bedeutung, dies könnte sich aber angesichts des steigenden Sanierungsbedarfs vieler Wohnungseigentumsanlagen ändern.

- Abschluss einer angemessenen Feuer- und Haftpflichtversicherung (Z 4).
- Auftrag an den Verwalter - bei Verstößen gegen § 20 Abs 2 bis 7 WEG - zur Einhaltung dieser Pflichten sowie
Auflösung des Verwaltungsvertrags wegen grober Verletzung der Pflichten des Verwalters (Z 5).

⇒ Z 5 wurde mit der WRN 2006 etwas umformuliert.
Das Zitat des § 20 Abs 7 WEG stellt klar, dass auch die nun ausdrücklich im Gesetz erwähnten Informationspflichten des Verwalters (siehe oben S 203 f) von jedem Wohnungseigentümer im Außerstreitverfahren durchgesetzt werden können.

⇒ Obwohl Z 5 leg cit idF der WRN 2006 (anders als Z 6 idF vor der WRN 2006) nun nicht mehr explizit auch den vorläufigen Verwalter erwähnt, ist davon auszugehen, dass dieser ebenso über Antrag eines Wohnungseigentümers im Außerstreitverfahren abberufen werden kann.
ME wäre die Regelung analog auch anzuwenden auf die allfällige Abberufung des Eigentümervertreters (§ 22 WEG).

⇒ Jedenfalls ist nun der Verwalter in den in Z 5 lec cit erwähnten Angelegenheiten - neben allen übrigen Wohnungseigentümern - dem Verfahren als Partei beizuziehen (siehe oben S 288).[944]

⇒ Neben dem Antrag nach § 30 Abs 1 Z 5 WEG enthält das Gesetz in § 34 Abs 3 WEG noch eine weitere Antragsmöglichkeit - verbunden mit einer Sanktion (Geldstrafe) - bei Verstößen gegen die Abrechnungspflichten.
Das Verhältnis dieser beiden Anträge zueinander scheint unklar (besteht ein Wahlrecht des Wohnungseigentümers, die Durchsetzung der Rechnungslegung - je nach gewähltem Antrag [was wohl nur nach der Formulierung bzw dem Zitat der Gesetzesstelle festgestellt werden könnte] - mit oder ohne Sanktion zu begehren?).

⇒ Der Antrag auf Auflösung des Verwaltungsvertrags muss nicht - kann aber[945] - verbunden werden mit dem Antrag auf Ersetzung durch einen anderen Verwalter.

- Bestellung eines Verwalters (§§ 19 ff WEG) oder eines vorläufigen Verwalters (§ 23 WEG) (Z 6).

[944] Für die Antragstellung auch gegen den Verwalter freilich schon: OGH 18.2.1992, 5 Ob 51/91 (= EWr II/18/4).
[945] OGH 24.4.2001, 5 Ob 75/01t (= EWr II/18/36 f).

⇒ Ungeachtet der allfälligen besonderen Dringlichkeit der Verwalterbestellung kommt auch in diesem Verfahren allen Miteigentümern Parteistellung zu und ist ihnen zumindest im Zusammenhang mit der Auswahl der Person des Verwalters Gelegenheit zur Stellungnahme zu geben; eine sofortige Entscheidung ohne Anhörung der Gegenseite ist unzulässig.[946]

⇒ Ein gemeinsamer Verwalter ist zu bestellen, wenn eine Selbstverwaltung durch die Miteigentümer nicht möglich oder nicht tunlich ist und die Bestellung im Interesse aller Miteigentümer liegt.[947]

- Aufhebung oder Änderung jener Bestimmungen der Hausordnung, die
  - schutzwürdige Interessen des Antragstellers verletzen oder
  - ihm bei billigem Ermessen unzumutbar sind (Z 7).

⇒ § 30 Abs 1 Z 7 WEG normiert nach der Rechtsprechung (zur identen Regelung des § 13a Abs 1 Z 7 WEG 1975) weder einen Anspruch der Minderheit auf erstmalige Erlassung einer Hausordnung noch einen solchen auf Ersetzung einzelner Bestimmungen einer von der Mehrheit beschlossenen Hausordnung durch andere Regelungen; es kann lediglich die Beseitigung oder Einschränkung einer von der Mehrheit beschlossenen Hausordnung begehrt werden.[948]

⇒ Eine Hausordnung regelt das Zusammenleben der Hausbewohner[949] (hingegen ist Gegenstand einer Benützungsregelung (§ 17 WEG) die Zuweisung verfügbarer gemeinsamer Teile zur ausschließlichen oder gemeinsamen Benützung an Miteigentümer[950]).

⇒ Zum regelmäßigen Inhalt einer Hausordnung zählt beispielsweise auch eine Bestimmung, ob und wann die Eingangstür eines im Wohnungseigentum stehenden Hauses versperrt zu halten ist, wobei die Regelung auch durch den Einbau eines besonderen Türschließmechanismus erfolgen kann. Über Antrag eines Wohnungseigentümers ist vom Gericht zu prüfen, ob dadurch schutzwürdige Interessen einzelner Wohnungseigentümer verletzt werden oder ob diesen die Maßnahme (Einbau eines besonderen Türschließmechanismus) unzumutbar ist.[951]

⇒ Gegenstand einer Hausordnung kann nach der Judikatur weiters sein:[952]
- Lüften (Öffnen der Fenster) im Stiegenhaus;
Benützung von Musikinstrumenten, Tonübertragungs- und Tonwiedergabegeräten (zeitliche Einschränkung).

- Feststellung der Unwirksamkeit jener Bestimmungen einer Gemeinschaftsordnung, die § 26 WEG widersprechen (Z 8).

⇒ Die mit der WRN 2006 vorgenommene Umformulierung der Z 8 leg cit bringt nun deutlich zum Ausdruck, dass es sich um einen Feststellungsantrag handelt.

---

[946] OGH 24.9.1996, 5 Ob 2102/96w (= EWr II/17/50 ff).
[947] OGH 27.10.1992, 5 Ob 85/92 (= EWr II/15/5).
[948] OGH 13.4.1999, 5 Ob 54/99y (= EWr II/123a/11 ff).
[949] OGH 14.9.1993, 5 Ob 1049/93 (= EWr II/14/5 f).
[950] OGH 24.10.1995, 5 Ob 133/95 (= EWr II/13a/3 ff).
[951] OGH 8.10.1991, 5 Ob 891/91 (= EWr II/15/1 f).
[952] OGH 24.10.1995, 5 Ob 133/95 (= EWr II/13a/3 ff).

⇒ Ein Antrag (Individualrecht) auf Schaffung einer Gemeinschaftsordnung ist (weiterhin) nicht vorgesehen.

- Aufkündigung eines nach § 28 Abs 1 Z 8 WEG geschlossenen Mietvertrags über einen Kraftfahrzeug-Abstellplatz,
  jedoch nur unter den weiteren Voraussetzungen, dass der Antragsteller
  - Wohnungseigentümer einer Wohnung oder sonstigen selbständigen Räumlichkeit der Liegenschaft ist
    und
  - seinerseits Bedarf vorliegt (Z 9).

⇒ Voraussetzung für die auf diese Bestimmung gestützte Aufkündigung ist, dass der Mieter der Kfz-Abstellfläche nicht Miteigentümer der Liegenschaft ist.

⇒ Das dem Wohnungs(minderheits)eigentümer mit der Z 9 eingeräumte Antragsrecht soll sicherstellen, dass ihm ein zur Liegenschaft gehöriger Kfz-Abstellplatz auch dann zu Gute kommen kann, wenn die Mehrheit nicht bereit ist, den mit einem Dritten (= nicht Miteigentümer) abgeschlossenen Mietvertrag aufzukündigen.

⇒ Die Entscheidung des Außerstreitrichters ersetzt die erforderliche Mehrheit zur Einbringung der Aufkündigung, nicht jedoch die gerichtliche Kündigung selbst.

⇒ An den "Eigenbedarf" des Wohnungseigentümers sind nicht die strengen Anforderungen der Judikatur zu § 30 Abs 2 Z 8 und 9 MRG zu stellen, weil andernfalls dem Zweck der besonderen Kündigungsmöglichkeit nach dem WEG (= Stärkung der Rechte des Wohnungseigentümers, Nutzung aller verfügbaren Teile der Liegenschaft - bevorzugt - durch Wohnungseigentümer) nicht wirklich entsprochen werden könnte.

⇒ Z 9 zitiert zwar (nur) § 28 Abs 1 Z 8 WEG, betrifft aber wohl (jedenfalls) ein Individualrecht des antragstellenden Wohnungseigentümers (einer Räumlichkeit auf der Liegenschaft) zur Durchsetzung der in § 28 Abs 2 Satz 1 WEG erwähnten Kündigung (wie bzw ob - angesichts des Zitats der Z 8 in § 28 Abs 1 WEG - die bedarfsqualifizierte Kündigung des Mietvertrags eines anderen Wohnungseigentümers über einen Kfz-Abstellplatz individuell im Außerstreitverfahren erwirkt werden kann, bleibt - sofern nicht gerade die „Dominatorregelung" des § 30 Abs 2 WEG zur Anwendung gelangt [siehe dazu sogleich unten] - offen).

c)
Spezieller Schutz des Minderheitseigentümers („Dominatorregelung")
(§ 30 Abs 2 WEG)

Diese Regelung dient dem speziellen Schutz des (Minderheits-)Wohnungseigentümers gegenüber dem einzelnen Wohnungseigentümer, der die Mehrheit der Miteigentumsanteile hat.

⇒ Die Vorschrift ist somit - anders als jene des Abs 1 leg cit - keine allgemeine Schutzbestimmung zu Gunsten der Minderheit gegen die Mehrheit (der übrigen Wohnungseigentümer), sondern stellt ausdrücklich ab auf den Fall des - allenfalls dominierenden - (Mehrheits-)Wohnungseigentümers („Dominatorregelung").

⇒ Während § 30 Abs 1 WEG nur in speziellen (wenn auch vielen) Fällen die Anrufung des Außerstreitrichters gestattet, schafft Abs 2 leg cit eine Art Generalklausel, die aber eingeschränkt ist auf die spezielle Miteigentumskonstellation Minderheitseigentümer versus (einen) Mehrheitseigentümer.

⇒ Ausgehend davon, dass § 30 Abs 1 WEG ohnedies die Anrufung des Außerstreitrichters in den meisten die Wohnungseigentumsanlage betreffenden (wichtigen) Angelegenheiten gestattet, ist die inhaltliche Erweiterung durch die „Generalklausel" nicht allzu umfangreich.
Denkbar wäre aber etwa ein Antrag, mit dem die Verhinderung einer Erhaltungsarbeit oder die erstmalige Schaffung einer Hausordnung (beides nach der Rechtsprechung nicht durch Abs 1 leg cit gedeckt[953]) gefordert wird.

⇒ Unter Bezugnahme auf die Dominatorregelung hat die Rechtsprechung der Anfechtung eines Beschlusses stattgegeben, mit dem der dominierende Mehrheitseigentümer (rund 85 % der Anteile) festlegen wollte, die Eigentümerversammlung nur im Abstand von fünf Jahren abzuhalten.[954]

- Der Anteilsmehrheit eines einzelnen Wohnungseigentümers ist es allerdings gleichzuhalten, wenn die Mehrheit der Miteigentumsanteile im Eigentum mehrerer Personen steht, die miteinander durch ein
  - familiäres
    oder
  - wirtschaftliches

  Naheverhältnis verbunden sind.

  ⇒ Zum familiären/wirtschaftlichen Naheverhältnis siehe S 198 f.

Der (Minderheits-)Wohnungseigentümer kann das Gericht - auch wenn es sich nur um eine Maßnahme der ordentlichen Verwaltung handelt (§ 28 Abs 1 WEG) - anrufen, sofern der einzelne (Mehrheits-)Wohnungseigentümer (bzw die durch ein familiäres oder wirtschaftliches Naheverhältnis verbundene Mehrheit der Wohnungseigentümer)

- zu (seinem) unverhältnismäßigen Nachteil
- Maßnahmen
  - trifft oder unterlässt bzw
  - dem Verwalter aufträgt oder untersagt.

⇒ Nicht jeder Nachteil, sondern nur ein „unverhältnismäßiger" ermöglicht die Anrufung des Gerichts. Darunter ist mE (nur) ein Nachteil zu verstehen, der auch unter Berücksichtigung der aus dem Miteigentumsrecht entspringenden Beeinträchtigungen als unzumutbar angesehen werden muss.

⇒ Die Regelung erfasst nicht jede Interessenkollision zwischen Minderheits- und Mehrheitseigentümern. Es sollte nicht der Bereich der ordentlichen Verwaltung durch den Mehrheitseigentümer schlechthin der gerichtlichen Kontrolle unterworfen, sondern nur ein Instrumentarium zur Vermeidung einer missbräuchlichen Ges-

---

[953] OGH 13.12.1994, 5 Ob 133/94 (= EWr II/13a/1 f);
OGH 13.4.1999, 5 Ob 54/99y (= EWr II/123a/11 ff).

[954] OGH 30.8.2005, 5 Ob 138/05p (= EWr W/25/1 ff).

tion durch einen kraft seiner Anteilsmehrheit übermächtigen Miteigentümer geschaffen werden.[955]

⇒ Auch der Verwalter wird - gleichsam als „verlängerter Arm“ des Mehrheitseigentümers - expressis verbis in die Minderheitsschutzbestimmung einbezogen. Diese scheint sohin geradezu zugeschnitten auf den Fall des Abverkaufs einiger weniger Anteile durch den bisherigen Alleineigentümer (zB Wohnungseigentumsbegründung aus Anlass des Dachbodenverkaufs oder Abverkauf im Rahmen des WGG) unter Beibehaltung der (bisherigen) Verwaltung.

Der Antrag ist gegen den Mehrheitseigentümer (bzw die durch ein familiäres oder wirtschaftliches Naheverhältnis verbundene Mehrheit der Wohnungseigentümer) zu richten.

⇒ Anders als bei Anrufung des Gerichts gemäß § 30 Abs 1 WEG (bzw §§ 24 Abs 6 und 29 Abs 1 WEG) sind also im Fall des § 30 Abs 2 WEG nicht alle übrigen Wohnungseigentümer Antragsgegner (diesen kommt aber - sofern ihre Interessen durch die Entscheidung über den Antrag unmittelbar berührt werden könnten [was wohl idR anzunehmen sein wird] - gemäß § 52 Abs 2 Z 2 WEG Parteistellung zu; sinngemäß gilt dies auch für den Verwalter).

Im Fall einer bereits getroffenen oder aufgetragenen Maßnahme beträgt die Antragsfrist

- drei Monate
- ab Erkennbarkeit der Maßnahme.

⇒ Die Fristsetzung scheint konsequent.
Handelt es sich um ein Unterlassen, bedarf es keiner Frist für die Anrufung des Außerstreitrichters, sie kann jederzeit erfolgen.
Wurde eine Maßnahme aber bereits durchgeführt (oder dem Verwalter aufgetragen), so muss der Außerstreitrichter binnen drei Monaten ab Erkennbarkeit (bei sonstiger Präklusion) um Entscheidung angerufen werden.
Für den einzelnen Mehrheitseigentümer (bzw den Verwalter der Liegenschaft) kann daraus gefolgert werden, dass es jedenfalls geboten ist, auch bei Maßnahmen der ordentlichen Verwaltung den Minderheitseigentümer von vornherein in den Entscheidungsprozess aktiv einzubeziehen.

⇒ Die Materialien sehen die Erkennbarkeit - beispielsweise - (schon) in der Übermittlung der Vorausschau.

Das Gericht kann dem Mehrheitseigentümer (bzw der durch ein familiäres oder wirtschaftliches Naheverhältnis verbundenen Mehrheit der Wohnungseigentümer) die

- Unterlassung beabsichtigter,
- Rücknahme bereits getroffener oder
- Durchführung verabsäumter

Maßnahmen auftragen.

⇒ Damit werden - anders als seinerzeit in § 13a Abs 2 WEG 1975 - die Entscheidungsmöglichkeiten des Gerichts im Gesetzestext offengelegt.

---

[955] OGH 30.8.2005, 5 Ob 138/05p (= EWr W/25/1 ff).

d)
Anzeigepflicht; Schadenersatz
(§ 30 Abs 3 WEG)

§ 30 Abs 3 Satz 1 WEG normiert die Pflicht des Wohnungseigentümers,

- Schäden an den allgemeinen Teilen der Liegenschaft und
- ernste Schäden des Hauses in einem Wohnungseigentumsobjekt

bei sonstiger Schadenersatzpflicht ohne Verzug

- dem Verwalter oder
- dem vorläufigen Verwalter

anzuzeigen, sofern dieser nicht bereits Kenntnis von dem Schaden hat.

⇒ Auch aus der Regelung über die Anzeigepflicht leuchtet die Bezugnahme auf mietrechtliche Normen hervor. Während innerhalb des Wohnungseigentumsobjekts nur ernste Schäden der Anzeigepflicht unterliegen, sind bei allgemeinen Teilen der Liegenschaft alle Schäden anzuzeigen (was der - durch § 28 Abs 1 Z 1 WEG sinngemäß übernommenen - Erhaltungspflicht des Vermieters gemäß § 3 MRG entspricht).

⇒ Weder der Zustellbevollmächtigte gemäß § 23 Satz 2 WEG noch der Eigentümervertreter (§ 22 WEG) sind in § 30 Abs 3 WEG genannt; daher besteht diesen gegenüber keine Anzeigepflicht.

⇒ Von Mitgliedern einer Wohnungseigentümergemeinschaft wird verlangt, dass sie Gemeinschaftsinteressen wahrnehmen und aktiv um die Abwehr von Schäden für die Gemeinschaft bemüht sind (Treuepflichten der Miteigentümer).[956]

Bei Gefahr im Verzug darf jeder Wohnungseigentümer auch ohne Zustimmung der übrigen Miteigentümer die zur Abwehr notwendigen Maßnahmen treffen (§ 30 Abs 3 zweiter Satz WEG).

⇒ In (zumindest) anloger Anwendung des § 30 Abs 3 Satz 2 WEG (davor seit der WRN 1999 § 13a Abs 3 Satz 2 WEG 1975 und zuvor § 13a Abs 2 Satz 2 WEG 1975) hat die Rechtsprechung dem einzelnen (Minderheits-)Wohnungseigentümer bei Gefahr der Verfristung von Gewährleistungsansprüchen (hinsichtlich allgemeiner Teile der Liegenschaft) die (vorläufige) Klagslegitimation zugestanden und sah es als ausreichend an, wenn die bei Klagseinbringung noch fehlende Zustimmung der Mehrheit (unter Außerachtlassung der Anteile des gewährleistungspflichtigen Miteigentümers[957]) bis zum Schluss der Verhandlung eingeholt (oder durch den Außerstreitrichter ersetzt[958]) wurde.[959]
Die jüngste Rechtsprechung scheint - vernünftigerweise - davon auszugehen, dass es einer Zustimmung der übrigen Wohnungseigentümer zur Durchsetzung des (einzelvertraglichen) Gewährleistungsanspruchs gar nicht bedarf, wenn die Interessen der Gemeinschaft dadurch nicht (negativ) berührt werden (können).[960]

---

956 OGH 26.8.2003, 5 Ob 82/03z (= EWr W/30/1 ff).
957 OGH 8.7.1997, 5 Ob 147/97x (= EWr II/13a/7 ff).
958 OGH 24.10.2000, 5 Ob 253/00t (= EWr II/13a/17 ff); OGH 7.11.2000, 5 Ob 201/00w (= EWr II/13c/119 ff).
959 OGH 8.7.1997, 5 Ob 147/97x (= EWr II/13a/7 ff); OGH 2.9.1997, 5 Ob 2148/96k (= EWr II/14/45 ff); OGH 14.10.1997, 5 Ob 274/97y (= EWr II/13c/28 ff).
960 OGH 21.11.2000, 5 Ob 282/00g (= EWr II/24/25 ff).

4) Rücklage
(§ 31 WEG)

a) Allgemeines; Zweck der Rücklage

Die "Rücklage" ist eine Besonderheit des Wohnungseigentumsrechts.

Es handelt sich dabei um eine Art „Zwangs-Ansparsystem“ für (künftige) Aufwendungen auf die Liegenschaft.

⇒ Die Rücklage kann durchaus (auch) als Schutzvorschrift zu Gunsten des einzelnen Wohnungseigentümers angesehen werden. Durch das „Ansparsystem“ (regelmäßige Beitragszahlungen) sollen Zahlungsunfähigkeiten (einzelner Wohnungseigentümer) frühzeitig erkannt und - durch rechtzeitiges Eingreifen (etwa Klage der Eigentümergemeinschaft unter gleichzeitiger Geltendmachung des Vorzugspfandrechtes gemäß § 27 WEG) größere Zahlungsausfälle (zB im Fall einer teuren Großreparatur) verhindert werden.
Es sollen immer ausreichende Mittel vorhanden sein, um nicht nur die alltäglichen Auslagen, sondern auch die zeitlich nicht genau vorhersehbaren größeren Liegenschaftsaufwendungen bestreiten zu können.[961]

⇒ Darüber hinaus stellt die Rücklage den wichtigsten Haftungsfonds der Eigentümergemeinschaft dar und ist zugleich das primäre Exekutionsobjekt für deren Gläubiger (vgl § 18 Abs 3 WEG).

Die Bildung einer Rücklage ist durch § 31 Abs 1 WEG zwingend angeordnet.

- Sie steht weder dem Grunde noch der Höhe nach im Ermessen der Eigentümergemeinschaft oder des Verwalters.

  ⇒ Vgl Einleitungssatz des § 31 Abs 1 WEG: *„Die Wohnungseigentümer haben eine angemessene Rücklage zu bilden“.*

- Die Pflicht zur Dotierung der Rücklage trifft jeden einzelnen Wohnungseigentümer in gleicher Weise.

  ⇒ Kein Wohnungseigentümer ist berechtigt zu verlangen, auf Grund seiner besonderen persönlichen Verhältnisse von der Pflicht zur regelmäßigen Rücklagendotierung ausgenommen zu werden (gleichviel, ob es sich beim Wohnungseigentümer um eine natürliche oder juristische Person - etwa auch eine Gebietskörperschaft - handelt).

Zur Gewährleistung im Wohnungseigentum siehe auch jüngst
OGH 11.5.1999, 5 Ob 219/98m (= EWr II/13b/10 ff);
OGH 30.5.2000, 5 Ob 294/99t (= EWr II/13a/14 ff);
OGH 7.11.2000, 5 Ob 126/00s (= EWr II/24/22 ff);
OGH 10.7.2001, 5 Ob 296/00s (= EWr II/13c/146 ff);
OGH 26.2.2002, 5 Ob 28/02g (= EWr II/13c/174 ff);
OGH 9.4.2002, 5 Ob 31/02y (= EWr II/13c/177 f);
OGH 26.8.2003, 5 Ob 142/03y (= EWr II/13c/222 ff);
OGH 2.9.2003, 1 Ob 163/03g (= EWr W/18/6 ff);
OGH 9.12.2003, 5 Ob 165/03f (= EWr II/13c/228 ff);
OGH 15.6.2004, 5 Ob 181/03h (= EWr W/18/14 ff) ua.

[961] OGH 30.9.1997, 5 Ob 367/97z (= EWr II/16/4 ff).

⇒ Die Rücklage ist auch bei „gemischten Liegenschaften" (dh vor dem 1.7.2002 entstanden) ausnahmslos von allen - mithin also auch von den schlichten - Miteigentümern zu dotieren.

⇒ Da dem WEG eine dem § 21 Abs 3 letzter Satz MRG vergleichbare Vorschrift (wonach Schuldner des Negativsaldos aus der Abrechnung der Hauptmieter im Zeitpunkt der Abrechnung ist) fehlt, ist und bleibt Schuldner der Beträge zur Deckung der Liegenschaftsaufwendungen immer derjenige Mit- und Wohnungseigentümer, der im Zeitpunkt der Fälligkeit der Beitragsschuld im Grundbuch als Eigentümer des entsprechenden Anteils eingetragen ist bzw war.[962]

- Da die Regelungen des WEG immer auf eine bestimmte - einzige - Liegenschaft abstellen, ist auch die Rücklage immer für eine konkrete Liegenschaft zu bilden.

⇒ Dies ändert aber nichts daran, dass Vereinbarungen - auch im Wege sogenannter Additionsverträge - über den Beitrag der Miteigentümer mehrerer Liegenschaften zu gemeinsamen Einrichtungen getroffen werden können.[963]

⇒ Eine Vereinbarung der Miteigentümer mit dem Wohnungseigentumsorganisator, in der die ihnen vom Gesetz zustehenden Rechte über die Gestaltung und Verwendung der Rücklage beschränkt werden, ist rechtsunwirksam.[964]

- Für abweichende Abrechnungseinheiten und gesondert abzurechnende Anlagen (§ 32 Abs 6 WEG) können gesonderte Rücklagen gebildet werden.

⇒ Siehe dazu unten ab S 310.

Was die Höhe der Rücklage betrifft, bestimmt der Einleitungssatz des § 31 Abs 1 WEG, dass diese angemessen zu sein hat.

- Bei der Festlegung der Beiträge zur Rücklage ist auf die voraussichtliche Entwicklung der Aufwendungen Bedacht zu nehmen (§ 31 Abs 1 Satz 2 WEG).

⇒ Die voraussichtliche Entwicklung der Aufwendungen wiederum sollte der jährlich zu erstellenden Vorausschau (§ 20 Abs 2 WEG) zu entnehmen sein.

⇒ Damit gewinnt die Pflicht des Verwalters zur Legung der Vorausschau besondere Bedeutung.
Funktion der vom Verwalter zu erstellenden Vorausschau war es nach Lehre und Rechtsprechung zum WEG 1975, „bindende Grundlage für die im nächsten Jahr einzuhebenden Beiträge" zu sein;[965] diese Aussage trifft auch noch im neuen WEG zu, jedoch mit der Modifikation, dass nicht nur auf das nächste Jahr, sondern auf einen längeren Zeitraum abzustellen ist.

---

[962] OGH 23.11.2004, 5 Ob 247/04s (= EWr W/31/1 ff);
OGH 21.2.2006, 5 Ob 244/05a (= EWr W/32/18 f);
OGH 21.3.2006, 5 Ob 290/05s (= EWr W/31/8 ff) ua.

[963] OGH 5.7.1994, 5 Ob 78/93 = EWr II/16/1 ff.

[964] OGH 5.7.1994, 5 Ob 78/93 (= EWr II/16/1 ff).

[965] OGH 22.2.1994, 5 Ob 72/93 (= EWr II/17/32 ff).

Neu eingefügt mit dem WEG (gegenüber der vormaligen Regelung des § 16 WEG 1975) wurde der Zusatz, wonach die Rücklage zur Vorsorge für „künftige“ Aufwendungen zu bilden ist (§ 31 Abs 1 Satz 1 WEG).

⇒ Unter den Aufwendungen sind grundsätzlich nicht nur die Kosten von Erhaltungs- und Verbesserungsarbeiten, sondern sämtliche Bewirtschaftungskosten (Betriebs- samt Verwaltungskosten, Heizkosten, Darlehensrückzahlungen usw) zu verstehen.

⇒ Die Beifügung „künftige“ bringt indes zum Ausdruck, dass die Rücklage nicht zur (endgültigen) Abdeckung von Rückständen (das sind wohl vornehmlich nicht einzubringende Bewirtschaftungskosten) zu verwenden ist. Damit bringt der Gesetzgeber den Vorfinanzierungszweck der Rücklage deutlich zum Ausdruck.

Ein strenger Verwendungszweck (wie im WEG 1975 vor dem 3. WÄG[966]) wird damit aber nicht angeordnet; die Beifügung „künftige“ ändert nichts daran, dass die Rücklage weiterhin für Aufwendungen aller Art, die im Zusammenhang mit der Verwaltung der Liegenschaft anfallen, verwendet werden darf.[967]

Die Eigentümergemeinschaft kann selbstverständlich auf ihre vorhandenen finanziellen Mittel - idR eben die angesparte Rücklage - zurückgreifen, wenn Finanzierungsbedarf besteht. Keineswegs müsste etwa im Fall der erforderlichen Abdeckung von Rückständen (aus der Vergangenheit) ein Darlehen aufgenommen werden, wenn liquide Mittel in Form der Rücklage vorhanden wären. Die Entnahme aus der Rücklage wäre diesfalls aber nur eine Art „Zwischenfinanzierung“; die zu diesem Zweck geschmälerte Rücklage müsste in der Folge wieder um die entnommenen Beträge aufgefüllt werden, um der gesetzlichen Anforderung („künftige Aufwendungen“) zu entsprechen.

Natürlich kann der nun im Gesetz enthaltene Hinweis auf den Ansparzweck der Rücklage für den Wohnungseigentümer bedeuten, im Falle (uneinbringlicher) Rückstände gesondert Zahlungen leisten zu müssen (wobei es keine Rolle spielt, ob man diese als Sonderrücklagenbeiträge, Zusatzzahlungen neben der eigentlichen Rücklagendotierung oder als erhöhte Rücklage bezeichnen möchte;[968] in jedem Fall handelte es sich um Forderungen der Eigentümergemeinschaft gegen den einzelnen Wohnungseigentümer, für die das gesetzliche Vorzugspfandrecht gemäß § 27 WEG zur Verfügung steht).

⇒ Die rückwirkende Festsetzung von Beiträgen für die Vergangenheit (und damit allenfalls die nachträgliche Vorschreibung an einen aus der Eigentümergemeinschaft bereits ausgeschiedenen - sohin ehemaligen - Miteigentümer) ist allerdings nicht zulässig.[969]

Davon zu unterscheiden ist die Nachforderung von Rücklagenbeiträgen, wenn sich herausstellt, dass ein Wohnungseigentümer bisher nicht entsprechend seinem gesetzlichen (oder einvernehmlich schriftlich vereinbarten) Anteil belastet wurde.[970]

---

[966] OGH 3.12.2002, 5 Ob 273/02m (= EWr II/16/19 f).
[967] OGH 21.3.2006, 5 Ob 290/05s (= EWr W/31/8 ff).
[968] IdS: OGH 30.9.1997, 5 Ob 367/97z (= EWr II/16/4 ff); OGH 11.5.1999, 5 Ob 244/98p (= EWr II/16/11 ff).
[969] OGH 21.3.2006, 5 Ob 290/05s (= EWr W/31/8 ff).
[970] OGH 21.2.2006, 5 Ob 244/05a (= EWr W/32/18 f).

⇒ Bei Vorschreibung von Akontobeträgen gegenüber den Wohnungseigentümern ist eine Aufschlüsselung in Bewirtschaftungskosten und Erhaltungskosten nicht (mehr) erforderlich.[971]

Rechtlich gesehen handelt es sich bei der Rücklage um ein (gebundenes) Sondervermögen der Eigentümergemeinschaft.[972]

⇒ An der Rücklage besteht kein quotenmäßiges Miteigentum der Liegenschaftseigentümer.[973]

⇒ Die „anteilige" Rücklage ist daher auch keinesfalls (wiewohl dies manche Wohnungseigentümer zu glauben scheinen) bei Veräußerung des Anteils (Verkauf des Wohnungseigentumsobjekts) an den veräußernden Wohnungseigentümer auszufolgen.
Richtig ist freilich, dass sich eine Rücklage - je nach ihrem Ausmaß - auf den Wert des Wohnungseigentumsobjekts auswirkt. Es liegt auf der Hand, dass eine vorhandene hohe Rücklage einen Anreiz für den potentiellen Erwerber darstellen sollte, während eine nur ungenügend dotierte (vielleicht sogar in Verbindung mit hohem Sanierungsbedarf des Gebäudes) den geforderten Kaufpreis in einem anderen Licht scheinen lässt.

Die Rücklage ist für die Deckung von Aufwendungen zu verwenden und

- entweder auf einem Eigenkonto der Eigentümergemeinschaft
- oder auf einem Anderkonto
- für jeden Wohnungseigentümer einsehbaren
- fruchtbringend

anzulegen (§ 31 Abs 2 WEG).

⇒ Konsequenterweise hat die WRN 2006 auch im Zusammenhang mit der Rücklage klargestellt, dass sowohl ein Eigenkonto der Eigentümergemeinschaft als auch ein Anderkonto in Frage kommt (siehe dazu schon oben S 201 f).

Die Pflicht zur fruchtbringenden Anlage indiziert mE, dass für die Verwahrung der Rücklage jedenfalls ein zweites „Konto" einzurichten ist.

⇒ Zutreffend weisen die Materialien darauf hin, dass unter dem Rücklagenkonto - im Hinblick auf die gebotene fruchtbringende Verwahrung - nicht nur ein Girokonto, sondern auch ein Sparkonto oder ein Sparbuch zu verstehen ist.
Nicht gefordert werden kann mE eine - wenn auch vom Zinsertrag her möglicherweise bessere - Anlage, nach der die jederzeitige Verfügbarkeit der angesparten Mittel nicht gesichert wäre (es sei denn, die Rücklage dient - wohl immer nur teilweise - zweckgewidmet der Ansparung einer bereits feststehenden größeren Investition).
Eine „spekulative" Anlage indes macht den Verwalter gegebenenfalls schadenersatzpflichtig.

---

[971] OGH 5.11.2002, 5 Ob 171/02m (= EWr II/17/87 ff);
OGH 3.12.2002, 5 Ob 273/02m (= EWr II/16/19 f).

[972] OGH 23.6.1998, 5 Ob 93/98g (= EWr II/16/7 ff);
OGH 11.5.1999, 5 Ob 244/98p (= EWr II/16/11 ff);
OGH 26.2.2002, 5 Ob 308/01g (= EWr II/22/16 ff);
OGH 12.9.2002, 5 Ob 160/02v; OGH 15.10.2002, 5 Ob 209/02z (beide EWr II/16/16 ff);
OGH 12.7.2005, 5 Ob 303/04a (= EWr W/31/5 ff) ua.

[973] OGH 23.6.1998, 5 Ob 93/98g (= EWr II/16/7 ff).

b) Festsetzung der Rücklage

Die Festsetzung der Rücklage zählt zu den Angelegenheiten der ordentlichen Verwaltung.[974]

⇒ Daher ist der Verwalter verpflichtet, für die Bildung einer dem Gesetz entsprechenden (= angemessenen) Rücklage zu sorgen. Darüberhinaus steht es jedem Wohnungseigentümer zu, die Bildung einer angemessenen Rücklage (oder die Erhöhung oder Minderung einer bereits festgesetzten Rücklage auf das angemessene Maß) beim Außerstreitrichter zu begehren (§ 30 Abs 1 Z 2 WEG).

Damit ergeben sich folgende Möglichkeiten zur Bildung einer angemessenen Rücklage gemäß § 31 WEG:

- Festsetzung direkt durch die Eigentümergemeinschaft[975] (§ 28 Abs 1 Z 2 WEG)

  ⇒ Die Mehrheit der Wohnungseigentümer kann die Höhe der Rücklage mit einem den Regeln des § 24 WEG entsprechenden Beschluss festsetzen.

  ⇒ Vereinbarungen über die Rücklage können auch schon im Wohnungseigentumsvertrag getroffen werden; wobei auch dies - ungeachtet des Umstandes, dass in diesen Fällen faktisch meist der Wohnungseigentumsorganisator als Vertragserrichter den Betrag festlegt - einer Bestimmung der Höhe der Rücklage durch die Wohnungseigentümer (sogar einstimmig) entspricht.
  Die Festlegung der Rücklage schon in Kaufverträgen setzt voraus, dass mit allen Käufern gleichlautende Einzelvereinbarungen getroffen werden.[976]
  Ausgehend davon, dass die Rücklagenbildung eine Angelegenheit der ordentlichen Verwaltung darstellt, kann mE durch einfachen Mehrheitsbeschluss von der vertraglich festgelegten Höhe der Rücklage wieder abgegangen werden.

  ⇒ ME ist die Festsetzung der Rücklage durch die Eigentümergemeinschaft als Weisung an den Verwalter zu verstehen, den festgelegten Betrag als Rücklage einzuheben (und die Vorschreibung unter Beachtung des § 20 Abs 5 WEG, also erforderlichenfalls unter Relevierung des Vorzugspfandrechts, durchzusetzen).
  Der Verwalter ist nicht berechtigt, von dieser Weisung einseitig, dh ohne neuerlichen (abändernden) Beschluss abzugehen (sofern nicht der seinerzeitige Beschluss der Gemeinschaft oder die vertragliche Bestimmung ein Recht des Verwalters zur Veränderung der festgesetzten Rücklage vorsieht).
  Den Verwalter trifft aber eine Hinweispflicht, falls die festgesetzten Rücklagenbeträge nicht mehr angemessen sind. Gleichsam als „Beweis“ dafür hat die Vorausschau (§ 20 Abs 2 WEG) zu dienen.

  ⇒ Weisungen an den Verwalter über die Höhe der Rücklage können sich insofern als problematisch erweisen, als sie auch gesetzwid-

---

[974] OGH 30.9.1997, 5 Ob 367/97z (= EWr II/16/4 ff);
OGH 21.3.2006, 5 Ob 290/05s (= EWr W/31/8 ff).

[975] OGH 30.9.1997, 5 Ob 367/97z (= EWr II/16/4 ff).

[976] OGH 12.5.1998, 5 Ob 8/98g (= EWr II/19/41 ff).

rig sein können (und sodann vom Verwalter - siehe § 20 Abs 1 WEG - nicht befolgt werden dürften).
Eindeutig trifft dies freilich nur zu für die Weisung, überhaupt keine oder nur eine bagatellhafte Rücklage einzuheben. In anderen Fällen wird der Verwalter auf die seiner Ansicht nach zu geringe Rücklagendotierung hinzuweisen, jedoch der Weisung Folge zu leisten haben (die Frage „Nach dem Gesetz verwalten oder das Haus behalten ?“ sollte sich daher idR nicht stellen).

- Festsetzung durch den Verwalter[977]
  (§ 20 Abs 2, § 28 Abs 1, § 31WEG);
  - ⇒ Die Pflicht des Verwalters zur Festsetzung einer Rücklage findet sich nicht expressis verbis im Gesetz, ergibt sich aber eindeutig daraus, dass er die Interessen der Gemeinschaft zu wahren hat (wozu auch die Bildung der gesetzlichen Rücklage zählt).[978]
  - ⇒ Bis zu einem Mehrheitsentscheid (bzw bis zu einer Gerichtsentscheidung) entscheidet der Verwalter über die Einhebung der Rücklage.[979]
- Festsetzung durch Sachbeschluss des Außerstreitrichters
  (§ 30 Abs 1 Z 2 WEG);
  - ⇒ Die gerichtliche Festsetzung erfolgt über Antrag eines (oder mehrerer) Wohnungseigentümer.[980]
  - ⇒ Zur Antragstellung legitimiert ist auch der Fruchtgenussberechtigte an mit Wohnungseigentum verbundenen Miteigentumsanteilen.[981]
  - ⇒ Dem Verwalter kommt im außerstreitigen Verfahren um Festsetzung (Änderung) einer Rücklage - es sei denn im Fall des § 52 Abs 2 Z 1 letzter HS WEG (siehe unten S 387) - keine Parteistellung zu;[982] wohl aber im Verfahren um Abrechnung der Rücklage bzw im Verfahren um Ausfolgung eines Überschusses.[983]
  - ⇒ Hat das Gericht die Rücklage rechtswirksam festgesetzt, so kann davon mE nur mehr durch eine neuerliche Gerichtsentscheidung abgegangen werden (einzige Ausnahme: einstimmige Abänderung; diesfalls fällt das Argument des Minderheitsschutzes weg).

Die Fälligkeit der Rücklagenbeiträge bestimmt sich nach § 32 Abs 9 WEG:

- Mangels anderslautender Vereinbarungen sind die den Wohnungseigentümern vorgeschriebenen Vorauszahlungen auf die Aufwendungen für die Liegenschaft am Fünften eines jeden Kalendermonats fällig.
  - ⇒ Näheres zur Fälligkeit siehe unten S 322 f.

Der Verteilungsschlüssel für die Beiträge zur Rücklage richtet sich nach § 32 WEG.[984]

---

[977] OGH 27.8.1996, 5 Ob 132/95 (= EWr II/19/9 ff)).
[978] IdS auch OGH 21.3.2006, 5 Ob 290/05s (= EWr W/31/8 ff).
[979] OGH 30.9.1997, 5 Ob 367/97z (= EWr II/16/4 ff).
[980] OGH 13.12.1994, 5 Ob 133/94 (= EWr II/13a/1 f).
[981] OGH 30.6.1992, 5 Ob 125/91 (= EWr II/15/3 f).
[982] OGH 30.6.1992, 5 Ob 125/91 (= EWr II/15/3 f).
[983] OGH 2.2.1993, 5 Ob 4/93 (= EWr II/26/13).
[984] OGH 21.2.2006, 5 Ob 244/05a (= EWr W/32/18 f).

⇒ Dies grundsätzlich unabhängig davon, von wem die Rücklage festgesetzt wurde.

⇒ Selbst die jahrelange Hinnahme einer unrichtigen Vorschreibung ist nicht als Verzicht auf die Anwendung der gesetzlichen Verteilungsvorschriften anzusehen.[985]

⇒ Zur Möglichkeit der Festlegung abweichender Aufteilungsschlüssel (§ 32 Abs 2 und 5 WEG) siehe unten ab S 310.

c)
Abrechnung und Herausgabe der Rücklage

Bei Beendigung eines Verwaltungsvertrags hat der Verwalter ohne Verzug

- über die Rücklage Rechnung zu legen
- und den Überschuss
  - an den neuen Verwalter oder bei Fehlen eines solchen
  - an die Eigentümergemeinschaft

herauszugeben (§ 31 Abs 3 Satz 1 WEG).

⇒ Die Abrechnungsverpflichtung soll die Eigentümergemeinschaft in die Lage versetzen, die Höhe des ihr herauszugebenden „Überschusses“ festzustellen.[986]

⇒ Unter „Überschuss“ ist der Betrag zu verstehen, der von den Einzahlungen der Miteigentümer nach Abzug der Aufwendungen für die Liegenschaft vorhanden sein muss.[987]

⇒ Auf gesondert vereinbarte Verteilungsschlüssel wäre auch in der Rücklagenabrechnung des Verwalters Bezug zu nehmen.[988]

⇒ Der Anspruch auf Herausgabe der Rücklage an den neuen Verwalter ist im Verfahren außer Streitsachen zu verfolgen (§ 52 Abs 1 Z 6 WEG) und kann nach der Rechtsprechung (zum insofern identen § 26 Abs 1 Z 5 WEG 1975) auch selbständig geltend gemacht werden (insofern weicht die gesetzliche Regelung des WEG von der in § 37 Abs 4 MRG enthaltenen ab, die einen Rückzahlungsauftrag nur vorsieht, wenn sich dieser im Überprüfungsverfahren „ergibt“).[989]
Erst nach Rechnungslegung kann ein exekutionsfähiger Beschluss gefällt werden.[990]

⇒ Ein Herausgabeanspruch der Eigentümergemeinschaft kommt nur nach Beendigung der Verwaltung in Betracht.
Davon zu unterscheiden sind im streitigen Verfahren geltend zu machende Ansprüche wegen Verletzung von Verwalterpflichten, etwa wegen zweckwidriger Verwendung der Rücklage (Begehren auf Auffüllung der Rücklage und richtige Fortschreibung).[991]

⇒ Antragslegitimiert im Verfahren auf Rechnungslegung gemäß § 31 Abs 3 WEG ist (infolge ihrer materiellrechtlichen Berech-

---

[985] OGH 21.2.2006, 5 Ob 244/05a (= EWr W/32/18 f) ua.
[986] OGH 23.6.1998, 5 Ob 93/98g (= EWr II/16/7 ff).
[987] OGH 23.6.1998, 5 Ob 93/98g (= EWr II/16/7 ff);
OGH 24.4.2001, 5 OB 96/01f (= EWr II/16/14 f).
[988] OGH 13.6.1995, 5 Ob 1068,1069/95 (= EWr II/17/45 f).
[989] OGH 2.2.1993, 5 Ob 4/93 (= EWr II/26/13).
[990] OGH 11.5.2004, 5 Ob 220/03v (= EWr W/52/1 ff).
[991] OGH 12.7.2005, 5 Ob 303/04a (= EWr W/31/5 ff).

tigung) nur die Eigentümergemeinschaft[992] (und nicht mehr, wie nach der Rechtslage vor dem 3. WÄG, jeder einzelne Wohnungseigentümer[993]).

⇒ Werden im Vorstadium des Wohnungseigentums (auf vertraglicher Grundlage) „Wohnbeiträge" eingehoben, kann es zu einer (zumindest wirtschaftlich vergleichbaren) Rücklagenbildung gekommen sein. Diesfalls ist das Verfahren nach § 52 Abs 1 Z 6 WEG zulässig, auch wenn im Zeitpunkt der Beendigung der Verwaltung und Fälligkeit des Herausgabeanspruchs noch kein Wohnungseigentum begründet ist.[994]

⇒ Die „Herausgabe des Überschusses" kann auch durch Übertragung der Zeichnungsberechtigung über das Konto erfolgen. Abwicklungsprobleme könnten sich für den scheidenden Verwalter ergeben, wenn (noch) kein neuer Verwalter bestellt ist (siehe S 218 unten).

⇒ Die Durchsetzung der Rechnungslegungspflicht im Außerstreitverfahren durch Exekution mittels Geldstrafe ist zulässig.[995]

- Die Rechnungslegungspflicht des Verwalters ist allerdings (§ 1012 ABGB) umfassender, als dies dem Gesetzestext des § 31 Abs 3 WEG unmittelbar zu entnehmen ist.
  Sie umfasst das gesamte Vermögen der Eigentümergemeinschaft.

  ⇒ Die Materialien verweisen auf die „bereits geleisteten und die noch ausstehenden Vorauszahlungen auf die Aufwendungen und allfälliges sonstiges Vermögen der Eigentümergemeinschaft".

  ⇒ Aufwendungen zur zweckentsprechenden Eintreibung von Zahlungsrückständen vermindern den auszufolgenden Überschuss; nicht einbezahlte Wohnbeiträge erhöhen ihn nicht.[996]

Wird der Verwaltungsvertrag durch das Gericht aufgelöst, so ist dem Verwalter

- die Herausgabe des Überschusses
- binnen 14 Tagen bei Zwangsvollstreckung

aufzutragen (§ 31 Abs 3 Satz 2 WEG).

⇒ Die 14-Tagesfrist kann mE als Maßstab dafür herangezogen werden, was unter „ohne Verzug" (Abs 3 Satz 1 leg cit) idR zu verstehen ist.

d)
Exkurs:
Unterschiede Rücklage (WEG) – Hauptmietzinsreserve (MRG)

Rücklage (§ 31 WEG):

- Tatsächlich eingezahltes Geld (= Sondervermögen).
- Eigentum der Eigentümergemeinschaft

  ⇒ Die Eigentümergemeinschaft ist nicht Liegenschaftseigentümerin!

---

992 OGH 23.6.1998, 5 Ob 93/98g (= EWr II/16/7 ff);
OGH 11.5.1999, 5 Ob 244/98p (= EWr II/16/11 ff);
OGH 26.2.2002, 5 Ob 308/01g (= EWr II/22/16 ff);
OGH 12.7.2005, 5 Ob 303/04a (= EWr W/31/5 ff) ua.

993 OGH 11.5.1999, 5 Ob 244/98p (= EWr II/16/11 ff).

994 OGH 12.9.2002, 5 Ob 160/02v; OGH 15.10.2002, 5 Ob 209/02z (beide EWr II/16/16 ff) ua.

995 OGH 11.5.2004, 5 Ob 220/03v (= EWr W/52/1 ff).

996 OGH 24.4.2001, 5 Ob 96/01f (= EWr II/16/14 f).

- Höhe angemessen.
  ⇒ Konkrete Festsetzung durch Eigentümergemeinschaft, Verwalter oder Außerstreitrichter.
- Haftungsfonds.
- Fruchtbringende Anlage zwingend vorgesehen.
- Pflicht zur gesonderten Verwahrung.
- Herausgabepflicht an neuen Verwalter bzw Eigentümergemeinschaft.

HMZ-Reserve (§ 20 MRG):[997]

- Rein rechnerische Größe, kein Sondervermögen.
  ⇒ Das Geld muss nicht „tatsächlich" eingezahlt bzw gesondert verwahrt oder fruchtbringend angelegt werden.
- Eigentum des (der) Liegenschaftseigentümer(s)
- Höhe: ergibt sich unmittelbar aus Gesetz.
  ⇒ Abhängig von Ausstattung und Verwendung der Mietobjekte.
  ⇒ Wenn Wohnungseigentum begründet: Kategoriebeträge.
- Gegenüberstellung der (verrechnungspflichtigen) Einnahmen – (verrechnungsfähigen) Ausgaben.
- Kein unmittelbarer Anspruch des Mieters.
- Freie Verfügungsmöglichkeit des Vermieters.
  ⇒ Allerdings wird die Erhaltungs- und Verbesserungspflicht des Vermieters an der HMZ-Reserve gemessen (vgl §§ 6 und 18 ff MRG); sohin Haftung des Vermieters dafür, im Umfang der (rechnerischen) HMZ-Reserve Erhaltungs- und Verbesserungsarbeiten durchführen zu müssen.
- Keine gesetzlich normierte Pflicht zur Herausgabe an Erwerber.
  ⇒ Lediglich Verpflichtung zur Ausfolgung der Berechnungsgrundlagen.[998]

Gemeinsamkeiten Rücklage – Hauptmietzinsreserve:

- Primärer Verwendungszweck für Erhaltungs- und Verbesserungsarbeiten am Haus (Liegenschaft).
- Abrechnung (jeweils bis 30. Juni des Folgejahres) gesetzlich zwingend vorgeschrieben.

5)
Aufteilung der Aufwendungen
(§ 32 WEG)

a)
Allgemeines

Der Regelung über die Aufteilung der Aufwendungen (also jener zur Klärung der Frage, in welchem Verhältnis der einzelne Wohnungseigentümer zu welchen Kosten der Wohnungseigentumsanlage beizutragen hat und inwieweit er darüber mitbestimmen kann), kommt naturgemäß besondere Bedeutung zu.

[997] Siehe dazu im Einzelnen: *ÖVI/Dirnbacher, MRG (2006),* S 254 ff.
[998] OGH 30.6.1998, 1 Ob 126/98f (= EWr I/20/12 ff);
OGH 24.2.1999, 3 Ob 233/98f (= EWr I/20/16 ff).

⇒ Nicht ohne Grund scheinen sich die Auseinandersetzungen um die Kostentragung in den letzten Jahren zu mehren.
Viele der in den 50er- bis 70er-Jahren errichteten Wohnungseigentumsanlagen (und leider gelegentlich auch später gebaute Häuser) haben einen Bauzustand erreicht, der größere und damit aufwändigere Reparaturen erforderlich macht. Hinzu kommt die in den letzten Jahrzehnten vermehrt vorgenommene Wohnungseigentumsbegründung an Althäusern mit entsprechendem Sanierungsaufwand. Schließlich trägt auch die Wohnungseigentumsbegründung an Objekten mit völlig unterschiedlichen Verwendungszwecken (und demgemäß verschiedenen Interessen der jeweiligen Wohnungseigentümer) zur Verschärfung der Aufteilungsproblematik bei.

§ 32 WEG regelt in den Abs 1 bis 8 folgende Aufteilungsmaterien:

- Verteilungsschlüssel allgemein (Abs 1, 2, 5, 7 u 8 leg cit)
  ⇒ Betrifft die Frage des Anteils an den allgemeinen Aufwendungen für die Liegenschaft („Wer hat in welchem Verhältnis zu den Kosten beizutragen?").
- Abrechnungseinheit (Abs 2 und 6 bis 8 leg cit)
  ⇒ Betrifft die Frage einer allfälligen Aufgliederung der Liegenschaftsaufwendungen in Teilbereiche („Wer hat zu welchen Kosten [nicht bzw weniger als seinem Anteil entspricht] beizutragen?").
  - Abstimmungseinheit (aber nur in Verbindung mit Regelung über Abrechnungseinheit – Abs 2 und 6 bis 8 leg cit)
    ⇒ Betrifft die Frage der Mitbestimmung über Aufwendungen im Zusammenhang mit einer gesonderten Abrechnungseinheit („Welche Beträge sollen angespart bzw [wofür] verwendet werden?").
- Aufteilung verbrauchsabhängiger Aufwendungen (Abs 3 leg cit)
  ⇒ Betrifft die Frage der Kosten verbrauchsabhängiger Aufwendungen, die durch Messung ermittelt werden können; jedoch idR nicht die durch das HeizKG geregelten Heiz- und Warmwasserkosten („Sollen diese Kosten abhängig vom Verbrauch aufgeteilt werden?").
- Aufteilung der Energiekosten bei Gemeinschaftsanlagen (Abs 4 leg cit)
  ⇒ Betrifft die Zuordnung der Energiekosten von Gemeinschaftsanlagen an die Benützer („Sollen diese Kosten nur von den Benützern getragen werden?").

b)
Gesetzlicher Aufteilungsschlüssel

§ 32 Abs 1 WEG normiert für die Verteilung der Aufwendungen (= Aufteilungsschlüssel)

- einen „Normalfall" (ohne Bezugnahme auf MRG/WGG)
  und
- einen „Sonderfall" (mit Bezugnahme auf MRG/WGG).

Darüber hinaus kann die Verteilung der Aufwendungen aber auch noch anders geregelt werden durch

- schriftliche Vereinbarung aller Wohnungseigentümer (Abs 2 leg cit)
  oder durch
- gerichtliche Festsetzung über Antrag eines Wohnungseigentümers (Abs 5 leg cit).

"Normalfall" (ohne Bezugnahme auf MRG/WGG):

Die Aufwendungen für die Liegenschaft (einschließlich der Beiträge zur Rücklage) sind von den Wohnungseigentümern

- nach dem Verhältnis ihrer Miteigentumsanteile
  ⇒ Daraus ergibt sich ein Anspruch jedes einzelnen Wohnungseigentümers auf Gleichbehandlung![999]
- zum Ende der Abrechnungsperiode

zu tragen (Abs 1 Satz 1 leg cit).

⇒ Die Größe der Miteigentumsanteile, die immer in einem Verhältnis zur ganzen Liegenschaft auszudrücken ist, ergibt sich aus dem Grundbuch.

⇒ Die Abrechnungsperiode ist idR das Kalenderjahr (§ 34 Abs 2 WEG – siehe unten S 339 f).

⇒ Zu den Aufwendungen zählen auch die Beiträge zur Rücklage (sodass eine ungleiche Vorschreibung von Rücklagenbeiträgen ohne entsprechende Vereinbarung bzw gerichtliche Anordnung jedenfalls nicht dem Gesetz entspricht).[1000]

⇒ Auch die Hausverwaltungskosten (das Verwalterhonorar) sind Aufwendungen für die Liegenschaft iSd § 32 WEG und fallen als solche grundsätzlich unter den gesetzlichen Aufteilungsschlüssel (somit mangels wirksamer Vereinbarung keine Aufteilung der Verwaltungskosten nach der Anzahl der Objekte).[1001]

⇒ Die Vermietung allgemeiner Teile der Liegenschaft (etwa der Hausbesorgerwohnung) hat auf den im Verhältnis zwischen den Wohnungseigentümern geltenden gesetzlichen Aufteilungsschlüssel keinen Einfluss (keine fiktive Reduzierung der Nutzwerte der Wohnungseigentumsobjekte).[1002]

⇒ Die Aufteilung der Grund- und Baukosten unterliegt der Vertragsfreiheit, die Regeln des WEG über die Aufteilung der Liegenschaftsaufwendungen gelangen daher nicht uneingeschränkt zur Anwendung. Auch ist der Kauf eines Wohnungseigentumsobjekts kein Akt der Verwaltung (sondern der Verfügung), weshalb § 32 Abs 1 WEG nicht anwendbar ist.[1003]
Diese Auffassung wird nicht einhellig geteilt.[1004]

⇒ Eine andere Aufteilung der Kosten ist nur zulässig im Fall einer schriftlichen Vereinbarung aller Wohnungseigentümer oder bei

---

999 OGH 26.9.2000, 5 Ob 250/00a (= EWr II/19/71 ff).
1000 OGH 21.2.2006, 5 Ob 244/05a (= EWr W/32/18 f).
1001 OGH 27.8.2002, 5 Ob 64/02a (= EWr II/19/111 f).
1002 OGH 27.8.2002, 5 Ob 64/02a (= EWr II/19/111 f).
1003 OGH 11.12.2001, 5 Ob 275/01d (= EWr II/19/99 ff).
1004 Vgl OGH 28.3.2000, 5 Ob 21/00z (EWr II/19/58 ff).

Festlegung durch das Gericht oder bei weiter bestehenden Altmietverhältnissen (siehe sogleich unten „Sonderfall").
Insbesondere für den Verwalter (und die von diesem zu erstellende Abrechnung) gilt: „Gerechtigkeitsüberlegungen" oder „natürliches Rechtsempfinden" haben bei der Verteilung der Aufwendungen nicht einzufließen. Ist ein (oder sind mehrere) Wohnungseigentümer mit der gesetzlich vorgesehenen Aufteilung nicht einverstanden, liegt es an ihm (ihnen), eine dies ändernde schriftliche Vereinbarung sämtlicher Wohnungseigentümer herbeizuführen (Abs 2 leg cit) oder eine abändernde Entscheidung des Außerstreitrichters zu beantragen und zu erwirken (Abs 5 leg cit). Eine Änderung des Verteilungsschlüssels durch den Verwalter ist ohne Vorliegen dieser Voraussetzungen immer unrichtig (und stellt eine Pflichtwidrigkeit dar), mag sie auch über - gesetzeswidrige (!) - Weisung der Mehrheit erfolgt sein !
Der Verwalter haftet für jeden Schaden, den die Wohnungseigentümer auf Grund seines pflichtwidrigen Verhaltens erleiden.[1005]

⇒ Der gerichtlichen Entscheidung kommt rechtsgestaltende Bedeutung zu, die nur für die Zukunft getroffen werden kann.[1006]

⇒ Der Verteilungsschlüssel bleibt selbst im Fall der Neufestsetzung der Nutzwerte bis zur Einverleibung der neuen Mindestanteile unverändert.[1007]

⇒ Die Regelung des § 32 Abs 1 WEG über die Aufteilung der Liegenschaftsaufwendungen gilt nur für die Wohnungseigentümer einer Liegenschaft, sie greift nicht in ein zwischen den Mit- und Wohnungseigentümern verschiedener Liegenschaften bestehendes Rechtsverhältnis (etwa über eine liegenschaftsübergreifende Heizungsanlage) ein.[1008]

"Sonderfall" (mit Bezugnahme auf MRG/WGG):

Besteht ein vor der Wohnungseigentumsbegründung über ein wohnungseigentumstaugliches Objekt abgeschlossener Hauptmiet- oder Nutzungsvertrag (§ 1 Abs 1 MRG, § 13 WGG) nach diesem Zeitpunkt weiter, so sind - soweit nichts anderes rechtswirksam vereinbart ist -

- nur die Beiträge zur Rücklage sowie die Kosten für die Erhaltung und Verbesserung
  - nach dem Verhältnis der Miteigentumsanteile der Wohnungseigentümer zum Ende der Abrechnungsperiode (= entsprechend Satz 1) zu tragen,
- die übrigen Aufwendungen jedoch
  - nach dem Aufteilungsschlüssel, der für das vor der Wohnungseigentumsbegründung eingegangene Hauptmiet- oder Nutzungsverhältnis maßgeblich ist („partieller Nutzflächenschlüssel");

⇒ Zweck der Regelung ist die Vereinfachung der Abrechnung (für den Vermieter) in Häusern mit Altmietverhältnissen (der Wohnungseigentümer als Vermieter soll die ihm gelegte Betriebskos-

[1005] OGH 23.11.2004, 5 Ob 247/04s (= EWr W/31/1 ff).
[1006] OGH 11.2.1997, 5 Ob 2315/96v (= EWr II/19/22 f).
[1007] OGH 29.10.1996, 5 Ob 2298/96v (= EWr II/19/12 ff).
[1008] OGH 16.9.1997, 5 Ob 265/97z (= EWr II/19/31 ff).

tenabrechnung ohne Änderung dem Mieter weiterreichen können).

⇒ Dies setzt allerdings voraus - was nicht zwingend aus dem Gesetz hervorgeht -, dass die wohnungseigentumsrechtliche Betriebskostenabrechnung auch hinsichtlich der Kostenarten dem MRG (taxative Auflistung in §§ 21 ff MRG) entspricht.

⇒ Der nach dem MRG (im Vollanwendungsbereich bzw nach dem WGG) vorgesehene Aufteilungsschlüssel für die Betriebskosten bestimmt sich nach dem Verhältnis der Nutzflächen (§ 17 Abs 1 MRG, § 16 Abs 1 WGG).
Grundsätzlich sind davon abweichende mietrechtliche Vereinbarungen zulässig, kommen aber in der Praxis nur selten vor, weil es dazu einer Vereinbarung aller Hauptmieter mit dem Vermieter bedarf.
Es ergeben sich daher im „Mischhaus" (hier verstanden als Gebäude mit Altmietverhältnissen) idR unterschiedliche gesetzliche Aufteilungsschlüssel (Nutzwert gemäß WEG für Rücklage bzw Erhaltungs- und Verbesserungskosten; Nutzfläche gemäß MRG/ WGG für die Aufteilung der Betriebskosten).
Es steht (und stand in der Vergangenheit) den Wohnungseigentümern aber frei, durch einvernehmliche vertragliche Vereinbarung (idR also im Wohnungseigentumsvertrag) einen einheitlichen Verteilungsschlüssel hinsichtlich aller Aufwendungen zu schaffen.
Praktisch gesehen kommen hier zwei Varianten für die Vereinheitlichung der Aufteilung aller Aufwendungen in Frage :
- Verteilung nach Nutzfläche oder
- Verteilung nach Nutzwert.

Derartige Vereinbarungen haben aber keine Auswirkungen für den Mieter (Variante zwei führt somit idR dazu, dass der vermietende Wohnungseigentümer die ihm gelegte Betriebskostenabrechnung auf „Nutzfläche umrechnen" muss).

⇒ Die in Mischhäusern (mit Altmietverhältnissen) vor dem Inkrafttreten der Regelung (§ 32 Abs 1 Satz 2 WEG bzw der unmittelbaren Vorgängerbestimmung des § 19 Abs 1 Satz 2 WEG 1975, inkraftgesetzt mit der WRN 1997 per 1.1.1997 bzw mit Wirksamkeit ab 1999 für davor bereits bestehende Mischhäuser) rechtswirksam getroffenen Vereinbarungen über Liegenschaftsaufwendungen gelten weiter.[1009]

⇒ Sobald das letzte vor der Begründung des Wohnungseigentums abgeschlossene Hauptmiet- oder Nutzungsverhältnis erlischt, sind ab der folgenden Abrechnungsperiode - vorbehaltlich anderslautender rechtswirksamer Vereinbarungen - alle Aufwendungen für die Liegenschaft (also auch die Betriebskosten) von den Wohnungseigentümern nach dem Verhältnis ihrer Anteile (= nach dem Nutzwert) zu tragen.
Dies geht zwar nicht mit letzter Klarheit aus dem Gesetzestext hervor, entspricht aber mE der Absicht des Gesetzgebers, der nur für das „Mischhaus mit Altmietverhältnissen" eine Änderung des sonst gültigen Verteilungsschlüssels gemäß § 32 Abs 1 Satz 1 WEG schaffen wollte.

[1009] OGH 30.1.2001, 5 Ob 8/01i (= EWr II/19/83 ff).

⇒ Bei Mietverhältnissen, die erst nach der Wohnungseigentumsbegründung abgeschlossen werden, kann nach der Rechtsprechung ein vom Normschlüssel des § 17 Abs 1 MRG abweichender Verteilungsschlüssel (in der Praxis also wohl die Aufteilung der Betriebskosten und sonstigen Aufwendungen nach dem Nutzwert) zwischen dem einzelnen Wohnungseigentümer als Vermieter und seinem Mieter vereinbart werden.[1010]

⇒ Die Regelung des § 32 Abs 1 Satz 2 WEG gelangt jedenfalls bei (Alt-)Mietverhältnissen, die überhaupt nicht dem MRG unterliegen (Vollausnahmen nach § 1 Abs 1 oder 2 MRG) nicht zur Anwendung; bei den Teilausnahmen (insbesondere § 1 Abs 4 MRG) kommt es mE darauf an, welcher Aufteilungsschlüssel mit dem Mieter vereinbart wurde.

- Hinsichtlich der dem Aufteilungsschlüssel nach dem Hauptmiet- oder Nutzungsverhältnis unterliegenden Aufwendungen kann jeder Wohnungseigentümer eine Überprüfung der Aufteilung gemäß § 37 MRG bzw § 22 WGG beantragen (Abs 1 letzter HS WEG).

⇒ Angesichts der angestrebten Vereinheitlichung der Abrechnung der Bewirtschaftungskosten im „Mischhaus" wird es damit den Wohnungseigentümern gestattet, eine Überprüfung der Verteilung der Aufwendungen (betreffend Betriebskosten und laufende öffentliche Abgaben, Auslagen für die Verwaltung, Beitrag für die Hausbesorgerarbeiten, besondere Aufwendungen; jedoch nicht hinsichtlich der Beiträge zur Rücklage und der Kosten der Erhaltung und Verbesserung) gemäß § 37 MRG bzw § 22 WGG zu beantragen.

⇒ Demnach kann auch ein Rückzahlungstitel für Wohnungseigentümer geschaffen werden.

c)
Abweichender Aufteilungsschlüssel; abweichende Abrechnungseinheit; abweichende Abstimmungseinheit
(§ 32 Abs 2 und 5 bis 8 WEG)

Ein anderer Verteilungsschlüssel (= abweichender Aufteilungsschlüssel gegenüber Abs 1 leg cit) und/oder eine andere Abrechnungseinheit (= abweichende Abrechnungseinheit gegenüber der in Abs 1 leg cit gemeinten „gesamten Liegenschaft"[1011]) sowie eine abweichende Abstimmungseinheit (= abweichend gegenüber dem Normalfall des § 24 Abs 4 WEG nach dem Verhältnis der Miteigentumsanteile aller Miteigentümer der Liegenschaft) können jeweils bestimmt werden durch Vereinbarung sämtlicher Miteigentümer (Abs 2 leg cit) oder - nach Antrag - durch gerichtliche Festsetzung (Abs 5 und 6 leg cit).

Vereinbarung sämtlicher Miteigentümer (Abs 2 leg cit)

⇒ Also Einstimmigkeit !

[1010] OGH 21.12.1993, 7 Ob 594,1624/93 (= EWr I/17/11 ff, I/21/14 f);
OGH 31.8.1999, 5 Ob 194/99m (= EWr I/17/31 f);
siehe aber auch zu den an eine abweichende Vereinbarung gestellten Anforderungen:
OGH 27.4.2000, 5 Ob 197/99b (= EWr I/17/34 ff).

[1011] OGH 16.9.1997, 5 Ob 265/97z (= EWr II/19/31 ff).

⇒ Kein Mehrheitsbeschluss möglich ![1012]

⇒ Schon das WEG 1975 sah für die Festlegung eines abweichenden Verteilungsschlüssels die schriftliche Vereinbarung sämtlicher Miteigentümer vor (lediglich die Festlegung eines abweichenden Verteilungsschlüssels hinsichtlich der Aufwendungen für Anlagen, die nicht allen Miteigentümern verhältnismäßig zugute kommen, war vor dem 3. WÄG gemäß § 19 Abs 1 Z 1 aF WEG 1975 einer Mehrheitsentscheidung zugänglich).[1013]
Hingegen bedurfte es im WEG 1948 keiner schriftlichen Vereinbarung der Mit- und Wohnungseigentümer, um die Liegenschaftsaufwendungen anders zu verteilen. Eine solche Vereinbarung konnte mündlich oder auch konkludent zustande kommen.[1014]

Die Vereinbarung bedarf zu ihrer Rechtswirksamkeit

- der Schriftform;[1015]
  sie wird
- frühestens für die ihrem Abschluss nachfolgende Abrechnungsperiode wirksam.

⇒ Weitere Voraussetzungen sind - anders als bei der gerichtlichen Festsetzung (siehe sogleich unten) - nicht gefordert (siehe allerdings zur abweichenden Abstimmungseinheit die unten folgenden Ausführungen).

⇒ Die schriftliche Vereinbarung aller Wohnungseigentümer über die Verteilung der Aufwendungen entfaltet sohin stärkere Wirkung als eine behördliche Neufestsetzung der Nutzwerte (die erst nach erfolgter Verbücherung Auswirkungen auf den Verteilungsschlüssel hat).[1016]

⇒ Das Schriftformgebot dient neben der Dokumentation der Ernstlichkeit des Parteiwillens und der gründlichen Überlegung durch die Partei sowie dem sicheren Nachweis des wirklichen Parteiwillens wesentlich auch der Feststellung des Inhalts der Vereinbarung selbst. Es kann daher stets nur der einer objektiven Auslegung zugängliche Wortlaut für den Inhalt einer Vereinbarung maßgeblich sein.[1017]

⇒ Ein abweichender Verteilungsschlüssel kann auch in einer einstimmig vereinbarten Hausordnung enthalten sein.[1018]

⇒ Die Vorschrift des § 32 Abs 2 WEG (vormals § 19 Abs 2 WEG 1975) ist - nach dem Zweck der Regelung[1019] - auch auf Vereinbarungen im Vorstadium der Wohnungseigentumsbegründung anzuwenden, sofern der im Gesetz genannte Kreis der (späteren) Wohnungseigentümer nicht verlassen wird (mithin stellt der Abschluss der Vereinbarung im Wohnungseigentumsvertrag, also vor Verbücherung des Miteigentums aller Miteigentümer, kein

---

[1012] OGH 5.11.2002, 5 Ob 164/02g (= EWr II/19/117 f);
OGH 10.5.2005, 5 Ob 4/05g (= EWr W/24/10 ff).
[1013] OGH 15.6.2004, 5 Ob 135/04w (= EWr II/19/123 ff).
[1014] OGH 21.12.2004, 5 Ob 274/04m (= EWr W/52/8 ff).
[1015] OGH 23.3.1993, 5 Ob 28/93 (= EWr II/19/7 f);
OGH 27.8.1996, 5 Ob 132/95 (= EWr II/19/9 ff).
[1016] OGH 29.10.1996, 5 Ob 2298/96v (= EWr II/19/12 ff).
[1017] OGH 12.9.2002, 5 Ob 181/02g (= EWr II/19/113 ff).
[1018] OGH 21.12.2004, 5 Ob 274/04m (= EWr W/52/8 ff).
[1019] OGH 21.4.1998, 5 Ob 98/98t (= EWr II/19/44 f).

Hindernis dar[1020]); im Übrigen ergibt sich die unmittelbare Anwendbarkeit des § 32 Abs 2 WEG aus der Regelung des § 37 Abs 5 WEG für jene Fälle, wo bereits eine Zusage der Einräumung des Wohnungseigentums im Grundbuch angemerkt ist und zumindest ein Wohnungseigentumsbewerber Miteigentum erworben hat (siehe unten ab S 356).

⇒ Eine rückwirkende Änderung des Anteilsschlüssels ist nicht möglich![1021]

- Die Vereinbarung einer abweichenden Abstimmungseinheit setzt zusätzlich die (vorherige oder gleichzeitige) Schaffung einer abweichenden Abrechnungseinheit voraus (sie darf nur für eine solche festgelegt werden).

  ⇒ Die abweichende Abstimmungseinheit bezieht sich lediglich auf das Innenverhältnis der Wohnungseigentümer; sie ändert nichts an der (Teil-)Rechtsfähigkeit der Eigentümergemeinschaft. Ebensowenig an der Vertretungsbefugnis des Verwalters (Eigentümervertreters) für die gesamte Liegenschaft und an der grundsätzlichen Haftung der Eigentümergemeinschaft bzw der subsidiären Haftung aller Wohnungseigentümer im Außenverhältnis.

  ⇒ Die Vereinbarung einer abweichenden Abrechnungseinheit inkludiert nicht automatisch auch eine abweichende Abstimmungseinheit; vielmehr muss sich die Vereinbarung ausdrücklich auch darauf beziehen; andernfalls entscheidet selbst in jenen Verwaltungsangelegenheiten, die nur die geschaffene Abrechnungseinheit betreffen, die Mehrheit aller Wohnungseigentümer gerechnet nach bürcherlichen Anteilen (was sich wohl idR als unpraktisch erweisen wird).

  ⇒ Die gesonderte (abweichende) Abstimmungseinheit stellt (ebenso wie § 24 Abs 3 WEG) eine Durchbrechung der ansonsten absoluten Quorumsregelung des § 24 Abs 4 WEG dar (siehe dazu oben S 228 f).

- Auseinandersetzungen über die Zulässigkeit vereinbarter abweichender Aufteilungsschlüssel, Abrechnungs- und Abstimmungseinheiten sind im Außerstreitverfahren (§ 52 Abs 1 Z 9 WEG) auszutragen.

  ⇒ Auch der Streit, ob die von der Hausverwaltung behauptete Vereinbarung besteht, gehört ins Außerstreitverfahren.[1022]

Festsetzung durch das Gericht (Abs 5 und 6 leg cit).

- Die gerichtliche Festsetzung setzt immer einen auf die Schaffung eines abweichenden Verteilungsschlüssels und/oder einer abweichenden Abrechnungseinheit (allenfalls verbunden mit abweichender Abstimmungseinheit) gerichteten Antrag eines Wohnungseigentümers voraus (§ 52 Abs 1 Z 9 WEG).

  ⇒ Auch dieser Antrag ist mE gegen alle übrigen Wohnungseigentümer als Antragsgegner zu richten (wiewohl das Gesetz hier - anders als bei den Minderheitsrechten des § 30 WEG oder der Beschlussanfechtung nach §§ 24 Abs 6 und 29 Abs 1 WEG - dazu schweigt).

[1020] OGH 12.5.1998, 5 Ob 8/98g (= EWr II/19/41 ff).
[1021] OGH 23.11.2004, 5 Ob 247/04s (= EWr W/31/1 ff).
[1022] OGH 25.1.2000, 5 Ob 312/99i (= EWr II/19/56 f).

⇒ Da es sich im Falle eines Antrags um eine sogenannte Regelungsstreitigkeit handelt, ist das Gericht an das Begehren im Antrag nicht gebunden; das Rechtsmittelgericht kann auch eine Änderung zu Lasten des Antragstellers vornehmen.[1023]

- Eine Festsetzung durch das Gericht ist immer ab der der Antragstellung nachfolgenden Abrechnungsperiode wirksam.[1024]

  ⇒ Leider hat das WEG diese mE unglückliche Formulierung aus dem WEG 1975 übernommen und sogar noch erweitert.
  Der Gesetzgeber negiert, dass es dabei - anders als bei der vereinbarten Abweichung vom gesetzlichen Normalfall - zu einer Festsetzung für die Vergangenheit kommen kann. Einhergehend mit der vom Zeitpunkt der Rechtskraft der Entscheidung abgekoppelten Wirksamkeit können sich schwierige Rückabwicklungsprobleme ergeben, wenn die gerichtliche Entscheidung nicht noch im Jahr der Antragstellung ergeht (was jedenfalls bei Einbringung des Antrags gegen Ende des Jahres nicht zu erwarten sein wird).
  Die Materialien übersehen überdies, dass sich die Anordnung im WEG 1975 (vgl § 19 Abs 4 WEG 1975) nur auf den Verteilungsschlüssel bezogen hat, während sie nun - abrechnungstechnisch gesehen desaströs - auch für abweichende Abrechnungseinheiten (und damit allenfalls verbundene Abstimmungseinheiten) gilt.

- Die gerichtliche Festsetzung ist - abgesehen vom erforderlichen Antrag eines Wohnungseigentümers - gegenüber der Vereinbarung sämtlicher Miteigentümer (Abs 2 leg cit) noch an zusätzliche Voraussetzungen gebunden (die, je nachdem, welche Abweichung begehrt wird, unterschiedlich sind).
  - Die Voraussetzungen für die Neufestsetzung des Aufteilungsschlüssels - die nach billigem Ermessen[1025] zu erfolgen hat - sind (Abs 5 leg cit):
    - wesentliche Änderung der Nutzungsmöglichkeit seit einer Vereinbarung im Sinn des Abs 2 leg cit[1026]

      ⇒ Auf die tatsächliche Nutzung ist nicht abzustellen.[1027]

      ⇒ Die gesetzliche Forderung nach „wesentlicher Änderung der Nutzungsmöglichkeit" bedeutet, dass es (aus der Sicht eines Wohnungseigentümers) nach der einmal erfolgten Festlegung eines abweichenden Verteilungsschlüssels (etwa im Wohnungseigentumsvertrag) schwierig oder gar unmöglich sein kann, über Antrag an das Gericht eine Abänderung zu erreichen. Wäre zum Zeitpunkt der Antragstellung noch keine Vereinbarung getroffen worden, würde der Nachweis der „unterschiedlichen Nutzungsmöglichkeit" (etwa am Aufzug) - siehe sogleich unten - genügen.

    oder
    - erheblich unterschiedliche Nutzungsmöglichkeiten.[1028]

[1023] OGH 12.5.1998, 5 Ob 459/97d (= EWr II/19/46 f).
[1024] OGH 7.12.2004, 5 Ob 267/04g (= EWr W/32/7 f).
[1025] OGH 16.12.1997, 5 Ob 472/97s (= EWr II/19/36 ff); OGH 24.10.2000, 5 Ob 274/00k (= EWr II/19/79 ff).
[1026] OGH 21.3.2006, 5 Ob 21/06h (= EWr W/32/20 f).
[1027] OGH 26.9.2000, 5 Ob 250/00a (= EWr II/19/71 ff).
[1028] OGH 17.12.1996, 5 Ob 81,82 (= EWr II/19/19 ff).

⇒ Gerichtliche Entscheidungen zu erheblichen Unterschieden in den Nutzungsmöglichkeiten finden sich vor allem im Zusammenhang mit der Kostentragung bei Aufzügen;[1029] abgestellt wird dabei auf eine objektiv „vernünftige" Nutzungsmöglichkeit.[1030]

Aus der Judikatur zur Tragung der Aufzugskosten:

⇒ Wenn der Wohnungseigentümer eines ebenerdig gelegenen Geschäftslokals mit dem Lift die Untergeschosse mit Gemeinschaftsräumen (ua Coloniaraum) und die der allgemeinen Nutzung dienenden Dachterrassen erreichen kann, liegt in der Ablehnung seines Begehrens, ihn von der Tragung der Liftkosten zu befreien (oder zumindest zu entlasten) keine Überschreitung gerichtlichen Ermessensspielraums.[1031]

⇒ Der völlige Ausschluss einer Nutzungsmöglichkeit (etwa am Lift) ist aber nicht Voraussetzung für die Schaffung eines abweichenden Verteilungsschlüssels.[1032]

⇒ Jedenfalls bei Eigentümern von Erdgeschosswohnungen ist eine Reduzierung der anteilig mitzutragenden Liftbetriebskosten angezeigt, wenn sie den Lift im Wesentlichen nur für das Aufsuchen von Gemeinschaftsräumlichkeiten im Keller nutzen können.[1033]

Dass ihnen der Lift auch dafür zur Verfügung steht, Mitbewohner in anderen Geschossen zu besuchen, ist als zusätzliches Argument dafür zu verwenden, sie nicht gänzlich von den Liftkosten zu befreien, erzwingt aber keineswegs ein Festhalten am gesetzlichen Nutzwertschlüssel.[1034]

⇒ Es ist (aber) auch die Auffassung (des Rekursgerichtes), wonach eine gänzliche Befreiung von der Tragung der Liftkosten der Billigkeit entspricht, wenn der Antragsteller die Lifte selbst überhaupt nicht nutzen kann und eine in seinem Interesse erfolgende Nutzung durch Dritte wie Hausbesorger oder im Dachbereich tätige Handwerker wegen Geringfügigkeit zu vernachlässigen sei, im Einzelfall vertretbar.[1035]

⇒ Sowohl der Gesetzestext als auch einige der Entscheidungen der letzten Jahre (insbesondere betreffend die unterschiedlichen Nutzungsmöglichkeiten am Aufzug) berücksichtigen mE nicht, dass das Problem der Kostenaufteilung in Wahrheit nicht über den Verteilungsschlüssel allein, sondern nur in Kombination mit der Schaffung einer gesonderten (abweichenden) Abrechnungseinheit zu lösen ist. Die Herausnahme eines (oder mehrerer) Wohnungseigentümer(s) aus der Kostentragungspflicht hinsichtlich

---

[1029] OGH 8.4.1997, 5 Ob 2423/96a (= EWr II/19/24 f);
OGH 10.6.1997, 5 Ob 73/97i (= EWr II/19/26 ff);
OGH 12.5.1998, 5 Ob 460/97a (= EWr II/19/48 f);
OGH 13.7.2000, 5 Ob 177/00s (= EWr II/19/68 ff):
OGH 7.12.2004, 5 Ob 267/04g (= EWr W/32/7 f);
OGH 21.3.2006, 5 Ob 21/06h (= EWr W/32/20 f).

[1030] OGH 24.3.1998, 5 Ob 58/98k (= EWr I/24/21 f);
OGH 24.4.2001, 5 Ob 325/00f (= EWr II/19/88 ff).

[1031] OGH 27.2.2001, 5 Ob 19/01g (= EWr II/19/86 f).

[1032] OGH 13.7.2000, 5 Ob 30/00y (= EWr II/19/66 f).

[1033] OGH 21.1.2003, 5 Ob 301/02d (= EWr II/19/119 ff);
OGH 10.5.2005, 5 Ob 255/04t (= EWr W/32/9 ff).

[1034] OGH 21.1.2003, 5 Ob 301/02d (= EWr II/19/119 ff).

[1035] OGH 13.12.2005, 5 Ob 272/05v (= EWr W/32/13 f).

einer Teilaufwendung für die Liegenschaft (beispielsweise des Aufzugs) bedingt immer die gesonderte Abrechnung (und idR wohl auch Einrichtung einer eigenen Rücklage für Erhaltungs- und Verbesserungsarbeiten); eben dies ist aber das Wesen einer abweichenden Abrechnungseinheit.
Möglich wäre es freilich, (zusätzlich) innerhalb der Abrechnungseinheit einen gesonderten Verteilungsschlüssel zu normieren.
Beispiel:
Althaus mit zwei Stiegenhäusern, eines mit und eines ohne Lift.
Erste Entscheidung: Gesonderte (abweichende) Abrechnungseinheit Lift (= Aufzugskosten betreffen grundsätzlich nur die Wohnungseigentümer von Objekten im Stiegenhaus mit Lift); allenfalls könnte hierfür auch eine gesonderte Abstimmungseinheit geschaffen werden.
Mögliche zweite Entscheidung: Abweichender Verteilungsschlüssel (zB Geschäftsraumwohnungseigentümer im Parterre trägt nicht oder nur eingeschränkt zu den Liftkosten bei).

⇒ Die Berücksichtigung der Ausstattung (etwa eines Aufzugs) bei der Nutzwertfestsetzung muss nicht der Nutzungsmöglichkeit entsprechen;[1036] auch steht die Berücksichtigung der Stockwerkslage bei der Festsetzung der Nutzwerte (im Anlassfall: der Erdgeschosswohnungen) einer Änderung des Verteilungsschlüssels für die Liftbetriebskosten keineswegs entgegen.[1037]

⇒ Der freiwillige Verzicht einzelner Wohnungseigentümer auf die objektiv mögliche Benützung eines allgemeinen Teiles der Liegenschaft befreit diese nicht von ihrer Beitragspflicht.[1038]

⇒ Die Existenz von Wohnungen einerseits und Geschäftsräumen andererseits auf einer Liegenschaft rechtfertigt noch keine Neufestsetzung des Aufteilungsschlüssels (nach der Nutzfläche).[1039]

⇒ Auch für KFZ-Abstellplätze können keine allgemein gültigen Grundsätze aufgestellt werden. Wenn das Berufungsgericht eine Beteiligung an den Kosten für Wasserkontrollen, Kaminüberprüfungen, Entrümpelung, Müllabfuhr-, Wasser- und Abwassergebühren nicht als unbillig angesehen hat, so hat es damit die Grenzen des ihm zustehenden Beurteilungsspielraums nicht überschritten.[1040]

⇒ Die mit dem WEG geschaffene Möglichkeit, an einen im Zubehör-Wohnungseigentum stehenden Kraftfahrzeugabstellplatz selbständiges Wohnungseigentum zu begründen rechtfertigt für sich allein noch nicht die Festsetzung eines anderen Aufteilungsschlüssels.[1041]

⇒ Auch bei Aufwendungen für die Tätigkeit eines Hausbesorgers kommt es auf den Nutzen an, den ein Wohnungseigentümer als Miteigentümer der gesamten Liegenschaft daraus zieht. Wenn der Hausbesorger das gesamte Haus pflegt, anfallende Reparaturen erledigt und sich um die Pflege und Versorgung der Pflanzen auf der Allgemeinfläche kümmert, überdies die Schneeräu-

[1036] OGH 13.7.2000, 5 Ob 177/00s (EWr II/19/68 ff).
[1037] OGH 21.1.2003, 5 Ob 301/02d (= EWr II/19/119 ff).
[1038] OGH 10.6.1997, 5 Ob 150/97p (= EWr II/19/29 f).
[1039] OGH 15.9.1998, 5 Ob 214/98a (= EWr II/19/52).
[1040] OGH 3.8.2004, 5 Ob 179/04s (= EWr W/32/1 f).
[1041] OGH 21.3.2006, 5 Ob 77/06v (= EWr W/32/22 f).

mung vornimmt, kann von einer „erheblich unterschiedlichen Nutzungsmöglichkeit“, also von einem erheblich unterschiedlichen Nutzen für einzelne Wohnungseigentümer keine Rede sein.[1042]

⇒ Entlastung von den Aufwendungen für die Entsorgung des Hausmülls, wenn der Wohnungseigentümer die auf seinen Betrieb entfallende Müllbeseitigung selbständig vornehmen lässt.[1043]

⇒ Ob erheblich unterschiedliche Nutzungsmöglichkeiten gegeben sind, hängt von den Umständen des Einzelfalls ab (Ermessensentscheidung des Gerichts);[1044] vom Obersten Gerichtshof kann nur eine eklatante Überschreitung dieses Ermessens aufgegriffen werden.[1045]

⇒ Eine der wahren Rechts- und Sachlage entsprechende Verteilung der Liegenschaftsaufwendungen kann nicht einfach durch Neufestsetzung des Verteilungsschlüssels erfolgen. Vielmehr hat (etwa im Fall des Untergangs eines Wohnungseigentumsobjektes) eine Neufestsetzung der Nutzwerte und die bücherliche Durchführung der geänderten Mit- und Wohnungseigentumsverhältnisse zu erfolgen.[1046]

⇒ Im Verfahren auf Änderung des Verteilungsschlüssels ist allen davon betroffenen Mit- und Wohnungseigentümern Gelegenheit zu geben, eigene Nutzungsbeschränkungen geltend zu machen. Dies fordert nicht nur die Anwendung billigen Ermessens bei der Entscheidung, sondern auch der Umstand, dass ein möglichst beständiger Kostenverteilungsschlüssel gefunden werden soll.[1047]

- Die Voraussetzungen für die Festsetzung einer von der Liegenschaft abweichenden Abrechnungseinheit sind (Abs 6 leg cit):
  - mehr als fünfzig Wohnungseigentumsobjekte

    ⇒ Nach der gesetzlichen Formulierung zählen hier im (selbständigen) Wohnungseigentum stehende Kraftfahrzeug-Abstellplätze mit.

  oder
  - eine gesondert abzurechnende Anlage,

    wie etwa eine Waschküche, ein Personenaufzug oder eine gemeinsame Wärmeversorgungsanlage.

    ⇒ Hauptziel bei der gerichtlichen Festsetzung abweichender Abrechnungseinheiten hat nach der Rechtsprechung (zur nahezu identen Regelung des § 19 Abs 3 Z 2 WEG 1975) die Erleichterung der Abrechnung zu sein; wird dies nicht erreicht, bedarf es besonderer Rechtfertigungsgründe für die gerichtliche Festsetzung abweichender Abrechnungseinheiten.[1048] Dem Gesetzgeber

---

[1042] OGH 7.12.2004, 5 Ob 267/04g (= EWr W/32/7 f).
[1043] OGH 7.12.2004, 5 Ob 267/04g (= EWr W/32/7 f).
[1044] OGH 3.8.2004, 5 Ob 179/04s (= EWr W/32/1 f);
OGH 28.9.2004, 5 Ob 221/04t (= EWr W/32/3);
OGH 13.12.2005, 5 Ob 272/05v (= EWr W/32/13 f).
[1045] OGH 7.12.2004, 5 Ob 267/04g (= EWr W/32/7 f).
[1046] OGH 9.2.1999, 5 Ob 213/98d (= EWr II/19/53 ff);
OGH 9.11.2004, 5 Ob 220/04w (= EWr W/32/4 ff).
[1047] OGH 21.1.2003, 5 Ob 301/02d (= EWr II/19/119 ff);
OGH 10.5.2005, 5 Ob 255/04t (= EWr W/32/9 ff).
[1048] OGH 24.10.2000, 5 Ob 274/00k (= EWr II/19/79 ff);
OGH 9.11.2004, 5 Ob 220/04w (= EWr W/32/4 ff).

kann nicht unterstellt werden, „einer weiteren Zergliederung und Entsolidarisierung der Eigentümergemeinschaft Vorschub leisten zu wollen".[1049]
Begehren nach Schaffung abweichender Abrechnungseinheiten abgelehnt bei
⇒ Freizeitzentrum (Schwimmbad)/Wohnhäuser;[1050]
⇒ Garagen/Wohnhaus.[1051]

⇒ Ob die Festsetzung einer abweichenden Abstimmungseinheit durch das Gericht - neben dem Antrag auf Festsetzung einer abweichenden Abrechnungseinheit - noch eines zusätzlichen darauf gerichteten Antrags bedarf, geht aus dem Gesetz nicht hervor.
ME ist das Erfordernis eines darauf abzielenden Begehrens zu bejahen, weil ja auch die alleinige Festsetzung einer abweichenden Abrechnungseinheit möglich ist und den Vorstellungen des (der) Antragsteller(s) entsprechen kann (etwa aus der Erwartung heraus, dass diesfalls der Widerstand anderer Wohnungseigentümer gegen die abweichende Festsetzung einer Abrechnungseinheit wegen der vorhanden bleibenden Mitbestimmungsmöglichkeit geringer sein könnte).

Durch den Wechsel eines Wohnungseigentümers werden

- der Aufteilungsschlüssel
- die Abrechnungseinheit und
- die Abstimmungseinheit

nicht berührt (Abs 7 leg cit).

⇒ Die Bindung des Einzelrechtsnachfolgers besteht unabhängig davon, ob die abweichenden Regelungen aus dem Grundbuch zu ersehen sind oder nicht (Näheres dazu siehe oben S 162).

⇒ Kurzer Überblick zur Rechtsentwicklung:[1052]
Im Geltungsbereich des WEG 1948 bedurfte es keiner schriftlichen Vereinbarung der Mit- und Wohnungseigentümer, um die Liegenschaftsaufwendungen anders zu verteilen, als dies im Gesetz vorgesehen war. Eine solche Vereinbarung konnte mündlich oder auch konkludent zustandekommen.[1053]
Im Geltungsbereich des WEG 1975 konnte nach der Rechtslage vor dem 3. WÄG (§ 19 Abs 1 Z 2 WEG 1975 idF vor dem 3. WÄG) von allen Mit- und Wohnungseigentümern (also einstimmig) ein (von § 19 Abs 1 WEG 1975) abweichender Verteilungsschlüssel vereinbart werden, wobei die Vereinbarung zu ihrer Rechtswirksamkeit der Schriftform bedurfte.
Zur Bindung des Rechtsnachfolgers war seit Inkrafttreten des WEG 1975 per 1.9.1975 (ungeachtet der Anmerkung im Grundbuch) die vertragliche Überbindung auf diesen (bzw dessen Beitritt) erforderlich (nur so konnte dem Schriftformgebot des § 19 Abs 1 Z 2 WEG 1975 aF entsprochen werden). Mangels Beitritts des Einzelrechtsnachfolgers zur seinerzeitigen Vereinbarung war

---

[1049] OGH 16.12.1997, 5 Ob 472/97s (= EWr II/19/36 ff).
[1050] OGH 26.9.2000, 5 Ob 250/00a (= EWr II/19/71 ff).
[1051] OGH 24.10.2000, 5 Ob 274/00k (= EWr II/19/79 ff).
[1052] Siehe jüngst auch OGH 10.5.2005, 5 Ob 255/04t (= EWr W/32/9 ff).
[1053] OGH 4.9.2001, 5 Ob 120/01k (= EWr II/19/96 ff).

die gesetzlich geforderte Übereinstimmung aller Miteigentümer nicht mehr erreicht, womit die Vereinbarung hinfällig wurde.
Mit dem 3. WÄG (1.1.1994) erfolgte insofern eine wichtige Änderung, als der neu geschaffene § 19 Abs 5 WEG 1975 anordnete, dass durch den Wechsel eines (oder auch aller) Miteigentümer ein vereinbarter oder gerichtlich festgesetzter Aufteilungsschlüssel (sowie die Abrechnungseinheit und seit der WRN 1999 auch die Abstimmungseinheit) nicht berührt werde(n). Damit erlangten derartige Vereinbarungen sachenrechtliche Wirkung; ein Rechtsnachfolger ist an bestehende Regelungen gebunden.[1054]
Dies gilt unverändert auch im WEG 2002.

Von der Regelung des Abs 1 leg cit abweichende Aufteilungsschlüssel sowie von der Liegenschaft abweichende Abrechnungs- und Abstimmungseinheiten sind

- bei Festsetzung durch das Gericht
  - von Amts wegen
- sonst (= bei schriftlicher Vereinbarung aller Wohnungseigentümer),
  - sofern die Unterschrift auch nur eines Wohnungseigentümers öffentlich beglaubigt ist,
  - auf Antrag dieses oder eines anderen Wohnungseigentümers

im Grundbuch ersichtlich zu machen (Abs 8 leg cit).

⇒ Im Fall der Vereinbarung ist die Ersichtlichmachung sohin nicht zwingend vorgesehen (was sich einerseits aus dem Wesen der Ersichtlichmachung [Evidenzzweck[1055]] und andererseits aus der gesetzlich verankerten Bindung des Rechtsnachfolgers erklärt).

⇒ Die Ersichtlichmachung im Grundbuch hat keine rechtserzeugende Wirkung.[1056]

d)
Verbrauchsabhängige Aufteilung von Aufwendungen
(§ 32 Abs 3 WEG)

Eine Sonderregelung für verbrauchsabhängige Aufwendungen enthält Abs 3 leg cit:
Die Wohnungseigentümer können eine Aufteilung einzelner Aufwendungen, die vom Verbrauch abhängig sind, nach den Verbrauchsanteilen festlegen, sofern

- eine Mehrheit von zwei Dritteln der Anteile dies beschließt;

⇒ Anders als bei der ähnlichen Regelung im Mietrecht (§ 17 Abs 1a MRG)[1057] erfolgt die Mehrheitsfindung nicht nach der Anzahl der Bestandobjekte, sondern nach den bücherlichen Anteilen. Damit kann es selbst einem einzigen Wohnungseigentümer - sofern er über die entsprechenden Anteile (mehr als ein Drittel) verfügt - gelingen, die Vereinbarung zu verhindern (etwa dem Eigentümer einer Geschäftsräumlichkeit mit hohem Wasserverbrauch).

⇒ Der - grundsätzlich anfechtbare - Beschluss wird wohl idR in Schriftform gefasst werden (was sich auch sehr empfiehlt); zwin-

---

[1054] OGH 29.1.2002, 5 Ob 277/01y (= EWr II/19/105 ff).
[1055] OGH 2.9.1997, 5 Ob 394/97w (= EWr II/19/50 f).
[1056] OGH 13.12.2005, 5 Ob 132/05f (= EWr W/32/15 ff).
[1057] Siehe dazu ausführlich *ÖVI/Dirnbacher, MRG (2006),* S 242 ff.

gend erforderlich ist dies jedoch nicht (vgl § 24 Abs 1 WEG). Die Bekanntmachungsvorschriften (§ 24 Abs 5 WEG) erfordern aber jedenfalls das schriftliche Festhalten des Beschlussinhalts.

⇒ Das Erfordernis einer Mehrheit von zwei Dritteln der Wohnungseigentümer bezieht sich auf den Zeitpunkt der Beschlussfassung. Spätere Änderungen bleiben unbeachtlich; eine „Rückkehr" zum allgemeinen (für die konkrete Liegenschaft geltenden) Verteilungsschlüssel würde eines contrarius actus, also einer neuerlichen qualifizierten Beschlussfassung bedürfen).

Ein Eigentümerwechsel hat sohin auf den Bestand der einmal rechtswirksam beschlossenen Verbrauchskostenregelung keinen Einfluss; nachfolgende Wohnungseigentümer sind daran gebunden.

und

- die Anteile der Wohnungseigentumsobjekte am Gesamtverbrauch mit wirtschaftlich vernünftigem Kostenaufwand durch Messvorrichtungen ermittelt werden können.

⇒ Ein Kosten-Nutzen-Vergleich bzw eine Zukunftsprognose über eine Verbrauchsverringerung wird - anders als nach § 6 Abs 1 Z 2 HeizKG, wonach die zu erwartende Energieeinsparung mindestens 10% betragen und größer sein muss, als die Ausstattungs- und laufenden Kosten[1058] - nicht gefordert. Der Aufwand wird idR dann wirtschaftlich vernünftig sein, wenn pro Bestandobjekt nur eine Messeinrichtung installiert werden muss. Andere Umstände, wie die mit der Installation von Messeinrichtungen in bestehenden Bestandobjekten allenfalls verbundenen Schäden (etwa die Zerstörung von Einbauten oder Verfliesungen), die ebenfalls zu den Installationskosten iwS zu rechnen sind, wären mE mitzuberücksichtigen.

⇒ Die geforderte „Wirtschaftlichkeit" bezieht sich mE sowohl auf die (Erst-)Anbringung der Messvorrichtungen als auch auf den folgenden Aufwand im Zusammenhang mit der verbrauchsabhängigen Aufteilung (also etwa auch auf die Kosten der Eichung, Wartung, Ablesung, Verrechnung).

⇒ Kommt es zu einem Beschluss nach § 32 Abs 3 WEG, so sind die Kosten der Installation der Messeinrichtungen (allenfalls auch die Miete derartiger Geräte) von der Eigentümergemeinschaft zu bestreiten. Dies gilt auch für die Erhaltung (Reparatur) der Messvorrichtungen sowie - mE - für die Kosten der Eichung, Wartung und Ablesung. Letzteres kann aus der (vom Zweck und vom legistischen Aufbau her weitgehend übereinstimmenden) mietrechtlichen Regelung geschlossen werden, wonach die Eichungs-, Wartungs- und Ablesekosten als (neue) Betriebskosten anzusehen und somit nach dem allgemeinen Verteilungsschlüssel für die Liegenschaft (idR im Mietrecht nach der Nutzfläche) - und nicht entsprechend dem Schlüssel, der sich aus dem gemessenen Verbrauch ergibt - aufzuteilen sind (§ 21 Abs 1 Z 1a MRG).

⇒ Das HeizKG (siehe dazu unten Anhang I) gilt allerdings weiterhin als lex spezialis und bleibt mE - ungeachtet des Fehlens eines ausdrücklichen Hinweises im WEG (vgl vormals § 19 Abs 7 WEG 1975) - durch § 32 Abs 3 WEG unberührt.

[1058] OGH 26.6.2001, 5 Ob 70/01g (= EWr III/6 HeizKG/1 ff).

Vereinbarungen gemäß Abs 3 leg cit werden sich daher idR nicht auf die Heiz- und Warmwasserkosten, sondern nur auf den Kaltwasserverbrauch (sowie bzw samt Abwasserbeseitigungskosten; allenfalls auch Müllabfuhr, sofern die Kosten abhängig von den den einzelnen Objekten zugeteilten Müllbehältern oder nach einer ähnlichen Methode messbar sind) beziehen können.

⇒ Eine ausdrückliche Regelung für den Fall des Wechsels eines Wohnungseigentümers während der Abrechnungsperiode (etwa das Erfordernis einer Zwischenablesung) findet sich im Gesetz nicht. Es obliegt den Vertragspartnern, eine (nur inter partes wirksame) Vereinbarung über die Kostentragung zu treffen; gegenüber der Eigentümergemeinschaft haftet der bücherliche Eigentümer im Zeitpunkt der Fälligkeit der Abrechnung.

- Der Beschluss über die verbrauchsabhängige Kostenverteilung wird frühestens für die ihm nachfolgende Abrechnungsperiode wirksam (Abs 3 Satz 1 letzer HS leg cit).
- Bei Vorliegen eines Beschlusses über die verbrauchsabhängige Kostenverteilung hat jeder Wohnungseigentümer die Erfassung der Verbrauchsanteile in seinem Objekt zu dulden (Abs 3 Satz 2 leg cit).

  ⇒ Obgleich im Gesetz nicht ausdrücklich erwähnt, hat der Wohnungseigentümer bei Vorliegen einer entsprechenden Vereinbarung selbstverständlich auch die Installation der Messvorrichtung in seinem Objekt zu dulden (dies ergibt sich mE aus § 16 Abs 3 letzter Satz WEG; es könnte sich allerdings nach der gleichen Regelung auch ein Entschädigungsanspruch für den Wohnungseigentümer ergeben).

- Konnten trotz zumutbarar Bemühungen Verbrauchsanteile nicht erfasst werden, so sind sie - sofern dies dem Stand der Technik entspricht - durch rechnerische Verfahren zu ermitteln; die Nutzfläche, für die auf diese Weise die Verbrauchsanteile ermittelt werden, darf 20 Prozent der Nutzfläche des Gebäudes nicht übersteigen (Abs 3 Satz 3 leg cit).

  ⇒ Ist somit die verbrauchsabhängige Ermittlung für eine 20 Prozent der Gesamtnutzfläche übersteigende Fläche nicht möglich, bleibt es - ungeachtet des Beschlusses über die verbrauchsabhängige Kostenverteilung - beim allgemeinen Verteilungsschlüssel für die Liegenschaft.

  ⇒ Gemäß § 11 Abs 3 HeizKG dürfen - sofern nicht messbar - bis zu 25% der beheizbaren Nutzfläche hochgerechnet werden (warum in das WEG ein anderer Prozentsatz aufgenommen wurde, kann nicht nachvollzogen werden).

- Der Teil der Aufwendungen, der dem auf die allgemeinen Teile der Liegenschaft entfallenden Verbrauchsanteil zuzuordnen ist, ist nach dem Schlüssel des Abs 1 leg cit aufzuteilen (Abs 3 letzter Satz leg cit).

  ⇒ Die Schaffung eines verbrauchsabhängigen Verteilungsschlüssels führt somit zwangsläufig zu einer zweigeteilten Abrechnung der „messbaren Aufwendungen“; zum einen entsprechend dem gemessenen Verbrauch in den einzelnen Objekten, zum anderen nach dem Schlüssel des Abs 1 leg cit für die allgemeinen Teile (einschließlich - soweit vorhanden - der Hausbesorgerwohnung). Der letzterwähnte Schlüssel wird auch für allfällige Differenzen zwischen „objektsbezogenem" und „allgemeinem" Verbrauch einerseits und dem Gesamtverbrauch der Liegenschaft andererseits anzuwenden sein (erfahrungsgemäß stimmt die Summe der im Einzelnen gemessenen Verbräuche nicht immer mit dem Gesamtverbrauch überein); darüber hinaus auch für eine (üblicherweise nicht an den Verbrauch gebundene) Bereitstellungsgebühr.

- Die verbrauchsabhängige Aufteilung von Aufwendungen kann auch in Kombination mit abweichenden Abrechnungseinheiten (Abs 2 leg cit) zur Anwendung gelangen.
  - ⇒ Diesfalls bezieht sich das Quotenerfordernis (zwei Drittel) jeweils nur auf die Abstimmungseinheit (worauf die Materialien hinweisen).
  - ⇒ Praktischer Anwendungsfall: Mehrere Häuser auf einer Liegenschaft (etwa Reihenhäuser mit Vorgärten einerseits und ein mehrgeschossiges Gebäude ohne Gärten andererseits) bilden jeweils getrennte Abrechnungseinheiten. Die Wohnungseigentümer der Reihenhäuser könnten (vermutlich im Hinblick auf den unterschiedlichen Wasserverbrauch in den Gärten) die verbrauchsabhängige Aufteilung der Wasserkosten innerhalb ihrer Abrechnungseinheit mit einer Mehrheit von zwei Dritteln der Anteile (völlig unabhängig von der anderen Abrechnungseinheit) beschließen.
- Auseinandersetzungen über die verbrauchsabhängige Aufteilung von Aufwendungen sind im Außerstreitverfahren (§ 52 Abs 1 Z 9 WEG) auszutragen.

e)
Benützungsabhängige Einhebung von Energiekosten bei Gemeinschaftsanlagen
(§ 32 Abs 4 WEG)

Gemäß § 32 Abs 4 WEG kann die Mehrheit der Wohnungseigentümer festlegen, dass bei Gemeinschaftsanlagen die Energiekosten

- in pauschalierter Form (etwa durch Münzautomaten)
- von den Benützern eingehoben werden,
- sofern diese Kosten den Benützern zugeordnet werden können.
  - ⇒ Auch diese „Festlegung" erfordert einen Beschluss (ohne Schriftformgebot, § 24 WEG); es reicht aber - anders als bei der verbrauchsorientierten Kostenverteilung nach Abs 3 leg cit - die einfache Mehrheit für das Zustandekommen aus.
  - ⇒ Einhebung in „pauschalierter Form" bedeutet, dass die Berechnung der Größenordnung nach stimmen, aber nicht auf den Cent genau erfolgen muss.
  - ⇒ Unter „Gemeinschaftsanlagen" werden solche Einrichtungen verstanden, deren Benützung allen Mietern bzw Wohnungseigentümern des Hauses gegen anteilige Bezahlung der Betriebskosten rechtlich freisteht.[1059]

[1059] Zu § 24 MRG: OGH 25.11.1997, 5 Ob 370/97s (= EWr I/24/18 ff) ua.

⇒ In der Praxis wurde vielfach, vor allem im Zusammenhang mit Waschküchen, schon lange vor der Einführung der Vorgängerbestimmung des nunmehrigen § 32 Abs 4 WEG (das war § 19 Abs 4b WEG 1975 idF der WRN 1999) den jeweiligen Benützern ein Sonderentgelt verrechnet (zB Benützung der Waschmaschine nur nach Einwurf einer Münze oder eines davor zu erwerbenden Jetons). Diese Vorgangsweise lässt sich jederzeit - pro futuro - mit einem einfachen Mehrheitsbeschluss sanieren.
Weiterhin (auch im WEG) entspricht es aber nicht dem Gesetz, wenn den Benützern von Gemeinschaftsanlagen nicht nur die reinen Energiekosten, sondern zusätzlich anteilige Erhaltungskosten (auch Kosten für die Neuanschaffung von Geräten) in pauschalierter Form vorgeschrieben werden. Dazu würde es der Schaffung einer - nur einvernehmlich schriftlich bzw über Antrag durch das Gericht festzulegenden - abweichenden Abrechnungseinheit (zB „Waschküche") bedürfen (§ 32 Abs 2 u 6 WEG – siehe oben).

⇒ Wiewohl die Waschküche vermutlich den Hauptanwendungsfall der Regelung des Abs 4 leg cit darstellt, kommen auch andere Gemeinschaftseinrichtungen (etwa der Aufzug) für die pauschalierte Abrechnung von Energiekosten in Frage.

⇒ Die Regelung des § 32 Abs 4 WEG entspricht sinngemäß der mietrechtlichen Bestimmung des § 24 Abs 2a MRG idF der WRN 1999 (allerdings entscheidet im Mietrecht der Vermieter allein über die pauschalierte Vorschreibung der Energiekosten von Gemeinschaftsanlagen).

- Auseinandersetzungen über die benützungsabhängige Einhebung von Energiekosten bei Gemeinschaftsanlagen sind im Außerstreitverfahren (§ 52 Abs 1 Z 9 WEG) auszutragen.

f)
Fälligkeit der vorgeschriebenen Vorauszahlungen auf die Aufwendungen (§ 32 Abs 9 WEG)

Mangels anderslautender Vereinbarungen sind die den Wohnungseigentümern vorgeschriebenen Vorauszahlungen auf die Aufwendungen für die Liegenschaft

- am Fünften eines jeden Kalendermonats

fällig.

⇒ Gemäß § 19 Abs 8 WEG 1975 (allerdings erst mit Wirksamkeit per 1.9.1999 in das Gesetz eingefügt) trat die Fälligkeit am Ersten des Kalendermonats ein. Der Gesetzgeber des neuen WEG hat offenbar eine Art Respiro mit dem Fälligkeitstermin vermengt und diesen auf den Fünften des Kalendermonats verlegt.

⇒ Anderslautende Vereinbarungen (insbesondere im Wohnungseigentums- oder Verwaltungsvertrag; denkbar aber wohl auch in einer Gemeinschaftsordnung nach § 26 WEG) sind wirksam und gehen dem gesetzlich normierten Termin bevor.
Vor dem 1.7.2002 rechtswirksam getroffene Vereinbarungen gelten weiter.

⇒ Monatliche Akontovorschreibungen sind vom Ersteher ab dem Zuschlag in der Zwangsversteigerung zu bezahlen (bei der Kostenaufteilungsregelung des WEG handelt es sich um eine von den exekutionsrechtlichen Vorschriften über die Übernahme von Belastungen unabhängige Anspruchsgrundlage).[1060]

⇒ Die Fälligkeit hat auch Bedeutung für den Beginn der Sechsmonatsfrist zur Einbringung und Anmerkung der Klage, mit der das Vorzugspfandrecht (§ 27 Abs 2 WEG) releviert wird.
Mangels anderslautender Vereinbarung (also bei gesetzlicher Fälligkeit gemäß § 32 Abs 9 WEG) beginnt die Frist mit Ablauf des Monatsfünften.

⇒ Von der Fälligkeit der Vorauszahlungen (auch Rücklagenbeiträge) zu unterscheiden ist die Fälligkeit eines sich aus der Abrechnung ergebenden Fehlbetrages (§ 34 Abs 4 WEG – siehe S 343).

- Die Fälligkeit von Akontozahlungen für Liegenschaftsaufwendungen tritt unabhängig davon ein, ob der Verwalter seiner Rechnungslegungspflicht nachgekommen ist oder nicht.

⇒ Akontozahlungen können sogar dann noch eingehoben werden (und sind zur Zahlung fällig), wenn die Aufwendungen, für die sie vorgeschrieben werden, bereits abgerechnet sind und Streit darüber besteht, ob die Abrechnung ordnungsgemäß, vollständig und richtig ist. Die Unschlüssigkeit einer Abrechnung vermag nicht die Schlüssigkeit einer Vorschreibung in Frage zu stellen (!)[1061]

⇒ Im Abschluss des Wohnungseigentumsvertrags ist ein schlüssiger Verzicht des Wohnungseigentümers zur Aufrechnung gegen Forderungen der Gemeinschaft zu sehen.[1062]

⇒ Das Argument des Vorrangs der Gemeinschaftsinteressen ist jedoch auf die Rücklagenbildung nicht ohne Weiteres übertragbar. Es versagt etwa dann, wenn ein Wohnungseigentümer eigene Überzahlungen in den Rücklagenfonds (die etwa versehentlich geleistet wurden) mit zukünftigen Beitragsforderungen der Gemeinschaft zur Speisung der Rücklage verrechnen will. In einem solchen Fall geht es nicht um die Vermeidung von Liquiditätsproblemen der Gemeinschaft; es steht vielmehr die Herstellung der vom Gesetz geforderten gleichen (anteiligen) Belastung der Wohnungseigentümer bei der finanziellen Vorsorge zur Deckung des Instandhaltungsaufwands im Vordergrund.[1063]

g)
Umsatzsteuer
(§ 32 Abs 10 WEG)

Soweit die Eigentümergemeinschaft ihre Umsätze steuerpflichtig behandelt, hat jeder Wohnungseigentümer die auf sein Wohnungseigentumsobjekt

- nach der jeweiligen Nutzungsart entfallende Umsatzsteuer

zu entrichten.

⇒ Ist die Eigentümergemeinschaft umsatzsteuerpflichtig, sind die Aufwendungen zunächst zu entlasten. In der Folge ist den ein-

---

[1060] OGH 28.3.2000, 5 Ob 21/00z (= EWr II/19/58 ff).
[1061] OGH 24.10.2000, 5 Ob 103/00h (= EWr II/19/75 ff).
[1062] OGH 10.2.1998, 5 Ob 111/97b (= EWr II/17/58 ff).
OGH 21.12.1999, 5 Ob 328/99t (= EWr II/13c/88 ff);
OGH 13.7.2000, 5 Ob 165/00a (= EWr II/22/10 ff);
OGH 26.2.2002, 5 Ob 308/01g (= EWr II/22/16 ff).
[1063] OGH 15.6.2004, 5 Ob 135/04w (= EWr II/19/123 ff).

zelnen Wohnungseigentümern die auf sie - nach der jeweiligen Nutzungsart (!) - entfallende Umsatzsteuer zu verrechnen.

⇒ Der Grund für diese Regelung liegt - folgt man den Materialien - darin, dass zu der seit Jahren existenten ÖNORM A 4000 über die Abrechnung von Bewirtschaftungskosten von Gebäuden mit Miet- und Wohnungseigentumsobjekten wegen vielfach vermuteter Inkompatibilität mit dem Umsatzsteuerrecht[1064] bisher noch keine Verordnungen ergangen sind und daher mit dem WEG eine (vorläufige ? – bis zu einer neu konzipierten ÖNORM) Lösung geschaffen werden sollte.
Mit der Regelung soll (Materialien) „den umsatzsteuerrechtlichen Erfordernissen Rechnung getragen und ein Beitrag zur Harmonisierung der wohnungseigentumsrechtlichen Bestimmungen mit § 15 Abs 2 MRG geleistet werden".

⇒ Ein Anspruch des Wohnungseigentümers auf Erstellung einer gesonderten Rechnung zur Geltendmachung der Vorsteuern iSd § 11 UstG für eine von ihm der Höhe nach willkürlich bestimmte Teilzahlung besteht nicht.[1065]

6)
Verteilung der Erträgnisse
(§ 33 WEG)

§ 33 WEG trifft hinsichtlich der Erträgnisse folgende Unterscheidung:

⇒ Die bis zuletzt in § 20 WEG 1975 neben dem Wort „Erträgnisse" verwendete Bezeichnung „Nutzungen" findet sich im WEG - offenbar mangels relevanter (unterschiedlicher) Aussagekraft - nicht mehr.

- Erträgnisse aus Wohnungseigentumsobjekten stehen dem jeweiligen Wohnungseigentümer allein zu (Abs 1 leg cit).
- Erträgnisse aus den allgemeinen Teilen der Liegenschaft stehen allen Wohnungseigentümern nach dem Verhältnis ihrer Miteigentumsanteile zu (Abs 2 leg cit).

Im Hinblick auf die obligatorische Wohnungseigentumsbegründung (§ 3 Abs 2 WEG) kennt das WEG nur mehr Wohnungseigentumsobjekte und allgemeine Teile.
Daneben gibt es aber in „Mischhäusern" (also vor dem 1.7.2002 entstandene Wohnungseigentumsanlagen mit teilweise - noch - schlichten Miteigentümern) auch Objekte, die wohnungseigentumsfähig sind, an denen aber kein Wohnungseigentum begründet wurde.

Für diesen Fall normiert § 56 Abs 12 Satz 2 WEG die Weitergeltung des § 20 WEG 1975 (anstelle des § 33 WEG).

§ 20 Abs 1 Z 2 WEG 1975 lautet(e):

- *„Nutzungen aus Wohnungen und sonstigen Räumlichkeiten, die nicht im Wohnungseigentum stehen, gebühren den Eigentümern der Anteile, mit denen Wohnungseigentum nicht verbunden ist.*
  Ein Wohnungseigentümer ist jedoch an diesen Nutzungen soweit beteiligt, als sein Miteigentumsanteil den Mindestanteil übersteigt".

[1064] OGH 26.5.1998, 5 Ob 464/97i (= EWr II/17/64 f).
[1065] OGH 10.7.2001, 5 Ob 213/00k (= EWr II/19/91 ff).

⇒ Sollten beim Verwalter wegen unterschiedlicher Aufteilungsschlüssel (im Mischhaus) mehr Bewirtschaftungskosten eingehen, als tatsächlich aufgewendet werden mußten, so kommen diese Erträgnisse nicht den Wohnungseigentümern, sondern den Eigentümern jener Anteile zu, mit denen Wohnungseigentum nicht verbunden ist.[1066]

⇒ Bestehen nach dem Buchstand keine Anteile, mit denen Wohnungseigentum nicht verbunden ist, so kommen nur Erträgnisse nach § 20 Z 1 und Z 3 WEG 1975 in Betracht.[1067]

Die Regelung des § 33 WEG ist zwingender Natur (Abs 3 letzter Satz leg cit).

⇒ Abweichende vertragliche Vereinbarungen über Erträgnisse sind - mit Ausnahme jener gemäß Abs 3 leg cit (siehe sogleich unten) rechtsunwirksam.[1068]

⇒ Die Unwirksamkeit einer § 33 WEG (§ 20 WEG 1975) widersprechenden Vereinbarung (im Wohnungseigentumsvertrag) ist im streitigen Verfahren geltend zu machen.[1069]

§ 33 Abs 3 WEG lässt - als einzige Ausnahme von den sonst zwingenden Regeln der Abs 1 und 2 leg cit - eine Vereinbarung über die Festlegung eines abweichenden Schlüssels für die Verteilung von Erträgnissen aus allgemeinen Teilen wie folgt zu:

- Wenn für die Tragung der Kosten, die für die Errichtung der allgemeinen Teile der Liegenschaft anfallen,
  - ein vom Verhältnis der Miteigentumsanteile abweichender Schlüssel vereinbart wird,
- können sämtliche Wohnungseigentümer festlegen, dass
  - die aus diesen allgemeinen Teilen erzielten Erträgnisse entsprechend diesem Schlüssel verteilt werden,
  - soweit diese Festlegung dem § 38 Abs 1 WEG nicht widerspricht.

⇒ Die - anhand der gesetzlichen Formulierung nicht ganz leicht verständliche - Regelung ermöglicht es, in jenen Fällen, wo nicht alle Miteigentümer zur Finanzierung einer bestimmten Sondereinrichtung beigetragen haben (etwa zu einem Parkplatz oder einer Garage), die Erträgnisse (zB aus Vermietung) entsprechend dem Schlüssel der Beiträge für die Errichtung aufzuteilen (obwohl es sich - mangels Begründung von Wohnungseigentum - um allgemeine Teile handelt, für die Abs 2 leg cit grundsätzlich Anderes vorsieht).

⇒ Ein Widerspruch zu § 38 Abs 1 WEG könnte sich insbesondere aus ungerechtfertigten Vorbehalten des Wohnungseigentumsorganisators ergeben, die geeignet sind, die Verfügungsrechte der Wohnungseigentümer zu beschränken (zB „Privatparkplatz“ des Organisators - ohne daran für sich Wohnungseigentum zu begründen - auf einem Großteil der Liegenschaft).

[1066] OGH 24.9.1996, 5 Ob 2037/96m (= EWr II/20/2 f).
[1067] OGH 27.10.1992, 5 Ob 85/92 (= EWr II/17/11).
[1068] OGH 27.10.1992, 5 Ob 85/92 (= EWr II/17/11); OGH 27.10.1992, 5 Ob 85/92 (= EWr II/20/1).
[1069] OGH 27.10.1992, 5 Ob 85/92 (= EWr II/20/1).

- Für eine Festlegung der abweichenden Verteilung von Erträgnissen entsprechend § 33 Abs 3 gilt § 32 Abs 2 zweiter Satz, 7 und 8 WEG entsprechend.

  ⇒ Dh.:

  ⇒ Schriftform;

  ⇒ Wirksamkeit frühestens für die dem Abschluss der Vereinbarung nachfolgende Abrechnungsperiode;

  ⇒ Bindung des Rechtsnachfolgers auch ohne Ersichtlichmachung im Grundbuch;

  ⇒ Ersichtlichmachung auf Antrag eines Wohnungseigentümers, Beglaubigung der Unterschrift irgendeines Wohnungseigentümers ausreichend.

  ⇒ § 20 Abs 2 WEG 1975 enthält eine idente Regelung, sodass sich keine Abweichung im Mischhaus ergibt.

7) Abrechnung

(§ 34 WEG)

a) Allgemeines und Materielles zur Abrechnung

Das WEG erwähnt die Verwalterpflicht der Abrechnung zwar bereits in § 20 Abs 3 WEG, verwendet aber erst bei § 34 WEG die Überschrift „Abrechnung".

- § 34 WEG enthält allerdings keine materiellen Bestimmungen über die Abrechnung; es werden nur formelle Fragen - diese allerdings bis ins Detail - geregelt.

  ⇒ Vergeblich sucht der Normunterworfene in § 34 WEG eine Anordnung, was die Abrechnung zu enthalten hat bzw wie sie (inhaltlich) zu gestalten ist. Die Bestimmung regelt nur die „Ordnungsgemäßheit" der Abrechnung; über die „Richtigkeit" schweigt sie.
  Der im § 20 Abs 3 WEG enthaltene Verweis, demzufolge „nach den Regeln des § 34 WEG" eine ordentliche und richtige Abrechnung zu legen ist, erweist sich insoweit als Leerfloskel, als § 34 WEG über die „Richtigkeit" keine Aussage enthält.

- Materielle Vorschriften über die Abrechnung finden sich nur in § 20 Abs 3 WEG, allerdings lediglich mit der Aufforderung (an den Verwalter), die Abrechnung (auch) „richtig" zu legen.

  ⇒ Zu § 20 Abs 3 WEG; insbesondere zu den Begriffen „ordentliche" und „richtige" Abrechnung, siehe auch schon oben S 197 f.

  ⇒ Was nun tatsächlich im Zusammenhang mit der „Richtigkeit" einer Abrechnung verlangt bzw gegebenenfalls im Außerstreitverfahren geprüft werden kann, hat die jüngste höchstgerichtliche Rechtsprechung offengelegt.
  Demnach wird durch ein an sich schlüssiges, rechnerisch richtiges, vollständiges und plausibles Zahlenwerk allein der Verpflichtung zu einer richtigen Rechnungslegung noch nicht ausreichend Genüge getan. Vielmehr muss die Abrechnung den gesetzlichen und vertraglichen Grundlagen des Rechtsverhältnisses zwischen Verwalter und Wohnungseigentümern entsprechen. Es müssen die in der Abrechnung enthaltenen Ausgaben Aufwendungen für die Liegenschaft darstellen; gegebenenfalls ist als Vorfrage zu

prüfen, ob ein Aufwand von der Eigentümergemeinschaft oder vom einzelnen Wohnungseigentümer zu tragen ist.[1070]

In diesem Zusammenhang bereits judiziert:

⇒ Mangels besonderer Vereinbarung keine Verrechnung von Kosten für die Anschaffung juristischer Fachliteratur, von Büromaterial oder eines Informationsblatts für die Wohnungseigentümer sowie einer privat genutzten Bohrmaschine durch den Verwalter.[1071]

⇒ Zuordnung der Kosten für Markisenreparatur; Kosten für die Sanierung der Loggien-Außenverkleidung und der Balkonverfliesung.[1072]

⇒ Prüfung des in Rechnung gestellten Verwalterhonorars sowie vereinbarungsgemäß vorgeschriebene Beiträge zur Rücklage.[1073]

⇒ Noch nicht explizit ausgesprochen wurde, ob auch die Preisangemessenheit der in der Abrechnung ausgewiesenen Auslagen im Rechnungslegungsverfahren - über entsprechend konkretisierten Antrag - zu überprüfen ist.

ME wird auch dies im Lichte der jüngsten Rechtsprechung zu bejahen sein.

- § 34 Abs 5 WEG normiert, dass der Bundesminister für Jusitiz durch Verordnung ÖNORMEN bezeichnen kann, die „in besonderem Maß als Grund- und Vorlage für eine ordentliche Abrechnung geeignet sind“.

⇒ Ungeachtet der marginalen sprachlichen Modifizierung des - so die Materialien - etwas „kryptisch“ formulierten § 17 Abs 6a WEG 1975 ist die Regelung schon deshalb dürftig, weil zwar schon seit Jahren eine - mit umsatzsteuerrechtlichen Problemen behaftete[1074] - ÖNORM (Formular ÖNORM A 4000), aber keine Verordnung dazu existiert.

⇒ Eine ÖNORM-gerechte Abrechnung ist nicht verpflichtend; die Anwendung erspart aber formelle Beanstandungen.

§ 34 WEG übernimmt viele der schon im WEG 1975 enthaltenen Regelungen (§ 17 WEG 1975), ergänzt sie aber doch - sinnvollerweise auch mit einer neuen Verjährungsbestimmung (Abs 1 leg cit aE, siehe unten) und einer Bestimmung über die Fälligkeit (Abs 4 leg cit) - in einigen Bereichen.

Ohne dies ausdrücklich auszusprechen, richten sich doch die meisten der im § 34 WEG enthaltenen Anordnungen unmittelbar an den Verwalter.

⇒ Ausgehend davon, dass dem vorläufigen Verwalter (§ 23 WEG) während der Zeit seines Wirkens die gleichen Aufgaben zukommen wie dem von der Eigentümergemeinschaft (oder vom Gericht definitiv) bestellten Verwalter, wird die Anwendbarkeit der in § 34 WEG enthaltenen Bestimmungen auch auf diesen zu bejahen sein.

[1070] OGH 23.3.2004, 5 Ob 167/03t (= W/20/1 ff);
OGH 29.3.2004, 5 Ob 62/04k (= EWr W/20/12 ff);
OGH 3.8.2004, 5 Ob 160/04x (= EWr W/20/16 ff).

[1071] OGH 23.3.2004, 5 Ob 167/03t (= W/20/1 ff).

[1072] OGH 29.3.2004, 5 Ob 62/04k (= EWr W/20/12 ff).

[1073] OGH 3.8.2004, 5 Ob 160/04x (= EWr W/20/16 ff).

[1074] OGH 26.5.1998, 5 Ob 464/97i (= EWr II/17/64 f).

Viele von der Judikatur zum WEG 1975 hervorgehobene Grundsätze im Zusammenhang mit der Abrechnung gelten auch im WEG unverändert weiter:

- Die Rechnungslegung hat sich auf die Aufwendungen und Erträgnisse der einzelnen, im Wohnungseigentum stehenden Liegenschaft zu beziehen.
  - ⇒ Dies auch dann, wenn die Aufwendungen gemeinsame Einrichtungen, die mehreren Liegenschaften dienen, betreffen.[1075]
  - ⇒ Die Abrechnung hat sich auf die gesamte Liegenschaft zu beziehen.[1076]
  - ⇒ Strittig ist, ob der im außerstreitigen Verfahren geltend zu machende Rechnungslegungsanspruch des Wohnungseigentümers auch Abrechnungsperioden vor Begründung des Wohnungseigentums (wenn wegen der späteren Abrechnung die frühere aufgerollt werden muss und eine sinnvolle Abwicklung nur in einem Verfahren möglich ist) erfasst.[1077]
  - ⇒ Fest steht, dass sich der Rechnungslegungsanspruch des Miteigentümers nur auf jene Abrechnungsperioden erstreckt, in denen er bereits Miteigentümer der Liegenschaft war.[1078]
  - ⇒ Zur Wahrung der Interessen der einzelnen Wohnungseigentümer genügt es, wenn der Verwalter in der ihnen zu legenden Rechnung der Eigentümergemeinschaft nach Umsatzsteuerentlastung die durch den weiteren Leistungsaustausch anfallende Umsatzsteuer gesondert auswirft. Der Angabe der einzelnen Umsatzsteuerbelastung bei jeder Ausgabenpost bedarf es nicht, weil sie aus dem Beleg ersichtlich sein muss.[1079]
- Die Jahresabrechnung unterliegt jedenfalls dann bzw insofern nicht dem Datenschutz, wenn berechtigtes Interesse der übrigen Wohnungseigentümer besteht, über Zahlungsausfälle anderer Wohnungseigentümer informiert zu werden.
  - ⇒ Diesfalls spricht mE auch nichts gegen die namentliche Anführung des zahlungsunwilligen Wohnungseigentümers.
    Dem Wohnungseigentümer als Mitglied der Eigentümergemeinschaft muss die Information zugestanden werden, gegen wen ein Prozess anhängig ist bzw umgehend (im Hinblick auf die 6-Monatsfrist des § 27 Abs 2 WEG) anhängig zu machen sein wird.
- Ein Vorausverzicht des Wohnungseigentümers auf den Anspruch auf Rechnungslegung ist unwirksam.
  - ⇒ Schweigen zur Abrechnung gilt nicht als Zustimmung;[1080] selbst wenn die (unrichtige) Abrechnung jahrelang unbemängelt blieb, gilt dies nicht als Verzicht auf die gesetzlichen (Aufteilungs-)Vorschriften.[1081]

[1075] OGH 31.5.1994, 5 Ob 40/94; nahezu ident mit OGH 31.5.1994, 5 Ob 41/94 (= EWr II/17/40 ff; EWr II/17/44).
[1076] OGH 13.6.1995, 5 Ob 1068,1069/95 (= EWr II/17/45 f).
[1077] OGH 30.4.1991, 5 Ob 7/91 (= EWr II/17/1 ff); OGH 5.5.1992, 5 Ob 97/92 (= EWr II/17/8).
[1078] OGH 24.2.1998, 5 Ob 2063/96k (= EWr II/17/62 ff).
[1079] OGH 26.5.1998, 5 Ob 464/97i (= EWr II/17/64 f).
[1080] OGH 31.5.1994, 5 Ob 40/94 (nahezu ident mit OGH 31.5.1994, 5 Ob 41/94) (= EWr II/17/40 ff; EWr II/17/44).
[1081] OGH 21.2.2006, 5 Ob 244/05a (= EWr W/32/18 f).

- Die an die Abrechnung gestellten inhaltlichen Kriterien sind auch im WEG unverändert geblieben gegenüber dem WEG 1975.
  Sie erschließen sich - mangels gesetzlicher Determinierung im aktuellen Recht (und auch schon seinerzeit im WEG 1975) - am besten aus zwei (wenn auch schon älteren) Leitentscheidungen des Obersten Gerichtshofes,[1082] die im Folgenden mit den wesentlichen Aussagen wiedergegeben werden (teilweise überholte verfahrensrechtliche Ausführungen wurden weggelassen):

  1.)[1083]

  "Der Inhalt der Rechnungslegung kann nur an ihrem Zweck ermessen werden. Dieser ergibt sich aus dem Gesetz. Die maßgebliche Bestimmung des § 17 Abs 2 Z 1 WEG 1975 <= § 17 Abs 1 Z 1 WEG 1975 idF des 3. WÄG; entspricht §§ 20 Abs 3 u 34 Abs 1 u 2 WEG> *ist nur ausführendes Spezialrecht zum ABGB (§§ 1012, 830 und 837). Danach soll die Rechnungslegung den Berechtigten ausreichende Grundlagen liefern, die pflichtgemäße Erfüllung der mit der Verwaltung des gemeinsamen Eigentums verbundenen Aufgaben an Hand der verzeichneten Einnahmen und Ausgaben unter Heranziehung der dazugehörigen Belege nach den Gesichtspunkten der Rechtmäßigkeit, Wirtschaftlichkeit und Zweckmäßigkeit zu überprüfen. Damit dieser Zweck erreicht werden kann, ist es erforderlich, daß die Einnahmen- und Ausgabenposten möglichst detailliert angegeben und aufgeschlüsselt werden und konkret ausgewiesen wird, wofür und an wen Zahlungen geleistet wurden und von wem und wofür Geld eingenommen wurde; die einzelnen Rechtsgeschäfte müssen durch Anführung der Vertragspartner und der Leistungen individualisiert sein. Zur Ermöglichung der Kontrolle müssen die Belege bezeichnet sein, damit sie in der Belegsammlung, die entsprechend übersichtlich geführt werden muß, leicht auffindbar sind. So sind insbesondere die Betriebskosten detailliert auszuweisen: Grundsteuer und andere öffentliche Abgaben, Kanalgebühren, Müllabfuhrkosten, Wasserbezugsgebühren, Hausbeleuchtung, Rauchfangkehrerkosten, Versicherungsprämien, Schädlings- und Rattenbekämpfungskosten, Ausgaben für Streusand und -salz, Hausbesorgerentgelt, Kosten der Instandhaltung der Hausbesorgerwohnung, Ust für Sachleistungen an den Hausbesorger, Anschaffungs- und Instandhaltungskosten für Hausgerätschaften (Rasenmäher, Leitern, Gartengeräte uä), Aufwendungen für Schwimmbad und Sauna, Spenden, Trinkgelder und Beiträge, Servicekosten (etwa für Personenaufzüge, Wäschetrockner, Bügelmaschinen uä) sind einzeln unter Angabe der Belege auszuweisen; wenn es sich um mehrere kleine Beträge für einzelne Sachposten handelt (zB Kleinreparaturen oder Kleinanschaffungen, wie etwa Glühbirnen, Sicherungen uä), genügt dann die Angabe der Gesamtsumme, wenn durch die Bezeichnung der Belege aus der übersichtlich geführten Belegsammlung ohne Schwierigkeiten die Grundlage dafür ermittelt werden kann. Von besonderer Wichtigkeit sind ferner die ziffernmäßige Ausweisung der Darlehenstilgung (Kapital und Zinsen) und der zum Stichtag noch aushaftenden Darlehensschuld, der Rücklage und ihrer Zinsenerträgnisse und der Verwaltungskosten (Honorar und Spesenersatz) sowie etwaiger Liegenschaftserträgnisse (Miete, Benützungsentgelt uä). In welcher Form und Reihenfolge und nach welchen Gesichtspunkten die Aufgliederung der Rechnung erfolgt, ist im allgemeinen bedeutungslos, wenn nur die erforderliche leichte Übersichtlichkeit und Klarheit gewahrt ist.*

  Abkürzungen - dies ist besonders bei der Verwendung von EDV-Anlagen zur Erstellung der Abrechnungen wichtig - müssen derart sein, daß sie für den Wohnungseigentümer von durchschnittlicher Bildung und Intelligenz verständlich sind; allenfalls ist eine einmalige verständliche Erläuterung oder Abrechnung zu geben, in der auf die Bedeutung der Abkürzungen hinzuweisen ist."

[1082] OGH 2.3.1982, 5 Ob 19/81 (MietSlg 34.542/8);
OGH 21.12.1993, 5 Ob 108/93, weitgehend ident mit OGH 21.12.1993, 5 Ob 109/93 (= EWr II/17/22 ff).

[1083] OGH 2.3.1982, 5 Ob 19/81 (MietSlg 34.542/8).

2.)[1084]

„In der äußeren Gestaltung der Abrechnung ist der Verwalter überhaupt nur durch die Anforderungen der Übersichtlichkeit und Verständlichkeit beschränkt. Es besteht daher bei Beachtung dieser Kriterien kein Einwand gegen die bereits gängige Praxis, sich der Eingabe- und Ausdrucksmöglichkeiten der automationsunterstützten Datenverarbeitung zu bedienen, die mit der zunehmenden Standardisierung ihrer Begriffe sogar neue Maßstäbe für eine formell ordnungsgemäße Rechnungslegung setzen kann. Die inhaltliche Aussage der Abrechnung darf jedoch dadurch keine Einbuße erleiden. Unzulänglichkeiten eines Datenverarbeitungsprogramms erlauben insbesondere keinerlei Abstriche von der Vollständigkeit und Überprüfbarkeit einer Abrechnung, weil sich die Datenverarbeitungsprogramme an der gesetzlichen Rechnungslegungspflicht des Verwalters zu orientieren haben und nicht umgekehrt.

Die gerichtliche Erörterung und Nachprüfung der Verwalterrechnung darf sich <außerdem> nicht allein auf die Darstellung der verschiedenen Geldflüsse und Kontobewegungen in der eigentlichen Abrechnung beschränken; sie hat - soweit Streitfragen offen geblieben sind - auch die Überprüfung der Belegsammlung zu erfassen. Die Notwendigkeit dazu ergibt sich schon daraus, daß Abrechnung und Belegsammlung einander ergänzen. Ein Bild darüber, ob die Jahresabrechnung des Wohnungseigentumsverwalters eine zielführende Kontrolle seiner Tätigkeit erlaubt, ob sich seine Geldgebarung in den verfahrensrelevanten Streitpunkten lückenlos nachvollziehen läßt, ist daher nur zu gewinnen, wenn Einsicht in die Belege genommen wird. Das kann bei wenigen Streitpunkten oder Abrechnungen geringen Umfangs dadurch geschehen, daß sich das Gericht die Belege vom Verwalter vorlegen läßt und sie selbst überprüft; notfalls ist ein Sachverständiger zu bestellen, dem eine entsprechende Befundaufnahme und Begutachtung überantwortet wird.

Die Ergebnisse dieser Überprüfung geben dann den Ausschlag, ob dem Verwalter die Legung einer neuen Abrechnung oder nur die Ergänzung der bereits vorliegenden aufgetragen wird. Jedenfalls sind ihm die Punkte zu nennen, in denen seine bisherige Abrechnung als unzulänglich erkannt wurde. Bedingt dies eine Ergänzung oder Korrektur, die auch die Interessen anderer, nicht am Verfahren beteiligter Wohnungseigentümer berührt, hat der Verwalter die neue bzw ergänzte Abrechnung auch diesen (im Zweifel allen Mitgliedern der Wohnungseigentumsgemeinschaft) zu übermitteln. Schließlich ist ihm aufzutragen, allen von der Änderung betroffenen Wohnungseigentümern neuerlich auf geeignete Weise Einsicht in die Belege zu gewähren, sofern dies nicht durch die Art der vorzunehmenden Änderung oder Ergänzung (etwa die bloße Nachholung einer fehlenden Saldierung oder eines Vortrags aus früheren Abrechnungen) entbehrlich erscheint. Im Zweifel ist allen Wohnungseigentümern eine neue Rechnung zu legen und auch allen erneut Einsicht in die Belege zu gewähren.“

- Angesichts des § 4 WEG nicht mehr (uneingeschränkt) zutreffend ist jene Judikatur, die keine Verpflichtung des Wohnungseigentumsverwalters im Zusammenhang mit der dem Mieter eines Wohnungseigentumsobjekts zu legenden Abrechnung sieht.[1085]
  - ⇒ Dazu siehe oben S 71
  - ⇒ Richtig ist allerdings weiterhin, dass die Eigentümergemeinschaft (und damit auch deren Verwalter) keine Verpflichtung zur Rechnungslegung gegenüber dem Mieter eines Wohnungseigentümers treffen kann, wenn das Mietverhältnis erst nach Begründung des Wohnungseigentums abgeschlossen wurde.
  - ⇒ Auch sind die im Zusammenhang mit der Verwaltung vermieteter Wohnungseigentumsobjekte auflaufenden Kosten jedenfalls keine Liegenschaftsaufwendungen iSd § 32 Abs 1 WEG[1086] (wobei

---

[1084] OGH 21.12.1993, 5 Ob 108/93, weitgehend ident mit OGH 21.12.1993, 5 Ob 109/93 (= EWr II/17/22 ff).

[1085] OGH 27.4.1999, 5 Ob 98/99v (= EWr II/17/71 ff).

[1086] OGH 8.4.2003, 5 Ob 37/03g (= EWr II/17/96 ff).

diese Aussage dann nicht zutrifft, wenn - § 4 Abs 3 WEG - die Eigentümergemeinschaft vom Mieter in Anspruch genommen wird – siehe oben S 70 f).

Anspruch auf Rechnungslegung nach dem WEG (§ 20 Abs 3 WEG iVm § 34 WEG) haben:

- Wohnungseigentümer
  - ⇒ Dies ergibt sich unmittelbar aus mehreren Bestimmungen des WEG (insbesondere aus § 20 Abs 3 WEG) und bedarf keiner weiteren Begründung.
  - ⇒ Im Fall der Eigentümerpartnerschaft ist der Antrag auf Rechnungslegung durch beide Wohnungseigentümer gemeinsam geltend zu machen.[1087]
- Schlichte Miteigentümer (neben Wohnungseigentümern)
  - ⇒ Dies ergibt sich aus § 56 Abs 12 Satz 1 WEG (der auf die Rechtslage im WEG 1975 und damit auch auf § 17 Abs 1 Z 1 WEG 1975 mit der Pflicht des Verwalters zur Legung der Abrechnung gegenüber - allen - Miteigentümern verweist).
- Wohnungseigentumsbewerber
  - ⇒ Dies ergibt sich aus § 37 Abs 5 WEG (Voraussetzung ist grundsätzlich die Anmerkung der Einräumung des Wohnungseigentums für den Bewerber; darüber hinaus reicht aber bereits der Bezug des wohnungseigentumstauglichen Objekts oder das Miteigentum eines anderen Wohnungseigentumsbewerbers, sofern der eigene Miteigentumsanteil - etwa durch ein Nutzwertgutachten - bekannt ist, für den Anspruch auf Rechnungslegung gemäß §§ 20 Abs 3 u 34 WEG aus; auf eigenes Miteigentum kommt es nicht an).
- Solange nur schlichtes Miteigentum (ohne Wohnungseigentumsbewerber) besteht, gründet sich das Rechtsverhältnis der Teilhaber zum Verwalter auf vertragliche Bestimmungen oder auf §§ 837 und 1012 (mit einer Anrufungsmöglichkeit des Gerichts im ordentlichen Rechtsweg).[1088]

Die Durchsetzung der Pflichten des Verwalters erfolgt im Außerstreitverfahren (§ 52 Abs 1 Z 6 WEG).

- Obgleich die Auflistung des § 52 Abs 1 WEG über die im Verfahren außer Streitsachen zu erledigenden Angelegenheiten § 34 WEG nur im Zusammenhang mit dessen Abs 2 (abweichende Abrechnungsperiode) ausdrücklich erwähnt (Z 7), unterliegt es doch keinem Zweifel, dass auch Auseinandersetzungen um die Abrechnung darunter fallen.
  - ⇒ Die in § 52 Abs 1 Z 6 WEG angeführte „Durchsetzung der Pflichten des Verwalters .....“ iVm dem Zitat des § 20 Abs 1 bis 7 WEG spricht insofern eindeutig für dieses Ergebnis, als § 20 Abs 3 WEG auf § 34 verweist und diese Regelung ua noch um die zentrale Aussage erweitert, dass der Verwalter eine „ordentliche und richtige“ Abrechnung zu legen hat.

[1087] OGH 20.1.2004, 5 Ob 303/03z (= EWr II/17/109 ff).
[1088] OGH 30.4.1991, 5 Ob 7/91 (= EWr II/17/1 ff).

Es ist daher im Verfahren nach § 52 Abs 1 Z 6 WEG zu prüfen , ob der Verwalter seiner Pflicht zur Legung einer sowohl den Anforderungen des § 20 Abs 3 WEG als auch jenen des § 34 WEG genügenden Abrechnung nachgekommen ist.

b)
Exkurs: Abrechnung nach dem Heizkostenabrechnungsgesetz (HeizKG idF des WE-BeG 2002, BGBl I 2002/71)

Im Hinblick darauf, dass der Verwalter gemäß § 20 Abs 3 WEG „gegebenenfalls" auch verpflichtet ist, den Wohnungseigentümern eine Abrechnung nach dem Heizkostenabrechnungsgesetz (HeizKG)[1089] zu legen, folgt an dieser Stelle eine kurze - schlagwortartige - Übersicht über die speziell dem HeizKG entspringenden Abrechnungsvorschriften.

⇒ Die - auszugsweise - Darstellung entspricht weitgehend dem in den Vorauflagen abgedruckten Kurzkommentar von Herrn Heinz M. JÄGER, Immobilien- und Vermögenstreuhänder in Graz, allgemein beeideter und gerichtlich zertifizierter Sachverständiger für das Liegenschaftswesen, dem der Autor hiermit nochmals sehr herzlich dankt für die freundliche Bereitschaft zur Genehmigung der Wiedergabe.

⇒ Die Ausführungen zur Abrechnung nach dem HeizKG werden in *kursiver Schrift* dargestellt, um eine deutlichere Abgrenzung zu den Abrechnungsvorschriften des WEG zu erreichen.

Pflichten des Wärmeabgebers

- *Spätestens sechs Monate nach Ablauf der Abrechnungsperiode ist eine Abrechnung zu legen (§ 17 Abs 1 HeizKG)*
  - *Die Abrechnung hat alle fällig gewordenen Wärmekosten zu enthalten wobei die überwiegend einer anderen Abrechnungsperiode zuzuordnenden Kosten abgegrenzt werden dürfen (§ 17 Abs 2 HeizKG).*
    Diese Rechnungsabgrenzung ist in (beiden) Abrechnungen deutlich ersichtlich zu machen (§ 17 Abs 3 HeizKG).
  - *Der Auflistung der Heiz- und Warmwasserkosten schließt sich eine rechnerisch nachvollziehbare Aufteilung in Kostengruppen an (§ 19 Abs 2 HeizKG).*
  - *Nach dieser Darstellung folgt die Belegsammlung, die übersichtlich und nachprüfbar sein muss (§ 19 Abs 1 HeizKG).*

    ⇒ *Die Belege sollten also getrennt nach Energiekosten und „Sonstige Kosten des Betriebes" geordnet sein.*
- *Jedem Wärmeabnehmer ist die Möglichkeit zur Einsicht in die Abrechnung samt Belegsammlung zu gewähren (§ 17 Abs 1 HeizKG).*

  ⇒ *Gemäß § 2 Z 4 HeizKG ist Wärmeabnehmer derjenige, der ein mit Wärme versorgtes Nutzungsobjekt entweder*
  a) als Eigentümer oder Fruchtnießer des Gebäudes selbst,

[1089] Zu den Zielsetzungen des Heizkostenabrechnungsgesetzes siehe: OGH 26.6.2001, 5 Ob 70/01g (= EWr III/6 HeizKG/1 ff).

b) als einer, der sein Benützungsrecht am Nutzungsobjekt unmittelbar vom Eigentümer oder Fruchtnießer des Gebäudes ableitet, oder

c) als Wohnungseigentümer nutzt.

Ein mit dem Wohnungseigentümer abgeschlossener Hauptmietvertrag verleiht dem Hauptmieter nicht die Stellung eines Wärmeabnehmers.[1090]

Für den Fall der Vermietung durch einen Wohnungseigentumsbewerber gilt nichts anderes: Ungeachtet der Vermieterstellung sämtlicher Miteigentümer stehen dem Wohnungseigentumsbewerber die Nutzungs- und Verwaltungsbefugnisse an „seinem" Objekt zu; er selbst - und nicht sein Mieter - ist daher Wärmeabnehmer iSd § 2 Z 4 HeizKG.[1091]

⇒ *Das Rechnungslegungsbegehren ist im Außerstreitverfahren geltend zu machen (§ 25 Abs 1 Z 8 HeizKG);*[1092] *es erfolgt aber in diesem Verfahren keine Überprüfung auf die inhaltliche Richtigkeit der Heizkostenabrechnung.*[1093]

- *Die Abrechnung samt Belegsammlung ist an geeigneter Stelle (zB Hausverwaltungskanzlei, Hausbesorger) für mindestens vier Wochen aufzulegen (§ 19 Abs 3 HeizKG).*
- *Der Beginn dieser Auflage ist für die Rechtzeitigkeit der Abrechnung entscheidend (§ 17 Abs 1 HeizKG).*
- *Jeder Wärmeabnehmer kann gegen Kostenersatz Ausdrucke oder Kopien der Abrechnung sowie der Belege anfordern.*

- *Jedem Wärmeabnehmer ist die Abrechnungsübersicht zuzusenden. (§ 18 Abs 1 HeizKG)*
  - *Die Abrechnungsübersicht hat mindestens zu enthalten:*
    - *Beginn und Ende der Abrechnungsperiode (Z 1)*
    - *die Kostengruppen (Z 2)*
    - *die beheizbare Gesamtnutzfläche und die Fläche des jeweiligen Nutzungsobjektes (Z 3 und 5)*

      ⇒ *Artikel VI des WE-BeG definiert die Nutzungsobjekte durch eine Änderung des § 2 Z 5 HeizKG insofern neu, als nun auch Abstellplätze für Kraftfahrzeuge dazu zählen, dies jedoch nur, wenn „der Verbrauch durch Messung zugeordnet und vom Wärmeabnehmer beeinflusst werden kann".*
    - *die Gesamtsumme der Messergebnisse und das Ergebnis des jeweiligen Nutzungsobjektes (Z 4 und 6)*
    - *das Verhältnis der Energiekostenaufteilung (Z 7)*

      ⇒ *(z.B. 65% nach Messergebnis, 35% nach beheizbarer Nutzfläche)*
    - *den betragsmäßigen Anteil an den Energiekosten und an den sonstigen Kosten des Betriebes des jeweiligen Nutzungsobjektes (Z 8)*

[1090] OGH 5.11.2002, 5 Ob 224/02f (= EWr III/25 HeizKG/3 ff).
[1091] OGH 3.8.2004, 5 Ob 168/04y (= EWr III/2 HeizKG/1 f).
[1092] OGH 9.4.2002, 5 Ob 66/02w (= EWr III/25 HeizKG/1 f).
[1093] OGH 9.4.2002, 5 Ob 66/02w (= EWr III/25 HeizKG/1 f); OGH 25.11,2004, 5 Ob 274/03k (= EWr III/25 HeizKG/6 f).

- *die für das jeweilige Nutzungsobjekt geleisteten Vorauszahlungen sowie der sich ergebende Saldo (Z 9 und 10)*
- *Ort und Zeitraum der Abrechnungsauflage inklusive Belegsammlung (Z 11)*
- *Ausdrücklicher Hinweis auf die Folgen der Abrechnung gemäß §§ 21 - 24 HeizKG (Z 12).*

- *Wenn vom Wärmeabnehmer eine inländische Zustelladresse bekannt gegeben wurde, ist die Abrechnungsübersicht an diese zu übersenden, wenn nicht, reicht die Zusendung an die Adresse des Nutzungsobjektes aus (§ 18 Abs 2 HeizKG).*

Abrechnungsgenehmigung

- *Wird die Abrechnung gehörig gelegt, so kann jeder Wärmeabnehmer bis spätestens sechs Monate nach Rechnungslegung schriftlich begründete Einwendungen erheben ("Einwendungsfrist") (§ 24 HeizKG).*
  - ⇒ *Werden keine Einwendungen erhoben, gilt die Abrechnung als genehmigt.*
- *Wird die Abrechnung jedoch nicht gehörig gelegt bzw Belegeinsicht nicht gewährt, so können Geldstrafen bis zu 5.800 Euro (auch wiederholt) verhängt werden (§ 20 HeizKG).*

Keine Ablesung

- *Können die Ablesewerte bei einem Wärmeabnehmer (trotz zumutbarer Bemühungen) nicht eruiert werden, darf eine Hochrechnung durchgeführt werden (§ 11 Abs 3 HeizKG).*
- *Die beheizbaren Nutzflächen aller hochgerechneten Nutzungsobjekte dürfen 25% der beheizbaren Gesamtfläche nicht übersteigen (§ 11 Abs 3 HeizKG).*
  - ⇒ *Gemäß § 32 Abs 3 Satz 3 WEG darf bei der verbrauchsabhängigen Aufteilung von (an sich messbaren) Kosten nur ein Anteil von maximal 20% der Nutzfläche durch rechnerische Verfahren ermittelt werden.*

Abrechnungssaldo

- *Fehlbetrag zu Lasten des Wärmeabnehmers:*
  - *Nachzahlungspflicht binnen zwei Monaten ab Abrechnungslegung (§ 21 Abs 5 HeizKG).*
  - *Der Wärmeabgeber kann die Nachforderung nur innerhalb eines Jahres nach Ende der Abrechnungsperiode geltend machen (Ausschlussfrist ![1094]) (§ 21 Abs 6 HeizKG).*
- *Guthaben zu Gunsten des Wärmeabnehmers:*
  - *Rückzahlungspflicht des Wärmeabgebers binnen zwei Monaten ab Abrechnungslegung, spätestens jedoch acht Monate nach Ende der Abrechnungsperiode (§ 21 Abs 3 HeizKG).*
  - *Falls das Guthaben mehr als 10% beträgt und die Abrechnungsübersicht nicht fristgerecht übersendet wurde, so ist das Guthaben*

[1094] OGH 17.12.1996, 4 Ob 2326/96d (= EWr I/21/42 ff).

mit 6% über dem Diskontsatz ab dem ersten Tag nach Ende der Abrechnungsperiode zu verzinsen (!) (§ 21 Abs 4 HeizKG).

Abrechnungsberichtigung

- *Wenn innerhalb von sechs Monaten ab Rechnungslegung ("Berichtigungsfrist") eine Richtigstellung der gehörig gelegten Abrechnung notwendig sein sollte, müssen alle betroffenen Wärmeabnehmer innerhalb von vier Wochen nach Ende der Berichtigungsfrist über den Inhalt, den Grund und die Auswirkungen dieser Berichtigung informiert werden (§ 22 Abs 1 HeizKG).*
- *Falls der sich aus der Berichtigung ergebende Abrechnungssaldo eine Abweichung von mehr als 5% aufweist, ist dieser Saldo binnen drei Monaten nach Ende der Einwendungsfrist auszugleichen (§ 22 Abs 2 HeizKG).*
- *Ist die Abweichung geringer, kann die Berichtigung in der nächsten Abrechnung vorgenommen werden (§ 22 Abs 3 HeizKG).*

Wärmeabnehmerwechsel

- *Der vorige oder der neue Wärmeabnehmer kann auf seine Kosten eine Zwischenablesung verlangen (§ 23 Abs 1 HeizKG).*
- *Erfolgt diese nicht, so sind die Verbrauchsanteile "zeitraumbezogen" aufzuteilen (verbrauchsabhängiger Teil : 12 x Nutzungsmonate) (§ 23 Abs 2 HeizKG).*
- *Der Abrechnungssaldo ist mit demjenigen abzurechnen, der jeweils Wärmeabnehmer war. Die Abrechnung ist dem vorigen Wärmeabnehmer an die von ihm bekannt zu gebende Anschrift zu übersenden. Unterlässt er diese Mitteilung, genügt für die gehörige Rechnungslegung die Zusendung an die alte Adresse (§ 23 Abs 3 HeizKG).*

Vorauszahlung

- *Zu jedem Monatsersten kann ein gleichbleibender Betrag vorgeschrieben werden, der sich aus den Kosten der vorangegangenen Abrechnungsperiode ermittelt (§ 21 Abs 1 HeizKG).*
- *Eine Anpassung dieses Betrages kann nur auf Grund erheblicher, einst nicht vorhersehbarer Änderungen erfolgen (§ 21 Abs 2 HeizKG).*

Zusatzheizung

- *Eine nachträgliche Inbetriebnahme einer Zusatzheizung berechtigt den Wärmeabnehmer nicht, Einwendungen gegen die Abrechnung zu erheben oder die Untauglichkeit der Verbrauchsermittlung geltend zu machen (§ 24a HeizKG).*

c)
Verjährung des Rechnungslegungsanspruchs

(§ 34 Abs 1 Satz 4 WEG)

Weiterhin gibt es im Wohnungseigentumsrecht keine förmliche Genehmigung der Abrechnung.

⇒ Daher kann - selbst im Fall der Genehmigung der Abrechnung durch die Mehrheit - die Minderheit (jeder einzelne Wohnungseigentümer) jederzeit (innerhalb der Verjährungsfrist) einen Antrag auf Rechnungslegung stellen.[1095]

⇒ Auch die „Genehmigung" durch den Eigentümervertreter (§ 22 WEG), den „Hausvertrauensmann" oder einen „Verwaltungsbeirat" führt - selbst wenn die Letztgenannten in einer Gemeinschaftsordnung (§ 26 WEG) auch zu diesem Zweck vorgesehen sind - zu keinem anderen Ergebnis.
Das in § 30 Abs 5 WEG enthaltene Minderheitsrecht umfasst auch die Erzwingung einer dem Gesetz entsprechenden Abrechnung und kann rechtswirksam weder abbedungen noch eingeschränkt werden.

⇒ Zu einer „Entlastung des Verwalters" [1096] siehe oben S 197.

- Die Rechnungslegungspflicht ist als Schickschuld des Verwalters anzusehen.[1097]

§ 34 Abs 1 letzter Satz WEG normiert die

- Verjährung des Ansprauchs der Wohnungseigentümer innerhalb von
  - drei Jahren
  - ab dem Ende der Abrechnungsfrist.

    ⇒ Das Ende der Abrechnungsfrist liegt bei sechs Monaten nach Ablauf der Abrechnungsperiode (idR - sofern die Abrechnungsperiode entsprechend dem gesetzlichen Normalfall (§ 34 Abs 2 WEG) das Kalenderjahr ist - endet die Abrechnungsfrist sohin jeweils mit 30. Juni des Folgejahres).

    ⇒ Die Übergangsbestimmung des § 56 Abs 10 WEG normiert, dass die Neuregelung auch auf Rechnungslegungsansprüche anzuwenden ist, die vor dem 1.7.2002 fällig geworden sind (in diesen Fällen begann die dreijährige Verjährungsfrist aber erst mit 1.7.2002 zu laufen).
    Die vormals dreißigjährige Verjährungsfrist für den Rechnungslegungsanspruch[1098] ist damit im Bereich des Wohnungseigentums endgültig Geschichte.

d)
Übermittlung der Abrechnung
(§ 34 Abs 1 Sätze 1 bis 3 WEG)

Die Abrechnung ist

- innerhalb von sechs Monaten
- nach Ablauf der Abrechnungsperiode

    ⇒ Siehe dazu sogleich unten Abs 2 leg cit.

- jedem Wohnungseigentümer
- an die in § 24 Abs 5 WEG bestimmte Anschrift

zu übermitteln (§ 34 Abs 1 Satz 1WEG).

- Die Abrechnung muss sohin jedem Wohnungseigentümer gesondert übermittelt werden.

[1095] MietSlg 36.626.
[1096] OGH 20.12.2005, 5 Ob 238/05v (= EWr W/20/23 ff).
[1097] OGH 13.10.1992, 5 Ob 1049/92 (= EWr II/17/9 f).
[1098] OGH 24.2.1998, 5 Ob 2063/96k (= EWr II/17/62 f).

⇒ Unabhängig von der Größe des Hauses und der Anzahl der Wohnungseigentümer ist jedem einzelnen Wohnungseigentümer ein Exemplar der "bloß einmal für das gesamte Haus ordnungsgemäß ausgearbeiteten Rechnungslegung" zu übermitteln.[1099]

⇒ Es ist nicht ausreichend, die Jahresabrechnung (nur) beim Hausbesorger oder beim "Hausausschuss" oder bei einem "Hausvertrauensmann" aufzulegen. Auch die Billigung einer derartigen Vorgangsweise durch die Mehrheit bindet die Minderheit nicht und ändert nichts an deren Anspruch auf Zusendung eines eigenen Exemplars der Abrechnung.[1100]

⇒ Fraglich - weil möglicherweise zwingenden Grundsätzen des Gesetzes widersprechend - scheint, ob entsprechende Regelungen in einer Gemeinschaftsordnung (§ 26 WEG) den Anspruch des einzelnen Wohnungseigentümers auf Übermittlung eines Exemplars der Abrechnung wirksam einschränken oder beseitigen können.

- Gefordert ist <u>nur die Übermittlung</u> an die in § 24 Abs 5 WEG bestimmte Anschrift; <u>nicht auch der Anschlag im Haus</u>.

⇒ Zu der in § 24 Abs 5 WEG bestimmten Anschrift und den damit allenfalls verbundenen Problemen siehe oben ab S 232.

⇒ Die in den Materialien aufgestellte Behauptung, wonach der Verweis auf § 24 Abs 5 WEG „nur dessen erste drei Sätze umfasse", ist unrichtig. Der Verweis bezieht sich <u>eindeutig</u> <u>nur auf die in § 24 Abs 5 WEG determinierte Anschrift !</u>
Jede andere Auslegung vergewaltigt den Gesetzestext.

⇒ Im Hinblick auf die Anfügung des neuen letzten Satzes in § 24 Abs 5 WEG durch die WRN 2006 kann der Wohnungseigentümer auch die Übermittlung der Abrechnung auf elektronischem Weg begehren.

Sodann (nach Übermittlung der Abrechnung) <u>ist</u> den Wohnungseigentümern

- in <u>geeigneter</u> Weise
- <u>Einsicht in die Belege</u>

  - bei Belegen auf Datenträgern Einsicht in Ausdrucke der Belege -

zu gewähren (§ 34 Abs 1 Satz 2 WEG).

⇒ Zur geforderten "geeigneten Weise" für die Einsichtgewährung kann die Rechtsprechung zu § 21 MRG (Abrechnung der Betriebskosten) herangezogen werden.

⇒ Es reicht aus, die Belege entweder im Haus (Hausbesorger oder andere Person, zB "Hausvertrauensmann"[1101]) oder in der Verwaltungskanzlei aufzulegen (sofern diese übliche Bürostunden hält und in der Gemeinde der Wohnungseigentumsanlage [bzw in zumutbarer Entfernung] situiert ist).[1102]

⇒ Die Belegeinsicht stellt eine Einheit mit der Abrechnung dar,[1103] sodass die Belege immer dann zur Gänze neu zur Einsicht aufge-

---

[1099] MietSlg 31.527; 35.630; 40.655.
[1100] MietSlg 35.630; 36.630; 40.655.
[1101] MietSlg 36.631.
[1102] Zu Problemen bei der Belegeinsicht: OGH 26.5.1992, 5 Ob 58/92 (= EWr I/21/6 ff).
[1103] OGH 28.5.1991, 5 Ob 1027,1028/91 (= EWr II/17/5 f);
OGH 21.12.1993, 5 Ob 108/93 (OGH 21.12.1993, 5 Ob 109/93) (= EWr II/17/22 ff).

legt werden müssen, wenn eine neuerliche Legung der Abrechnung erfolgt (bzw erfolgen muss). Der Hinweis auf die Möglichkeit zur Belegeinsicht anlässlich einer früheren Abrechnung reicht nicht aus.[1104]

⇒ Was in Belegen nachgelesen und bei ausreichender Querverbindung zur Abrechnung auch ohne Schwierigkeit aufgefunden werden kann, muss nicht in der Abrechnung stehen, weil eine Überfrachtung der Abrechnung mit Informationen die Übersichtlichkeit und Verständlichkeit beeinträchtigen würde.[1105]

⇒ Die Rechtsansicht, dass bei kleineren, überschaubaren Abrechnungen die chronologische Ordnung der Belege genügt, ist keineswegs unhaltbar;[1106] es ist allerdings ein Beurteilungsspielraum des Gerichtes gegeben.[1107]

⇒ Wird die Einsicht in ganz bestimmte Belege gewünscht, ist dies im Verfahren zu beantragen; sonst bleibt nur die Möglichkeit, im Vollstreckungsverfahren auf die Vollständigkeit und Einschaubarkeit der Belege zu dringen.[1108]

⇒ Die Belegeinsicht ist unverzichtbarer Bestandteil der Rechnungslegung.[1109]

- Das Recht zur Belegeinsicht steht dem einzelnen Miteigentümer auch im Fall der Verwendung von <u>Datenträgern</u> zu. Diesfalls ist Einsicht in <u>Ausdrucke</u> der Belege zu gewähren.

⇒ Der Wohnungseigentümer darf sohin nicht darauf verwiesen werden, sich die Belege selbst am Bildschirm heraussuchen zu müssen. Die Herstellung entsprechender Ausdrucke ist Pflicht des Verwalters und löst keine gesonderte Kostenersatzpflicht des Wohnungseigentümers aus.

Wenn ein Wohnungseigentümer dies <u>verlangt</u>, sind für ihn

- gegen <u>Kostenersatz</u>
- <u>Kopien</u> (weitere <u>Ausdrucke</u>) der Belege

anzufertigen (§ 34 Abs 1 Satz 3 WEG).

⇒ Aus der Rechtsprechung zum MRG (wohl ebenso im WEG anwendbar, was sich auch aus Abs 3 leg cit ergibt, wonach Strafen gegen den Verwalter im Zusammenhang mit der Anfertigung von Kopien bzw Ausdrucken <u>nur dann</u> zu verhängen sind, wenn dieser seiner Pflicht <u>trotz Kostenerlags</u> nicht nachkommt):

⇒ Es ist zulässig, einen <u>Kostenvorschuss</u> bis zur Höhe der <u>tatsächlichen</u> Kosten für die Anfertigung der Belegkopien zu begehren.[1110]

⇒ Die Ausfolgungspflicht besteht nur Zug um Zug gegen Zahlung der Kopierkosten; die Höhe dieser Kosten kann als Vorfrage im Außerstreitverfahren geklärt werden.[1111]

[1104] (MietSlg 36.630; 37.634; 38.648; 40.659).
[1105] OGH 28.5.1991, 5 Ob 1027,1028/91 (= EWr II/17/5 f).
[1106] OGH 28.5.1991, 5 Ob 1027,1028/91 (= EWr II/17/5 f).
[1107] OGH 24.11.1992, 5 Ob 1053/92 (= EWr II/17/12).
[1108] OGH 17.12.1991, 5 Ob 1091/91 (= EWr II/17/7).
[1109] OGH 13.10.1992, 5 Ob 1049/92 (= EWr II/17/9 f).
[1110] OGH 29.8.1995, 5 Ob 107/95 (= EWr I/21/31 f).
[1111] OGH 21.9.1995, 5 Ob 114/95 (= EWr I/21/33 ff).

⇒ Die Kostenvorschusspflicht besteht nur auf Verlangen,[1112] die Bereitschaft zum Kostenersatz ist zu erfragen.[1113]

⇒ Der Betrag von S 8,-- (entspricht 0,58 Euro) pro Kopie kann als angemessener Kostenersatz angesehen werden (Entscheidung aus dem Jahr 1998).[1114]

⇒ Der Verwalter ist auch verpflichtet, bei Verwendung von Datenträgern weitere Ausdrucke (bzw den bereits ausgedruckten Beleg) dem Wohnungseigentümer auf dessen Verlangen auszufolgen; dafür darf aber Kostenersatz verlangt werden.

⇒ Kopien der Abrechnung (die der Wohnungseigentümer ja schon in einer Ausfertigung besitzt) muss der Verwalter nicht anfertigen (diesbezüglich anders noch § 17 Abs 1 Z 1 WEG 1975).

e)
Abrechnungsperiode
(§ 34 Abs 2 WEG)

Die Abrechnungsperiode ist das Kalenderjahr.

Eine davon abweichende Abrechnungsperiode kann

- entweder durch schriftliche Vereinbarung aller Wohnungseigentümer
- oder auf Antrag eines Wohnungseigentümers aus wichtigen Gründen durch das Gericht

festgesetzt werden.

⇒ Antrag gemäß § 52 Abs 1 Z 7 WEG.

⇒ Ein wichtiger Grund sollte ausreichen.

⇒ Angesichts der exakten Regelung über das Zustandekommen einer abweichenden Abrechnungsperiode scheint mE jene Rechtsprechung nicht mehr anwendbar, die eine Teilung der Jahresabrechnung in zwei Halbjahresabrechnungen unter der Voraussetzung, dass "die Übersichtlichkeit der Rechnungslegung darunter nicht leidet und sich die Miteigentümer unschwer durch Summierung der beiden Halbjahresabrechnungen eine Jahresübersicht verschaffen können", für zulässig erachtet hat.[1115]

Die Festsetzung ist im Fall

- der Vereinbarung frühestens ab der Vereinbarung,
- der gerichtlichen Entscheidung ab der der Antragstellung nachfolgenden Abrechnungsperiode

wirksam.

⇒ Die Wirksamkeit kann also im Fall der Vereinbarung schon im Wohnungseigentumsvertrag bereits mit Unterfertigung (durch den letzten Wohnungseigentumsbewerber) eintreten.

Durch den Wechsel eines Wohnungseigentümers wird die Abrechnungsperiode nicht berührt.

[1112] OGH 27.10.1992, 5 Ob 98/92 (= EWr I/20/3 ff);
OGH 26.5.1999, 5 Ob 149/99v (= EWr I/21/80 f).

[1113] OGH 9.11.1999, 5 Ob 281/99f (= EWr I/21/82 ff).

[1114] OGH 10.3.1998, 5 Ob 71/98x (= EWr I/20/11).

[1115] OGH 28.5.1979, 5 Ob 17/97 (MietSlg 31.527; 38.646);
daran zweifelnd LGZ Wien 14.7.1988, 41 R 256/87 (MietSlg 40.654).

⇒ Die Bindung des Einzelrechtsnachfolgers besteht unabhängig davon, ob die abweichende Regelung aus dem Grundbuch zu ersehen ist oder nicht (Näheres dazu siehe oben S 162).

⇒ Es besteht auch kein Anspruch auf „Zwischenabrechnung".

Die abweichende Abrechnungsperiode ist

- bei Festsetzung durch das Gericht
  - von Amts wegen
- sonst (= bei schriftlicher Vereinbarung aller Wohnungseigentümer),
  - sofern die Unterschrift auch nur eines Wohnungseigentümers öffentlich beglaubigt ist,
  - auf Antrag dieses oder eines anderen Wohnungseigentümers

im Grundbuch ersichtlich zu machen.

⇒ Die klare Regelung beseitigt die im WEG 1975 in diesem Zusammenhang gegebenen Unklarheiten (§ 17 Abs 4 WEG 1975).

f)
Strafbestimmung
(§ 34 Abs 3 WEG)

Wird die Abrechnung

- nicht gehörig gelegt
- oder die Einsicht in die Belege nicht gewährt
- oder werden die verlangten Kopien (Ausdrucke) der Belege trotz Kostenerlags nicht angefertigt,

so ist der Verwalter auf Antrag eines Wohnungseigentümers vom Gericht

- unter Androhung einer Geldstrafe bis zu 6.000,-- Euro

dazu zu verhalten.

Die Geldstrafe ist zu verhängen, wenn dem Auftrag ungerechtfertigterweise nicht entsprochen wird; eine solche Geldstrafe kann auch wiederholt verhängt werden.

⇒ Der Strafrahmen ist drastisch; die Höchststrafe übersteigt idR das Jahreshonorar für die Verwaltung einer Wohnungseigentumsanlage.

⇒ Das Begehren eines Wohnungseigentümers nach Legung einer gesetzmäßigen Abrechnung ist "nicht schikanös und schon gar nicht von einer zusätzlichen Honorierung abhängig".[1116]

⇒ Ob eine Unvollständigkeit der Abrechnung auch im Fehlen des Ausweises der Erträgnisse der Liegenschaft besteht, hängt davon ab, ob solche verrechenbaren Erträgnisse erzielt wurden.[1117]

⇒ Der Verwalter ist hinsichtlich der Form der Rechnungslegung vom Gericht nicht zu binden.[1118]

⇒ Den Wohnungseigentümer, der den Verwalter mit gerichtlicher Hilfe zur Legung einer ordentlichen und richtigen Abrechnung zwingen will, trifft die Pflicht zur schlüssigen Darlegung der vermeintlichen Abrechnungsfehler.[1119]

[1116] MietSlg 40.654.
[1117] OGH 27.10.1992, 5 Ob 85/92 (= EWr II/17/11).
[1118] MietSlg 38.647; 40.654.
[1119] OGH 3.8.2004, 5 Ob 160/04x (= EWr W/20/16 ff).

- Der Auftrag zur (verbesserten) Abrechnung gemäß § 34 Abs 3 WEG ist nicht durch Exekution nach der EO durchsetzbar; vielmehr ist in einer Fortsetzung des wohnrechtlichen Außerstreitverfahrens zu prüfen, ob und inwieweit der Verwalter seiner Verpflichtung nachgekommen ist.

  ⇒ Während des Verfahrens hat der Verwalter die Möglichkeit, entsprechend den aufgezeigten Mängeln auch die erneuerte Abrechnung nochmals zu verbessern und so dem Auftrag zu entsprechen.
  Ebenso wie im vorangegangenen Verfahren zur Erwirkung eines gerichtlichen Auftrags hat der seinen Rechnungslegungsanspruch ausübende Wohnungseigentümer bei Vorliegen einer Abrechnung - allenfalls über gerichtliche Anleitung - genau anzugeben, was er an ihr auszusetzen hat, sind auch im fortgesetzten Verfahren zur Erwirkung der Verhängung einer Geldstrafe als Beugemittel die Beschwerdepunkte konkret zu nennen. Alle Beschwerdepunkte sind sogleich zu nennen; dem Antragsteller steht es nicht frei, einzelne Verstöße „ratenweise" in Form gesonderter Strafanträge geltend zu machen. Soweit im (ersten) Strafantrag aufgezeigte Mängel ungerechtfertigter Weise nicht behoben wurden, kann es freilich zur wiederholten Verhängung der Geldstrafe kommen.[1120]

  ⇒ Um ein Rechnungslegungsbegehren durch Ordnungsstrafen zu erzwingen, muss eine ernstzunehmende, irgendwie ins Gewicht fallende Chance bestehen, die dafür notwendigen Unterlagen noch zu beschaffen.
  Eine unvertretbare Handlung, die dem Verpflichteten zu erbringen unmöglich ist, kann nicht erzwungen werden.[1121]
  Ob in einem konkreten Fall die Chance besteht, die für ein Rechnungslegungsbegehren notwendigen Unterlagen zu beschaffen, ob also im Einzelfall Unmöglichkeit der Leistung vorliegt, kann immer nur nach den Umständen des Einzelfalls beurteilt werden.[1122]

- Besteht der Mangel der Abrechnung nur in einer <u>inhaltlichen Unrichtigkeit</u>, so hat sich die gerichtliche Entscheidung auf die <u>Feststellung</u>
  - <u>der Unrichtigkeit</u>
    sowie
  - des sich aus der Richtigstellung ergebenden <u>Überschuss- oder Fehlbetrags</u>

  zu beschränken (§ 34 Abs 3 letzter Satz WEG).

  ⇒ Diese Regelung wurde mit der WRN 2006 eingeführt (und dient wohl vornehmlich der Entlastung der Gerichte).

- Die Rechnungslegungspflicht des Hausverwalters reicht auch noch nach Auflösung des Verwaltungsverhältnisses bis zum Zeitpunkt der Beendigung seiner Verwaltung.

  ⇒ Die Beschaffung der Belege gilt auch nach Auflösung des Verwaltungsvertrags nicht als unzumutbar (etwa, weil sie sich bereits

---

[1120] OGH 17.12.2002, 5 Ob 283/02g (= EWr II/17/91 f).
[1121] OGH 10.7.2001, 5 Ob 163/01h (= EWr I/21/104 f).
[1122] OGH 25.2.2003, 5 Ob 244/02x (= EWr II/17/93 ff).

beim neuen Verwalter befinden). Vielmehr stellt die Beschaffung dieser Belege solange eine Pflicht des (alten) Verwalters dar, als er seiner Verpflichtung zur ordnungsgemäßen Abrechnung nicht nachgekommen ist (wobei es ohne Belang ist, welche Mittel und welchen Aufwand diese Belegbeschaffung erfordert[1123]).

g)
Saldenverrechnung
(§ 34 Abs 4 WEG)

Soweit nichts anderes vereinbart oder beschlossen wird, ist ein sich aus der Abrechnung

- zu Gunsten eines Wohnungseigentümers ergebender Überschussbetrag
- auf dessen künftige Vorauszahlungen auf die Aufwendungen für die Liegenschaft

gutzuschreiben (Abs 4 Satz 1 leg cit).

⇒ Das Gesetz unterscheidet auch in dieser Bestimmung (vgl etwa auch § 25 Abs 1 WEG) zwischen einer „Vereinbarung" einerseits und einem „Beschluss" andererseits, ohne eine - allfällige - Bedeutung der Differenzierung offenzulegen.
ME indiziert der Begriff der „Vereinbarung", dass sie von allen Betroffenen (sohin idR von allen Wohnungseigentümern) getroffen wird, während dem Begriff des „Beschlusses" immanent ist, dass damit Verbindliches auch gegen den allfälligen Widerstand Betroffener festgelegt wird.
Ausgehend davon stellt sich beim Beschluss die Frage nach der Mehrheit (konkret: genügt die einfache Mehrheit oder muss diese qualifiziert sein?). Da das WEG im Regelfall die einfache Mehrheit (selbst bei außerordentlichen Verwaltungsangelegenheiten iSd § 29 WEG) als ausreichend ansieht und - offenbar immer - dann, wenn dem nicht so ist, ausdrücklich darauf hinweist (vgl etwa § 17 Abs 2 WEG [vorläufige Benützungsregelung] oder § 32 Abs 3 WEG [verbrauchsabhängige Kostenaufteilung]), ist es mE - mangels ausdrücklichem Hinweis an dieser Stelle - ausreichend, wenn die einfache Mehrheit eine von § 34 Abs 4 WEG abweichende Regelung beschließt.

⇒ Dem Gesetzgeber schwebte bei der Regelung des § 34 Abs 4 WEG offenbar eine Angleichung der Saldenverrechnung mit den Bestimmungen des MRG (§ 21 Abs 3 letzter Satz MRG) vor (in diesem Sinne auch die Materialien). Es wurde allerdings hinsichtlich eines Überschusses nicht expressis verbis zum Ausdruck gebracht, wann die „Gutschrift" (genau genommen handelt es sich um die Gegenverrechnung einer Forderung des Wohnungseigentümers aus der Abrechnung mit einer Forderung der Eigentümergemeinschaft aus den Akontizahlungen) zu erfolgen hat. ME ist hier zum einen auf die Regelung des MRG und zum anderen auf Satz 2 des § 34 Abs 4 WEG Bezug zu nehmen, so dass die Berücksichtigung des Überschusses spätestens bei der übernächsten der Abrechnung folgenden Vorschreibung der Vorauszahlungen zu erfolgen hat.

[1123] MietSlg 40.659.

⇒ Die nicht (wirklich) geregelte „Fälligkeit der Gutschrift“ kann auch im Fall des Wechsel eines Wohnungseigentümers Probleme mit sich bringen. Schließt man sich der obigen - an § 21 Abs 3 letzter Satz MRG orientierten - Auslegung an, wäre der Überschuss demjenigen gutzuschreiben, der im Zeitpunkt der übernächsten der Abrechnung folgenden Vorschreibung der Vorauszahlung Wohnungseigentümer ist.
Fraglich scheint indes, ob sich (wie beim Mieter) ein Rechtsanspruch darauf ergibt, zumal der Verwalter ja - mangels präziser Fälligkeitsregelung im Gesetz - die Gutschrift auch schon beim davor liegenden Vorauszahlungstermin hätte berücksichtigen können. Leider trägt auch der letzte Satz des Abs 4 leg cit nicht zur Klärung bei.

⇒ Fest steht, dass die mancherorts gepflegte Praxis, Überschüsse aus der Abrechnung einfach der Rücklage (oder einem anderen Konto der Eigentümergemeinschaft) zuzuführen nicht (mehr) dem Gesetz entspricht sofern keine dies anordnende Vereinbarung oder ein entsprechender Beschluss vorliegt.

Ergibt sich aus der Abrechnung

- ein Fehlbetrag zu Lasten eines Wohnungseigentümers,

so hat dieser den Fehlbetrag

- innerhalb von zwei Monaten ab der Rechnungslegung

nachzuzahlen (Abs 4 Satz 2 leg cit).

⇒ Die Fehlbetragsregelung muss mE dahingehend einschränkend interpretiert werden, dass sie sich nur auf jene Fehlbeträge bezieht, die sich aus der Abrechnung trotz vorheriger ordnungsgemäßer Leistung der vorgeschriebenen Vorauszahlungen ergeben. Würde man die Regelung auch auf jene Negativsalden anwenden, die sich aus der Nichtbezahlung vorgeschriebener Akonti ergeben, erlangte der säumige Wohnungseigentümer mit der Abrechnung einen - ungerechtfertigten - Zahlungsaufschub.

⇒ Die 6-Monatsfrist des § 27 Abs 2 WEG beginnt sohin hinsichtlich eines („echten“ – siehe oben) Fehlbetrags aus der Abrechnung mit Beginn des dritten Monats nach Rechnungslegung (= Zugang der Abrechnung an den Wohnungseigentümer) zu laufen.

Im Fall des Wechsels eines Wohnungseigentümers ist derjenige zur Nachzahlung verpflichtet, der

- im Zeitpunkt von deren Fälligkeit
- Wohnungseigentümer

ist (Abs 4 letzter Satz leg cit).[1124]

⇒ Wohnungseigentümer zu sein, setzt die Verbücherung des Erwerbstitels voraus.
Die Regelung sorgt insoweit für klare Verhältnisse.
Anderslautende Vereinbarungen - insbesondere die oft in Kaufverträgen enthaltenen „Stichtagsregelungen“ - wirken nur inter partes (also etwa im Verhältnis Käufer - Verkäufer), vermögen aber an der Passivlegitimation des jeweiligen Wohnungseigentümers (laut Grundbuch) hinsichtlich der Forderungen der Eigentümergemeinschaft nichts zu ändern.

[1124] OGH 21.2.2006, 5 Ob 244/05a (= EWr W/32/18 f) ua.

Literatur zu Einzelfragen:

Zum WEG 2002:

Call, „Ordentliche und außerordentliche Verwaltung im Wohnungseigentum"; wobl 2003, 201.

Hanel, „Aufteilung der Aufwendungen und Verteilung der Erträgnisse sowie die Abrechnung im WEG 2002"; wobl 2002, 257.

Hanel, „Nutzung der einzelnen Wohnungseigentumsobjekte sowie der allgemeinen Teile der Liegenschaft und die gemeinschaftliche Verwaltung der Liegenschaft"; wobl 2002, 165.

Jäger, „Übersicht: Die Abrechnung im Wohnrecht"; immolex 2003, 146.

Jäger, „Die ÖNORM A 4000 aus der Sicht des Praktikers"; immolex 2003, 149.

Kuprian, „Der Aufwandersatz des „eigenmächtigen" Wohnungseigentümers"; immolex 2004, 169.

Pittl, „Hypothekarische Sicherstellung eines im Namen der Eigentümergemeinschaft aufgenommenen Darlehens: Verwaltung oder Verfügung?"; wobl 2004, 143.

Prader, „Verwaltung nach dem WEG 2002"; immolex 2002, 202.

Prader, „Zu den Auswirkungen des WEG 2002 auf den Umfang der den Verwalter treffenden Rechnungslegungspflichten"; immolex 2004, 11.

Prader/Kuprian, „Nutzflächenveränderungen im HeizKG (MRG/WEG)"; immolex 2005, 38.

Prader/Ortner, „Zu den Auswirkungen persönlicher Befreiungen einzelner Wohnungseigentümer auf die Abrechnung der Aufwendungen"; immolex 2004, 68.

Rainer, „Rechnungslegung durch den Verwalter"; immolex 2003, 143.

Stingl, „Erhaltungsbegriff im Wohnrecht und Steuerrecht"; immolex 2003, 94.

Stingl, „Steuerliche Aspekte bei der Abrechnung des Immobilientreuhänders"; immolex 2003, 159.

Zum WEG 1975:

Call, „Zur Aufteilung der Liftkosten bei Wohnungseigentum"; ImmZ 1979, 359 ff u 366.

Call, „Mit Stimmenmehrheit beschlossene nützliche Verbesserungsarbeiten im WEG 1975"; wobl 1988, 6;
dazu:

> **Würth,** Diskussionsbeitrag zum Aufsatz von Univ.-Prof. Dr. Gottfried Call; Wobl 1988, 11.

Call, „Das neue gewerberechtliche Betriebsanlagenverfahren im Wohnungseigentumsrecht"; wobl 1997, 211.

Call, „Wer kann im Wohnungseigentum den Grundbuchsantrag im Zusammenhang mit einer Hypothek zur Sicherung eines Instandhaltungsdarlehens stellen?" wobl 1999, 217.

Call, „Was ist eine „richtige“ Abrechnung iSd § 17 Abs 1 Z 1 WEG idF der Wohnrechtsnovelle 1999?“; wobl 2001, 1.

Call, „Replik zur Anmerkung von Vonkilch zu OGH 8.4.2003, 5 Ob 37/03g, immolex 2003/156 (275 f): Außerstreitrichterliche Überprüfbarkeit der Richtigkeit einer Abrechnung des WE-Verwalters nach § 17 Abs 1 Z 1 WEG 1975 idF WRN 1999 auch für Zeiträume vor dem 1.1.2002?“; wobl 2003, 354.

Call/Hauswirth, „Die Jahresabrechnung in Wohnungseigentumsanlagen. Gestaltungsvorschläge für ein Muster einer ordnungsgemäßen Abrechnung iSd § 17 Abs 2 Z 1 WEG“ wobl 1990, 57.

Call/Jäger, „Die Übergangsbestimmungen des Heizkostenabrechnungsgesetzes BGBl 1992/827 im Überblick“; wobl 1993, 65.

Call/Pflanzelt, „Punktation einer Wohnrechtsnovelle über die Heizkostenverteilung bei einer Zentralheizung mit Verbrauchsmessung“; wobl 1992, 25.

Hauswirth, „Praktische Probleme bei der Verwaltung von Wohnungseigentumsobjekten“; ImmZ 1981, 51.

Jäger, „Abrechnungen im Wohnrecht“;
immolex 1998, 21.

Jäger, „Umsatzsteuer im Wohnungseigentum“;
immolex 1998, 147.

Kothbauer, „Neuregelung des gesetzlichen Aufteilungsschlüssels für Aufwendungen in „Mischhäusern“; ImmZ 1998, 195.

Meinhart, „Rückstandsabdeckung bei Wohnungseigentum (§§ 16, 17, 19 und 22 WEG 1975“; ImmZ 1984, 267 ff und 287.

Meinhart, „Sonderschlüssel bei unverhältnismäßigem Wasserverbrauch nach § 17 MRG und § 19 WEG 1986“; ImmZ 1984, 431 und 455.

Meinhart, „Schlüsselfestsetzung für liegenschaftsüberschreitende Gemeinschaftsanlage und Wohnungseigentümerwechsel“; ImmZ 1984, 123.

Meinhart, „OGH klärt Betriebskostenanteil der Wohnungseigentumsmieter“; ImmZ 1990, 211.

Palten, „Die mietrechtliche Betriebskostenüberwälzung bei Wohnungseigentum“; ÖJZ 1982, 645.

Palten, „Wohnungseigentum, Mietrechtsgesetz, Betriebskostenschlüssel und anderes“; wobl 1997, 35.

Prader/Kuprian, „Erhaltungspflichten im Mietobjekt“;
immolex 2002, 9.

Schimetschek, „Umfang und Grenzen der ordentlichen Verwaltung“;
ImmZ 1982, 263.

Sprung/König, „Die Verjährung der von einem gewerbsmäßigen Hausverwalter zur Bestreitung der laufenden Betriebsausgaben einer Wohnungseigentumsanlage bevorschußten Auslagen“; JBl 1977, 247.

Thöni, „Das Anhörungsrecht der Miteigentümer in Angelegenheiten der ordentlichen Verwaltung“; JBl 1982, 7.

Vonkilch, „Zum zeitlichen Anwendungsbereich von § 17 Abs 1 Z 1 WEG idF der WRN 1999“; immolex 2000, 177.

Würth, „Verteilung von Aufzugskosten“;
ImmZ 1980, 164.

Würth, „Genehmigungspflicht des Außerstreitrichters für Verbesserungen durch die Mehrheit“; ImmZ 1980, 183.

XII.
BEENDIGUNG VON WOHNUNGS- UND MITEIGENTUM
(8. Abschnitt; §§ 35, 36 WEG)

1)
Erlöschen des Wohnungseigentums; Aufhebung der Gemeinschaft des Eigentums
(§ 35 WEG)

Das Wohnungseigentum erlischt durch

- Untergang des Gegenstands des Wohnungseigentums
  - ⇒ Fraglich ist, ob die Zerstörung des Gebäudes auch dann tatbestandsmäßig ist, wenn die Möglichkeit zur Wiedererrichtung (etwa aus einer Versicherungssumme) besteht.
    Bejaht man dies, würden die Rechte aus dem Wohnungseigentum nur ruhen.
  - ⇒ Dem Untergang gleichzuhalten ist die entgültig feststehende Nichterrichtung eines ursprünglich geplanten und in die Wohnungseigentumsbegründung einbezogenen Objekts.[1125]
- Einverleibung der Löschung auf Grund eines Verzichts des Wohnungseigentümers
  - ⇒ Die gesetzliche Formulierung („......*des Wohnungseigentümers*") berücksichtigt nicht die durch § 3 Abs 2 WEG angeordnete obligatorische Begründung des Wohnungseigentums an allen (wohnungseigentumstauglichen) Objekten. Der Verzicht von nur einem (oder einiger) Wohnungseigentümer würde idR zu - nicht mehr zulässigem - gemischtem Miteigentum führen.
    Es müssten daher alle Wohnungseigentümer verzichten!
    (Ausnahme: es ist - in einer vor dem 1.7.2002 entstandenen - gemischten Anlage nur ein (oder sind nur einige) Wohnungseigentümer vorhanden und dieser (diese gemeinsam) verzichtet (verzichten) auf das Wohnungseigentum.
  - ⇒ Die Vereinigung aller Anteile bei einer Person führt mE nicht ipso iure zum Erlöschen des Wohnungseigentums; dies müsste vom Eigentümer beim Grundbuch beantragt werden.
- Die Einverleibung der Löschung auf Grund eines Verzichts bedarf der Zustimmung der Wohnungseigentümer und der Buchberechtigten, deren Rechte den Mindestanteil belasten (§ 35 Abs 1 letzter HS WEG).

Die Gemeinschaft des Eigentums an der Liegenschaft kann erst aufgehoben werden, nachdem das auf der Liegenschaft erworbene Wohnungseigentum erloschen ist (§ 25 Abs 2 WEG).

- Wohnungseigentum schließt somit die Teilungsklage (Auflösung der Miteigentumsgemeinschaft - § 830 ABGB) aus!
  - ⇒ Damit erweist sich die Wohnungseigentumsbegründung (auch) als probates Mittel des Erblassers zur Verhinderung einer dereinst gänzlichen Übertragung von Familienbesitz an Dritte, falls nicht alle Erben die Veräußerung anstreben.

[1125] OGH 9.12.2003, 5 Ob 109/03w (= EWr W/10/1 ff).

⇒ Nachdem der Oberste Gerichtshof zunächst die Frage, ob bei bloß teilweise begründetem Wohnungseigentum die Teilungsklage eines schlichten Miteigentümers - zum Zweck der Begründung von Wohnungseigentum an den eigenen Anteilen - vielleicht doch zulässig sein könnte, offen ließ,[1126] wurde dies dann - unter Berufung auf § 21 Abs 2 WEG 1975 (= nahezu wortidente Vorgängerbestimmung zu § 35 Abs 2 WEG) - doch verneint.[1127]
Damit konnte ein schlichter Miteigentümer im Geltungsbereich des WEG 1975 die Begründung von Wohnungseigentum bei Vorhandensein auch nur eines widersprechenden anderen schlichten Miteigentümers nicht erzwingen.
Etwas anders stellt sich die Situation im WEG dar:
§ 56 Abs 12 WEG nimmt schlichten Miteigentümern die Möglichkeit des Widerspruchs gegen den Wunsch eines anderen schlichten Miteigentümers, Wohnungseigentum an seinen Anteilen zu begründen. Mit anderen Worten: Die Wohnungseigentumsbegründung ist aus der Sicht des begründungswilligen Miteigentümers grundsätzlich durchsetzbar. Das sich auf Grund des in der letzten Phase der Gesetzwerdung eingefügten § 3 Abs 2 WEG ergebende Problem ist nun freilich, dass an allen Anteilen schlichter Miteigentümer - also auch an jenen derer, die keine Präferenz für eine Änderung zeigen - Wohnungseigentum (nach)begründet werden müsste („Zwangsbeglückung“).
Bejaht man dennoch die Durchsetzbarkeit der Wohnungseigentumsbegründung durch den schlichten Miteigentümer, so könnte die dazu erforderlichenfalls erhobene Klage auch als Teilungsklage gerichtet auf „Teilung durch Wohnungseigentumsbegründung“ - ein gemäß § 3 Abs 1 Z 3 WEG zulässiges Begehren - bezeichnet werden (womit die diesbezügliche Judikatur zum WEG 1975 obsolet geworden wäre).

2) Ausschließung von Wohnungseigentümern (§ 36 WEG)

Ziel der Ausschließungsklage ist es, in bestimmten - vom Gesetz definierten - Fällen einen Wohnungseigentümer auf Dauer aus der Eigentümergemeinschaft entfernen zu können.

⇒ Im Hinblick darauf, dass gemäß § 22 Abs 1 WEG 1975 auch ein schlichter Miteigentümer ausgeschlossen werden konnte, sofern wenigsten an einem Miteigentumsanteil Wohnungseigentum begründet war,[1128] kann auf Grund der Übergangsregelung des § 56 Abs 12 WEG auch im WEG ein schlichter Miteigentümer aus der Eigentümergemeinschaft mit Ausschließungsklage entfernt werden.

⇒ Sobald eine Zusage der Einräumung des Wohnungseigentums im Grundbuch angemerkt und zumindest ein Wohnungseigentumsbewerber Miteigentum erworben hat, gelangt § 36 WEG zur Anwendung (§ 37 Abs 5 WEG). Dies bedeutet, dass bereits vor der

[1126] OGH 26.5.1998, 5 Ob 146/98a (= EWr II/2/56).
[1127] OGH 27.9.2001, 5 Ob 47/01z (= EWr II/2/82 ff).
[1128] OGH 13.7.2000, 5 Ob 165/00a (= EWr II/22/10 ff).

Begründung des Wohnungseigentums ein Wohnungseigentumsbewerber ausgeschlossen werden kann.

Gemäß § 36 Abs 1 WEG ist ein Wohnungseigentümer auf Klage der Mehrheit der übrigen Wohnungseigentümer aus der Gemeinschaft auszuschließen, wenn er

⇒ „Mehrheit der übrigen Wohnungseigentümer": Der Auszuschließende bleibt also bei der Mehrheitsberechnung außer Betracht.[1129]

- seinen Pflichten aus der Gemeinschaft nicht nachkommt, insbesondere die ihm obliegenden Zahlungen auch nicht bis zum Schluss der dem erstinstanzlichen Urteil vorangehenden Verhandlung leistet (Abs 1 Z 1 leg cit);
  - Ist die Zahlung strittig, so ist darüber abgesondert zu verhandeln und mit Beschluss zu entscheiden. Zahlt der beklagte Wohnungseigentümer vor Schluss der dem erstinstanzlichen Urteil vorangehenden Verhandlung den geschuldeten Betrag, so ist die Klage abzuweisen; der beklagte Wohnungseigentümer hat jedoch die Kosten des Verfahrens zu ersetzen, soweit ihn ohne Zahlung eine Kostenersatzpflicht getroffen hätte (Abs 2 leg cit).

    ⇒ Die Regelung hat Ähnlichkeiten mit jener des § 33 Abs 2 MRG; der beklagte Wohnungseigentümer muss jedoch nicht das Fehlen seines groben Verschuldens am Zahlungsrückstand unter Beweis stellen.

    ⇒ Die Rechtsprechung zum „geschuldeten Betrag" iSd § 33 Abs 2 MRG kann herangezogen werden.[1130]

    ⇒ Eine Aktivlegitimation der Mit- und Wohnungseigentümer dafür, dass mit dem Sondervermögen der Rücklage für den beklagten Wohnungseigentümer in Vorlage getreten wurde, ist (seit dem 3. WÄG) zu verneinen (Gläubigerin hinsichtlich der Rücklagenbeiträge ist die Eigentümergemeinschaft und sind nicht die im Ausschließungsverfahren legitimierten Mit- und Wohnungseigentümer).[1131]
- von seinem Wohnungseigentumsobjekt oder den allgemeinen Teilen der Liegenschaft einen die Interessen der übrigen Wohnungseigentümer empfindlich schädigenden Gebrauch macht (Abs 1 Z 2 leg cit);
  - Dem Verhalten des auszuschließenden Wohnungseigentümers steht das Verhalten seines Ehegatten und der anderen mit ihm zusammenwohnenden Familienangehörigen sowie der Personen gleich, die ein Wohnungseigentumsobjekt oder die von ihm sonst benützten allgemeinen Teile der Liegenschaft mit seiner Zustimmung oder Duldung benützen, sofern er es unterlässt, die ihm mögliche Abhilfe zu schaffen (Abs 3 leg cit).

    ⇒ Allfällige Fehler des beauftragten Baumeisters sind dem auf Ausschließung geklagten Wohnungseigentümer nicht direkt zuzurechnen, weil es nicht um Schadenersatzansprüche, sondern um die Verwirklichung eines Ausschließungsgrundes geht. Der Be-

[1129] OGH 13.3.1996, 5 Ob 18/96 (= EWr II/22/6 f).
[1130] OGH 26.2.2002, 5 Ob 308/01g (= EWr II/22/16 ff).
[1131] OGH 26.2.2002, 5 Ob 308/01g (= EWr II/22/16 ff).

klagte hat aber dafür einzustehen, einen ihm bekannten, auf seine Bauarbeiten zurückzuführenden Mangel nicht behoben zu haben.[1132]

⇒ Räumlich mitumfasst ist auch allfälliges Zubehör-Wohnungseigentum.

- oder durch sein rücksichtsloses, anstößiges oder sonst grob ungehöriges Verhalten den Mitbewohnern das Zusammenleben verleidet oder sich gegenüber einem Wohnungseigentümer oder einer im Haus wohnenden Person einer strafbaren Handlung gegen das Eigentum, die Sittlichkeit oder die körperliche Sicherheit schuldig macht, sofern es sich nicht um den Umständen nach geringfügige Fälle handelt (Abs 1 Z 3 leg cit).

⇒ Abs 3 leg cit gelangt auch in diesem Fall zur Anwendung.

⇒ Die Ausschließungsgründe nach Abs 1 Z 2 und Z 3 leg cit decken sich weitgehend mit jenen des § 30 Abs 2 Z 3 MRG, sind aber mehr noch als jene unter dem Aspekt zu sehen, dass die Gemeinschaft der Eigentümer gegenseitige Rücksichtnahme erfordert. Andererseits greift die Ausschließung aus einer Eigentümergemeinschaft noch schwerer als die Kündigung eines Mietvertrages in die Rechtsposition des Betroffenen ein, sodass sie nur die ultima ratio zur Beseitigung einer für die Gemeinschaftsmitglieder unzumutbar gewordenen Situation sein kann.
So ist auch die Judikatur zu verstehen, wonach die Ausschließung aus der Gemeinschaft nicht gerechtfertigt ist, wenn ein an sich untragbarer Zustand endgültig beseitigt wurde. Die Gefahr der Wiederholung ist daher grundsätzlich Tatbestandsvoraussetzung für die Ausschließung eines Wohnungseigentümers aus der Gemeinschaft; ob die Wiederholungsgefahr fehlt, hängt jedoch jeweils davon ab, inwieweit die Gemeinschaft gelitten hat und wiederhergestellt bzw fortgesetzt werden kann. Das erfordert eine nach Art und Gewicht der Ausschließungsgründe differenzierende Beurteilung.[1133]

⇒ Typische Anwendungsfälle:
Beschimpfungen, Drohung, Vernachlässigung der Wartung;[1134]
gravierende Lärmbelästigung durch Lokal;[1135]
Nichtbehebung von Baumängeln; Ignorieren der Beschwerden anderer Gemeinschaftsmitglieder über Schäden, Verschmutzungen und sonstige Begleiterscheinungen von Bauarbeiten (Dachbodenausbau);[1136]
Prostitution (mit empfindlich störenden Begleiterscheinungen).[1137]

Aktiv legitimiert zur Einbringung der Ausschlussklage sind

- die Mehrheit der übrigen Wohnungseigentümer[1138]

[1132] OGH 7.12.2004, 5 Ob 272/04t (= EWr W/36/7 ff).
[1133] OGH 7.12.2004, 5 Ob 272/04t (= EWr W/36/7 ff).
[1134] OGH 13.3.1996, 5 Ob 18/96 (= EWr II/22/6 f).
[1135] OGH 13.1.1995, 5 Ob 139/94 (= EWr II/22/3 ff).
[1136] OGH 7.12.2004, 5 Ob 272/04t (= EWr W/36/7 ff).
[1137] OGH 25.2.1997, 5 Ob 51/97d (= EWr II/22/8 f);
OGH 26.9.2003, 3 Ob 31/03k (= EWr W/36/1 ff).
[1138] OGH 13.3.1996, 5 Ob 18/96 (= EWr II/22/6 f).

⇒ Die Klagslegitimation der Eigentümergemeinschaft im Ausschließungsverfahren wurde von der Rechtsprechung (bisher?[1139]) abgelehnt.[1140]

⇒ Die Kläger bilden nach der Rechtsprechung eine (wirkungsgebundene) einheitliche Streitpartei iSd § 14 ZPO.[1141]

⇒ Die Veräußerung von Miteigentumsanteilen während des Verfahrens ist prozessual unbeachtlich.[1142]

- ein durch ein Verhalten nach Abs 1 Z 2 oder 3 leg cit unmittelbar beeinträchtigter Wohnungseigentümer, der
  - für dieses Verhalten keinen Anlass gegeben hat und
  - nicht die Unterstützung der Mehrheit zur Ausschließung des Wohnungseigentümers, der das Verhalten an den Tag gelegt oder gemäß Abs 3 leg cit zu vertreten hat, findet;
  - sofern der Störer nach einer gegen ihn vom Wohnungseigentümer eingebrachten Unterlassungsklage trotz
    - eines der Klage stattgebenden Urteils und
    - einer darauf gegründeten Zwangsvollstreckung
    - beharrlich fortsetzt (Abs 5 leg cit).

Passiv legitimiert sind

- der Wohnungseigentümer,
- der schlichte Miteigentümer und
- der Wohnungseigentumsbewerber.

  ⇒ Letzterer unter den einleitend genannten Voraussetzungen.

- Der von einem Eigentümerpartner (§ 13 WEG) verwirklichte Ausschließungstatbestand erfasst auch den anderen Partner.
  Die Klage ist gegen beide zu richten; die für die Vollstreckung von Geldforderungen normierten Ausnahmebestimmungen (§ 13 Abs 3 WEG) kommen daher nicht zum Tragen

  ⇒ Judiziert zum Ehegattenwohnungseigentum im WEG 1975.[1143]

Die Ausschlussklage ist im Grundbuch anzumerken.

⇒ Die Zuständigkeit für die Anmerkung kommt (auch) dem Prozessgericht zu. Das Ansuchen um Anmerkung der Ausschlussklage ist von einer Überweisung der Rechtssache an das zuständige Gericht nach § 261 Abs 6 ZPO umfasst.[1144]

- Diese Anmerkung hat die Rechtsfolge des § 61 Abs 2 GBG 1955 (Abs 4 Satz 1 leg cit).

  ⇒ Ein rechtskräftiges Urteil wirkt damit auch gegen den späteren bücherlichen Erwerber.

  ⇒ Für den Erwerber kann sich allerdings ein Oppositionsklagegrund ergeben.[1145]

[1139] undeutlich: OGH 26.2.2002, 5 Ob 308/01g (= EWr II/22/16 ff).
[1140] OGH 13.7.2000, 5 Ob 165/00a (= EWr II/22/10 ff).
[1141] OGH 13.7.2000, 5 Ob 165/00a (= EWr II/22/10 ff).
[1142] OGH 13.7.2000, 5 Ob 165/00a (= EWr II/22/10 ff).
[1143] OGH 23.3.1993, 5 Ob 1011/93 (= EWr II/22/1 f).
[1144] OGH 11.10.2000, 5 Ob 225/00z (= EWr II/22/15).
[1145] OGH 26.9.2003, 3 Ob 31/03k (= W/36/1 ff).

⇒ In der Anmerkung der Ausschlussklage wird ein Argument für die Ansicht gesehen, dass der auf Ausschluss gerichtete Anspruch nicht mit der Veräußerung des Liegenschaftsanteils, sondern erst mit der Räumung des Wohnungseigentumsobjekts erfüllt ist.[1146]

Nach Ablauf von drei Monaten nach dem Eintritt der Rechtskraft des Urteils kann auf Antrag eines Wohnungseigentümers die Versteigerung des Miteigentumsanteils und des damit verbundenen Wohnungseigentums nach den Bestimmungen der Exekutionsordnung über die Zwangsversteigerung durchgeführt werden (Abs 4 Satz 2 leg cit).

⇒ Die Dreimonatsfrist soll es dem Ausgeschlossenen ermöglichen, seine Anteile selbst zu veräußern.[1147]

- In den Fällen des Abs 1 Z 2 und 3 leg cit sind Personen, die mit dem auszuschließenden Wohnungseigentümer durch ein familiäres und wirtschaftliches Naheverhältnis verbunden sind, bei der Versteigerung des Miteigentumsanteils vom Bieten ausgeschlossen (§ 180 der Exekutionsordnung) (Abs 6 leg cit).

⇒ Zum familiären und wirtschaftlichen Naheverhältnis siehe oben S 198 f.

⇒ Die Regelung des Abs 6 leg cit hat keine Vorgängerbestimmung im WEG 1975. Es soll damit die de facto Verhinderung des Ausschlusses (Erwerb durch Nahestehende) unterbunden werden.

Literatur zu Einzelfragen:

Zum WEG 1975:

Bachner, „Die Durchsetzung der Ausschließung eines Wohnungseigentümers“; wobl 2001, 305.

Berger, „Der Rechtsschutz des Wohnungseigentümers nach § 22 Abs 4 WEG 1975“; ÖJZ 1977, 172.

Call, „Der neue Schlußsatz des § 22 Abs 3 WEG - Redaktionsversehen oder Absicht des Gesetzgebers?“ wobl 1993, 224.

Kletecka, „Die Novellierung des WEG durch das 3. WÄG – Begründung, Ausschluss und Bewerberschutz (§§ 1 bis 12 und §§ 22 bis 30 WEG)“ wobl 1993, 217.

Meinhart, „Rückstandsabdeckung bei Wohnungseigentum (§§ 16, 17, 19 und 22 WEG 1975)“; ImmZ 1984, 267 und 287.

Oberhofer, „Klagslegitimation der Wohnungseigentümergemeinschaft nach § 22 WEG?“; immolex 1998, 187.

[1146] OGH 14.1.1997, 5 Ob 2431/96b (= ÖWR E 4 zu § 22 WEG).
[1147] OGH 26.9.2003, 3 Ob 31/03k (= W/36/1 ff).

XIII.
SCHUTZ DES WOHNUNGSEIGENTUMSBEWERBERS
(9. Abschnitt; §§ 37 - 44 WEG)

1)
Annahmeverbot;
Ansprüche des Wohnungseigentumsbewerbers
(§ 37 WEG)

Die Regelungen des § 37 WEG stellen allesamt zwingendes Recht dar; sie können vertraglich nicht abbedungen werden (Abs 6 leg cit).

a)
Annahme von Zahlungen
(§ 37 Abs 1 WEG)

Vor Eintragung der Anmerkung der Einräumung von Wohnungseigentum (§ 40 Abs 2 WEG) werden die mit dem Wohnungseigentumsbewerber vereinbarten Zahlungen nicht fällig (Abs 1 Satz 1 1. Hs leg cit).

- Der Wohnungseigentumsorganisator darf Zahlungen vor der Fälligkeit weder fordern noch annehmen (Abs 1 Satz 1 2. HS leg cit).
  - ⇒ Die Regelung hat (siehe schon oben) - ebenso wie seinerzeit die Vorgängerbestimmung des § 23 Abs 1a WEG 1975 - zwingenden Charakter; das Verbot gilt trotz entgegenstehender Vereinbarung.[1148]
  - ⇒ Eindeutig geht aus dem Gesetzestext hervor, dass es auf den Vollzug der Eintragung ankommt (der Antrag allein ist noch nicht ausreichend).
  - ⇒ Immerhin räumt aber nun § 40 Abs 2 WEG auch dem Wohnungseigentumsorganisator ein Antragsrecht für die Anmerkung der Einräumung des Wohnungseigentums ein.
  - ⇒ Anders als § 23 Abs 1a WEG 1975 spricht die nunmehrige Regelung nicht nur vom Verbot des „Übernehmens“, sondern macht die Annahme und die Forderung von der eingetragenen Anmerkung abhängig (die ja erst die - frühest mögliche - Fälligkeit bewirkt).
    Nach dem Zweck der Norm, der ja in der Verringerung des Insolvenzrisikos liegt, sind mE dennoch Zahlungen an den Treuhänder (auch vor Erwirkung der Anmerkung) zulässig, sofern dieser nicht vor dem Fälligkeitszeitpunkt Beträge an den Wohnungseigentumsorganisator weiterleitet (in dessen Verfügungsmacht stellt).
    Die Rechtsprechung hat bisher die Frage, ob die Regelung des § 37 Abs 1 WEG diesbezüglich anders zu interpretieren ist als die Vorgängerbestimmung des § 23 Abs 1a WEG 1975, ausdrücklich offen gelassen.[1149]
  - ⇒ Die Zahlung an den Treuhänder (vor Erwirkung der Anmerkung der Einräumung von Wohnungseigentum) scheidet aber jedenfalls aus bei Personenidentität zwischen Treuhänder und Mehrheitsgesellschafter des Wohnungseigentumsorganisators.[1150]

[1148] OGH 29.9.1998, 5 Ob 88/98x (= Ewr II/23/10 ff).
[1149] OGH 29.4.2003, 5 Ob 90/03a (= EWr II/23/20 ff).
[1150] OGH 29.4.2003, 5 Ob 90/03a (= EWr II/23/20 ff).

Der Wohnungseigentumsbewerber kann alle Zahlungen, die entgegen diesem Verbot angenommen wurden, zurückfordern (Abs 1 Satz 2 leg cit).

- Der Wohnungseigentumsorganisator hat die angenommenen Beträge ab dem Zahlungstag mit einem den jeweiligen Basiszinssatz (§ 1 Abs 1 1. Euro-JuBeG) um sechs Prozentpunkte übersteigenden Zinssatz zu verzinsen (Abs 1 letzter Satz leg cit).

⇒ Der im Gesetz angeführte Zinssatz offenbart den Pönalecharakter der Regelung (und ermöglicht dem Wohnungseigentumsbewerber, der das Insolvenzrisiko nicht scheut [oder ohnedies entsprechend den Bestimmungen des BTVG etwa mit einer Bankgarantie abgesichert ist], insofern eine optimale Geldanlage, als er ja nicht sofort das Geleistete zurückfordern muss, sondern sich nach Verbücherung seines Eigentums auf die Einforderung der Zinsen für den gesamten Zeitraum zwischen Zahlung und Fälligkeit beschränken kann).

⇒ Zur besonderen Beachtung für den Wohnungseigentumsorganisator (und dessen Rechtsberater[1151]):
Abweichende Bestimmungen in anderen Schutznormen (insbesondere dem BTVG) vermögen am zwingenden Charakter des § 37 Abs 1 WEG nichts zu ändern (es ist daher immer auf die - aus der Sicht des Wohnungseigentumsorganisators - „schärfste" Regelung abzustellen); andernfalls könnte sich etwa (bei Anwendbarkeit des WEG) trotz Einhaltung der Bestimmungen des BTVG eine Rückzahlungs- und Verzinsungspflicht nach dem WEG ergeben.

Das Annahmeverbot gemäß § 37 Abs 1 WEG gilt auch für geförderte Bauvorhaben!

⇒ Die diesbezügliche Ausnahme in § 23 Abs 1a WEG 1975 wurde mangels ausreichender sachlicher Rechtfertigung nicht mehr in das WEG übernommen.

Gemäß § 56 Abs 11 WEG ist § 37 Abs 1 WEG nur auf Zahlungen anzuwenden, die nach dem 30.6.2002 geleistet wurden (für früher geleistete Zahlungen gilt § 23 Abs 1a WEG 1975 weiter).

⇒ Auf den Zeitpunkt der zugrundeliegenden Vereinbarung kommt es nicht an.

b)
Ansprüche nach Zahlung
(§ 37 Abs 2 und 3 WEG)

Der Wohnungseigentumsbewerber hat

- nach Zahlung der zahlenmäßig bestimmt vereinbarten, bis zur Vollendung der Bauführung zu entrichtenden Beträge an Grund-, Bau- und sonstigen Kosten an den bzw einen der Wohnungseigentumsorganisator(en)

folgende Ansprüche gegen den verfügungsberechtigten Wohnungseigentumsorganisator:

- Übergabe des ihm zugesagten wohnungseigentumstauglichen Objekts zur Nutzung, sobald es beziehbar ist (Abs 2 Z 1 leg cit);

[1151] OGH 7.4.2000, 5 Ob 89/00z (= EWr II/23/15 f).

- nach Vollendung der Bauführung am Haus, in dem sich das zugesagte wohnungseigentumstaugliche Objekt befindet,
  - Errichtung der für die Einverleibung seines Eigentumsrechts am Mindestanteil und für die - allenfalls noch durchzuführende - Begründung von Wohnungseigentum an allen dafür gewidmeten wohnungseigentumstauglichen Objekten eforderlichen Urkunden und
  - Stellung der Anträge
  - ohne Verzug (Abs 2 Z 2 leg cit);

    ⇒ Für die Erfüllung dieser als unabdingbar normierten Ansprüche hat nach dem Prinzip der passiven Korrealität jeder Wohnungseigentumsorganisator einzustehen.
    Zur Durchsetzung des jedem Wohnungseigentumsbewerber eingeräumten gesetzlichen Anspruchs, den Wohnungseigentumsorganisator dazu zu verhalten, alle zur unverzüglichen Einverleibung des zugesagten Wohnungseigentums notwendigen Schritte zu setzen, hat der Gesetzgeber grundsätzlich nur die Klage nach § 43 Abs 1 WEG (vormals § 25 Abs 1 WEG 1975) vorgesehen. Es soll im Weg des Durchgriffs auf den Liegenschaftseigentümer sofort die Einverleibung des Wohnungseigentums erwirkt werden. Die Geltendmachung von Einzelansprüchen, um sich diesem Ziel anzunähern, ist nur ausnahmsweise möglich. Es bedarf der Darlegung eines besonderen Rechtsschutzinteresses, um statt oder neben der Klage nach § 43 Abs 1 WEG eine Klage zur Beschaffung von Eintragungsgrundlagen zum Erfolg zu führen.[1152]

    ⇒ Die systemkonforme Anpassung des § 37 Abs 2 WEG - eben der Anspruch des Wohnungseigentumsbewerbers auf Begründung des Wohnungseigentums an allen gewidmeten Objekten (und nicht nur an seinem Objekt) - erfolgte mit der WRN 2006 (siehe bereits oben ab S 89 die Ausführungen zu § 43 WEG).

Weitere Ansprüche ergeben sich aus den in Abs 3 leg cit normierten Pflichten der Wohnungseigentumsorganisatoren.

Demnach haben diese

- vor oder mit der Zusage der Einräumung des Wohnungseigentums dem Wohnungseigentumsbewerber bestimmt zu erklären,
  - ob ein Nutzwertgutachten (§ 9 Abs 1 WEG) oder eine Entscheidung über die gerichtliche Nutzwertfestsetzung (§ 9 Abs 2 WEG) vorliegt
    und
  - welches Verhältnis sich daraus zur Summe der Nutzwerte aller wohnungseigentumstauglichen Objekte der Liegenschaft ergibt

  (Abs 3 Z 1 leg cit);
- den Wohnungseigentumsbewerber in allen Verfahren zur gerichtlichen Nutzwertfestsetzung zu benennen
  (Abs 3 Z 2 leg cit) und
- die Miteigentümer und die Wohnungseigentumsbewerber, die noch nicht Miteigentümer sind,
  - ohne Verzug

[1152] OGH 20.1.2004, 5 Ob 292/03g (= EWr II/25/29 ff).

- von der Vollendung der Bauführung zu verständigen
(Abs 3 Z 3 leg cit).
  ⇒ Die Verständigung hat unabhängig von einer allfälligen Benützungsbewilligung zu erfolgen.

c)
Gutachten über den Bauzustand
(§ 37 Abs 4 WEG)

Eine weitere Verpflichtung des Wohnungseigentumsorganisators enthält Abs 4 leg cit.

⇒ Die Vorschrift ist - wegen der daraus folgenden Hinweispflicht - vor allem auch für den Rechtsberater (Vertragserrichter) von erheblicher Bedeutung.

Die Wohnungseigentumsorganisatoren haben dem Wohnungseigentumsbewerber

- vor oder mit der Zusage der Einräumung des Wohnungseigentums an Teilen eines Hauses
  - dessen Baubewilligung im Zeitpunkt der Zusage älter als 20 Jahre ist,
- ein Gutachten eines für den Hochbau zuständigen Ziviltechnikers oder eines allgemein beeideten und gerichtlich zertifizierten Sachverständigen für das Hochbauwesen
  - über den Bauzustand der allgemeinen Teile des Hauses,
    - insbesondere über in absehbarer Zeit notwendig werdende Erhaltungsarbeiten,

zu übergeben (Abs 4 Satz 1 leg cit).

⇒ Zweck der Regelung ist es, die Übervorteilung des Wohnungseigentumsbewerbers - der oft rechtlich unerfahren ist und die Problematik des Wohnungseigentums an einem Gebäude, das hohen Instandsetzungsaufwand erfordert, nicht abzuschätzen vermag - zu verhindern. Durch das Gutachten soll dem Käufer vor Augen geführt werden, mit welchen Belastungen er „in absehbarer Zeit" zu rechnen hat.

Freilich wird mit dieser Schutzbestimmung entweder das Wohnungseigentum(sobjekt) verteuert (Kosten des Gutachtens) oder das Haftungsrisiko für den Verkäufer erhöht (keine Beteiligung des Käufers an den Kosten größerer Erhaltungsarbeiten während der nächsten 10 Jahre; siehe letzter Satz des Abs 4 leg cit).

⇒ Bemerkenswert ist der in der Regelung enthaltene „dynamische Althausbegriff". Im Hinblick darauf, dass auf die Baubewilligung des Gebäudes abgestellt wird - die bei größeren Gebäuden idR doch einige Jahre vor der Benützungsbewilligung liegt - sind von der Norm Gebäude umfaßt (= gelten als „Althäuser"), die uU erst zu Beginn der 1990-er Jahre bezogen worden sind.

⇒ Die Rechtsprechung hat inzwischen klargestellt, dass die Regelung des § 37 Abs 4 WEG keineswegs nur bei Verbrauchergeschäften zur Anwendung gelangt.[1153]

[1153] OGH 11.1.2005, 5 Ob 159/04z (= EWr II/23/26 f).

Das Gutachten darf zum Zeitpunkt der Zusage

- nicht älter als ein Jahr sein und
- ist in den Kaufvertrag über den Liegenschaftsanteil, an dem Wohnungseigentum erworben werden soll, einzubeziehen;

mit seiner Einbeziehung gilt der darin beschriebene Bauzustand als bedungene Eigenschaft (§ 922 Abs 1 ABGB) (Abs 4 Satz 2 leg cit).

⇒ Unter „absehbarer Zeit" ist mE ein Zeitraum von (maximal) zehn Jahren zu verstehen.
Dies ergibt sich zum einen aus der Sanktion, die für den Fall der Nichteinhaltung der Vorschrift vorgesehen ist (siehe Abs 4 leg cit), zum anderen stellt auch der in § 18 MRG erwähnte Zeitraum von zehn Jahren ein Indiz dafür dar.
Fraglos würde aber eine exakte Definition direkt in § 37 Abs 4 WEG zur Rechtssicherheit beitragen.

⇒ Die „bedungene Eigenschaft" und das Klammerzitat verdeutlichen allfällige Gewährleistungsansprüche des Käufers.

⇒ Ob das Gutachten (wie nach dem Wortlaut des Gesetzes) wirklich nur einem Wohnungseigentumsbewerber iSd § 2 Abs 6 WEG übergeben werden muss, oder ob es sich um eine Verpflichtung handelt, die jeden Verkäufer (der nicht Wohnungseigentumsbewerber war) bei der erstmaligen Veräußerung nach der Begründung des Wohnungseigentums trifft, kann als strittig angesehen werden (wobei die Frage durch die obligatorische Wohnungseigentumsbegründung gemäß § 3 Abs 2 WEG nicht an Bedeutung verloren hat).
Abzustellen ist mE jeweils im Einzelfall auf den Schutzzweck der Norm.[1154]

⇒ ME ist die Pflicht zur Übergabe des Gutachtens auch dann zu bejahen, wenn erstmals nach Begründung des vorläufigen Wohnungseigentums abverkauft wird.

- Wird in den Kaufvertrag kein solches Gutachten einbezogen, so gilt ein Erhaltungszustand des Hauses als vereinbart, der in den nächsten 10 Jahren keine größeren Erhaltungsarbeiten erfordert (Abs 4 letzter Satz leg cit).

⇒ Vom Haus selbst wird die Einhaltung der Vereinbarung nicht gefordert werden können; für den Fall der Nichteinhaltung der Anordnungen des § 37 Abs 4 Sätze 1 u 2 WEG trifft den Verkäufer die Pflicht zur Schadloshaltung des Käufers für den Zeitraum von zehn Jahren (an den Pflichten des Käufers als Wohnungseigentümer - gegenüber der Eigentümergemeinschaft (und Dritten) - ändert die Nichteinhaltung der Vorschrift durch den Verkäufer nichts).

d)
Anwendbarkeit des WEG
im Vorstadium zur Wohnungseigentumsbegründung
(§ 37 Abs 5 WEG)

Kaum weniger schwer nachvollziehbar als die (mehrfach novellierte) Vorgängerbestimmung des § 23 Abs 4 (iVm Abs 2 Z 3) WEG 1975 ist die mit § 37

[1154] OGH 14.9.1999, 5 Ob 228/99m (= EWr II/24/12 f).

Abs 5 WEG normierte Regelung über die Anwendbarkeit wohnungseigentumsrechtlicher Bestimmungen im Vorstadium zur Wohnungseigentumsbegründung.

⇒ Die Auslegung gelingt mE nur unter Heranziehung der in den Materialien gegebenen Erläuterungen.

⇒ Diesen zufolge ist allen nachstehenden Varianten die bereits eingetragene Anmerkung der Einräumung des Wohnungseigentums für den betreffenden Wohnungseigentumsbewerber zugrunde zulegen.

⇒ Mit § 37 Abs 5 WEG wird - so die Materialien - „die in jüngerer Zeit erkennbare Bereitschaft der Rechtsprechung,[1155] wohnungseigentumsrechtliche Verwaltungsbestimmungen analog auch für das Vorstadium der Begründung von Wohnungseigentum anzuwenden, und zwar auch zugunsten von Wohnungseigentumsbewerbern ohne Miteigentum, gleichsam positiviert und gesetzgeberisch ausgebaut".

Sobald eine

- Zusage der Einräumung des Wohnungseigentums im Grundbuch angemerkt ist
  und
- zumindest ein Wohnungseigentumsbewerber Miteigentum erworben hat,

gelten für die Verwaltung der Liegenschaft und die Rechte der Miteigentümer die §§ 16 bis 34, 36 und 52 WEG (Abs 5 Satz 1 leg cit).[1156]

⇒ Dem Satz kommt eine doppelte Aussage zu.[1157]
Zum einen wird damit die Voraussetzung der Anwendbarkeit der zitierten Bestimmungen für schlichte Miteigentümer normiert.
Zum anderen sind die Regeln über die Verwaltung der Liegenschaft anwendbar, wenn zumindest ein Wohnungseigentumsbewerber bereits Miteigentum erworben hat.

⇒ Gemäß § 37 Abs 5 erster Satz WEG ist auch nicht zweifelhaft, dass die Eigentümergemeinschaft bereits in diesem Stadium der Wohnungseigentumsbegründung als rechtlich existent zu fingieren ist und ihr das Recht zukommt, Beitragsforderungen einzutreiben.[1158]

Ein Wohnungseigentumsbewerber, der noch nicht Miteigentümer, zu dessen Gunsten aber eine solche Zusage angemerkt ist, hat

- ab Bezug des wohnungseigentumstauglichen Objekts

die Rechte nach § 16 und § 52 Abs 1 Z 2 WEG sowie den Anspruch auf Rechnungslegung gemäß § 34 WEG (Abs 5 Satz 2 leg cit).

⇒ Dem Wohnungseigentumsbewerber kommen also (obwohl er noch nicht Miteigentümer ist) - neben dem Rechnungslegungsanspruch - (im Außerstreitverfahren durchzusetzende) Rechte zur Nutzung und Veränderung des Objektes gemäß § 16 WEG zu.

[1155] OGH 12.5.1998, 5 Ob 8/98g (= EWr II/19/41 ff);
OGH 27.2.2001, 5 Ob 38/01a (= EWr II/23/17 ff).

[1156] OGH 30.8.2005, 5 Ob 70/05p (= EWr W/37/1 f).

[1157] Zur nahezu identen Formulierung des § 23 Abs 4 WEG 1975 (idF der WRN 1999):
OGH 27.2.2001, 5 Ob 38/01a (= EWr II/23/17 ff).

[1158] OGH 2.6.2003, 5 Ob 32/03x (= EWr II/23/23 ff).

Darin liegt jedenfalls eine Ausweitung der Rechte des Wohnungseigentumsbewerbers (der noch nicht Miteigentümer ist) gegenüber der Rechtslage und Rechtsprechung im WEG 1975.[1159]

⇒ Die Anwendbarkeit des Abs 5 Satz 2 leg cit setzt noch überhaupt kein Miteigentum voraus (sie ist also selbst dann gegeben, wenn der Wohnungseigentumsorganisator noch Alleineigentümer der Liegenschaft ist).

Weiters hat ein solcher Wohnungseigentumsbewerber

- ab dem Zeitpunkt, zu dem sein späterer Miteigentumsanteil bekannt ist (insbesondere durch ein bereits vorliegendes Nutzwertgutachten)

die Rechte eines Miteigentümers, sofern zumindest ein anderer Wohnungseigentumsbewerber bereits Miteigentum erworben hat (Abs 5 Satz 3 leg cit).

⇒ Mit „solcher" ist ein Wohnungseigentumsbewerber gemeint, der ebenfalls noch nicht Miteigentümer, zu dessen Gunsten aber die Zusage der Einräumung des Wohnungseigentums angemerkt und dessen späterer Anteil bekannt ist.

⇒ Auf den Bezug des Objekts soll es für die Anwendbarkeit des Abs 5 Satz 3 WEG nicht ankommen.

⇒ Die Regelung stellt (nur) deshalb auf den „späteren" - insbesondere durch ein bereits vorliegendes Nutzwertgutachten - bekannten Miteigentumsanteil ab, weil es sonst gerade anders als beim bereits bestehenden Miteigentum an einer maßgeblichen Größe für den Umfang von Rechten und Pflichten fehlen würde.[1160]

2)
Rechtsunwirksame Vereinbarungen
(§ 38 WEG)

Die Regelung verfolgt den Zweck, die (angenommene) wirtschaftliche, organisatorische und wissensmäßige Übermacht des Wohnungseigentumsorganisators durch bestimmte unverzichtbare Rechte des Wohnungseigentumsbewerbers auszugleichen.

- Vermieden werden soll vor allem eine vertragliche Aufhebung oder unbillige Beschränkung der einem Wohnungseigentümer gesetzlich zustehenden Nutzungs- und Verfügungsrechte (§ 38 Abs 1 WEG).

⇒ Die Regelung positiviert die bisherige Rechtsprechung durch ausdrückliche Bezugnahme auf die Billigkeit.
Nicht jede Beschränkung, sondern nur eine solche, die einer vernünftigen Interessensabwägung widerspricht, ist unzulässig; möglich sind Vereinbarungen, die ein Wohnungseigentumsbewerber auch bei Gleichgewicht der Vertragslage auf sich nehmen würde.[1161]

⇒ Die Beweislast für die mangelnde Beschränkungseignung einer Vereinbarung iSd § 38 WEG trifft den Begünstigten,[1162] mithin

---

[1159] OGH 27.2.2001, 5 Ob 38/01a (= EWr II/23/17 ff);
OGH 24.4.2001, 5 Ob 81/01z (= EWr II/24/31 ff).
[1160] OGH 30.8.2005, 5 Ob 70/05p (= EWr W/37/1 f).
[1161] OGH 11.12.1990, 5 Ob 101/90 (= EWr II/24/1);
OGH 15.12.1998, 5 Ob 185/98m (= EWr II/24/5 ff);
OGH 27.4.1999, 5 Ob 103/99d (= EWr II/24/10 f);
OGH 24.4.2001, 5 Ob 81/01z (= EWr II/24/31 ff).
[1162] OGH 27.4.1999, 5 Ob 103/99d (= EWr II/24/10 f);

denjenigen, der sich auf einen der in § 38 Abs 1 WEG aufgezählten „verdächtigen Vertragstypen“ stützt.[1163]

⇒ Unabdingbare Voraussetzung für die Anwendbarkeit des § 38 Abs 1 WEG (§ 24 Abs 1 WEG 1975) ist, dass einem Wohnungseigentumsbewerber oder Wohnungseigentümer die ihm gesetzlich zustehenden Nutzungs- oder Verfügungsrechte durch die wirtschaftliche, organisatorische und wissensmäßige Übermacht des Wohnungseigentumsorganisators eingeschränkt werden.[1164] Die in § 38 Abs 1 WEG angeordnete Unwirksamkeit sichert die den Wohnungseigentümern nach dem Gesetz zustehenden Ansprüche auf eine annähernd ihren Miteigentumsanteilen entsprechende Nutzung allgemeiner Teile der Liegenschaft bzw darauf, einen Ausgleich für eine geringere Nutzung zu erhalten.[1165]

⇒ Die Überwälzung des Risikos von Baumängeln, die nicht in die Ingerenz des Wohnungseigentümers fallen, ist jedenfalls unzulässig. Die unüberschaubaren und gravierenden Folgen für den Wohnungseigentümer würden den Rahmen des Verkehrsüblichen verlassen und nicht nur eine unbillige, sondern auch eine jeder vernünftigen Interessensabwägung widersprechende Beschränkung der dem Wohnungseigentumsbewerber nach dem Gesetz zustehenden Rechte, wie sie in § 38 Abs 1 WEG angeführt sind, betreffen.[1166]

Neben dem die Absicht des Gesetzgebers zum Ausdruck bringenden Einleitungssatz zählt Abs 1 leg cit noch folgende unwirksame Vereinbarungen oder Vorbehalte ausdrücklich (demonstrativ) auf:

- Von Wohnungseigentumsorganisatoren vereinbarte Mietverträge oder Nutzungsvorbehalte über Teile der Liegenschaft, die sich nur als Zubehörobjekte im Sinn des § 2 Abs 3 WEG eignen oder an denen Wohnungseigentum nicht bestehen kann (§ 3 Abs 3 WEG) (Z 1).

  ⇒ zB Verbot des "Mietvertrages" des Wohnungseigentumsorganisators über den Garten oder kein ausschließlicher Nutzungsvorbehalt am Heizhaus udgl.

  ⇒ Die unentgeltliche Überlassung des (einzigen) Hausgartens durch den Wohnungseigentumsorganisator an eine Wohnungseigentümerin kann als krasse Benachteiligung der übrigen Wohnungseigentümer gewertet werden;[1167] die (ungerechtfertigte) Bevorzugung einzelner Wohnungseigentumsbewerber ist rechtsunwirksam.[1168]

  ⇒ Ein Sondernutzungsvorbehalt des Wohnungseigentumsorganisators , der sich den künftigen Dachbodenausbau vorbehalten will, fällt unter § 38 Abs 1 Z 1 WEG.[1169]

OGH 28.9.1999, 5 Ob 263/99h (= EWr II/24/14 ff).

1163 OGH 21.3.2006, 5 Ob 223/05p (= EWr W/38/1 ff).

1164 OGH 15.12.1998, 5 Ob 185/98m (= EWr II/24/5 ff).

1165 OGH 21.3.2006, 5 Ob 223/05p (= EWr W/38/1 ff).

1166 OGH 3.12.2002, 5 Ob 231/02k (= EWr II/24/35 ff)

1167 OGH 27.4.1999, 5 Ob 103/99d (= EWr II/24/10 f).

1168 OGH 25.2.1997, 5 Ob 47/97s (= EWr II/15/21 ff).

1169 OGH 28.9.1999, 5 Ob 263/99h (= EWr II/24/14 ff); OGH 21.3.2006, 5 Ob 223/05p (= EWr W/38/1 ff).

Daran ändert auch der Umstand nichts, dass der Nutzungsvorbehalt schon im Kaufvertrag enthalten war.[1170]

⇒ Die Einräumung eines Sondernutzungsrechts am Dach über dem Wintergarten kann zulässig sein.[1171]

- Vereinbarungen oder Vorbehalte über die Vergabe oder Durchführung von künftigen Instandhaltungs- oder Verbesserungsarbeiten oder Vermittlungsaufträge jeder Art (Z 2).
- Vereinbarungen über Vorkaufs- und Wiederkaufsrechte (Z 3).

⇒ Ein Wiederkaufsrecht kann nur an unbeweglichen Sachen, nicht aber an Rechten begründet werden.[1172]

- Vereinbarungen über Beschränkungen der nach den §§ 918 bis 924, 932, 933, 933a und 934 ABGB zustehenden Rechte (Z 4).

⇒ Mit dieser Auflistung wird das neue Gewährleistungsrecht berücksichtigt.

⇒ Die Vereinbarung über einen Vorausverzicht auf Gewährleistungsansprüche ist jedenfalls unzulässig.[1173]

- Vereinbarungen über Konventionalstrafen oder Reugelder (Z 5).

Die Rechtsunwirksamkeit erstreckt sich auch auf den daraus begünstigten Dritten, es sei denn, dass ihm die Absicht, auf der Liegenschaft Wohnungseigentum zu begründen, weder bekannt war noch bekannt sein musste (§ 38 Abs 2 WEG).

3) Rücktritt des Wohnungseigentumsorganisators
(§ 39 WEG)

§ 39 WEG räumt dem Wohnungseigentumsorganisator das Recht zum Rücktritt vom Vertrag wegen Zahlungsverzugs ein.

⇒ Dies betont die im Übrigen gegenüber § 24 Abs 4 WEG 1975 unveränderte Bestimmung des § 39 WEG ausdrücklich.

Macht der Wohnungseigentumsorganisator seinen Rücktritt wegen Zahlungsverzugs mit Klage geltend und ist die Höhe der vom Wohnungseigentumsbewerber oder Wohnungseigentümer noch zu leistenden Zahlungen strittig, so ist darüber abgesondert zu verhandeln und

- mit Beschluss

zu entscheiden (Satz 1 leg cit).

⇒ Bei der Regelung, wonach über strittige Forderungen abgesondert zu verhandeln und mit Beschluss zu entscheiden ist, handelt es sich um eine reine Verfahrensvorschrift, deren Nichtbeachtung nur mit dem Berufungsgrund der Mangelhaftigkeit des Verfahrens bekämpft werden kann. Ein solcher Verfahrensmangel kann mangels Rüge von Amts wegen nicht mehr aufgegriffen werden.

[1170] OGH 21.3.2006, 5 Ob 223/05p (= EWr W/38/1 ff).
[1171] OGH 24.4.2001, 5 Ob 81/01z (= EWr II/24/31 ff).
[1172] OGH 15.12.1998, 5 Ob 185/98m (= EWr II/24/5 ff).
[1173] OGH 7.11.2000, 5 Ob 126/00s (= EWr II/24/22 ff);
OGH 21.11.2000, 5 Ob 282/00g (= EWr II/24/25 ff);
OGH 3.12.2002, 5 Ob 231/02k (= EWr II/24/35 ff).

Wenn das Berufungsgericht in seiner Entscheidung den behandelten Verfahrensmangel verneint hat, kann dieser mit Revision nicht mehr aufgegriffen werden.[1174]

⇒ Die Mangelhaftigkeit des Bauwerks hindert die Fälligkeit des Entgelts insgesamt (auf komplexe Fragen der Widmung kommt es nicht an).[1175]

Zahlt der Wohnungseigentumsbewerber oder Wohnungseigentümer

- vor Schluss der dem erstinstanzlichen Urteil vorangehenden Verhandlung den geschuldeten Betrag,

so ist die Klage abzuweisen;

- der Wohnungseigentumsbewerber oder Wohnungseigentümer hat jedoch dem Kläger die Kosten des Verfahrens zu ersetzen, soweit ihn ohne Zahlung eine Kostenersatzpflicht getroffen hätte (Satz 2 leg cit).

⇒ Unter dem „geschuldeten Betrag" ist nur der Verzug im Zusammenhang mit Hauptforderungen zu verstehen; nicht auch Nebengebühren wie Verzugszinsen oder Kosten. Eine abweichende Auslegung gegenüber jener zu den Bestimmungen des § 21 Abs 2 MG bzw § 33 Abs 2 und 3 MRG wäre nicht zu rechtfertigen.[1176]

⇒ Die Möglichkeit, den geschuldeten Betrag nachzuzahlen und damit den Vertragsrücktritt des Wohnungseigentumsorganisators abzuwehren, wird - anders als in der für säumige Mieter geltenden Bestimmung des § 33 Abs 2 MRG - nicht ausdrücklich von der Voraussetzung abhängig gemacht, dass den Schuldner kein grobes Verschulden am Zahlungsrückstand zur Last liegt.[1177]

4) Grundbücherliche Sicherung des Wohnungseigentumsbewerbers

(§ 40 WEG)

a) Anmerkung der vorbehaltenen Verpfändung

(§ 40 Abs 1, 3 und 5 WEG)

Auf Antrag des Liegenschaftseigentümers ist im Grundbuch anzumerken, dass

- für die Begründung von Wohnungseigentum
- die Verpfändung bis zu einem bestimmten Betrag

vorbehalten wird (Anmerkung der vorbehaltenen Verpfändung).

Gleichzeitig mit der erstmaligen Eintragung dieser Anmerkung sind in der Aufschrift des Gutsbestandsblatts die Worte „Wohnungseigentum in Vorbereitung" einzutragen (Abs 3 leg cit).

⇒ Abs 3 leg cit stellt gegenüber dem WEG 1975 klar, dass der Hinweis in der Aufschrift auch bei der Anmerkung der vorbehaltenen Verpfändung zu erfolgen hat.

[1174] OGH 24.10.1996, 6 Ob 2301/96t (= EWr II/24/2); OGH 25.1.2000, 5 Ob 1/00h (= EWr II/24/17 ff).

[1175] OGH 7.11.2000, 5 Ob 126/00s (= EWr II/24/22 ff).

[1176] OGH 26.11.1996, 5 Ob 2365/96x (= EWr II/24/3 f).

[1177] OGH 25.1.2000, 5 Ob 1/00h (= EWr II/24/17 ff).

Die Anmerkung darf, wenn im Rang danach eine Anmerkung der Einräumung von Wohnungseigentum und nach dieser ein Pfandrecht eingetragen ist, nur mit Zustimmung des Pfandgläubigers gelöscht werden (Abs 5 Satz 1 leg cit).

b)

Anmerkung der Einräumung von Wohnungseigentum

(§ 40 Abs 2 bis 5 WEG)

Das WEG verstärkt den Schutz des Wohnungseigentumsbewerbers durch den Ausbau der schon im WEG 1975 dafür vorgesehenen Instrumente.

Gemäß § 40 Abs 2 Satz 1 WEG ist auf Antrag

- des Wohnungseigentumsbewerbers

  ⇒ Die Anmerkung setzt (eben) nicht voraus, dass dem Wohnungseigentumsbewerber bereits ein dingliches Recht zukommt;[1178] er muss nicht Miteigentümer der Liegenschaft sein.[1179]

  ⇒ Durch die ausdrücklich entgegengesetzte Anordnung in dem durch die WRN 2006 neu geschaffenen § 43 Abs 5 WEG ist jene Rechtsprechung[1180] nicht mehr anwendbar, die für den Fall des bereits begründeten Wohnungseigentums eine Anmerkung der Einräumung von Wohnungseigentum abgelehnt hat. Nunmehr können im Fall der Wohnungseigentumsbegründung auf Grund einer „Gesamtbegründungsklage" nach § 43 Abs 1 WEG auch noch nachfolgende Anmerkungen der Einräumung von Wohnungseigentum erfolgen.

  oder

- des Wohnungseigentumsorganisators

die Zusage der Einräumung des Wohnungseigentums im Grundbuch anzumerken (= Anmerkung der Einräumung von Wohnungseigentum).

⇒ Das WEG räumt damit auch dem Wohnungseigentumsorganisator (anders als § 24a Abs 2 WEG 1975) das Antragsrecht ein. Dies ist vor allem im Hinblick darauf konsequent, dass der Wohnungseigentumsorganisator gemäß § 37 Abs 1 WEG vor der Anmerkung keine Zahlungen vom Wohnungseigentumsbewerber fordern bzw annehmen darf.

Sofern der Wohnungseigentumsorganisator nicht selbst alleiniger Liegenschaftseigentümer ist, bedarf es für die Anmerkung der Zustimmung

- des alleinigen Eigentümers bzw
- aller (anderen) Miteigentümer;

eine öffentliche Beglaubigung dieser Zustimmungserklärungen ist nicht erforderlich (Abs 2 Satz 2 leg cit).

⇒ Es muss sohin - gleichviel, ob der Wohnungseigentumsorganisator selbst Miteigentümer ist oder nicht - immer die Zustimmung aller Miteigentümer vorliegen.

⇒ Der Wohnungseigentumsorganisator (bzw dessen Rechtsvertreter) wird gut daran tun, bei sukzessivem Abverkauf von den Käufern jeweils die Bevollmächtigung zur Abgabe der Zustimmungserklärung einzuholen.

[1178] OGH 23.10.1991, 3 Ob 113/91 (= EWr II/24a/1).

[1179] OGH 27.2.2001, 5 Ob 38/01a (= EWr II/23/17 ff); OGH 24.4.2001, 5 Ob 81/01z (= EWr II/24/31 ff) ua.

[1180] OGH 13.5.1997, 5 Ob 139/97w (= ÖWR E 4 zu § 24a WEG).

In der Anmerkung sind der Wohnungseigentumsbewerber und die Bezeichnung des wohnungseigentumstauglichen Objekts anzuführen (Abs 2 Satz 3 leg cit).

⇒ Die Anführung muss in objektivierbarer Weise erfolgen.[1181]

Gleichzeitig mit der erstmaligen Eintragung einer Anmerkung nach Abs 1 leg cit (siehe oben) oder nach Abs 2 leg cit sind in der Aufschrift des Gutsbestandsblatts die Worte „Wohnungseigentum in Vorbereitung“ einzutragen (Abs 3 leg cit).

Wird an dem in der Anmerkung der Einräumung von Wohnungseigentum angeführten wohnungseigentumstauglichen Objekt Wohnungseigentum begründet, so kann der eingetragene Wohnungseigentumsbewerber die Einverleibung seines Mindestanteils und des Wohnungseigentums im Rang dieser Anmerkung auch dann verlangen, wenn die Liegenschaft nach der Anmerkung einem Dritten übertragen oder belastet wurde (§ 57 Abs 1 GBG 1955 ist entsprechend anzuwenden) (Abs 4 Satz 1 leg cit).

⇒ Die sinngemäße Anwendung des § 57 Abs 1 GBG setzt voraus, dass die Einverleibung des Eigentumsrechts am Mindestanteil und des Wohnungseigentumsrechts im Rang der Anmerkung der Zusage der Einräumung des Wohnungseigentumsrechts erfolgt ist.[1182]

- Von der Löschung sind jedoch folgende Eintragungen ausgenommen (Abs 4 Satz 2 leg cit):
  - Veräußerungsverbote gemäß § 49 des Wohnbauförderungsgesetzes 1984 oder nach den landesgesetzlichen Vorschriften für die Wohnbauförderung und Wohnhaussanierung;
  - Eintragungen, zu deren Übernahme sich der Wohnungseigentumsbewerber gegenüber dem Liegenschaftseigentümer verpflichtet hat;
  - Pfandrechte im Rang einer Anmerkung der vorbehaltenen Verpfändung, sofern diese der Anmerkung der Einräumung von Wohnungseigentum im Rang vorging, bis zum angemerkten Rang.

Die Anmerkung der Einräumung des Wohnungseigentums darf vor den in Abs 4 genannten Eintragungen nur mit Zustimmung des eingetragenen Wohnungseigentumsbewerbers gelöscht werden (Abs 5 Satz 2 leg cit).

- Die Anmerkung bietet somit Schutz gegen eine Veräußerung oder Verpfändung der Liegenschaft.

⇒ Sie hat - ebenso wie die Anmerkung der Klage Einverleibung des Wohnungseigentumsrechts gemäß § 43 Abs 3 WEG - rangwahrenden Charakter.[1183]

⇒ Wenn ein Dritter wissentlich in das Forderungsrecht des Wohnungseigentumsbewerbers eingreift, so ist er so zu behandeln, wie wenn sein guter Glaube durch die Anmerkung vernichtet wäre; er ist damit der Exszindierung ausgesetzt.[1184]

[1181] OGH 24.2.1998, 5 Ob 22/98s (= ÖWR E 5 zu § 24a WEG).
[1182] OGH 10.12.1996, 5 Ob 2405/96d (= EWr II/24a/2).
[1183] OGH 23.10.1991, 3 Ob 113/91 (= EWr II/24a/1);
OGH 29.9.1998, 5 Ob 88/98x (= EWr II/23/10 ff).
[1184] OGH 23.10.1991, 3 Ob 113/91 (= EWr II/24a/1).

⇒ Der Einbringung einer Teilungsklage steht die Anmerkung entgegen.

- Zu den mit der Anmerkung nach § 40 Abs 2 WEG bewirkten Rechten des Wohnungseigentumsbewerbers im Fall der Zwangsversteigerung der Liegenschaft sowie im Fall der Verwertung der Liegenschaft in der Insolvenz des Liegenschaftseigentümers siehe oben S 94 f.

c) Anmerkung der Übertragung des Rechts auf Wohnungseigentumseinräumung

(§ 40 Abs 2 WEG)

Neu geschaffen mit dem WEG wurde die Möglichkeit zur Übertragung der Anmerkung im selben Rang im Fall der Veräußerung des Anwartschaftsrechts (= Anmerkung der Übertragung des Rechts auf Wohnungseigentumsbegründung) (Abs 2 letzter Satz leg cit).

⇒ Die Schaffung dieses grundbücherlichen Instruments entsprach einem Bedürfnis der Praxis, zumal die Rechtsprechung zum WEG 1975 die rangwahrende Übertragung abgelehnt hat.[1185]

- Die Anmerkung kann mit rangwahrender Wirkung an den Erwerber des Rechts auf Einräumung des Wohnungseigentums übertragen werden auf Grund eines Rechtsgeschäfts
  - unter Lebenden oder
  - von Todes wegen.

  (= Anmerkung der Übertragung des Rechts auf Wohnungseigentumsbegründung).

- Diese Anmerkung erfolgt auf Antrag
    - des bisherigen oder
    - des neuen
  - Wohnungseigentumsbewerbers,
    - mit Zustimmung des jeweils anderen.

      ⇒ Selbstverständlich entfällt die Zustimmungspflicht bei Übertragung des Anwartschaftsrechts durch Rechtsgeschäft von Todes wegen; diesfalls wird die Zustimmung als mit der letztwilligen Verfügung erteilt fingiert.

      ⇒ Die Übertragung der Anmerkung bedarf nicht der Zustimmung des Wohnungseigentumsorganisators; davon zu unterscheiden ist die durch § 40 Abs 2 WEG nicht geregelte Übertragung des Anwartschaftsrechts an sich.

5) Zustimmung zur Nachfinanzierung

(§ 41 WEG)

Gemäß § 41 Abs 1 WEG ist der Wohnungseigentumsbewerber, der mit dem Wohnungseigentumsorganisator schriftlich vereinbart hat,

---

[1185] OGH 22.4.1997, 5 Ob 122/97w (= ÖWR E 3 zu § 24a WEG 1975) ua.

- dass Kostensteigerungen (Bau- einschließlich der Finanzierungskosten, jedoch nicht Grundbeschaffungskosten) in Rechnung gestellt werden dürfen,

verpflichtet,

- einer zusätzlichen Hypothekardarlehensaufnahme zur Finanzierung der Bauvollendung über den bereits eingetragenen oder vorbehaltenen (§ 40 Abs 1 WEG) Pfandbetrag hinaus

zuzustimmen.

- Die Höhe des zusätzlichen Pfandbetrages bestimmt das Gericht unter sinngemäßer Anwendung des § 273 ZPO.
- Den beiderseitigen Ansprüchen wird durch die Entscheidung des Gerichts nicht vorgegriffen.

Die nach

- Köpfen berechnete Mehrheit der Wohnungseigentümer

  ⇒ Zwei Wohnungseigentumsbewerber, die sich künftig zu einer Eigentümerpartnerschaft verbinden wollen, zählen nur als eine Stimme.

entscheidet in folgenden Fällen darüber, ob der Aufnahme zusätzlicher Hypothekardarlehen zur Finanzierung der Bauvollendung zugestimmt wird (§ 41 Abs 2 WEG):

- Eröffnung des Konkurses oder des Ausgleichsverfahrens über das Vermögen des Wohnungseigentumsorganisators.
- Vorliegen der Voraussetzungen für die Eröffnung des Konkurses.
- Mangels kostendeckenden Vermögens abgewiesener Antrag auf Eröffnung des Konkurses.

6) Rangordnung für die beabsichtigte Einräumung von Wohnungseigentum („Treuhänderrangordnung“)

(§ 42 WEG)

Wesentlicher Bestandteil des mit dem Bauträgervertragsgesetz (BTVG) verstärkten Konsumentenschutzes (Schutz des „Erwerbers“ vor der Insolvenz des Bauträgers) ist die Rangordnung für die beabsichtigte Einräumung von Wohnungseigentum („Treuhänderrangordnung“).

Ihre Bedeutung kann nur im Zusammenhang mit den weiteren Schutzbestimmungen des BTVG zur Gänze erfasst werden.

- Das Wesen der Rangordnung gemäß § 42 WEG (vormals § 24c WEG 1975) liegt darin, dass sie die gesamte vom Bauträgervertrag umfasste Liegenschaft vor dem Zugriff von Gläubigern des Liegenschaftseigentümers (Bauträgers) „schützt“ und damit die Fertigstellung bzw sinnvolle Verwertung des Bauträgerprojektes (durch den Treuhänder) auch im Falle der Insolvenz des Bauträgers (Veräußerers) ermöglicht (bzw ermöglichen soll).
- Anders als die Rangordnung gemäß § 40 Abs 2 WEG bezieht sich die neue Rangordnung nicht nur auf bestimmte einzelne Wohnungs-

eigentumseinheiten (eben diejenigen, zu Gunsten deren Käufer sie angemerkt wurde), sondern auf die Gesamtliegenschaft.

⇒ Es ist daher nachrangigen Gläubigern nicht mehr möglich, diejenigen Liegenschaftsanteile, an denen keine Rangordnung gemäß § 40 Abs 2 WEG angemerkt ist, selbständig zu verwerten (versteigern zu lassen).
Vielmehr kann der Treuhänder Kaufverträge über Wohnungseigentumseinheiten auch noch zu einem Zeitpunkt grundbücherlich sicherstellen, zu dem diese bereits (freilich nachrangig gegenüber der Rangordnung gemäß § 42 WEG) gepfändet sind; es handelt sich sohin um eine rangwahrende Anmerkung zu Gunsten der (des) künftigen Erwerber(s).

- Die Treuhänderrangordnung ist nicht befristet; sie kann nur über Antrag des Treuhänders (das ist jener, der nach § 12 BTVG bestellt worden ist und dessen Tätigkeit erst mit dem Ende der Sicherungspflicht des Bauträgers gemäß § 7 Abs 5 BTVG endet) gelöscht werden (Abs 3 leg cit).

  ⇒ Sollte der Treuhänder dauerhaft verhindert sein (und trifft der Vertrag für diesen Fall keine Vorsorge bzw erzielen die Parteien keine Einigung), so ist nach § 12 Abs 6 BTVG durch das Außerstreitgericht ein Nachfolger zu bestellen.

Die Voraussetzungen für die Anmerkung sind (Abs 1 leg cit):

- Vorhandensein eines gemäß § 12 BTVG bestellten Treuhänders (also eines Rechtsanwaltes oder Notars).

  ⇒ Nachweis der Treuhänderstellung durch beglaubigte Bestätigung des Bauträgers oder durch Gerichtsbeschluss.

- Gesonderte Zustimmung (zur Anmerkung) durch den jeweiligen Liegenschaftseigentümer bzw Bauberechtigten (sofern dies nicht ohnedies der Bauträger ist).

  ⇒ Nachweis dieser Zustimmung ebenfalls durch beglaubigte Urkunde (in der der Bauträger zu bezeichnen ist).

- Weiters muss auf der Liegenschaft bereits einverleibt sein
  - eine Anmerkung der Einräumung von Wohnungseigentum gemäß § 40 Abs 2 WEG
    oder
  - das Miteigentum an einem Anteil auf Grund eines Vertrages, der Anspruch auf eine Anmerkung zur Begründung von Wohnungseigentum gibt.

Die Wirkungen der Anmerkung gemäß § 42 WEG können sohin wie folgt zusammengefasst werden (Abs 2 leg cit)

- Soweit für wohnungseigentumstaugliche Objekte, an denen Wohnungseigentum begründet werden soll, noch keine Wohnungseigentumsbewerber vorhanden sind, übt der Treuhänder die Rechte aus, die Wohnungseigentumsbewerbern nach § 41 Abs 2 WEG und § 44 WEG zustehen würden.

  ⇒ Dies bedeutet, dass der Treuhänder im Insolvenzfall bei der Entscheidung, ob die Zustimmung zur Nachfinanzierung (§ 41 WEG) oder zur Sanierung durch Übertragung des Bauvorhabens an einen anderen Wohnungseigentumsorganisator erteilt wird (§ 44 WEG), gemeinsam mit den übrigen (bereits konkret vorhandenen Wohnungseigentumsbewerbern) mitbestimmen kann. Diesfalls kommen ihm die Stimmen für diejenigen Objekte zu, für die noch kein konkreter (eingetragener) Bewerber vorhanden ist. Dabei wird der Treuhänder entsprechend seiner gesetzlich vorgezeichneten Schutzfunktion die Interessen der schon vorhandenen und gemäß § 40 Abs 2 WEG angemerkten Wohnungseigentumsbewerber neben den Interessen der noch nicht angemerkten Wohnungseigentumsbewerber mitzuberücksichtigen haben.

- Wohnungseigentumsbewerber können die Anmerkung der Einräumung von Wohnungseigentum im Rang der Anmerkung der Rangordnung verlangen.

  ⇒ Sohin ist es dem Treuhänder möglich, allen weiteren Wohnungseigentumsbewerbern denselben Rang (eben jenen der Anmerkung nach § 42 WEG) zu sichern.
  Der Eigentümer der Liegenschaft kann sich die Einverleibung späterer vorrangiger Hypotheken offen halten, in dem er den Vorbehalt der Verpfändung gemäß § 40 Abs 1 WEG anmerken lässt. Diesbezüglich bewirkt die Regelung des § 42 WEG somit keine Verbesserung für den Wohnungseigentumsbewerber.

- Sonderregelungen - die an dieser Stelle nicht im Detail ausgeführt werden - trifft das Gesetz (§ 42 Abs 4 bis 6 WEG) für die Anmerkung im Fall des § 7 Abs 6 Z 3 BTVG (Sicherung des Erwerbers bei Gewährung öffentlicher Förderungsmittel durch eine inländische Gebietskörperschaft mit Hilfe gleichwertiger Sicherungsmittel).

  ⇒ Im wesentlichen besagt die Regelung, dass diesfalls der Bauträger selbst anstelle des Treuhänders die Anmerkung erwirken kann; indes zur Löschung der Anmerkung der beglaubigten Zustimmungserklärung der Wohnungseigentumsbewerber bedarf. Die Rechtswirkung einer derartigen Anmerkung beschränkt sich darauf, dass die Wohnungseigentumsbewerber die Anmerkung der Einräumung von Wohnungseigentum im Rang der Anmerkung der Rangordnung verlangen können.

7)
Klage auf Einverleibung des Eigentumsrechts
(§ 43 WEG)

Die Klage stellt einen Sonderfall zur Erlangung eines Titels für die Wohnungseigentumsbegründung dar (vgl § 3 Abs 1 Z 3 WEG).

- Erörterungen zu § 43 WEG - insbesondere auch zu den mit der WRN 2006 erfolgten Änderungen - finden sich aus systematischen Gründen bereits oben im Kapitel III. (Begründung und Erwerb von Wohnungseigentum) ab S 89.

8) Fortsetzung der Bauführung bei Insolvenz

(§ 44 WEG)

Die nach Köpfen berechnete Mehrheit der Wohnungseigentümer entscheidet in folgenden Fällen darüber, ob das Bauvorhaben von einem anderen Wohnungseigentumsorganisator durchgeführt wird:

⇒ Zwei Wohnungseigentumsbewerber, die sich künftig zu einer Eigentümerpartnerschaft verbinden wollen, zählen nur als eine Stimme.

- Eröffnung des Konkurses oder des Ausgleichsverfahrens über das Vermögen des Wohnungseigentumsorganisators.
- Vorliegen der Voraussetzungen für die Eröffnung des Konkurses.
- Mangels kostendeckenden Vermögens abgewiesener Antrag auf Eröffnung des Konkurses.

Literatur zu Einzelfragen:

Zum WEG 2002:

Friedl, „Exszindierungsrecht des Wohnungseigentumsbewerbers"; ecolex 2003, 220.

Friedl, „Die Begründung von Wohnungseigentum durch Klage nach § 43 WEG"; immolex 2004, 294.

Pittl, „Der Schutz des Wohnungseigentumsbewerbers: Änderungen durch das WEG 2002"; wobl 2002, 149.

Pittl, „Zur Reichweite des Annahmeverbots des WE-Organisators sowie zur Wechselwirkung zwischen § 37 Abs 6 WEG und § 1 Abs 2 BTVG"; wobl 2004, 218.

Wilhelm, „Die Anmerkung der Einräumung von Wohnungseigentum – Exszindierung mit Pfiff"; ecolex 2002, 481.

Wilhelm, „Anmerkung der Einräumung von Wohnungseigentum wegrationalisiert"; ecolex 2003, 149.

Zum WEG 1975:

Böhm, "Das neue Bauträger-Vertragsrecht"; immolex 1997, 50.

Böhm, "Der einseitig erfüllte Bauträgervertrag im Konkurs des Bauträgers"; wobl 1999, 69.

Böhm, "Der beiderseits unerfüllte Bauträgervertrag im Konkurs des Bauträgers"; wobl 1999, 109.

Böhm, "Die Rangsicherung im GBG, WEG und BTVG“
Teil I: Ranganmerkung und Vormerkung“; immolex 1999, 117;
Teil II: Die Anmerkung der Einräumung von Wohnungseigentum (§ 24a Abs 2 WEG); immolex 1999, 146.

Böhm, "Anmerkung der Wohnungseigentumszusage nach Wohnungseigentumsbegründung ?“; immolex 2001, 53.

Böhm/Graf, "Das Verbot der Übernahme von Zahlungen vor Eintragung der Anmerkung der Einräumung von Wohnungseigentum (§ 23a Abs 1a WEG“; immolex 1999, 80.

Call, "Pauschalpreis" - Vereinbarung und Rechnungslegungspflicht des WE-Organisators?; wobl 1988, 81.

Call, "Die Novelle des Wohnungseigentumsgesetzes 1975 im Rahmen des Bauträgervertragsgesetzes – ein Überblick“; wobl 1997, 5.

Call, "Das neue Sachverständigengutachten über den Bauzustand eines Althauses, in dem Wohnungseigentum nach § 23 WEG 1975 begründet werden soll“; ImmZ 1997, 339.

Kaufmann, „Die Bestimmungen der §§ 24a und 25 Abs 3 WEG in grundbuchsrechtlicher Sicht“; NZ 1983, 21.

Kletecka, „Die Novellierung des WEG durch das 3. WÄG – Begründung, Ausschluss und Bewerberschutz (§§ 1 bis 12 und §§ 22 bis 30 WEG)“; wobl 1993, 217.

Prader, „Wohin führt ein Verstoß gegen § 23 Abs 1 a WEG?“; AnwBl 1998, 156.

Tades/Stabentheiner, „Das neue Sachverständigengutachten über den Bauzustand eines Althauses, in dem Wohnungseigentum nach § 23 WEG 1974 begründet werden soll“; ImmZ 1997, 339.

Wilhelm, „Sicherungen beim Bauträgervertrag“; ecolex 1996, 729.

Wilhelm, „Nachtrag zum Bauträgervertragsgesetz“; ecolex 1997, 141.

Wilhelm, „Vom angemerkten Wohnungseigentum zur Anmerkung der Rangordnung und wieder zurück – Anmerkungen zum konkursfesten Immobilienerwerb“; ecolex 1997, 557.

Würth, „Der Wohnungseigentumsbewerber“; JBl 1979, 57 bis 70 und 124 bis 137.

XIV.
VORLÄUFIGES WOHNUNGSEIGENTUM DES ALLEINEIGENTÜMERS
(10. Abschnitt; §§ 45 - 51 WEG)

1) Allgemeines

Unmittelbar vor der Beschlussfassung über das WEG - gleichsam im allerletzten Moment - wurde mit der Schaffung der Möglichkeit zur Begründung von Wohnungseigentum durch den Alleineigentümer einem seit Jahren wiederholt geäußerten Wunsch eines Teiles der Lehre und Praxis entsprochen.
Der gesetzliche Terminus für diese „Vorratsteilung" lautet vorläufiges Wohnungseigentum.

⇒ Ungeachtet der Bezeichnung gibt es allerdings keine zeitliche Beschränkung für den Bestand dieses vorläufigen Wohnungseigentums. Der Alleineigentümer ist nicht gezwungen, jemals Anteile abzuverkaufen und damit das vorläufige Wohnungseigentum in („unbeschränktes" bzw „vollständiges" bzw „definitives" bzw „echtes" - die Bezeichnung dient nur zur Unterscheidung vom vorläufigen Wohnungseigentum und stellt keinen gesetzlichen Terminus dar) Wohnungseigentum umzuwandeln.

- Vorläufiges Wohnungseigentum ist eine Vorstufe zum unbeschränkten Wohnungseigentum gemäß § 2 Abs 1 Satz 1 WEG.
  Erst die Verbücherung des Anteils einer weiteren Person neben dem Alleineigentümer lässt das vorläufige Wohnungseigentum übergehen in unbeschränktes Wohnungseigentum (§ 51 WEG).

Wohl aus zeitlichen Gründen war es bei Gesetzwerdung des WEG nicht mehr möglich, die Anordnungen über das Alleineigentümerwohnungseigentum vollständig mit den übrigen Bestimmungen des Gesetzes zu verzahnen (bzw jeweils in diese einzuarbeiten).
Stattdessen wurde ein eigener 10. Abschnitt normiert, der die Regelungen über das vorläufige Wohnungseigentum des Alleineigentümers enthält.

⇒ ME hat der Gesetzgeber dabei mit der Schaffung von sieben (!) eigenen Paragraphen weit über das Ziel hinausgeschossen.
Einige Bestimmungen wären vollends entbehrlich gewesen (so erweist sich etwa die Auflistung nicht anwendbarer Regelungen in § 48 WEG als wenig informativ: Wer hätte denn schon vermutet, dass den Anordnungen über die Eigentümerpartnerschaft, die Eigentümergemeinschaft, das Vorzugspfandrecht oder die Ausschließung von Wohnungseigentümern usw beim Alleineigentümerwohnungseigentum irgendeine Relevanz zukäme?).

⇒ Der guten - fairen - Ordnung halber sei (auch) an dieser Stelle ausdrücklich festgehalten, dass die zur Formulierung des Gesetzestextes berufenen Legisten keine „Schuld" an der doch seltsamen Systematik (= auf die übrigen Bestimmungen des Gesetzes einfach „aufgesetzte" Reglementierung des - mE eher marginalen - Teilbereichs Alleineigentümerwohnungseigentum) trifft.

Der erst wenige Tage vor der Beschlussfassung über das WEG manifestierte politische Wille ließ einfach keine tiefgreifenderen Überlegungen mehr zur adäquaten Umsetzung des Alleineigentümerwohnungseigentums im Gesetzestext zu.

⇒ Die Regelungen des 10. Abschnitts spiegeln die - im Grunde natürlich nicht unberechtigte - Befürchtung des Gesetzgebers wider, wonach ein (= der) Alleineigentümer der Liegenschaft ein Regulativ pro futuro erstellen und darin - bewusst - Bestimmungen zum Nachteil Dritter (= der künftigen Miteigentümer) festlegen könnte.

Diese Ausgangslage ist aber auch bei der bisherigen Form der Wohnungseigentumsbegründung - de facto - nicht so selten. Es stellt ja eher den Normalfall dar, dass der Wohnungseigentumsorganisator den Wohnungseigentumsvertrag allein errichtet (in Auftrag gibt) und die Wohnungseigentumsbewerber diesen sodann zu unterfertigen haben. Gerade darauf stellt indes das vorhandene Instrumentarium des WEG (und vormals des WEG 1975) zum Schutz des Wohnungseigentumsbewerbers ohnedies mit den im 9. Abschnitt enthaltenen Bestimmungen ab.

In Wahrheit bedarf es gar keines Regulativs für die Zeit des vorläufigen Wohnungseigentums des Alleineigentümers; der Schutz der potentiellen künftigen Wohnungseigentümer ist das einzig anzustrebende Ziel.

De lege ferenda wäre überlegenswert, wieder eine Vereinheitlichung (und damit Vereinfachung) der (derzeit mit der Einführung des vorläufigen Wohnungseigentums zweigleisig geführten) Schutznormen im WEG vorzunehmen.

Der Zweck des vorläufigen Wohnungseigentums liegt darin, es dem „abverkaufswilligen“ Alleineigentümer zu ermöglichen, den partiellen Verkauf in rechtlicher Hinsicht optimal vorzubereiten.

⇒ In der Tat scheint darin ein Anreiz für die Akzeptanz des vorläufigen Wohnungseigentums gegeben zu sein; freilich nur unter der weiteren - derzeit noch immer nicht endgültig abzuschätzenden - Voraussetzung, dass die Praxis (= der Markt) die Vorteile erkennt (und entsprechend honoriert).

Dazu wird es erforderlich sein, dem Laien die rechtlichen (und faktischen) Unterschiede zwischen einem (bloßen) Anwartschaftsrecht und dem vorläufigen Wohnungseigentum vor Augen zu führen.

ME ist vor allem im Althausbereich, wo derzeit zwischen Ankauf des Objekts (bisweilen schon als „Althauswohnungseigentum“ angeboten) und tatsächlicher Wohnungseigentumsbegründung im Idealfall Monate, im Normalfall Jahre und im Worst-case-Fall auch ein Jahrzehnt liegen können, ein Anwendungsbereich für vorläufiges Wohnungseigentum gegeben. Der Erwerber bekommt damit gleichsam ein „Halbfertigprodukt“, das nur mehr eines überschaubaren Aufwands zur Vollendung bedarf.

Nicht ganz ohne Bedeutung scheint auch, dass mit der „Vorratsteilung“ eine (scheinbare) Angleichung an das (allerdings doch deutlich differente) deutsche Wohnungseigentumsrecht erfolgte, was wahrscheinlich - vor allem in Westösterreich - beim Abverkauf von Immobilien auf Interesse stoßen mag.

2)
Begründung des vorläufigen Wohnungseigentums
(§ 45 WEG)

Der Alleineigentümer einer Liegenschaft kann vorläufiges Wohnungseigentum auf Grundlage einer schriftlichen Errichtungserklärung (Wohnungseigentumsstatut) begründen. Das Wohnungseigentumsstatut tritt dabei an die Stelle des Wohnungseigentumsvertrags (Abs 1 leg cit).

> ⇒ Das Wohnungseigentumsstatut bildet den Titel zur (vorläufigen) Wohnungseigentumsbegründung; der Modus ist - wie bei der Begründung des „vollständigen" Wohnungseigentums - in der Verbücherung zu sehen (Abs 4 leg cit).

Das Wohnungseigentumsstatut hat zu enthalten (Abs 2 leg cit):

> ⇒ Abs 2 leg cit normiert den Mindestinhalt des Statuts.

- die Bezeichnung der Liegenschaft,
- die Bezeichnung der wohnungseigentumstauglichen Objekte, an denen vorläufiges Wohnungseigentum begründet werden soll, nach ihrer Art (Wohnung, sonstige selbständige Räumlichkeit oder Kraftfahrzeug-Abstellplatz) und ihrer Lage,

  > ⇒ Zum Kfz-Abstellplatz beim vorläufigen Wohnungseigentum siehe auch § 46 WEG – unten S 373.

- die Erklärung des Alleineigentümers der Liegenschaft, an diesen Objekten vorläufiges Wohnungseigentum begründen zu wollen, und
- die Nutzflächen und Nutzwerte der wohnungseigentumstauglichen Objekte, an denen vorläufiges Wohnungseigentum begründet werden soll.

  > ⇒ Die Berechnung der Nutzwerte erfolgt gemäß § 7 WEG.
  >
  > ⇒ Zur Ermittlung und gerichtlichen Festsetzung der Nutzwerte siehe auch § 47 WEG – unten S 373 f.

Die Begründung von vorläufigem Wohnungseigentum ist nur zulässig, wenn sie sich auf

- alle wohnungseigentumstauglichen Objekte bezieht,

die nach der Widmung des Alleineigentümers als Wohnungseigentumsobjekte vorgesehen sind, bezieht (Abs 3 leg cit).

> ⇒ Die Regelung entspricht sinngemäß jener des § 3 Abs 2 WEG und wurde daher - wie diese - mit der WRN 2006 im Sinne einer Klarstellung verändert (siehe oben ab S 73).

Das vorläufige Wohnungseigentum des Alleineigentümers wird durch die Einverleibung in das Grundbuch begründet.
Dabei ist in der Aufschrift des Gutsbestandsblatts die Bezeichnung „Vorläufiges Wohnungseigentum" einzutragen.

- Die Regelungen des § 6 WEG sind mit der Maßgabe anzuwenden, dass anstelle der schriftlichen Vereinbarung der Miteigentümer das Wohnungseigentumsstatut vorzulegen ist.

  > ⇒ Zu § 6 WEG („Grundlagen für die Einverleibung des Wohnungseigentums") siehe oben ab S 83.

3) Wohnungseigentum an einem Abstellplatz für Kraftfahrzeuge

(§ 46 WEG)

Dieser Paragraph besagt lediglich, dass

- die dreijährige Frist nach § 5 Abs 2 WEG

im Fall des vorläufigen Wohnungseigentums

- erst mit dem Erwerb von Miteigentum durch eine vom bisherigen Alleineigentümer verschiedene und mit diesem nicht durch ein familiäres oder wirtschaftliches Naheverhältnis verbundene Person

zu laufen beginnt.

⇒ Zum „familiären und wirtschaftlichen" Naheverhältnis siehe S 198.

⇒ Zur dreijährigen Frist des § 5 Abs 2 WEG siehe ab S 77.

⇒ Die Regelung verhindert die Umgehung der in § 5 Abs 2 WEG normierten Wartefrist. Dem Alleineigentümer soll es nicht ermöglicht werden, zunächst vorläufiges Wohnungseigentum zu begründen, um sodann nach Ablauf von drei Jahren selbständige Kfz-Abstellplätze an Dritte - die nicht sogleich auch Wohnungseigentum an einer Wohnung oder sonstigen selbständigen Räumlichkeiten erwerben wollen - veräußern zu können.

Die diesbezüglichen „Befürchtungen" des Gesetzgebers waren offenbar so groß, dass auch die im familiären oder wirtschaftlichen Naheverhältnis zum Alleineigentümer stehenden Personen in die Regelung einbezogen wurden.

4) Ermittlung und gerichtliche Festsetzung der Nutzwerte

(§ 47 WEG)

Auch diese - in und durch einen eigenen Paragraphen geadelte - Bestimmung dient dem Schutz der künftigen Wohnungseigentümer.

Die Regelungen der §§ 9 und 10 WEG gelten für das vorläufige Wohnungseigentum mit der Maßgabe, dass

- das in § 10 Abs 1 WEG jedem Miteigentümer eingeräumte Antragsrecht dem Alleineigentümer und
- das in dieser Bestimmung den Wohnungseigentumsbewerbern eingeräumte Antragsrecht den Miteigentumsbewerbern (§ 2 Abs 6 WEG)

zukommt (§ 47 Satz 1 WEG).

Die einjährige Frist nach § 10 Abs 2 WEG beginnt

- vor dem Erwerb von Miteigentum durch eine vom bisherigen Alleineigentümer verschiedene und mit diesem nicht durch ein familiäres oder wirtschaftliches Naheverhältnis verbundene Person

jedenfalls nicht zu laufen (§ 47 Satz 2 WEG).

⇒ Zum „familiären und wirtschaftlichen" Naheverhältnis siehe S 198.

⇒ Zum Antragsrecht gemäß § 10 Abs 1 WEG und zur einjährigen Frist des § 10 Abs 2 WEG WEG siehe ab S 54.

⇒ Unterliegt der Antrag keiner Befristung (§ 9 Abs 2 Z 1 WEG), so steht er natürlich auch den Miteigentumsbewerbern (die allerdings - hoffentlich rasch - Wohnungseigentümer werden) unbefristet offen; im Übrigen ist das Antragsrecht an die in § 10 Abs 2 WEG normierten Voraussetzungen gebunden.

5) Nicht anwendbare Regelungen über das Wohnungseigentum
(§ 48 WEG)

Die im Folgenden wiedergegebene Auflistung des § 48 WEG über die für das vorläufige Wohnungseigentum nicht anwendbaren Regelungen des WEG ist nicht taxativ.

⇒ Dies folgt schon eindeutig aus der Beifügung „insbesondere“.
Die in den Materialien aufscheindende Begründung für den bloß demonstrativen Charakter der Aufzählung - die Vermeidung von Überschneidungen mit dem nachfolgenden § 49 WEG über die „Unzulässigkeit von Festlegungen“ - offenbart das Problem des - mE überflüssigen - § 48 WEG, mit dem der Gesetzgeber die Anwendbarkeit mit der Wirksamkeit (ab Begründung des „unbeschränkten“ Wohnungseigentums) verwechselt.

Nicht anwendbar für das vorläufige Wohnungseigentum sind (insbesondere):

- die Bestimmungen des § 4 WEG über die Wirkung der Wohnungseigentumsbegründung auf ein bestehendes Mietverhältnis;

  ⇒ Daraus kann mE auch abgeleitet werden, dass die mietrechtlichen Konsequenzen der Wohnungseigentumsbegründung (insbesondere im Hinblick auf die Dotierung der Hauptmietzinsreserve gemäß § 20 Abs 1 Z 1 lit c) MRG und die Eigenbedarfskündigung gemäß § 30 Abs 2 Z 8 MRG) durch die Begründung des bloß vorläufigen Wohnungseigentums noch nicht eintreten.
  Auch bewirkt mE - dies schon im Hinblick auf das Verständnis des historischen Gesetzgebers vom Wohnungseigentum - die Begründung des vorläufigen Wohnungseigentums nicht, dass die Bestandobjekte auf der Liegenschaft schon ab diesem Zeitpunkt als Teilausnahmen gemäß § 1 Abs 4 Z 3 MRG anzusehen sind.

- die Regelungen des 4. Abschnitts über die Eigentümerpartnerschaft;

  ⇒ !?

- die Regelungen des 6. Abschnitts über die Eigentümergemeinschaft, den Verwalter und das Vorzugspfandrecht;

  ⇒ Allenfalls vermag der Hinweis auf den Verwalter diesen zu exkulpieren, falls er nicht den speziell wohnungseigentumsrechtlichen Pflichten eines Verwalters (insbesondere § 20 WEG) nachkommt.

- die Regelungen des 7. Abschnitts über die Verwaltung der Liegenschaft;

- die Bestimmung des § 36 WEG über die Ausschließung von Wohnungseigentümern;

  ⇒ Eine (wohnungseigentumsrechtliche) Ausschließung des Alleineigentümers entzieht sich der Vorstellungskraft der meisten Normunterworfenen.

- Die Bestimmungen des § 52 WEG über das wohnungseigentumsrechtliche Außerstreitverfahren mit Ausnahme der Regelungen über die Nutzwertfestsetzung.

6) Rechtsunwirksamkeit von Festlegungen

(§ 49 WEG)

Durch § 49 Abs 1 WEG werden bestimmte Festlegungen des Alleineigentümers - sofern sie über die Dauer des vorläufigen Wohnungseigentums hinausreichen - für unwirksam erklärt.

Dies unabhängig davon, auf welche Weise sie getroffen werden.

> ⇒ Der wichtigste Fall wird wohl Festlegungen im Wohnungseigentumsstatut (§ 45 Abs 2 WEG) betreffen.

Abs 1 leg cit listet folgende Angelegenheiten auf:

> ⇒ ME ist diese Aufzählung taxativ, was vor allem daraus erhellt, dass das Gesetz diesfalls - anders als im unmittelbar vorangehenden § 48 WEG - die Beifügung „insbesondere" nicht enthält.

- Z 1: Benützungsregelung (§ 17 WEG);
- Z 2:Gemeinschaftsordnung (§ 26 WEG);
- Z 3: Höhe der Rücklage (§ 32 WEG);
- Z 4: Versicherung der Liegenschaft (§ 28 Abs 1 Z 4 WEG);
- Z 5: Hausordnung (§ 28 Abs 1 Z 7);
- Z 6: Vermietung der allgemeinen Teile der Liegenschaft (§ 28 Abs 1 Z 4 WEG);
- Z 7: Bestellung eines Verwalters und Inhalt des Verwaltungsvertrags (§§ 19, 20 WEG, § 28 Abs 1 Z 5 WEG);
- Z 8: Aufnahme von Darlehen zur Erhaltung der Liegenschaft (§ 28 Abs 1 Z 3 WEG);
- Z 9: abweichende Aufteilungsschlüssel, abweichende Abrechnungseinheiten u. abweichende Abstimmungseinheiten (§ 32 Abs 2 WEG);
- Z 10: verbrauchsabhängige Abrechnung (§ 32 Abs 3 WEG);
- Z 11: benützungsabhängige Einhebung der Energiekosten für Gemeinschaftsanlagen (§ 32 Abs 4 WEG);
- Z 12: Verteilung der Erträgnisse (§ 33 WEG);
- Z 13: Rechnungslegung (§ 34 WEG);
- Z 14: abweichende Abrechnungsperioden (§ 34 Abs 2 WEG);
- Z 15: Vorgangsweise bei Überschüssen und Fehlbeträgen aus der Abrechnung (§ 24 Abs 4 WEG).

Die in § 49 WEG insbesondere aufgezeigte Rechtsfolge einer unwirksamen Vereinbarung über obige Angelegenheiten ist, dass

- Miteigentumsbewerber und spätere Wohnungseigentümer daran nicht gebunden sind.

> ⇒ Die Regelung entspricht (vorbehaltlich ihrer künftigen Auslegung durch die Rechtsprechung) einem kollektiven Misstrauensantrag des Gesetzes gegenüber Alleineigentümern, die vorläufiges Wohnungseigentum begründen.
> Legt man sie wörtlich aus, macht sie das vorläufige Wohnungseigentum des Alleineigentümers zur unmittelbaren Totgeburt.

⇒ Dies scheinen auch die Materialien erkannt zu haben, die als Beispiel - contra legem (vgl Z 7) - anführen, dass ein vom Alleineigentümer abgeschlossener Verwaltungsvertrag „natürlich auch nach dem Übergehen des vorläufigen Wohnungseigentums in ´unbeschränktes´ Wohnungseigentum seine Rechtswirksamkeit behält".

⇒ Zutreffend ist (selbstverständlich) die gleichfalls in den Materialien erwähnte Ansicht, wonach der Alleineigentümer während der Zeit des vorläufigen Alleineigentums „in seiner Gestion nicht gehindert ist".
Diese Aussage zielt freilich am Kernproblem vorbei.
Es kann ja dem Gesetzgeber nicht ernsthaft unterstellt werden, uno actu mit der Schaffung des vorläufigen Wohnungseigentums Alleineigentümer entrechtet haben zu wollen. Zweck der Regelungen des 10. Abschnitts (und insbesondere jener des § 49 WEG) ist allemal der Schutz der künftigen Wohnungseigentümer. Damit unterscheidet sich aber § 49 WEG in keiner Weise vom Zweck der Regelungen des 9. Abschnitts (und insbesondere nicht von jenem des § 38 WEG).
Hier wie dort geht es darum, unbillige Festlegungen zu Lasten des (vermeintlich) schwächeren Vertragspartners als rechtsunwirksam zu normieren.
Es macht dabei keinen Unterschied, ob es sich beim Geschützten um einen „Wohnungseigentumsbewerber" oder um einen „Miteigentumsbewerber" (siehe die - mE entbehrliche - Unterscheidung in § 2 Abs 6 WEG) handelt. Genausowenig ist es relevant, ob der Vertragspartner „Wohnungseigentumsorganisator" oder „vorläufiger Wohnungseigentümer (Alleineigentümer)" heißt (zumal ohnedies - wie aus § 49 Abs 2 WEG hervorzugehen scheint - primär nur ein „echter" Organisator vom Gesetz als „suspekt" angesehen werden dürfte).
ME ist daher § 49 Abs 1 WEG unter Bezugnahme auf den entsprechend formulierten § 38 Abs 1 WEG und die Rechtsprechung schon zum WEG 1975[1186] dahingehend teleologisch zu reduzieren, dass nur unbillige Festlegungen, also solche, die ein Miteigentumsbewerber auch bei Gleichgewicht der Vertragslage nicht auf sich nehmen würde, als unwirksam anzusehen sind.

⇒ Die Materialien zeigen noch einen anderen Ausweg aus dem durch § 49 WEG hervorgerufenen Dilemma auf, in dem sie (bei den Erörterungen zu § 51 WEG) darauf hinweisen, dass (wieder „selbstverständlich") im Vertrag mit dem neu hinzukommenden Dritten „solche (!) Festlegungen des Alleineigentümers rechtswirksam getroffen werden können" (also die - ursprüngliche [wiewohl zunächst niemand berührende] - Rechtsunwirksamkeit offenbar saniert werden kann).
Der Vertragserrichter hat sohin die Wahl zwischen „nichtssagendem" oder (teilweise) „rechtsunwirksamem" Statut.

Gemäß § 49 Abs 2 WEG gelten die Anordnungen des ersten Absatzes entsprechend für Festlegungen einer Eigentümergemeinschaft,

---

[1186] OGH 11.12.1990, 5 Ob 101/90 (= EWr II/24/1);
OGH 15.12.1998, 5 Ob 185/98m (= EWr II/24/5 ff);
OGH 27.4.1999, 5 Ob 103/99d (= EWr II/24/10 f);
OGH 24.4.2001, 5 Ob 81/01z (= EWr II/24/31 ff).

- die nur aus dem Wohnungseigentumsorganisator und einer mit diesem durch ein familiäres oder wirtschaftliches Naheverhältnis verbundenen Person

besteht.

⇒ Diese Regelung rückt die - an sich „unbeschränkte" („definitive") - Wohnungseigentumsbegründung des Wohnungseigentumsorganisators mit einer nahestehenden Person in die Nähe des vorläufigen Wohnungseigentums.

⇒ Gemeint ist offenbar, dass der erste „echt fremde Dritte" (nicht im Naheverhältnis zu den beiden [oder auch mehreren ?] zueinander im Naheverhältnis stehenden Wohnungseigentümern) die von diesen (naturgemäß nicht in einem Wohnungseigentumsstatut, sondern in einem Wohnungseigentumsvertrag) getroffenen Festlegungen über die in § 49 Abs 1 aufgelisteten Angelegenheiten mangels Rechtswirksamkeit nicht gegen sich gelten lassen muss.

⇒ Die zu Abs 1 leg cit getroffenen Ausführungen zur Auslegung der Bestimmung treffen mE sinngemäß auch auf Abs 2 leg cit zu.

⇒ Im Ergebnis zutreffend (zumindest aber naheliegend) scheinen die Ausführungen in den Materialien, wonach § 49 Abs 2 WEG (nur) Wohnungseigentumsbegründungen zwischen einem Wohnungseigentumsorganisator und einem diesem nahestehenden „Gründungshelfer" betrifft (was durch den vom Gesetz gewählten Begriff des „Wohnungseigentumsorganisators" gewährleistet sein soll), dadurch aber nicht etwa auch Festlegungen einer „beispielsweise aus zwei Geschwistern bestehenden Eigentümergemeinschaft verunmöglicht werden".
Das Problem liegt mE beim Begriff des „Wohnungseigentumsorganisators"; § 2 Abs 6 WEG schließt keineswegs Konstellationen aus, in denen (beispielsweise) Geschwister einander rechtlich gesehen als Wohnungseigentumsorganisator und Wohnungseigentumsbewerber gegenüberstehen.

7)
Rechte von Miteigentumsbewerbern
(§ 50 WEG)

Die im 9. und 11. Abschnitt den Wohnungseigentumsbewerbern eingeräumten Rechte kommen bei vorläufigem Wohnungseigentum des Alleineigentümers

- den Miteigentumsbewerbern

zu.

⇒ Kurz und bündig zeigt § 50 WEG auf, worauf es beim Schutz des Vertragspartners des Alleineigentümers im vorläufigen Wohnungseigentum ankommt.

⇒ Die Materialien machen darauf aufmerksam, dass vom Verweis des § 50 WEG auch die Regelung des § 37 Abs 4 WEG (Gutachten über den Bauzustand der allgemeinen Teile des Hauses bei Gebäuden mit mehr als zwanzig Jahre zurückliegender Baubewilligung) umfasst ist. Im Fall des vorläufigen Wohnungseigentums trifft den verkaufenden Alleineigentümer die Pflicht zur Übergabe des Gutachtens (= Einbeziehung in den Kaufvertrag mit dem Miteigentumsbewerber).

Gleiches gilt (erschließbar über die aus § 49 Abs 2 WEG hervorleuchtende Absicht des Gesetzgebers) bei Abverkauf durch eine Eigentümergemeinschaft, die ursprünglich zwischen familiär oder wirtschaftlich miteinander verbundenen Personen gebildet wurde.

8) Übergehen in Wohnungseigentum

(§ 51 WEG)

Sobald eine andere Person als der Alleineigentümer Miteigentum an der Liegenschaft erwirbt,

- geht das vorläufige Wohnungseigentum in Wohnungseigentum

über;

⇒ Mit der Verbücherung des Miteigentumsanteils - jeder - vom Alleineigentümer verschiedener Person geht das vorläufige Wohnungseigentum eo ipso in („unbeschränktes") Wohnungseigentum über.

⇒ Die Verbücherung des Anteils einer (wirtschaftlich oder familiär) nahestehenden Person kann mE nur bewirken, dass ein späterer (fremder) Erwerber an die Festlegungen der bisherigen (einander nahestehenden) Wohnungseigentümer nicht gebunden ist (§ 49 Abs 2 WEG), hat aber keinen Einfluss auf das Entstehen des („unbeschränkten") Wohnungseigentums.

- dies unbeschadet der Unwirksamkeit von Festlegungen gemäß § 49 WEG.

⇒ Siehe dazu oben ab S 375.

Jeder Wohnungseigentümer kann die dem entsprechende Berichtigung des Grundbuchstandes beantragen.

⇒ Im Grundbuch ist die Bezeichnung „Vorläufiges Wohnungseigentum" (§ 45 Abs 4 WEG) - mE auch ohne darauf gerichtete Eingabe - zu löschen.

Literatur zu Einzelfragen:

Zum WEG 2002:

Prader, „"Festlegungen" des Alleineigentümers und vorläufiges Wohnungseigentum"; RdW 2002, 710.

Vonkilch, "Vorläufiges Wohnungseigentum des Alleineigentümers" (§§ 45 - 51 WEG 2002)"; immolex 2002, 182.

Würth, „Sonderprobleme der WE-Begründung: Kfz-Abstellplätze, Vorratsteilung, obligatorische Begründung"; wobl 2002, 118.

XV.
VERFAHRENS- UND GEBÜHRENRECHTLICHE BESTIMMUNGEN
(11. Abschnitt; §§ 52, 53 WEG)

1) Das wohnungseigentumsrechtliche Außerstreitverfahren
(§ 52 WEG)

a) Allgemeines

Das Außerstreitverfahren (nicht nur das wohn- bzw mietrechtliche) wurde per 1.1.2005 umfassend neu geregelt, und zwar durch das (neue) Außerstreitgesetz (AußStrG, BGBl I 2003/111), das (allgemeine) Außerstreitbegleitgesetz (AußStr-BegleitG, BGBl I 2003/112) und das - naturgemäß für den wohnrechtlichen Bereich von besonderer Bedeutung - Wohnrechtliche Außerstreitbegleitgesetz (WohnAußStrBeglG, BGBl I 2003/113).

- Das AußStrG ist nur mit dem I. Hauptstück anzuwenden (soweit sich nicht aus § 37 Abs 3 MRG idF des WohnAußStrBeglG Gegenteiliges ergibt).

  ⇒ Im Hinblick darauf, dass sich das neue AußStrG in der Bezeichnung nicht unterscheidet von jenem, das bis 31.12.2004 in Kraft stand, ist besondere Sorgfalt beim Zitieren angesagt.
  Die §-Zitate in diesem Abschnitt beziehen sich - sofern nicht ausdrücklich anders erwähnt - auf das neue AußStrG.

- Die Bedeutung des AußStr-BegleitG für das Wohnrecht liegt ausschließlich in der mit diesem Gesetz vorgenommenen Änderung des § 190 ZPO (betreffend die nunmehr generell mögliche Unterbrechung eines Zivilprozesses wegen eines Außerstreitverfahrens).
- Das WohnAußStrBeglG enthält - wohnungseigentums- und mietrechtlich relevant - zum einen in seinem neu gefassten § 37 Abs 3 MRG (der gemäß § 52 Abs 2 WEG hinsichtlich der Z 1, 6, 8, 10 bis 19 neben § 37 Abs 4 MRG unmittelbar im WEG anwendbar ist) und im ebenfalls neu gefassten § 52 Abs 2 WEG die Abweichungen vom allgemeinen AußStrG (einschließlich damit korrespondierender Änderungen des Rechtsanwaltstarifs) und zum anderen materiellrechtliche Änderungen im Wohnrecht (primär den Bereich der Miete betreffend).

Die neuen Bestimmungen sind grundsätzlich mit 1.1.2005 in Kraft getreten; sie gelten auch unmittelbar in anhängigen Verfahren (§ 199 AußStrG; Art XXXII § 1 AußStr-BegleitG; Art 10 § 1 und § 2 Abs 1 WohnAußStrBeglG).

Dies jedoch mit folgenden Ausnahmen:

- Die neuen Regeln über die Kostenersatzpflicht (einschließlich der damit zusammenhängenden Änderungen des Rechtsanwaltstarifs) gelten nur für die nach dem 31.12.2004 anhängig gemachten Verfahren (Art 10 § 2 Abs 3 und 4 WohnAußStrBeglG).

  ⇒ Ausschlaggebend ist - sofern erforderlich - die Anhängigmachung vor der Schlichtungssstelle.

⇒ Ein Ersatz von Vertretungskosten in davor anhängig gemachten Verfahren kommt sohin - unabhängig davon, wann das Verfahren endet - nur im (sehr selten judizierten) Fall der mutwilligen Verfahrensführung[1187] in Frage[1188]; wohl aber Zuspruch (Aufteilung) von Barauslagen (zB Sachverständigengebühren[1189]).

- Die neuen Rechtsmittelvorschriften (einschließlich jener über die Vertretung vor dem OGH) kommen nur dann zur Anwendung, wenn das Datum der angefochtenen Entscheidung nach dem 31.12.2004 liegt[1190] (Art 10 § 2 Abs 2 WohnAußStrBeglG).

⇒ Auf alle davor gefällten Entscheidungen sind die alten Vorschriften über Rechtsmittel und Vertretung im Rechtsmittelverfahren weiter anzuwenden.

b)
Besonderheiten und Abgrenzung zum Streitverfahren

Eine Besonderheit der Streitigkeiten im Zusammenhang mit Wohnungseigentum liegt darin, dass nicht alle Auseinandersetzungen im streitigen Rechtsweg auszutragen sind. Vielmehr hat der Gesetzgeber mit § 52 WEG eine Reihe von Angelegenheiten ausdrücklich in das (wohnungseigentumsrechtliche) Verfahren außer Streitsachen (Außerstreitverfahren) verwiesen.

Als Grundsätze sind anzusehen:

- Nur die in § 52 Abs 1 WEG genannten Angelegenheiten gehören in das wohnungseigentumsrechtliche Außerstreitverfahren.[1191]

⇒ Eine Erweiterung des (taxativen!) Zuständigkeitskataloges ist ausgeschlossen.[1192]

⇒ Eine berichtigende Auslegung (der als lückenhaft erkannten Aufzählung[1193]) zur Vermeidung von Wertungswidersprüchen ist aber nicht ausgeschlossen.[1194]

⇒ Der Oberste Gerichtshof kann allerdings die vermeintliche Unzulässigkeit des außerstreitigen Rechtswegs nicht mehr wahrnehmen, wenn beide Vorinstanzen dieses Prozesshindernis verneint haben.[1195]

- Darüber hinaus sind alle Ansprüche, die sich auf vertragliche Vereinbarungen gründen, dem streitigen Rechtsweg vorbehalten.

1187 OGH 9.2.1999, 5 Ob 12/99x (= EWr I/37/158 ff).

1188 OGH 14.3.1995, 5 Ob 21/95 (= EWr III/528 Z/28);
OGH 23.2.1999, 5 Ob 47/99v (= EWr I/37/163 ff) ua.

1189 OGH 5.7.1994, 5 Ob 69/94 (= EWr I/37/56).

1190 OGH 10.5.2005, 5 Ob 72/05g (= EWr I/37/281 f);
OGH 30.8.2005, 5 Ob 157/05g; OGH 30.8.2005, 5 Ob 162/05h (beide EWr I/37/283 ff);
OGH 30.8.2005, 5 Ob 185/05z (= EWr I/37/287 f);
OGH 4.10.2005, 5 Ob 220/05x (= EWr W/52/17 f);
OGH 13.12.2005, 5 Ob 182/05h (= EWr W/52/19);
OGH 10.1.2006, 5 Ob 263/05w (= EWr I/37/294 f) ua.

1191 OGH 10.9.1991, 4 Ob 543/91 (= EWr I/37/2 f);
OGH 9.12.1997, 5 Ob 457/97k (= EWr I/46a/108 ff) ua.

1192 OGH 26.11.1991, 5 Ob 50/91 (= EWr I/37/8).

1193 OGH 24.11.1992, 5 Ob 156/92 (= EWr I/37/24 ff);
OGH 23.11.1999, 5 Ob 293/99w (= EWr I/37/181) ua.

1194 OGH 28.1.1992, 5 Ob 2/92 (= EWr I/37/12).

1195 OGH 25.6.2002, 5 Ob 133/02y (= EWr II/26/50 f).

⇒ Auszugehen (bei der Entscheidung über die richtige Verfahrensart) ist immer vom Vorbringen der Partei, die den Rechtsschutzantrag stellt (also vom Wortlaut des Entscheidungsbegehrens und von den dazu vorgebrachten Sachverhaltsbehauptungen); nicht von den Einwendungen des Gegners.[1196]

- Es ist aber sowohl dem Streit- als auch dem Außerstreitrichter möglich, Vorfragen zu prüfen, die im Fall einer selbständigen Entscheidung jeweils in der anderen Verfahrensart zu erledigen wären.

  ⇒ Es erfolgt allerdings keine Prüfung von Einwendungen aus dem Vertrag im außerstreitigen Verfahren.[1197]

  ⇒ Der Antragsteller bzw Kläger muss sich daher vor Einleitung des jeweiligen Verfahrens entscheiden, ob er sein Begehren auf das Gesetz oder auf eine Vereinbarung stützen möchte.

  ⇒ Die gleichzeitige Erhebung desselben Anspruchs im streitigen und außerstreitigen Verfahren begründet keine Streitanhängigkeit.[1198]

- Gemäß § 37 Abs 4 MRG kann unter bestimmten Voraussetzungen im Außerstreitverfahren ein Rückforderungstitel (= Exekutionstitel) geschaffen werden.[1199]

- Eine besondere Antragslegitimation wurde durch die WRN 1997 mit § 37 Abs 2a MRG für Miteigentümer geschaffen:

  Gilt der (mietrechtliche) Verteilungsschlüssel für die Gesamtkosten des Hauses (§ 17 Abs 1 MRG) gemäß § 32 Abs 1 zweiter Satz WEG[1200] auch für die Miteigentümer der Liegenschaft, so stehen jedem dieser Miteigentümer in den in § 37 Abs 1 Z 9 MRG angeführten Angelegenheiten (das betrifft die Verteilung der Gesamtkosten und den Anteil eines Mietgegenstandes an den Gesamtkosten) die in § 37 Abs 3 und 4 MRG genannten Rechte und Pflichten in gleicher Weise wie einem Hauptmieter zu.

- Die Bestimmungen über die Gerichtsferien gelten nicht im Verfahren nach § 37 MRG[1201] und auch nicht in jenem nach § 52 WEG.[1202]

- Das mietrechtliche - und wohl auch das wohnungseigentumsrechtliche - Außerstreitverfahren ist objektiv nicht schiedsfähig; für eine Schiedsgerichtsvereinbarung bzw für die Schiedsgerichtsbarkeit verbleibt daher insofern kein Raum.[1203]

1196 OGH 24.11.1992, 5 Ob 157/92 (= EWr I/37/27);
OGH 15.12.1998, 4 Ob 322/98a (= EWr I/37/155 f)
OGH 12.6.2001, 5 Ob 132/01z (= EWr I/37/226 f)
OGH 18.12.2001, 5 Ob 170/01p (= EWr I/8/79 ff) ua.

1197 OGH 31.3.2003, 5 Ob 45/03h (= EWr I/6/37 f);
OGH 29.4.2003, 5 Ob 83/03x, ident OGH 29.4.2003, 5 Ob 84/03v (beide EWr I/37/263 f).

1198 OGH 27.10.1998, 5 Ob 256/98b (= EWr I/37/145 f).

1199 Vgl zitierte Judikatur in *ÖVI/Dirnbacher*, MRG [Stand Jänner 2006], ab S 386.

1200 Die Zitatanpassung an das WEG 2002 erfolgte durch das WohnAußStrBeglG.

1201 OGH 18.2.1992, 5 Ob 13,1008/92 (= EWr I/37/9).

1202 OGH 9.11.2004, 5 Ob 239/04i (= EWr W/52/7).

1203 OGH 13.7.1999, 5 Ob 186/99k (= EWr I/37/176 f);
OGH 13.1.2004, 5 Ob 123/03d (= EWr I/12a/271 ff).

c) Angelegenheiten des außerstreitigen Verfahrens im Wohnungseigentum

§ 52 Abs 1 WEG verweist folgende Angelegenheiten in das Außerstreitverfahren:

⇒ In diesen Angelegenheiten entscheidet - immer über Antrag (§ 8 Abs 1 AußStrG besagt dies grundsätzlich, daher ist die alte Z 1 in § 52 Abs 2 WEG obsolet geworden) - das für Zivilrechtssachen zuständige Bezirksgericht in dessen Sprengel die Liegenschaft gelegen ist. Nur in den Fällen des Abs 1 Z 1 leg cit ist gemäß Abs 3 leg cit der Antrag bei der - sofern vorhanden - Gemeindeschlichtungsstelle einzubringen.

⇒ § 52 WEG entspricht weitgehend § 26 WEG 1975; auf die frühere Judikatur kann daher (zumeist) zurückgegriffen werden.

⇒ Offen gelassen hat der Oberste Gerichtshof, ob Ansprüche, die im Verfahren nach § 52 Abs 1 WEG durchzusetzen sind, auch durch einstweilige Verfügung gesichert werden können; klargestellt wurde zuletzt lediglich, dass durch eine einstweilige Verfügung keine Sachlage geschaffen werden darf, die im Fall eines die einstweilige Verfügung nicht rechtfertigenden Urteils oder Beschlusses nicht rückgängig gemacht werden kann.[1204]

⇒ Judikatur zu den folgenden Angelegenheiten wurde teilweise auch schon jeweils bei den materiellen Bestimmungen angeführt (Paragraphenzitate in den Entscheidungen wurden entsprechend dem neuen WEG „umgewandelt").

- Z 1:
  Nutzwertfestsetzung (§ 9 Abs 2 WEG) und Nutzwertneufestsetzung (§ 9 Abs 3 WEG)

  ⇒ Die Festsetzung der Nutzwerte (und damit die Bestimmung der Mindestanteile) ist jeder Parteiendisposition entzogen.[1205]

  ⇒ Auch der (weitergehende) Antrag auf Neuvermessung und Neuparifizierung zur neuerlichen Wohnungseigentumsbegründung kann § 52 Abs 1 Z 1 WEG unterstellt werden.[1206]

  ⇒ Über ein auf vertragliche Beziehungen oder den Rechtsgrund der Bereicherung gestütztes Begehren, in die „Umparifizierung einzuwilligen", ist im streitigen Rechtsweg zu entscheiden.[1207]

- Z 2:
  Duldung von Änderungen und Erhaltungsarbeiten einschließlich Entschädigung eines dadurch beeinträchtigten Wohnungseigentümers (§ 16 Abs 2 und 3 WEG).[1208]

  ⇒ Z 2 enthält - anders als Z 2 in § 26 Abs 1 WEG 1975 - nicht mehr die Wortfolge „oder Unterlassung". Damit wird der Judikatur Rechnung getragen, die den Abwehranspruch von Wohnungseigentümern gegen eigenmächtig vorgenommene Veränderungen eines anderen Wohnungseigentümers ausnahmslos in das streitige Verfahren verwiesen hat[1209] (siehe dazu oben ab S 148).

[1204] OGH 24.1.2006, 5 Ob 211/05y (= EWr W/52/24 ff).
[1205] OGH 24.11.1998, 5 Ob 298/98d (= EWr II/1/33 f).
[1206] OGH 2.6.2003, 5 Ob 54/03g (= EWr II/26/54 f).
[1207] OGH 7.11.2000, 5 Ob 270/00t (= EWr II/26/42 f).
[1208] OGH 22.3.1994, 5 Ob 30/94 (= EWr II/26/18).
[1209] OGH 30.6.1992, 5 Ob 1028/92 (= EWr II/13/9 f);

⇒ Im Verfahren nach Z 2 ist immer auf Basis der bestehenden Nutzwertfestsetzung zu entscheiden; eine Neufestsetzung der Nutzwerte hat im Verfahren nach § 52 Abs 1 Z 1 WEG zu erfolgen.[1210]

- Z 3:
  Minderheitsrechte des einzelnen Wohnungseigentümers (§ 30 Abs 1 und 2 WEG) einschließlich der sonstigen Angelegenheiten der Wohnungseigentümer der Liegenschaft, über die nach dem 16. Hauptstück des Zweiten Teils des ABGB im Verfahren außer Streitsachen zu entscheiden ist, wie etwa Benützungsregelungen (§ 17 WEG).[1211]

⇒ Ansprüche des Minderheitseigentümers gegen den Mehrheitseigentümer („Dominator") gemäß § 30 Abs 2 WEG fallen - Hinweis in den Materialien - ebenfalls unter die Z 3.

⇒ Dem schlichten Miteigentümer, der nicht über die Mehrheit der Anteile verfügt und auch nicht auf einen sein Begehren stützenden Mehrheitsbeschluss verweisen kann, fehlt die Antragslegitimation für die Durchsetzung eines Dachbodenausbaus im außerstreitigen Verfahren nach § 52 Abs 1 Z 2 oder 3 WEG.[1212]

⇒ Eine gerichtliche Benützungsregelung setzt die Verfügbarkeit der davon erfassten Liegenschaftsteile (Räume) voraus; diese Voraussetzung ist in einem Außerstreitverfahren nach § 52 Abs 1 Z 3 WEG - ohne Verweisungsmöglichkeit - als Vorfrage zu prüfen.[1213]

⇒ Geht es in einem Verfahren gemäß § 52 Abs 1 Z 3 WEG um die Durchsetzung eines Individualrechtes eines Wohnungseigentümers, kommt nicht der Eigentümergemeinschaft, sondern den einzelnen Wohnungseigentümern Parteistellung zu, deren Interesse durch die Entscheidung berührt werden könnte.[1214]

⇒ Der Mehrheit der Wohnungseigentümer steht es offen, im Verfahren nach § 52 Abs 1 Z 3 WEG die verweigerte Zustimmung eines Minderheitseigentümers zu Maßnahmen der außerordentlichen Verwaltung durch Entscheidung des Außerstreitrichters ersetzen zu lassen, wenn bereits ein Mehrheitsbeschluss gefasst wurde und die beabsichtigte Maßnahme der Einstimmigkeit bedarf.[1215]

⇒ Die Zustimmung zu Verfügungshandlungen (etwa der Annahme einer Schenkung der Nachbarliegenschaft) kann nicht im Außerstreitverfahren ersetzt werden.[1216]

- Z 4:
  Rechtswirksamkeit eines Beschlusses der Eigentümergemeinschaft (§ 24 Abs 6 WEG).

⇒ Voraussetzung für die Antragstellung gemäß § 52 Abs 1 Z 4 WEG ist jedenfalls, daß überhaupt ein Beschluss der Eigentümer-

---

OGH 14.9.1993, 5 Ob 1049/93 (= EWr II/14/5 f);
OGH 9.12.1997, 5 Ob 402/97x (= EWr II/13/80 ff);
OGH 23.2.1999, 5 Ob 297/98g (= EWr II/13/119 ff);
OGH 26.9.2000, 5 Ob 218/00w (= EWr II/13/137 f) ua.

1210 OGH 13.7.1999, 5 Ob 181/99z (= EWr II/26/38).

1211 OGH 8.11.1994, 5 Ob 1125/94 (= EWr II/26/19 f):
OGH 2.6.2003, 5 Ob 54/03g (= EWr II/26/54 f).

1212 OGH 28.1.1997, 5 Ob 2435/96s (= EWr II/26/25) ua.

1213 OGH 25.2.1997, 5 Ob 47/97s (= EWr II/15/21 ff).

1214 OGH 9.12.1997, 5 Ob 268/97s (= EWr II/13c/44 ff).

1215 OGH 31.8.1999, 5 Ob 230/99f (= EWr II/26/39 ff).

1216 OGH 21.8.2001, 5 Ob 116/01x (= EWr II/26/44 f).

gemeinschaft vorliegt; es muss zumindest der Anschein eines solchen Beschlusses bestehen.[1217]

⇒ Zu weiteren Aspekten der Beschlussanfechtung siehe ausführlich oben ab S 239 und ab S 282.

- Z 5:
  Aufhebung eines Beschlusses der Eigentümergemeinschaft über eine zur außerordentlichen Verwaltung zählende Veränderung an den allgemeinen Teilen der Liegenschaft (§ 29 WEG).

  ⇒ Anders als im WEG 1975 wird nun der Beschlussanfechtung über Angelegenheiten der außerordentlichen Verwaltung - ohne ersichtlichen Grund (Z 4 neu ist nur wegen des Paragraphenzitats in Klammer nicht anwendbar) - eine eigene Ziffer gewidmet; dadurch verschieben sich gegenüber § 26 Abs 1 WEG 1975 die weiteren Ziffern (was beim Zitat von Entscheidungen zum WEG 1975 zu beachten ist).

- Z 6:
  Durchsetzung der Pflichten des Verwalters mit Ausnahme der Herabsetzung des Entgelts (§§ 20 Abs 1 bis 7, 31 Abs 3 WEG).

  ⇒ Zur - nur im streitigen Verfahren geltend zu machenden - Herabsetzung des Entgelts siehe oben S 204 f.

  ⇒ Schadenersatzansprüche gegen den Verwalter sind nicht Gegenstand des Außerstreitverfahrens;[1218]

    ⇒ auch nicht Ansprüche eines Wohnungseigentümers gegen den Verwalter auf Einhaltung eines bestimmten, die Aufteilung der Aufwendungen betreffenden Aufteilungsmodus;[1219]

    ⇒ wohl aber der Anspruch gegen den Verwalter auf Herausgabe der Rücklage;[1220]

    ⇒ sowie etwa die Pflicht zur Verwaltung und gesonderten Verwahrung der Rücklage;[1221]

    ⇒ ist bei einem Begehren auf Herausgabe des Rücklagenüberschusses (auch) strittig, ob vom bisherigen Verwalter über die Rücklage ordentlich Rechnung gelegt wurde, so ist diese Streitfrage im Verfahren über die Herausgabe als Vorfrage zu klären; erst nach Rechnungslegung kann ein exekutionsfähiger Herausgabebeschluss gefällt werden.[1222]

  ⇒ Im Hinblick darauf, dass § 20 Abs 3 WEG (und davor § 17 Abs 1 Z 1 WEG 1975 idF der WRN 1999) den Verwalter ausdrücklich verpflichtet, eine ordentliche und richtige Abrechnung zu legen, kommt dem Gericht - entgegen früherer Rechtsprechung[1223] - auch eine materielle Kontrolle der Abrechnung (mithin die Überprüfungskompetenz hinsichtlich der Richtigkeit der Abrechnung) zu;[1224] den Antragsteller trifft allerdings die Pflicht zur schlüssigen Darlegung der vermeintlichen Abrechnungsfehler.[1225]

[1217] OGH 24.2.1998, 5 Ob 497/97t (= EWr II/26/29 f).
[1218] OGH 28.1.1992, 5 Ob 1055/91 (= EWr II/26/4);
OGH 9.12.1997, 5 Ob 469/97z (= ÖWR E 74 zu § 26 WEG).
[1219] OGH 18.2.1992, 5 Ob 51/91 (= EWr II/26/5).
[1220] OGH 2.2.1993, 5 Ob 4/93 (= EWr II/26/13).
[1221] OGH 23.3.1999, 5 Ob 64/99v (= EWr II/26/34 ff).
[1222] OGH 11.5.2004, 5 Ob 220/03v (= EWr W/52/1 ff).
[1223] OGH 29.8.1995, 5 Ob 1100/95 (= ÖWR E 53 zu § 26 WEG).
[1224] OGH 23.3.2004, 5 Ob 167/03z (= EWr W/20/1 ff);

- Z 7:
  Festsetzung einer abweichenden Abrechnungsperiode (§ 34 Abs 2 WEG).
- Z 8:
  Bestellung eines vorläufigen Verwalters (§ 23 WEG);[1226]
  Rechtswirksamkeit einer Kündigung oder gerichtliche Auflösung des Verwaltungsvertrags (§ 21 WEG).[1227]
  - ⇒ Voraussetzung für die Bestellung eines vorläufigen Verwalters ist jedenfalls, dass kein Verwalter für die Eigentümergemeinschaft (mehr) bestellt ist; dann erst kann ein einzelner Wohnungseigentümer die Bestellung eines vorläufigen Verwalters beantragen.[1228]
  - ⇒ Der Antrag auf Bestellung eines vorläufigen Verwalters kann auch von einem Dritten (= Nicht-Wohnungseigentümer der Liegenschaft) gestellt werden, der ein berechtigtes Interesse an einer wirksamen Vertretung der Eigentümergemeinschaft - etwa wegen einer beabsichtigten Klagsführung gegen diese - hat. Eine Vorwegbeurteilung der Erfolgsaussichten einer angestrebten Klage ist jedoch im Außerstreitverfahren nach §§ 23, 52 Abs 1 Z 8 WEG nicht vorgesehen.[1229]
- Z 9:
  Zulässigkeit eines vereinbarten oder Festsetzung eines abweichenden Aufteilungsschlüssels oder einer abweichenden Abrechnungs- oder Abstimmungseinheit (§ 32 Abs 2, 5 und 6 WEG);
  verbrauchsabhängige Aufteilung von Aufwendungen (§ 32 Abs 3 WEG);
  benützungsabhängige Einhebung von Energiekosten bei Gemeinschaftsanlagen (§ 32 Abs 4 WEG).
  - ⇒ Ob eine die Aufteilung der Liegenschaftsaufwendungen betreffende Vereinbarung der Wohnungseigentümer wegen Irrtums anfechtbar bzw wegen Gesetzes- oder Sittenwidrigkeit nichtig ist, kann im außerstreitigen Verfahren nach § 52 Abs 1 Z 9 (§ 26 Abs 1 Z 8 WEG 1975) nur eine Vorfrage bilden; die angestrebte Entscheidung, mit Rechtskraftwirkung über die Irrtumsanfechtung bzw Nichtigkeit abzusprechen, ist im streitigen Rechtsweg zu erwirken.[1230]
  - ⇒ Im Verfahren nach § 52 Abs 1 Z 9 WEG (§ 26 Abs 1 Z 8 WEG 1975) kann immer nur über die Aufwendungen für eine bestimmte Liegenschaft abgesprochen werden (keine Einbeziehung der Mit- und Wohnungseigentümer einer Nachbarliegenschaft bei Vorhandensein einer „gemeinsamen" Anlage).[1231]
    Dieser Grundsatz wurde aber in Fällen, in denen eine auf der Nachbarliegenschaft befindliche Anlage auch einer anderen im Wohnungseigentum stehenden Liegenschaft zu Gute kommt (et-

---

OGH 29.3.2004, 5 Ob 62/04k (= EWr W/20/12 ff) ua.
[1225] OGH 3.8.2004, 5 Ob 160/04x (= EWr W/20/16 ff).
[1226] OGH 24.9.1996, 5 Ob 2102/96w (= EWr II/17/50 ff).
[1227] OGH 19.1.1993, 5 Ob 5/93 (= EWr II/26/12).
[1228] OGH 28.9.2004, 5 Ob 69/04i (= EWr W/23/1 ff).
[1229] OGH 7.12.2004, 5 Ob 259/04f (= EWr W/23/4 f).
[1230] OGH 13.4.1999, 5 Ob 93/99h (= EWr II/26/37).
[1231] OGH 16.9.1997, 5 Ob 265/97z (= EWr II/19/31 ff).

wa ein Kinderspielplatz[1232]), durchbrochen. Voraussetzung ist danach allerdings eine Vereinbarung zwischen den Eigentümern der betreffenden Liegenschaften über die Tragung der Aufwendungen.[1233]

⇒ Eine inhaltliche Überprüfung eines Beschlusses über eine abweichende Aufteilung ist im Verfahren nach § 52 Abs 1 WEG nicht vorgesehen.[1234]

- Z 10:
  Zustimmung zur Aufnahme zusätzlicher Darlehen (§ 41 WEG).
- Z 11:
  Fortsetzung der Bauführung bei Insolvenz (§ 44 WEG).

d)
Besonderheiten des wohnungseigentumsrechtlichen Außerstreitverfahrens
(unter Berücksichtigung der anwendbaren Regelungen des § 37 Abs 3 MRG)

In den in § 52 Abs 1 WEG genannten Verfahren gelten die allgemeinen Bestimmungen über das gerichtliche Verfahren in Rechtsangelegenheiten außer Streitsachen mit den Besonderheiten des mietrechtlichen Außerstreitverfahrens (§ 37 Abs 3 Z 1, 6, 8, 10 bis 19 sowie Abs 4 MRG)[1235] sowie zusätzlich folgende Besonderheiten (§ 52 Abs 2 WEG):[1236]

- Z 1:
  Allen Wohnungseigentümern und dem Verwalter[1237] kommt insoweit Parteistellung zu, als ihre Interessen durch die Entscheidung über den Antrag unmittelbar berührt werden können.[1238]

⇒ Etwa im Verfahren um den Ausbau des Dachbodens;[1239]
oder bei einem gegen die Mit- und Wohnungseigentümer gerichteten Antrag auf Durchführung von Erhaltungsarbeiten;[1240]
im Verfahren um Legung der Vorausschau;[1241]
oder im Abrechnungsverfahren;[1242]
sowie bei der Bestellung eines vorläufigen Verwalters.[1243]

⇒ Aus der Parteienstellung erfließt - ein aufrechtes Rechtsschutzinteresse vorausgesetzt - die Rekurslegitimation.[1244]

[1232] OGH 29.3.2004, 5 Ob 62/04k (= EWr W/20/12 ff).
[1233] OGH 31.5.1994, 5 Ob 40/94 (= EWr II/17/40 ff) ua.
[1234] OGH 21.12.2004, 5 Ob 274/04m (= EWr W/52/8 ff).
[1235] Siehe dazu etwa *ÖVI/Dirnbacher, MRG [2006],* S 395 ff.
[1236] OGH 12.2.1991, 5 Ob 2/91 (= EWr II/26/1);
OGH 30.4.1991, 5 Ob 1029/91 (= EWr II/26/3);
OGH 10.3.1992, 5 Ob 134/91 (= EWr II/26/6);
OGH 27.10.1992, 5 Ob 140/92 (= EWr II/26/9);
OGH 27.4.1993, 5 Ob 34/93 (= EWr II/26/14).
[1237] OGH 25.11.1997, 5 Ob 2382/96x (= EWr II/13b/3 ff).
[1238] OGH 27.6.1995, 5 Ob 77/95 (= EWr II/26/22 f).
[1239] OGH 30.6.1992, 5 Ob 135/91 (= EWr II/26/7).
[1240] Zur Rechtslage vor dem 3. WÄG: OGH 14.7.1992, 5 Ob 1042/92 (= EWr II/26/8);
zur Rechtslage WEG 1975 nach dem 3. WÄG:
OGH 12.6.1996, 5 Ob 2151/96a (= EWr II/14/28 ff).
[1241] OGH 14.9.1993, 5 Ob 72/93 (= EWr II/26/16 f).
[1242] OGH 24.1.2006, 5 Ob 6/06b (= EWr W/52/27 ff).
[1243] OGH 24.9.1996, 5 Ob 2102/96w (= EWr II/17/50 ff).
[1244] OGH 11.11.1997, 5 Ob 159/97m (= EWr II/14/50 f).

⇒ Zum Begriff der „nicht aktenkundigen Partei“ und deren Rechtsmittellegitimation siehe unten S 400.

Dem Verwalter kommt überdies auch dann Parteistellung zu, wenn Gegenstand des Verfahrens ein Verhalten des Verwalters ist.

⇒ Diese Regelung wurde mit der WRN 2006 durch einen neuen Halbsatz eingefügt in § 52 Abs 2 Z 1 WEG.
Den Materialien zufolge soll damit vermieden werden, dass der Verwalter - obwohl „schuldig“ an einem Konflikt - dem darüber eingeleiteten Verfahren (etwa einer Beschlussanfechtung wegen Verletzung von Willensbildungsvorschriften) gar nicht beigezogen wird, weil seine Interessen nicht unmittelbar berührt werden. Des Weiteren verweisen die Materialien - und damit ist gleichsam die Katze aus dem Sack - auf die gemäß § 52 Abs 2 WEG iVm § 37 Abs 3 Z 17 MRG per 1.1.2005 im wohnrechtlichen Außerstreitverfahren eingeführte Kostenersatzpflicht.
Um es klipp und klar zu sagen: Die Neuregelung, nach der ein in seinen Interessen überhaupt nicht berührter Dritter zur Verfahrenspartei (!) werden kann, dient vornehmlich dazu, einen „Sündenbock“ für die am Billigkeitsprinzip ausgerichtete Auferlegung der Verfahrenskosten (siehe unten) zu finden.
Ausgehend davon, dass - worauf die Materialien zutreffend (wenn auch an Hand eines unzutreffenden Beispiels) verweisen - der Verwalter die ihm ad personam auferlegten Kosten aus Eigenem zu tragen hat und keineswegs auf die Eigentümergemeinschaft überwälzen darf, kann sich die Verwaltung einer Wohnungseigentumsanlage künftig als teure Angelegenheit erweisen. Fraglos wird der Verwalter gut daran tun, insbesondere formalen Vorschriften des Gesetzes (etwa bei der Willensbildung) und den Minderheitsrechten größtes Augenmerk zu schenken und jede nur am reinen Mehrheitswunsch (und nicht ausschließlich am Gesetz) orientierte Vorgangsweise („Wes Brot ich ess, des Lied ich sing“) zu vermeiden.

- Z 2:
In Verfahren nach Abs 1 Z 1 leg cit kommt überdies - unbeschadet weiterer Rechte nach § 37 Abs 5 WEG - den Wohnungseigentumsbewerbern, die dem Gericht vom Antragsteller bekannt gegeben oder sonst bekannt wurden, Parteistellung zu.

⇒ Der Vorschrift kann auch dadurch Genüge getan werden, dass allen Miteigentümern durch Beachtung der Zustellvorschriften des § 52 Abs 2 WEG Gelegenheit geboten wird, ihre materiellrechtliche Parteistellung auch als Partei im formellen Sinne auszuüben. Diesfalls bindet eine Entscheidung alle Miteigentümer ohne Rücksicht darauf, ob sie im Kopf der Entscheidung als Partei angeführt sind.[1245]

- Z 3:
Für die Beiziehung von im Antrag nicht namentlich genannten Wohnungseigentümern reicht es aus, wenn sie zu einem Zeitpunkt, in dem dies noch zulässig ist, Gelegenheit zu Sachvorbringen haben.

[1245] OGH 22.3.1991, 5 Ob 103/90 (= EWr II/26/2).

⇒ Die Einräumung des rechtlichen Gehörs bewirkt auch gleichzeitig die Obliegenheit der Verfahrensbeteiligten, ihre Interessen im Verfahren entsprechend wahrzunehmen.[1246]

- Z 4:
  Zustellvereinfachung im Verfahren, sofern der Antrag gegen <u>mehr als sechs</u> Wohnungseigentümer gerichtet ist:
  - Zustellung durch Anschlag[1247] iSd § 24 Abs 5 WEG;
    - bei mehreren Stiegenhäusern in jedem Stiegenhaus;[1248]
    - Aushang mindestens 30 Tage;[1249]
  - Zustellung des das Verfahren einleitenden Antrages gilt nach Ablauf der 30-Tagesfrist als vollzogen;
    - spätere Zustellungen gelten hingegen mit dem Anschlag als vollzogen;
  - der einleitende Antrag ist überdies noch einem Wohnungseigentümer - den das Gericht bestimmt - zu eigenen Handen zuzustellen;
  - die Gültigkeit der Zustellung wird durch die vorzeitige Entfernung (Beschädigung) des Anschlages nicht berührt.

    ⇒ Die Regelung entspricht dem früheren Recht.

    ⇒ Eine aus welchem Grund auch immer erfolgte Entfernung des Anschlags ist insoweit unbeachtlich.[1250]

    ⇒ Die Verfahrensgarantie des Art 6 EMRK ist durch das Institut der Wiedereinsetzung in den vorigen Stand ausreichend gewahrt.[1251]

    ⇒ Wohl in gleicher Weise für das Wohnungseigentum von Bedeutung:
    Für Mieter, die ihr Mietobjekt von der Straße oder vom Hof eines Hauses aus betreten, besteht im Hinblick auf die Zulässigkeit behördlicher oder gerichtlicher Zustellungen durch Hausanschlag die Notwendigkeit, entweder selbst regelmäßig die Stiegenhäuser aufzusuchen oder eine geeignete Person damit zu betrauen, ihnen regelmäßig Informationen über solche Vorgänge zukommen zu lassen.[1252]

  - <u>Spezielle Bestimmungen über die Zustellung</u>
    (§ 37 Abs 3 Z 6 und 8, Z 15 zweiter Satz, Z 16 letzter Satz MRG)
    - Zustellung zu Handen eines <u>Vertreters</u>, <u>Zustellungsbevollmächtigten</u> oder der <u>erstgenannten Partei</u> (§ 37 Abs 3 Z 6 MRG):
      Mehreren Parteien, die durch einen gemeinsamen Antrag ein Verfahren eingeleitet haben, ist nur einmal zuzustellen; und zwar

---

[1246] OGH 24.1.2006, 5 Ob 6/06b (= EWr W/52/27 ff).
[1247] OGH 15.10.1996, 5 Ob 2315/96v (= EWr II/26/24).
[1248] OGH 10.11.1992, 5 Ob 1086/92 (= EWr II/26/10).
[1249] OGH 22.11.1994, 5 Ob 1138/94 (= EWr II/26/21).
[1250] OGH 15.12.1998, 5 Ob 318/98w (= EWr I/18/31);
OGH 15.6.2000, 5 Ob 145/00k (= EWr I/37/196 ff).
[1251] OGH 15.6.2000, 5 Ob 145/00k (= EWr I/37/196 ff).
[1252] OGH 15.6.2000, 5 Ob 145/00k (= EWr I/37/196 ff);
OGH 22.2.2001, 6 Ob 146/00i (= EWr I/21/97 ff).

- zu Handen des von ihnen namhaft gemachten Vertreters oder Zustellbevollmächtigten; sonst
- zu Handen der im Antrag zuerst genannten Partei.

Überdies kann das Gericht für namentlich bestimmte Parteien, deren Interessen nicht offenbar widerstreiten, jederzeit auch von Amts wegen einen gemeinsamen Zustellbevollmächtigten bestellen (dies unter Anwendung des § 97 ZPO).

- Zustellung an Parteienvertreter (§ 37 Abs 3 Z 8 MRG)
  Den für das Verfahren bestellten und dem Gericht ausgewiesenen Parteienvertretern ist jedenfalls zuzustellen.
  ⇒ Dies ergibt sich an sich schon aus dem in § 24 Abs 1 AußStrG enthaltenen Verweis auf die anzuwendenden Bestimmungen der Zivilprozessordnung über Zustellungen und das Zustellgesetz.
  ⇒ Die Regelung gelangt für jeden ausgewiesenen Parteienvertreter zur Anwendung.
  ⇒ Für Rechtsanwälte und Notare gilt gemäß § 6 Abs 4 AußStrG die Regelung des § 30 Abs 2 ZPO (Berufung auf die erteilte Bevollmächtigung).
  ⇒ Rechtsmittel sind von der Möglichkeit der direkten Zustellung zwischen Rechtsanwälten (§ 112 ZPO) ausgeschlossen.[1253]
- Gemäß § 37 Abs 3 Z 15 zweiter Satz und Z 16 letzter Satz MRG gilt die Zustellungsregelung für die Zustellung eines Rekurses - und auch eines Revisionsrekurses - schon bei der Zustellung an mehr als zwei Hauptmieter
  ⇒ Der Anschlag hat die gesamte Rekursschrift zu umfassen.
  Nicht (mehr) ausreichend ist die bloße Bekanntgabe der erfolgten Rekurserhebung.

- Z 5:
  Einem Antrag auf gerichtliche Nutzwertfestsetzung (§ 9 Abs 2 WEG) oder Nutzwertneufestsetzung (§ 9 Abs 3 WEG) sind die Unterlagen beizufügen, aus denen sich die Notwendigkeit der Nutzwertfest- oder -neufestsetzung und - soweit dies urkundlich belegbar ist - die Rechtzeitigkeit des Antrags ergeben.[1254]
  ⇒ Z 6 leg cit wurde gegenüber § 26 Abs 2 Z 6 WEG 1975 in sinnvoller Weise entschlackt.
- Z 6:
  Inhaltlich entspricht die neue Z 6 dem durch das WohnAußStrBeglG novellierten § 37 Abs 3 Z 9 MRG, jedoch angepasst an die wohnungseigentumsrechtlichen Besonderheiten:
  - Im Verfahren 1. und 2. Instanz (und auch im Verfahren vor der Schlichtungsstelle) kann die Partei
    - entweder selbst einschreiten
      oder
    - sich durch jede eigenberechtigte Person vertreten lassen;

[1253] OGH 13.12.2005, 5 Ob 225/05g (= EWr I/37/291).
[1254] OGH 30.8.2005, 5 Ob 71/05k (= EWr W/52/14 ff).

⇒ Darin liegt ein Unterschied zu den Regelungen des § 4 Abs 1 iVm § 6 Abs 1 u 2 AußStrG, die bereits im Verfahren 2. Instanz nur die Vertretung durch einen Anwalt oder Notar vorsehen („relative Anwaltspflicht").

⇒ Der Grund für die erweiterte Vertretungsmöglichkeit im wohnrechtlichen Außerstreitverfahren liegt vor allem darin, dass auch fachkundigen Personen (insbesondere) größerer Unternehmungen und Körperschaften (etwa mit eigenen Rechtsabteilungen) sowie Hausverwaltern ein Einschreiten ermöglicht werden soll.

- Im Verfahren 3. Instanz kann niemals die Partei selbst einschreiten.
  Vielmehr ist die Vertretung obligatorisch, und zwar
  - entweder durch einen Rechtsanwalt oder Notar
  - oder durch einen Interessenvertreter.

  ⇒ Es gilt sohin nun[1255] für das Verfahren vor dem Obersten Gerichtshof absoluter Vertretungszwang (aber eben nicht grundsätzlich Anwaltszwang).[1256]

- Der - zur Vertretung von Parteien in allen Instanzen befugte - Interessenvertreter wird im Gesetz definiert als Funktionär oder Angestellter eines Vereins, zu dessen satzungsgemäßen Zwecken der Schutz und die Vertretung der Interessen von Wohnungseigentümern oder Wohnungseigentumsbewerbern gehören und der sich regelmäßig mit der Beratung seiner Mitglieder in Wohnungseigentumsangelegenheiten in mehr als zwei Bundesländern befasst.

  ⇒ Die nunmehr im Gesetz enthaltene Umschreibung des Interessenvertreters entspricht dem vormaligen Verständnis der Rechtsprechung und Lehre über die entsprechenden Vereinsfunktionäre und deren Vertretungsbefugnis (schon bisher wurde die Vertretung auch vor dem Obersten Gerichtshof als zulässig angesehen[1257]).

  ⇒ Anders als ein Rechtsanwalt oder Notar muss der „sonstige" Vertreter - mithin auch der Interessenvertreter - die Vollmacht ausweisen.[1258]

  ⇒ Die Definition des Interessenvertreters im Gesetz dient auch der Abgrenzung zur Winkelschreiberei.[1259]

e)
Allgemeine Verfahrensgrundsätze

Im Folgenden werden die wichtigsten Grundsätze des Außerstreitverfahrens (unter Berücksichtigung der gemäß § 52 Abs 2 WEG unmittelbar anwendbaren Bestimmungen aus § 37 Abs 3 MRG) dargestellt:

1255 Zur alten Rechtslage:
OGH 23.9.1994, 5 Ob 67/94 (= EWr I/37/59);
OGH 5.9.2000, 5 Ob 211/00s (= EWr I/37/204).

1256 OGH 13.12.2005, 5 Ob 182/05h (= EWr W/52/19).

1257 OGH 29.10.1996, 5 Ob 2217/96g (= EWr I/27/129 ff);
OGH 31.3.2003, 5 Ob 48/03z (= EWr I/27/253 ff).

1258 OGH 4.7.1995, 5 Ob 60/95 (= EWr I/37/71 ff).

1259 OGH 28.2.1994, 5 Ob 67/93 (= EWr I/37/49);
OGH 4.7.1995, 5 Ob 60/95 (= EWr I/37/71 ff);
OGH 31.3.2003, 5 Ob 48/03z (= EWr I/27/253 ff).

- Einleitung des Verfahrens; Anträge, Begehren; Schriftsätze, Gleichschriften
  (§§ 8 bis 10 AußStrG)
  - Einleitung des Verfahrens

    Ein wohnrechtliches Außerstreitverfahren ist immer nur über Antrag einzuleiten (§ 8 Abs 1 AußStrG).

    ⇒ Gemäß § 8 Abs 1 AußStrG bedarf es einer eigenen (gesetzlichen) Anordnung für die (amtswegige) Einleitung eines Verfahrens ohne Antrag. Derartige (gesetzliche) Anordnungen existieren im Wohnrecht jedoch nicht.
  - Antrag, Begehren

    Der Antrag im Außerstreitverfahren muss kein bestimmtes Begehren enthalten.

    Er muss aber doch hinreichend erkennen lassen,
    - welche Entscheidung oder
    - sonstige gerichtliche Tätigkeit der Antragsteller anstrebt und
    - aus welchem Sachverhalt er dies ableitet

    (§ 9 Abs 1 AußStrG).

    ⇒ Die Regelung entspricht der bisherigen ständigen Rechtsprechung: Hinreichend bestimmtes Begehren ist ausreichend;[1260]
    das Begehren muss im Zusammenhang mit dem Sachvorbringen aber wenigstens erkennbar sein;[1261]
    Korrektur eines konkreten Begehrens - trotz zwingend vorgeschalteter Schlichtungsstelle - auch noch vor Gericht zulässig.[1262]
  - Geldleistungsbegehren

    Wird ausschließlich eine Geldleistung begehrt, ihre Höhe aber nicht bestimmt angegeben, so hat das Gericht die Partei
    - unter Setzung einer angemessenen Frist
    - zur ziffernmäßig bestimmten Angabe des Begehrens aufzufordern,
    - sobald die Verfahrensergebnisse eine derartige Angabe zulassen.

    Gegen diese Entscheidung ist kein Rechtsmittel zulässig.
    (§ 9 Abs 2 AußStrG).

    ⇒ Die Möglichkeit zur Stellung eines vorerst unbezifferten Begehrens im Außerstreitverfahren ist neu.

    ⇒ Im Mietrecht sind - nicht zuletzt im Hinblick auf die neuen Kostenersatzregelungen im wohnrechtlichen Außerstreitverfahren - durchaus Anwendungsfälle denkbar; etwa im Zusammenhang mit Forderungen des Mieters gestützt auf § 8 Abs 3, § 10 und § 27 Abs 1 MRG (die gelegentlich erst nach Vorliegen eines Sachverständigengutachtens quantifizierbar werden).

[1260] OGH 30.6.1992, 5 Ob 113/92 (= EWr I/37/20);
OGH 10.12.1996, 5 Ob 2319/96g (= EWr I/37/104 ff);
OGH 15.7.2000, 5 Ob 146/00g (= EWr I/3/64 ff);
OGH 27.2.2001, 5 Ob 15/01v (= EWr I/37/216 f);
OGH 7.12.2004, 5 Ob 184/04a (= EWr I/37/276) ua.

[1261] OGH 7.11.2000, 5 Ob 231/00g (= EWr I/37/211) ua.

[1262] OGH 24.11.1992, 5 Ob 147/92 (= EWr I/37/23).

Kommt die Partei der Aufforderung des Gerichts nicht nach, ist der ziffernmäßig nicht bestimmte Antrag zurückzuweisen.
Auf diese Rechtsfolge ist in der Aufforderung hinzuweisen.
(§ 9 Abs 3 AußStrG).

⇒ Die Hinweispflicht des Gerichts besteht - mangels gegenteiliger Anordnung - unabhängig davon, ob die Partei (durch Anwalt oder Notar bzw Interessenvertreter) vertreten ist oder nicht.

- <u>Anbringen; Schriftsätze, Gleichschriften</u>

  Anträge, Erklärungen und Mitteilungen (= Anbringen) können beim Gericht erster Instanz
  - in der Form eines Schriftsatzes eingebracht
  - oder zu Protokoll erklärt werden.

  (§ 10 Abs 1 AußStrG)

  ⇒ Entspricht der vormaligen Regelung.[1263]

  Schriftsätze sind mit so vielen Gleichschriften zu überreichen,
  - wie Parteien am Verfahren beteiligt sind,
  - denen eine Gleichschrift des Schriftsatzes zuzustellen ist.

  Unterlässt dies eine nicht durch einen Rechtsanwalt oder Notar vertretene Partei,
  - so sind die erforderlichen Kopien vom Gericht herzustellen,
  - wenn dies zur Beschleunigung des Verfahrens geboten ist.

  (§ 10 Abs 2 AußStrG)

  ⇒ § 10 Abs 2 AußStrG nennt - weil nicht speziell auf das wohnrechtliche Außerstreitverfahren bezugnehmend - als Vertreter nur „den Rechtsanwalt oder Notar", nicht aber auch den Interessenvertreter (vgl § 30 Abs 3 Z 9 MRG bzw § 52 Abs 3 Z 6 WEG). Dennoch kann mE angesichts der Gleichstellung der Vertretungsbefugnis Letzterer im Wohnrecht - Vertretungsrecht (jetzt ausdrücklich im Gesetz erwähnt) auch vor dem Obersten Gerichtshof (!) - kein Zweifel bestehen, dass die auf die Vertretung durch Anwälte oder Notare bezugnehmenden Vorschriften auch bei Vertretung durch einen Interessenvertreter zur Anwendung gelangen.

  ⇒ Nach bisheriger Rechtslage waren ohne Rücksicht auf die Anzahl der Parteien drei Gleichschriften einzubringen; (wurden weitere Gleichschriften benötigt, konnten diese vom Gericht eingefordert werden).

  ⇒ Aber auch nach neuer Rechtslage bleibt dem Gericht - freilich nur bei der „nicht oder nicht qualifiziert vertretenen" Partei - ein Ermessensspielraum bei der Entscheidung, erforderliche Kopien selbst herzustellen oder nachzufordern (wobei angesichts notorischer Überlastung mancher Gerichte fraglich ist, ob die Nebenaufgabe als „Kopieranstalt" überhaupt - unter der Prämisse einer Verfahrensbeschleunigung - erfüllt werden kann).

- <u>Unmittelbarkeit der Beweisaufnahme; Beweisverfahren; Rechte und Pflichten der Beteiligten;</u>

  (§ 37 Abs 3 Z 10 MRG; §§ 13 bis 18 sowie §§ 31 ff AußStrG)
  - Die Aufnahme sämtlicher Beweise hat <u>unmittelbar in der mündlichen Verhandlung</u> vor dem erkennenden Gericht zu erfolgen; dies

[1263] OGH 27.3.2001, 5 Ob 63/01b (= EWr I/37/220 f).

jedoch mit der Möglichkeit zur Beweisaufnahme durch den ersuchten oder beauftragten Richter (§ 37 Abs 3 Z 10 MRG).

⇒ Prinzip der „Vollmündlichkeit“ des Verfahrens (sohin keine Beweisaufnahme unter Ausschluss der Parteien und insofern ein Unterschied der wohnrechtlichen Regelung in § 37 Abs 3 Z 10 MRG gegenüber der jener des § 31 Abs 4 AußStrG).

⇒ Dennoch wird es nicht immer der Ladung des Sachverständigen, der ein Gutachten erstattet hat, zur mündlichen Verhandlung bedürfen. Der Beweis liegt ja im schriftlichen Gutachten (das in der Verhandlung zu verlesen ist) und nicht grundsätzlich in mündlichen Ausführungen des Sachverständigen. Die Beiziehung des Sachverständigen wird - wie bisher - nur erforderlich sein, wenn die Erörterung des zuvor schriftlich erstatteten Gutachtens beantragt wird.

⇒ Die (bloß) schriftliche Äußerung einer Partei kann als Urkunde beachtlich sein, ersetzt aber nicht die unmittelbare Parteienvernehmung in der mündlichen Verhandlung. Insofern ist die schriftliche Parteiäußerung nicht als Beweismittel anzusehen.

- Grundsätzlich steht es aber im Ermessen des Gerichts, eine Verhandlung anzuberaumen oder auch nicht (§ 18 AußStrG).

  ⇒ Ist eine Beweisaufnahme nicht erforderlich, bedarf es - wie schon nach bisheriger Rechtslage - nicht unbedingt einer mündlichen Verhandlung.

- Neu im Gesetz geregelt sind die Säumnisfolgen (§ 17 AußStrG).

  ⇒ Auch anwendbar - und dort durchaus von Bedeutung - im Verfahren vor der Schlichtungsstelle.

  Das Gericht kann unter

  - Hinweis auf die Rechtsfolgen bei Nichtbeachtung und
  - Anwendung der Zustellvorschriften für eine Klage
    - eine Partei unter Setzung einer angemessenen Frist auffordern, sich zum Antrag einer anderen Partei oder zum Inhalt der Erhebungen zu äußern oder
    - die Partei zu diesem Zweck zu einer Vernehmung oder Tagsatzung laden.

  Entspricht die Partei der gerichtlichen Aufforderung nicht, kann das Gericht annehmen, dass keine Einwendungen bestehen gegen

  - die Angaben der anderen Partei oder
  - eine beabsichtigte Entscheidung auf der Grundlage des bekanntgegebenen Inhalts der Erhebungen.

  ⇒ Die Hinweispflicht des Gerichts besteht - mangels gegenteiliger Anordnung - unabhängig davon, ob die Partei (durch Anwalt oder Notar bzw Interessenvertreter) vertreten ist oder nicht.

  ⇒ Das Gericht ist allerdings ungeachtet der Untätigkeit des Antragsgegners nicht gehindert, den Antrag aus rechtlichen Gründen bzw wegen Unschlüssigkeit abzuweisen.

- Anleitungs- und Belehrungspflicht des Gerichtes (§ 14 AußStrG)

  Bestimmungen der ZPO anwendbar; darüber hinaus Belehrungspflicht gegenüber der nicht „durch Rechtsanwalt oder Notar“ vertretenen Partei (über in Betracht kommendes Vorbringen und Beweisanbote zur zweckentsprechenden Rechtsverfolgung oder Rechtsverteidigung).

⇒ Auch § 14 AußStrG nennt - weil nicht speziell auf das wohnrechtliche Außerstreitverfahren bezugnehmend - als Vertreter nur „den Rechtsanwalt oder Notar", nicht aber auch den Interessenvertreter (vgl § 30 Abs 3 Z 9 MRG bzw § 52 Abs 3 Z 6 WEG). Dennoch ist mE angesichts der Gleichstellung der Vertretungsbefugnis Letzterer im Wohnrecht - Vertretungsrecht (jetzt ausdrücklich im Gesetz erwähnt) auch vor dem Obersten Gerichtshof (!) - davon auszugehen, dass die spezielle Belehrungspflicht des Gerichts auch im Fall der Vertretung durch Interessenvertreter entfällt.

⇒ Die Regelung des § 14 AußStrG entspricht dem bisherigen Verständnis über die Belehrungspflicht des Gerichts.

- <u>Rechtliches Gehör</u> (§ 15 AußStrG)

  Den Parteien ist Gelegenheit zur Kenntnis- und Stellungnahme (betreffend Anträge und Vorbringen anderer Parteien und den Inhalt von Erhebungen) zu geben.

  ⇒ Die Regelung ist iS des § 37 Abs 3 Z 10 MRG auszulegen.

  ⇒ Weiterhin relevant aus der bisherigen Rechtsprechung: die Verletzung des rechtlichen Gehörs stellt einen Nichtigkeitsgrund dar[1264], kann aber geheilt werden durch Zustellung des Sachbeschlusses an die zuvor übergangene(n) Partei(en).[1265]

- <u>Sammlung der Entscheidungsgrundlagen; Mitwirkungspflicht der Parteien</u> (§ 13 Abs 1 und § 16 AußStrG)

  - Amtswegige Aufklärungspflicht des Gerichts hinsichtlich aller für die Entscheidung maßgeblichen Tatsachen; Berücksichtigung entsprechender Hinweise (<u>„Untersuchungsgrundsatz"</u>).

    ⇒ Weiterhin relevante Rechtsprechung:
    Erörterungspflicht des Gerichts;[1266] richterliche Anleitungspflicht auf ergänzendes Vorbringen.[1267]

  - Pflicht der Parteien zum vollständigen und wahrheitsgemäßen Vorbringen aller ihnen bekannten, für das Gericht maßgebenden Tatsachen und Beweise; Pflicht zur Beantwortung von Fragen des Gerichts.

    ⇒ Weiterhin relevante Rechtsprechung:
    Behauptungslast („Darlegungspflicht"[1268]) der Parteien[1269]).

[1264] OGH 7.7.1998, 5 Ob 83/98m (= EWr I/37/140 ff).
[1265] OGH 15.12.1992, 5 Ob 149/92 (= EWr I/37/28);
OGH 9.11.1993, 5 Ob 1067/93 (= EWr I/37/48);
OGH 21.6.1994, 5 Ob 1045-1059/94 (= EWr I/37/51 f);
OGH 25.10.1994, 5 Ob 99/94 (= EWr I/37/62);
OGH 22.11.1994, 5 Ob 1137/94 (= EWr I/37/65);
OGH 19.12.1995, 5 Ob 1153/95 = EWr I/37/79).
[1266] OGH 10.10.1995, 5 Ob 128/95 (= EWr I/37/77 f).
[1267] OGH 7.7.1998, 5 Ob 83/98m (= EWr I/37/140 ff).
[1268] OGH 16.6.1992, 5 Ob 1027/92 (= EWr I/37/16).
[1269] OGH 17.9.1991, 5 Ob 1062/91 (= EWr I/37/5);
OGH 5.7.1994, 5 Ob 19/94 (= EWr I/37/53 ff);
OGH 11.11.1997, 5 Ob 426/97a (= EWr I/16/143 ff);
OGH 15.6.1999, 5 Ob 154/99d (= EWr I/37/173);
OGH 28.11.2000, 5 Ob 289/00m (= EWr I/37/212);

⇒ Obliegenheit der Verfahrensbeteiligten, ihre Interessen im Verfahren wahrzunehmen.[1270]

⇒ Die Beschränkung der Bestreitung eines Anspruchs nur auf bestimmte Rechtsgründe ist möglich; insofern kann die Prüfungspflicht des Gerichts durch das (Nicht-)Vorbringen eingeschränkt werden.[1271]

- <u>Weitere Regelungen über Beweise</u>
  (§§ 31 bis 34 AußStrG)

  ⇒ Die folgende Auflistung beschränkt sich auf die (erfahrungsgemäß) wichtigsten diesbezüglichen Anordnungen.

  - Beweisaufnahme durch Gericht auch gegen den Willen aller Parteien (§ 31 Abs 2 AußStrG).
  - Berücksichtigung von Vorbringen auch außerhalb der Verhandlung (§ 31 Abs 4 AußStrG).

    ⇒ Beweisaufnahme jedoch beschränkt durch § 37 Abs 3 Z 10 MRG („Vollmündlichkeit").
  - Freie Beweiswürdigung durch das Gericht unter sorgfältiger Berücksichtigung der Ergebnisse des gesamten Verfahrens (§ 32 AußStrG).
  - Abstandnahme von Erhebungen bei offenkundigen Tatsachen oder Außerstreitstellungen (§ 33 Abs 1 AußStrG).

    ⇒ Es liegt aber im Ermessen des Gerichts, die zugestandenen Tatsachen seiner Entscheidung zu Grunde zu legen.
  - Beweispräklusion wegen Verschleppungs- oder Verzögerungsgefahr (§ 33 Abs 2 AußStrG).

    ⇒ Der Beweisausschluss setzt voraus, dass objektiv betrachtet durch das verspätete Vorbringen das Verfahren verschleppt werden soll und durch die Zulassung des Beweises auch tatsächlich erheblich verzögert würde.
    Das Gericht ist - ungeachtet der an sich gegebenen Voraussetzungen - nicht verpflichtet, den Beweis auszuschließen.
  - Festsetzung einer Geldleistung nach freier Überzeugung des Gerichts bei unverhältnismäßigen Schwierigkeiten der Erhebung der Höhe des Betrages (§ 34 AußStrG).

    ⇒ Die Regelung ist § 273 ZPO nachgebildet.

- <u>Zwischenantrag auf Feststellung</u>
  (§ 37 Abs 3 Z 11 MRG)
  Die Zulässigkeit des Zwischenantrags auf Feststellung ergibt sich nun direkt aus der mietrechtlichen Regelung (und nicht bloß aus dem Verweis auf die ZPO).

  ⇒ Grundsätzlich ergab sich die Möglichkeit zur Antragstellung aber auch nach der früheren Rechtslage;[1272] jedoch keine Fassung

---

OGH 14.9.2004, 5 Ob 180/04p (= EWr I/37/275) ua.

[1270] OGH 24.1.2006, 5 Ob 6/06b (= EWr W/52/27 ff).

[1271] OGH 12.7.2005, 5 Ob 75/05y (= EWr I/10/97 ff).

[1272] OGH 24.11.1998, 5 Ob 296/98k (= EWr I/37/149 f); OGH 9.2.1999, 5 Ob 12/99x (= EWr I/37/158 ff); OGH 29.1.2002, 5 Ob 7/02v (= EWr I/49c/1 ff) ua.

eines Zwischensachbeschlusses ohne Zwischenantrag auf Feststellung;[1273] dennoch ohne Antrag ergangene Zwischensachbeschlüsse entbehren der gesetzlichen Grundlage.[1274]

⇒ Der Antrag kann von jeder Verfahrenspartei gestellt werden.

⇒ Die Wirkung einer Feststellungsentscheidung muss über jene der Entscheidung über den Hauptantrag hinausgehen und auch für die beantragte Feststellung des Verfahrens nach § 37 MRG zulässig sein.[1275]

⇒ Das Anbringen von Zwischenanträgen auf Feststellung bei Gericht setzt nicht die vorherige Anbringung desselben Antrags bei der Schlichtungsstelle voraus.[1276]

Die Entscheidung ergeht in Form eines Zwischensachbeschlusses.

§ 36 Abs 2 AußStrG sieht darüber hinaus auch die Möglichkeit des Gerichts vor, über den Grund eines Anspruchs durch Zwischen(sach)beschluss zu entscheiden (was bisher von der Rechtsprechung im wohnrechtlichen Außerstreitverfahren abgelehnt wurde).

- Unterbrechung und Verbindung
  (§ 37 Abs 3 Z 12 MRG; § 25 AußStrtG; § 190 ZPO)

  Die mietrechtliche Anordnung beschränkt die im neuen § 25 AußStrG vorgesehenen Fälle der Unterbrechung eines Verfahrens. Dies im Hinblick darauf, dass gerade im wohnrechtlichen Verfahren des Öfteren einer Vielzahl von Personen Parteistellung zukommt („Massenverfahren") und diesfalls die ex lege Unterbrechung des gesamten Verfahrens etwa bei Tod oder Verlust der Prozessfähigkeit oder Eröffnung eines Insolvenzverfahrens über das Vermögen einer Partei (im Einzelnen siehe dazu § 25 Abs 1 Z 1, 2 und 4 AußStrG) zu erheblichen Erschwernissen bzw Verzögerungen des Verfahrens führen würde.
  Die Unterbrechung im wohnrechtlichen Verfahren hat daher nur dann zu erfolgen, wenn die in § 25 Abs 1 Z 1, 2 und 4 AußStrtG genannten Ereignisse eine Partei betreffen, der selbst unter Berücksichtigung der Regelungen des § 37 Abs 3 Z 4 (und 5) MRG individuell zugestellt werden muss (also nicht durch Anschlag zugestellt werden darf).

  Neu im AußStrG - und auch im wohnrechtlichen Verfahren anwendbar - ist die Möglichkeit zur fakultativen Unterbrechung

  - von Amts wegen oder
  - über Antrag

  wegen

  - Präjudizialität eines schon anhängigen oder von Amts wegen einzuleitenden Verfahrens vor einem Gericht oder einer Verwaltungsbehörde, wenn dies zweckmäßig ist (Vorfragenklärung) und damit keine unzumutbare Verzögerung verbunden ist (§ 25 Abs 2 Z 1 AußStrG) oder

[1273] OGH 5.11.2002, 5 Ob 199/02d (= EWr I/37/257).
[1274] OGH 29.1.2002, 5 Ob 218/01x (= EWr I/37/241 f).
[1275] OGH 8.4.2003, 5 Ob 61/03m (= EWr I/46/18 f) ua.
[1276] OGH 29.11.2005, 5 Ob 271/05x (= EWr I/37/290).

- wenn sich der Verdacht einer (für die Entscheidung voraussichtlich relevanten) strafbaren Handlung ergibt (§ 25 Abs 2 Z 2 AußStrtG).
  ⇒ Sohin ergibt sich nunmehr auch die Möglichkeit zur Unterbrechung des (wohnrechtlichen) Außerstreitverfahrens wegen eines präjudiziellen Zivilprozesses (oder Strafverfahrens).

Ebenfalls neu - und durchaus relevant für wohnrechtliche Verfahren - ist die durch das AußStr-BegleitG im Wege einer Umformulierung in § 190 Abs 1 ZPO geschaffene Möglichkeit zur Unterbrechung eines Zivilprozesses wegen präjudizieller Rechtsfragen, die in einem anhängigen Außerstreitverfahren zu klären sind.

⇒ Die Unterbrechung liegt im Ermessen des Gerichts.

⇒ Angefochten werden kann nur die Unterbrechung, nicht aber auch die Nichtvornahme der Unterbrechung.

Die (unveränderten) Regelungen über das Ruhen des Verfahrens finden sich in § 28 AußStrG.

Gemäß § 29 AußStrG kann das Gericht mit dem Verfahren - für einen Zeitraum von höchstens sechs Monaten - auch innehalten, wenn eine einvernehmliche Regelung (insbesondere mit Unterstützung einer dafür geeigneten Einrichtung) zu erwarten ist.

⇒ Der Gesetzgeber hat die Anwendbarkeit dieser (neuen) Regelung für das wohnrechtliche Außerstreitverfahren im Hinblick auf die damit erhoffte Förderung der Mediation im Bereich des Wohnrechts zugelassen.
Inwieweit damit (zugleich und unbeabsichtigt) eine Möglichkeit zur Verfahrensverschleppung geschaffen wurde, bleibt abzuwarten.

Ausdrücklich erwähnt wird in § 37 Abs 3 Z 12 letzter Satz MRG auch noch die - sofern zweckmäßig - zulässige Verbindung des Verfahrens mit einem anderen wohnrechtlichen Verfahren.

⇒ Expressis verbis erwähnt werden nicht nur alle mietrechtlichen Verfahren gemäß § 37 Abs 1 MRG, sondern auch Verfahren nach § 52 WEG 2002, § 22 WGG und § 25 HeizKG.

⇒ Die Anfühung der Verbindungsmöglichkeit im Gesetz erfolgt deshalb, weil die allgemeinen Bestimmungen des neuen AußStrG keine derartige Regelung enthalten; indes jeder Zweifel beseitigt werden sollte, dass im wohnrechtlichen Verfahren weiterhin die Verfahrensverbindung möglich sein sollte.

- Sachbeschluss
  (§ 37 Abs 3 Z 13 MRG)

Weiterhin ergehen im wohnrechtlichen Außerstreitverfahren Entscheidungen in der Sache durch Sachbeschluss.

⇒ Die Anwendbarkeit des § 44 AußStrG ist ausgeschlossen; sohin keine vorläufige Zuerkennung von Verbindlichkeit oder Vollstreckbarkeit.

⇒ Zum Zwischensachbeschluss (möglich auch über den Grund des Anspruchs) siehe oben S 396.

In verfahrensrechtlichen Frage ergeht die Entscheidung durch (einfachen) Beschluss.

⇒ Auch dies entspricht der vormaligen Rechtslage.[1277]

⇒ Zum allfälligen Problem der Rekursfrist siehe unten S 404.

Mündlich verkündete Beschlüsse sind auszufertigen, wenn nicht auf Ausfertigung und Rechtsmittel verzichtet wurde (§ 38 AußStrG).

⇒ Mangels Sonderregelung gilt dies auch für Sachbeschlüsse.

- Rechtsmittelverfahren
  (§ 37 Abs 3 Z 14 bis 16 MRG)
  - Nach wie vor gilt in (allen) wohnrechtlichen Außerstreitverfahren – so wie im Bereich der Zivilprozessordnung, aber anders als nach § 49 AußStrG - das Neuerungsverbot.[1278]

    ⇒ Ausgenommen davon sind Neuerungen zur Dartuung oder Widerlegung der geltend gemachten Rekursgründe.

    ⇒ Die Geltendmachung neuer rechtlicher Gesichtspunkte ist sohin nicht ausgeschlossen.[1279]

    ⇒ Ausführungen in einem Rekurs über die Rechtzeitigkeit eines als verspätet zurückgewiesenen Schriftsatzes verstoßen nicht gegen das im Rekursverfahren sonst geltende Neuerungsverbot.[1280]
  - Rekurs
    - Keine Streitwertbeschränkungen mehr bei der Zulässigkeit des Rekurses gegen einfache Beschlüsse (§ 45 AußStrG).

      ⇒ Ein Unterschied zwischen Sachbeschluss einerseits und (einfachem) Beschluss andererseits besteht aber noch immer bei den Rechtsmittelfristen (siehe unten S 404).
    - Die (bloß) mündliche Rekurserhebung ist nicht nur in den Fällen der Vertretung durch Anwalt oder Notar (§ 47 Abs 1 AußStrG), sondern auch bei Vertretung durch einen Interessenvertreter ausgeschlossen.

      ⇒ Die Regelung folgt insoweit konsequent der in § 37 Abs 3 Z 9 und Z 16 vorletzter Satz MRG (§ 52 Abs 3 Z 6 WEG) festgehaltenen „Gleichstellung“ bei der Vertretungsbefugnis.

      ⇒ Es herrscht weitgehende Formfreiheit im Rechtsmittelverfahren, doch muss zumindest angegeben werden, inwieweit Beschwer erachtet wird.[1281]

[1277] OGH 27.4.1993, 5 Ob 31/93 (= EWr I/37/41 f);
OGH 27.4.1993, 5 Ob 32/93 (= EWr I/37/43 f).

[1278] OGH 24.11.1992, 5 Ob 147/92 (= EWr I/37/23);
OGH 15.6.1999, 5 Ob 154/99d (= EWr I/37/173);
OGH 28.11.2000, 5 Ob 289/00m (= EWr I/37/212);
OGH 12.2.2002, 5 Ob 274/01g (= EWr I/16/356 ff);
OGH 11.6.2002, 5 Ob 124/02z (= EWr I/46/14 f);
OGH 27.8.2002, 5 Ob 151/02w (= EWr I/8/82 f);
OGH 14.9.2004, 5 Ob 180/04p (= EWr I/37/275);
OGH 29.10.2004, 5 Ob 214/04p (= EWr I/2/180 ff);
OGH 12.7.2005, 5 Ob 75/05y (= EWr I/10/97 ff) uva.

[1279] OGH 26.9.2000, 5 Ob 216/00a (= EWr I/16/316 ff).

[1280] OGH 9.9.2003, 5 Ob 196/03i (= EWr III/519 Z/11 f).

[1281] OGH 16.6.1992, 5 Ob 89/92 (= EWr I/37/18).

⇒ Auch im wohnrechtlichen Außerstreitverfahren kann eine Partei gegen die gerichtliche Entscheidung nur ein Rechtsmittel erheben;[1282] Grundsatz der „Einmaligkeit des Rechtsmittels".[1283]

⇒ Wenn bereits einmal über ein konkretes Rechtsschutzbegehren entschieden wurde, sind beide Parteien dieses Verfahrens zum Vorbringen neuer anspruchsbegründender bzw anspruchsvernichtender Tatsachen in einem zweiten Verfahren zum selben Begehren präkludiert, wenn diese Tatsache schon den im Vorverfahren geltend gemachten Anspruch hätte stützen bzw abwehren können[1284]; es besteht eine prozessuale „Diligenzpflicht" der Parteien.[1285]

- Dem Rekurs kommt aufschiebende Wirkung zu.

⇒ Dies ergibt sich aus dem neuen (auch im wohnrechtlichen Verfahren anwendbaren) § 43 Abs 3 AußStrG.

- Nicht selbständig anfechtbare Beschlüsse können nicht mit dem nächsten Rekurs gegen einen anfechtbaren Beschluss, sondern erst mit dem Rekurs gegen die Entscheidung über die Sache angefochten werden (§ 45 AußStrG).

⇒ Unter dem Begriff der „Entscheidung über die Sache" sind auch zurückweisende Entscheidungen gemeint.

- Auch ein Kostenrekurs ist dem Gegner zuzustellen, damit dieser Gelegenheit zur Einbringung einer Rekursbeantwortung erhält (§ 48 Abs 1 AußStrG).

- Das Erstgericht kann (auch) einem Rekurs gegen einen Sach- oder Zurückweisungsbeschluss selbst stattgeben, wenn sich aus der Aktenlage ergibt, dass
  - der Beschluss aufzuheben (bzw der verfahrenseinleitende Antrag zurückzuweisen bzw das gesetzmäßige Verfahren einzuleiten) ist oder
  - der Sachbeschluss entsprechend dem Rekursbegehren abzuändern ist (§ 50 Abs 1 Z 4 AußStrG).

  Einen derartigen „Ersatzbeschluss" darf das Erstgericht während des Verfahrens über die Sache nur einmal fällen (§ 50 Abs 2 AußStrG).

  ⇒ Die Möglichkeit zur Stattgebung des Rekurses gegen einen Sach- oder Zurückweisungsbeschluss durch das Erstgericht ist neu.

  ⇒ Der Zweck der Regelung liegt darin, dem Erstgericht die Möglichkeit einzuräumen, offensichtliche Fehler (etwa übersehene Gründe, die das Verfahren unzulässig machen) zu korrigieren.

  Hebt das Rekursgericht eine selbst stattgebende Entscheidung des Erstgerichts (wieder) auf, hat es zugleich über das Rechtsmittel zu entscheiden, das gegen die ursprüngliche Entscheidung des Erstgerichts erhoben wurde (§ 55 Abs 4 AußStrG).

[1282] OGH 22.4.1997, 5 Ob 123/97t (= EWr I/37/111).
[1283] OGH 10.5.2005, 5 Ob 27/05i (= EWr I/16/454 f).
[1284] OGH 29.2.2000, 5 Ob 42/00p (= EWr I/15a/16 ff).
[1285] OGH 26.9.2000, 5 Ob 240/00f (= EWr I/16/319 ff); OGH 24.1.2006, 5 Ob 6/06b (= EWr W/52/27 ff) ua.

- Ein unzulässiger oder verspäteter Rekurs darf vom Erstgericht nicht zurückgewiesen werden (§ 51 AußStrG).
  - ⇒ Das Erstgericht hat sohin den Rekurs jedenfalls dem Rekursgericht vorzulegen; ungeachtet des Umstandes, dass § 46 Abs 3 AußStrG, wonach unter bestimmten Voraussetzungen auch verspätete Rekurse berücksichtigt werden können, im wohnrechtlichen Außerstreitverfahren nicht zur Anwendung gelangt.
- Auch für die nicht aktenkundige Partei tritt mit Ablauf der Rechtsmittelfrist der letzten aktenkundigen Partei formelle Rechtskraft ein (§ 46 Abs 2 AußStrG).
  - ⇒ Unter der „nicht aktenkundigen Partei" ist eine Partei zu verstehen, der die Entscheidung deshalb nicht zugestellt wurde, weil sie dem Verfahren gar nicht beigezogen war (wiewohl sie - eben weil Partei - dem Verfahren beizuziehen gewesen wäre).
  - ⇒ Die nicht aktenkundige Partei („übergangene Partei") kann sohin nur solange ein Rechtsmittel ergreifen, als die Rechtsmittelfrist für irgendeine andere Partei des Verfahrens noch offen ist (danach besteht nur mehr die Möglichkeit eines Abänderungsantrages gemäß § 73 Abs 1 Z 1 AußStrG - siehe sogleich unten).
  - ⇒ Wird hingegen die Entscheidung einer aktenkundigen Partei nicht zugestellt, beginnt die Rechtsmittelfrist gar nicht zu laufen; der (Sach-)Beschluss erwächst nicht in formelle Rechtskraft.
- Nachgebildet der Nichtigkeits- und der Wiederaufnahmsklage im streitigen Verfahren enthält das neue AußStrG Regelungen über einen Abänderungsantrag (§§ 73 – 77 AußStrG).
  Das Gesetz listet dabei auf, unter welchen Voraussetzungen und mit welchen Konsequenzen nach Eintritt der Rechtskraft die Abänderung eines rechtskräftigen (Sach-)Beschlusses erwirkt werden kann.
  - ⇒ Das vormalige Außerstreitverfahrensrecht sah keine Möglichkeit vor, nachträglich hervorgekommene Beweise oder unterlaufene Nichtigkeiten nach Eintritt der Rechtskraft der Entscheidung geltend zu machen.
  - ⇒ Der Abänderungsantrag setzt jedenfalls die Rechtskraft der anzufechtenden Entscheidung voraus.
  - ⇒ Weitere Voraussetzung ist, dass die Rechtsfolgen nicht auch durch einen anderen Rechtsbehelf beseitigt werden können.
  - ⇒ Der Abänderungsantrag ist - trotz Vorliegens eines Abänderungsgrundes - abzuweisen, wenn sich kein günstigeres Ergebnis für den Antragsteller ergeben könnte.
- Nicht anwendbar im wohnrechtlichen Außerstreitverfahren sind
  - die Regelung des neuen § 46 Abs 3 AußStrG über die Möglichkeit einer Beschlussanfechtung auch nach Ablauf der Rekursfrist (§ 37 Abs 3 Z 14 MRG);[1286]
  - ⇒ verspätete Rekurse sind aber dennoch vom Erstgericht vorzulegen (§ 51 AußStrG);

  und

[1286] OGH 13.12.2005, 5 Ob 278/05a (= EWr W/52/22).

- die neue Bestimmung des § 52 Abs 2 letzter HS AußStrG über die Möglichkeit einer Beweiswiederholung nur durch einen beauftragten Richter des Rekursgerichtes (§ 37 Abs 3 Z 14 MRG).
  ⇒ Die gleichfalls in § 52 Abs 2 AußStrG enthaltene Regelung über die Umwürdigung der Beweisergebnisse gilt aber auch im wohnrechtlichen Außerstreitverfahren.

- Revisionsrekurs (Zulässigkeit des Rechtsmittels):

  Für die Zulässigkeit des Revisionsrekurses gelten die §§ 62 bis 64 AußStrG mit der Maßgabe, dass die wohnrechtlichen Entscheidungsgegenstände rein vermögensrechtlicher Natur sind und dass die gemäß § 59 Abs 2, § 62 Abs 3 und 5 und § 63 Abs 1 AußStrG maßgebliche Wertgrenze 10.000,-- Euro beträgt.[1287]
  (§ 37 Abs 3 Z 16 erster Satz MRG)

  ⇒ Das neue Recht bringt wesentliche Änderungen gegenüber der bisherigen Rechtslage.
  Insbesondere wird die Unterscheidung zwischen Angelegenheiten einerseits, in denen der Oberste Gerichtshof - wertunabhängig - immer (je nach Ausspruch des Rekursgerichts entweder mit ordentlichem oder mit außerordentlichem Revisionsrekurs) angerufen werden konnte und Angelegenheiten andererseits, in denen der Oberste Gerichtshof mangels Zulässigkeitsausspruchs des Rekursgerichts (allenfalls im Wege der „Zulassungsvorstellung") nur bei Überschreiten einer Wertgrenze von 10.000,-- Euro angerufen werden konnte.[1288]

  ⇒ Die Neuregelung beseitigt sohin vormalige - nun nicht mehr als notwendig erachtete - Besonderheiten des wohnrechtlichen Revisionsverfahrens und bringt damit eine weitgehende Angleichung an die im neuen (allgemeinen) AußStrG enthaltenen Regelungen.

  ⇒ Eine Sonderregelung für das wohnrechtliche Außerstreitverfahren verbleibt aber doch:
  Die in § 59 Abs 2, § 62 Abs 3 und 5 sowie § 63 Abs 1 AußStrG normierte Wertgrenze von 20.000,-- Euro wird durch § 37 Abs 3 Z 16 MRG auf 10.000,-- Euro herabgesetzt.[1289]
  Dies entspricht der bisherigen Wertgrenze (und vermeidet eine schlagartige Verdoppelung des Betrages im Wohnrecht).
  Das Zitat des § 59 Abs 2 AußStrG in § 37 Abs 3 Z 16 MRG wurde - zur Klarstellung - mit der WRN 2006 eingefügt.

  ⇒ Bei wohnrechtlichen Angelegenheiten handelt es sich immer um solche rein vermögensrechtlicher Natur (§ 52 Abs 2 EinlS WEG).

  Es ergibt sich somit folgende Rechtslage hinsichtlich des Revisionsrekurses im wohnrechtlichen Verfahren:

[1287] OGH 10.5.2005, 5 Ob 72/05g (= EWr I/37/281 f);
OGH 10.1.2006, 5 Ob 295/05a (= EWr W/52/23) ua.

[1288] Zur früheren Rechtslage:
OGH 12.5.1998, 5 Ob 119/98f (= EWr I/37/135 f)
OGH 23.2.1999, 5 Ob 208/98v (= EWr I/37/162),
OGH 15.2.2000, 5 Ob 24/00s (= EWr I/37/182 f) uva.

[1289] OGH 10.5.2005, 5 Ob 72/05g (= EWr I/37/281 f);
OGH 13.12.2005, 5 Ob 274/05p; OGH 20.12.2005, 5 Ob 142/05a (= beide EWr W/52/20 f).

- Ordentlicher Revisionsrekurs:
  - „Jedenfalls unzulässig" über den Kostenpunkt, über die Verfahrenshilfe und über die Gebühren (§ 62 Abs 2 AußStrG).

  ⇒ Gemäß § 59 Abs 1 Z 1 AußStrG hat dies das Rekursgericht auszusprechen.

  ⇒ Gegen den Ausspruch des Rekursgerichts nach § 59 Abs 1 Z 1 AußStrG findet kein Rechtsmittel statt (§ 59 Abs 4 AußStrG).

  ⇒ Die Regelung entspricht der bisherigen Rechtslage (vgl Rechtsprechung zum Kostenpunkt[1290], speziell Barauslagen[1291] sowie zu Sachverständigengebühren[1292]).

  - Nur zulässig, wenn ihn das Rekursgericht ausdrücklich (entweder sofort in der Rekursentscheidung oder auf Grund einer Zulassungsvorstellung) für zulässig erklärt hat (§ 62 Abs 1 iVm § 59 Abs 1 Z 2 AußStrG bzw § 63 AußStrG).

  ⇒ Gilt für Sachbeschlüsse und auch einfache Beschlüsse (bei Letzteren ohne die bisherigen Beschränkungen).[1293]

  ⇒ Das Rekursgericht hat auszusprechen, ob der ordentliche Revisionsrekurs zulässig ist oder nicht (§ 59 Abs 1 Z 2 AußStrG).

  ⇒ An den Zulässigkeitsausspruch des Rekursgerichtes ist der Oberste Gerichtshof nicht gebunden.[1294]

  ⇒ Hat das Rekursgericht nach § 59 Abs 1 Z 2 AußStrG ausgesprochen, dass der ordentliche Revisionsrekurs nicht zulässig ist und besteht ein Entscheidungegenstand rein vermögensrechtlicher Natur nicht ausschließlich in einem Geldbetrag, so hat das Rekursgericht ferner auszusprechen, ob der Wert des Entscheidungsgegenstands insgesamt 10.000,-- Euro übersteigt oder nicht (§ 59 Abs 2 AußStrG iVm § 37 Abs 3 Z 16 erster Satz MRG).

  ⇒ Gegen den Ausspruch des Rekursgerichts nach § 59 Abs 2 AußStrG findet kein Rechtsmittel statt; allerdings Geltendmachung mit Zulassungsvorstellung, außerordentlichem Revisionsrekurs oder allenfalls in der Beantwortung eines ordentlichen Revisionsrekurses möglich (§ 59 Abs 4 AußStrG).

  ⇒ Die einer Überprüfung nicht zugängliche Bewertung durch das Rekursgericht schließt den weiteren Rechtszug an den Obersten Gerichtshof aus[1295]; der Bewertungsausspruch bindet auch den Obersten Gerichtshof, sofern nicht zwingende Bewertungsvorschriften verletzt wurden.[1296]

  - Zulassungsvorstellung:

[1290] OGH 26.1.1999, 5 Ob 340/98f (= EWr I/37/157).
[1291] OGH 2.6.2003, 5 Ob 66/03x (= EWr I/37/265 f).
[1292] OGH 13.5.1997, 5 Ob 149/97s (= EWr I/37/117).
[1293] OGH 10.5.2005, 5 Ob 72/05g (= EWr I/37/281 f).
[1294] OGH 27.4.1993, 5 Ob 30/93 (= EWr I/37/40);
OGH 25.2.1997, 5 Ob 52/97a (= EWr I/37/108);
OGH 16.9.1997, 5 Ob 286/97p, ident 5 Ob 287/97k (= EWr I/37/121 ff);
OGH 21.8.2001, 5 Ob 156/01d (= EWr I/37/230 f);
OGH 29.4.2003, 5 Ob 78/03m (= EWr I/37/261 f) ua.
[1295] OGH 2.2.1993, 5 Ob 2,3/93 (= EWr I/37/34).
[1296] zB OGH 29.6.1993, 5 Ob 58/93 (= EWr I/37/45 f);
OGH 21.10.1994, 5 Ob 106,1110/94 (= EWr I/37/60 f).

Voraussetzung dafür ist, dass das Rekursgericht die ordentliche Revision nicht für zulässig erklärt hat und dass der Wert des Entscheidungsgegenstandes 10.000,-- Euro nicht übersteigt (sonst außerordentlicher Revisionsrekurs);
keine Zulassungsvorstellung, wenn Revisionsrekurs gemäß § 62 Abs 2 AußStrG „jedenfalls unzulässig" (siehe oben) ist (im Einzelnen siehe § 63 AußStrG).

⇒ Die Zulassungsvorstellung ist unter gleichzeitiger Ausführung des Revisionsrekurses an die zweite Instanz zu erheben (also nicht sofort dem Obersten Gerichtshof vorzulegen[1297]). Darin ist die Abänderung des Zulassungsausspruchs unter Darlegung der Gründe iSd § 62 Abs 1 AußStrG zu begehren; die Entscheidung des Rekursgerichtes ist unanfechtbar.[1298]

⇒ Die Zulassungsvorstellung gelangt sowohl bei Sachbeschlüssen als auch - neu - bei einfachen Beschlüssen (sofern der Revisionsrekurs nicht gemäß § 62 Abs 2 AußStrG „jedenfalls unzulässig" ist) zur Anwendung.[1299]

⇒ Nach bisheriger (weiterhin aufrecht zu haltender) Judikatur ist aber die Einbringung eines nicht für zulässig erklärten Revisionsrekurses ohne Zulassungsvorstellung verbesserungsfähig.[1300]

- Außerordentlicher Revisionsrekurs
  - Nur zulässig, wenn das Rekursgericht zwar nicht den (ordentlichen) Revisionsrekurs für zulässig erklärt hat, der Wert des Entscheidungsgenstands aber 10.000,-- Euro übersteigt.

⇒ Bei einem nicht ausschließlich in einem Geldbetrag bestehenden Entscheidungsgegenstand hat das Rekursgericht auszusprechen, ob der Wert des Entscheidungegegenstands 10.000,-- Euro übersteigt (§ 59 Abs 2 AußStrG iVm § 37 Abs 3 Z 16 MRG; siehe schon die Ausführungen beim ordentlichen Revisionsrekurs).

⇒ Die Wertgrenze beim außerordentlichen Revisionsrekurs gilt ausnahmslos; die zahlreichen Ausnahmen der früheren Rechtslage (vgl § 37 Abs 3 Z 18a MRG idF vor dem WohnAußStrBeglG) wurden zur Gänze beseitigt.

⇒ Auch beim außerordentlichen Revisionsrekurs unterscheidet das Gesetz nicht (mehr) zwischen der Bekämpfung von Sachbeschlüssen einerseits und von einfachen Beschlüssen andererseits.

⇒ Der Rechtsmittelausschluss des Rekursgerichtes gilt auch für außerordentliche Revisionsrekurse.[1301]

1297 OGH 10.1.2006, 5 Ob 295/05a (= EWr W/52/23) ua.
1298 OGH 13.12.2005, 5 Ob 274/05p; OGH 20.12.2005, 5 Ob 142/05a (= beide EWr W/52/20 f).
1299 OGH 10.5.2005, 5 Ob 72/05g (= EWr I/37/281 f);
OGH 30.8.2005, 5 Ob 185/05z (= EWr I/37/287 f).
1300 OGH 12.6.2001, 5 Ob 140/01a (= EWr I/37/228 f);
OGH 4.9.2001, 5 Ob 206/01g (= EWr I/37/236 f);
OGH 12.3.2002, 5 Ob 60/02p (= EWr I/37/244 f);
OGH 14.5.2002, 5 Ob 49/02w (= EWr I/37/246 f);
OGH 27.8.2002, 5 Ob 188/02m (= EWr I/37/253 f);
OGH 12.9.2002, 5 Ob 177/02v (= EWr I/37/255 f);
OGH 25.2.2003, 5 Ob 31/03z (= EWr I/37/260);
OGH 29.6.2004, 5 Ob 153/04t (= EWr I/37/273 f):
OGH 20.12.2005, 5 Ob 187/05v (= EWr I/37/292 f) uva.
1301 OGH 24.3.1992, 5 Ob 22/92 (= EWr I/37/13);

⇒ Ein Ausspruch des Rekursgerichtes, wonach der Wert des Entscheidungsgegenstandes zwar 4.000,-- Euro, nicht aber 20.000,-- Euro übersteige, lässt offen, ob der Entscheidungsgegenstand 10.000,-- Euro übersteigt; diesfalls hat das Rekursgericht für entsprechende Klarstellungen zu sorgen.[1302]

- Ein verspäteter Revisionsrekurs darf von den Untergerichten nicht zurückgewiesen werden (§ 67 AußStrG).

⇒ Zurückzuweisen von den Unterinstanzen ist aber ein „jedenfalls unzulässiger Revisionsrekurs" (auch eine Zulassungsvorstellung in diesen Fällen) sowie ein außerordentlicher Revisionsrekurs bei Nichtüberschreiten der Wertgrenze von 10.000,-- Euro.

- Rechtsmittelfristen:
  - Zwei Wochen:
    - Rechtsmittel (und deren Beantwortungen) gegen „einfache" Beschlüsse[1303] (also nicht gegen Sachbeschlüsse) sowie Anfechtung der Kostenentscheidung

⇒ Weiterhin gilt somit die 14-Tagesfrist jedenfalls für die Bekämpfung rein verfahrensrechtlicher Entscheidungen.[1304]

⇒ Im Fall der Zurückweisung eines Sachantrags wegen rechtskräftig entschiedener Sache gilt die 14-Tagesfrist, weil es sich nicht um einen Sachbeschluss handelt.[1305]

⇒ Die Möglichkeit zur Anfechtung der Kostenentscheidung ergibt sich aus § 48 Abs 1 AußStrG.

  - Vier Wochen:

⇒ (Wie bisher[1306]) Abweichungen gegenüber den jeweiligen Regelungen des AußStrG!

    - Rekurs gegen einen Sachbeschluss und Rekursbeantwortung hiezu;

⇒ Auch das neue Recht hält somit an der längeren (vier- statt zweiwöchigen) Frist im wohnrechtlichen Verfahren fest (im Gegensatz zu § 46 Abs 1 AußStrG, in dem nicht zwischen Beschlüssen und Sachbeschlüssen unterschieden wird und grundsätzlich nur eine Rekursfrist von vierzehn Tagen vorgesehen ist).

    - Revisionsrekurs gegen einen Sachbeschluss des Rekursgerichts;[1307]

OGH 16.4.1996, 5 Ob 2054/96m (= EWr I/37/87).

1302 OGH 10.1.2006, 5 Ob 263/05w (= EWr I/37/294 f).

1303 OGH 10.5.2005, 5 Ob 72/05g (= EWr I/37/281 f); OGH 30.8.2005, 5 Ob 185/05z (= EWr I/37/287 f).

1304 zB OGH 18.2.1992, 5 Ob 1007/92 (= EWr I/37/10); OGH 25.10.1994, 5 Ob 101/94 (= EWr I/37/63) sowie ident OGH 25.10.1994, 5 Ob 1130/94 (= EWr I/37/64); OGH 7.4.2000, 5 Ob 183/99v (= EWr I/37/187) ua.

1305 OGH 4.10.2005, 5 Ob 220/05x (= EWr W/52/17 f).

1306 OGH 12.4.1994, 5 Ob 1036/94 (= EWr I/37/50); OGH 30.8.1994, 5 Ob 85/94 (= EWr I/37/57 f); OGH 27.10.1998, 5 Ob 275/98x (= EWr I/37/147 f) ua.

1307 OGH 13.12.2005, 5 Ob 278/05a (= EWr W/52/22).

- Zulassungsvorstellung gegen die Nichtzulassung eines (ordentlichen) Revisionsrekurses;
- Revisionsrekurs gegen einen Aufhebungsbeschluss im Sinn des § 64 AußStrG (Aufhebungsbeschluss des Rekursgerichts unter Rechtskraftvorbehalt);

⇒ Befugnis des Obersten Gerichtshofes zur Sachentscheidung (§ 70 Abs 2 AußStrG).

⇒ Mangels Rechtskraftvorbehalts keine Anfechtbarkeit des Beschlusses (§ 64 Abs 1 AußStrG).

⇒ Der Oberste Gerichtshof hat bereits klargestellt, dass ungeachtet das Umstands, dass § 64 AußStrG - auf den § 37 Abs 3 Z 16 MRG verweist - nicht zwischen Sachbeschlüssen einerseits und einfachen (anderen) Beschlüssen andererseits unterscheidet, die Frist für den Revisionsrekurs gegen „einfache" Beschlüsse (nur) vierzehn Tage beträgt;[1308] eine entsprechende Klarstellung erfolgte mit der WRN 2006 auch direkt in § 37 Abs 3 Z 16 MRG.

- Revisionsrekursbeantwortung.

- Verfahrenskosten
(§ 37 Abs 3 Z 17 MRG)

Zentrales Diskussionsthema in der Vorbereitungsphase des neuen wohnrechtlichen Außerstreitverfahrens war die Frage des Ersatzes der Verfahrenskosten.

⇒ Insbesondere bezogen auf den Ersatz der Kosten der Vertretung durch einen Rechtsanwalt, Notar oder auch durch einen „Interessenvertreter".

Nach der vormaligen Rechtslage erfolgte im Wesentlichen kein Kostenersatz.

⇒ Das frühere Außerstreitverfahrensrecht kannte in seinem allgemeinen Teil keine Kostenersatzregelung.

⇒ Gewisse Differenzierungen im wohnrechtlichen Außerstreitverfahren ergaben sich aus der Regelung des § 37 Abs 3 Z 19 MRG idF vor dem WohnAußStrBeglG.[1309]

⇒ Der Ersatz der Kosten rechtsfreundlicher Vertretung war - anders als der Zuspruch von Barauslagen (etwa Sachverständigengebühren)[1310] - überhaupt nur im - selten judizierten - Fall der mutwilligen Verfahrensführung möglich.[1311]

Das neue Recht geht grundsätzlich vom Prinzip des Kostenersatzes aus.

⇒ Auf eine „mutwillige" Verfahrensführung (allein) kommt es dabei - anders als nach alter Rechtslage - nicht mehr an.

⇒ Das neue Recht unterscheidet auch nicht (mehr) zwischen den einzelnen Kostenarten; auch kommt es für den Kostenersatz dem Grunde nach nicht darauf an, ob es sich um Zwei- oder Mehrpartei-

---

[1308] OGH 30.8.2005, 5 Ob 185/05z (= EWr I/37/287 f).

[1309] OGH 14.3.1995, 5 Ob 21/95 (= EWr III/528 Z/28);
OGH 23.2.1999, 5 Ob 47/99v (= EWr I/37/163 ff) ua.

[1310] OGH 5.7.1994, 5 Ob 69/94 (= EWr I/37/56);
OGH 8.4.2003, 5 Ob 296/02v (= EWr I/16/392 ff).

[1311] OGH 9.2.1999, 5 Ob 12/99x (= EWr I/37/158 ff).

enverfahren (Zweigruppenverfahren) oder sonstige Verfahren handelt.

⇒ Gleichgestellt werden im neuen Recht - was die grundsätzliche Möglichkeit des Vertretungskostenzuspruchs betrifft - Rechtsanwälte, Notare und Interessenvertreter; bei der Höhe des möglichen Kostenzuspruchs ergeben sich aber Unterschiede (Pauschale für Interessenvertreter).

⇒ Weiterhin kein Kostenersatz vorgesehen ist für das Verfahren (bzw den Verfahrensabschnitt) vor der Schlichtungsstelle (sohin unabhängig davon, ob das Verfahren in der Folge zu Gericht abgezogen wird oder nicht); dies ergibt sich aus § 39 Abs 3 MRG, der weder § 37 Abs 3 Z 17 MRG noch § 78 AußStrG rezipiert.
Die Kosten der rechtsfreundlichen Vertretung können auch nicht später im gerichtlichen Verfahren als vorprozessuale Kosten geltend gemacht werden.
Daraus kann sich eine bedenkliche Ungleichbehandlung der Partei(en) ergeben (Kostenersatz abhängig vom Wohnsitz, je nachdem, ob Schlichtungsstelle eingerichtet ist oder nicht).

Der Gesetzgeber sah es allerdings im wohnrechtlichen Außerstreitverfahren aus primär sozialpolitischen Erwägungen für erforderlich an, vom reinen Erfolgsprinzip Abstand zu nehmen und stattdessen den Kostenersatz nach Billigkeit vorzusehen.

⇒ Im neuen allgemeinen Außerstreitverfahren hingegen wird vom Kostenersatz nach dem Erfolgsprinzip ausgegangen, jedoch mit der Möglichkeit zur Abweichung hievon nach Billigkeit (vgl § 78 AußStrG).

Die Regelung des § 37 Abs 3 Z 17 MRG listet Kriterien auf, die bei der Entscheidung über die Kosten zu berücksichtigen sind:

⇒ Die Auflistung ist bloß demonstrativ.
Dem Gericht verbleibt Ermessensspielraum beim Kostenzuspruch.

⇒ Schon das bisherige Recht (§ 37 Abs 3 Z 19 MRG idF vor dem WohnAußStrBeglG) enthielt eine nahezu idente Auflistung von Billigkeitskriterien für den Zuspruch von Verfahrenskosten (nicht Vertretungskosten) im Mehrparteienverfahren.

- Ausmaß, in dem die Parteien mit ihren Anträgen durchgedrungen sind

⇒ An erster Stelle wird sohin auch im neuen Recht der Verfahrenserfolg als zu berücksichtigendes Entscheidungskriterium für den (generellen) Kostenzuspruch genannt; allerdings handelt es sich dabei eben nicht um das einzige Kriterium, das zu beachten ist.

- Interesse am Verfahren

⇒ Es kann - um der gesetzlichen Anordnung nicht jeden Anwendungsbereich zu entziehen - jedenfalls nicht davon ausgegangen werden, dass grundsätzlich immer nur dem Antragsteller das (alleinige) Interesse am Verfahren zuzuordnen ist.

⇒ Zu unterscheiden wird wohl auch sein zwischen Verfahren zur Bekämpfung einer Rechtswidrigkeit einerseits (etwa einer unzulässigen Mietzinsvereinbarung oder Betriebskostenvorschreibung) und solchen, in denen ein Individualanspruch durchgesetzt werden soll (insbesondere denkbar im Wohnungseigentum) andererseits. Im erstgenannten Fall kann nicht das Interesse des Antragstellers -

losgelöst vom Verfahrensausgang - ausschlaggebend sein für dessen Kostenbelastung.

⇒ Die Berücksichtigung des Interesses am Verfahren(sausgang) bei der Kostenentscheidung kann eine Rolle spielen in jenen Fällen, wo sich Parteien im Verfahren passiv verhalten (und nur auf die Aktivität anderer vertrauen).

- <u>Verursachung von Verfahrensaufwand</u>

  ⇒ Damit erfolgt gleichsam eine Sanktionierung des von einer Partei unnötig verursachten Mehraufwandes für die Verfahrensführung.
  Zu denken ist dabei an die Stellung unnötiger Anträge, wohl aber auch an des Bestreiten gegebener Tatsachen sowie überhaupt an jede zuzurechnende Verzögerung bzw Verschleppung des Verfahrens.
  Die mit der WRN 2006 in § 52 Abs 2 Z 1 letzter Halbsatz WEG geschaffene (künstlich konstruierte) Parteistellung des Verwalters wird auch in manchen Fällen zu dessen Kostenersatzpflicht führen (siehe dazu schon oben S 387).

  ⇒ Fraglich scheint, ob auch das Abziehen des Verfahrens von der Schlichtungsstelle zu Gericht (vor der Entscheidung Ersterer) bzw die Bekämpfung einer - wenn auch wohlbegründeten - Schlichtungsstellenentscheidung gleichsam als eigenständiges Beurteilungskriterium mit zu berücksichtigen ist.

- <u>Vielzahl von Verfahrensgegnern</u>

  ⇒ Gerade im wohnrechtlichen Außerstreitverfahren kommt es immer wieder vor, dass eine Partei einer Vielzahl an Antragsgegnern gegenübersteht.
  Ausgehend davon, dass sich mehrere Parteien jeweils individuell vertreten lassen, könnte sich daraus eine erhebliche Kostenbelastung für die einzige Partei auf einer Seite ergeben.
  Eine übermäßige Kostenbelastung - resultierend aus den Ansprüchen auf Kostenersatz mehrerer Parteien - ist sohin ebenfalls beim Kostenzuspruch zu berücksichtigen.

  ⇒ Auch die Prüfung der Zweckmäßigkeit des Einschaltens mehrerer Rechtsvertreter auf einer Seite könnte in diesem Zusammenhang erfolgen.

Die <u>Höhe</u> der (maximal zuzusprechenden) Vertretungskosten richtet sich

- bei der Vertretung durch einen Rechtsanwalt oder Notar nach dem Rechtsanwaltstarifgesetz (RATG);

  ⇒ siehe insbesondere die durch Artikel 9 des WohnAußStrBeglG vorgenommenen Änderungen im RATG;

- bei Vertretung durch einen Interessenvertreter hingegen unmittelbar nach der in § 37 Abs 3 Z 17 MRG enthaltenen Anordnung.
  Demnach beträgt der Vertretungskostenersatzanspruch der durch einen Interessenvertreter vertretenen Partei für das Verfahren

  - <u>erster</u> Instanz
    <u>400 Euro</u>;
  - <u>zweiter und dritter Instanz</u>
    <u>je 180 Euro</u>.

    ⇒ Es handelt sich dabei um gesetzlich festgelegte Pauschalbeträge.

⇒ Der volle Pauschalbetrag gebührt nur bei vollem Kostenersatz; andernfalls hat ein entsprechender Teilzuspruch zu erfolgen.

- Zuschläge bei Vertretung mehrerer Parteien durch einen Interessenvertreter (2 Personen 10 %, 3 Personen 15 %, 4 Personen 20 % und bei 5 oder mehr Personen 25 %).

  ⇒ Anders als nach dem RATG kommt der Zuschlag nur zum Tragen, wenn der Interessenvertreter tatsächlich mehrere Personen vertritt; nicht schon bei einer Mehrheit von Personen auf einer Seite.

- Unanwendbarkeit der Bestimmung des § 79 AußStrG
  (§ 37 Abs 3 Z 19 MRG)

  § 79 AußStrG sieht die Möglichkeit des Gerichts vor, bestimmte für den Fortgang des Verfahrens notwendige Verfügungen erforderlichenfalls durch Zwangsmittel (Geldstrafen, Beugehaft, zwangsweise Vorführung, Abnahme von Urkunden etc sowie Bestellung von Kuratoren) durchzusetzen.
  Diese Regelung ist für das wohnrechtliche Außerstreitverfahren nicht anwendbar.

  ⇒ Keine Änderung der bisherigen Rechtslage.

2)
Entscheidungen der Gemeinde (Gemeindeschlichtungsstelle)

Gemäß § 52 Abs 3 WEG kann ein Verfahren auf Nutzwertfestsetzung (§ 9 Abs 2 WEG) oder Nutzwertneufestsetzung (§ 9 Abs 3 WEG) in Gemeinden, in denen (durch Kundmachung gemäß § 39 Abs 2 und § 50 MRG) eine Schlichtungsstelle eingerichtet ist, nur dann bei Gericht eingeleitet werden, wenn die Sache vorher bei der Gemeinde anhängig gemacht wurde.

- Diesbezüglich gelten auch § 39 Abs 3 bis 5 und § 40 MRG.

  ⇒ Darin werden die Grundsätze des Verfahrens vor der Schlichtungsstelle und die Möglichkeit zur Anrufung des Gerichts geregelt.[1312]

3)
Gerichtsgebühren
(§ 53 WEG)

Für die in § 52 Abs 1 genannten Verfahren ist die in der Tarifpost 12 lit c Z 6 GGG bestimmte Pauschalgebühr zu entrichten.

⇒ Die Gebühr beträgt (Stand Jänner 2006) 60 Euro.

[1312] Näheres siehe etwa in *ÖVI/Dirnbacherm* MRG [2006], S 420 ff.

Literatur zu Einzelfragen:

Zum WEG 2002:

Domej, „Was ist neu am wohnrechtlichen Außerstreitverfahren?“; wobl 2004, 319.

Fucik, „Das neue Außerstreitgesetz“; immolex 2004, 196.

Iby, „Das Rechtsmittelverfahren nach dem Wohnrechtlichen Außerstreitbegleitgesetz“; immolex 2005, 106.

Lindinger, „Grundsätze des Kostenersatzrechtes im Wohnrechtlichen Außerstreitverfahren“; immolex 2004, 841.

Maczejka, „Das neue Außerstreitgesetz – Allgemeine Bestimmungen (Teil 2)“; ecolex 2004, 841.

Mayr, „Das außerstreitige Wohnrechtsverfahren – Entwicklung und gegenwärtige Lage“; immolex 2003, 301.

Moser, „Das neue Außerstreitgesetz – Allgemeine Bestimmungen (Teil 1)“; ecolex 2004, 836.

Prader, „Neuerungen im wohnrechtlichen Außerstreitverfahren I. Instanz“; immolex 2004, 202.

Rauer, „Zum Schadenersatzanspruch gegen den Verwalter für von diesem verursachte Verfahrenskosten im außerstreitigen Verfahren nach dem WEG“; immolex 2003, 178.

Stabentheiner, „Das Wohnrechtliche Außerstreitbegleitgesetz“; 1. Teil: wobl 2004, 1; 2. Teil: wobl 2004, 33.

Stabentheiner, „Der Verfahrenskostenersatz im neuen wohnrechtlichen Außerstreitverfahren“; immolex 2004, 205.

Würth, „Das wohnrechtliche Außerstreitverfahren nach der Außerstreitreform“; wobl 2004, 327.

Zum WEG 1975:

Danzl, „Der Weg zum OGH nach der WRN 1997“; ÖJZ Sonderheft.

Palten, „Die Parteistellung im Außerstreitverfahren und der § 26 Abs 2 Z 1 WEG 1975“; ÖJZ 1979, 260 bis 266.

Würth, „Einige kritische Gedanken zur Rechtsprechung zum WEG 1975 (Parteistellung im Verfahren nach § 26 WEG)“; ImmZ 1979, 147.

Würth, „Der ´Revisionsrekurs´ in den Verfahren nach § 37 MRG, § 22 WGG und § 26 WEG seit dem Revisionsrekurs-Anpassungsgesetz“; wobl 1991, 205.

> dazu: **Klinger**, „Eine Ergänzung zur Abhandlung über den ´Revisionsrekurs´ in den Verfahren gem § 37 MRG, § 22 WGG und § 26 WEG seit dem Revisionsrekurs-Anpassungsgesetz in wobl 1991, 205“; wobl 1991 245.

Würth, „Die Auswirkungen der erweiterten Wertgrenzen-Novelle 1997 im Wohnrecht“; wobl 1998, 61.

XVI.
SCHLUSS- UND ÜBERGANGSBESTIMMUNGEN
(12. Abschnitt; §§ 54 - 57 WEG)

1)
In-Kraft-Treten
(§ 54 WEG)

Das WEG ist mit 1. Juli 2002 in Kraft getreten (Abs 1 leg cit).

Abweichend von Abs 1 leg cit trat § 20 Abs 6 WEG mit 1. Jänner 2003 in Kraft (Abs 2 leg cit).

⇒ Zu § 20 Abs 6 WEG (betreffend Konto der Eigentümergemeinschaft) siehe oben S 201 f.

2)
Außer-Kraft-Treten
(§ 55 WEG)

Das Wohnungseigentumsgesetz 1975, BGBl. Nr. 417, zuletzt geändert durch das Bundesgesetz BGBl. I Nr. 98/2001, tritt mit Ablauf des 30. Juni 2002 außer Kraft (Satz 1 leg cit).

Die Übergangsregelungen des § 29 Abs 1 bis 3 des Wohnungseigentumsgesetzes 1975 gelten jedoch für die davon erfassten Rechtsgeschäfte weiter (Satz 2 leg cit).

⇒ Dies betrifft:[1313]
- die Weitergeltung einiger Bestimmungen des WEG 1948 in bestimmten Angelegenheiten; insbesondere auch betreffend die Parifizierung nach dem WEG 1948[1314] (§ 29 Abs 1 und 2 WEG 1975);
- verfahrensrechtliche - inzwischen praktisch obsolete - Anordnungen über vor dem 1.1.1997 anhängig gemachte Verfahren (§ 29 Abs 3 WEG 1975).

- Darüber hinaus ergibt sich die Weitergeltung einiger Bestimmungen des WEG 1975 (im Zusammenhang mit schlichten Miteigentümern) aus § 56 Abs 12 WEG.

⇒ Siehe dazu unten S 415 f.

3)
Übergangsbestimmungen
(§ 56 WEG)

Die Übergangsbestimmungen des WEG wurden teilweise schon im Zusammenhang mit den materiellrechtlichen Normen erörtert.
Wo dies zutrifft, erfolgt an dieser Stelle nur mehr ein entsprechender Hinweis.
Abs 1 leg cit:

⇒ Wichtige Änderungen (insb Satz 3, siehe sogleich unten) durch die WRN 2006!

- Wurde vor dem 1. Juli 2002 ein Abstellplatz für ein Kraftfahrzeug gemäß § 1 Abs 2 WEG 1975 mit einer Wohnung oder sonstigen Räum-

[1313] Näheres dazu etwa in *ÖVI/Dirnbacher, WEG 2000,* S 223 f.
[1314] OGH 11.12.2001, 5 Ob 227/01w (= EWr II/3/22 f).

lichkeit verbunden, so bleibt diese Verbindung weiterhin gültig (Satz 1 leg cit)

⇒ Ausgehend davon, dass selbst die Veräußerung eines im Zubehör-Wohnungseigentum stehenden Kfz-Abstellplatzes an einen anderen Wohnungseigentümer auf der Liegenschaft der vorhergehenden Verselbständigung des Kfz-Abstellplatzes bedarf, kommt der Regelung materiell nur die (auch ohne sie kaum anzuzweifelnde) Aussage zu, dass sich das im zeitlichen Geltungsbereich des WEG 1975 wirksam begründete Zubehör-Wohnungseigentum an einem Kfz-Abstellplatz mit Inkrafttreten des WEG, also per 1.1.2002, nicht „atomisiert" hat (und sohin auch keine neue Nutzwertermittlung bzw eine „Verselbständigung" des bisherigen Zubehörs vorgenommen werden muss; dies gilt freilich genauso - ohne gesonderte Erwähnung im Gesetz [wohl aber in den Materialien zur WRN 2006] - für noch nach den Bestimmungen des WEG 1975 begründetes Zubehör an mit dem Wohnungseigentumsobjekt baulich verbundenen Balkonen und Terrassen).

- In den Fällen des § 14 Abs 3 und 5 Z 1 vierter Satz WEG gelten die dort vorgesehenen Begünstigungen auch für einen Abstellplatz, der gemäß § 1 Abs 2 WEG 1975 mit der Wohnung verbunden ist (Satz 2 leg cit).

⇒ Diese - mE eher überflüssige (weil eine Selbstverständlichkeit darlegende) - Klarstellung, wonach Zubehör (diesfalls an einem Kfz-Abstellplatz) das gleiche rechtliche Schicksal wie die Hauptsache hat (und daher auch deren allfällige Begünstigung genießt), erfolgte mit der WRN 2006; dies - so die Materialien - im Hinblick auf die mit der WRN 2006 neu eingeführte Begünstigungsregel in § 14 Abs 6 WEG (siehe oben S 126 f).

⇒ Anders als die Regelung des § 14 Abs 6 WEG, die wohl nur einen einzigen Kfz-Abstellplatz vor Augen hat, bezieht sich der eingefügte zweite Satz in § 52 Abs 1 Satz 2 WEG mE auf alle (also allenfalls auch zwei) mit der begünstigten Wohnung im Zubehör-Wohnungseigentum stehenden Kfz-Abstellplätze (andernfalls wäre bei Zahlungspflicht des Begünstigten [gemäß § 14 Abs 3 Sätze 2 und 3 WEG] eine getrennte Bewertung zweier an sich identer [und ohne Verselbständigung gar nicht veräußerbarer] Zubehör-Objekte erforderlich).

- Die Begründung von selbständigem Wohnungseigentum an einem im Zubehör-Wohnungseigentum stehenden Abstellplatz für ein Kraftfahrzeug
  - bedarf nicht der Zustimmung der anderen Miteigentümer;
  - eine Nutzwertfestsetzung gemäß § 9 Abs 2, 3 oder 6 WEG ist entbehrlich, wenn sich der Nutzwert des Abstellplatzes zweifelsfrei aus der früheren Nutzwertermittlung ergibt (Satz 3 leg cit).

⇒ Mit dieser Regelung bringt die WRN 2006 den Betroffenen eine wesentliche Erleichterung (und Verbilligung) der (bei jeder beabsichtigten Veräußerung erforderlichen) Verselbständigung eines noch im Zubehör-WE stehenden Kfz-Abstellplatzes.

⇒ IdR wird sich der Nutzwert des Kfz-Abstellplatzes aus der ursprünglichen Nutzwertermittlung zweifelsfrei ergeben (gleichviel, ob diese privativ oder autoritativ erfolgt ist), zumal seinerzeit der

Nutzwert eines Zubehör-Abstellplatzes meist wie für ein selbständiges Objekt errechnet und danach der entsprechende Wert dem Nutzwert der Hauptsache hinzugefügt wurde.
„Zweifelsfrei" bedeutet aber jedenfalls, dass der Nutzwert auch ohne Sachverständigenwissen erkennbar ist.

⇒ Wenn der Nutzwert des Kfz-Abstellplatzes zweifelsfrei aus der früheren Nutzwertermittlung erkennbar ist, reicht nun für die „Verselbständigung" (= bücherliche Eintragung des neuen Wohnungseigentumsobjekts „Kraftfahrzeug-Abstellplatz") ein darauf abzielender Antrag des Wohnungseigentümers beim Grundbuchsgericht aus, ohne dass es der Vorlage eines neuen Nutzwertgutachtens (oder des Antrags auf Neufestsetzung der Nutzwerte) sowie der Beiziehung der übrigen Wohnungseigentümer bedarf.

- Die Regelung des § 56 Abs 1 dritter Satz WEG trat bereits mit dem der Kundmachung der WRN 2006 folgenden Tag in Kraft (§ 58 Abs 1 WEG).

⇒ Die WRN 2006 wurde am 26.7.2006 verlautbart.

Abs 2 leg cit:

- Wurde vor dem 1. Juli 2002 selbständiges Wohnungseigentum entgegen der Bestimmung des § 1 Abs 2 WEG 1975 an einem Abstellplatz für Kraftfahrzeuge oder entgegen der Bestimmung des § 1 Abs 3 WEG 1975 an einer Substandardwohnung begründet, so gilt dieses selbständige Wohnungseigentum nach dem 30. Juni 2002 als wirksam begründet, sofern die Wohnungseigentumsbegründung nach der nunmehrigen Rechtslage gültig wäre.

⇒ Ausgehend davon, dass die Wohnungseigentumsbegründung an Abstellplätzen für Kraftfahrzeuge gemäß § 5 Abs 2 WEG Beschränkungen innerhalb der ersten drei Jahre ab Wohnungseigentumsbegründung an der Liegenschaft unterliegt (nicht an „Hausfremde" bzw Mengenregulierung), stellt sich die Frage, ob die Sanierungsregelung selbst jene „Altlasten" heilt, wo auch dem neuen Recht - hätte es seinerzeit schon gegolten - diesbezüglich (§ 5 Abs 2 WEG) nicht entsprochen wurde.
Nach dem Wortlaut des § 56 Abs 2 WEG wäre dies wohl zu veneinen; die Absicht des Gesetzes scheint indes eine andere Auslegung nahezulegen. ME fallen nur diejenigen „Wohnungseigentumsbegründungen" an Kfz-Abstellplätzen nicht unter die Sanierungsregelung, wo nicht einmal den (nun in § 2 Abs 2 WEG determinierten) Anforderungen an das Objekt - etwa hinsichtlich der deutlichen Abgrenzung oder der ausschließlichen Widmung als Kfz-Abstellfläche - entsprochen wurde. Dafür scheint zum einen zu sprechen, dass eine entgegen der Anordnung des § 5 Abs 2 WEG erfolgte Verbücherung wohl (auch) nicht als nichtig anzusehen ist und zum anderen aus der gleichen Regelung (und das ist zugleich deren Schwachpunkt) niemandem ein Recht erwächst.

⇒ Zum Kraftfahrzeug-Abstellplatz siehe ab S 31 und ab S 77.

⇒ Zur Substandardwohnung siehe S 29 f.

⇒ Anzumerken ist, dass keine „Amnestie" im Zusammenhang mit der nichtigen - wiewohl dem Vernehmen nach (aus verschiedenen Gründen) nicht gar so selten erfolgten - Begründung von Wohnungseigentum an (gewidmeten) Hausbesorgerwohnungen geschaffen wurde; dies auch nicht mit der WRN 2006.

<u>Abs 3 leg cit:</u>

- § 3 Abs 1 Z 3 WEG ist auf Verfahren anzuwenden, die nach dem 30. Juni 2002 eingeleitet werden.
  Für früher eingeleitete Verfahren gilt § 2 Abs 2 Z 2 WEG weiter und ist die Möglichkeit der Begründung von Wohnungseigentum noch anhand der bisherigen Rechtslage zu beurteilen.
  - ⇒ Der erste Satz scheint entbehrlich, ergibt sich doch die <u>Anwendbarkeit</u> der neuen Regelung aus dem Inkrafttreten des Gesetzes per 1.1.2002 (§ 54 Abs 1 WEG) von selbst.
  - ⇒ Im Übrigen siehe zur Wohnungseigentumsbegründung im Teilungsverfahren ab S 95.

<u>Abs 4 leg cit:</u>

- Wurde vor dem 1. Juli 2002 Wohnungseigentum - jedoch nicht an allen wohnungseigentumstauglichen Objekten der Liegenschaft - begründet, so ist nach dem 30. Juni 2002 die weitere Begründung von Wohnungseigentum nur zulässig, wenn sie sich auf alle restlichen Wohnungen und sonstigen selbständigen Räumlichkeiten der Liegenschaft sowie auf alle restlichen Abstellplätze für Kraftfahrzeuge bezieht, die nach der Widmung der Miteigentümer als Wohnungseigentumsobjekte vorgesehen sind.
  - ⇒ Wiewohl der Gesetzgeber in dieser Bestimmung die in § 3 Abs 2 WEG (siehe ab S 73) und in § 45 Abs 3 WEG (siehe S 372) vollzogenen Textänderungen (Klarstellungen) nicht vorgenommen hat, scheint mE nicht zweifelhaft, dass sich auch diese Regelung nicht nur auf die gewidmeten Abstellplätze für Kraftfahrzeuge, sondern auf <u>alle</u> wohnungseigentumstauglichen Objekte bezieht, die nach der Widmung als Wohnungseigentumsobjekte vorgesehen sind - und nicht zwangsläufig auf alle „restlichen" (allenfalls auch nicht zur Begründung des Wohnungseigentums vorgesehenen [= gewidmeten] Wohnungen und sonstigen selbständigen Räumlichkeiten der Liegenschaft) - bezieht.
  - ⇒ Was die „Widmung der Kfz-Abstellplätze" betrifft, so ist darauf hinzuweisen, dass (auch) diese nur einvernehmlich möglich ist und jedenfalls erst <u>nach dem 30.6.2002</u> erfolgen kann, weil davor selbständiges Wohnungseigentum an solchen Objekten nicht möglich war (woraus wiederum folgt, dass es sich - sofern nicht Zubehör-Wohnungseigentum daran begründet wurde - um allgemeine Flächen, an denen den schlichten Miteigentümern nur Nutzungsrechte eingeräumt werden konnten, handeln musste).

<u>Abs 5 leg cit:</u>

- § 4 WEG ist in Verfahren anzuwenden, die nach dem 30. Juni 2002 eingeleitet werden.
  In früher eingeleiteten Verfahren ist weiterhin die bisherige Regelung anzuwenden.
  - ⇒ Die verfahrensrechtliche Legitimation des Vermieters (vor allem die Passivlegitimation) bei vor der Begründung von Wohnungseigentum abgeschlossenen Mitverhältnissen hängt sohin vom Zeitpunkt der Verfahrenseinleitung ab.
    Daraus kann sich die eigenartige Situation ergeben, dass mehrere Mieter eines Hauses, die seinerzeit mit dem gleichen Vermieter

kontrahierten, für die (restliche) Dauer eines vor dem 1.7.2002 anhängig gemachten Verfahrens verschiedene Vermieter haben.

⇒ Zu § 4 WEG siehe ab S 65.

Abs 6 leg cit:

- Bei Liegenschaften, an denen schon vor dem 1. Juli 2002 das Wohnungseigentum ganz oder teilweise begründet wurde, beginnt die dreijährige Frist nach § 5 Abs 2 WEG erst mit 1. Juli 2002 zu laufen.

⇒ Die Regelung ist prima facie nicht leicht verständlich; sie kann mE sogar zu Fehlinterpretationen Anlass geben.

§ 5 Abs 2 WEG bezieht sich ausschließlich auf jene Abstellplätze für Kraftfahrzeuge, an denen selbständiges Wohnungseigentum begründet ist. Derartiges war indes vor dem 1. Juli 2002 rechtlich nicht möglich.

Die Sanierungsregelung des § 56 Abs 2 WEG (siehe oben) vermag jedoch zu bewirken, dass vormals unwirksames „Wohnungseigentum" per 1.7.2002 zum wirksam begründeten mutiert. Für diesen Fall wäre ein (= der?) Anwendungsbereich des § 56 Abs 6 WEG dergestalt gegeben, dass (wenigstens) die Veräußerungsbeschränkung des § 5 Abs 2 WEG zur Anwendung gelangt (und daher (auch) ein erst über die Sanierungsregelung zum (wirksamen) selbständigen Wohnungseigentumsobjekt geadelter Abstellplatz frühestens nach drei Jahren, also ab 1.7.2005, an Nicht-Wohnungseigentümer der Liegenschaft veräußert werden dürfte).

Nicht anwendbar ist die Regelung mE in den Fällen der nachträglichen Begründung von Wohnungseigentum an Abstellplätzen für Kraftfahrzeuge bei - ganz oder teilweise - bereits im Wohnungseigentum stehenden Liegenschaften. Die Dreijahresfrist des § 5 Abs 2 beginnt - nach dem eindeutigen Wortlaut des Gesetzes - ab Begründung des Wohnungseigentums an der Liegenschaft (und nicht ab Begründung des Wohnungseigentums am Abstellplatz) zu laufen. § 56 Abs 6 WEG normiert keine Ausnahme dazu, was (zumindest) aus der - andernfalls vollends sinnentleerten - Beifügung „erst" erhellt.

Abs 7 leg cit:

- Wurde bei einem Haus, für das die Baubewilligung schon vor dem 1. Jänner 1985 erteilt wurde, in einem vor dem 1. Juli 2002 eingeleiteten Verfahren die Nutzfläche gemäß § 6 Abs 2 WEG 1975 nach dem Naturmaß berechnet, so bleibt die der Entscheidung zugrunde gelegte Nutzflächenberechnung weiter gültig.

⇒ Gemäß § 6 Abs 2 WEG 1975 konnte bei Gebäuden mit Baubewilligung vor dem 1. Jänner 1985 die Berechnung nach dem Naturmaß bei jeder Abweichung vom behördlich genehmigten Bauplan erfolgen; gemäß § 7 WEG ist dies erst ab einer Abweichung vom Bauplan um mehr als 3% (abgestellt auf das Wohnungseigentumsobjekt) zulässig („Bagatellgrenze").

Abs 8 leg cit:

- Soweit in anderen Rechtsvorschriften auf das gemeinsame Wohnungseigentum von Ehegatten Bezug genommen wird, ist darunter ab dem 1. Juli 2002 die Eigentümerpartnerschaft im Sinne des 4. Abschnitts des WEG zu verstehen.

⇒ Zur Eigentümerpartnerschaft siehe oben ab S 105.

Abs 9 leg cit:

- § 24 Abs 6 WEG ist auf Beschlüsse der Eigentümergemeinschaft anzuwenden, soweit sie nach dem 30. Juni 2002 bekannt gemacht werden. Soweit Beschlüsse früher bekannt gemacht wurden, gilt § 13b Abs 4 WEG weiter.
  - ⇒ Die Anwendbarkeit der Regeln über die Anfechtung eines Beschlusses richtet sich somit nach dem Zeitpunkt der Bekanntmachung des Beschlusses (die wiederum im WEG 1975 anders geregelt war als im WEG).
  - ⇒ Die Regelung ist ebenfalls aus heutiger Sicht (August 2006) weitgehend obsolet.

Abs 10 leg cit:

- § 34 Abs 1 letzter Satz WEG ist auch auf Rechnungslegungsansprüche anzuwenden, die vor dem 1. Juli 2002 fällig geworden sind; in diesen Fällen beginnt die dreijährige Verjährungsfrist aber erst mit 1. Juli 2002 zu laufen.
  - ⇒ Die Regelung des § 34 Abs 1 letzter Satz WEG (Verkürzung der Verjährungsfrist über den Rechnungslegungsanspruch von dreißig auf drei Jahre) hat sohin ihren uneingeschränkten Anwendungsbereich seit 1. Juli 2005.
    Aus heutiger Sicht (August 2006) ist dies also gegeben.

Abs 11 leg cit:

- § 37 Abs 1 WEG ist auf Zahlungen anzuwenden, die nach dem 30. Juni 2002 geleistet werden.
  Für früher geleistete Zahlungen gilt § 23 Abs 1a WEG 1975 weiter.
  - ⇒ Zum Annahmeverbot des Wohnungseigentumsorganisators (insbesondere zu den Unterschieden des neuen Rechts gegenüber der Regelung im WEG 1975) siehe S 352 f.
  - ⇒ Auch diese Regelung ist aus heutiger Sicht (August 2006) weitgehend obsolet.

Abs 12 leg cit:

- Besteht die Eigentümergemeinschaft auf Grund einer vor dem 1. Juli 2002 durchgeführten, nicht alle wohnungseigentumstauglichen Objekte der Liegenschaft erfassenden Wohnungseigentumsbegründung zum Teil auch aus schlichten Miteigentümern, so gelten die sich auf die Wohnungseigentümer beziehenden Regelungen des neuen Rechts sinngemäß auch für die schlichten Miteigentümer, soweit die ihnen entsprechenden Bestimmungen des WEG 1975 auch für die schlichten Miteigentümer galten (Satz 1 leg cit).
  - ⇒ Diese Regelung ist als notwendige Konsequenz der mit dem WEG erfolgten „Sprachvereinheitlichung" von vormals „Mit- und Wohnungseigentümer" bzw „Miteigentümer" auf nunmehr (nahezu) ausschließlich „Wohnungseigentümer" anzusehen.
    Abs 12 Satz 1 leg cit scheint oberflächlich betrachtet mehr Aufwand zu verursachen, als es den Tatsachen entspricht.
    Im Großen und Ganzen kann gesagt werden: Mit Ausnahme des § 13 Abs 2 WEG 1975 (entspricht unverändert § 16 WEG), also dem Antragsrecht auf Genehmigung einer Änderung des Wohnungseigentümers (das - auch nach der [die gesetzliche Anord-

nung zuletzt bemängelnden[1315]] Judikatur - nur dem Wohnungseigentümer zugestanden wurde), waren die verwaltungsrechtlichen Vorschriften des WEG 1975 auch auf schlichte Miteigentümer anzuwenden (ohne dass dies jeweils mit der gewünschten Klarheit aus dem WEG 1975 hervorgegangen wäre).
Die sich aus § 2 Abs 2 Z 1 zweiter Halbsatz WEG 1975 ergebende Differenzierung wurde durch § 56 Abs 12 Satz 2 WEG beseitigt (siehe sogleich unten).

Die in § 2 Abs 2 Z 1 zweiter HS WEG 1975 vorgesehene Beschränkung des Rechts eines Wohnungseigentümers auf Verweigerung der Zustimmung zur weiteren Begründung von Wohnungseigentum ist nach dem 30. Juni 2002 sowohl auf Wohnungseigentümer als auch auf schlichte Miteigentümer anzuwenden (Satz 2 leg cit).

⇒ Die Regelung, die dem Miteigentümer nur zusichert, dass alle übrigen Wohnungs- und Miteigentümer die Zustimmung zur Begründung von Wohnungseigentum an seinen Anteilen (idR) nicht verweigern dürfen, verschafft dem schlichten Miteigentümer bei Vorhandensein weiterer schlichter Miteigentümer (die nicht Wohnungseigentum begründen wollen) angesichts der in § 56 Abs 4 WEG angeordneten obligatorischen Begründung von Wohnungseigentum an allen wohnungseigentumstauglichen Objekten ein nudum ius.
Zur Änderung des § 43 WEG durch die WRN 2006 siehe oben ab S 89.

Abs 13 leg cit:

- Im Übrigen ist das WEG auch auf die vor dem 1. Juli 2002 begründeten Wohnungseigentumsrechte und auf die vor diesem Zeitpunkt zwischen Wohnungseigentümern, Wohnungseigentumsbewerbern und Wohnungseigentumsorganisatoren untereinander oder mit Dritten geschlossenen Rechtsgeschäfte anzuwenden.

⇒ § 56 Abs 13 WEG ist die zentrale Übergangsbestimmung.
Im Ergebnis bringt sie zum Ausdruck, dass immer dann, wenn das Gesetz (§ 56 WEG) nicht ausdrücklich Anderes vorsieht, ab 1.7.2002 die Regelungen des WEG 2002 zur Anwendung gelangen.

⇒ Auch § 55 WEG ist eine Übergangsregelung (siehe oben S 410)!

Abs 14 leg cit:

- Soweit in anderen Rechtsvorschriften auf Bestimmungen des WEG 1975 verwiesen wird, treten an deren Stelle die entsprechenden Regelungen des WEG.

⇒ Für den Bereich des WGG erfolgten Zitatanpassungen unmittelbar durch Artikel V des WE-BeG.

4) Begründung von Wohnungseigentum auf Grundlage des Wohnungseigentumsgesetzes 1975

(§ 57 WEG)

⇒ Diese Regelung trägt dem Umstand Rechnung, dass es der Gesetzgeber im Jahr 2002 verabsäumt hat, Übergangsfristen für die

[1315] OGH 27.2.2001, 5 Ob 70/99a (= EWr II/13/147 ff).

Verbücherung von Wohnungseigentum auf Grundlage des WEG 1975 - über den 30.6.2002 hinaus (das WEG trat mit 1.7.2002 in Kraft) - zu normieren. Dies wäre freilich in manchen Fällen angesichts des relativ kurzen Zeitraums zwischen parlamentarischer Beschlussfassung und In-Kraft-Treten des WEG erforderlich gewesen, um noch die unter dem Regime des WEG 1975 begonnene Wohnungseigentumsbegründung (etwa mit darin vorgesehenem Zubehör-Wohnungseigentum an Kfz-Abstellplätzen) zum Abschluss zu bringen.

Pragmatische Lösungsansätze zur Linderung der (spät, aber doch erkannten) Übergangsproblematik und zur Vermeidung frustrierten Aufwands (etwa eine vom Bundesministerium für Justiz den Grundbuchsgerichten anempfohlene „Großzügigkeit" bei der Behandlung von „Altanträgen" nach dem In-Kraft-Treten des WEG) scheiterten letztendlich an höchstgerichtlicher Rechtsprechung, die diesen Versuchen eine Absage erteilte, indem sie die Begründung von Wohnungseigentum auf Basis der früheren Rechtslage ablehnte.[1316]

Vor diesem Hintergrund - und ausgehend davon, dass wohl (nicht zuletzt auf Grund der „Großzügigkeitsempfehlung") vereinzelt dennoch (nichtiges?) Wohnungseigentum auf Grundlage des WEG 1975 über den 30.6.2002 hinaus begründet wurde - sah sich der Gesetzgeber genötigt, mit der ersten Novelle zum WEG, eben der WRN 2006, eine Sanierungsregelung zu schaffen.

Diese amnestiert in ihrem zweiten Absatz derartige Fälle und dient insoweit der Rechtssicherheit.

Der Regelungsinhalt des ersten Absatzes stellt indes eine Merkwürdigkeit sui generis dar und darf getrost (insbesondere nach dem 31.12.2006) unter der Rubrik „Kuriosa" abgelegt werden.

Bis zum Ablauf des 31. Dezember 2006 kann - ungeachtet eines allfälligen Widerspruchs zu Regelungen des Wohnungseigentumsgesetzes 2002 - die Einverleibung von Wohnungseigentum auf Grund von Urkunden beantragt werden, die noch nach der Rechtslage des Wohnungseigentumsgesetzes 1975 erstellt wurden, sofern die Wohnungseigentumsbegründung nach dem Wohnungseigentumsgesetz 1975 gültig gewesen wäre (Abs 1 leg cit).

⇒ Die Materialien stellen dazu klar, dass auch solche Urkunden Grundlage für die Begünstigungsregelung sein können, die erst nach dem 30.6.2002 (also bereits im zeitlichen Geltungsbereich des WEG 2002) erstellt wurden.

⇒ Ob es tatsächlich im zweiten Halbjahr 2006 noch Normunterworfene gibt (gab), die seit Juli 2002 untätig verharrend auf diese Regelung gewartet haben, bleibt der individuellen Phantasie überlassen.

Eher anzunehmen ist, dass § 57 Abs 1 WEG dazu dient(e), noch einmal Zubehör-Wohnungseigentum an Kfz-Abstellplätzen sowie „gemischtes" Eigentum neu zu begründen.

Fazit: Das WEG 1975 hat sich sohin doch langsamer verabschiedet, als dies bei Schaffung einer vernünftigen Übergangsfrist im WEG 2002 der Fall gewesen wäre.

- Die Regelung des § 57 Abs 1 WEG trat bereits mit dem der Kundmachung der WRN 2006 folgenden Tag in Kraft (§ 58 Abs 1 WEG).

[1316] OGH 21.10.2003, 5 Ob 168/03x; OGH 21.10.2003, 5 Ob 224/03g.

⇒ Die WRN 2006 wurde am 26.7.2006 verlautbart.

Wurde nach dem 30. Juni 2002 und vor dem In-Kraft-Treten des § 57 Abs 1 WEG Wohnungseigentum auf Grund von Urkunden errichtet, die noch nach der Rechtslage des Wohnungseigentumsgesetzes 1975 erstellt wurden, so ist die Wohnungseigentumsbegründung ungeachtet eines allfälligen Widerspruchs zu Regelungen des Wohnungseigentumsgesetzes 2002 gültig, wenn sie nach dem Wohnungseigentumsgesetz 1975 gültig gewesen wäre (Abs 2 leg cit).

⇒ Abs 1 leg cit trat mit 27.7.2006 in Kraft; die Sanierungsregelung betrifft daher Wohnungseigentumsbegründungen im Zeitraum 1.7.2002 bis 26.7.2006.

⇒ Leider löst die Sanierungsregelung des § 57 Abs 2 WEG nicht auch die Problematik (= Frage: selbständiges oder Zubehör-Wohnungseigentum?) der Wohnungseigentumsbegründung im Zeitraum 1.7.2002 bis 30.9.2006 an (vgl § 2 Abs 2 letzter Halbsatz WEG) „Stellflächen etwa aus Metall, die zu einer technischen Vorrichtung zur Platz sparenden Unterbringung von Kraftfahrzeugen gehören" (also Parkwippen, Stapelparker udgl). Ausgehend davon, dass die eine oder die andere Variante unrichtig ist (bzw war)[1317] - siehe dazu oben S 33 -, wäre eine Regelung zweckmäßig gewesen.

5) Übergangsbestimmungen zur Wohnrechtsnovelle 2006

(§ 58 WEG)

Im Hinblick darauf, dass die Übergangsbestimmungen - soweit relevant - jeweils bereits bei der Besprechung der einzelnen Normen mitbehandelt wurden, erfolgt an dieser Stelle nur mehr ein kurzer Überblick.

Abs 1 leg cit:

- Die Änderungen des WEG durch die WRN 2006 treten grundsätzlich mit 1. Oktober 2006 in Kraft.
  Ausnahmen (In-Kraft-Treten bereits ab dem der Kundmachung der WRN 2006 folgenden Tag, also mit 27.7.2006) gelten für die Regelungen des § 56 Abs 1 letzter Satz WEG (Erleichterungen bei der „Verselbständigung" von Kfz-Abstellplätzen) und des § 57 Abs 1 WEG (Möglichkeit zur Begründung von Wohnungseigentum noch auf Grund der Bestimmungen des WEG 1975).

  ⇒ Siehe dazu oben S 410 und S 417 f.

Abs 2 leg cit:

- Klarstellung zur Anwendbarkeit des § 5 Abs 2 letzter Satz WEG idF der WRN 2006 (Ausnahmeregelung bei Kfz-Abstellplätzen zu Gunsten des „operativ" tätigen Wohnungseigentumsorganisators).

  ⇒ Siehe dazu oben ab S 80.

  ⇒ Streng nach dem Wortlaut der Regelung wäre davon auszugehen, dass bereits bei allen ab dem 1. Februar 2005 eingebrachten Anträgen der Wohnungseigentumsorganisator, zu dessen Gunsten ungeachtet der Regelung des § 5 Abs 2 WEG Wohnungsei-

[1317] Gegen selbständiges Wohnungseigentum:
OGH 24.2.2004, 5 Ob 18/04i (= wobl 2004, 305/75 mit Anm Call).

gentum an Kfz-Abstellplätzen begründet werden soll, im WE-Vertrag als „operativer Organisator" hätte genannt werden müssen. Dies wiederum hätte „hellseherische Fähigkeiten" vorausgesetzt, zumal die endgültige Formulierung des § 5 Abs 2 letzter Satz WEG zum genannten Stichtag noch gar nicht feststand. Die Regelung wird daher (verfassungskonform) dahingehend einschränkend auszulegen sein, dass zwar ab 1. Februar 2005 nur mehr zu Gunsten eines Wohnungseigentumsorganisators Wohnungseigentum rechtswirksam einverleibt werden durfte, dieser aber nicht ausdrücklich im Wohnungseigentumsvertrag als „operativ tätiger" genannt sein musste.

Abs 3 leg cit:

- Klarstellung zur Anwendbarkeit des § 8 Abs 2 WEG idF der WRN 2006 (Einverleibung von Wohnungseigentum auf Grund einer vor dem 1. Oktober 2006 erfolgten Nutzwertermittlung).

  ⇒ Siehe dazu oben S 47.

Abs 4 leg cit:

- Anwendbarkeit des § 10 Abs 3 und 4 WEG idF der WRN 2006 (Verbücherung geänderter Nutzwerte; Berichtigungsantrag) gegeben, wenn im Fall einer gerichtlichen Nutzwertfestsetzung das darüber abgeführte Verfahren nach dem 30. September 2006 geendet hat oder im Fall einer einvernehmlichen Nutzwertfestsetzung das neue Gutachten nach dem 30. September 2006 erstattet wurde.

  ⇒ Siehe dazu oben ab S 55.

Abs 5 leg cit:

- Das Schriftformgebot des § 13 Abs 6 idF der WRN 2006 (betreffend vertraglichen Ausschluss einer Klage auf Aufhebung der Eigentümerpartnerschaft) gilt für Vereinbarungen, die nach dem 30. September 2006 geschlossen wurden.

  ⇒ Siehe dazu oben ab S 109.

Abs 6 leg cit:

- Die Neuregelungen (betreffend Tod des Eigentümerpartners) in § 14 Abs 1, 2 und 3 WEG idF der WRN 2006 sind dann anzuwenden, wenn der Partner nach dem 30. September 2006 stirbt.
  § 14 Abs 4 WEG idF der WRN 2006 (betreffend Erlassung der Zahlungspflicht) gelanget zur Anwendung, wenn die Erlassung nach dem 30. September 2006 verfügt oder vereinbart wird.
  Das Formgebot des § 14 Abs 5 Z 1 idF der WRN 2006 (betreffend Einsetzung eines Begünstigten) gilt für Vereinbarungen, die nach dem 30. September 2006 geschlossen werden. Die übrigen Regelungen des § 14 Abs 5 Z 1 und Z 2 WEG idF der WRN 2006 sind anzuwenden, wenn der Partner nach dem 30. September 2006 stirbt.

  ⇒ Siehe dazu oben ab S 119.

Abs 7 leg cit:

- Wurde die Einverleibungsklage (§ 43 Abs 1 WEG) des Wohnungseigentumsbewerbers vor dem 1. Oktober 2006 eingebracht und darin nur die Einwilligung in die Einverleibung des Wohnungseigentums hinsichtlich des ihm zugesagten Objekts begehrt, so steht die Regelung des § 3 Abs 2 WEG („obligatorische" Wohnungseigentumsbegründung an allen gewidmeten wohnungseigentumstauglichen Objekten) auch unabhängig vom Vorliegen eines Falls nach § 43 Abs 1 zweiter Satz WEG einer Klagsstattgebung nicht entgegen.

⇒ Siehe dazu oben ab S 89.

Abs 8 leg cit:

- Hat ein Wohnungseigentumsbewerber vor dem 1. Oktober 2006 sein Aussonderungsrecht oder sein Widerspruchsrecht jeweils gemäß § 43 Abs 4 WEG idF vor dem In-Kraft-Treten der WRN 2006 gerichtlich geltend gemacht, so gilt für diese Rechte die bisherige Rechtslage weiter.

⇒ Siehe dazu oben S 94 f.

6) Vollziehung

(§ 59 WEG)

Mit der Vollziehung des WEG ist der Bundesminister für Justiz betraut.

⇒ Im Hinblick auf die Erweiterung des WEG durch die WRN 2006 um die §§ 57 und 58 WEG findet sich die (inhaltlich unveränderte) Vollziehungsklausel nun im (neuen letzten) § 59 WEG.

Literatur zu Einzelfragen:

Zum WEG 2002:

Call, „WEG 2002 – drei Fragen zum Übergangsrecht“; wobl 2002, 253.

Oberhofer, „Weitere Wohnungseigentumsbegründung bei gemischten Anlagen“; wobl 2003, 75.

Prader/Walzel von Wiesentreu, „Zum Problem der Heilung von an Stellplätzen nach dem WEG 1975 begründetem WE durch das WEG 2002“; immolex 2003, 241.

Schernthanner, „Die Übergangsbestimmungen im Wohnungseigentumsgesetz 2002“; wobl 2002, 154.

Schernthanner, "Der Kfz-Abstellplatz im Wohnungseigentumsrecht – Was ändert sich durch das neue WEG 2002 ?"; immolex 2002, 208.

Vonkilch, „Ausgewählte Übergangsfragen zum WEG 2002“; wobl 2002, 289.

Würth, „Sonderprobleme der WE-Begründung: Kfz-Abstellplätze, Vorratsteilung, obligatorische Begründung“; wobl 2002, 118.

Zum WEG 1975:

Call, "Rätselhaftes Übergangsrecht - dargestellt am Beispiel des § 29 Abs 5 WEG idF der Wohnrechtsnovelle 2000 über eine ehemalige Hausbesorgerwohnung“; wobl 2000, 253.

ANHANG I

GESETZESTEXT

WOHNUNGSEIGENTUMSGESETZ 2002

(WEG 2002 idF der WRN 2006)

Bundesgesetz über das Wohnungseigentum

BGBl I 2002/70 idF BGBl I 2006/124

1. Abschnitt
Regelungsgegenstand und Begriffsbestimmungen

Regelungsgegenstand

§ 1. Dieses Bundesgesetz regelt die Rechtsform des Wohnungseigentums, insbesondere die Voraussetzungen, die Begründung, den Erwerb und das Erlöschen von Wohnungseigentum, die Rechte und Pflichten der Wohnungseigentümer und Wohnungseigentumsbewerber, des Wohnungseigentumsorganisators und des Verwalters, die Verwaltung der Liegenschaft, die Eigentümergemeinschaft, die Ausschließung von Wohnungseigentümern, das vorläufige Wohnungseigentum des Alleineigentümers der Liegenschaft und das wohnungseigentumsrechtliche Außerstreitverfahren.

Begriffsbestimmungen

§ 2. (1) Wohnungseigentum ist das dem Miteigentümer einer Liegenschaft oder einer Eigentümerpartnerschaft eingeräumte dingliche Recht, ein Wohnungseigentumsobjekt ausschließlich zu nutzen und allein darüber zu verfügen. Vorläufiges Wohnungseigentum ist das nach den Regelungen im 10. Abschnitt beschränkte Wohnungseigentum, das unter den dort umschriebenen Voraussetzungen vom Alleineigentümer einer Liegenschaft begründet werden kann.

(2) Wohnungseigentumsobjekte sind Wohnungen, sonstige selbständige Räumlichkeiten und Abstellplätze für Kraftfahrzeuge (wohnungseigentumstaugliche Objekte), an denen Wohnungseigentum begründet wurde. Eine Wohnung ist ein baulich abgeschlossener, nach der Verkehrsauffassung selbständiger Teil eines Gebäudes, der nach seiner Art und Größe geeignet ist, der Befriedigung eines individuellen Wohnbedürfnisses von Menschen zu dienen. Eine sonstige selbständige Räumlichkeit ist ein baulich abgeschlossener, nach der Verkehrsauffassung selbständiger Teil eines Gebäudes, dem nach seiner Art und Größe eine erhebliche wirtschaftliche Bedeutung zukommt, wie etwa ein selbständiger Geschäftsraum oder eine Garage. Ein Abstellplatz für ein Kraftfahrzeug ist eine - etwa durch Bodenmarkierung - deutlich abgegrenzte Bodenfläche, die ausschließlich zum Abstellen eines Kraftfahrzeugs gewidmet und dazu nach ihrer Größe, Lage und Beschaffenheit geeignet ist; eine Stellfläche etwa aus Metall, die zu einer technischen Vorrichtung zur Platz sparenden Unterbringung von Kraftfahrzeugen gehört, ist einer Bodenfläche gleichzuhalten.

(3) Zubehör-Wohnungseigentum ist das mit dem Wohnungseigentum verbundene Recht, andere, mit dem Wohnungseigentumsobjekt baulich nicht verbundene Teile der Liegenschaft, wie etwa Keller- oder Dachbodenräume, Hausgärten oder Lagerplätze, ausschließlich zu nutzen. Diese rechtliche Verbindung setzt voraus, dass das Zubehörobjekt ohne Inanspruchnahme anderer Wohnungseigentums- oder Zubehörobjekte zugänglich und deutlich abgegrenzt ist.

(4) Allgemeine Teile der Liegenschaft sind solche, die der allgemeinen Benützung dienen oder deren Zweckbestimmung einer ausschließlichen Benützung entgegensteht.

(5) Wohnungseigentümer ist ein Miteigentümer der Liegenschaft, dem Wohnungseigentum an einem darauf befindlichen Wohnungseigentumsobjekt zukommt. Alle Wohnungseigentümer bilden zur Verwaltung der Liegenschaft die Eigentümergemeinschaft; sie ist eine juristische Person mit Rechtsfähigkeit in dem durch § 18 Abs. 1 und 2 umschriebenen Umfang.

(6) Wohnungseigentumsbewerber ist derjenige, dem schriftlich, sei es auch bedingt oder befristet, von einem Wohnungseigentumsorganisator die Einräumung von Wohnungseigentum an einem bestimmt bezeichneten wohnungseigentumstauglichen Objekt zugesagt wurde. Wohnungseigentumsorganisator ist sowohl der Eigentümer oder außerbücherliche Erwerber der Liegenschaft als auch jeder, der mit dessen Wissen die organisatorische Abwicklung des Bauvorhabens oder - bei bereits bezogenen Gebäuden - der Wohnungseigentumsbegründung durchführt oder an dieser Abwicklung in eigener Verantwortlichkeit beteiligt ist. Miteigentumsbewerber ist derjenige, dem im Fall der Begründung von vorläufigem Wohnungseigentum schriftlich, sei es auch bedingt oder befristet, vom (früheren) Alleineigentümer die Einräumung von Miteigentum an der Liegenschaft und der Erwerb von Wohnungseigentum an einem bestimmt bezeichneten Wohnungseigentumsobjekt zugesagt wurde.

(7) Die Nutzfläche ist die gesamte Bodenfläche eines Wohnungseigentumsobjekts abzüglich der Wandstärken sowie der im Verlauf der Wände befindlichen Durchbrechungen und Ausnehmungen. Treppen, offene Balkone und Terrassen sowie Zubehörobjekte im Sinne des Abs. 3 sind bei der Berechnung der Nutzfläche nicht zu berücksichtigen; für Keller- und Dachbodenräume gilt dies jedoch nur, soweit sie ihrer Ausstattung nach nicht für Wohn- oder Geschäftszwecke geeignet sind.

(8) Der Nutzwert ist die Maßzahl, mit der der Wert eines Wohnungseigentumsobjekts im Verhältnis zu den Werten der anderen Wohnungseigentumsobjekte der Liegenschaft bezeichnet wird. Er ergibt sich aus der Nutzfläche des Objekts und aus Zuschlägen oder Abstrichen für werterhöhende oder wertvermindernde Eigenschaften desselben.

(9) Der Mindestanteil ist jener Miteigentumsanteil an der Liegenschaft, der zum Erwerb von Wohnungseigentum an einem Wohnungseigentumsobjekt erforderlich ist. Er entspricht dem Verhältnis des Nutzwerts des Objekts zur Summe der Nutzwerte aller Wohnungseigentumsobjekte der Liegenschaft.

(10) Die Eigentümerpartnerschaft ist die Rechtsgemeinschaft zweier natürlicher Personen, die gemeinsam Wohnungseigentümer eines Wohnungseigentumsobjekts sind.

2. Abschnitt
Begründung und Erwerb von Wohnungseigentum

Begründung von Wohnungseigentum; Titel, Zustimmung, Beschränkung

§ 3. (1) Das Wohnungseigentum kann begründet werden auf Grundlage

1. einer schriftlichen Vereinbarung aller Miteigentümer (Wohnungseigentumsvertrag),
2. einer gerichtlichen Entscheidung über eine Klage nach § 43,
3. einer gerichtlichen Entscheidung in einem Verfahren zur Aufhebung einer Miteigentumsgemeinschaft oder
4. einer gerichtlichen Aufteilung des ehelichen Gebrauchsvermögens und der ehelichen Ersparnisse (§§ 81 bis 98 Ehegesetz).

(2) Die Begründung von Wohnungseigentum ist nur zulässig, wenn sie sich auf alle wohnungseigentumstauglichen Objekte bezieht, die nach der Widmung der Miteigentümer als Wohnungseigentumsobjekte vorgesehen sind.

(3) An allgemeinen Teilen der Liegenschaft kann Wohnungseigentum nicht begründet werden.

Wirkung der Wohnungseigentumsbegründung auf ein bestehendes Mietverhältnis

§ 4. (1) Mit der Begründung von Wohnungseigentum an einem vermieteten wohnungseigentumstauglichen Objekt geht die Rechtsstellung des Vermieters auf den Wohnungseigentümer über, dem das Wohnungseigentum an diesem Objekt zukommt.

(2) Soweit der Hauptmieter des Wohnungseigentumsobjekts Geldansprüche aus dem Mietverhältnis, die noch aus der Zeit vor der Begründung des Wohnungseigentums an dem von ihm gemieteten Objekt herrühren, gegen den Wohnungseigentümer auch durch Exekution nicht hereinbringen kann, haftet die Eigentümergemeinschaft für den Ausfall.

(3) Der Hauptmieter des Wohnungseigentumsobjekts kann mietrechtliche Ansprüche, die sich auf die allgemeinen Teile der Liegenschaft oder auf die Liegenschaft als Gesamtheit beziehen, ungeachtet der Rechtsstellung des Wohnungseigentümers als Vermieter auch gegen die Eigentümergemeinschaft geltend machen.

Erwerb des Wohnungseigentums

§ 5. (1) Das Wohnungseigentum kann von jedem Miteigentümer erworben werden, dessen Anteil dem Mindestanteil entspricht. Zwei natürliche Personen, deren Miteigentumsanteile je dem halben Mindestanteil entsprechen, können als Eigentümerpartnerschaft gemeinsam Wohnungseigentum erwerben (§ 13).

(2) Wohnungseigentum an einem Abstellplatz für ein Kraftfahrzeug kann bis zum Ablauf von drei Jahren nach Begründung von Wohnungseigentum an der Liegenschaft nur von einer Person oder Eigentümerpartnerschaft erworben werden, der Wohnungseigentum an einer Wohnung oder einem selbständigen Geschäftsraum der Liegenschaft (Bedarfsobjekte) zukommt; dabei kann ein Wohnungseigentümer mehrerer Bedarfsobjekte schon während der dreijährigen Frist eine entsprechende Mehrzahl von Abstellplätzen erwerben. Darüber hinaus kann der Wohnungseigentümer eines Bedarfsobjekts während der dreijährigen Frist mehrere Abstellplätze nur erwerben, soweit die Zahl der auf der Liegenschaft vorhandenen und als Wohnungseigentumsobjekte gewidmeten Abstellplätze die Zahl der Bedarfsobjekte übersteigt; bei der Berechnung der überzähligen Abstellplätze ist der schriftlich erklärte Verzicht eines Wohnungseigentümers auf den ihm vorzubehaltenden Abstellplatz zu berücksichtigen. Nach Ablauf der dreijährigen Frist können auch andere Personen Wohnungseigentum an einem Abstellplatz erwerben. Die Beschränkungen des ersten und zweiten Satzes gelten nicht für denjenigen Wohnungseigentumsorganisator, der im Wohnungseigentumsvertrag als Hauptverantwortlicher für die Wohnungseigentumsbegründung und den Abverkauf der Wohnungseigentumsobjekte bezeichnet ist; dies kann je Liegenschaft nur eine einzige Person sein.

(3) Das Wohnungseigentum wird durch die Einverleibung in das Grundbuch erworben. Es ist im Eigentumsblatt auf dem Mindestanteil einzutragen; bei einer Eigentümerpartnerschaft sind die Anteile der Partner am Mindestanteil (§ 13 Abs. 2) zu verbinden. Wird auf einer Liegenschaft das Wohnungseigentum einverleibt, so ist in der Aufschrift des Gutsbestandsblatts das Wort "Wohnungseigentum" einzutragen.

Grundlagen für die Einverleibung des Wohnungseigentums

§ 6. (1) Dem Antrag auf Einverleibung sind jedenfalls beizulegen

1. die schriftliche Vereinbarung der Miteigentümer nach § 3 Abs. 1 Z 1 oder die gerichtliche Entscheidung nach § 3 Abs. 1 Z 2 bis 4,
2. die Bescheinigung der Baubehörde oder das Gutachten eines für den Hochbau zuständigen Ziviltechnikers oder eines allgemein beeideten und gerichtlich zertifizierten Sachverständigen für das Hochbau- oder das Immobilienwesen über den Bestand an wohnungseigentumstauglichen Objekten,

3. das Nutzwertgutachten (§ 9 Abs. 1) oder die rechtskräftige Entscheidung über die gerichtliche Nutzwertfestsetzung (§ 9 Abs. 2).

(2) Die Bescheinigung oder das Gutachten gemäß Abs. 1 Z 2 darf schon auf Grund der behördlich bewilligten Baupläne auf Antrag eines Miteigentümers oder eines Wohnungseigentumsbewerbers ausgestellt werden; der Verfasser eines solches Gutachtens hat der zuständigen Baubehörde eine Ausfertigung des Gutachtens zu übermitteln.

3. Abschnitt Nutzfläche, Nutzwert, Mindestanteil

Berechnung der Nutzfläche

§ 7. Die Nutzfläche ist in Quadratmetern auszudrücken. Sie ist auf Grund des behördlich genehmigten Bauplans zu berechnen. Ist dies jedoch nicht möglich oder wird eine Abweichung des Bauplans vom Naturmaß des jeweiligen Wohnungseigentumsobjekts um mehr als 3 vH erwiesen, so ist dessen Nutzfläche nach dem Naturmaß zu berechnen.

Berechnung des Nutzwerts

§ 8. (1) Der Nutzwert ist in einer ganzen Zahl auszudrücken, wobei Teilbeträge unter 0,5 abgerundet und ab 0,5 aufgerundet werden. Er ist aus der Nutzfläche und aus Zuschlägen oder Abstrichen für Umstände zu berechnen, die nach der Verkehrsauffassung den Wert des Wohnungseigentumsobjekts erhöhen oder vermindern, wie etwa dessen Zweckbestimmung, Stockwerkslage, Lage innerhalb eines Stockwerks oder dessen Ausstattung mit offenen Balkonen, Terrassen und Zubehörobjekten im Sinne des § 2 Abs. 3.

(2) Zuschläge für die Ausstattung mit Zubehörobjekten im Sinne des § 2 Abs. 3 sowie mit offenen Balkonen und Terrassen sind in einer ganzen Zahl auszudrücken; es gilt die Rundungsbestimmung des Abs. 1 erster Satz; der Zuschlag ist jedoch mindestens mit der Zahl Eins anzusetzen. Sonstige werterhöhende oder wertvermindernde Unterschiede, die insgesamt nur einen Zuschlag oder Abstrich von nicht mehr als 2 vH rechtfertigen würden, sind zu vernachlässigen.

(3) Der Nutzwert eines Abstellplatzes für ein Kraftfahrzeug darf dessen Nutzfläche - außer zur Berücksichtigung von Zubehörobjekten - rechnerisch nicht übersteigen. Bei seiner Berechnung ist neben den in Abs. 1 genannten Umständen auch zu berücksichtigen, ob der Abstellplatz in einem Gebäude oder im Freien liegt, letzterenfalls ob er überdacht ist.

Ermittlung und Änderung der Nutzwerte

§ 9. (1) Die Nutzwerte sind durch das Gutachten eines für den Hochbau zuständigen Ziviltechnikers oder eines allgemein beeideten und gerichtlich zertifizierten Sachverständigen für das Hochbau- oder das Immobilienwesen zu ermitteln.

(2) Auf Antrag sind die Nutzwerte vom Gericht insbesondere dann abweichend vom Nutzwertgutachten (Abs. 1) festzusetzen, wenn

1. das Gutachten gegen zwingende Grundsätze der Nutzwertberechnung verstößt,

2. das Gutachten bei einem Wohnungseigentumsobjekt um mehr als 3 vH von den tatsächlichen Gegebenheiten abweicht,

3. sich der Nutzwert eines Wohnungseigentumsobjekts durch eine gegenüber den Grundlagen der Nutzwertermittlung abweichende Bauführung um mehr als 3 vH ändert,

4. sich der Nutzwert eines Wohnungseigentumsobjekts nach Vollendung der Bauführung durch bauliche Vorgänge auf der Liegenschaft wesentlich ändert oder

5. sich die Nutzwerte durch Änderungen im Bestand räumlich unmittelbar aneinandergrenzender Wohnungseigentumsobjekte oder durch die Übertragung von Zubehörobjekten im Sinne des § 2 Abs. 3 ändern.

(3) Abs. 2 gilt entsprechend auch für eine gerichtliche Neufestsetzung der Nutzwerte abweichend von einer bereits früher ergangenen Nutzwertfestsetzung durch das Gericht.

(4) In den Entscheidungen über die gerichtliche Nutzwertfestsetzung ist auch festzustellen, inwieweit sich durch sie die Summe der Nutzwerte aller Wohnungseigentumsobjekte der Liegenschaft ändert.

(5) In den Fällen des Abs. 2 Z 5 sind die Nutzwerte der von der Änderung oder Übertragung betroffenen Wohnungseigentumsobjekte so festzusetzen, dass ihre Summe gleich bleibt. Bei der Übertragung eines Zubehörobjekts ist eine Nutzwertfestsetzung entbehrlich, wenn sich der Nutzwert des Zubehörobjekts zweifelsfrei aus der früheren Nutzwertermittlung ergibt.

(6) Die Nutzwerte können auch ohne gerichtliche Entscheidung abweichend vom Nutzwertgutachten (Abs. 1) oder von einer gerichtlichen Nutzwertfestsetzung (Abs. 2 oder 3) festgesetzt werden, indem ein neues Nutzwertgutachten eingeholt wird und sämtliche Wohnungseigentümer den Ergebnissen dieses Gutachtens öffentlich beglaubigt schriftlich zustimmen.

Recht zum Antrag auf gerichtliche Nutzwertfestsetzung; Änderung der Miteigentumsanteile

§ 10. (1) Die gerichtliche Nutzwertfestsetzung kann in den Fällen des § 9 Abs. 2 Z 1 bis 4 von jedem Miteigentümer und Wohnungseigentumsbewerber, in den Fällen des § 9 Abs. 2 Z 5 nur gemeinsam von den von der Änderung oder Übertragung betroffenen Wohnungseigentümern beantragt werden.

(2) Die gerichtliche Nutzwertfestsetzung kann im Fall des § 9 Abs. 2 Z 2 nur innerhalb eines Jahres ab Rechtskraft der Bewilligung der Einverleibung von Wohnungseigentum und in den Fällen des § 9 Abs. 2 Z 3 und 4 nur innerhalb eines Jahres ab Vollendung der Bauführung beantragt werden. Für einen Wohnungseigentumsbewerber beginnt im Fall des § 9 Abs. 2 Z 2 die Antragsfrist erst mit der Verständigung von der Einverleibung des Wohnungseigentums.

(3) Sollen auf Grund einer gerichtlichen (§ 9 Abs. 2 und 3) oder einvernehmlichen (§ 9 Abs. 6) Nutzwertfestsetzung die Miteigentumsanteile geändert werden, so kann dies bei bereits einverleibtem Wohnungseigentum durch Berichtigung in sinngemäßer Anwendung des § 136 Abs. 1 GBG 1955 geschehen, sofern dies bei keinem der Miteigentumsanteile zu einer Änderung von mehr als 10 vH führt. Die Berichtigung kann von jedem der von der Änderung betroffenen Miteigentümer beantragt werden; einer Zustimmung der übrigen Miteigentümer oder Buchberechtigten bedarf es nicht. Bücherliche Rechte, die auf den Miteigentumsanteilen lasten, beziehen sich ohne weiteres auf die berichtigten Miteigentumsanteile.

(4) Liegen die im vorstehenden Absatz genannten Voraussetzungen einer Berichtigung in sinngemäßer Anwendung des § 136 Abs. 1 GBG 1955 nicht vor, so haben die Miteigentümer zur Änderung der Miteigentumsanteile entsprechend einer gerichtlichen oder einvernehmlichen Nutzwertfestsetzung gegenseitig Miteigentumsanteile in einem solchen Ausmaß zu übernehmen und zu übertragen, dass jedem Wohnungseigentümer der nun für sein Wohnungseigentumsobjekt erforderliche Mindestanteil zukommt. Mangels vereinbarter Unentgeltlichkeit ist für die übernommenen Miteigentumsanteile ein angemessenes Entgelt zu entrichten. Die durch die einzelne Übertragung entstehenden Kosten und Abgaben hat der Miteigentümer zu tragen, dem ein Miteigentumsanteil übertragen wird. Jedoch können auch in diesem Fall die Anteile derjenigen Miteigentümer nach Abs. 3 berichtigt werden, die im Verhältnis zu keinem Miteigentümer, dessen Anteil um mehr als 10 vH geändert wird, Miteigentumsanteile zu übertragen oder zu übernehmen haben.

Verbindung mit dem Mindestanteil

§ 11. (1) Das Wohnungseigentum ist mit dem Mindestanteil untrennbar verbunden. Es kann nur mit diesem zusammen beschränkt, belastet, veräußert, von Todes wegen übertragen und der Zwangsvollstreckung unterworfen werden.

(2) Bücherliche Eintragungen auf dem Mindestanteil erstrecken sich auch dann auf das Wohnungseigentum, wenn sie dem Wohnungseigentum im Rang vorangehen.

(3) Im Fall der Zwangsversteigerung eines Miteigentumsanteils sind die durch das Wohnungseigentum bewirkten Beschränkungen vom Ersteher ohne Rücksicht auf den bücherlichen Rang und ohne Anrechnung auf das Meistbot zu übernehmen.

Unteilbarkeit des Mindestanteils

§ 12. (1) Der mit dem Wohnungseigentum untrennbar verbundene Mindestanteil darf, solange das Wohnungseigentum besteht, außer im Fall einer Eigentümerpartnerschaft (§ 2 Abs. 10, § 13), nicht geteilt werden.

(2) Würde nach dem Tod des Wohnungseigentümers nach den Ergebnissen des Verlassenschaftsverfahrens der mit dem Wohnungseigentum verbundene Mindestanteil mehr als zwei natürlichen Personen oder zwei natürlichen Personen zu unterschiedlichen Anteilen oder zum Teil einer juristischen Person, einer Personengesellschaft des Handelsrechts oder einer eingetragenen Erwerbsgesellschaft zufallen und kommt es auch nicht zur Bildung einer eingetragenen Erwerbsgesellschaft, die den Mindestanteil erwirbt, so hat das Verlassenschaftsgericht eine öffentliche Feilbietung des Mindestanteils und des damit verbundenen Wohnungseigentums durch Versteigerung vorzunehmen.

4. Abschnitt
Eigentümerpartnerschaft

Gemeinsames Wohnungseigentum der Partner

§ 13. (1) Für die Eigentümerpartnerschaft gelten, soweit im Folgenden keine besonderen Regelungen getroffen werden, die Bestimmungen des 16. Hauptstücks des Zweiten Teils des ABGB.

(2) Zur Begründung einer Eigentümerpartnerschaft müssen die Partner Eigentümer je eines halben Mindestanteils (im Folgenden "Anteil am Mindestanteil" genannt) sein; ihre Anteile am Mindestanteil dürfen nicht verschieden belastet sein. Das Gleiche gilt, wenn ein Wohnungseigentümer einer anderen Person unter gleichzeitiger Begründung des gemeinsamen Wohnungseigentums den dazu erforderlichen Anteil am Mindestanteil überträgt.

(3) Durch das gemeinsame Wohnungseigentum der Partner werden ihre Anteile am Mindestanteil so verbunden, dass sie, solange die Eigentümerpartnerschaft besteht, nicht getrennt und nur gemeinsam beschränkt, belastet oder der Zwangsvollstreckung unterworfen werden dürfen. Die Zwangsvollstreckung auf Grund eines Exekutionstitels, der bloß gegen einen der Partner besteht, ist nur im Weg des mit der Pfändung des Anspruchs auf Aufhebung des gemeinsamen Wohnungseigentums zu verbindenden Antrags auf Zwangsversteigerung des gesamten Mindestanteils und des damit verbundenen gemeinsamen Wohnungseigentums zulässig. In diesem Exeku-

tionsverfahren ist der Partner, gegen den kein Exekutionstitel besteht, Beteiligter; er kann zur Wahrung seiner Rechte alle Rechtsmittel erheben, wie wenn er selbst Verpflichteter wäre; überdies kann er gegen diese Exekution Widerspruch erheben (§ 37 der Exekutionsordnung), wenn sich die Exekution auf das Wohnungseigentumsobjekt bezieht, das ihm zur Befriedigung seines dringenden Wohnbedürfnisses dient. Unter der selben Voraussetzung hat ein Partner im Fall eines Konkurses über das Vermögen des anderen Partners das Recht auf Aussonderung von dessen halbem Mindestanteil (§ 44 KO). Jeder der Partner darf seinen Anteil am Mindestanteil nur mit Zustimmung des anderen Partners veräußern.

(4) Die Partner haften für alle Verbindlichkeiten aus ihrem gemeinsamen Wohnungseigentum zur ungeteilten Hand. Sie dürfen über das gemeinsame Wohnungseigentum und die Nutzung des im gemeinsamen Wohnungseigentum stehenden Wohnungseigentumsobjekts nur gemeinsam verfügen.

(5) Die mit ihrem gemeinsamen Wohnungseigentum verbundenen Befugnisse zur Mitwirkung an der Entscheidungsfindung in der Eigentümergemeinschaft (Äußerungs- und Stimmrecht sowie Minderheitsrechte bei der Willensbildung der Eigentümergemeinschaft) stehen den Partnern nur gemeinsam zu.

(6) Der vertragliche Ausschluss einer Klage auf Aufhebung der Eigentümerpartnerschaft (§ 830 ABGB) bedarf der Schriftform und ist nur für drei Jahre ab Abschluss der jeweiligen Ausschlussvereinbarung rechtswirksam. Ausnahmsweise kann ein solcher Aufhebungsausschluss auch für längere Zeit oder unbefristet vereinbart werden, wenn für einen der Partner eine bloß dreijährige Bindung aus triftigen Gründen, etwa wegen seines hohen Alters, unzumutbar wäre. Eine Ausschlussvereinbarung kann schriftlich beliebig oft wiederholt werden. Sind die Partner Ehegatten und dient ihr Wohnungseigentumsobjekt wenigstens einem von ihnen zur Befriedigung seines dringenden Wohnbedürfnisses, so ist während der Ehe die Aufhebungsklage des anderen unzulässig. Dient das gemeinsame Wohnungseigentumsobjekt einem minderjährigen Partner zur Befriedigung seines dringenden Wohnbedürfnisses, so ist während dessen Minderjährigkeit die Aufhebungsklage des anderen unzulässig.

Wohnungseigentum der Partner im Todesfall

§ 14. (1) Beim Tod eines Partners gilt für den Anteil des Verstorbenen - unter Ausschluss sonstigen Erwerbs von Todes wegen, aber vorbehaltlich einer abweichenden Vereinbarung nach Abs. 5 - Folgendes:

1. Der Anteil des Verstorbenen am Mindestanteil und gemeinsamen Wohnungseigentum geht von Gesetzes wegen unmittelbar ins Eigentum des überlebenden Partners über.
2. Der Eigentumsübergang tritt jedoch nicht ein, wenn der überlebende Partner innerhalb einer vom Verlassenschaftsgericht festzusetzenden angemessenen Frist entweder auf ihn verzichtet oder gemeinsam mit den Erben des Verstorbenen unter Zustimmung der Pflichtteilsberechtigten eine Vereinbarung schließt, auf Grund derer der Anteil des Verstorbenen einer anderen Person zukommt.
3. Verzichtet der überlebende Partner auf den Eigentumsübergang, so hat das Verlassenschaftsgericht eine öffentliche Feilbietung des gesamten Mindestanteils und des damit verbundenen Wohnungseigentums durch Versteigerung vorzunehmen.
4. Solange die Möglichkeit des Verzichts besteht, sind die Rechte des überlebenden Partners am Anteil des Verstorbenen auf jene eines Verwalters (§ 837 ABGB) beschränkt.
5. Erwirbt der überlebende Partner den Anteil des Verstorbenen nach Z 1 oder geht dieser Anteil auf Grund einer Vereinbarung nach Z 2 auf eine andere Person über, so gilt für die Eintragung in das Grundbuch § 182 Abs. 3 AußStrG sinngemäß.

(2) Der überlebende Partner, der den Anteil des Verstorbenen am Mindestanteil und Wohnungseigentum gemäß Abs. 1 Z 1 erwirbt, hat der Verlassenschaft nach dem Verstorbenen die Hälfte des Verkehrswerts (§ 2 Abs. 2 LBG) des Mindestanteils zu bezahlen (Übernahmspreis). Eine einvernehmliche Bestimmung des Übernahmspreises ist nur zulässig, wenn kein Inventar zu errichten ist und soweit dadurch nicht in Rechte von Gläubigern oder Pflichtteilsberechtigten des Verstorbenen eingegriffen wird.

(3) Ist der überlebende Partner ein Pflichtteilsberechtigter des Verstorbenen und war Gegenstand des gemeinsamen Wohnungseigentums eine Wohnung, die dem Überlebenden zur Befriedigung seines dringenden Wohnbedürfnisses dient, so gilt Abs. 2 nicht. Wenn aber noch ein anderer Pflichtteilsberechtigter vorhanden ist, hat der überlebende Partner ein Viertel des Verkehrswerts des Mindestanteils an die Verlassenschaft nach dem Verstorbenen zu bezahlen. Wenn zwar kein anderer Pflichtteilsberechtigter vorhanden ist, die Verlassenschaft jedoch ohne eine Zahlung des überlebenden Partners überschuldet wäre, hat der Überlebende bis zur Höhe eines Viertels des Verkehrswerts des Mindestanteils den zur Deckung der Nachlassverbindlichkeiten erforderlichen Betrag an die Verlassenschaft zu bezahlen. Abs. 2 zweiter Satz gilt entsprechend. Ist dem überlebenden Partner die sofortige Zahlung dieses verminderten Übernahmspreises nach seinen Verhältnissen, insbesondere seinem Vermögen, seinem Einkommen, seinen Sorgepflichten sowie seinen Aufwendungen für die Wohnung und zur Aufrechterhaltung einer angemessenen Lebens-

haltung, nicht zumutbar, so hat das Verlassenschaftsgericht mangels einer anders lautenden Vereinbarung auf Antrag die Zahlungspflicht bis zu einer Frist von höchstens fünf Jahren hinauszuschieben oder die Zahlung in Teilbeträgen innerhalb dieses Zeitraums zu bewilligen; in beiden Fällen ist eine angemessene Verzinsung festzusetzen.

(4) Die in Abs. 2 und 3 bestimmte Zahlungspflicht des überlebenden Partners kann durch letztwillige Verfügung des anderen Partners oder Schenkung auf den Todesfall erlassen werden.

(5) 1.
Die Partner können durch eine vor einem Notar oder unter anwaltlicher Mitwirkung schriftlich geschlossene Vereinbarung bestimmen, dass anstelle des gesetzlichen Eigentumsübergangs nach Abs. 1 Z 1 der Anteil des Verstorbenen am Mindestanteil und gemeinsamen Wohnungseigentum einer anderen natürlichen Person zukommt. Der durch eine solche Vereinbarung Begünstigte erwirbt durch den Erbfall nicht unmittelbar Eigentum am halben Mindestanteil, sondern erhält damit erst einen Anspruch auf dessen Übereignung. Er hat diesen Anspruch innerhalb einer vom Verlassenschaftsgericht festzusetzenden angemessenen Frist durch Anmeldung im Verlassenschaftsverfahren gegen den Nachlass des Verstorbenen geltend zu machen. Der Begünstigte hat im Fall eines Nachlasskonkurses das Recht auf Aussonderung des halben Mindestanteils (§ 44 KO), sofern Gegenstand des gemeinsamen Wohnungseigentums eine Wohnung ist, die ihm zur Befriedigung seines dringenden Wohnbedürfnisses dient. Der Begünstigte hat für die Übereignung des Anteils des Verstorbenen am Mindestanteil den Übernahmspreis nach Abs. 2 an die Verlassenschaft nach dem Verstorbenen zu bezahlen; wenn beim Begünstigten aber die in Abs. 3 erster Satz genannten Voraussetzungen entsprechend vorliegen, gilt für ihn Abs. 3; für die Erlassung der Zahlungspflicht des Begünstigten durch letztwillige Verfügung oder Schenkung auf den Todesfall gilt Abs. 4.

2. Unterlässt der Begünstigte die fristgerechte Verfolgung seines Anspruchs, so tritt der Eigentumsübergang nach Abs. 1 Z 1 mit der Rechtsfolge des Abs. 2 oder 3 ein. Gleiches gilt, wenn der Begünstigte den Erbfall nicht erlebt. Wenn der Begünstigte nach dem Erbfall, aber vor seiner Eintragung im Grundbuch stirbt, gilt für den Anspruch des Begünstigten die Regelung des Abs. 1 Z 1 entsprechend.

(6) In den Fällen des Abs. 3 und 5 Z 1 vierter und fünfter Satz gelten die dort vorgesehenen Begünstigungen auch für einen im gemeinsamen Wohnungseigentum der Partner stehenden Abstellplatz für ein Kraftfahrzeug, der von den Partnern zur einheitlichen Benützung zusammen mit der Wohnung gewidmet war.

Eigentümerpartnerschaft von Ehegatten bei Nichtigerklärung, Aufhebung oder Scheidung der Ehe

§ 15. (1) Einigen sich im Fall der Nichtigerklärung, Aufhebung oder Scheidung der Ehe die bisherigen Ehegatten nicht über die Aufhebung ihrer Eigentümerpartnerschaft, so steht dem Begehren eines von ihnen auf Aufhebung der Partnerschaft (§ 830 ABGB) nach Ablauf eines Jahres seit dem Eintritt der Rechtskraft der Auflösung der Ehe der Einwand der Unzeit oder des Nachteils nicht entgegen.

(2) Ist im Zeitpunkt des Todes eines der beiden bisherigen Ehegatten ein Verfahren zur Aufteilung des ehelichen Gebrauchsvermögens und der ehelichen Ersparnisse anhängig und gehört auch das gemeinsame Wohnungseigentumsobjekt zum Gegenstand dieses Verfahrens, so gehen die darüber im Aufteilungsverfahren getroffenen Anordnungen den Regelungen des § 14 vor.

5. Abschnitt
Nutzung der Wohnungseigentumsobjekte und der allgemeinen Teile der Liegenschaft

Nutzung, Änderung und Erhaltung des Wohnungseigentumsobjekts

§ 16. (1) Die Nutzung des Wohnungseigentumsobjekts kommt dem Wohnungseigentümer zu.

(2) Der Wohnungseigentümer ist zu Änderungen (einschließlich Widmungsänderungen) an seinem Wohnungseigentumsobjekt auf seine Kosten berechtigt; dabei gilt Folgendes:

1. Die Änderung darf weder eine Schädigung des Hauses noch eine Beeinträchtigung schutzwürdiger Interessen der anderen Wohnungseigentümer, besonders auch keine Beeinträchtigung der äußeren Erscheinung des Hauses, noch eine Gefahr für die Sicherheit von Personen, des Hauses oder von anderen Sachen zur Folge haben.

2. Werden für eine solche Änderung auch allgemeine Teile der Liegenschaft in Anspruch genommen, so muss die Änderung überdies entweder der Übung des Verkehrs entsprechen oder einem wichtigen Interesse des Wohnungseigentümers dienen. Die Einbeziehung oder der Einbau einer Wasserentnahmestelle oder eines Klosetts in das Innere des Wohnungseigentumsobjekts, die Errichtung von Strom-, Gas-, Wasser- oder Fernsprechleitungen, Beheizungsanlagen und ähnlichen Einrichtungen kann aus diesem Grund jedenfalls nicht untersagt werden; das Gleiche gilt für das Anbringen der nach dem Stand der Technik notwendigen Einrichtungen für den Hörfunk- und Fernsehempfang sowie für Multimediadienste, sofern der Anschluss an eine bestehende Einrichtung nicht möglich oder nicht zumutbar ist.

3. Werden für eine solche Änderung auch Wohnungseigentums- oder Zubehörobjekte anderer Wohnungseigentümer in Anspruch genommen, so muss überdies der betroffene Wohnungseigentümer die Änderung nur zulassen, wenn sie keine wesentliche und dauernde Beeinträchtigung seines Wohnungseigentums zur Folge hat und sie ihm bei billiger Abwägung aller Interessen zumutbar ist. Der Wohnungseigentümer, der die Änderung durchführt, hat den beeinträchtigten Wohnungseigentümer angemessen zu entschädigen.

4. Ist eine behördliche Bewilligung für Änderungen erforderlich, die die anderen Wohnungseigentümer dulden müssen, so dürfen diese eine allenfalls erforderliche Zustimmung nicht verweigern.

5. Die Z 1 und 4 gelten sinngemäß auch für Änderungen im Bestand räumlich unmittelbar aneinandergrenzender Wohnungseigentumsobjekte sowie für die Übertragung von Zubehörobjekten.

(3) Der Wohnungseigentümer hat das Wohnungseigentumsobjekt und die dafür bestimmten Einrichtungen, insbesondere die Strom-, Gas- und Wasserleitungen sowie die Beheizungs- und sanitären Anlagen, auf seine Kosten so zu warten und in Stand zu halten, dass den anderen Wohnungseigentümern kein Nachteil erwächst. Er hat ferner das Betreten und die Benützung des Wohnungseigentumsobjekts zu gestatten, soweit dies zur Erhaltung der allgemeinen Teile der Liegenschaft und der Behebung ernster Schäden des Hauses erforderlich ist; für die vermögensrechtlichen Nachteile, die er dadurch erleidet, ist er von der Eigentümergemeinschaft angemessen zu entschädigen.

Benützungsregelung

§ 17. (1) Sämtliche Wohnungseigentümer können schriftlich eine Vereinbarung über die Benützung der verfügbaren allgemeinen Teile der Liegenschaft treffen.

(2) Jeder Wohnungseigentümer kann eine gerichtliche Regelung über die Benützung der verfügbaren allgemeinen Teile der Liegenschaft oder die gerichtliche Abänderung einer bestehenden Regelung aus wichtigen Gründen beantragen. Im erstgenannten Fall kann während des Verfahrens über den Antrag mit einer Mehrheit von zwei Dritteln der Anteile eine vorläufige Benützungsregelung beschlossen werden.

(3) Die Benützungsregelung wird durch den Wechsel eines Wohnungseigentümers nicht berührt. Sie ist bei Festsetzung durch das Gericht von Amts wegen, sonst, sofern die Unterschrift auch nur eines Wohnungseigentümers öffentlich beglaubigt ist, auf Antrag dieses oder eines anderen Wohnungseigentümers im Grundbuch ersichtlich zu machen.

6. Abschnitt
Eigentümergemeinschaft, Verwalter, Vorzugspfandrecht

Rechtsfähigkeit und Vertretung der Eigentümergemeinschaft

§ 18. (1) Die Eigentümergemeinschaft kann in Angelegenheiten der Verwaltung der Liegenschaft Rechte erwerben und Verbindlichkeiten eingehen sowie klagen und geklagt werden. Für Klagen gegen die Eigentümergemeinschaft ist das Gericht örtlich zuständig, in dessen Sprengel die Liegenschaft gelegen ist. Bei diesem Gericht kann auch ein Wohnungseigentümer von der Eigentümergemeinschaft geklagt werden. Forderungen gegen die Eigentümergemeinschaft können gegen die einzelnen Wohnungseigentümer nur nach Maßgabe des Abs. 4 zweiter Satz und nur durch gesonderte Klagsführung geltend gemacht werden.

(2) Die Wohnungseigentümer können der Eigentümergemeinschaft aus ihrem Miteigentum erfließende Unterlassungsansprüche sowie die Liegenschaft betreffende Gewährleistungs- und Schadenersatzansprüche abtreten, wodurch die Eigentümergemeinschaft diese Ansprüche erwirbt und in eigenem Namen geltend machen kann. Unterlässt die Eigentümergemeinschaft die Geltendmachung eines ihr abgetretenen Anspruchs und droht dadurch eine Frist für die Anspruchsverfolgung abzulaufen, so kann der betreffende Wohnungseigentümer den Anspruch für die Eigentümergemeinschaft geltend machen.

(3) Die Eigentümergemeinschaft wird vertreten:

1. wenn ein Verwalter bestellt ist,

a) durch den Verwalter,

b) in Fragen des rechtlichen Verhältnisses zwischen der Eigentümergemeinschaft und dem Verwalter durch die nach Miteigentumsanteilen zu berechnende Mehrheit der Wohnungseigentümer,

c) bei Bestellung eines Eigentümervertreters nach § 22 in dem von der Interessenkollision betroffenen Geschäftsbereich nur durch den Eigentümervertreter;

2. wenn kein Verwalter bestellt ist,

a) durch die nach Miteigentumsanteilen zu berechnende Mehrheit der Wohnungseigentümer,

b) bei Bestellung eines vorläufigen Verwalters nach § 23 nur durch diesen.

(4) Ein gegen die Eigentümergemeinschaft ergangener Exekutionstitel kann nur in die Rücklage (§ 31) oder in die von den Wohnungseigentümern geleisteten oder geschuldeten Zahlungen für Aufwendungen (§ 32) vollstreckt werden. Soweit die Forderung durch eine solche Exekution nicht hereingebracht werden kann, haften die Wohnungseigentümer für den Ausfall im Verhältnis ihrer Miteigentumsanteile.

Bestellung eines Verwalters

§ 19. Die Eigentümergemeinschaft kann eine natürliche oder juristische Person zum Verwalter bestellen. Name und Anschrift des Verwalters sind bei Bestellung durch das Gericht von Amts wegen, sonst auf Grund einer Urkunde über die Bestellung zum Verwalter, sofern die Unterschriften auch nur eines Wohnungseigentümers sowie des Verwalters darauf öffentlich beglaubigt sind, auf Antrag dieses oder eines anderen Wohnungseigentümers oder des Verwalters im Grundbuch ersichtlich zu machen.

Aufgaben und Befugnisse des Verwalters

§ 20. (1) Der Verwalter ist verpflichtet, die gemeinschaftsbezogenen Interessen aller Wohnungseigentümer zu wahren und Weisungen der Mehrheit der Wohnungseigentümer zu befolgen, soweit diese nicht gesetzwidrig sind. Dem Verwalter steht die Verwaltung der Liegenschaft und dabei insbesondere auch die nach außen unbeschränkbare Vertretung der Eigentümergemeinschaft zu; im Rahmen dieser Vertretung ist er auch zur Bestellung eines berufsmäßigen Parteienvertreters befugt.

(2) Der Verwalter hat den Wohnungseigentümern bis spätestens zum Ende der laufenden Abrechnungsperiode auf die in § 24 Abs. 5 beschriebene Weise eine Vorausschau zur Kenntnis zu bringen, in der die in absehbarer Zeit notwendigen, über die laufende Instandhaltung hinausgehenden Erhaltungsarbeiten und die in Aussicht genommenen Verbesserungsarbeiten, die dafür erforderlichen Beiträge zur Rücklage sowie die sonst vorhersehbaren Aufwendungen, vor allem die Bewirtschaftungskosten, und die sich daraus ergebenden Vorauszahlungen bekannt zu geben sind.

(3) Der Verwalter hat den Wohnungseigentümern nach den Regelungen des § 34 eine ordentliche und richtige Abrechnung sowie gegebenenfalls nach den Regelungen des Heizkostenabrechnungsgesetzes die Abrechnung über die Heiz- und Warmwasserkosten zu legen.

(4) Beabsichtigt der Verwalter den Abschluss eines Rechtsgeschäfts mit einer Person, die mit ihm durch ein familiäres oder wirtschaftliches Naheverhältnis verbunden ist, so hat er die Wohnungseigentümer auf dieses Naheverhältnis hinzuweisen. Der Verwalter hat für Erhaltungsarbeiten, die über die laufende Instandhaltung hinausgehen, und für größere Verbesserungsarbeiten mindestens drei Angebote einzuholen.

(5) Der Verwalter hat rückständige Zahlungen eines Wohnungseigentümers auf die Aufwendungen für die Liegenschaft einzumahnen und nötigenfalls Klage nach § 27 Abs. 2 binnen der dort genannten Frist zu erheben und die Anmerkung der Klage zu beantragen.

(6) Der Verwalter hat alle die Eigentümergemeinschaft betreffenden Ein- und Auszahlungen entweder über ein für jeden Wohnungseigentümer einsehbares Eigenkonto der Eigentümergemeinschaft oder über ein ebenso einsehbares Anderkonto durchzuführen.

(7) Die dem Verwalter als Machthaber nach dem 22. Hauptstück des Zweiten Teils des ABGB auferlegten Verbindlichkeiten können weder aufgehoben noch beschränkt werden. Der Verwalter hat auf Verlangen jedem Wohnungseigentümer Auskunft über den Inhalt des Verwaltungsvertrags, besonders über die Entgeltvereinbarungen und den Umfang der vereinbarten Leistungen, und im Fall einer schriftlichen Willensbildung (§ 24 Abs. 1) über das Stimmverhalten der anderen Wohnungseigentümer zu geben.

(8) Wenn der Verwalter seine Pflichten grob verletzt, kann die Eigentümergemeinschaft - neben allfälligen Schadenersatzansprüchen - auch eine Herabsetzung des mit dem Verwalter vereinbarten Entgelts nach Maßgabe der mit dem Pflichtverstoß einhergehenden Minderung des Nutzens aus der Verwaltertätigkeit verlangen.

Auflösung und Verlängerung des Verwaltungsvertrags

§ 21. (1) Wurde der Verwalter auf unbestimmte Zeit bestellt, so können sowohl die Eigentümergemeinschaft als auch der Verwalter den Verwaltungsvertrag unter Einhaltung einer Frist von drei Monaten zum Ende jeder Abrechnungsperiode (§ 34 Abs. 2) kündigen.

(2) Wurde der Verwalter auf bestimmte, mehr als dreijährige Zeit bestellt, so können sowohl die Eigentümergemeinschaft als auch der Verwalter nach Ablauf von drei Jahren den Verwaltungsvertrag ohne Angabe von Gründen unter Einhaltung einer Frist von drei Monaten zum Ende jeder Abrechnungsperiode (§ 34 Abs. 2) kündigen.

(3) Im Übrigen kann der Verwaltungsvertrag jederzeit aus wichtigen Gründen von der Eigentümergemeinschaft gekündigt oder bei grober Verletzung der Pflichten des Verwalters auf Antrag eines Wohnungseigentümers vom Gericht aufgelöst werden; bei Auflösung durch das Gericht ist die Wiederbestellung des Verwalters unzulässig.

(4) Nach Auflösung des Verwaltungsvertrags durch das Gericht ist die Ersichtlichmachung des Verwalters im Grundbuch von Amts wegen zu löschen. Wird der Verwaltungsvertrag auf andere Art aufgelöst, so ist die Ersichtlichmachung des Verwalters auf Grund einer Urkunde über die Kündigung oder die sonstige Auflösung des Vertrags auf Antrag eines Wohnungseigentümers oder des Verwalters im Grundbuch zu löschen; die Urkunde muss bei Auflösung durch den Verwalter dessen öffentlich beglaubigte Unterschrift,

ansonsten die öffentlich beglaubigte Unterschrift eines Wohnungseigentümers tragen."

(5) Die Regelungen der vorstehenden Absätze können nicht vertraglich abbedungen werden.

(6) Wird ein auf bestimmte Zeit geschlossener Verwaltungsvertrag nach Ablauf der Vertragsdauer stillschweigend verlängert (§ 863 ABGB), so gilt dies als Verlängerung auf unbestimmte Zeit.

Eigentümervertreter

§ 22. (1) Die Eigentümergemeinschaft kann aus dem Kreis der Wohnungseigentümer eine natürliche Person mit deren Zustimmung zum Eigentümervertreter bestellen. Der Eigentümervertreter vertritt die Eigentümergemeinschaft gegenüber dem bestellten Verwalter, soweit dieser die Belange der Gemeinschaft wegen widerstreitender eigener Interessen - wie etwa im Fall einer gerichtlichen oder außergerichtlichen Auseinandersetzung zwischen ihm und der Gemeinschaft - nicht ausreichend wahrnehmen kann, sowie in dem von der Interessenkollision betroffenen Geschäftsbereich auch gegenüber Dritten. Die Funktion des Eigentümervertreters endet spätestens zwei Jahre nach seiner Bestellung; eine Wiederbestellung ist jedoch zulässig.

(2) Der Eigentümervertreter hat Weisungen der Mehrheit der Wohnungseigentümer zu befolgen, soweit diese nicht gesetzwidrig sind. Im Rahmen der Vertretung der Eigentümergemeinschaft ist er auch zur Bestellung eines berufsmäßigen Parteienvertreters befugt.

Für die Ersichtlichmachung des Eigentümervertreters im Grundbuch und deren Löschung gelten § 19 zweiter Satz und § 21 Abs. 4 entsprechend.

Vorläufiger Verwalter

§ 23. Ist kein Verwalter bestellt, so kann sowohl ein Wohnungseigentümer als auch ein Dritter, der ein berechtigtes Interesse an einer wirksamen Vertretung der Eigentümergemeinschaft hat, die gerichtliche Bestellung eines vorläufigen Verwalters beantragen. Bis zu dieser Entscheidung gilt der im Grundbuch erstgenannte Wohnungseigentümer als Zustellbevollmächtigter. Die Vertretungsbefugnis des vorläufigen Verwalters endet mit der Bestellung eines Verwalters durch die Gemeinschaft.

Beschlüsse der Eigentümergemeinschaft

§ 24. (1) Zur Willensbildung in der Eigentümergemeinschaft dient vornehmlich die Eigentümerversammlung, doch können Beschlüsse auch - allenfalls ergänzend zu den in einer Eigentümerversammlung abgegebenen Erklärungen - auf andere Weise, etwa auf schriftlichem Weg, zustande kommen. Ein Beschluss ist - mit der sich aus Abs. 6 ergebenden Einschränkung - erst wirksam, nachdem allen Wohnungseigentümern Gelegenheit zur Äußerung gegeben worden ist; bis dahin ist ein Wohnungseigentümer an seine bereits abgegebene Erklärung nicht gebunden.

(2) Die Wohnungseigentümer können ihr Äußerungs- und Stimmrecht entweder persönlich oder durch einen Vertreter ausüben. Weist der für den Wohnungseigentümer Einschreitende seine Vertretungsbefugnis nicht durch eine darauf gerichtete, höchstens drei Jahre alte, schriftliche Vollmacht nach, so ist sein Handeln nur wirksam, wenn es vom Wohnungseigentümer nachträglich binnen 14 Tagen schriftlich genehmigt wird.

(3) Ist Gegenstand der beabsichtigten Beschlussfassung ein Rechtsgeschäft, Rechtsverhältnis oder Rechtsstreit mit einem Wohnungseigentümer oder mit einer Person, mit der dieser durch ein familiäres oder wirtschaftliches Naheverhältnis verbunden ist, so steht diesem Wohnungseigentümer kein Stimmrecht zu.

(4) Die Mehrheit der Stimmen der Wohnungseigentümer richtet sich nach dem Verhältnis der Miteigentumsanteile. Bei Stimmengleichheit kann jeder Wohnungseigentümer die nach pflichtgemäßem Ermessen zu treffende Entscheidung des Gerichts beantragen.

(5) Beschlüsse der Eigentümergemeinschaft sind jedem Wohnungseigentümer sowohl durch Anschlag an einer für alle Wohnungseigentümer deutlich sichtbaren Stelle des Hauses (bei mehreren Häusern oder mehreren Stiegenhäusern an einer entsprechenden Mehrzahl solcher Stellen) als auch durch Übersendung schriftlich zur Kenntnis zu bringen. Eine Übersendung an den Wohnungseigentümer einer Wohnung oder sonstigen selbständigen Räumlichkeit hat an die Anschrift seines Wohnungseigentumsobjekts oder an eine andere von ihm bekannt gegebene inländische Zustellanschrift zu erfolgen. Eine Übersendung an den Wohnungseigentümer eines Abstellplatzes für Kraftfahrzeuge hat an eine von ihm bekannt zu gebende inländische Zustellanschrift zu erfolgen. Dem übersendeten Beschluss ist ein Hinweis darauf beizufügen, dass für den Beginn der Frist zur Anfechtung des Beschlusses dessen Anschlag im Haus maßgeblich ist; zugleich ist der Tag des Anschlags und das sich daraus ergebende Ende der Frist bekannt zu geben. Jeder Wohnungseigentümer kann verlangen, dass die Übersendung von Beschlüssen an ihn nicht auf dem Postweg, sondern durch elektronische Übermittlung geschieht.

(6) Jeder Wohnungseigentümer kann innerhalb eines Monats ab Anschlag eines Beschlusses der Eigentümergemeinschaft entsprechend Abs. 5 mit einem gegen die übrigen Wohnungseigentümer zu richtenden Antrag verlangen, dass die Rechtsunwirksamkeit des Beschlusses wegen formeller Mängel, Gesetzwidrigkeit oder Fehlens der erforderlichen Mehrheit gerichtlich festgestellt wird. Beschlüsse in Angelegenheiten der außerordent-

lichen Verwaltung können überdies nach § 29 angefochten werden.

(7) Die den Wohnungseigentümern zustehenden Befugnisse zur Mitwirkung an der Entscheidungsfindung in der Eigentümergemeinschaft (Äußerungs- und Stimmrecht sowie Minderheitsrechte bei der Willensbildung der Eigentümergemeinschaft) können nicht vertraglich abbedungen werden.

Eigentümerversammlung

§ 25. (1) Soweit nichts anderes vereinbart oder mit einer Mehrheit von zwei Dritteln der Anteile beschlossen wird, hat der Verwalter alle zwei Jahre eine Eigentümerversammlung einzuberufen. Tag und Zeitpunkt der Eigentümerversammlung sind so zu wählen, dass voraussichtlich möglichst viele Wohnungseigentümer daran teilnehmen können. Darüber hinaus können mindestens drei Wohnungseigentümer, die zusammen mindestens ein Viertel der Anteile haben, vom Verwalter schriftlich unter Angabe eines wichtigen Grundes dafür die Einberufung der Eigentümerversammlung verlangen. Das Recht jedes Wohnungseigentümers, auf das Zustandekommen einer Eigentümerversammlung auch ohne Tätigwerden des Verwalters hinzuwirken, bleibt davon unberührt.

(2) Die Einberufung der Eigentümerversammlung und die dabei zur Beschlussfassung anstehenden Gegenstände sind jedem Wohnungseigentümer mindestens zwei Wochen vor dem Versammlungstermin schriftlich auf die in § 24 Abs. 5 beschriebene Weise zur Kenntnis zu bringen.

(3) Der Verwalter hat über die Teilnehmer an und über das Geschehen bei der Eigentümerversammlung, insbesondere über die Ergebnisse von Abstimmungen und gefasste Beschlüsse, eine Niederschrift aufzunehmen und jedem Wohnungseigentümer auf die in § 24 Abs. 5 beschriebene Weise zur Kenntnis zu bringen. Hat eine Abstimmung keine Mehrheit der Miteigentumsanteile für oder gegen einen Vorschlag ergeben, so hat der Verwalter zur Herbeiführung eines Beschlusses die bei der Versammlung nicht erschienenen und auch nicht rechtswirksam vertretenen Wohnungseigentümer zugleich mit der Bekanntmachung der Niederschrift aufzufordern, sich zu dieser Frage ihm gegenüber innerhalb einer zu bestimmenden Frist zu äußern.

Gemeinschaftsordnung

§ 26. (1) Sämtliche Wohnungseigentümer können eine Vereinbarung über die Einrichtung bestimmter Funktionen innerhalb der Eigentümergemeinschaft oder über die Willensbildung treffen. Eine solche Vereinbarung ist rechtswirksam, wenn sie schriftlich geschlossen wird und soweit sie nicht zwingenden Grundsätzen dieses Bundesgesetzes widerspricht. Die mit einer solchen Funktion betrauten Wohnungseigentümer können nicht mit Vertretungsbefugnis ausgestattet werden.

(2) Die Gemeinschaftsordnung wird durch den Wechsel eines Wohnungseigentümers nicht berührt. Sie ist, sofern die Unterschrift auch nur eines Wohnungseigentümers öffentlich beglaubigt ist, auf Antrag dieses oder eines anderen Wohnungseigentümers im Grundbuch ersichtlich zu machen.

Gesetzliches Vorzugspfandrecht

§ 27. (1) An jedem Miteigentumsanteil besteht in dem durch § 216 Abs. 1 Z 3 der Exekutionsordnung bestimmten Ausmaß ein gesetzliches Vorzugspfandrecht zu Gunsten

1. der Forderungen der Eigentümergemeinschaft gegen den Eigentümer des Anteils und
2. der Rückgriffsforderungen eines anderen Wohnungseigentümers
   a) aus der Inanspruchnahme von dessen Haftung nach § 18 Abs. 4 zweiter Satz,
   b) aus dessen Zahlung auf Verbindlichkeiten des Eigentümers des Anteils, die mit der Verwaltung der Liegenschaft zusammenhängen, oder
   c) aus dessen Zahlung auf Verbindlichkeiten, die mit der Verwaltung der Liegenschaft zusammenhängen und für die dieser mit den übrigen Wohnungseigentümern zur ungeteilten Hand haftet.

(2) Das Vorzugspfandrecht kommt dem Forderungsberechtigten nur zu, wenn er die Forderung samt dem Pfandrecht innerhalb von sechs Monaten mit Klage geltend macht und die Anmerkung der Klage im Grundbuch beim Miteigentumsanteil des Beklagten beantragt.

(3) Die durch das Vorzugspfandrecht besicherte Forderung ist im Fall einer Zwangsversteigerung des Miteigentumsanteils durch Barzahlung zu berichtigen, soweit sie in der Verteilungsmasse (§ 215 der Exekutionsordnung) Deckung findet, ansonsten aber vom Ersteher ohne Anrechnung auf das Meistbot zu übernehmen.

7. Abschnitt
Verwaltung der Liegenschaft

Ordentliche Verwaltung

§ 28. (1) In Angelegenheiten der ordentlichen Verwaltung der Liegenschaft entscheidet - unbeschadet der Rechte des einzelnen Wohnungseigentümers nach § 30 - die Mehrheit der Wohnungseigentümer.
Zu diesen Angelegenheiten gehören insbesondere:

1. die ordnungsgemäße Erhaltung der allgemeinen Teile der Liegenschaft im Sinne des § 3 MRG, einschließlich der baulichen Veränderun-

gen, die über den Erhaltungszweck nicht hinausgehen, und der Behebung ernster Schäden des Hauses in einem Wohnungseigentumsobjekt,

2. die Bildung einer angemessenen Rücklage (§ 31),

3. die Aufnahme eines Darlehens zur Deckung der durch die Rücklage nicht gedeckten Kosten einer in längeren als einjährigen Abständen wiederkehrenden Arbeit zur ordnungsgemäßen Erhaltung,

4. die angemessene Versicherung der Liegenschaft,

5. die Bestellung des Verwalters und die Auflösung des Verwaltungsvertrags,

6. die Bestellung und Abberufung eines Eigentümervertreters,

7. die Erlassung und Änderung der Hausordnung,

8. die Vermietung der verfügbaren allgemeinen, aber einer abgesonderten Benützung zugänglichen Teile der Liegenschaft, an eine Person, die nicht Wohnungseigentümer ist, und

9. die Aufkündigung der nach Z 8 geschlossenen Mietverträge.

(2) Die Eigentümergemeinschaft kann ungeachtet anderer gesetzlicher oder vertraglicher Regelungen Mietverträge über nicht im Wohnungseigentum stehende Abstellplätze für Kraftfahrzeuge unter Einhaltung einer Frist von drei Monaten kündigen, sobald bei einer Person, der Wohnungseigentum an einer Wohnung oder sonstigen selbständigen Räumlichkeit der Liegenschaft zukommt, ein Bedarf nach einem Abstellplatz entsteht. Bei einem Mietvertrag mit einem Wohnungseigentümer gilt dies nur dann, soweit dieser mehr als einen Abstellplatz gemietet hat und der Bedarf des anderen Wohnungseigentümers bei Abwägung der beiderseitigen Interessen schwerer wiegt.

Außerordentliche Verwaltung

§ 29. (1) Über Veränderungen an den allgemeinen Teilen der Liegenschaft, die über die in § 28 genannten Angelegenheiten hinausgehen, wie etwa nützliche Verbesserungen oder sonstige über die Erhaltung hinausgehende bauliche Veränderungen, entscheidet die Mehrheit der Wohnungseigentümer, doch kann jeder der Überstimmten mit einem gegen die übrigen Wohnungseigentümer zu richtenden Antrag die gerichtliche Aufhebung des Mehrheitsbeschlusses verlangen. Die Antragsfrist beträgt drei Monate, bei unterbliebener Verständigung des Wohnungseigentümers von der beabsichtigten Beschlussfassung und von ihrem Gegenstand (§ 25 Abs. 2) hingegen sechs Monate und beginnt mit dem Anschlag des Beschlusses im Haus gemäß § 24 Abs. 5.

(2) Das Gericht hat den Mehrheitsbeschluss aufzuheben, wenn

1. die Veränderung den Antragsteller übermäßig beeinträchtigen würde oder

2. die Kosten der Veränderung - unter Berücksichtigung auch der in absehbarer Zeit anfallenden Erhaltungsarbeiten - nicht aus der Rücklage gedeckt werden könnten.

(3) Eine Aufhebung des Mehrheitsbeschlusses aus dem Grund des Abs. 2 Z 2 hat nicht stattzufinden, wenn der nicht gedeckte Kostenanteil von der beschließenden Mehrheit getragen wird oder wenn es sich um eine Verbesserung handelt, die auch unter Berücksichtigung der fehlenden Kostendeckung in der Rücklage allen Wohnungseigentümern eindeutig zum Vorteil gereicht.

(4) Würde die Veränderung nur zu einer Beeinträchtigung des Antragstellers führen, die finanziell ausgeglichen werden kann, so hat das Gericht auszusprechen, dass die Veränderung nur gegen Entrichtung einer ziffernmäßig festzusetzenden angemessenen Entschädigung vorgenommen werden darf.

(5) Im Übrigen gelten für Angelegenheiten der außerordentlichen Verwaltung die §§ 834 und 835 ABGB.

(6) Unbeschadet seiner unbeschränkbaren Vertretungsbefugnis (§ 20 Abs. 1) darf der Verwalter Maßnahmen der außerordentlichen Verwaltung nur auf Grund eines Beschlusses nach Abs. 1 durchführen.

Minderheitsrechte und Anzeigepflicht des einzelnen Wohnungseigentümers

§ 30. (1) Jeder Wohnungseigentümer kann - über die Rechte zur Anfechtung von Beschlüssen nach § 24 Abs. 6 und § 29 hinaus - mit einem gegen die übrigen Wohnungseigentümer, im Falle der Z 5 aber gegen den Verwalter zu richtenden Antrag die Entscheidung des Gerichts darüber verlangen, dass

1. Arbeiten im Sinne des § 28 Abs. 1 Z 1 binnen einer angemessenen Frist durchgeführt werden,

2. eine angemessene Rücklage gebildet oder der bereits festgelegte Beitrag zur Bildung der Rücklage angemessen erhöht oder gemindert wird,

3. ihm die Entrichtung des auf ihn entfallenden Teils der durch die Rücklage nicht gedeckten Kosten einer in längeren als einjährigen Abständen wiederkehrenden Erhaltungsarbeit in angemessenen, den Verteilungszeitraum von zehn Jahren nicht übersteigenden Monatsraten gegen Zahlung der ortsüblichen Hypothekarzinsen gestattet wird, soweit ihm die sofortige Entrichtung des auf ihn entfallenden Teilbetrags der Erhaltungsarbeit unmöglich oder unzumutbar ist,

4. eine angemessene Feuerversicherung und Haftpflichtversicherung abgeschlossen wird,

5. dem Verwalter bei Verstößen gegen § 20 Abs. 2 bis 7 die Einhaltung dieser Pflichten aufgetragen oder der Verwaltungsvertrag wegen grober Ver-

letzung der Pflichten des Verwalters aufgelöst wird (§ 21 Abs. 3),

6. ein Verwalter (§§ 19 ff.) oder ein vorläufiger Verwalter (§ 23) bestellt wird,

7. jene Bestimmungen der Hausordnung aufgehoben oder geändert werden, die seine schutzwürdigen Interessen verletzen oder ihm bei billigem Ermessen unzumutbar sind,

8. die Unwirksamkeit jener Bestimmungen einer Gemeinschaftsordnung festgestellt wird, die § 26 widersprechen, und

9. - sofern er Wohnungseigentümer einer Wohnung oder sonstigen selbständigen Räumlichkeit ist - ein nach § 28 Abs. 1 Z 8 über einen Kraftfahrzeug-Abstellplatz geschlossener Mietvertrag wegen eines bei ihm vorliegenden Bedarfs gekündigt wird.

(2) Wenn ein einzelner Wohnungseigentümer die Mehrheit der Miteigentumsanteile hat und zum unverhältnismäßigen Nachteil eines anderen Wohnungseigentümers Maßnahmen trifft oder unterlässt beziehungsweise dem Verwalter aufträgt oder untersagt, kann der andere dagegen mit einem gegen den Mehrheitseigentümer zu richtenden Antrag - im Fall einer bereits getroffenen oder aufgetragenen Maßnahme innerhalb von drei Monaten ab deren Erkennbarkeit - das Gericht anrufen, auch wenn es sich nur um eine Maßnahme der ordentlichen Verwaltung (§ 28 Abs. 1) handelt. Das Gericht kann dem Mehrheitseigentümer die Unterlassung beabsichtigter, die Rücknahme bereits getroffener oder die Durchführung verabsäumter Maßnahmen auftragen. Der Anteilsmehrheit eines einzelnen Wohnungseigentümers ist es gleichzuhalten, wenn die Mehrheit der Miteigentumsanteile im Eigentum mehrerer Personen steht, die miteinander durch ein familiäres oder wirtschaftliches Naheverhältnis verbunden sind.

(3) Jeder Wohnungseigentümer hat Schäden an den allgemeinen Teilen der Liegenschaft und ernste Schäden des Hauses in einem Wohnungseigentumsobjekt bei sonstiger Schadenersatzpflicht ohne Verzug dem Verwalter oder dem vorläufigen Verwalter anzuzeigen, sofern dieser nicht bereits Kenntnis von dem Schaden hat. Bei Gefahr im Verzug darf jeder Wohnungseigentümer auch ohne Zustimmung der übrigen Wohnungseigentümer die zur Abwehr notwendigen Maßnahmen treffen.

Rücklage

§ 31. (1) Die Wohnungseigentümer haben eine angemessene Rücklage zur Vorsorge für künftige Aufwendungen (§ 32) zu bilden. Bei der Festlegung der Beiträge zur Bildung der Rücklage ist auf die voraussichtliche Entwicklung der Aufwendungen Bedacht zu nehmen.

(2) Die Rücklage ist für die Deckung von Aufwendungen zu verwenden. Sie ist entweder auf einem für jeden Wohnungseigentümer einsehbaren Eigenkonto der Eigentümergemeinschaft oder auf einem ebenso einsehbaren Anderkonto fruchtbringend anzulegen.

(3) Bei Beendigung eines Verwaltungsvertrags hat der Verwalter ohne Verzug über die Rücklage Rechnung zu legen und den Überschuss an den neuen Verwalter oder bei Fehlen eines solchen an die Eigentümergemeinschaft herauszugeben. Wird der Verwaltungsvertrag durch das Gericht aufgelöst, so ist dem Verwalter die Herausgabe des festgestellten Überschusses binnen 14 Tagen bei Zwangsvollstreckung aufzutragen.

(4) Für abweichende Abrechnungseinheiten und gesondert abzurechnende Anlagen (§ 32 Abs. 6) können gesonderte Rücklagen gebildet werden.

Aufteilung der Aufwendungen

§ 32. (1) Die Aufwendungen für die Liegenschaft einschließlich der Beiträge zur Rücklage sind von den Wohnungseigentümern nach dem Verhältnis ihrer Miteigentumsanteile bei Ende der Abrechnungsperiode zu tragen. Besteht aber ein vor Wohnungseigentumsbegründung über ein wohnungseigentumstaugliches Objekt geschlossener Hauptmiet- oder Nutzungsvertrag (§ 1 Abs. 1 MRG, § 13 WGG) nach diesem Zeitpunkt weiter, so sind - soweit nichts anderes rechtswirksam vereinbart ist - nur die Beiträge zur Rücklage sowie die Kosten für die Erhaltung und Verbesserung nach der Regelung des ersten Satzes, die übrigen Aufwendungen jedoch nach dem Aufteilungsschlüssel zu tragen, der für das vor Wohnungseigentumsbegründung eingegangene Hauptmiet- oder Nutzungsverhältnis maßgeblich ist; hinsichtlich der diesem Aufteilungsschlüssel unterliegenden Aufwendungen kann jeder Wohnungseigentümer eine Überprüfung der Aufteilung gemäß § 37 MRG beziehungsweise § 22 WGG beantragen.

(2) Sämtliche Wohnungseigentümer können einen von der Regelung des Abs. 1 abweichenden Aufteilungsschlüssel oder eine von der Liegenschaft abweichende Abrechnungseinheit festlegen; für die nur diese abweichende Abrechnungseinheit betreffenden Angelegenheiten kann auch eine von der Liegenschaft abweichende Abstimmungseinheit festgelegt werden. Solche Vereinbarungen bedürfen zu ihrer Rechtswirksamkeit der Schriftform; sie werden frühestens für die ihrem Abschluss nachfolgende Abrechnungsperiode wirksam.

(3) Wenn einzelne Aufwendungen vom Verbrauch abhängig sind und die Anteile der Wohnungseigentumsobjekte am Gesamtverbrauch mit wirtschaftlich vernünftigem Kostenaufwand durch Messvorrichtungen ermittelt werden können, können die Wohnungseigentümer mit einer Mehrheit von zwei Dritteln der Anteile eine Aufteilung dieser Aufwendungen nach den Verbrauchsanteilen festlegen; dieser Beschluss wird frühestens für die ihm nachfolgende Abrechnungsperiode wirk-

sam. Bei Vorliegen eines solchen Beschlusses hat jeder Wohnungseigentümer die Erfassung der Verbrauchsanteile in seinem Objekt zu dulden. Konnten trotz zumutbarer Bemühungen Verbrauchsanteile nicht erfasst werden, so sind sie, sofern dies dem Stand der Technik entspricht, durch rechnerische Verfahren zu ermitteln; die Nutzfläche, für die auf diese Weise die Verbrauchsanteile ermittelt werden, darf 20 vH nicht übersteigen. Der Teil der Aufwendungen, der dem auf die allgemeinen Teile der Liegenschaft entfallenden Verbrauchsanteil zuzuordnen ist, ist nach dem Schlüssel des Abs. 1 aufzuteilen.

(4) Können bei Gemeinschaftsanlagen die Energiekosten den Benützern zugeordnet werden, so kann die Mehrheit der Wohnungseigentümer festlegen, dass diese Energiekosten in pauschalierter Form (zum Beispiel durch Münzautomaten) von den Benützern eingehoben werden. Diese Entgelte sind in der Abrechnung als Einnahmen auszuweisen.

(5) Das Gericht kann bei einer wesentlichen Änderung der Nutzungsmöglichkeit seit einer Vereinbarung nach Abs. 2 oder bei erheblich unterschiedlichen Nutzungsmöglichkeiten den Aufteilungsschlüssel auf Antrag eines Wohnungseigentümers nach billigem Ermessen neu festsetzen. Eine solche Festsetzung ist ab der der Antragstellung nachfolgenden Abrechnungsperiode wirksam.

(6) Das Gericht kann auf Antrag eines Wohnungseigentümers eine von der Liegenschaft abweichende Abrechnungseinheit festsetzen, wenn auf der Liegenschaft mehr als fünfzig Wohnungseigentumsobjekte oder eine gesondert abzurechnende Anlage, wie etwa eine Waschküche, ein Personenaufzug oder eine gemeinsame Wärmeversorgungsanlage, vorhanden sind. Eine solche Festsetzung ist ab der der Antragstellung nachfolgenden Abrechnungsperiode wirksam. Mit der Festsetzung einer abweichenden Abrechnungseinheit kann auch die Einrichtung einer von der Liegenschaft abweichenden Abstimmungseinheit für die nur diese Abrechnungseinheit betreffenden Angelegenheiten verbunden werden.

(7) Durch den Wechsel eines Wohnungseigentümers werden der Aufteilungsschlüssel, die Abrechnungseinheit und die Abstimmungseinheit nicht berührt.

(8) Von der Regelung des Abs. 1 abweichende Aufteilungsschlüssel sowie von der Liegenschaft abweichende Abrechnungs- und Abstimmungseinheiten sind bei Festsetzung durch das Gericht von Amts wegen, sonst, sofern die Unterschrift auch nur eines Wohnungseigentümers öffentlich beglaubigt ist, auf Antrag dieses oder eines anderen Wohnungseigentümers im Grundbuch ersichtlich zu machen.

(9) Mangels anderslautender Vereinbarung sind die den Wohnungseigentümern vorgeschriebenen Vorauszahlungen auf die Aufwendungen für die Liegenschaft am Fünften eines jeden Kalendermonats fällig.

(10) Soweit die Eigentümergemeinschaft ihre Umsätze steuerpflichtig behandelt, hat jeder Wohnungseigentümer die auf sein Wohnungseigentumsobjekt nach der jeweiligen Nutzungsart entfallende Umsatzsteuer zu entrichten.

Verteilung der Erträgnisse

§ 33. (1) Erträgnisse aus Wohnungseigentumsobjekten stehen dem Wohnungseigentümer allein zu.

(2) Erträgnisse aus den allgemeinen Teilen der Liegenschaft stehen allen Wohnungseigentümern nach dem Verhältnis ihrer Miteigentumsanteile zu.

(3) Wenn für die Tragung der Kosten, die für die Errichtung allgemeiner Teile der Liegenschaft anfallen, ein vom Verhältnis der Miteigentumsanteile abweichender Schlüssel vereinbart wird, können sämtliche Wohnungseigentümer festlegen, dass die aus diesen allgemeinen Teilen erzielten Erträgnisse entsprechend diesem Schlüssel verteilt werden, soweit diese Festlegung dem § 38 Abs. 1 nicht widerspricht. Für eine solche Festlegung gilt § 32 Abs. 2 zweiter Satz, 7 und 8 entsprechend. Im Übrigen können die Regelungen der vorstehenden Absätze nicht vertraglich abbedungen werden.

Abrechnung

§ 34. (1) Die Abrechnung ist innerhalb von sechs Monaten nach Ablauf der Abrechnungsperiode jedem Wohnungseigentümer an die in § 24 Abs. 5 bestimmte Anschrift zu übermitteln. Sodann ist den Wohnungseigentümern in geeigneter Weise Einsicht in die Belege - bei Belegen auf Datenträgern Einsicht in Ausdrucke der Belege - zu gewähren. Wenn ein Wohnungseigentümer dies verlangt, sind für ihn gegen Kostenersatz Kopien (weitere Ausdrucke) der Belege anzufertigen. Der Anspruch der Wohnungseigentümer auf Rechnungslegung verjährt in drei Jahren ab dem Ende der Abrechnungsfrist.

(2) Abrechnungsperiode ist das Kalenderjahr. Eine davon abweichende Abrechnungsperiode kann entweder durch schriftliche Vereinbarung aller Wohnungseigentümer oder auf Antrag eines Wohnungseigentümers aus wichtigen Gründen durch das Gericht festgesetzt werden. Die vereinbarte Festsetzung ist frühestens ab der der Vereinbarung, die gerichtliche ab der der Antragstellung nachfolgenden Abrechnungsperiode wirksam. Durch den Wechsel eines Wohnungseigentümers wird die Abrechnungsperiode nicht berührt. Die abweichende Abrechnungsperiode ist bei Festsetzung durch das Gericht von Amts wegen, sonst, sofern die Unterschrift auch nur eines Wohnungseigentümers öffentlich beglaubigt ist, auf Antrag dieses oder eines anderen Woh-

nungseigentümers im Grundbuch ersichtlich zu machen.

(3) Wird die Abrechnung nicht gehörig gelegt oder die Einsicht in die Belege nicht gewährt oder werden die verlangten Kopien oder Ausdrucke der Belege trotz Kostenerlags nicht angefertigt, so ist der Verwalter auf Antrag eines Wohnungseigentümers vom Gericht unter Androhung einer Geldstrafe bis zu 6 000 Euro dazu zu verhalten. Die Geldstrafe ist zu verhängen, wenn dem Auftrag ungerechtfertigterweise nicht entsprochen wird; eine solche Geldstrafe kann auch wiederholt verhängt werden. Besteht der Mangel der Abrechnung nur in einer inhaltlichen Unrichtigkeit, so hat sich die gerichtliche Entscheidung auf die Feststellung der Unrichtigkeit sowie des sich aus der Richtigstellung ergebenden Überschuss- oder Fehlbetrags zu beschränken.

(4) Soweit nichts anderes vereinbart oder beschlossen wird, ist ein sich aus der Abrechnung zu Gunsten eines Wohnungseigentümers ergebender Überschussbetrag auf dessen künftige Vorauszahlungen auf die Aufwendungen für die Liegenschaft gutzuschreiben. Ergibt sich aus der Abrechnung ein Fehlbetrag zu Lasten eines Wohnungseigentümers, so hat dieser den Fehlbetrag innerhalb von zwei Monaten ab der Rechnungslegung nachzuzahlen. Im Fall des Wechsels eines Wohnungseigentümers ist derjenige zur Nachzahlung verpflichtet, der im Zeitpunkt von deren Fälligkeit Wohnungseigentümer ist.

(5) Der Bundesminister für Justiz kann durch Verordnung ÖNORMEN bezeichnen, die in besonderem Maß als Grund- und Vorlage für eine ordentliche Abrechnung geeignet sind.

8. Abschnitt
Beendigung von Wohnungs- und Miteigentum

Erlöschen des Wohnungseigentums; Aufhebung der Gemeinschaft des Eigentums

§ 35. (1) Das Wohnungseigentum erlischt durch den Untergang des Gegenstands des Wohnungseigentums oder durch die Einverleibung der Löschung auf Grund eines Verzichts des Wohnungseigentümers; die Einverleibung der Löschung auf Grund eines Verzichts bedarf der Zustimmung der Wohnungseigentümer und der Buchberechtigten, deren Rechte den Mindestanteil belasten.

(2) Die Gemeinschaft des Eigentums an der Liegenschaft kann erst aufgehoben werden, nachdem das auf der Liegenschaft erworbene Wohnungseigentum erloschen ist.

Ausschließung von Wohnungseigentümern

§ 36. (1) Ein Wohnungseigentümer ist auf Klage der Mehrheit der übrigen Wohnungseigentümer aus der Gemeinschaft auszuschließen, wenn er

1. seinen Pflichten aus der Gemeinschaft nicht nachkommt, insbesondere die ihm obliegenden Zahlungen auch nicht bis zum Schluss der dem erstinstanzlichen Urteil vorangehenden Verhandlung leistet,

2. von seinem Wohnungseigentumsobjekt oder den allgemeinen Teilen der Liegenschaft einen die Interessen der übrigen Wohnungseigentümer empfindlich schädigenden Gebrauch macht oder

3. durch sein rücksichtsloses, anstößiges oder sonst grob ungehöriges Verhalten den Mitbewohnern das Zusammenwohnen verleidet oder sich gegenüber einem Wohnungseigentümer oder einer im Haus wohnenden Person einer strafbaren Handlung gegen das Eigentum, die Sittlichkeit oder die körperliche Sicherheit schuldig macht, sofern es sich nicht um den Umständen nach geringfügige Fälle handelt.

(2) Ist im Fall des Abs. 1 Z 1 strittig, welche Zahlungen der beklagte Wohnungseigentümer zu leisten hat, so ist darüber abgesondert zu verhandeln und mit Beschluss zu entscheiden. Zahlt der beklagte Wohnungseigentümer vor Schluss der dem erstinstanzlichen Urteil vorangehenden Verhandlung den geschuldeten Betrag, so ist die Klage abzuweisen; der beklagte Wohnungseigentümer hat jedoch die Kosten des Verfahrens zu ersetzen, soweit ihn ohne Zahlung eine Kostenersatzpflicht getroffen hätte.

(3) In den Fällen des Abs. 1 Z 2 und 3 steht dem Verhalten des auszuschließenden Wohnungseigentümers das Verhalten seines Ehegatten und der anderen mit ihm zusammenwohnenden Familienangehörigen sowie der Personen gleich, die sein Wohnungseigentumsobjekt oder die von ihm sonst benützten allgemeinen Teile der Liegenschaft mit seiner Zustimmung oder Duldung benützen, sofern er es unterlässt, die ihm mögliche Abhilfe zu schaffen.

(4) Die Ausschlussklage ist im Grundbuch anzumerken; diese Anmerkung hat die Rechtsfolge des § 61 Abs. 2 GBG 1955. Nach Ablauf von drei Monaten nach dem Eintritt der Rechtskraft des Urteils kann auf Antrag eines Wohnungseigentümers die Versteigerung des Miteigentumsanteils und des damit verbundenen Wohnungseigentums nach den Bestimmungen der Exekutionsordnung über die Zwangsversteigerung durchgeführt werden.

(5) Findet ein durch ein Verhalten nach Abs. 1 Z 2 oder 3 unmittelbar beeinträchtigter Wohnungseigentümer, der für dieses Verhalten keinen Anlass gegeben hat, nicht die Unterstützung der Mehrheit zur Ausschließung des Wohnungseigentümers, der das Verhalten an den Tag gelegt oder zu vertreten (Abs. 3) hat, so kann der beeinträchtigte Wohnungseigentümer den betreffenden Wohnungseigentümer auf Unterlassung dieses Verhaltens klagen. Wird das Verhalten trotz eines der Klage stattgebenden Urteils und einer darauf gegründeten Zwangsvollstreckung beharrlich fortgesetzt, so steht sodann die Klage auf Aus-

schließung auch dem beeinträchtigten Wohnungseigentümer zu.

(6) In den Fällen des Abs. 1 Z 2 und 3 sind Personen, die mit dem auszuschließenden Wohnungseigentümer durch ein familiäres oder wirtschaftliches Naheverhältnis verbunden sind, bei der Versteigerung des Miteigentumsanteils vom Bieten ausgeschlossen (§ 180 der Exekutionsordnung).

9. Abschnitt Schutz des Wohnungseigentumsbewerbers

Annahmeverbot; Ansprüche des Wohnungseigentumsbewerbers

§ 37. (1) Vor Eintragung der Anmerkung der Einräumung von Wohnungseigentum (§ 40 Abs. 2) werden die mit dem Wohnungseigentumsbewerber vereinbarten Zahlungen nicht fällig; der Wohnungseigentumsorganisator darf sie vor Fälligkeit weder fordern noch annehmen. Der Wohnungseigentumsbewerber kann alle Zahlungen, die entgegen diesem Verbot angenommen wurden, zurückfordern. Der Wohnungseigentumsorganisator hat die angenommenen Beträge ab dem Zahlungstag mit einem den jeweiligen Basiszinssatz (§ 1 Abs. 1 1. Euro-JuBeG) um sechs Prozentpunkte übersteigenden Zinssatz zu verzinsen.

(2) Hat der Wohnungseigentumsbewerber einem der Wohnungseigentumsorganisatoren die zahlenmäßig bestimmt vereinbarten, bis zur Vollendung der Bauführung zu entrichtenden Beträge an Grund-, Bau- und sonstigen Kosten bezahlt, so hat er gegen den verfügungsberechtigten Wohnungseigentumsorganisator den Anspruch,

1. dass ihm das zugesagte wohnungseigentumstaugliche Objekt zur Nutzung übergeben wird, sobald es beziehbar ist, und

2. dass nach Vollendung der Bauführung am Haus, in dem sich das zugesagte wohnungseigentumstaugliche Objekt befindet, ohne Verzug die für die Einverleibung seines Eigentumsrechts am Mindestanteil und für die - allenfalls noch durchzuführende - Begründung von Wohnungseigentum an allen dafür gewidmeten wohnungseigentumstauglichen Objekten erforderlichen Urkunden errichtet und Anträge gestellt werden.

(3) Überdies haben die Wohnungseigentumsorganisatoren

1. vor oder mit der Zusage der Einräumung des Wohnungseigentums dem Wohnungseigentumsbewerber bestimmt zu erklären, ob ein Nutzwertgutachten (§ 9 Abs. 1) oder eine Entscheidung über die gerichtliche Nutzwertfestsetzung (§ 9 Abs. 2) vorliegt und welches Verhältnis sich daraus zur Summe der Nutzwerte aller wohnungseigentumstauglichen Objekte der Liegenschaft ergibt,

2. den Wohnungseigentumsbewerber in allen Verfahren zur gerichtlichen Nutzwertfestsetzung zu benennen und

3. die Miteigentümer und die Wohnungseigentumsbewerber, die noch nicht Miteigentümer sind, ohne Verzug von der Vollendung der Bauführung zu verständigen.

(4) Vor oder mit der Zusage der Einräumung des Wohnungseigentums an Teilen eines Hauses, dessen Baubewilligung zum Zeitpunkt der Zusage älter als 20 Jahre ist, haben die Wohnungseigentumsorganisatoren dem Wohnungseigentumsbewerber ein Gutachten eines für den Hochbau zuständigen Ziviltechnikers oder eines allgemein beeideten und gerichtlich zertifizierten Sachverständigen für das Hochbauwesen über den Bauzustand der allgemeinen Teile des Hauses, insbesondere über in absehbarer Zeit notwendig werdende Erhaltungsarbeiten, zu übergeben. Das Gutachten darf zum Zeitpunkt der Zusage nicht älter als ein Jahr sein und ist in den Kaufvertrag über den Liegenschaftsanteil, an dem Wohnungseigentum erworben werden soll, einzubeziehen; mit seiner Einbeziehung gilt der darin beschriebene Bauzustand als bedungene Eigenschaft (§ 922 Abs. 1 ABGB). Wird in den Kaufvertrag kein solches Gutachten einbezogen, so gilt ein Erhaltungszustand des Hauses als vereinbart, der in den nächsten zehn Jahren keine größeren Erhaltungsarbeiten erfordert.

(5) Sobald eine Zusage der Einräumung des Wohnungseigentums im Grundbuch angemerkt ist und zumindest ein Wohnungseigentumsbewerber Miteigentum erworben hat, gelten für die Verwaltung der Liegenschaft und die Rechte der Miteigentümer die §§ 16 bis 34, 36 und 52. Ein Wohnungseigentumsbewerber, der noch nicht Miteigentümer, zu dessen Gunsten aber eine solche Zusage angemerkt ist, hat ab Bezug des wohnungseigentumstauglichen Objekts die Rechte nach § 16 und § 52 Abs. 1 Z 2 sowie den Anspruch auf Rechnungslegung gemäß § 34.
Weiters hat ein solcher Wohnungseigentumsbewerber ab dem Zeitpunkt, zu dem sein späterer Miteigentumsanteil - insbesondere durch ein bereits vorliegendes Nutzwertgutachten - bekannt ist, die Rechte eines Miteigentümers, sofern zumindest ein anderer Wohnungseigentumsbewerber bereits Miteigentum erworben hat.

(6) Die Regelungen der vorstehenden Absätze können nicht vertraglich abbedungen werden.

Rechtsunwirksame Vereinbarungen

§ 38. (1) Rechtsunwirksam sind Vereinbarungen oder Vorbehalte, die geeignet sind, die dem Wohnungseigentumsbewerber oder Wohnungseigentümer zustehenden Nutzungs- oder Verfügungsrechte aufzuheben oder unbillig zu beschränken, wie insbesondere

1. von Wohnungseigentumsorganisatoren vereinbarte Mietverträge oder Nutzungsvorbehalte

über Teile der Liegenschaft, die sich nur als Zubehörobjekte im Sinn des § 2 Abs. 3 eignen oder an denen Wohnungseigentum nicht bestehen kann (§ 3 Abs. 3),

2. Vereinbarungen oder Vorbehalte über die Vergabe oder Durchführung von künftigen Instandhaltungs- oder Verbesserungsarbeiten oder Vermittlungsaufträge jeder Art,

3. Vereinbarungen über Vorkaufs- und Wiederkaufsrechte,

4. Vereinbarungen über Beschränkungen der nach den §§ 918 bis 924, 932, 933, 933a und 934 ABGB zustehenden Rechte oder

5. Vereinbarungen über Konventionalstrafen oder Reugelder.

(2) Die Rechtsunwirksamkeit erstreckt sich auch auf den daraus begünstigten Dritten, es sei denn, dass ihm die Absicht, auf der Liegenschaft Wohnungseigentum zu begründen, weder bekannt war noch bekannt sein musste.

Rücktritt des Wohnungseigentumsorganisators

§ 39. Macht der Wohnungseigentumsorganisator seinen Rücktritt wegen Zahlungsverzugs mit Klage geltend und ist die Höhe der vom Wohnungseigentumsbewerber oder Wohnungseigentümer noch zu leistenden Zahlungen strittig, so ist darüber abgesondert zu verhandeln und mit Beschluss zu entscheiden. Zahlt der Wohnungseigentumsbewerber oder Wohnungseigentümer vor Schluss der dem erstinstanzlichen Urteil vorangehenden Verhandlung den geschuldeten Betrag, so ist die Klage abzuweisen; der Wohnungseigentumsbewerber oder Wohnungseigentümer hat jedoch dem Kläger die Kosten des Verfahrens zu ersetzen, soweit ihn ohne Zahlung eine Kostenersatzpflicht getroffen hätte.

Grundbücherliche Sicherung des Wohnungseigentumsbewerbers

§ 40. (1) Auf Antrag des Liegenschaftseigentümers ist im Grundbuch anzumerken, dass für die Begründung von Wohnungseigentum die Verpfändung bis zu einem bestimmten Betrag vorbehalten wird (Anmerkung der vorbehaltenen Verpfändung).

(2) Auf Antrag des Wohnungseigentumsbewerbers oder des Wohnungseigentumsorganisators ist die Zusage der Einräumung des Wohnungseigentums im Grundbuch anzumerken (Anmerkung der Einräumung von Wohnungseigentum). Ist der Wohnungseigentumsorganisator nicht alleiniger Liegenschaftseigentümer, so ist dazu die Zustimmung des alleinigen Eigentümers beziehungsweise aller (anderen) Miteigentümer der Liegenschaft erforderlich; einer öffentlichen Beglaubigung dieser Zustimmungserklärungen bedarf es nicht. In der Anmerkung sind der Wohnungseigentumsbewerber und die Bezeichnung des wohnungseigentumstauglichen Objekts anzuführen. Die Anmerkung kann auf Grund eines Rechtsgeschäfts unter Lebenden oder von Todes wegen mit Rang wahrender Wirkung an den Erwerber des Rechts auf Einräumung des Wohnungseigentums übertragen werden (Anmerkung der Übertragung des Rechts auf Wohnungseigentumseinräumung); diese Anmerkung erfolgt auf Antrag des bisherigen oder des neuen Wohnungseigentumsbewerbers mit Zustimmung des jeweils anderen.

(3) Gleichzeitig mit der erstmaligen Eintragung einer Anmerkung nach Abs. 1 oder 2 sind in der Aufschrift des Gutsbestandsblatts die Worte "Wohnungseigentum in Vorbereitung" einzutragen.

(4) Wird an dem in der Anmerkung der Einräumung von Wohnungseigentum angeführten wohnungseigentumstauglichen Objekt Wohnungseigentum begründet, so kann der eingetragene Wohnungseigentumsbewerber die Einverleibung seines Eigentums am Mindestanteil und des Wohnungseigentums im Rang dieser Anmerkung auch dann verlangen, wenn die Liegenschaft nach der Anmerkung einem Dritten übertragen oder belastet wurde. § 57 Abs. 1 GBG 1955 ist entsprechend anzuwenden. Von der Löschung sind jedoch folgende Eintragungen ausgenommen:

1. Veräußerungsverbote gemäß § 49 des Wohnbauförderungsgesetzes 1984 oder nach den landesgesetzlichen Vorschriften für die Wohnbauförderung und Wohnhaussanierung,

2. Eintragungen, zu deren Übernahme sich der Wohnungseigentumsbewerber gegenüber dem Liegenschaftseigentümer verpflichtet hat, und

3. Pfandrechte im Rang einer Anmerkung der vorbehaltenen Verpfändung, sofern diese der Anmerkung der Einräumung von Wohnungseigentum im Rang vorging, bis zum angemerkten Betrag.

(5) Die Anmerkung der vorbehaltenen Verpfändung darf, wenn im Rang danach eine Anmerkung der Einräumung von Wohnungseigentum und nach dieser ein Pfandrecht eingetragen ist, nur mit Zustimmung des Pfandgläubigers gelöscht werden. Die Anmerkung der Einräumung von Wohnungseigentum darf vor den in Abs. 4 genannten Eintragungen nur mit Zustimmung des eingetragenen Wohnungseigentumsbewerbers gelöscht werden.

Zustimmung zur Nachfinanzierung

§ 41. (1) Ist zwischen Wohnungseigentumsorganisator und Wohnungseigentumsbewerber schriftlich vereinbart, dass der Wohnungseigentumsorganisator dem Wohnungseigentumsbewerber Kostensteigerungen (Bau- einschließlich der Finanzierungskosten, jedoch nicht Grundbeschaffungskosten) in Rechnung stellen darf, so ist dieser verpflichtet, einer zusätzlichen Hypothekardarlehensaufnahme zur Finanzierung der Bauvollendung über den bereits eingetragenen oder vorbehaltenen (§ 40 Abs. 1) Pfandbetrag hinaus zuzustimmen. Die Höhe des zusätzlichen Pfandbetrags hat das Gericht in entsprechender Anwendung des § 273 ZPO festzusetzen. Den beiderseitigen Ansprüchen wird durch diese Entscheidung nicht vorgegriffen.

(2) Wenn über das Vermögen des Wohnungseigentumsorganisators der Konkurs oder das Ausgleichsverfahren eröffnet wurde oder die Voraussetzungen für die Eröffnung des Konkurses vorliegen oder ein Antrag auf Eröffnung des Konkurses nur mangels kostendeckenden Vermögens abgewiesen wurde, entscheidet darüber, ob der Aufnahme zusätzlicher Hypothekardarlehen zur Finanzierung der Bauvollendung zugestimmt wird, die nach Köpfen berechnete Mehrheit der Wohnungseigentumsbewerber.

Rangordnung für die beabsichtigte Einräumung von Wohnungseigentum

§ 42. (1) Ist auf einer Liegenschaft zumindest eine Anmerkung der Einräumung von Wohnungseigentum (§ 40 Abs. 2) eingetragen oder das Miteigentum an einem Anteil auf Grund eines Vertrags einverleibt, der Anspruch auf eine derartige Anmerkung gibt, so ist auf Antrag des nach § 12 BTVG bestellten Treuhänders im Grundbuch die unbefristete Rangordnung für die beabsichtigte Einräumung von Wohnungseigentum anzumerken. In dieser Anmerkung ist der Treuhänder anzugeben. Der Antragsteller hat seine Bestellung zum Treuhänder durch eine beglaubigte Bestätigung des Bauträgers oder durch einen Gerichtsbeschluss nachzuweisen. Ist der Bauträger nicht Liegenschaftseigentümer (Bauberechtigter), so ist überdies eine beglaubigte Erklärung des Liegenschaftseigentümers (Bauberechtigten) über seine Zustimmung zur Eintragung dieser Anmerkung vorzulegen; in der Zustimmungserklärung muss der Bauträger angegeben sein.

(2) Die Anmerkung hat folgende Rechtswirkungen:

1. Soweit für wohnungseigentumstaugliche Objekte noch keine Wohnungseigentumsbewerber vorhanden sind, übt der Treuhänder die Rechte aus, die Wohnungseigentumsbewerbern nach § 41 Abs. 2 und § 44 zustehen würden.

2. Wohnungseigentumsbewerber können die Anmerkung der Einräumung von Wohnungseigentum im Rang der Anmerkung der Rangordnung verlangen.

(3) Die Anmerkung kann nur auf Antrag des Treuhänders gelöscht werden.

(4) Im Fall des § 7 Abs. 6 Z 3 BTVG ist anstelle eines Treuhänders der Bauträger, der zugleich Liegenschaftseigentümer (Bauberechtigter) ist, unter den in Abs. 1 erster Satz genannten Voraussetzungen antragsberechtigt. Der Antrag bedarf der Beglaubigung. Der Bauträger hat die Gewährung der Förderung durch Vorlage der schriftlichen Förderungszusicherung (§ 7 Abs. 6 Z 3 lit. a BTVG) nachzuweisen. In der Anmerkung ist das Vorliegen einer öffentlichen Förderung im Sinne des § 7 Abs. 6 Z 3 BTVG anzugeben.

(5) Die Anmerkung nach Abs. 4 hat nur die Rechtswirkung des Abs. 2 Z 2.

(6) Die Anmerkung nach Abs. 4 kann nur auf Antrag des Bauträgers mit einer beglaubigten Zustimmungserklärung jener Wohnungseigentumsbewerber gelöscht werden, für die eine Anmerkung der Einräumung von Wohnungseigentum eingetragen ist.

Klage auf Einverleibung des Eigentumsrechts

§ 43. (1) Sind die Wohnungseigentumsorganisatoren mit der Stellung der Anträge oder der Errichtung der Urkunden (§ 37 Abs. 2 Z 2) säumig, so kann der Wohnungseigentumsbewerber den Liegenschaftseigentümer auf die Einwilligung in die Einverleibung seines Eigentums am Mindestanteil und in die Begründung von Wohnungseigentum an allen dafür gewidmeten wohnungseigentumstauglichen Objekten bei dem Bezirksgericht klagen, in dessen Sprengel die Liegenschaft gelegen ist. Ist die Wohnungseigentumsbegründung an allen wohnungseigentumstauglichen Objekten nicht möglich, etwa weil nicht jedem Miteigentümer ein Objekt zugewiesen werden kann, so kann im Urteil über die Klage entgegen der Bestimmung des § 3 Abs. 2 ausnahmsweise die Einverleibung von Wohnungseigentum nur an dem dem Kläger zugesagten Objekt vorgesehen werden.

(2) Sind die für die Bestimmung des Mindestanteils maßgebenden Nutzwerte noch nicht ermittelt oder wird bescheinigt, dass die Voraussetzungen für eine gerichtliche Nutzwertfestsetzung vorliegen, so kann sich der Kläger die bestimmte Angabe des von ihm beanspruchten Mindestanteils bis zur Ermittlung oder Festsetzung der Nutzwerte vorbehalten. In diesem Fall hat das Gericht den Parteien mit Beschluss aufzutragen, einen Ziviltechniker oder Sachverständigen (§ 9 Abs. 1) mit der Erstattung eines Nutzwertgutachtens zu betrauen beziehungsweise die Einleitung des Verfahrens zur gerichtlichen Nutzwertfestsetzung zu beantragen, und zugleich das Verfahren über die Klage zu unterbrechen. Das unterbrochene Verfahren ist nach Vorliegen des Nutzwertgutachtens beziehungsweise nach rechtskräftiger Entscheidung über die gerichtliche Nutzwertfestsetzung auf Antrag wieder aufzunehmen.

(3) Der Kläger kann die Anmerkung der Klage im Grundbuch verlangen. Die Anmerkung hat zur Folge, dass das über die Klage ergehende Urteil auch gegen die Personen wirkt, die erst nach dem Einlangen des Gesuchs um die Streitanmerkung beim Grundbuchsgericht bücherliche Rechte erlangt haben. § 65 GBG 1955 ist mit der Maßgabe

anzuwenden, dass die Einverleibung des Eigentums am Mindestanteil und des Wohnungseigentums im Rang der Streitanmerkung vorzunehmen und alle nach der Streitanmerkung auf dem Mindestanteil vorgenommenen Eintragungen zu löschen sind.

(4) Wenn zu Gunsten des Wohnungseigentumsbewerbers eine Anmerkung nach § 40 Abs. 2 oder eine Streitanmerkung nach Abs. 3 eingetragen ist, hat im Fall der Zwangsversteigerung der Liegenschaft der Ersteher sowie im Fall der Verwertung der Liegenschaft in der Insolvenz des Liegenschaftseigentümers der Ersteher oder Erwerber die dem Wohnungseigentumsbewerber auf Grund dieser Anmerkungen zustehenden Rechte nach Maßgabe des § 150 der Exekutionsordnung zu übernehmen.

(5) Wird auf Grund einer Klage nach Abs. 1 Wohnungseigentum an allen dafür gewidmeten wohnungseigentumstauglichen Objekten begründet, so hindert dies nachfolgende Anmerkungen der Einräumung von Wohnungseigentum (§ 40 Abs. 2) nicht.

Fortsetzung der Bauführung bei Insolvenz

§ 44. Wenn über das Vermögen des Wohnungseigentumsorganisators der Konkurs oder das Ausgleichsverfahren eröffnet wurde oder die Voraussetzungen für die Eröffnung des Konkurses vorliegen oder ein Antrag auf Eröffnung des Konkurses nur mangels kostendeckenden Vermögens abgewiesen wurde, entscheidet darüber, ob das Bauvorhaben von einem anderen Wohnungseigentumsorganisator durchgeführt wird, die nach Köpfen berechnete Mehrheit der Wohnungseigentumsbewerber.

10. Abschnitt
Vorläufiges Wohnungseigentum des Alleineigentümers

Begründung von vorläufigem Wohnungseigentum

§ 45. (1) Der Alleineigentümer einer Liegenschaft kann vorläufiges Wohnungseigentum auf Grundlage einer schriftlichen Errichtungserklärung (Wohnungseigentumsstatut) begründen. Das Wohnungseigentumsstatut tritt dabei an die Stelle des Wohnungseigentumsvertrags.

(2) Das Wohnungseigentumsstatut hat zu enthalten:

1. die Bezeichnung der Liegenschaft,
2. die Bezeichnung der wohnungseigentumstauglichen Objekte, an denen vorläufiges Wohnungseigentum begründet werden soll, nach ihrer Art (Wohnung, sonstige selbständige Räumlichkeit oder Kraftfahrzeug-Abstellplatz) und ihrer Lage,
3. die Erklärung des Alleineigentümers der Liegenschaft, an diesen Objekten vorläufiges Wohnungseigentum begründen zu wollen, und
4. die Nutzflächen und Nutzwerte der wohnungseigentumstauglichen Objekte, an denen vorläufiges Wohnungseigentum begründet werden soll.

(3) Die Begründung von vorläufigem Wohnungseigentum ist nur zulässig, wenn sie sich auf alle wohnungseigentumstauglichen Objekte bezieht, die nach der Widmung des Alleineigentümers als Wohnungseigentumsobjekte vorgesehen sind.

(4) Das vorläufige Wohnungseigentum des Alleineigentümers wird durch die Einverleibung in das Grundbuch begründet; dabei ist in der Aufschrift des Gutsbestandsblatts die Bezeichnung "Vorläufiges Wohnungseigentum" einzutragen. Die Regelungen des § 6 sind mit der Maßgabe anzuwenden, dass anstelle der schriftlichen Vereinbarung der Miteigentümer das Wohnungseigentumsstatut vorzulegen ist.

Wohnungseigentum an einem Abstellplatz für Kraftfahrzeuge

§ 46. Die dreijährige Frist nach § 5 Abs. 2 beginnt im Fall des vorläufigen Wohnungseigentums erst mit dem Erwerb von Miteigentum durch eine vom bisherigen Alleineigentümer verschiedene und mit diesem nicht durch ein familiäres oder wirtschaftliches Naheverhältnis verbundene Person.

Ermittlung und gerichtliche Festsetzung der Nutzwerte

§ 47. Die Regelungen der §§ 9 und 10 gelten für das vorläufige Wohnungseigentum mit der Maßgabe, dass das in § 10 Abs. 1 jedem Miteigentümer eingeräumte Antragsrecht dem Alleineigentümer und das in dieser Bestimmung den Wohnungseigentumsbewerbern eingeräumte Antragsrecht den Miteigentumsbewerbern (§ 2 Abs. 6) zukommt. Die einjährige Frist nach § 10 Abs. 2 beginnt vor dem Erwerb von Miteigentum durch eine vom bisherigen Alleineigentümer verschiedene und mit diesem nicht durch ein familiäres oder wirtschaftliches Naheverhältnis verbundene Person jedenfalls nicht zu laufen.

Nicht anwendbare Regelungen über das Wohnungseigentum

§ 48. Für das vorläufige Wohnungseigentum des Alleineigentümers gelten insbesondere folgende Regelungen der übrigen Abschnitte dieses Bundesgesetzes nicht:

1. die Bestimmung des § 4 über die Wirkung der Wohnungseigentumsbegründung auf ein bestehendes Mietverhältnis,

2. die Regelungen des 4. Abschnitts über die Eigentümerpartnerschaft,
3. die Regelungen des 6. Abschnitts über die Eigentümergemeinschaft, den Verwalter und das Vorzugspfandrecht,
4. die Regelungen des 7. Abschnitts über die Verwaltung der Liegenschaft,
5. die Bestimmung des § 36 über die Ausschließung von Wohnungseigentümern,
6. die Bestimmung des § 52 über das wohnungseigentumsrechtliche Außerstreitverfahren mit Ausnahme der Regelungen über die Nutzwertfestsetzung.

Rechtsunwirksamkeit von Festlegungen

§ 49. (1) Über die Dauer des vorläufigen Wohnungseigentums hinausreichende Festlegungen des Alleineigentümers der Liegenschaft - auf welche Weise immer sie getroffen werden - über die folgenden Angelegenheiten sind unwirksam, dies insbesondere mit der Rechtsfolge, dass Miteigentumsbewerber und spätere Wohnungseigentümer daran nicht gebunden sind:
1. Benützungsregelung (§ 17),
2. Gemeinschaftsordnung (§ 26),
3. Höhe der Rücklage (§ 31),
4. Versicherung der Liegenschaft (§ 28 Abs. 1 Z 4),
5. Hausordnung (§ 28 Abs. 1 Z 7),
6. Vermietung der allgemeinen Teile der Liegenschaft (§ 28 Abs. 1 Z 8 und 9),
7. Bestellung eines Verwalters und Inhalt des Verwaltungsvertrags (§§ 19, 20, § 28 Abs. 1 Z 5),
8. Aufnahme von Darlehen zur Erhaltung der Liegenschaft (§ 28 Abs. 1 Z 3),
9. abweichende Aufteilungsschlüssel, abweichende Abrechnungseinheiten und abweichende Abstimmungseinheiten (§ 32 Abs. 2),
10. verbrauchsabhängige Abrechnung (§ 32 Abs. 3),
11. benützungsabhängige Einhebung der Energiekosten für Gemeinschaftsanlagen (§ 32 Abs. 4),
12. Verteilung der Erträgnisse (§ 33),
13. Rechnungslegung (§ 34),
14. abweichende Abrechnungsperioden (§ 34 Abs. 2),
15. Vorgangsweise bei Überschüssen und Fehlbeträgen aus der Abrechnung (§ 34 Abs. 4).

(2) Abs. 1 gilt entsprechend für Festlegungen einer Eigentümergemeinschaft, die nur aus dem Wohnungseigentumsorganisator und einer mit diesem durch ein familiäres oder wirtschaftliches Naheverhältnis verbundenen Person besteht.

Rechte von Miteigentumsbewerbern

§ 50. Die im 9. und 11. Abschnitt den Wohnungseigentumsbewerbern eingeräumten Rechte kommen bei vorläufigem Wohnungseigentum des Alleineigentümers den Miteigentumsbewerbern zu.

Übergehen in Wohnungseigentum

§ 51. Sobald eine andere Person als der Alleineigentümer Miteigentum an der Liegenschaft erwirbt, geht das vorläufige Wohnungseigentum - unbeschadet der Unwirksamkeit von Festlegungen gemäß § 49 - in Wohnungseigentum über. Jeder Wohnungseigentümer kann die dem entsprechende Berichtigung des Grundbuchsstandes beantragen.

11. Abschnitt
Verfahrens- und gebührenrechtliche Bestimmungen

Wohnungseigentumsrechtliches Außerstreitverfahren

§ 52. (1) Über die Anträge in den folgenden Angelegenheiten entscheidet das für Zivilrechtssachen zuständige Bezirksgericht, in dessen Sprengel die Liegenschaft gelegen ist, im Verfahren außer Streitsachen:
1. Nutzwertfestsetzung (§ 9 Abs. 2) und Nutzwertneufestsetzung (§ 9 Abs. 3);
2. Duldung von Änderungen und Erhaltungsarbeiten einschließlich der Entschädigung eines dadurch beeinträchtigten Wohnungseigentümers (§ 16 Abs. 2 und 3);
3. Minderheitsrechte des einzelnen Wohnungseigentümers (§ 30 Abs. 1 und 2) einschließlich der sonstigen Angelegenheiten der Wohnungseigentümer der Liegenschaft, über die nach dem 16. Hauptstück des Zweiten Teils des ABGB im Verfahren außer Streitsachen zu entscheiden ist, wie etwa Benützungsregelungen (§ 17);
4. Rechtswirksamkeit eines Beschlusses der Eigentümergemeinschaft (§ 24 Abs. 6);
5. Aufhebung eines Beschlusses der Eigentümergemeinschaft über eine zur außerordentlichen Verwaltung zählende Veränderung an den allgemeinen Teilen der Liegenschaft (§ 29);
6. Durchsetzung der Pflichten des Verwalters mit Ausnahme der Herabsetzung des Entgelts (§§ 20 Abs. 1 bis 7, 31 Abs. 3);
7. Festsetzung einer abweichenden Abrechnungsperiode (§ 34 Abs. 2);
8. Bestellung eines vorläufigen Verwalters (§ 23), Rechtswirksamkeit einer Kündigung oder gerichtliche Auflösung des Verwaltungsvertrags (§ 21);
9. Zulässigkeit eines vereinbarten oder Festsetzung eines abweichenden Aufteilungsschlüssels oder einer abweichenden Abrechnungs- oder Abstimmungseinheit (§ 32 Abs. 2, 5 und 6), verbrauchsabhängige Aufteilung von Aufwendungen (§ 32 Abs. 3), benützungsabhängige Einhebung

von Energiekosten bei Gemeinschaftsanlagen (§ 32 Abs. 4);

10. Zustimmung zur Nachfinanzierung (§ 41);

11. Fortsetzung der Bauführung bei Insolvenz (§ 44).

(2) In den in Abs. 1 angeführten Verfahren gelten die allgemeinen Bestimmungen über das gerichtliche Verfahren in Rechtsangelegenheiten außer Streitsachen mit den in § 37 Abs. 3 Z 1, 6, 8, 10 bis 19 sowie Abs. 4 MRG genannten und den folgenden Besonderheiten:

1. Den Wohnungseigentümern und dem Verwalter kommt insoweit Parteistellung zu, als ihre Interessen durch die Entscheidung über den Antrag unmittelbar berührt werden können; dem Verwalter kommt überdies auch dann Parteistellung zu, wenn Gegenstand des Verfahrens ein Verhalten des Verwalters ist.

2. In Verfahren nach Abs. 1 Z 1 kommt überdies - unbeschadet weiterer Rechte nach § 37 Abs. 5 - den Wohnungseigentumsbewerbern, die dem Gericht vom Antragsteller bekannt gegeben oder sonst bekannt wurden, Parteistellung zu.

3. Für die Beiziehung von im Antrag nicht namentlich genannten Wohnungseigentümern reicht es aus, wenn sie zu einem Zeitpunkt, zu dem dies noch zulässig ist, Sachvorbringen erstatten können.

4. Zustellungen an mehr als sechs Wohnungseigentümer können durch Anschlag im Sinne des § 24 Abs. 5 vorgenommen werden. Der Anschlag darf frühestens nach 30 Tagen abgenommen werden. Die Zustellung des verfahrenseinleitenden Antrags gilt mit Ablauf dieser Frist als vollzogen, spätere Zustellungen hingegen schon mit dem Anschlag. Die Gültigkeit der Zustellung wird dadurch, dass der Anschlag noch vor Ablauf dieser Frist abgerissen oder beschädigt wurde, nicht berührt. Der verfahrenseinleitende Antrag ist überdies einem vom Gericht zu bestimmenden Wohnungseigentümer zu eigenen Handen zuzustellen.

5. Einem Antrag auf gerichtliche Nutzwertfestsetzung (§ 9 Abs. 2) oder Nutzwertneufestsetzung (§ 9 Abs. 3) sind die Unterlagen beizufügen, aus denen sich die Notwendigkeit der Nutzwertfest- oder -neufestsetzung und - soweit dies urkundlich belegbar ist - die Rechtzeitigkeit des Antrags ergeben.

6. In erster und zweiter Instanz können die Parteien selbst vor Gericht handeln und sich durch jede eigenberechtigte Person vertreten lassen. In dritter Instanz müssen sich die Parteien entweder durch einen Rechtsanwalt oder Notar oder durch einen Interessenvertreter vertreten lassen. Interessenvertreter ist ein Funktionär oder Angestellter eines Vereins, zu dessen satzungsmäßigen Zwecken der Schutz und die Vertretung der Interessen von Wohnungseigentümern und Wohnungseigentumsbewerbern gehören und der sich regelmäßig mit der Beratung seiner Mitglieder in Wohnungseigentumsangelegenheiten in mehr als zwei Bundesländern befasst; er ist zur Vertretung von Parteien in allen Instanzen befugt.

(3) In den durch Kundmachung gemäß § 39 Abs. 2 und § 50 MRG bestimmten Gemeinden kann ein Verfahren auf Nutzwertfestsetzung (§ 9 Abs. 2) oder Nutzwertneufestsetzung (§ 9 Abs. 3) bei Gericht nur eingeleitet werden, wenn die Sache vorher bei der Gemeinde anhängig gemacht wurde; diesbezüglich gelten neben Abs. 2 auch § 39 Abs. 3 bis 5 und § 40 MRG.

Gerichtsgebühren

§ 53. Für die in § 52 Abs. 1 genannten Verfahren ist die in der Tarifpost 12 lit. c Z 6 GGG bestimmte Pauschalgebühr zu entrichten.

12. Abschnitt
Schluss- und Übergangsbestimmungen

In-Kraft-Treten

§ 54. (1) Dieses Bundesgesetz tritt mit 1. Juli 2002 in Kraft.

(2) § 20 Abs. 6 tritt abweichend von Abs. 1 mit 1. Jänner 2003 in Kraft.

Außer-Kraft-Treten

§ 55. Das Wohnungseigentumsgesetz 1975, BGBl. Nr. 417, zuletzt geändert durch das Bundesgesetz BGBl. I Nr. 98/2001, tritt mit Ablauf des 30. Juni 2002 außer Kraft. Die Übergangsregelungen des § 29 Abs. 1 bis 3 des Wohnungseigentumsgesetzes 1975 gelten jedoch für die davon erfassten Rechtsverhältnisse weiter.

Übergangsbestimmungen

§ 56. (1) Wurde vor dem 1. Juli 2002 ein Abstellplatz für ein Kraftfahrzeug gemäß § 1 Abs. 2 WEG 1975 mit einer Wohnung oder sonstigen selbständigen Räumlichkeit verbunden, so bleibt diese Verbindung weiterhin gültig. In den Fällen des § 14 Abs. 3 und 5 Z 1 vierter Satz gelten die dort vorgesehenen Begünstigungen auch für einen Abstellplatz für ein Kraftfahrzeug, der gemäß § 1 Abs. 2 WEG 1975 mit der Wohnung verbunden ist. Die Begründung von selbständigem Wohnungseigentum an einem im Zubehör-Wohnungseigentum stehenden Abstellplatz für ein Kraftfahrzeug bedarf nicht der Zustimmung der anderen Miteigentümer; eine Nutzwertfestsetzung gemäß § 9 Abs. 2, 3 oder 6 ist entbehrlich, wenn sich der Nutzwert des Abstellplatzes zweifelsfrei aus der früheren Nutzwertermittlung ergibt.

(2) Wurde vor dem 1. Juli 2002 selbständiges Wohnungseigentum entgegen der Bestimmung des § 1 Abs. 2 WEG 1975 an einem Abstellplatz für Kraftfahrzeuge oder entgegen der Bestimmung des § 1 Abs. 3 WEG 1975 an einer Substandard-

wohnung begründet, gilt dieses selbständige Wohnungseigentum nach dem 30. Juni 2002 als wirksam begründet, sofern die Wohnungseigentumsbegründung nach der nunmehrigen Rechtslage gültig wäre.

(3) § 3 Abs. 1 Z 3 dieses Bundesgesetzes ist auf Verfahren anzuwenden, die nach dem 30. Juni 2002 eingeleitet werden. Für früher eingeleitete Verfahren gilt § 2 Abs. 2 Z 2 WEG 1975 weiter und ist die Möglichkeit der Begründung von Wohnungseigentum noch anhand der bisherigen Rechtslage zu beurteilen.

(4) Wurde vor dem 1. Juli 2002 Wohnungseigentum - jedoch nicht an allen wohnungseigentumstauglichen Objekten der Liegenschaft - begründet, so ist nach dem 30. Juni 2002 die weitere Begründung von Wohnungseigentum nur zulässig, wenn sie sich auf alle restlichen Wohnungen und sonstigen selbständigen Räumlichkeiten der Liegenschaft sowie auf alle restlichen Abstellplätze für Kraftfahrzeuge bezieht, die nach der Widmung der Miteigentümer als Wohnungseigentumsobjekte vorgesehen sind.

(5) § 4 dieses Bundesgesetzes ist in Verfahren anzuwenden, die nach dem 30. Juni 2002 eingeleitet werden. In früher eingeleiteten Verfahren ist weiterhin die bisherige Rechtslage anzuwenden.

(6) Bei Liegenschaften, an denen schon vor dem 1. Juli 2002 Wohnungseigentum ganz oder teilweise begründet wurde, beginnt die dreijährige Frist nach § 5 Abs. 2 erst mit 1. Juli 2002 zu laufen.

(7) Wurde bei einem Haus, für das die Baubewilligung vor dem 1. Jänner 1985 erteilt wurde, in einem vor dem 1. Juli 2002 eingeleiteten Verfahren die Nutzfläche gemäß § 6 Abs. 2 WEG 1975 nach dem Naturmaß berechnet, so bleibt die der Entscheidung zugrunde gelegte Nutzflächenberechnung weiter gültig.

(8) Soweit in anderen Rechtsvorschriften auf das gemeinsame Wohnungseigentum von Ehegatten Bezug genommen wird, ist darunter ab dem 1. Juli 2002 die Eigentümerpartnerschaft im Sinne des 4. Abschnitts dieses Bundesgesetzes zu verstehen.

(9) § 24 Abs. 6 dieses Bundesgesetzes ist auf Beschlüsse der Eigentümergemeinschaft anzuwenden, soweit sie nach dem 30. Juni 2002 bekannt gemacht werden. Soweit Beschlüsse früher bekannt gemacht wurden, gilt § 13b Abs. 4 WEG 1975 weiter.

(10) § 34 Abs. 1 letzter Satz dieses Bundesgesetzes ist auch auf Rechnungslegungsansprüche anzuwenden, die vor dem 1. Juli 2002 fällig geworden sind; in diesen Fällen beginnt die dreijährige Verjährungsfrist aber erst mit 1. Juli 2002 zu laufen.

(11) § 37 Abs. 1 dieses Bundesgesetzes ist auf Zahlungen anzuwenden, die nach dem 30. Juni 2002 geleistet werden. Für früher geleistete Zahlungen gilt § 23 Abs. 1a WEG 1975 weiter.

(12) Besteht die Eigentümergemeinschaft auf Grund einer vor dem 1. Juli 2002 durchgeführten, nicht alle wohnungseigentumstauglichen Objekte der Liegenschaft erfassenden Wohnungseigentumsbegründung zum Teil auch aus schlichten Miteigentümern, so gelten die sich auf die Wohnungseigentümer beziehenden Regelungen des neuen Rechts sinngemäß auch für die schlichten Miteigentümer, soweit die ihnen entsprechenden Bestimmungen des Wohnungseigentumsgesetzes 1975 auch für die schlichten Miteigentümer galten. Solange einer solchen Eigentümergemeinschaft noch schlichte Miteigentümer angehören, gilt jedoch anstelle des § 33 dieses Bundesgesetzes der § 20 WEG 1975. Die in § 2 Abs. 2 Z 1 zweiter Halbsatz WEG 1975 vorgesehene Beschränkung des Rechts eines Wohnungseigentümers auf Verweigerung der Zustimmung zur weiteren Begründung von Wohnungseigentum ist nach dem 30. Juni 2002 sowohl auf Wohnungseigentümer als auch auf schlichte Miteigentümer anzuwenden.

(13) Im Übrigen ist dieses Bundesgesetz auch auf die vor dem 1. Juli 2002 begründeten Wohnungseigentumsrechte und auf die vor diesem Zeitpunkt zwischen Wohnungseigentümern, Wohnungseigentumsbewerbern und Wohnungseigentumsorganisatoren untereinander oder mit Dritten geschlossenen Rechtsgeschäfte anzuwenden.

(14) Soweit in anderen Rechtsvorschriften auf Bestimmungen des Wohnungseigentumsgesetzes 1975 verwiesen wird, treten an deren Stelle die entsprechenden Bestimmungen dieses Bundesgesetzes.

Begründung von Wohnungseigentum auf Grundlage des Wohnungseigentumsgesetzes 1975

§ 57. (1) Bis zum Ablauf des 31. Dezember 2006 kann - ungeachtet eines allfälligen Widerspruchs zu Regelungen des Wohnungseigentumsgesetzes 2002 - die Einverleibung von Wohnungseigentum auf Grund von Urkunden beantragt werden, die noch nach der Rechtslage des Wohnungseigentumsgesetzes 1975 erstellt wurden, sofern die Wohnungseigentumsbegründung nach dem Wohnungseigentumsgesetz 1975 gültig gewesen wäre.

(2) Wurde nach dem 30. Juni 2002 und vor dem In-Kraft-Treten des Abs. 1 Wohnungseigentum auf Grund von Urkunden begründet, die noch nach der Rechtslage des Wohnungseigentumsgesetzes 1975 erstellt wurden, so ist die Wohnungseigentumsbegründung ungeachtet eines allfälligen Widerspruchs zu Regelungen des Wohnungseigentumsgesetzes 2002 gültig, wenn sie nach dem Wohnungseigentumsgesetz 1975 gültig gewesen wäre.

Übergangsbestimmungen zur Wohnrechtsnovelle 2006

§ 58. (1) § 56 Abs. 1 letzter Satz und § 57 Abs. 1 jeweils in der Fassung der Wohnrechtsnovelle

2006, BGBl. I Nr. 124/2006, treten mit dem der Kundmachung der Wohnrechtsnovelle 2006 folgenden Tag in Kraft. Im Übrigen treten die Änderungen dieses Bundesgesetzes durch die Wohnrechtsnovelle 2006 mit 1. Oktober 2006 in Kraft.

(2) § 5 Abs. 2 letzter Satz in der Fassung der Wohnrechtsnovelle 2006 ist auch anzuwenden, wenn der Erwerb des Abstellplatzes vor dem 1. Oktober 2006 stattgefunden hat. Wurde der dem Erwerb dienende Grundbuchsantrag vor dem 1. Februar 2005 eingebracht, so gilt die Ausnahmeregelung für jede Person, der gemäß § 2 Abs. 6 zweiter Satz die Eigenschaft eines Wohnungseigentumsorganisators zukommt.

(3) Auch nach dem 30. September 2006 kann - ungeachtet der mit der Wohnrechtsnovelle 2006 herbeigeführten Änderung des § 8 Abs. 2 WEG 2002 - die Einverleibung von Wohnungseigentum auf Grund einer vor dem 1. Oktober 2006 vorgenommenen Nutzwertermittlung beantragt werden, bei der § 8 Abs. 2 WEG 2002 in seiner Fassung vor dem In-Kraft-Treten der Wohnrechtsnovelle 2006 angewendet wurde.

(4) § 10 Abs. 3 und 4 in der Fassung der Wohnrechtsnovelle 2006 ist anzuwenden, wenn im Fall einer gerichtlichen Nutzwertfestsetzung das darüber geführte Verfahren nach dem 30. September 2006 geendet hat oder im Fall einer einvernehmlichen Nutzwertfestsetzung das neue Gutachten nach dem 30. September 2006 erstattet wurde.

(5) Das Schriftformgebot des § 13 Abs. 6 in der Fassung der Wohnrechtsnovelle 2006 gilt für Vereinbarungen, die nach dem 30. September 2006 geschlossen werden.

(6) § 14 Abs. 1, 2 und 3 in der Fassung der Wohnrechtsnovelle 2006 ist anzuwenden, wenn der Partner nach dem 30. September 2006 stirbt. § 14 Abs. 4 in der Fassung der Wohnrechtsnovelle 2006 ist anzuwenden, wenn die Erlassung der Zahlungspflicht nach dem 30. September 2006 verfügt oder vereinbart wird. Das Formgebot des § 14 Abs. 5 Z 1 in der Fassung der Wohnrechtsnovelle 2006 gilt für Vereinbarungen, die nach dem 30. September 2006 geschlossen werden; die übrigen Regelungen des § 14 Abs. 5 Z 1 sowie § 14 Abs. 5 Z 2 jeweils in der Fassung der Wohnrechtsnovelle 2006 sind anzuwenden, wenn der Partner nach dem 30. September 2006 stirbt.

(7) Hat ein Wohnungseigentumsbewerber in einer vor dem 1. Oktober 2006 erhobenen Einverleibungsklage gemäß § 43 Abs. 1 die Einwilligung in die Einverleibung von Wohnungseigentum nur hinsichtlich des ihm zugesagten Objekts begehrt, so steht die Regelung des § 3 Abs. 2 auch unabhängig vom Vorliegen eines Falls nach § 43 Abs. 1 zweiter Satz einer Klagsstattgebung nicht entgegen.

(8) Hat ein Wohnungseigentumsbewerber vor dem 1. Oktober 2006 sein Aussonderungsrecht oder sein Widerspruchsrecht jeweils gemäß § 43 Abs. 4 in der Fassung vor dem In-Kraft-Treten der Wohnrechtsnovelle 2006 gerichtlich geltend gemacht, so gilt für diese Rechte die bisherige Rechtslage weiter.

Die Wohnrechtsnovelle 2006 (WRN 2006; BGBl I Nr. 124/2006) wurde am 26.7.2006 kundgemacht.

Vollziehung

§ 59. Mit der Vollziehung dieses Bundesgesetzes ist der Bundesminister für Justiz betraut.

ANHANG II

GESETZESTEXT

WOHNUNGSEIGENTUMSBEGLEITGESETZ 2002

(WE-BeG 2002)

Bundesgesetz, mit dem im Hinblick auf die Schaffung des Wohnungseigentumsgesetzes 2002 das allgemeine bürgerliche Gesetzbuch, das Mietrechtsgesetz, das Erwerbsgesellschaftengesetz, die Exekutionsordnung, das Wohnungsgemeinnützigkeitsgesetz und das Heizkostenabrechnungsgesetz geändert werden

BGBl I 2002/71

Artikel I

Änderung des allgemeinen bürgerlichen Gesetzbuchs

Das allgemeine bürgerliche Gesetzbuch vom 1. Juni 1811, JGS Nr. 946, zuletzt geändert durch das Bundesgesetz BGBl. I Nr. 98/2001, wird wie folgt geändert:

§ 828 wird wie folgt geändert:

a) Der bisherige Wortlaut erhält die Absatzbezeichnung "(1)";

b) dem bisherigen Wortlaut wird folgender Abs. 2 angefügt:

"(2) Eine gerichtliche oder vertraglich vereinbarte Benützungsregelung zwischen den Teilhabern einer unbeweglichen Sache wirkt auch für deren Rechtsnachfolger, wenn sie im Grundbuch angemerkt ist."

Artikel II

Änderung des Mietrechtsgesetzes

Das Mietrechtsgesetz, BGBl. Nr. 520/1981, zuletzt geändert durch das Bundesgesetz BGBl. I Nr. 161/2001, wird wie folgt geändert:

In § 2 Abs. 1 werden die ersten beiden Sätze durch folgende drei Sätze ersetzt:

"Hauptmiete liegt vor, wenn der Mietvertrag mit dem Eigentümer oder dem dinglich oder obligatorisch berechtigten Fruchtnießer der Liegenschaft oder mit dem Mieter oder Pächter eines ganzen Hauses geschlossen wird. Steht der Mietgegenstand im Wohnungseigentum, so wird Hauptmiete durch den Mietvertrag mit dem Wohnungseigentümer begründet. Wenn am Mietgegenstand Wohnungseigentum erst begründet werden soll, kommt durch den mit dem Wohnungseigentumsbewerber geschlossenen Mietvertrag Hauptmiete mit dem Eigentümer oder den Eigentümern der Liegenschaft zustande, doch geht mit der Begründung von Wohnungseigentum am Mietgegenstand die Rechtsstellung des Vermieters auf den Wohnungseigentümer über."

Artikel III

Änderung des Erwerbsgesellschaftengesetzes

Das Erwerbsgesellschaftengesetz, BGBl. Nr. 257/1990, zuletzt geändert durch das Bundesgesetz BGBl. Nr. 10/1991, wird wie folgt geändert:

In § 1 wird nach dem Wort "Erwerb" die Wendung "oder auf die Nutzung und Verwaltung eigenen Vermögens" eingefügt.

Artikel IV

Änderung der Exekutionsordnung

Die Exekutionsordnung vom 27. Mai 1896, RGBl. Nr. 79, zuletzt geändert durch das Bundesgesetz BGBl. I Nr. 103/2001, wird wie folgt geändert:

In § 216 Abs. 1 Z 3 wird das Wort "drei" durch das Wort "fünf" und wird die Wendung "§ 13c Abs. 3 des Wohnungseigentumsgesetzes 1975" durch die Wendung "§ 27 des Wohnungseigentumsgesetzes 2002" ersetzt.

Artikel V

Änderung des Wohnungsgemeinnützigkeitsgesetzes

Das Bundesgesetz über die Gemeinnützigkeit im Wohnungswesen (Wohnungsgemeinnützigkeitsgesetz), BGBl. Nr. 139/1979, zuletzt geändert durch das Bundesgesetz BGBl. I Nr. 162/2001, wird wie folgt geändert:

1. In § 14d Abs. 2 Z 1 wird die Betragsangabe "1,0755 Euro" durch die Betragsangabe "1,32 Euro" ersetzt.

2. § 14d Abs. 2 zweiter Satz lautet:

"Diese Beträge sind entsprechend der Regelung des § 16 Abs. 6 des Mietrechtsgesetzes in der Fassung des Bundesgesetzes BGBl. I Nr. 98/2001 wertgesichert."

3. § 15e Abs. 3 lit. b lautet:

"b) den Miet- oder sonstigen Nutzungsgegenstand zu dem vom Gericht festgesetzten Preis erwerben zu wollen, sowie alle Verpflichtungen (einschließlich aller Finanzierungsübernahmen) gemäß § 15b Abs. 1 lit. d zu übernehmen, wird er mit Erfüllung seiner Zahlungsverpflichtungen gegenüber der Bauvereinigung Wohnungseigentumsbewerber gemäß § 2 Abs. 6 Wohnungseigentumsgesetz 2002, BGBl. I Nr. 70/2002."

4. Nach § 15e Abs. 3 wird folgender Abs. 4 angefügt:

"(4) § 37 Abs. 1 Wohnungseigentumsgesetz 2002, BGBl. I Nr. 70/2002, ist nicht anzuwenden."

5. In § 16 Abs. 2 zweiter Satz lautet die Satzfolge nach dem Strichpunkt:

"das gleiche gilt für die in § 2 Abs. 3 WEG 2002 sonst genannten Teile der Liegenschaft, die im Zubehör-Wohnungseigentum stehen können, sowie für Ein- oder Abstellplätze für Kraftfahrzeuge."

6. In § 16 Abs. 3 wird das Zitat "im Sinne des § 5 des Wohnungseigentumsgesetzes 1975" durch das Zitat "im Sinne des § 2 Abs. 8 WEG 2002" ersetzt.

7. In § 16 Abs. 4 lautet der zweite Satz:

"Die §§ 8 bis 10 WEG 2002 sind anzuwenden."

8. In § 16 Abs. 5a wird der Klammerausdruck "(§ 1 Abs. 1 WEG 1975)" durch den Klammerausdruck "(§ 2 Abs. 1 WEG 2002)" sowie der Verweis "gemäß § 19 Abs. 1 zweiter Satz WEG 1975" durch den Verweis "gemäß § 32 Abs. 1 zweiter Satz WEG 2002" ersetzt.

9. In § 21 Abs. 3 wird das Zitat "§ 25 Abs. 2 und 3 des Wohnungseigentumsgesetzes 1975, BGBl. Nr. 417," durch das Zitat "§ 43 Abs. 2 und 3 WEG 2002" ersetzt.

10. In § 22 Abs. 3 wird das Zitat "gemäß § 19 Abs. 1 zweiter Satz WEG 1975" durch das Zitat "gemäß § 32 Abs. 1 zweiter Satz WEG 2002" ersetzt.

11. In § 23 Abs. 4c wird der Verweis "gemäß § 16 Wohnungseigentumsgesetz 1975" durch den Verweis "gemäß § 31 WEG 2002" ersetzt.

12. Die Abs. 1g bis 1l in Art. IV lauten:

"(1g) § 39 Abs. 6a in der Fassung des Bundesgesetzes BGBl. I Nr. 47/2001 tritt mit 1. Jänner 2001 in Kraft.

(1h) § 6 Abs. 1 und 2, § 14d Abs. 2 Z 1 und § 38 Abs. 1 in der Fassung des Bundesgesetzes BGBl. I Nr. 136/2001 treten mit 1. Jänner 2002 in Kraft.

(1i) § 7 Abs. 3 Z 6a, § 7 Abs. 3 Z 12, § 7 Abs. 4b, § 7 Abs. 6 und 6a, § 13 Abs. 1, § 15 Abs. 1, § 15a, § 15b, § 15c lit. b, §§ 15d bis f, § 17a, § 17b, § 18 Abs. 3 und Abs. 3a, § 23 Abs. 4b und Abs. 4c, § 39 Abs. 6e, 6f, 21 bis 21c in der Fassung des Bundesgesetzes BGBl. I Nr. 162/2001 treten mit 1. Jänner 2002 in Kraft.

(1j) § 15c lit. a in der Fassung des Bundesgesetzes BGBl. I Nr. 162/2001 tritt mit 1. Juli 2000 in Kraft.

(1k) § 14d Abs. 2 in der Fassung des Bundesgesetzes BGBl. I Nr. 71/2002 tritt mit 1. Jänner 2002 in Kraft.

(1l) § 15e Abs. 3 und 4, § 16 Abs. 2 bis 4 und 5a, § 21 Abs. 3, § 22 Abs. 3 und § 23 Abs. 4c in der Fassung des Bundesgesetzes BGBl. I Nr. 71/2002 treten mit 1. Juli 2002 in Kraft."

Artikel VI

Änderung des Heizkostenabrechnungsgesetzes

Das Bundesgesetz über die sparsamere Nutzung von Energie durch verbrauchsabhängige Abrechnung der Heiz- und Warmwasserkosten (Heizkostenabrechnungsgesetz - HeizKG), BGBl. Nr. 827/1992, zuletzt geändert durch das Bundesgesetz BGBl. I Nr. 136/2001, wird wie folgt geändert:

1. § 2 Z 5 lautet:

"Nutzungsobjekte:

die mit Wärme versorgten Wohnungen, sonstigen selbständigen Räumlichkeiten und Abstellplätze für Kraftfahrzeuge - diese jedoch nur, wenn der Verbrauch durch Messung zugeordnet und vom Wärmeabnehmer beeinflusst werden kann - im Sinne des § 6 Abs. 1 Z 2 des Wohnungseigentumsgesetzes 2002, BGBl. I Nr. 70/2002, einschließlich solcher, die der allgemeinen Benützung dienen, und jener, deren Zweckbestimmung einer ausschließlichen Benützung entgegensteht (wie Hobbyraum und Sauna);"

2. § 2 Z 6 lautet:

"beheizbare Nutzfläche:

a) jedenfalls die Nutzfläche im Sinne des § 2 Abs. 7 in Verbindung mit § 7 des Wohnungseigentumsgesetzes 2002, ausgenommen jener offener Loggien sowie jener von Abstellplätzen für Kraftfahrzeuge, die nicht von einer gemeinsamen Wärmeversorgungsanlage mit Wärme versorgt werden, und

b) die Flächen von sonstigen Räumen im Sinne der Z 5 sowie von Keller-, Dachboden- und Hobbyräumen und Saunen; diese jedoch nur dann, wenn sie von einer gemeinsamen Wärmeversorgungsanlage mit Wärme versorgt werden;"

3. In § 29 wird folgender Abs. 1c eingefügt:

"(1c) § 2 Z 5 und Z 6 in der Fassung des Bundesgesetzes BGBl. I Nr. 71/2002 sind erst auf jene Abrechnungsperioden anzuwenden, die nach dem 30. Juni 2002 beginnen."

Artikel VII

In-Kraft-Treten

Die Artikel I bis IV und VI dieses Bundesgesetzes treten mit 1. Juli 2002 in Kraft.

Anhang III)

Tabelle A

Mietzinsbildung bei Wohnungseigentum

(Einschränkungen nach dem MRG, Ausnahmebestimmungen in anderen Gesetzen wurden nicht berücksichtigt)

Prüfen Sie, ob jeweils einer der folgenden Punkte zutrifft: | **Einschränkungen:**

Allgemeine Bedingungen:

- Wohnungseigentum am Mietgegenstand und das Gebäude nach 8.5.1945 errichtet (Baubewilligung)?
- Kein Mietverhältnis (z.B. Pacht, Prekarium)
- Vermietung nicht zu Wohn- oder Geschäftszwecken, z.B. Hobbyraum?
- Gefördertes Darlehen begünstigt zurückbezahlt? (§ 53 MRG)
- Vermietung im Haus mit max. 2 Mietobjekten (nachträglicher DG Ausbau ist nicht zu berücksichtigen)?
- Altbau (Baubewilligung vor 9.5.1945): DG-Ausbau (Aufbau) baubewilligt nach 31.12.2001 / Rohdachboden / Zubau baubewilligt nach 30.9.2006?

Spezielle Vermietung zu Geschäftszwecken:

- Vermietung im Rahmen von Garagierungs-, Beherbergungs-, Verkehrs-, Flughafenbetriebs-, Lagerhausunternehmungen, Heime?
- Vermietung im Wirtschaftspark?
- Vermietung zu Geschäftszwecken max. 6 Monate befristet?

Spezielle Vermietung zu Wohnzwecken:

- Dienst-, Natural-, oder Werkswohnung?
- Wohnung zum Zwecke der Freizeitgestaltung?
- Als Zweitwohnung wegen Erwerbstätigkeit max. 6 Monate befristet?
- Vermietung durch karitative oder humanitäre Organisation für sozialpädagogisch betreutes Wohnen?

ja → keine

nein ↓

- Vermietung zu Geschäftszwecken?
- Wohnung nach 8.5.1945 (Baubewilligung) errichtet?
- Denkmalschutz **und** Sanierung Gebäude nach 8.5.1945 mit Eigenmitteln ?
- Wohnung über 130m² **und** Kat. A oder B **und** Vermietung 6 Monate nach Räumung Vornutzer bzw. 18 Monate bei Verbesserungsmaßnahmen vor Neuvermietung?
- Standardanhebung durch Vermieter **nach** 31.12.1967 aber **vor** 1.10.1993 **und** Whg. in ordnungsgemäßem Zustand **und** 20 Jahre seit Abschluss der Arbeiten noch nicht vorbei?

ja →
- angemessener Mietzins
- 25% Befristungsabschlag

nein ↓

- Wohnung der Ausstattungskategorie A, B oder C (brauchbarer Zustand)?

ja →
- Richtwertmietzins
- 25% Befristungsabschlag

nein ↓

- Wohnung der Ausstattungskategorie D **und** Zumietung im Rahmen der Anbotspflicht **und** Wohnungen bereits zusammengelegt?

ja →
- Kategorie C
- 25% Befristungsabschlag

nein ↓

- Wohnung Kategorie D brauchbar

ja →
- Kategorie D neu (keine Überwälzung § 18) **oder** Kategorie D alt
- 25% Befristungsabschlag

nein ↓

- Wohnung ist unbrauchbar

ja →
- Kategorie D alt
- 25% Befristungsabschlag

Entwurf: Walter Seierl/Gebäudeverwaltung Rustler

Anhang III)
Tabelle B

Befristung von Mietverträgen bei Wohnungseigentum
(Einschränkungen nach MRG, Ausnahmebestimmungen in anderen Gesetzen wurden nicht berücksichtigt)

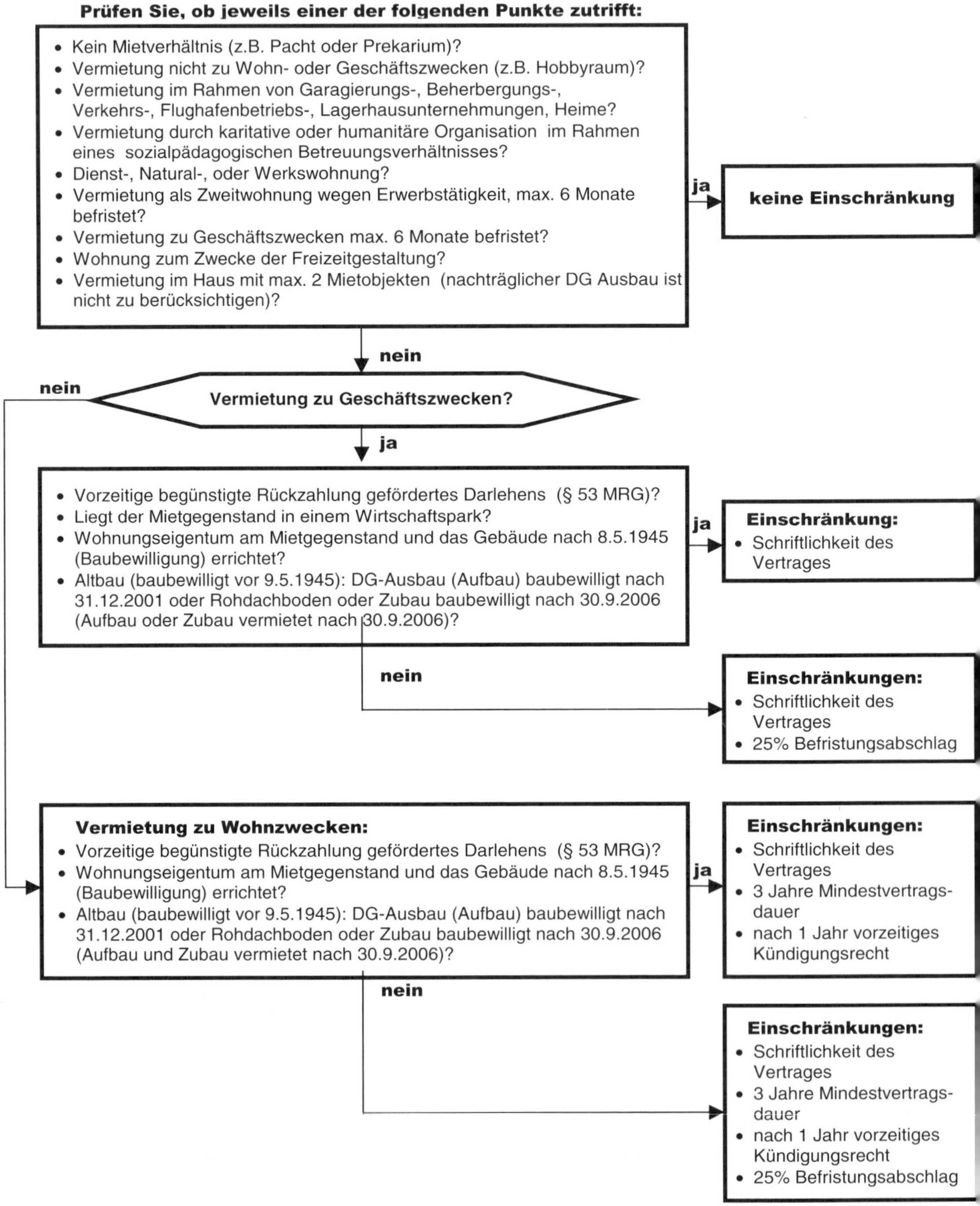

Entwurf: Walter Seierl/Gebäudeverwaltung Rustler © ÖVI/Dirnbacher

Sachregister

A

D

E

F

G

H

I

Z